Vom Data Warehouse
zum Corporate Knowledge Center

Eitel von Maur · Robert Winter (Hrsg.)

Vom Data Warehouse zum Corporate Knowledge Center

Proceedings der Data Warehousing 2002

Mit 108 Abbildungen und 13 Tabellen

Springer-Verlag Berlin Heidelberg GmbH

Dr. Eitel von Maur
Professor Dr. Robert Winter
Universität St. Gallen
Institut für Wirtschaftsinformatik
Müller-Friedberg-Straße 8
9000 St. Gallen
Schweiz
Eitel.vonMaur@unisg.ch
Robert.Winter@unisg.ch

ISBN 978-3-642-63276-1   ISBN 978-3-642-57491-7 (eBook)

DOI 10.1007/978-3-642-57491-7

Bibliografische Information Der Deutschen Bibliothek
Die Deutsche Bibliothek verzeichnet diese Publikation in der Deutschen Nationalbibliografie; detaillierte bibliografische Daten sind im Internet über <http://dnb.ddb.de> abrufbar.

© Springer-Verlag Berlin Heidelberg 2002
Ursprünglich erschienen bei Physica-Verlag Heidelberg 2002
Softcover reprint of the hardcover 1st edition 2002

Umschlaggestaltung: Erich Kirchner, Heidelberg

SPIN 10893170   88/3130-5 4 3 2 1 0 – Gedruckt auf säurefreiem Papier

Vorwort

Die Data-Warehouse-Konzeption hat seit ihrer ersten Veröffentlichung im Jahre 1988, von Devlin und Murphy, eine enorme Verbreitung gefunden. Es gibt kaum noch ein Unternehmen, welches nicht über eine wie auch immer geartete Form einer integrierten Datenbasis für die analytischen Informationssysteme verfügt. Vielfach ist das Data Warehouse (DWH) sogar elementarer Bestandteil der betrieblichen Applikationslandschaft. Dies zeigt sich u. a. darin, dass die von Inmon geprägte starre Fokussierung des DWH als Schicht, in der die operativen Daten unveränderlich abgelegt werden und ausschliesslich zur Verwendung für analytische Informationssysteme bestimmt sind, in dieser Stringenz heute oftmals nicht mehr eingehalten werden kann. Data-Warehouse-Daten finden in vielen operativen Systemen Verwendung und bilden zum Teil sogar eine grundlegende Basis, wie dies etwa bei Applikationen des Customer Relationship Managements zu beobachten ist.

Eines der bisher noch nicht in befriedigendem Masse gelösten Probleme, ist die Integration externer sowie insbesondere semi- und unstrukturierter Informationen in die Datenbasis des Data Warehouse (DWH). Die Berücksichtigung dieser Art von Informationen wird im DWH-Umfeld bisher deutlich vernachlässigt, obwohl die Management Support Systems Community dies seit Anfang der 1970er Jahre als einen der elementaren Faktoren erachtet. Dagegen sind im Bereich des Knowledge Managements die semistrukturierten Informationen von hohem Interesse, während hierbei wiederum auf die Bereitstellung von strukturierten Informationen weitgehend verzichtet wird, was aus Sicht der Entscheidungsunterstützung ebenso unbefriedigend erscheint. Die These ist nun, dass wesentliches Potenzial darin liegt, die üblicherweise im Data Warehouse vorgehaltenen stark strukturierten Daten und die im Fokus des Knowledge Managements stehenden semistrukturierten Daten zusammenzuführen. Denn analog zum Grundgedanken des Data Warehouse, können Daten erst dann zu Informationen werden respektive Wissen stiften, wenn sie verknüpft sind, also integriert vorliegen.

Die Überprüfung dieser These ist die zentrale Zielsetzung des vorliegenden Buches und der damit verbundenen Konferenz „Data Warehousing 2002 – Auf dem Weg zum Corporate Knowledge Center". Zu diesem Zweck werden bisherige Konzepte des Data Warehousing in der unternehmerischen Praxis auf ihre Anwendbarkeit hin überprüft sowie neue Konzepte und Ideen aus dem DWH-Bereich vorgestellt und diskutiert. Den Kern bildet die Analyse einer möglichen Kombination von Data Warehousing und Knowledge Management, respektive der erfolgreichen Nutzung von Konzepten des jeweils anderen Gebietes, um damit mögliche Synergiepotenziale nutzbar zu machen.

Das Buch soll im Wesentlichen Anregungen liefern und Erfahrungen weitergeben. Es ist gedacht als Grundlage für einen fruchtbaren Diskurs zwischen Wissen-

schaftlern, Anwendern, Herstellern, Beratern und anderen Interessierten. Die Konferenz ist hierbei das Forum, für dessen Zustandekommen wir den Partnerunter-
nehmen des Kompetenzzentrums Data Warehousing 2 (CC DW2) danken möchten. Ohne die nunmehr insgesamt vierjährige intensive Zusammenarbeit aller Beteiligten des Kompetenzzentrums Data Warehousing des Instituts für Wirtschaftsinformatik der Universität St. Gallen (IWI-HSG) hätten die Konferenz und das
vorliegende Werk nicht entstehen können. Wir möchten insbesondere den Wissenschaftlichen Mitarbeitern Gunnar Auth, Martin Hafner, Clemens Herrmann, Mario
Klesse, Florian Melchert und Josef Rupprecht für ihren unermüdlichen Einsatz bei
diesem Projekt danken.

Eitel von Maur, Robert Winter   St. Gallen, im September 2002

Inhaltsverzeichnis

Ansätze zur Integration der Informationslogistik

Identifikation und Modellierung von Informationsbedarfen

Data-Warehouse-Systeme in der Unternehmenspraxis

Datenschutz bei Data Warehouses und Data Mining

Alfred Büllesbach

DaimlerChrysler AG

In Unternehmen sind große Mengen unterschiedlicher Datenbestände vorhanden. Es besteht daher der Wunsch der Unternehmen, diese Datenbestände nutzbar zu machen. Steckte hinter solchen Überlegungen zunächst hauptsächlich das Ziel, einen vereinfachten und verbesserten Überblick über das Unternehmen für das Management schaffen zu können (sog. Management-Informations-Systeme), so soll der umfangreiche Datenbestand nunmehr auch zur Gewinnung neuer Kunden bzw. zur Steigerung des Umsatzes mit bereits vorhandenen Kunden, genutzt werden. Dabei ist vor allem die Verknüpfung von Daten in Konzernen mit unterschiedlichem Produkt-Portfolio und Kundenstamm interessant.

1   Data Warehouses

Im unternehmensinternen Geschäftsprozess fallen Daten an unterschiedlichen Stellen an (z. B. in unterschiedlichen Abteilungen wie etwa Vertrieb, Forderungsmanagement, Buchhaltung, Marktforschung, Qualitätsmanagement etc.). Diese Daten werden in den sogenannten operativen Datenbanken geführt. Um über die einzelnen operativen Funktionen hinaus Aussagen machen zu können, müssen Daten in einer bestimmten Organisationsform vorliegen, die einen Zugriff nach Art eines gut sortierten einheitlich organisierten Warenlagers (engl. warehouse) erlaubt. Der Begriff des Data Warehouses umfasst nicht nur die jeweiligen Informationsinhalte, sondern darüber hinaus auch bestimmte Meta-, Dimensions-, Aggregationsdaten und Fakten, sowie die Datenverwaltungsprozesse, die eine zielgerichtete Verfügbarkeit, Abrufbarkeit und Aufbereitbarkeit von Daten ermöglichen. Zur Einrichtung von Data Warehouses ist es erforderlich, die in den operativen Datenbanken vorhandenen Daten mit Hilfe von Transformationsprogrammen in das Data Warehouse zu überführen.

2   Data Mining

Techniken des Data Mining sollen auf der Basis vorhandener Data Warehouses
zur Generierung neuer Wissenszusammenhänge dienen. Im Unterschied zu herkömmlichen Datenbankabfragen, bei denen ein Verdacht oder eine Hypothese
durch Auswertung einer Datenbank verifiziert werden soll, zielt das Data Mining
z. B. auf die automatisierte Vorhersage von Trends und Verhaltensmustern auf der
Basis bekannter Verhaltensschemata aus der Vergangenheit oder auf die automatisierte Aufdeckung unbekannter Strukturen und Zusammenhänge, die man aus
einer Datenmenge zu gewinnen erhofft. Zur Durchführung des Data Mining werden unterschiedliche Methoden und Technologien eingesetzt (vgl. Nakhaeizadeh,
Reinartz, Wirth 1998, S. 1 ff.; Krahl, Windheuser, Zick 1998, S. 61 ff.).

Bei der Klassifikation werden Objekte in vorgegebene Kategorien eingeordnet.
Berücksichtigt man dabei eine zeitliche Komponente, dann spricht man von einer
Prognose. Das Ziel der Segmentierung von Daten ist das Auffinden globaler
Strukturen in Datenbeständen. Die Aufgabe der Suche nach Assoziationen zielt
darauf ab, partielle Strukturen in Datenbeständen aufzudecken. Daneben werden
auch einige statistische Methoden zum Data Mining eingesetzt.

Auch wenn die eingesetzten Verfahren und Anwendungen immer besser und genauer werden, so existieren dennoch Probleme, die einen Erfolg von Data Warehousing und insbesondere von Data-Mining-Lösungen behindern.

Probleme bereitet die heterogene EDV-Landschaft in den Unternehmen. Die
unternehmens- bzw. konzernweite Auswertung von unterschiedlichen Daten wird
dadurch erheblich erschwert. Ein weiterer Aspekt sind die strukturell oftmals sehr
unterschiedlichen Datenbestände. Selbst wenn es sich bei den verschiedenen Datenbeständen beispielsweise um Kundendaten handelt, können die zu den jeweiligen Kunden erfassten Angaben stark voneinander abweichen. Daher sind sehr umfangreiche Vorbereitungen zur Zusammenführung der verschiedenen Datenbestände notwendig, die einen hohen Zeitaufwand erfordern. In der Vorbereitungsphase
muss ebenso festgelegt werden, wie mit unvollständigen und fehlerhaften Daten
umgegangen wird. Zudem handelt es sich nicht um einen statischen sondern um
einen dynamischen, fortlaufend aktualisierten Datenbestand. Die Prognose von
Käuferverhaltensweisen hat schließlich wenig Sinn, wenn sie nur auf veraltetem
Zahlenmaterial aufbaut und damit äußere Einflüsse wie z. B. veränderte steuer-
liche Bedingungen unberücksichtigt lässt. Eine weitere Schwierigkeit stellt der
Umgang mit den großen Datenmengen dar. Große Datenmengen führen zu lange
dauernden Auswertungen und erfordern erhebliche Investitionen in Hardware, um
die Auswertungen zu beschleunigen. Oftmals ergibt sich nur eine begrenzte Ver-
wertbarkeit der Ergebnisse. Fraglich ist daher, ob sich die hohen Investitionen angesichts eines unklaren Nutzens rentieren.

3 Datenschutzrechtliche Beurteilung

Data Warehouses und Data Mining bieten umfangreiche Möglichkeiten im Rahmen der Verarbeitung von Daten. Aus datenschutzrechtlicher Sicht ist daher zu prüfen, ob und inwieweit Data Warehouses und Data-Mining-Anwendungen zulässig sind.[1]

Ziel des Datenschutzes ist die Wahrung des, sich aus Art. 2 Abs. 1 i. V. m. Art. 1 Abs. 1 GG ergebenden, Rechts auf informationelle Selbstbestimmung, das dem einzelnen Menschen grundsätzlich die Entscheidung gibt, ob und wie seine Person betreffende Daten verarbeitet werden (BVerfGE 65, 1 ff. (Volkszählungsurteil)). Das Datenschutzrecht findet bei der Erhebung, Verarbeitung und Nutzung personenbezogener Daten Anwendung (vgl. § 1 Abs. 2 BDSG). Gemäß § 3 Abs. 1 BDSG sind personenbezogene Daten „Einzelangaben über persönliche und sachliche Verhältnisse einer bestimmten oder bestimmbaren natürlichen Person". Einzelangaben über persönliche und sachliche Verhältnisse sind alle Informationen die über die Person etwas aussagen, es sei denn sie sind so zusammengefasst, dass einer Person eine Angabe nicht mehr zugeordnet werden kann (Dammann, BDSG § 3 Rn. 5, 7 u. 16). Dem Schutz unterfallen nur personenbezogene Daten von bestimmten, d. h. eindeutig identifizierten, und von bestimmbaren Personen. Bestimmbarkeit ist gegeben, wenn die Daten mittels zusätzlicher Informationen einer bestimmten Person zugeordnet werden können (Dammann, BDSG § 3, Rn. 21). Für die Anwendung des BDSG ergibt sich kein Unterschied aus der Tatsache, ob eine Person bestimmt oder nur bestimmbar ist.

Wichtig hingegen ist der Unterschied zwischen Daten bestimmter bzw. bestimmbarer Personen und anonymen Daten. In § 3 Abs. 6 BDSG wird der Begriff des Anonymisierens als „verändern personenbezogener Daten derart, dass die Einzelangaben über persönliche oder sachliche Verhältnisse nicht mehr oder nur mit einem unverhältnismäßig großen Aufwand an Zeit, Kosten, und Arbeitskraft einer bestimmten oder bestimmbaren natürlichen Person zugeordnet werden können." Ist eine Zuordnung zu einer bestimmten oder bestimmbaren Person nicht oder nicht mehr möglich, unterliegt die Verarbeitung und Nutzung dieser Daten nicht dem Datenschutzrecht (Bizer 1999, S. 63; Möncke 1998, S. 566). Ein Personenbezug bleibt jedoch bestehen, wenn eine Reidentifizierung, wenn auch nur mit unverhältnismäßigem Aufwand möglich bleibt (Dammann, BDSG § 3 Rn. 202). Kein unverhältnismäßiger Aufwand liegt vor, wenn in einer Datenbank der Personenbezug beseitigt wurde, aber eine andere Stelle z. B. anhand von Kundennummern eine Reidentifizierung durchführen kann (Tinnefeld, Ehmann 1998, S. 188).

---

[1] Zur Rechtslage in der Schweiz siehe (Schweizer 1999; Baeriswyl 2000, S. 7)

Die Verarbeitung von anonymen Daten im Data Warehouse und zum Data Mining ist zumindest aus datenschutzrechtlicher Sicht uneingeschränkt zulässig. Möchte beispielsweise ein Kreditinstitut mittels Data Mining feststellen, welche Eigenschaften Kreditnehmer haben, die insolvent werden, so kann es dazu anonymisierte Kundendaten verwenden, wenn dabei jeglicher Personenbezug ausgeschlossen ist. Ist eine Reidentifizierung z. B. anhand von Kundennummern möglich, fällt die Verarbeitung in den Anwendungsbereich des BDSG.

Gemäß § 3 Abs. 4 BDSG ist das Verarbeiten der Oberbegriff für das Speichern, Verändern, Übermitteln, Sperren und Löschen von personenbezogenen Daten. Nutzung ist gemäß § 3 Abs. 5 BDSG die Verwendung personenbezogener Daten, soweit es sich nicht um Verarbeitung handelt.

Die Verarbeitung und Nutzung personenbezogener Daten unterliegt einem Verbot mit Erlaubnisvorbehalt. Eine Verarbeitung und Nutzung personenbezogener Daten ist nach § 4 Abs. 1 BDSG demnach nur zulässig, wenn sie durch das BDSG oder eine andere Rechtsvorschrift erlaubt wird oder die betroffene Person eingewilligt hat.

Aufgrund der Umsetzung der EG-Datenschutzrichtlinie fällt nunmehr bereits die Datenerhebung unter das Verbot mit Erlaubnisvorbehalt (vgl. § 4 Abs. 1 BDSG). In § 3a BDSG ist der Grundsatz der Datenvermeidung und Datensparsamkeit normiert, der insbesondere auf die Anonymisierung und Pseudonymisierung hinweist.

3.1 Datenverarbeitung aufgrund gesetzlicher Erlaubnis im BDSG

Im BDSG wird zwischen öffentlichen und nicht-öffentlichen Datenverarbeitern unterschieden. Im folgenden soll das Hauptaugenmerk auf dem nicht-öffentlichen Bereich liegen. Die Verarbeitung und Nutzung personenbezogener Daten ist grundsätzlich nur zweckgebunden möglich. Gesetzlich geregelte Erlaubnistatbestände für die Verarbeitung und Nutzung personenbezogener Daten im nicht-öffentlichen Bereich finden sich in den §§ 28 ff. BDSG.

Werden mit der Datenverarbeitung im Data Warehouse eigene Geschäftszwecke verfolgt, also die Auswertung der eigenen Geschäftstätigkeit oder das Verhalten der eigenen Kunden, ist § 28 BDSG die einschlägige Rechtsvorschrift.

3.1.1 Datenverarbeitung zu vertraglichen oder vertragsähnlichen Zwecken

Die Datenverarbeitung und -nutzung zu vertraglichen oder vertragsähnlichen Zwecken erlaubt § 28 Abs. 1 Nr. 1 BDSG. Die Datenverarbeitung und -nutzung bei Vertragsverhältnissen muss in unmittelbarem Zusammenhang mit dem jeweiligen Vertragszweck stehen, der sich aus den übereinstimmenden Erklärungen der

Vertragsparteien ergibt (Simitis, BDSG § 28 Rn. 79). Die Datenverarbeitung muss demnach erfolgen, um der Erfüllung der gegenseitigen, sich aus dem Vertrag ergebenden, Pflichten zu dienen (z. B. Rechnungs- und Lieferanschrift, Bankverbindung, zu liefernde Ware). Aus dem Vertragszweck kann sich auch die Zulässigkeit einer längerfristigen Speicherung von Kundendaten ergeben, beispielsweise in Dauerschuldverhältnissen (Möncke 1998, S. 566). Durch Vertragszwecke nicht mehr gedeckt ist die Datenverarbeitung im Data Warehouse z. B. zur Klassifikation von unterschiedlichen Kundentypen und darauf aufbauendes gezieltes Marketing (Möncke 1998, S. 566).

Ähnliches gilt für die Datenverarbeitung bei vertragsähnlichen Vertrauensverhältnissen, also beispielsweise vor- oder nachvertraglichen Verhältnissen (Bizer 1999, S. 64 f.). Mit der Erfüllung des jeweiligen Zwecks entfällt die Erlaubnis zur Datenverarbeitung aus § 28 Abs. 1 Nr. 1 BDSG.

Eine Speicherung personenbezogener Daten im Data Warehouse und deren Auswertung mittels Data Mining lässt sich demnach nur auf § 28 Abs. 1 Nr. 1 BDSG stützen, wenn gerade dies Gegenstand des Vertrages ist.

3.1.2 Datenverarbeitung zur Wahrung berechtigter Interessen

Die Datenverarbeitung und -nutzung ist zur Wahrung berechtigter Interessen der speichernden Stelle erlaubt, wenn entgegenstehende schutzwürdige Interessen der betroffenen Person nicht anzunehmen sind, § 28 Abs. 1 Nr. 2 BDSG.

Berechtigte eigene Interessen können unterschiedlicher Art sein. Werbe- und Marketingaktivitäten fallen beispielsweise darunter (Bizer 1999, S. 65). Der Zweck der Verarbeitung ist konkret zu bestimmen (Simitis, BDSG § 28 Rn. 136). Die Verarbeitung und Nutzung der personenbezogenen Daten darf für diese Zwecke nicht nur geeignet sein. Es dürfen vielmehr nur die Daten verarbeitet und genutzt werden, die für den konkreten Zweck erforderlich sind (Simitis, BDSG § 28 Rn. 136). Dies stellt für die Zulässigkeit der Datenverarbeitung im Data Warehouse und das Data Mining eine hohe Hürde dar. Wie bereits oben festgestellt, dient das Data Mining unter anderem auch der Aufdeckung bisher unbekannter Zusammenhänge. Ob und welche personenbezogenen Daten erforderlich sind, ist vor Durchführung des Data Mining unklar. In vielen Fällen sind gleichwertige Ergebnisse ohne die Verarbeitung und Nutzung personenbezogener Daten erzielbar.

Hinzu kommt, dass bei § 28 Abs. 1 Nr. 2 BDSG eine Interessenabwägung zwischen den Interessen der verarbeitenden Stelle und der betroffenen Person vorzunehmen ist. Allgemeine Wertungsmaßstäbe können für eine solche Interessenabwägung nicht aufgestellt werden. Es kommt vielmehr immer auf die individuelle Situation an, die eine genaue Prüfung erfordert (Simitis, BDSG § 28 Rn. 149 f.). Bei der Abwägung der Interessen ist auch zu berücksichtigen, wie schwierig eine

Deanonymisierung des Betroffenen ist (Möncke 1998, S. 566). Überwiegende schutzwürdige Interessen liegen jedenfalls dann vor, wenn Kundenprofile erstellt werden, die z. B. Kaufverhalten, Vorlieben und Zahlungsverhalten offenlegen (Bizer 1999, S. 66; Simitis, BDSG § 28 Rn. 155).

Besonderheiten gelten auch bei den sensitiven Daten gemäß § 3 Abs. 9 BDSG (z. B. rassische und ethnische Herkunft, politische Meinungen, Gesundheitsdaten). § 28 Abs. 6 BDSG untersagt die Verarbeitung solcher Daten, es sei denn es liegen eine gesonderte Einwilligung (siehe unten) bzw. besondere Ausnahmetatbestände vor.

In Konzernen besteht großes Interesse daran, Data Warehouses konzernweit einzusetzen. Beispielsweise könnte der Kauf einer Ware durch den Kunden einer Konzerntochter mittels einer anderen Konzerntochter finanziert werden. Durch konzernweites Data Mining könnte erkennbar sein, welche Kunden aufgrund der Auswertung vorliegender Daten an einer Finanzierung interessiert sein könnten. Dadurch wäre eine gezielte Bewerbung dieser Kunden möglich. Hinsichtlich der datenschutzrechtlichen Beurteilung ist zunächst festzustellen, dass kein Konzernprivileg existiert, also ein Konzern keine einheitliche datenverarbeitende Stelle darstellt (Dammann, BDSG § 2 Rn. 130). Vielmehr ist jedes juristisch selbständige Tochterunternehmen eine eigene datenverarbeitende Stelle. Daher ist jede Datenweitergabe an bzw. der Datenabruf durch andere Tochterunternehmen des Konzerns bzw. an die Konzernmutter eine Übermittlung an Dritte gemäß § 3 Abs. 4 Nr. 3 BDSG. Als Rechtsgrundlage einer solchen Übermittlung kommt § 28 Abs. 1 Nr. 2 BDSG nicht in Frage, da die Übermittlung regelmäßig auch im Interesse des anderen Tochterunternehmens und damit eines Dritten ist. § 28 Abs. 1 Nr. 2 BDSG erlaubt eine Übermittlung jedoch nur zu eigenen Zwecken. Eine mögliche Rechtsgrundlage ist § 28 Abs. 3 Nr. 1 BDSG, der die Übermittlung „zur Wahrung berechtigter Interessen eines Dritten" erlaubt. Allerdings ist hier das schutzwürdige Interesse der betroffenen Person am Ausschluss der Übermittlung zu berücksichtigen. Die Übermittlung personenbezogener Kundendaten einschließlich der Interessen, beispielsweise für bestimmte Produkte, ist wegen der schutzwürdigen Interessen des Betroffenen nicht auf § 28 Abs. 3 Nr. 1 BDSG stützbar (Simitis, BDSG, § 28 Rn. 209; Bizer 1999, S. 66).

Werden personenbezogene Daten gemäß § 28 Abs. 1 Nr. 3 BDSG aus öffentlichen Quellen entnommen, dann scheitert die Verarbeitung im Data Warehouse ebenfalls an überwiegenden Interessen des Betroffenen, wenn diese Daten zur Profilbildung über die betroffene Person dienen.

Gegen eine Auswertung personenbezogener Daten im Data Warehouse kann auch ein Widerspruch der betroffenen Person gegen die Nutzung oder Übermittlung seiner Daten zu werblichen Zwecken oder Zwecken der Markt- oder Meinungsforschung gemäß § 28 Abs. 4 BDSG sprechen, der eine weitere Nutzung und Übermittlung bzw. Verarbeitung für diese Zwecke unzulässig macht.

Unzulässig kann eine Datenverarbeitung auch aufgrund von § 35 Abs. 2 BDSG sein. Danach sind personenbezogene Daten zu löschen, wenn die Speicherung unzulässig ist, wenn es sich um besonders sensible Daten aus einem in der Vorschrift aufgeführten Katalog handelt und deren Richtigkeit von der speichernden Stelle nicht bewiesen werden kann und wenn bei Verarbeitung für eigene Zwecke die Kenntnis zur Zweckerfüllung nicht mehr erforderlich ist. Werden Daten geschäftsmäßig zum Zwecke der Übermittlung verarbeitet, sind sie zu löschen, wenn eine Prüfung am Ende des fünften Jahres nach der erstmaligen Speicherung eine längere Speicherung nicht erforderlich scheinen lässt.

Unter bestimmten Voraussetzungen sind gemäß § 35 Abs. 3 BDSG personenbezogene Daten zu sperren statt zu löschen. Zusätzlich ist eine Sperrung vorzunehmen, wenn die Richtigkeit der Daten von der betroffenen Person bestritten wird und sich die Richtigkeit nicht feststellen lässt. Sowohl eine Löschungspflicht als auch die Verpflichtung zur Sperrung steht demnach der Verarbeitung im Data Warehouse und zum Data Mining entgegen.

3.2 Datenverarbeitung legitimiert durch Einwilligung

Neben der Zulässigkeit aufgrund einer Rechtsvorschrift, kann eine Datenverarbeitung und -nutzung gemäß § 4 Abs. 1 BDSG durch eine Einwilligung des Betroffenen legitimiert sein. Eine Einwilligung durch den Betroffenen bedarf grundsätzlich der Schriftform, es sei denn, es ist aufgrund besonderer Umstände eine andere Form angemessen, § 4a Abs. 1 S. 3 BDSG. § 89 Abs. 10 TKG und § 4 Abs. 2 TDDSG sehen unter bestimmten Voraussetzungen eine elektronische Einwilligung vor.

Um rechtskonform in die Datenverarbeitung einwilligen zu können, muss der Betroffene über die Bedeutung seiner Einwilligung aufgeklärt werden (Bergmann, Möhrle, Herb, BDSG, § 4, Rn. 46). Er muss die Tragweite seiner Einwilligung erkennen können. § 4a Abs. 1 S. 2 BDSG verlangt daher eine Information des Betroffenen über den Zweck der Verarbeitung. Allgemein gehaltene Erläuterungen wie solche, dass die Daten zu Werbezwecken verarbeitet werden, sind insoweit unzureichend (Simitis, BDSG § 4 Rn. 57). Der Betroffene muss vielmehr auch darauf hingewiesen werden, welche Daten für diesen Zweck verarbeitet werden (Bergmann, Möhrle, Herb, BDSG, § 4, Rn. 47; Simitis, BDSG § 4 Rn. 57). Ist eine Übermittlung an Dritte vorgesehen, dann muss dem Betroffenen zusätzlich der Adressatenkreis mitgeteilt werden (Simitis, BDSG § 4 Rn. 57; Bergmann, Möhrle, Herb, BDSG, § 4, Rn. 49).

Gemäß § 4a Abs. 3 BDSG bedarf es bei der Verarbeitung der besonderen in § 3 Abs. 9 BDSG genannter Datenkategorien einer besonderen, sich ausdrücklich auf diese Daten beziehenden, Einwilligung.

Soll eine Einwilligung des Betroffenen in die Datenverarbeitung im Data Warehouse und zum Data Mining eingeholt werden, muss er in ausreichender Bestimmtheit über den Umfang seiner Einwilligung aufgeklärt werden. Der Betroffene ist darüber zu informieren, für welche Zwecke welche Daten verarbeitet werden. Denkbar wäre eine Aussage, nach der, zumindest der Art nach spezifizierte, Daten verarbeitet werden, um ein auf den Kunden zugeschnittenes Serviceangebot erstellen zu können. Der Kunde muss erkennen können, um welche Art von Angebot es sich handelt. Des weiteren sind dem Betroffenen die Unternehmen zu nennen, an die Daten weitergegeben werden sollen. Wegen des fehlenden Konzernprivilegs sind rechtlich selbständige Konzernunternehmen ebenso aufzuführen.

Kann ein Verarbeitungszweck nicht ausreichend spezifiziert werden, weil sich ein solcher gerade erst aus dem Ergebnis der Datenverarbeitung ergibt, dann ist eine Legitimation der Verarbeitung durch eine Einwilligung nicht möglich. In diesem Fall kann eine Verarbeitung nur mit anonymen bzw. anonymisierten Daten durchgeführt werden.

3.3 Spezialgesetzliche Regelungen

Spezialgesetzliche Regelungen, die die Verarbeitung personenbezogener Daten im Data Warehouse bzw. beim Data Mining betreffen, finden sich in zahlreichen Vorschriften. So stehen beispielsweise besondere Geheimhaltungspflichten (z. B. Arztgeheimnis § 203 Abs. 1 Nr. 1 StGB, Steuergeheimnis § 30 AO) regelmäßig einer Verarbeitung personenbezogener Daten im Data Warehouse entgegen.

Zwei Bereiche, bei denen sich der Einsatz von Data Warehouses und Data Mining aufgrund der technischen Besonderheiten geradezu anbietet, sind der Telekommunikationsbereich sowie der Bereich der neuen Multimediadienste. Datenschutzrechtlich werden diese Bereiche durch das Telekommunikationsgesetz (TKG) i.V. m. der Telekommunikationsdienstunternehmen-Datenschutzverordnung (TDSV) und das Teledienstedatenschutzgesetz (TDDSG) bzw. den Mediendienstestaatsvertrag (MDStV) erfasst.

3.3.1 Telekommunikationsrecht

Die datenschutzrechtlichen Vorschriften des TKG gehen als bereichsspezifische Regelungen den allgemeineren des BDSG vor, § 1 Abs. 4 S. 1 BDSG und § 85 Abs. 3 S. 3 TKG. Das Fernmeldegeheimnis in § 85 TKG dient dem Schutz des Inhalts und der näheren Umstände von Telekommunikation. § 89 TKG ermächtigt die Bundesregierung zum Erlass einer Verordnung, die den Schutz der personenbezogenen Daten der an Telekommunikationsvorgängen beteiligten Personen zum

Ziel hat. Das Fernmeldegeheimnis und der Datenschutz überschneiden sich in ihren Schutzbereichen.[2]

Neben dem Inhalt schützt das Fernmeldegeheimnis auch die „näheren Umstände" der Telekommunikation, d. h. wer, wann, mit wem, wie lange, von wo, wohin und auf welche Weise kommuniziert hat (Büchner et al. 1997, § 85, Rn. 3). Adressat des Fernmeldegeheimnisses ist gemäß § 85 Abs. 2 TKG, wer geschäftsmäßig Telekommunikationsdienste erbringt oder an der Erbringung beteiligt ist. Im Sinne von § 3 Nr. 5 TKG ist das geschäftsmäßige Erbringen von Telekommunikationsdiensten, das auf Dauer angelegte Angebot von Telekommunikation (§ 3 Nr. 16 TKG) und zwar unabhängig davon, ob ein Gewinn erzielt werden soll. Darunter fallen beispielsweise auch von Dritten bzw. Tochterunternehmen betriebene Corporate Networks und betriebliche Nebenstellenanlagen, wenn den Beschäftigten eine private Nutzung erlaubt ist (BT-Drs. 13/3609, S. 53). Die durch das Fernmeldegeheimnis geschützten Daten unterliegen gemäß § 85 Abs. 3 TKG einer strikten Zweckbindung. Sie dürfen nur zur Erbringung der Telekommunikationsdienste verwendet werden, es sei denn eine Rechtsvorschrift, die sich ausdrücklich auf Telekommunikationsvorgänge bezieht, erlaubt eine anderweitige Verwendung.

Anders als im allgemeinen Datenschutzrecht werden Daten juristischer Personen oder rechtsfähiger Personengesellschaften ausnahmsweise gemäß § 89 Abs. 1 Satz 4 i. V. m. § 85 Abs. 1 TKG durch das Datenschutzrecht geschützt, wenn sie unter das Fernmeldegeheimnis fallen (Büchner et al., § 85, Rn. 3; § 89, Rn. 13; Bizer 1999, S. 68).

Eine Verarbeitung und Nutzung von Daten, die unter das Fernmeldegeheimnis fallen, im Data Warehouse und zum Data Mining ist demnach nur möglich, wenn dies durch eine Rechtsvorschrift, die sich ausdrücklich auf Telekommunikationsvorgänge bezieht, erlaubt ist (z. B. § 89 Abs. 7 TKG).

Die allgemeinen Anforderungen an die Zulässigkeit der Datenverarbeitung im Zusammenhang mit Telekommunikationsdiensten gemäß § 89 Abs. 1 TKG sind der Grundsatz der Erforderlichkeit der Datenverarbeitung sowie der Grundsatz der Zweckbindung. Die zu erlassende Verordnung hat sich daran zu orientieren und soll zudem, neben weiteren Detailregelungen, die Höchstdauer für die Speicherung von Daten und die Interessen der Anbieter und Betroffenen berücksichtigen. Aufgrund der alten Rechtsgrundlage des § 10 PTRegG wurde kurz vor Inkrafttreten des TKG eine TDSV verabschiedet (BGBl. 1996 I, 928 ff.). Sie wendet sich nur an gewerbliche Anbieter von Telekommunikationsdiensten. Ihre Wirksamkeit besteht fort, soweit sie nicht im Widerspruch zu den Regelungen in § 89 TKG steht (Bizer 1999, S. 71). Die Datenschutzgrundsätze in § 89 TKG erlangen damit unmittelbare Geltung (Büchner et al., § 89, Rn. 8).

---

[2] Zum Verhältnis Fernmeldegeheimnis/Recht auf informationelle Selbstbestimmung vgl. Rieß, S. 141 ff.

Aus § 89 Abs. 2 Nr. 1 TKG ergibt sich, dass die Verarbeitung von Daten natürlicher und juristischer Personen zum Zweck der „betrieblichen Abwicklung ihrer jeweiligen geschäftsmäßigen Kommunikationsdienste", also nur für eigene Zwecke der Anbieter, erfolgen darf. Im einzelnen werden aufgeführt die Verarbeitung von Bestandsdaten (Vertragsdaten wie Name und Anschrift) bzw. Verbindungsdaten (z. B. Rufnummer des Anrufers, Zielrufnummer, Datum, Uhrzeit und Dauer der Verbindung) zum Zwecke der Durchführung des Vertrages (§ 89 Abs. 2 Nr. 1a TKG), der Herstellung und Aufrechterhaltung von Telekommunikationsverbindungen (§ 89 Abs. 2 Nr. 1b TKG), der Entgeltermittlung und des Entgeltnachwieses (§ 89 Abs. 2 Nr. 1c TKG), der Störungserkennung und -beseitigung (§ 89 Abs. 2 Nr. 1d TKG) und der Verhinderung von Missbrauch (§ 89 Abs. 2 Nr. 1e TKG). Gemäß § 89 Abs. 2 Nr. 2 TKG dürfen Daten zur „bedarfsgerechten Gestaltung" unter der Beschränkung verarbeitet werden, dass Anschlussdaten des Anrufers nur mit dessen Einwilligung verarbeitet werden dürfen und Anschlussdaten des Angerufenen unverzüglich anonymisiert werden. Unter bedarfsgerechter Gestaltung kann z. B. die Entwicklung unterschiedlicher Tarifmodelle oder die Bereitstellung von erforderlichen Netzkapazitäten verstanden werden (Büchner et al., § 89, Rn. 25). Innerhalb der genannten Begrenzungen ist zu diesem Zweck eine Verarbeitung im Data Warehouse und die Auswertung durch Data Mining möglich.

§ 89 Abs. 7 TKG erlaubt die Verarbeitung und Nutzung von Bestandsdaten zu Werbe-, Beratungs- und Marktforschungszwecken, wenn die Betroffenen in diese Zweckänderung eingewilligt haben. Für Daten, die vor Inkrafttreten des TKG bereits durch die Anbieter erhoben waren, gilt lediglich ein Widerspruchsrecht, auf das jedoch angemessen hingewiesen werden muss. Ausdrücklich wird in § 89 Abs. 10 TKG darauf hingewiesen, dass der Kunde sachgerecht über Inhalt und Reichweite der Einwilligung einschließlich der Zwecke sowie der Nutzungszeiten zu informieren ist. Problematisch ist auch hier, dass sich der Verarbeitungszweck gegebenenfalls erst als Produkt des Verarbeitungsvorganges ergibt.

Ergänzt werden die gesetzlichen Regelungen im TKG durch die TDSV. Aufgrund des Vorrangs des Gesetzes verdrängen die gesetzlichen Regelungen im TKG entgegenstehende Vorschriften in der TDSV. In § 6 Abs. 3 TDSV wird festgelegt, dass Verbindungsdaten nur mit Einwilligung des Kunden nach Rufnummern angerufener Anschlüsse ausgewertet werden dürfen. Hat der Kunde in die Auswertung eingewilligt, dürfen die Verbindungsdaten allerdings gemäß § 6 Abs. 3 Satz 1 TDSV nur zur „bedarfsgerechten Gestaltung" von Telekommunikationsdiensten verarbeitet werden. Eine Verarbeitung im Data Warehouse und die Auswertung mittels Data Mining ist demnach nur mit Einwilligung und zu den genannten Zwecken möglich.

In der TDSV sind spezielle Löschungsfristen für Bestands- und Verbindungsdaten vorgesehen. Nach Beendigung des Vertragsverhältnisses sind nach § 5 Abs. 3 TDSV Bestandsdaten „mit Ablauf des auf die Beendigung folgenden Kalenderjahres zu löschen". Ausnahmen gelten für die Bearbeitung von Beschwerden. Verbindungsdaten sind gemäß § 6 Abs. 2 TDSV spätestens am Tag nach Verbindungsende zu löschen, wenn sie nicht zum Aufbau weiterer Verbindungen oder zu anderen nach der TDSV erlaubten Zwecken (insbesondere Entgeltermittlung und –abrechnung) benötigt werden. § 7 Abs. 3 TDSV erlaubt die Speicherung der Verbindungsdaten unter Verkürzung der Zielrufnummer um die letzten drei Ziffern für einen Zeitraum von 6 Monaten nach Versand der Rechnung. Erhebt der Kunde Einwendungen gegen die Rechnung dürfen die Daten bis zur Klärung gespeichert werden. Nach § 7 Abs. 4 TDSV kann der Kunde abweichend von § 7 Abs. 3 TDSV die vollständige Speicherung der Zielrufnummer oder die vollständige Löschung der Daten mit Versand der Rechnung verlangen.

Die kurzen Speicherungsfristen, die enge Zweckbindung der Daten und die Schwierigkeiten hinsichtlich einer rechtskonformen informierten Einwilligung machen eine Verarbeitung und Auswertung von Telekommunikationsdaten mit Bezug zu natürlichen oder juristischen Personen im Data Warehouse nahezu unmöglich.

3.3.2 Recht der Multimediadienste

Bei den sogenannten Multimediadiensten fallen Daten quasi nebenher bei der Nutzung an und können leicht in einem Data Warehouse verarbeitet und genutzt werden. Die datenschutzrechtlichen Regelungen für diese Dienste finden sich im Teledienstedatenschutzgesetz (TDDSG) und in den §§ 16-21 des Mediendienstestaatsvertrages (MDStV), die im Regelungsgehalt im wesentlichen übereinstimmen.[3]

Gemäß § 3 Abs. 1 TDDSG ist die Erhebung, Verarbeitung und Nutzung personenbezogener Daten durch Diensteanbieter nur aufgrund einer Rechtsvorschrift oder einer Einwilligung des Nutzers erlaubt. Der Zweck der Verarbeitung ist dabei auf die Durchführung von Telediensten beschränkt. Soll die Verarbeitung zu einem anderen Zweck erfolgen, dann bedarf es einer Einwilligung des Nutzers oder einer Rechtsvorschrift, die dies erlaubt, § 3 Abs. 2 TDDSG. Grundsätzlich ist der Nutzer umfangreich über die Datenverarbeitung zu unterrichten, § 4 Abs. 1 TDDSG. Zudem soll der Anbieter eine anonyme bzw. pseudonyme Nutzung seiner Dienste ermöglichen, § 4 Abs. 6 TDDSG.

Nutzungsdaten dürfen zur Diensterbringung und zur Abrechnung verarbeitet werden, § 6 Abs. 1 TDDSG. Sie sind schnellstmöglich, soweit es sich nicht um Abrechnungsdaten handelt nach Nutzungsende, zu löschen. Abrechnungsdaten sind zu löschen, sobald sie zur Abrechnung nicht mehr benötigt werden, es sei denn der Nutzer wünscht einen Einzelnachweis. Die Übermittlung von Nutzungs- und Ab-

---

[3] Im Weiteren wird daher nur auf die Regelungen des TDDSG Bezug genommen. Grundsätzlich zum TDDSG: (Büllesbach 1997; Büllesbach 1999, S. 263 ff.)

rechnungsdaten ist gemäß § 6 Abs. 5 TDDSG unzulässig, es sei denn, der Dritte benötigt sie zum Forderungseinzug oder anonymisierte Nutzungsdaten werden zu Marktforschungszwecken übermittelt.

Die Bildung von Nutzungsprofilen ist gemäß § 6 Abs. 3 TDDSG nur erlaubt, wenn dabei Pseudonyme verwendet werden und die Profile nicht mit dem Träger in Verbindung gebracht werden. Der Nutzer kann der Profilbildung widersprechen.

Der im TDDSG mehrfach verankerte Zweckbindungsgrundsatz sowie der Grundsatz der Datensparsamkeit haben zur Folge, dass eine Datenverarbeitung im Data Warehouse und zum Data Mining ohne Einwilligung des Nutzers unzulässig ist. Die umfangreichen Unterrichtungspflichten in § 4 Abs. 1 TDDSG und die unklaren Ergebnisse des Data Mining-Prozesses führen auch hier zu Schwierigkeiten bei der Gestaltung rechtskonformer Einwilligungserklärungen.

4   Zusammenfassung und Ausblick

Eine Verarbeitung personenbezogener Daten im Data Warehouse und deren Verwendung zum Data Mining ist nur eingeschränkt möglich. Die Erwartung einiger Vertriebs- und Marketingfachleute, dass man mit Kundendaten nach Belieben verfahren könne, ist wie gezeigt unter datenschutzrechtlichen Gesichtspunkten nicht haltbar. Unproblematisch ist die Verarbeitung von anonymen Daten im Data Warehouse und zum Data Mining. Bei Planung von Data Warehousing und Data-Mining-Projekten, sollte daher zunächst immer geprüft werden, ob die Verarbeitung personenbezogener Daten wirklich notwendig ist, oder ob die Verarbeitung anonymer Daten ausreicht. Ist eine Verarbeitung personenbezogener Daten notwendig, so ist man in den meisten Fällen auf eine Kooperation mit dem Betroffenen angewiesen. Er muss in die Verarbeitung seiner personenbezogenen Daten einwilligen. Dies muss jedoch kein Wettbewerbsnachteil sein. Es ist ein zunehmendes Interesse der Verbraucher an Datenschutzthemen erkennbar. Datenschutzverstöße haben in jüngster Vergangenheit zu Misstrauen der Verbraucher geführt und haben negative Auswirkungen auf das Image der Unternehmen zur Folge. Eine transparente Datenverarbeitung und ein hohes Datenschutzniveau führt zu Vertrauen und Akzeptanz seitens der Verbraucher.

5 Literatur

Baeriswyl, B.: Data Mining und Data Warehousing: Kundendaten als Ware oder geschütztes Gut. In: Recht der Datenverarbeitung (RDV), 1/2000 1.

Bergmann, L.; Möhrle, R.; Herb, A.: Datenschutzrecht : Handkommentar zum Bundesdatenschutzgesetz, Datenschutzgesetze der Länder und Kirchen, Bereichsspezifischer Datenschutz. Stuttgart 1985.

Bizer, J.: Datenschutz im Data Warehouse. In: Horster, P.; Fox, D. (Hrsg.): Datenschutz und Datensicherheit. Wiesbaden 1999.

Büchner, W.; Ehmer, J.; Kerkhoff, B.; Geppert, M.; Piepenbrock, H.-J.; Schütz, R.; Schuster, F. (Hrsg.): Beckscher TKG-Kommentar. München 1997.

Büllesbach, A.: Datenschutz bei Informations- und Kommunikationsdiensten. Gutachten der Friedrich-Ebert-Stiftung. Bonn 1997.

Büllesbach, A.: Das TDDSG aus Sicht der Wirtschaft. In: Datenschutz und Datensicherheit, 23 (1999) 5, S. 263ff.

Krahl, D.; Zick, F.-K.; Windheuser, U.: Data Mining. Einsatz in der Praxis. München 1998.

Möncke: Data Warehouses – eine Herausforderung für den Datenschutz? In: Datenschutz und Datensicherheit, 22 (1998) 10.

Nakhaeizadeh, Reinartz, Wirth: Wissensentdeckung in Datenbanken und Data Mining: Ein Überblick. In: G. Nakhaeizadeh (Hrsg.): Data Mining. Theoretische Aspekte und Anwendungen. Heidelberg 1998.

o. V.: Gesetzesentwurf der Fraktionen der CDU/CSU, SPD und F.D.P. Entwurf eines Telekommunikationsgesetzes (TKG). Deutscher Bundestag, Drucksache (BT-Drs) 13/3609. Bonn 1996.

Rieß, J: Vom Fernmeldegeheimnis zum Telekommunikationsgeheimnis. In: Büllesbach, A. (Hrsg.): Datenschutz im Telekommunikationsrecht. Band 6, S. 141 ff.

Schweizer, A.: Data Mining, Data Warehousing. Datenschutzrechtliche Orientierungshilfen für Privatunternehmen. Zürich 1999.

Simitis, S.; Dammann, U.; Geiger, H.; Mallmann, O.; Walz, S.: Kommentar zum Bundesdatenschutzgesetz, 4. Aufl., Baden-Baden, Loseblattsammlung, 19. Lieferung, Stand: Mai 1993.

Tinnefeld, M.-T.; Ehmann, E.: Einführung in das Datenschutzrecht. 2. Aufl. München, Wien 1998.

Enterprise Application Integration and Active Data Warehousing

Stephen A. Brobst

NCR Teradata

When data warehouse repositories were kept for exclusive access by the privileged few in marketing, finance and strategic planning there was little need to be concerned with Enterprise Application Integration (EAI) in connection with Business Intelligence solutions. However, as organizations move toward greater leverage of information assets by deploying Active Data Warehousing for tactical decision support, EAI becomes an important part of the architectural framework for a Business Intelligence solution. Data warehouse architects must work closely with corporate IT to ensure that a direction consistent with an organization's overall EAI framework is undertaken.

1   The Evolution of Decision Support Requirements

There was a time that data warehouse implementations were relatively isolated within the IT infrastructure of an organization. Data extract programs snuck out in the middle of the night or over a weekend to steal away with data from the operational systems and load it into the informational repository (data warehouse). A select group of knowledge workers (usually in marketing, finance, strategic planning, etc.) had access to this information for reporting and analysis, but the requirements for connectivity to large numbers of users outside the corporate ivory tower and interoperability with production systems were minimal.

With the expanded scope of successful data warehouses to encompass tactical decision making in addition to traditional decision support applications (cf. Brobst, Rarey 2001), the need for better integration into the mainstream of IT infrastructure has become essential. As a result, Enterprise Application Integration (EAI) has emerged as a critical component in the architecture of advanced data warehouse implementations. When properly deployed, EAI provides a vehicle for transitioning from back office decision making to tactical decision support on the front-lines to impact execution of the enterprise strategy. EAI plays a particularly important role when implementing the extreme data freshness service levels required for Active Data Warehousing.

2   What is Enterprise Application Integration?

From a business perspective, Enterprise Application Integration means providing unrestricting sharing of data and business processes among connected applications and data sources in the enterprise (cf. Linthicum 1999). To realize this goal, architects must put into place a technical infrastructure capable of combining business processes, software and hardware platforms, and standards to allow seamless integration of two or more enterprise systems so that they operate as one (or at least provide the illusion of doing so to the business community). A variety of industry buzzwords all focus on this noble goal. Web services, message brokers, application servers, and middleware tools all provide aspects of the infrastructure necessary to realize the EAI vision. In this paper we will identify the technical components of an EAI deployment that are most relevant to a Business Intelligence solution.

3   The Role of EAI in Active Data Warehousing

An Active Data Warehouse deployment relies upon EAI infrastructure for both data acquisition and decision delivery. An Active Data Warehouse requires extremely up-to-date data from the transactional processing (bookkeeping) systems within an organization (cf. Brobst 2002). Advanced EAI infrastructure can facilitate (near) real-time data acquisition. The EAI infrastructure provides a bridge between the world of bookkeeping and decision making. When a business event is recorded in the bookkeeping systems the EAI infrastructure allows the decision-making environment (Active Data Warehouse) to become aware of the event on a real-time basis.

The bridge works the other way as well. When analytic applications in a tactical decision support implementation detect the need for an action, the EAI infrastructure is used to deliver decisions to the OLTP systems that will be responsible for the associated bookkeeping activities to make each proposed action a reality. EAI with process integration allows for "closed loop" decision making. Data fed from the bookkeeping environment into the Active Data Warehouse will (selectively) cause event-based triggers to fire (based on business rules) and initiate decisions that are fed back into the operational bookkeeping systems for execution.

For example, consider the retail environment shown in Figure 1 where purchase transactions are captured using an electronic point-of-sales (ePOS) network in thousands of stores distributed across an extensive geography. Transactions from the ePOS systems are published to an EAI message bus as they occur in the stores. These business events are then delivered to all appropriate subscribers, including the Active Data Warehouse. Under certain conditions, such as when sales trends indicate a rapid depletion of inventory, the business rules embedded in the analytic capabilities of the Active Data Warehouse will arrive at a decision to order additional items for delivery to those stores that would otherwise end up with empty shelves. This inventory ordering decision is published using the EAI message bus and subscribers such as ERP (Enterprise Resource Planning) and General Ledger systems subscribe so as to be involved in the realization of the inventory re-order decision. EAI provides the "glue" to facilitate the closed loop cooperation between the bookkeeping and decision-making systems.

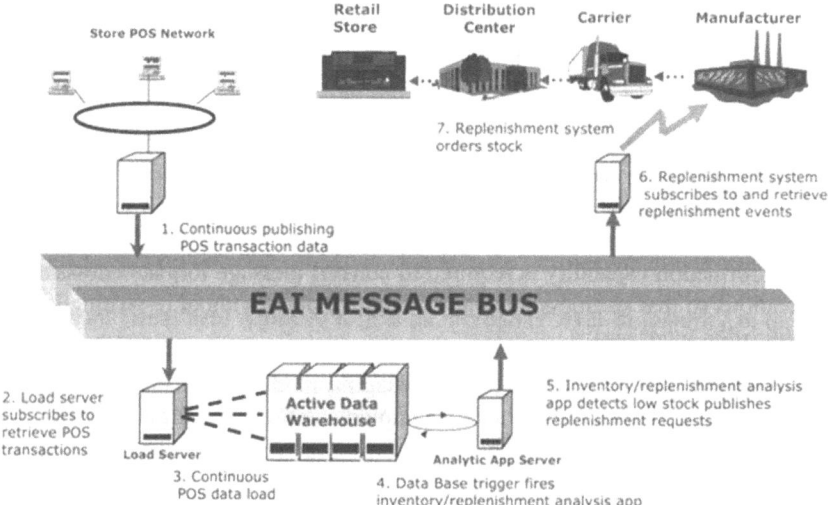

Fig. 1: An Active Data Warehouse with Enterprise Application Integration

4 An EAI Reference Architecture

Successful implementation of an EAI architecture involves much more than simply buying a packaged software solution. Realizing the full potential from an Active Data Warehouse deployment with EAI as a building block for data acquisition and delivery of decisions requires significant infrastructure. Some of the key components of the required reference architecture are as follows:

1. Secure, reliable, and scalable messaging: EAI implementation requires (near) real-time exchange of information among application components within the enterprise. The information exchanged is often business sensitive and must be protected from unauthorized acquisition or tampering. Moreover, reliable delivery of messages means that there is a guarantee that no message ever gets lost

or delivered more than once. As more and more of the enterprise becomes integrated into the EAI solution, the message delivery infrastructure must be able to incrementally grow bandwidth to handle increased messaging without degraded performance.

2. Intranet, Extranet, and/or Internet connectivity: To exchange information requires enterprise connectivity. Intranet connectivity may be appropriate if sharing is strictly confined to the traditional enterprise. However, with virtual integration in the interest of greater cooperation between partnering organizations it is often desirable to re-think the traditional boundaries of the enterprise to allow inter-organizational connectivity or even customer interchange with the data warehouse using EAI technology. In such cases, Extranet and/or Internet connectivity may come into play.

3. Routing and transformation capability: In an EAI implementation, information needs to get to the correct recipients in a form appropriate to receiving applications. Routing capability in an EAI implementation ensures that messages are directed to all applications that need information about a business event. Transformation capability is required to convert message formats between applications so that seamless integration can take place without re-writing legacy application interfaces.

4. Publish/subscribe or point-to-point messaging model: Exchange of information between applications in an EAI implementation can be performed using either publish/subscribe or point-to-point messaging models. The publish/subscribe model is more general purpose in that it can easily support either direct application-to-application messaging or broadcast messaging to multiple subscribers. Point-to-point messaging can usually be implemented with lower overhead and greater simplicity than publish/subscribe messaging, but is best suited to direct application-to-application messaging. Theoretically, publish/subscribe can be simulated with point-to-point messaging, but practical considerations advise against doing so without a commercially packaged solution.

5. Non-intrusive application adapters: Enterprise application integration needs to be achieved with the least possible impact on legacy applications. Legacy applications are typically fragile and expensive to modify, so avoiding intrusion into applications being integrated is critical for overall success of the EAI endeavor. To facilitate this goal, a framework that allows applications to easily plug into the EAI infrastructure using interface adapters is required.

6. Business process management capability: There is much more to a successful EAI implementation than just pushing messages around between applications. A fully functional EAI deployment supports workflow automation and directly contributes to business process management. Tools for defining workflow and automatically managing message routing and transformation using workflow meta data allows the EAI framework to be leveraged much more effectively.

The reference architecture described herein is not specific to the requirements of an Active Data Warehouse, but encompasses the necessary framework for EAI within an enterprise as a whole. The Active Data Warehouse is but one participant in the overall application environment within the enterprise. A data warehouse implementation will rarely dictate an organization's EAI requirements. Rather, when the data warehouse becomes "activated" for near real-time participation in organizational decision making, it will need to integrate with the existing (or emerging) EAI infrastructure of the corporation.

There are many different approaches and tools for EAI implementation. The Hurwitz taxonomy of the EAI implementations described in (cf. Gold-Bernstein 1999) provides a useful framework for understanding differences between the options available in the marketplace. From the perspective of Active Data Warehouse deployment, there are three categories of EAI that are most interesting:

1. Data-level EAI,

2. Message-level EAI, and

3. Process-level EAI.

The options listed here typically reflect an increasing level of maturity in the integration of the Business Intelligence environment with the overall enterprise application framework. In the paragraphs that follow, we describe each approach along with associated implementation tradeoffs.

5   Data-level EAI

The data-level EAI technique implements information exchange between multiple application data stores using traditional extract, transform, and load (ETL) techniques that are commonplace in data warehouse deployments. A variation on the ETL technique is ELT whereby data is extracted, loaded into staging tables, and then transformed inside the data warehouse platform. In either case, meta data is used to define transformations between the source system data content and the target data required by the data warehouse.

Data-level EAI is typically implemented using batch file processing techniques. A major advantage of data-level EAI is that it is extremely non-intrusive. As long as a window of time can be defined during which an extract from the operational source systems will not adversely impact production workload, the impact to legacy systems infrastructure should be minimal. No complex integration between systems is required; meta data specifications are used to translate between source data definitions and the target definitions for the data warehouse. The translation may be performed either within an engine-based tool or via code generated automatically from the meta data. In either case, all that the operational source systems need to provide are copy book definitions, data dictionaries, and other information used to understand source system content.

Tools that fall into the data-level EAI category include Ab Initio Co>Operating System, Ascential DataStage, ETI*Extract, Hummingbird Genio, Informatica PowerCenter, and many others.

6   Message-level EAI

The message-level EAI technique is much more amenable to (near) real-time sharing of information between source systems and an Active Data Warehouse. Message-level EAI manages the exhange of messages among multiple applications using reliable queuing systems. Business events can be published to one or more message queues as they occur in real-time rather than relying on a batch file processing model for information exchange.

The disadvantage of message-level EAI is that it requires more involvement from participating applications than data-level EAI. Participating applications in message-level EAI must create interfaces for sending and receiving messages. In some cases, there is a non-trivial amount of coding that must take place for a legacy application to implement message-level interfaces. This is specifically an issue with older, batch-oriented systems. It is difficult to leverage a real-time messaging capability if the source system is a batch billing system with no hooks for delivering information at a lower level than files.

Tools that fall into the message-level EAI category include IBM MQSeries, Microsoft MSMQ, and many others.

7   Process-level EAI

The process-level EAI technique goes beyond message-level EAI by overlaying a workflow management capability on top of message delivery capability. While message-level EAI is usually point-to-point, process-level EAI tools typically rely on a publish/subscribe messaging model. Process-level EAI can be thought of as an extension to message-level EAI with a middleware layer that performs the business process management using meta data derived from workflow automation tools.

Process-level EAI may be overkill for organizations just beginning with EAI implementation. However, full blown process-level EAI definitely emerges as a requirement as more sophistication is required for routing information between applications, orchestrating business processes for decision making and task execution, and interfacing to external business processes (cf. Schmidt 2000).

Tools that fall into the process-level EAI category include SeeBeyond Business Integration Suite, TIBCO ActiveEnterprise, Vitria BusinessWare, webMethods Integration Platform, and many others.

8   Marketplace Trends in EAI

More advanced EAI deployments are clearly emerging as a requirement in the Business Intelligence domain as data warehouses evolve from passive to active implementations. The ability to acquire data in near real-time and deliver decisions back to bookkeeping systems for operational execution requires much tighter integration of the data warehouse into the enterprise computing environment to enable and leverage tactical decision support capabilities.

Interestingly, however, is that message-level and process-level EAI tools typically fall short of data-level EAI tools in handling complex data transformations. For example, most process-level EAI tools can handle "scalar" transformations between data types or domain definitions, but not transformations requiring many-to-one record mappings or access to external data sources as part of the transformation rule execution. Traditional ETL/ELT tools are much more sophisticated in their meta data driven transformation capabilities than the message-level and process-level EAI tools.

As a result, message-level or process-level EAI tools are often used to feed into data-level EAI tools for transformation of data before delivery into an Active Data Warehouse. The message-level or process-level EAI tools provide reliable, near real-time delivery of information with final data transformation and loading implemented with traditional ETL tools. However, this approach only works if the ETL tool can handle continuous data acquisition, transformation, and loading (as opposed to file-based processing for these tasks). Leading innovators in the ETL marketplace have begun implementing stream-based interfaces for handling near real-time data delivery to augment their traditional file-based interfaces used for batch processing. Moreover, EAI adapters that allow data to be acquired into ETL tools for transformation processing from message-level and process-level EAI tools have begun to emerge into the marketplace. In the future, we expect a convergence between data-level, message-level, and process-level technologies in the EAI marketplace as vendors consolidate capabilities.

9   Conclusions

Organizations are finding that it is high time that they remove their data warehouse assets from "solitary confinement" in the corporate ivory tower. Leveraging information assets in an Active Data Warehouse in support of tactical decision making requires that the Business Intelligence solution within an enterprise cooperate more closely with OLTP applications to facilitate near real-time data acquisition as well as delivery of decisions. Enterprise Application Integration (EAI) plays a critical role in providing seamless integration of decision-making capability with traditional bookkeeping systems within an enterprise. The specific tools used for EAI deployment will depend on maturity of the technical infrastructure and sophistication of requirements within the enterprise.

10   Bibliography

Brobst, S.; Rarey, J.: Leveraging an Enterprise Data Warehouse for Tactical Decision Support. Data Warehousing Institute Flashpoint. May 25, 2001.

Linthicum, D.: Enterprise Application Integration. Reading et al. 1999.

Brobst, S.: Delivering Extreme Data Freshness with Active Data Warehousing. In: Journal of Data Warehousing. The Data Warehousing Institute. Spring, 2002.

Gold-Bernstein, B.: EAI Market Segmentation. In : EAI Journal. July/August, 1999.

Schmidt, J.: Enabling Next Generation Enterprises. In: EAI Journal. July 1, 2000.

Kopfgold (oder: Knowledge Management)[1]

Gunter Dueck

IBM Deutschland

Alpha Versionen sind Lehrbücher, Gesetze, Produkthochglanzprospekte, Aktienneuemissionsanzeigen, Regierungserklärungen. Dahinter ist das Reale. Hinter den Lehrbüchern die vorlesende Forscherpersönlichkeit, hinter dem Prospekt der Rat des erfahrenen Fachverkäufers. Alpha Versionen meiden Urteile, Meinungen und Leidenschaftlichkeit Dieser Beitrag ist kompromißlos beta.

Träume der Wissenschaft

Es würde Millionen und Abermilliarden Dollar einbringen, wenn wir das Wissen in den Köpfen unserer Mitarbeiter besser nicht in ihren Schädeln, sondern in Datenbanken gespeichert hätten. Vollständig, sicher und leicht zugänglich, so eine Datenbank soll ja kein Orakel sein. Normale Menschen haben wahre Goldminen in ihrem Gehirn. Mit ein wenig Kunst lässt sich das Gold heben, ein riesiger Wissensschatz wird freigelegt – und dann wird gescheffelt und eingesackt. Diese Kunst heißt Knowledge Management oder Wissensmanagement.

Es ist natürlich nicht wirklich Gold im Kopf, das ist ja klar, sonst würde das Gehirn praktisch 10 Kilogramm wiegen und da würde ja fast jeder bei der Arbeit einnicken. Aber manche Teile von meinem Gehirn sind so viel wert wie Gold oder noch viel mehr. Ich kann mein Glück kaum fassen. Ich habe mich also vor den Spiegel gestellt und versucht, meine normale Goldmiene aufzusetzen. Ich habe nicht so viel sehen können, allerdings habe ich schon ein paar silberne Haare. Die Frage ist: Was habe ich im Kopf, was ich zu Gold machen könnte?

Oben in hohen Hirnwindungen finde ich so etwas wie einen Oberboden, imposant zerbrochen wie ein Kolosseum, überall liegen lateinische Brocken herum, lange nicht benutzt; mittendrin ein großes Medipack, das Lara Croft vergessen haben muss, auch ein leerer Becher ACI-Joghurt. Eine Schlangenlinie, wie ein e-Business gebogen führt zu einem Maximum, daneben geht eine zwei-gestrichene Ableitung weit hinunter zu einer kaum sichtbaren Tür, die nur an den vielen Schlössern und einem Schild zu erkennen ist: „Eingang des Komplexes. Sigmund Freud." Den sehe ich praktisch wie zum ersten Mal, weil ich fast nie hier unten

---

[1]   Nachdruck aus Informatik-Spektrum Band 24, Heft 6, Dezember 2001, S. 387 ff., mit freundlicher Genehmigung des Springer-Verlags.

hinkomme, da ich meist von Wichtigerem verdrängt werde. Es stöhnt leise hinter der Tür. Es riecht merkwürdig. Ah! Die da! Drei Streifen. Es sind Sportschuhe. Zisch. Ich bin auf eine Beamvorrichtung getreten, die vor dem Komplex lauerte; weit weg. Wieder Trümmer. Ein halbvergessenes Buch. „Wild Duck". Quak! Ein Springer macht einen Rösslsprung. Eisenbahnschienen, sie sind schon grün bewachsen, wie neuerdings die in den Bahnhöfen. Das ist mein neues Buch „E-Man", es blüht, im Frühjahr abgegeben. E-Lok. Trieb wagen. Können Triebe Pfründe sein? Dampf wird abgelassen. Meine Kohle wird knapp. Mir wird schwarz. Alles ist blau. Immer Bis Mitternacht. Es huscht etwas Goldenes vorbei. Das war die Zukunft. Eine schöne Wirdschaft. Kastrandra sagt penibel voraus. Ich träume von Stabsarbeit im Antiserpentinenreich. Schwarzer Nuggatwulst.

Wo ist das Gold?

Ich bin ein wenig erschrocken über das neuronale Chaos, überall Netz mit doppeltem Knoten.

Der Knowledge-Management-Ratgeber hatte mir eher die Hoffnung gegeben, in mir drin sehe es aus wie beim Aufruf des Explorers im Windows, wenn man eine formatierte Festplatte anschaut. Die Struktur der Welt sieht nämlich ganz genau so aus. Die Systematiken der Unibibliotheken sind wie die auf der Festplatte, ebenso die Abteilungsstrukturen von Ministerien oder Großunternehmungen oder die der Koch- und Rezeptbücher, divide et impera, teile oder beherrsch dich! Ich hatte gedacht, Bill Gates habe die File-Struktur von Windows ungefähr nach dem menschlichen Gehirn gestaltet, weshalb wir uns im Windows auch gleich intuitiv wohlfühlen sollen. Dann könnten wir Knowledge Management wie einen Copy-Befehl betreiben: „Copy Wissen/Gold to Intellectual Data Base". Wenn ein Mitarbeiter kündigt, nehmen wir stattdessen den Move-Befehl. „*Verschiebe* Wissen in Datenbank!" Das Wissen neueingestellter Mitarbeiter (Virusfrei? Vorsicht, es kommt von der Uni oder vom Wettbewerber!) muss für die Startneuformatierung erst in kulturelle Quarantäne. Danach bekommt er eine e-Learning-Erstbefüllung. Am besten wäre so etwas wie Installaplantieren.

Wissen Sie, was das Wissensproblem des Wissensmanagement ist?

Es gibt Menschen, die eher mehr eine Windows-File-Struktur im Kopf haben. Es gibt Menschen, in denen es mehr neuronal verwimmelt zugeht.

Ich hoffe ja jetzt, Sie haben die letzte Kolumne gelesen, die gegen den Humenismus. Dann wissen Sie schon, was ich meine. Es gibt die Fünf-Sinne-Denker, die praktischen Sensors, die die Regeln und Strukturen der Welt kennen und in ihnen leben. Es gibt die Intuitiven, die die kreativen Ideen haben und mit dem Kopf gerne einmal in den Wolken verweilen. Ich habe in der letzten Kolumne die Menschen in vier Teile geteilt. (Sie selbst können Ihre eigene Einteilung bei www.keirsey.com durch einen Test erfahren und durch die dort vorgestellten Bücher vertiefen!). Ich kopiere noch einmal die Haupteigenschaften der vier „Menschenarten" in diese Kolumne.

Bitte nicht zürnen. Sie *selbst* stellen mich ja vor solche Probleme. Ich habe gerade heute wieder eine E-Mail zu der Dezember-Kolumne von letzten Jahr bekommen. Ich habe insgesamt nicht den Eindruck, Sie läsen in Mehrzahl so ein neu einge- troffenes Heft einfach durch und werfen es weg (Müll oder Regal). Ich versuche deshalb, ein wenig self-sufficient zu schreiben. Also, es gibt, hauptsächlich auf C. G. Jungs furchtbar dickes Buch „Psychologische Typen" zurückgehend, fol- gende vier „Menschenarten" oder „Temperamente":

„Citizens" oder „Corporate Guardians": Sie sorgen, geben, sparen, bewahren, tun stoisch die Pflicht. Sie sind die „Elternartigen" unter den Menschen, hoffen auf bessere Zeiten, sind immer eifrig, sich durch harte Arbeit immer höheren Sta- tus zu verdienen. Sie sind verantwortlich und zuverlässig. Keirsey sagt, sie haben die „logistische Intelligenz".

„Go West" oder „Utilitarian Artisans": Sie lieben Arbeit als Freude an der eige- nen Wirksamkeit. Sie lieben den Vorgang der Arbeit an sich, nicht so sehr das Ergebnis. Sie hassen Langeweile. Sie möchten gerne clever, stark, tapfer, wendig, siegbereit, impulsiv sein. Sie hassen Hierarchien und Bürokratie. Sie möchten ein Virtuose werden, selbstvergessen unendlich darin aufgehen. Sie sind ein wenig die Kindgebliebenen. Sie besitzen vor allem die „taktische Intelligenz".

„Blue Helmet" oder „Cooperative Idealists": Sie suchen nach Sinn, nach Identi- tät, sehen den Menschen und insbesondere die Seele in der Mitte des Daseins. In der Masse fühlen sie sich verloren. Sie sind besonders. Sie hassen das Nicht-Au- thentische, das Spielen von Rollen. Sie verfolgen leidenschaftlich etwas Kreatives, um darin zu sein. Sie leben im Möglichen und tun viel für ihre wachsende Persön- lichkeit. Sie besitzen die „diplomatische Intelligenz".

„Star Trek" oder „Utilitarian Rationals": Sie wollen vor allem kompetent sein und täglich lernen. Es geht ihnen nicht um die Resultate der Arbeit, sondern um das Wachsen des Könnens und Wissens. Sie stellen dabei höchste Ansprüche an sich selbst. Sie reden oft abstrakt und schwer verständlich für andere. Sie arbeiten nur wirklich gerne bis zu dem Punkt, an dem die Herausforderung gemeistert ist. Dann sollen es „andere" vollenden. Sie sind oft nicht ganz sensitiv im Umgang mit anderen Menschen. Sie besitzen die „strategische Intelligenz".

Bei IBM, soweit ich das getestet habe, und unter den Lesern von Ihnen, die meine Umfrage mitgemacht haben („Was ist Ihr Temperament?"), finden sich etwa die Hälfte Star Treks, ein Viertel Blue Helmets und fast der ganze Rest Citizens. Im Management von großen Institutionen dagegen schätzt man den Anteil der Citi- zens oder „Guardians" auf zwei Drittel. Das gilt etwa auch für Generäle der ame- rikanischen Armee. (Die Leutnants sind noch echt schneidig und stark andersge- schlechtlich orientiert; Haudegen. Aber beim Befördern setzen sich immer mehr die Zuverlässigen und die Verantwortlichen durch … „Controller und Antreiber".) Ich möchte hier argumentieren, dass die verschiedenen Menschenarten verschie- dene Ansichten von Wissen haben.

Mein Fazit wird sein: Alle Knowledge-Management-Projekte unserer Zeit scheitern an mangelnder „Akzeptanz" der beteiligten Menschen, wenn sie diese Diffe-
renzen in der Anschauung des Wissensbegriffes nicht in ihr Grundkonzept aufnehmen.

Ich muss immer wieder und wieder Vorträge über Knowledge-Management halten. „Die zehn Erfolgsfaktoren für KM-Projekte" oder „Die zehn Hauptfehler bei
KM-Projekten". Es sind immer zehn, weil man dann gut 45 Minuten reden kann.
Nein, eigentlich weiß ich nicht, warum es immer zehn sind. Die Folie wird ja zu
voll. Es sind ja auch nicht zehn, es sind weniger. Drei? Träumen, dass es billig
geht. Träumen, dass es ohne Arbeit abgeht. Träumen, dass alle Menschen so denken wie „alle anderen", also wie ein Manager. Der erste Traum muss sein, weil
man sonst nicht alles Geld bekommt, was man beantragt. Der zweite Traum muss
sein, weil es in Wirklichkeit so viel Arbeit ist, so dass man es lieber traumatisiert
anfängt. Der dritte Traum ist hoffentlich mit diesem Artikel ausgeträumt.

Na ja, vielleicht.

Das Thema des Wissens gibt es schon bei den Griechen. Es hat aber nichts gehol-
fen.

Es gibt einen schönen Artikel im Internet über Wissen bei den Griechen. Er steht
da:

http://www.iae.univ-aix.fr/cv/baumard/oblique_knowledge.htm

Philippe Baumard setzt sich dort mit den Wissensbegriffen der alten Zeit ausein-
ander. Die Griechen kannten „Episteme", das Wissen der abstrakten Verallgemei-
nerungen, objektiv, „ewig", das Wahre, das in Gesetze und Prinzipien gegossen
wird. Sie kannten „Techne", das Know-how, das gebraucht wird, um das Nötige
zu tun. Techne liegt in Gebrauchsanweisungen und Manuals vor; es ist in sogenannten „Communities of Practice" bekannt. Es gibt den Begriff „Phronesis" für
die praktische Weisheit, die man in der täglichen Erfahrung erwirbt. Vieles davon
ist implizit oder „tacit", wie man im Bereich des Knowledge Management sagt.
(tacit = stillschweigend). Man kann diesen Wissensbegriffen ein wenig Gewalt
antun und sie den Temperamentarten zuordnen. Guardians lieben Handbücher,
Prozesse und „Techniken" wie Techne. Star Treks möchten alle Ur-Prinzipien
kennen, die gewaltigen Gesetze, die hinter allem stehen. Blue Helmets tauschen
ihr Wissen um den Sinn in Gemeinschaften aus.

Es gibt also schon immer verschiedene Vorstellungen von Wissen und diese verschiedenen Vorstellungen kristallisieren sich auch in den verschiedenen Arten von
Menschen, die jeweils den entsprechenden Wissensarten affin sind. Insbesondere
werden in Wissensmanagementprojekten immer und immer wieder vor allem drei
verschiedene Dimensionen diskutiert:

- Die Technologiedimension: Knowledge Management ist Technologie! Es
  kommt darauf an, die feinsten Datenbanken mit den schnellsten und vollstän-

digsten Suchmaschinen zu konfigurieren. Darauf wird ein ganzes System des Intellectual Capital Management aufgebaut, es werden Capture Technologies eingeführt, Content Management, Lotus Groupware.

- Die Logistik- oder Organisationsdimension: Knowledge Management soll vor allem zu Nutzen führen. Wie erzielt man Nutzen? Wie erntet man Wissen? Wie verwendet man es wieder (re-use)?

- Die menschliche oder soziale Dimension: Wie tauscht man Wissen aus? In Web-Communities? Wie in Handwerkergilden? Wie kann Knowledge Management beim Aufbau von Personennetzwerken helfen? Wie kann KM die Kultur bilden helfen, beeinflussen? Kann KM beim Coaching oder Mentoring helfen?

Diese drei Dimensionen sind nun sehr eng verwandt mit den Vorstellungen der Star Trek, der Citizen, der Blue Helmet. Die Star Trek schreien: „Technologie!" Die Citizens rufen: „Nutzen!" Die Blue Helmet wollen „Communities!".

Es hört sich im Alltag ungefähr so an:

„Ich war auf einer Konferenz. Es gibt inzwischen neue Suchmaschinen, es ist ein Skandal, wie lange ich für ein wenig Information herumlaufen muss. Herumlaufen! Ja, herumlaufen. Ein vernetzter Arbeitsplatz müsste doch reichen. Ich möchte, dass die Firma Diskussionsforen für alles unterhält, jedenfalls mindestens für das, was mich angeht. Es wäre gut, wenn wir Erfahrungen im Intranet abspeichern. Ich habe zum Beispiel drei volle Tage gebraucht, um einen speziellen Patch zu installieren, der eigentlich nicht für diese Version vorgesehen war. Vor diesem Problem stehen ja bestimmt sehr viele Menschen. Deshalb müsste eine Datenbank installiert werden, in der diese Erfahrungen eingelagert würden. Mit drei, vier Klicks habe ich Informationen, die mir drei Tage Unsinnsarbeit ersparen. Ich hasse es, etwas zu erfinden, was schon bekannt ist. Ich will, dass meine Firma alle Reports, alle Prospekte, Teilebeschreibungen, Patente, Manuals, Zeitschriften online im Intranet vorhält und auf dem neuesten Stand hält. Es hilft nichts, wenn alles eingerichtet ist und versifft. Ich bin hier ein Entwickler. Ich werde nicht für Mistsuchen bezahlt. Ich will anständig arbeiten. Ich bin Experte. Es darf nicht sein, dass ich meine wertvolle Zeit mit dem Begehen bekannter Fehler totschlage. Experten begehen nur brandneue Fehler, die sie dann lösen. Das ist das Wesen von Wissenschaft überhaupt."

„Ich war auf einer Konferenz. Die meisten Vorträge befassten sich mit neuer allseligmachender Software. Ich habe kaum etwas verstanden. Alles Verrückte. Ich fragte die Firmenvertreter immer wieder: „Was bedeutet KM für unser Unternehmen?" Ich meine, wie soll ich jetzt Projekte aufsetzen. Ich sehe ja, alle machen jetzt Knowledge Management, das scheint ein ganz heißes Eisen zu sein. Da können wir natürlich nicht an der Seite stehen. Aber dafür müsste ich doch wissen, *was* ich *tun* soll. Was es ist, KM, das ist klar. Unsere Techniker basteln unorganisiert herum. Es reicht ja, wenn einer denkt, alles aufschreibt und wir geben es allen anderen und befehlen es als Prozess. Think once, sell millionfold. Das leuchtet mir sofort ein. Wir brauchen Software-Re-Use, Knowledge-Re-Use. Wir brauchen das alles händeringend. Die Techies haben alle ganz andere verschiedene Software, jeder für sich, geradezu als Prinzip. Es stimmt nicht, dass die beste Software überlebt. Es gibt immer so viele Systeme wie Kampfhähne in einer Abteilung. KM müsste das besser regeln. Die Techies sollen nützlicher gemacht werden. Wissen muss wie auf der Brötchenbackstraße verarbeitet werden. Wir müssen aufhören mit Losgröße Eins bei der Wissensproduktion! Ich streune nun schon Tage auf Messen herum, bis mir mal hoffentlich ein Berater sagen wird: hier ist das und das Projekt, es kostet so und so viel. Es bringt garantiert so und so viel und viel mehr Geld wieder ein. Also lohnt es sich unter dem Strich. Darauf kommt es an. Wissen hin oder her. Schließlich geht es letztlich nicht um Wissen. Letztlich geht es immer um Geld."

„Ich war auf einer Konferenz. Eine ganze Halle war voll von Software-Demos. Das sind so eine Art bunter Bildschirmmasken, die sehr schön aussehen. Daneben liegen völlig unklare Prospekte mit Frauen, die multi-kulturell vor Computern sitzen. Die Prospekte sagen, man müsse nur einen teuren Workshop machen, damit die Berater lernen können, wie sie die Software zu Ende schreiben müssen. Ich habe alle nach dem *Sinn* dieser Tools gefragt. Wo ist der *Mensch* in der Lösung? Ich habe meist in ratlose Gesichter gesehen. Dabei sind ratlose Gesichter gerade das Problem des Knowledge Management. Wir alle fühlen uns oft verloren und brauchen Hilfe. Wir brauchen organisierte Gruppen von gleichgesinnten Menschen, die sich gegenseitig unterstützen. Die Welt muss aus Freunden gleichartiger Expertise bestehen, die aneinander Interesse haben. Der Mensch steht immer im Mittelpunkt oder die Arbeit wird schrecklich. Wir brauchen Gemeinschaften, Personennetzwerke, Interessenverbände, die von Menschen geleitet und gecoacht werden. Wir brauchen Menschen, die sich um Menschen als Mentor kümmern. Keiner darf ohne Hilfe und Schutz sein. Das alles zu organisieren braucht vor allem Menschen und seelische Kraft. Die Nutzenheinis fragen unentwegt: Bringt es Geld, wenn wir uns gegenseitig helfen? Ja, schadet es denn, wenn wir uns helfen?"

Ich war auch auf einer Konferenz. Ich habe sie mit Fred Ris organisiert, eine IBM-weltweite KM Konferenz mit knapp 300 Experten im Juni 2000. Wissen Sie, was ungefähr herauskam? So eine Konferenz braucht ungefähr drei Hörsäle für Parallelvorträge. Einen Saal für den Techie-Track, einen für den Projektnutzen- und Projekttemplate-Track, einen für Menschen, Nutzerakzeptanz und Communities. Techies bestaunen oder verachten neue Technologie (wenn sie auf dem falschen Betriebssystem läuft, z. B.). Manager ringen um Nutzenkonzepte im zweiten Hörsaal. Menschen tauschen sich in H3 aus, wie sie besser zusammenarbeiten könnten. Gegenseitige Besuche enden oft mit Enttäuschungen. Techie: „Dieses Profitdenken und das Psychogesülze bringt nichts. Es ist nicht tief. Ich finde, die Veranstalter sollten nur Vorträge mit Substanz zulassen." Manager: „Die Techies sind verrückt. Sie leiden an Technology-Enlightenment. Technik kostet erst einmal

Geld. Keiner kann mir erklären, wie es wieder hereinkommt. Glänzende Augen sind kein Argument. Außerdem sind Techies verdächtig. Ich bin davon abgekommen, sie um eine Erklärung der eigenen Erfindung zu bitten. Überflüssig. Ich tuschle ihnen zu, ich bräuchte eine unabhängige Expertenmeinung zu diesem wunderwunderwundervollen Prototyp neben ihrem Stand. Dann sollen Sie mal sehen, wie die Fetzen fliegen. Ich habe deshalb den Eindruck, dass das alles nicht funktioniert, so uneins sind sie. Im Grunde glaubt jeder Techie nur an den eigenen Intellekt. Die Psychovorträge waren allesamt Common Sense. Menschen sollen sich helfen! Weiß ich! Ich bin aber Realist genug um zu wissen, dass sie sich *nicht* helfen und zu helfen ist ihnen auch nicht. Deshalb gibt es schließlich Manager. Dieses Gerede von Communities läuft letztlich auf Menschen hinaus, und ich weiß genau, was das bedeutet: Reisekosten ohne Ende." Community-Mensch: „Es hat keinen Sinn, KM überhaupt mit Technologie anzufangen, wenn der Mensch nicht im Mittelpunkt steht. Die Projekte der Techies scheitern immer an der mangelnden Akzeptanz der Nutzer. Sie sagen immer hinterher, dass die doofen Menschen das Hochtechnologieprojekt verpatzen. Es ist aber Blindheit der Techies. Sie haben eben den Menschen nicht im Mittelpunkt gesehen. Sie sind so sehr blind, dass wir es ihnen in allertrivialster Weise beibringen müssen: dass Menschen Hilfe brauchen, sich kennen müssen, miteinander reden. Ja, ja, ja, sagen sie. Nimm doch Internettelefonie mit Lotus Sametime und Foliensynchronisation! Es ist frustrierend. Wir versuchen, ihnen zu sagen, dass Technologien nicht für Technologen gemacht sind, sondern für Menschen. Ich war auch kurz im Managementtrack. Furchtbar. Sie sagen, der Nutzen stehe im Mittelpunkt. Wenn man richtig hinschaut, stimmt es ja auch. Ja, der Nutzen steht immer im Mittelpunkt! Aber da soll der Mensch hin. Dafür werde ich auf der nächsten Konferenz weiterkämpfen. Ich bekomme wahrscheinlich die Reisekosten nicht."

Fazit: Es gibt drei verschiedene KMs. Es gibt nämlich drei verschiedene Menschenarten im KM-Umfeld.

Wenn ein Unternehmen also ein KM-Projekt startet, sollte es das wissen.

Es weiß es aber nicht.

Daher geht alles so: Alle hören auf Konferenzen ihre eigene Version von KM, nämlich die artgerecht zu ihnen passende. Alle im Unternehmen schreien: „Ja, wir brauchen KM!" Dabei meinen sie alle ihre eigene Art KM. Da sie nicht wissen, dass es drei KMs gibt, und da sie alle KM fordern, sind sie sich absolut schnell einig: „Wir brauchen KM." Seltene Einmütigkeit. Sie denken dabei: „Ich bekomme tolle Tools" oder „Wir sparen Geld durch konsequente, unerbittlich neue Prozesse" oder „Wir bauen eine Community".

Die Rollen im Unternehmen sind klar.

Die Manager, im Allgemeinen Citizens, bezahlen das KM-Projekt. Die Techies bauen das Projekt. Alle sollen hinterher Nutzen davon haben. Das ist ganz klar, deshalb werden die Blue Helmet meist nicht bei einem Projekt einbezogen. Klar!

Das Projekt ist für Menschen! Da braucht man keinen Rat. Die Manager bitten um Vorschläge von den Techies, wie Prozesse durch Wissenstransfer koordiniert, standardisiert, beschleunigt, menschenleerer gestaltet werden können. Wissen soll aus den Köpfen geerntet werden – und ab damit in Datenbanken. Wissensmanagement soll helfen, dass alle im Unternehmen alles Gleichartige gleichartig machen, dass sie alle dieselbe Sprache sprechen, dieselbe Terminologie benutzen. KM universalisiert das Unternehmen. Es gibt keine Underperformer mehr, weil das Wissen ja für jeden verfügbar ist, aus Datenbanken.

Die Techies müssen auf Basis dieser Eckforderungen Vorschläge machen, die sich finanziell lohnen. Es setzt ein zäher Prozess ein, um einen sogenannten Business Case daraus zu machen: Einen Beweis antreten, dass sich neue Technologie lohnt. Wenn man ein neues Produkt an den Markt bringt, dann hängt der Erfolg wesentlich vom Umsatz ab. Um also einen Manager zu überzeugen, so etwas zu produzieren, muss man nur die Absatzzahl sehr hoch schätzen und sich sofort versetzen lassen. Bei KM lässt sich der Spruch „Think once, sell millionfold" etwa auf tenmillionfold verbessern. Techies hassen diesen objektiven Prozess, in dem der zukünftige Gewinn absolut transparent berechnet wird. Wenigstens lassen sich beim Einsetzen von diversen Nullen oft noch technologische Tools unterbringen, für die die Technies bisher kein Geld bekamen. Das haben sie bei DFG-Beantragungen gelernt, bei denen man Software und Maschinen ranholt. Oder Reisekosten, wenn man mehr Mensch ist.

Am Ende eines langen Projektes wird irgendwann eine Wissensdatenbank eingeweiht.

Vor lauter Technologie ist leider das erstmalige Befüllen nur mager ausgefallen. Das Unternehmen schreibt einen feierlichen Brief, dass jetzt die Datenbank genutzt werden könne, wenn man ein Passwort beantrage. Am nächsten Tag schnellt die Nutzung der Datenbank in himmlische Höhen. Jeder Techie hat einmal hineingeschaut: „Leer!" Das Passwort steht auf dem Post-it auf dem Schreibtisch. Nach drei Wochen sind Teetassenringabdrücke drauf, schmuddelig, weg mit den Zitronentraumteekrümeln. Damit ist die Datenbank beerdigt. Das Unternehmen stellt nach einem Monat fest, dass keine Zugriffe erfolgen. Es befiehlt die Zugriffe. Vor Schreck greifen alle im Stab öfter zu, damit Zugriffe da sind. Die Techies sagen: „Leer!" Man befiehlt, die Datenbank zu befüllen. „Habt ihr nicht etwas?" Niemand hat etwas. Im Managermeeting wird als Action Item gefordert, dass pro Mitarbeiter 1,5-mal befüllt wird; jeder Manager wird auf Pflichterfüllung getrackt. „Wäre doch gelacht, wenn das Projekt kein Erfolg würde!" Die Manager kitzeln als Action Pull oder Push Befüllung aus den Mitarbeitern, die zum Teil noch alte Präsentationen haben. Die Datenbank füllt sich. Das Unternehmen schreibt einen feierlichen Brief, dass es einen sagenhaften Re-Launch gegeben habe und jetzt alles Wissen in der Datenbank sei. Die Techies haben ihr Passwort vergessen. Die Manager revitalizen alles wieder. Jeder Techie schaut einmal in die Datenbank: „Schrott!" Die Blue Helmet sehen keine Menschen in der Datenbank. Gibt es einen Bibliothekar da drin? Ist jemand zuständig, der gefragt werden kann? Ein

Hüter statt ein Browser! Das Management wünscht Berichte, wie viel Arbeitszeit gespart wurde, wenn jemand zum Beispiel nach gespeicherten alten Folien vortrug oder ob jemand ein Projekt in der halben Zeit durchgeführt werden konnte, weil in der Datenbank stand, wie man das macht.

So geht es immer weiter. Wer ein totes Pferd noch endgültig zu Schanden reitet … ich meine: Wissen sieht man schwerer an als Pferden, ob es tot ist. Wissen ist oft schon Äonen mausetot, bevor wir mit dem Latein am Ende sind. Unter einem straight Action-Management kommen noch lange Siegesmeldungen: „Datenbank Nr. 5 *lebt*!"

So geht heute oft KM.

Die Beteiligten schreien sich an: Nutzen! Technologische Arbeitsbedingungen! Communites!

Die Datenbank, die aber das Wissen der Welt wie ein Gral enthalten sollte, wird gepflegt als Mummia Mundi. (Im italienischen wird Mumie echt mit zwei m geschrieben; aus diesem Wort entstammt auch das amerikanische „Mummy").

Ist also KM tot?

Keineswegs! Machen Sie nur keinen Streit daraus, welche Menschenart das Wissen für sich gepachtet hat. Manager: Hören Sie auf, Menschen, Helfen, Gemeinschaft, Freundschaft als nutzenproblematischen Schnickschnack zu sehen. Ich höre oft: „Face-to-face muss auch mal sein." Heißt: Müssen wir uns leider mal leisten! Das ist furchtbar am Menschen vorbei! Manager: Hirne von Intuitiven sind ein Neuronengewimmel, kein PC mit einer aufgeräumten Festplatte, die nur kopiert werden muss. Wenn ein Techie Datenbank mit Wertvollem befüllen soll, dann sollten Sie wissen: Nicht jeder Techie hat brandneu wertvolles Wissen. Nicht jeder Techie hat je richtig gute Literatur geschrieben: warum sollte er es jetzt auf Befehl können? Techies schreiben immer nur die Feinheiten auf, weil „den Rest jeder weiß". Deshalb versteht man Techies nicht. Man versteht dann auch nicht, was in der Datenbank steht.

Techies: Der Arbeitsplatz ist keine Tech-Orgie, sondern er dient letztlich schon dem Nutzen des Unternehmens. Datenbankeinträge von Ihnen sollen andere *lehren*, nicht protzerisch Zeugnis von Ihren Großtaten abzulügen. Techies: Die anderen Menschen wollen Benutzerfreundliches, das ist alles das, was Non-Techie-Menschen angenehm finden. Lassen Sie sich einmal erklären, was das ist, ein anderer Mensch! Oft haben Sie ja einen geheiratet. Dann geben Sie diesem Recht. Blue Helmets: Jammern Sie nicht über das Menschenleere! Füllen Sie es aus. Heute wird das Menschliche meist nur ehrenamtlich betrieben, weil das Nützliche des Menschlichen nicht direkt berechenbar ist. Dann tun Sie es eben ehrenamtlich! Irgendwie! „Do what you love, the money will follow!" (Ein Titel von einem Buch, das hier neben mir liegt.)

Wir haben bei IBM gute Wissensprojekte und gute Wissensdatenbanken. Wir nennen sie ICM-Datenbanken. (Intellectual Capital Management). Sie sind nicht alle gleich gut, aber es gibt sehr gute. Das sind die, die keine großen Fehler machen. Sie haben ein interessantes Thema für eine genau abgegrenzte technische Community, so etwas wie vielleicht eine Meistergilde eines bestimmten Faches. Diese Meister wollen sich technisch austauschen. Die Datenbank soll genau das unterstützen. Die Datenbank muss voll von *nur* Wertvollem sein, deshalb werden Beiträge von den Meistern referiert. Es ist eine Ehre, einen Beitrag publiziert zu haben. Es ist eine Ehre, wenn Fremdprojekte nach publizierten Vorschlägen gemacht werden. Einzelne Meister des Faches bewachen Teilgebiete auf Inhaltsfülle und Qualität. Ein Community-Meister (das ist ein zulässiges *amerikanisches* Wort) informiert die Community über Neues, regt sie an, leitet periodische Zusammentreffen der Gildenmitglieder, die dann für zwei Tage Netzwerke bilden, sich austauschen und miteinander Bier/Tee trinken. Es ist eine Ehre, Community-Meister zu sein, insbesondere ist es ein Meister, nicht jemand, der neu von der Uni ist und im Stab schnell einen Zweit-Job braucht. Es sind die Mitglieder, die am Wissen im ihrem Zentrum Freude haben und es hegen. Das Wissen gehört zu ihnen dazu. Es beschert ihnen bessere Projekte und verbundeneres Arbeiten. Um dieses Wissen zu pflegen, zu nutzen, zu schätzen, darf es kein Management brauchen! Was wäre das für eine Datenbank, die nur auf Anschiss geöffnet würde! Nein, Wissen muss für sich selbst sprechen. Dann bringt es Nutzen ohne Ende und das Management soll nicht maulen, wenn es Reisekosten gibt.

Es gibt bei uns solche Communities. Die Verschiedenheiten der Menschenarten, das Gezerge um Interessen und Geld lassen die ideale Konstellation relativ labil erscheinen. Oft ist es die Stärke des Community-Meisters, die zählt. Die muss über dem KM schweben und es geht wie von allein. Und kommen Sie bitte nicht auf die tödlichste aller Ideen: „Ist es wirklich notwendig, einen allerbesten Kopf zum Community-Meister zu machen? Kann er nicht profitabler eingesetzt werden?" Antwort: NEIN.

Neue Anwendungsszenarien für Data-Warehouse-Systeme

Kosten senken über das Corporate Material Data Center

Roland Pfennig
SAP Systems Integration AG

Wolfgang Scheide
Green IT GmbH

1 Mit methodischer Transformation zu neuem Wissen im Unternehmen – Beispiel Materialeffizienz

Mangelhafte Datenqualität gefährdet IT-gestützte Prozesse und verfälscht die Basis für Entscheidungen. Dieses Problem wird seit langem in den Unternehmen diskutiert. Die Feststellung „Garbage in – garbage out" in Anlehnung an das Grundprinzip der Datenverarbeitung „Eingabe – Verarbeitung – Ausgabe" ist für viele Unternehmen eigentlich nichts Neues. Doch werden nur selten Projekte mit dem expliziten Ziel durchgeführt, Schiefstände und Fehler im Sinn eines *Data Cleansing* systematisch zu untersuchen und zu bereinigen. Warum dies so ist, welche gravierende Nachteile den Unternehmen entstehen und wie eine Lösung aussehen kann, ist Inhalt dieses Beitrags.

Hohe Datenqualität bedarf verschiedener Methoden, die in Data Warehouse-Systemen (DW) implementiert werden können. Eine solche neue Methode ist im Kontext der Produktions- und Materialwirtschaft die *Materialflussrechnung*. Sie erweitert die Sicht auf die Themen Datenqualität und Materialflusstransparenz.

Ein wesentlicher Teil eines Materialflussrechnungsprojektes ist die Analyse und Bereinigung des Datenbestandes im Bereich Produktion, Materialwirtschaft und Kostenrechnung. Inhaltlich zählen dazu Aufgaben wie das sachlogisch korrekte Sammeln relevanter Informationen aus den operativen Systemen (ohne diese zu verändern), das Aufbereiten bzw. Transformieren von Daten zu Informationen, das Anreichern um entscheidungsrelevante Informationen und das Verteilen der gewonnenen Informationen.

Konkret geht es zunächst darum, fehlende Daten zu ersetzen und falsche Daten zu korrigieren und eliminieren. In einem zweiten Schritt ist ein systematisches Aufbereiten der Daten nötig. Davon sind in erster Linie Materialbewegungsdaten

(Materialbuchungsbelege) betroffen, die das Liefern, Ein- und Umlagern von Materialien im Unternehmen dokumentieren. Diese Daten müssen, um sie für die Materialflussrechnung leicht auswertbar zu machen, in eine sogenannte Quelle/Zielmimik überführt werden.

Um die Ergebnisse der Materialflussrechnung konsequent zu verwerten, sollte sie organisatorisch wirksam integriert werden. Dazu wird die Schaffung eines „Corporate Material Data Center" vorgeschlagen, das einen konsistenten Zugriff aller Betroffenen (aus Einkauf, Produktion, Controlling, Entwicklung und Abfallwirtschaft) auf Materialdaten ermöglicht. So wird das notwendige Wissen im Unternehmen entwickelt, um den innerbetrieblichen Lebensweg der bezogenen, verarbeiteten, gelagerten und vertriebenen Produkte lückenlos zu verstehen und monetär dar zu stellen. Dabei wird ein einheitliches Verständnis mit der Option des Kostensparens bei gleichzeitiger Umweltentlastung generiert.

Der ROI eines solchen Projektes ist in wenigen Monaten erreicht. Zum einen durch die oben beschriebenen generellen Effekte des Data Cleansing. Zum anderen durch den positiven Effekt der Materialflussrechnung, auf deren Grundlage die Materialeffizienz verbessert wird. Das ermöglicht eine Einsparung von 0,5 bis 3% an Materialkosten, wie sich in zahlreichen Projekten erwiesen hat

2 Mangelnde Datenqualität als Hemmnis

2.1 Meist zu wenig beachtet: Die "Total cost of poor data quality"

Die Kosten für schlechte Datenqualität sind für Unternehmen sehr hoch. Nach Schätzungen liegen sie bei 8 bis 12% des Umsatzes (is-report 2002). Diese Kosten entstehen, weil falsche und fehlende Daten zu einem Mehraufwand führen. Typischer Mehraufwand entsteht

- bei der Abarbeitung betrieblicher Prozesse (z. B. wegen Produktionsverzögerung und Produktionsausfall),

- bei der Versorgung von Schnittstellen,

- beim abteilungs- und applikationsübergreifenden Reporting oder

- wegen nachträglicher Korrektur qualitativ unzureichender Daten; diese ist nach (Hankins 1999) im Vergleich zu qualitätssichernden Maßnahmen bei der Datenerfassung um den Faktor 5 bis 10 teurer.

Wie weitreichend die Folgen sein können, zeigt sich am Einsatz eines CRM-Systems: Sind Kundendaten doppelt, falsch oder unvollständig, kann dies zu einem Verlust von Projekten und Aufträgen führen und das Unternehmen sogar in Zahlungsschwierigkeiten geraten. Nicht ohne Grund schlagen sich die Kosten aufgrund qualitativ schlechter Daten in den Preisen sog. Data Cleansing-Tools nieder. Sie kosten immerhin zwischen 70.000 und 200.000 Euro (Tonn 2000).

Weitere negative Folgen drohen, wenn qualitativ schlechte operative Daten in entscheidungsunterstützenden Systeme (DSS) verwendet werden oder wenn sie direkt falsche Entscheidungen verursachen.

Das Unterschätzen des Faktors Datenqualität in Data-Warehouse-Pojekten führt in Summe dazu, dass die Auswertungen nicht die erhofften Ergebnisse bringen und erhöhte Kosten anfallen. Der Einstieg in Business Intelligence ist bei solchen Konstellationen oft mit großer Enttäuschung verbunden.

2.2 Mangelnde Datenqualität im Kontext „Materialfluss"

Betriebswirtschaftliche Standardsoftware unterstützt zwar logistische Abläufe umfangreich. Trotzdem können Materialflüsse nicht einfach und durchgängig im Detail verfolgt werden.

Dies hat zum Teil strukturelle Ursachen bei der Informationslogistik (vgl. Abschnitt 3). Aber auch mangelhafte Datenqualität ist ein Grund. Sie entsteht beispielsweise aufgrund von Altdaten, nicht sauber gepflegten Datenfeldern (Gewichte), inkonsistenten Materialdaten (unterschiedliche Mengeneinheiten in Stückliste und Materialstamm) oder wegen Mehrfachverwendens dann nicht mehr eindeutiger Bewegungsschlüssel (Inventurbuchungen für Recyclingmaterial).

Indizien für lückenhafte Information über Materialflussmengen sind u. a. Intransparenz bei Materialverlusten, hohe Inventurdifferenzen und lange Durchlaufzeiten. Im betrieblichen Jargon werden solche Schwachstellen mit Begriffen belegt wie „Schwarze Löcher", „Wundersame Materialvermehrung" oder „Nirwanabuchungen".

Wenn in Teilbereichen eines Industriebetriebs die Mengeninformation über Materialflüsse unzureichend ist, sind auch die Informationen über Materialkosten unvollständig, falsch oder fehlerhaft abgebildet. Dieser Zustand wird verschärft durch Unzulänglichkeiten in der Kostenrechnung, die die Materialkosten als direkte Kosten dem kalkulierten Produkt zuweist und dabei reale Sachverhalte ausblendet (vgl. Strobel 2002). Materialkosten stellen überspitzt formuliert einen blinden Fleck der Kostenrechnung dar.

Gleichzeitig sind gerade die Materialkosten mit durchschnittlich 56% Anteil an den Gesamtkosten der größte Kostenblock in deutschen Industrieunternehmen (vgl. Statistisches Bundesamt 1999). Intransparenzen beim Materialfluss führen dazu, dass der im Betrieb verloren gehende Materialeinkaufswert in Summe nicht bekannt ist. Deshalb ist man sich in den meisten Firmen nicht bewusst, welch enormes Kostensenkungspotenzial brach liegt. Materialkosten senken heißt bisher meist, den Einkaufspreis senken. Die Verbrauchsmenge zu verringern, steht dagegen selten im Vordergrund. Als Folge der fehlenden Problemwahrnehmung werden weniger materialeinsparende Maßnahmen ergriffen, als sich für die Unternehmen lohnten.

Die Materialflüsse in den operativen Systemen sind schwierig nachvollziehbar. Daraus resultieren Materialberichte, die nicht so zuverlässig und detailliert sind wie es die Entscheidungsträger in Produktion und Controlling wünschen. Auf der Ebene von Werks- oder Meistereibereichen gibt es in produzierenden Firmen zudem erstaunlich wenig Berichte wie z. B. zeitaktuelle Verlustquoten.

Für viele Unternehmen ist die negative Konsequenz, dass das Management aufgrund der fehlenden Materialflusstransparenz Renditepotenziale verschenkt.

3 Die Informationslogistikarchitektur als Ursache mangelnder Datenqualität bei Industrieunternehmen

Warum und wie entstehen überhaupt die eingangs erwähnten Intransparenzen, wenn doch der Materialfluss ein so zentraler Gegenstand im Betriebsablauf ist? Die Ursachen liegen in drei Bereichen:

1. Betriebswirtschaftliche Methoden

2. Eingesetzte Informationslogistik, insbesondere Informationssysteme für das Enterprise Ressource Planning (ERP-Systeme)

3. Organisation

Im Folgenden wird anhand zahlreicher Beispiele für jeden Bereich erläutert, wie eine schlechte Datenqualität und damit verbundene Intransparenzen beim Materialfluss entstehen können bzw. fast zwangsläufig müssen.

zu 1.) Auf methodischer Ebene wurden als Quelle für Intransparenzen beim Materialfluss bereits Unzulänglichkeiten der Kostenrechnung genannt. Materialverluste gehen per pauschaler Verlustquote in die Kalkulation eines Produktes ein, anstatt dass die realen Kosten nachvollzogen werden. Somit ist es schwierig, Aussagen zur Verwendung eines Materials innerhalb des Betriebsablaufs zu treffen. Im Prinzip fehlt bislang eine Methode, welche die isolierten Sichten einzelner Funktionsbereiche (Einkauf, Produktion, Logistik, Rechnungswesen, Vertrieb etc.) zusammenführt.

zu 2.) Die ERP-Systeme – z. B. SAP R/3, Navision oder Infor – bilden die wesentlichen Geschäftsprozesse eines Unternehmens ab und automatisieren sie so weit wie möglich. Historisch und systembedingt enthalten die ERP-Systeme strukturel-

le Hindernisse für eine direkte Materialverfolgung (vgl. Tab. 1). Die Material-
flussbewegungen liegen nicht in einer Quelle-Ziel-Struktur vor. Deshalb sind sie
quasi im System „versteckt" und müssen mühsam in auswertbare Strukturen um-
gewandelt werden, will man Materialflüsse auf Mengenebene nachvollziehen. Des
Weiteren werden viele Materialverlust- und Reststoffflüsse nicht abgebildet. So
entstehen beim Nachvollziehen von Materialflüssen Lücken, die sich nicht ohne
weiteres beheben lassen.

Ein weiterer Grund für nachlässige Bewirtschaftung von ERP-Daten kann in der
unergonomisch gestalteten Benutzer-Oberfläche begründet sein. Auch ein schnell
durchgezogenes Einführungsprojekt mit entsprechend knapp kalkuliertem Aufwand für das Customizing kann strukturell negativ auf die Datenqualität wirken.
Große Datenmengen und schnelles Wachstum des Datenbestandes sowie die notwendige Integration der Daten, auch aus Fremdsystemen, verschärfen in einer
DW-Umgebung das Qualitätsproblem. Viele DW-Projekte wurden in der Vergangenheit wegen mangelhafter Datenqualität gestoppt.

Außerdem weisen die Softwarelandschaften in der betrieblichen Praxis Schwächen auf, die aus der praktischen Arbeit resultieren. Wegen Zeitdrucks und man-
gels Hintergrundwissen sind sich Mitarbeiter nicht bewusst, dass z. B. fehlende
Stammdatenpflege zwar kurzfristig Zeitvorteile bringen mag. Doch spätestens bei
einer Materialflussverfolgung behindern fehlende Einheiten, Preise oder Gewichte
eine saubere Auswertung. Das löst später kostspielige Nacharbeiten aus. Gelegentlich ist eine fehlende Systemverfügbarkeit Schuld an fehlenden oder falschen Daten.

zu 3.) In Tab. 1 sind organisatorische Gegebenheiten oder Zwänge als weitere
Gründe für Intransparenzen aufgeführt. Häufig werden materialflussrelevante Fragen nur isoliert untersucht: die Lagerleitung will Inventurdifferenzen erklärt wissen, das Bestandscontrolling interessiert sich für den Wert an Lagervernichtungen
und der Vertrieb möchte Information zu Kundenretouren. Diese Sichten werden
jedoch nicht zusammengeführt. Es gibt keine übergreifenden Projekte, die den
Materialfluss inklusiv der anfallenden Materialverluste eines Werks (oder Unternehmens) komplett untersuchen. Oft sind die Prozesse im Zusammenhang mit der
Dateneingabe und -pflege intransparent und negative Folgewirkungen nicht erkannt. Dies kann in mangelnder Schulung oder gar fehlender Motivation begründet sein. Tab. 1 stellt die wichtigsten Ursachen für schlechte Datenqualität und
mangelnde Transparenz beim Materialfluss als Übersicht dar:

Verursacher	Typische Ursachen mangelhafter Datenqualität
Betriebswirt-schaftliche Methoden	• Direktes Zurechnen der Materialkosten auf Produkte • Kein Verrechnen realer Materialverlustkosten auf Kostenstellen • Wenig Aussagen zur Verwendung von Material • Kein Instrument, mit dem sich die isolierten Sichten auf den Materialfluss zusammenführen lassen

Informations-logistik:
 	
IT-Umgebung, insbesondere ERP-Systeme
	• Strukturelle Ursachen
	    • Kein durchgängiges Abbilden von Materialflüssen (z. B. Fehlen der Produktionsverluste)
	    • Fehlende Quelle-Ziel-Abbildung
	• Umgang mit ERP-Systemen
	    • Mangelhafte Datenpflegemaßnahmen (Resultat: schlechte Datenqualität oder fehlende Daten, z. B. Stücklistenfehler)
	    • Mehrfachnutzung von Bewegungsschlüsseln

Organisation	• Keine zentrale Stelle für durchgängige Materialflussanalysen • Projekte zur Materialflussverfolgung sind abteilungs-übergreifend und komplex • Knappe IT-Ressourcen wirken erschwerend • „Henne-Ei-Problem": Bereitschaft für Analysen besteht erst, wenn die Kosten/Nutzen im voraus abschätzbar sind; diese lassen sich aber nur aus durchgeführten Analysen ableiten

Tab. 1:   Die wichtigsten Ursachen für fehlende Materialflusstransparenz in Industrie-unternehmen

Nachdem die Ursachen geringer Datenqualität mit entsprechenden Konsequenzen aufgedeckt sind, stellt sich die Frage nach Lösungsansätzen. Ziel ist es, die Mengentransparenz und die Kostentransparenz zu erhöhen. Dies ist Voraussetzung für sinnvolle Entscheidungen und systematische Kostensenkungen im Materialbereich. Es lassen sich aus obigen Ausführungen drei Ansatzpunkte ableiten:

1. Betriebswirtschaftliche Methoden einführen, die geeignet sind systematisch Schwachstellen (Datenqualität, Materialflusstransparenz) aufzudecken und Maßnahmen zu entwickeln

2. Auf der Ebene der Informationstechnologie (IT) Werkzeuge einführen bzw. nutzen, die solche betriebswirtschaftlichen Methoden unterstützen

3. Die organisatorischen Voraussetzungen schaffen, damit eine zuständige, mit Kompetenzen und Ressourcen ausgestattete Stelle sich um durchgängige Materialflussbetrachtungen kümmern kann; diese Stelle entspricht quasi einem „Materialfluss-Referenten"

In den folgenden Abschnitten werden Lösungsansätze für diese drei Bereiche entwickelt und dargestellt.

4   Methodischer Lösungsansatz: Reporting auf Basis der Materialflussrechung

In Tab. 2 sind diese Ansatzpunkte in einem Rahmen dargestellt. Dieser gibt Anforderungen vor für eine Methode, mit deren Hilfe sich die Information über Materialflüsse auf Basis vorhandener ERP-Systeme optimieren lassen. Gegenstand von Optimierungen sind die Materialflussdaten selbst sowie der gesamte Bereich Materialreporting. Für beide Gegenstände bestehen Verbesserungsmöglichkeiten hinsichtlich Qualität und Quantität.

Optimie-rungsebene	Optimierungsgegenstand	
	Materialfluss-Daten	Materialfluss-Reporting
Qualität	• Datenkonsistenz • Dateninhalte • Datenaktualität	• Qualitätsverbesserung bisheriger Reports • Neue Reportingstrukturen
Quantität	• Erfassungsbreite • Erfassungstiefe	• Erstellungshäufigkeit • Ad-hoc-Auswertungen

Tab. 2:   Ansatzpunkte für methodische Optimierungen

Mit der bereits erwähnten Methode der Materialflussrechnung und einem dafür entwickelten Vorgehensmodell ist es möglich, die in Tab. 2 aufgeführten Ansatzpunkte für Optimierungen gezielt aufzugreifen. In den folgenden Abschnitten wird die Materialflussrechnung vorgestellt.

4.1   Vorgehen und Nutzen der Materialflussrechnung

Wie lässt sich die Transparenz, d.h. die Information über Materialflüsse, so verbessern, dass die in Tab. 2 aufgeführten Anforderungen hinsichtlich Materialfluss-

daten und -reports erfüllt werden? Hierbei hilft die Methode der Materialflussrechnung, wie sie in den zwei Forschungsprojekten ECO-Integral (vgl. Krcmar et al.
2000) und ECO-Rapid (vgl. DBU 2002 sowie Scheide et al. 2001) entwickelt wurde. Die Methode besteht prinzipiell aus zwei Teilen (vgl. Abb. 1): Zuerst werden
alle notwendigen materialflussrelevanten Daten bereinigt. Durch die erhöhte Ma-
terialdatenqualität (Mengen und Werte) führen die Auswertungen des zweiten
Schritts (siehe weisse Symbole) aufgrund erhöhter Datenqualität zu erheblich prä-
ziserer Aussagekraft im Reporting.

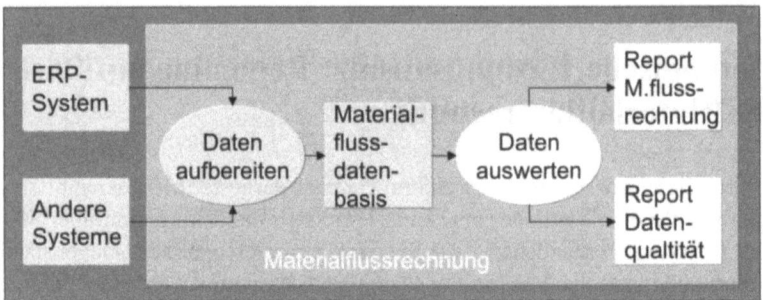

Abb. 1:   Prinzip der Materialflussrechnung

Die Vorgehensweise ist vom Prinzip her einfach. Die Umsetzung gestaltet sich
jedoch wegen vieler Detailprobleme und abteilungsübergreifender Zusammenarbeit aufwändig. Eine erfolgreich umgesetzte Materialflussrechnung liefert dafür
Nutzen in mehreren Bereichen:

IT → erhöhte Qualität der Materialdatenbasis	Betriebswirtschaft → Kostensenkung	Umwelt → verbesserte Materialeffizienz
• Transparenz (Mengen, Werte) • Konsistenz • Aktualität	• Report Materialfluss-rechnung zur verbes-serten Steuerung von Materialflüssen • Materialverluste reduziert • Bestände und Durch-laufzeiten optimiert	• Ressourcenverbrauch geringer • Output an Emissionen niedriger

Tab. 3:   Nutzen der Materialflussrechnung

4.2 Materialflussrechnung nach dem Vorgehensmodell ECO-Rapid

Im Vorgehensmodell ECO-Rapid ist ein idealtypischer Ablauf für ein Material-flussrechnungsprojekt skizziert. Dieser Ablauf besteht aus acht nacheinander ab-laufenden Phasen, die zyklisch wiederholt werden können. Abb. 2 beschreibt das Vorgehen im Überblick:

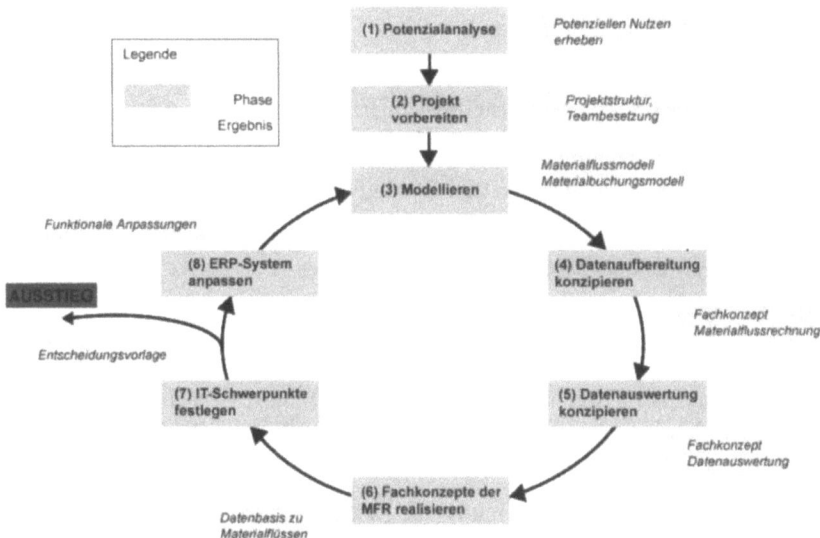

Abb. 2:   Phasen der Materialflussrechnung (MFR)

Beim ersten Schritt „Potenzialanalyse" (siehe Abb. 2) wird das Nutzenpotenzial eines Projekts zur Materialflussrechnung abgeschätzt. In die Bewertung fließen mehrere Parameter wie die Art der Produktion oder die eingesetzten Informations-systeme ein. Bei positiver Entscheidung wird das Projektmanagement organisiert (Schritt 2). Der inhaltlich erste große Block ist das Modellieren der realen Mate-rialflüsse und der Materialbuchungen in den DV-Systemen sowie das Abgleichen der beiden Modelle (Schritt 3). Im vierten Schritt werden auf Grundlage der er-stellten Modelle Datenanforderungen für die Materialflussrechnung auf Datenfeld-ebene definiert und ein Fachkonzept zur Datenaufbereitung erstellt (Schritt 5). Die softwaretechnische Realisierung erfolgt in Schritt 6. Nach der Umsetzung sind die Ergebnisse mit der Geschäftsleitung zu diskutieren. Die Ergebnisdiskussion mün-det in eine Entscheidung, Handlungsschwerpunkte festzulegen (Schritt 7). Die Schwerpunktbereiche führen dann auf Ebene der ERP-Systeme zu Anpassungen (Schritt 8), sei es in Form geänderter Einstellungen (Customizing) oder neuer Funktionalitäten. Bei einem idealtypischen Ablauf startet jetzt eine zweite Modellierungsphase, in der die Veränderungen zum ersten Projektablauf ermittelt und weitere Problembereiche behandelt werden.

Das entwickelte Vorgehensmodell wurde im Rahmen von drei Pilotprojekten getestet. Die Erfahrungen lassen sich wie folgt zusammenfassen (vgl. DBU 2002):

- Industrieunternehmen, gerade im Mittelstand, haben einen großen Bedarf an mehr Transparenz und Verbesserungen bei ihrem Materialfluss. Die vorrangige Motivation sind das Senken der Materialkosten, Prozessverbesserung und bessere Controllinginformation.

- Die Materialflussrechnung ist nicht nur geeignet, sondern sogar Voraussetzung dafür, Lösungen für diese Zielstellung zu erzielen.

- Die Materialflussrechnung ist auf Basis vorhandener ERP-Daten durchführbar; d. h. es ist keine zusätzliche Datenerfassung erforderlich.

- Die Amortisationszeit von Materialflussrechnungsprojekten ist kurz und beträgt z. T. nur wenige Monate.

- Der Weg dahin geht über das Verbessern der Datenqualität und einem möglichst firmenangepassten Einführen der Materialflussrechnung.

- Mit der Materialflussrechnung und darauf basierenden Reports führen die Unternehmen Instrumente ein, mit denen sich wegen besserer Kenntnis der Materialflüsse und Verluste der Materialverbrauch senken lässt.

Nach den vorliegenden Erfahrungen ist die Materialflussrechnung in hohem Maß geeignet, die unterschiedlichen innerbetrieblichen Sichten auf den Materialfluss zu integrieren.

5   Technischer Lösungsansatz: Materialflussrechnung mit dem Data Warehouse

Für den Entwurf eines multidimensionalen Datenmodells (MDM) für die Materialflussrechnung orientiert man sich an den relevanten Objekten ("starke Entitäten") und deren Beziehung zueinander. Die Materialflussrechnung untersucht die reinen Materialkosten bei der Bewegung von Materialien innerhalb einer definierten Systemgrenze zwischen Lagerorten, Kostenstellen, Fertigungsaufträgen, Kunden und Lieferanten. Dabei ergibt sich für den Entwurf eines Sternschemas eine Faktentabelle, die im Wesentlichen von einer Sender- und einer Empfängerdimension – neben den Dimensionen Material, Bewegung und Zeit – umgeben ist. Diese Quelle/Ziel-Mimik erlaubt es, auch dem nicht-versierten Anwender, den Materialfluss intuitiv auszuwerten. Meist setzt sich eine im OLTP dokumentierte Materialbewegung aus mehreren Informationen zusammen (Bewegungsart, Bewegungs-

grund, Soll-Haben-Kennzeichen, Stornokennzeichen, Doppelkontierung auf Lagerort und Kostenstelle, besondere Kontierung bei bestimmten Materialarten und
andere mehr). Diese Zusammenhänge sind unternehmensspezifisch und zum Teil
sehr komplex. Deshalb muss diese Materialbuchungslogik in einer Transforma-
tionsphase umgesetzt werden. Ein vereinfachtes Beispiel für ein solches Schema
ist in nachstehender Abbildung (Abb. 3) dargestellt.

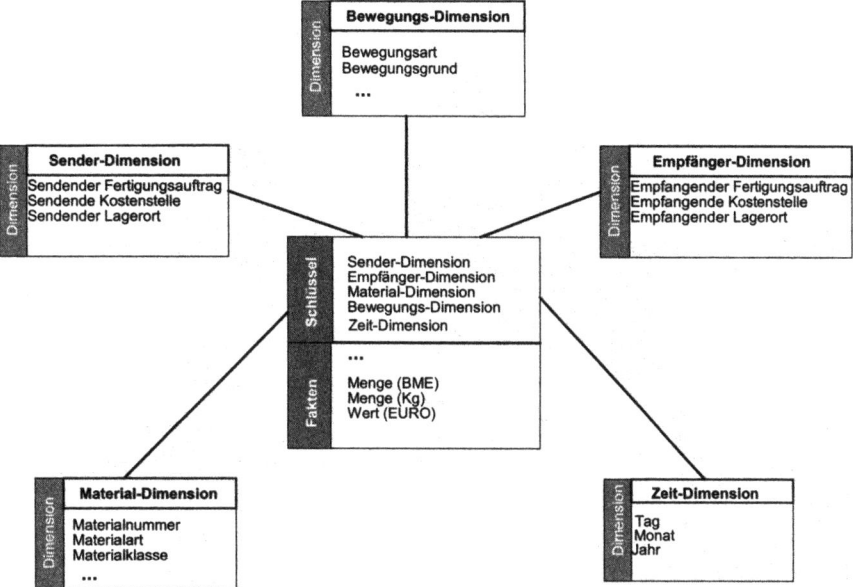

Abb. 3:   Einfaches Sternschema für die Materialflussrechnung

Je nach Situation im zu untersuchenden Unternehmen bestehen die Sender- und
die Empfängerdimension aus mehreren Dimensionselementen (Merkmalen). Die
Merkmale selbst können weitere beschreibende Attribute besitzen, wodurch ein
komplexes Modell entstehen kann. Diese Attribute können auch zur Navigation
eingesetzt werden („Navigationsattribute"), um tiefer gehende Informationen zu
gewinnen. So kann beispielsweise als Ergänzung zur Dimension „Bewegung" das
Navigationsattribut „Bewegungsgrund" Aufschluss über den betrieblichen Hintergrund, die Häufigkeit und den Ort auffälliger Materialbewegungen liefern. Immer
vorausgesetzt, das Datum wurde im Operativsystem erfasst und kann zur Informa-
tionsgenerierung herangezogen werden. Das Gleiche gilt auch für die übrigen Dimensionen. Je mehr ergänzende Attribute für die Auswertungen zur Verfügung
stehen (z. B. Materialart, Materialklasse, Warengruppe) um so interessantere und
zielführende Informationen sind aus den Materialbewegungen zu gewinnen. Auf
das Modelldesign haben Unternehmensspezifika maßgeblichen Einfluss. Es ist
nach der Struktur und Anwendung des operativen IT-Systems sowie der formellen
wie informellen Organisationsstruktur des Unternehmens auszurichten.

Das dargestellte Modell wurde mit den Ergebnissen der Informationsbedarfsanalyse mehrerer Materialflussrechnungsprojekte abgeglichen und validiert. Daher kann
es als Basis-Referenzmodell für die Materialflussrechnung bezeichnet werden.

5.1 Praxisbeispiel auf Grundlage des SAP Business Informa-tion Warehouse

Nachfolgend wird aus einem Pilotprojekt bei einem Kunststoffverarbeiter im Rahmen des Forschungsprojektes ECO-Rapid berichtet. Dabei wurde die Materialflussrechnung auf der Basis des SAP Business Information Warehouse umgesetzt.

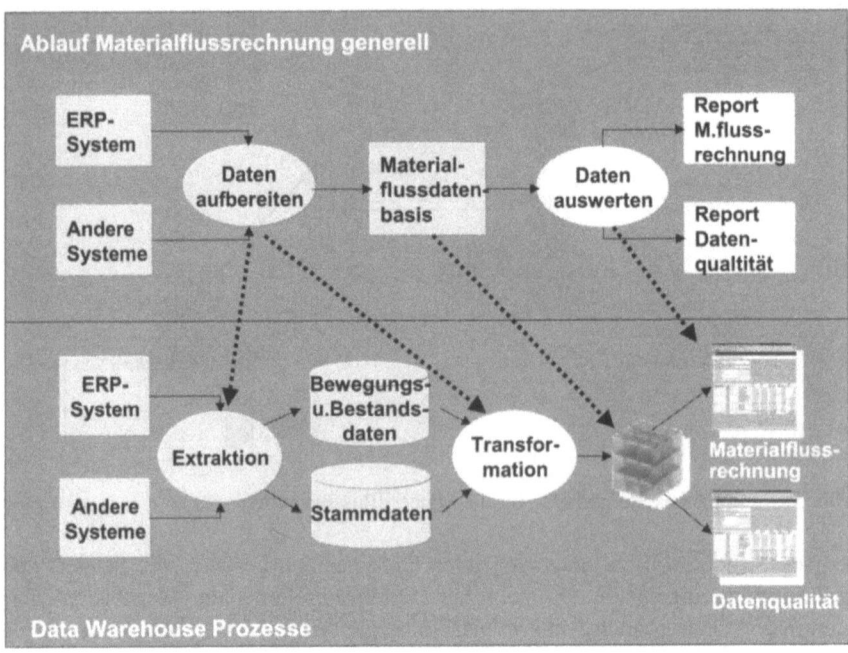

Abb. 4:   Vorgehen der Materialflussrechnung und Zuordnung der Umsetzungsschritte zu
den Data Warehouse-Prozessen

Abbildung 4 zeigt die schematische Darstellung eines Data Warehouses und seiner
Prozesse am Beispiel der Materialflussrechnung und die Zuordnung zur Methode
der Materialflussrechnung, wie sie in den Forschungsprojekten ECO-Integral und
ECO-Rapid entwickelt wurde (vgl. Krcmar et'al. 2000; DBU 2002). Die ERP- und
gegebenenfalls Fremdsysteme sind über die Extraktion mit dem DW verknüpft.
Stamm- und Bewegungsdaten liegen in getrennten Datentöpfen vor. Müssen Da-
ten noch angepasst (transformiert) werden, so kann dies entweder im Laufe der
Extraktion oder beim Fortschreiben in den InfoCube geschehen. Er ist der themen-

spezifische Datenbehälter, der die Materialflussdatenbasis darstellt und auf den die Auswertungen (Queries) zugreifen.

5.1.1 Materialflüsse und -buchungen modellieren

Die physischen Materialflüsse und deren logische, d.h. im ERP-System abgebildete Entsprechung wurden jeweils in zwei halbtägigen Workshops modelliert. Das Ergebnis sind Flussmodelle, die eine erhebliche Verbesserung der Transparenz in das Unternehmen bringen. Diese Modelle wurden nach Fertigstellung diskutiert und validiert.

5.1.2 Fachkonzept erstellen und Daten anfordern

Mit der Modellierung war die Basis für das Erstellen eines IT-orientierten Fachkonzeptes gelegt. Dies beinhaltete die gewünschten Auswertungen der Materialflussrechnung (Lagerortrechnung, Fertigungsauftragsrechnung und Bewegungsrechnung). Die Auswertungen bildeten wiederum die Grundlage für das Modellieren des Data Warehouse und führten zu dem unter Abb. 3 vereinfacht dargestellten Datenmodell.

Die Datenanforderung umfasste somit Felder aus den Applikationen Materialwirtschaft (MM), Produktionsplanung (PP) und Kostenrechnung (CO). Unterschieden werden musste dabei zwischen Bewegungsdaten (Transaktionsdaten) und Stammdaten. Die Bewegungsdaten stellen die dokumentierten Materialbewegungen im Unternehmen dar, also Umlagerungen oder auch Buchungen auf Fertigungsaufträge. Stammdaten sind zum Beispiel Fertigungsauftragsdaten, Materialstammdaten und Kostenstellendaten. Sie können Attribute tragen, wie zum Beispiel die Materialart des Materialstammes.

Voraussetzungen für das Durchführen der Lagerortrechnung sind die Anfangsund Endbestände je Material und Lagerort. Um Aussagen über Mengenintransparenzen in den Materialflüssen machen zu können, müssen gleiche Einheiten sowohl in den Bewegungen als auch in den Beständen zur Verfügung gestellt werden. Dazu wurden Umrechnungsfaktoren aus dem SAP R/3 berücksichtigt. Das gleiche gilt für Wertintransparenzen, wobei in diesem Falle keine unterschiedlichen Währungseinheiten vorlagen. Hier lag das Problem bei den Materialwerten darin, dass mit diesen Werten gerechnet werden musste, sie allerdings nur als Anzeigeattribute vorlagen und somit in der AWB (Administrators Workbench), dem „Steuerzentrum" des SAP BW, als Formelvariable/Rechenattribute angelegt werden mussten.

5.1.3   Materialflussdaten extrahieren und aufbereiten

Nach der Diskussion der Prozesse im Unternehmen und den zur Verfügung stehenden Datenquellen, die im Fachkonzept berücksichtigt werden, konnte mit der
Datenextraktion begonnen werden. Bei der Datenextraktion wurden sowohl Stan-
dardextraktoren als auch individuelle Extraktoren verwendet. Die Standardextrak-
toren lieferten im wesentlichen die Stammdaten (Materialstämme, Fertigungsaufträge, Kostenstellen etc.). Dafür wurden die entsprechenden Einstellungen innerhalb des SAP R/3 über das zur Verfügung stehende Customizing-Tool durchgeführt. Die Normalisierung in ERP-Systemen führt zu komplexen Datenmodellen
mit zum Teil mehr als 15.000 Tabellen, weshalb an die Extraktion hohe Anforderungen gestellt werden.

Die besonderen Anforderungen der Materialflussrechnung an die Bewegungsdaten
konnten mittels des Standards nicht ohne Anpassung erfüllt werden, weshalb dafür
eine eigene Extraktion entwickelt wurde. Im Projekt wurden die Bewegungsdaten
zunächst 1:1 in einen eigenen InfoCube geladen, um damit Plausibilitätstests und
Analysen durchzuführen. Nach mehreren Auswertungen und Rücksprache mit den
Fachabteilungen konnten Regeln festgelegt werden, nach denen Materialbewegungen entweder übernommen (echte Bewegungen) oder eliminiert (Statusänderun-
gen) und entsprechend angepasst wurden (Umsetzungskonzept). Diese Regeln
werden im Extraktionsprogramm codiert. Anschließend wurden die Daten dem
SAP BW zur Verfügung gestellt.

5.1.4   Materialflussdaten auswerten und Information erzeugen

Die Auswertung der bereinigten und aufbereiteten Datenbasis wurde mit dem
Business Explorer Analyzer vorgenommen. Zunächst wurden auf der Basis des
Datenmodells Merkmale und Kennzahlen in Zeilen und Spalten kombiniert. Die
Abb. 5 gibt einen Einblick in das Tool, mit dem einfach mittels drag-and-drop das
gewünschte Layout erzielt wird.

Für komplexere Berechnungen und die Arbeit mit Kennzahlen, die nicht im Datenmodell enthalten sind, wurden eingeschränkte und berechnete Kennzahlen und
Berechnungen verwendet, die mit dem Formeleditor im Business Explorer einfach
erstellt werden können.

Damit wird eine Daten- und Informationslogistik zur Verfügung gestellt, die eine
einfache und nachhaltige Datenbewirtschaftung erlaubt. Die optionale Bereinigung fehlerhafter Daten an unterschiedlichen Stellen innerhalb dieses Prozesses
erlaubt eine der personellen Ausstattung angemessene Vorgehensweise. Sowohl
der Entwickler als auch der Endanwender kann mit Hilfe seiner spezifischen
Werkzeuge die richtige Sicht auf den Materialfluss erzeugen.

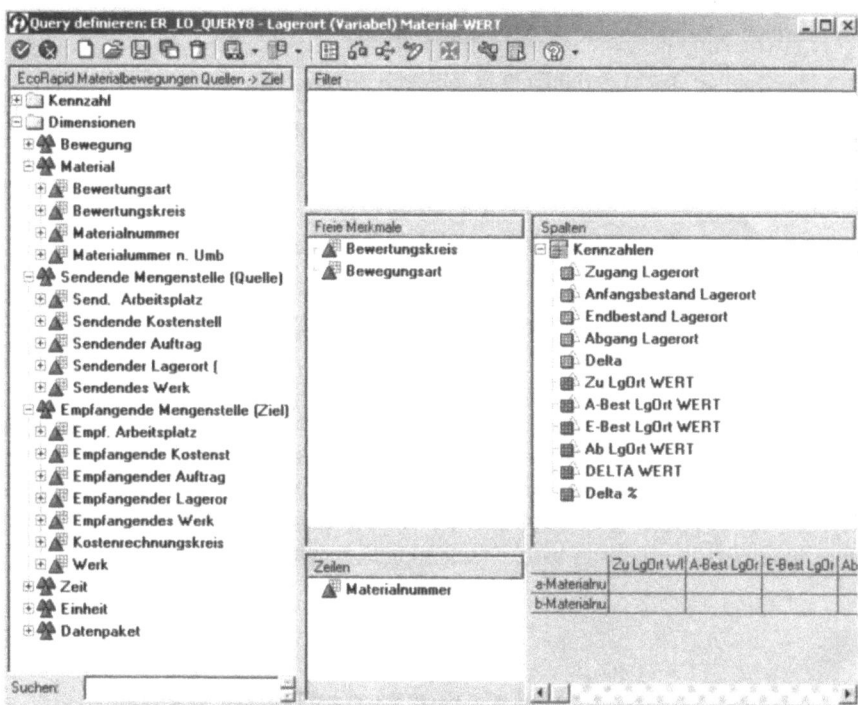

Abb. 5: Business Explorer Analyzer

6 Organisatorischer Lösungsansatz

Der organisatorische Ansatz beinhaltet vor allem die Institutionalisierung eines *„Chief Material Officers"* (CMO), der sich hauptamtlich um die Ressource Material kümmert und für deren effizienten Gebrauch verantwortlich zeichnet. Diese Funktion muss als Querschnittsfunktion betrachtet werden und braucht umfangreiche Kompetenzen. Die Verantwortung umfasst alle materialrelevanten Prozesse entlang der Wertschöpfungskette. Entsprechend hoch sind die Anforderungen an die Qualifikation des Stelleninhabers. Da er tiefe Kenntnisse über Unternehmensspezifika braucht, sollte er bereits seit mehreren Jahren im Unternehmen arbeiten, unterschiedliche Funktionen inne gehabt haben und einen kommunikativen Grundcharakter aufweisen.

Wesentliche Aufgaben eines CMO sind folgende:

• Die Qualität der Materialdaten regelmäßig prüfen

• Das IT-Umfeld regelmäßig an Änderungen im Materialfluss, bei den Prozessen, bei den Produkten etc. anpassen bzw. Anpassungen beauftragen und steuern

• Ansprechpartner und Klärungsstelle sein bei Unsicherheiten und Fragen zur richtigen Buchung von Materialbewegungen

• Den Schulungsbedarf bei den Mitarbeitern ermitteln

• Schulungen der Mitarbeiter durchführen

Die Einrichtung einer solchen Funktion stellt sicher, dass sich die Datenqualität nicht nur einmalig im Rahmen des Projektes verbessert, sondern dauerhaft auf einem hohen Niveau bleibt. Gerade bei der heute notwendigen Flexibilität und den kurzen Veränderungszyklen der Unternehmen ist es enorm wichtig, das ERP-System kontinuierlich an die realen Veränderungen anzupassen.

7   Das Corporate Material Data Center – eine erweiterte Informationslogistikarchitektur zur Business Intelligence

Ausgangspunkt dieses Beitrags war die Erkenntnis, dass Industrieunternehmen enorme Kosten tragen wegen schlechter Datenqualität und nicht transparenter innerbetrieblicher Materialflüsse. Als Ursachen dieser negativen Folgen wurden die Bereiche Informationstechnik, Methoden und Organisation identifiziert. Für diese drei Bereiche wurden in den Abschnitten 4 bis 6 Lösungswege aufgezeigt.

Der Vorschlag, ein *Corporate Material Data Center (CMDC)* einzurichten, zielt darauf ab, nicht nur isolierte Lösungen für die drei Bereiche zu erarbeiten. Statt dessen sollen die Methode Materialflussrechnung, der Betrieb und das Customizing der EDV-Systeme und die Unternehmensorganisation eng miteinander verzahnt werden, wie es in Abb. 6 vorgeschlagen wird.

Das CMDC ist also das Kondensat aus den drei obigen beschriebenen Ansatzpunkten. Es ist Bestandteil einer neuartigen Informationslogistikarchitektur für intelligentes Materialreporting.

Das CMDC mit seinem CMO ist als neue Institution und Funktion im Industriebetrieb einzurichten. Der Mehrwert des CMDC liegt darin, sich mehreren Zielen systematisch zu nähern: Datenqualität verbessern, Materialflusstransparenz erhöhen und einen kontinuierlichen Verbesserungsprozess schaffen für das Thema „Kosten senken durch Materialeffizienz".

Durch die Idee und Umsetzung des CMDC bekommt der größte Kostenblock der Industrieunternehmen ein angemessenes Gewicht – erst mit Einrichten einer eigenen Zuständigkeit für das Thema und mit abteilungsübergreifenden Kompetenzen lässt sich dieser Kostenblock vernünftig bewirtschaften.

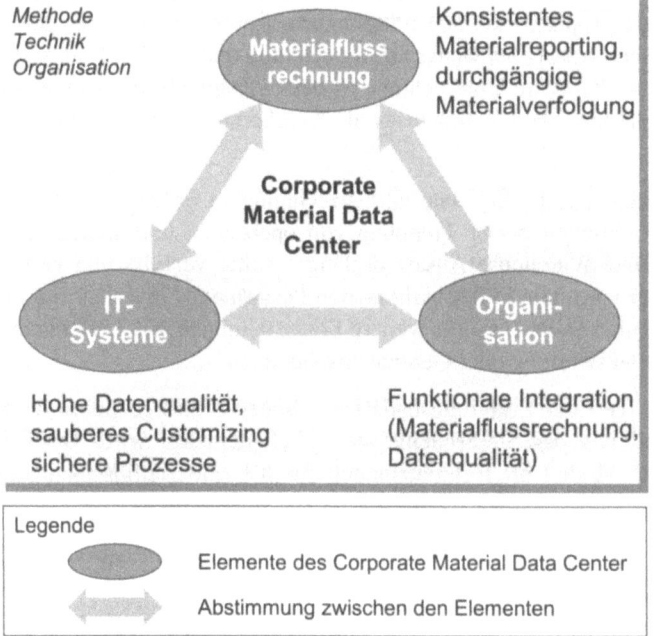

Abb. 6: Konzept des Corporate Material Data Center (CMDC)

Alle Elemente des CMDC sind bei der Unternehmensentwicklung gleichermaßen und abgestimmt zu berücksichtigen. Dann lassen sich die Kostensenkungs- bzw. Renditepotenziale im Materialbereich schöpfen. Nicht mehr nur über den Einkaufspreis, sondern im Unterschied zum bisherigen Denken über die verbrauchte Materialmenge.

Im CMDC werden die materialrelevanten Daten in Materialreports aufbereitet und verteilt. Die Entscheidungsträger erhalten verdichtete Reports und Übersichtsdarstellungen, wo mit welchen Werten im Betrieb oder bei Lohnfertigern Material verloren geht. Durch diese verbesserte Information wird ein Lernprozess ausgelöst und in Gang gehalten. Das Wissen um Zusammenhänge erhöht letztendlich die „Material Intelligence" des Unternehmens. Die um die Materialflussrechung erweiterte Informationslogistikarchitektur trägt bei, eine bislang schlummernde Zielgröße der Business Intelligence aus ihrem Dornröschenschlaf zu wecken.

8   Ausblick

Der Fokus der weiteren Untersuchungen wird sich auf die Integrationsmöglich-
keiten der DW-gestützten Materialflussrechnung in die Informationslogistikarchitektur im Sinne der Business Intelligence richten.

Data Warehouses sind auf Grund ihrer Struktur optimal für die Materialflussrechnung geeignet. Die Probleme der konsistenten Datenbereitstellung aus klassischen
Materialflussrechnungsprojekten können mittels Data-Warehouse-Technik gelöst
werden. Der analytische Ansatz der Materialflussrechnung und die durch sie angesprochenen Funktionsinhaber im Unternehmen ist deckungsgleich mit dem adressierten Anwenderkreis von Data Warehouses als Kernkomponente von Business
Intelligence.

In bisherigen Projekten wurde die Materialflussrechnung in externen Systemen
durchgeführt. Die Richtigkeit dieser Trennung von operativen und analytischen
Systemen wird im Data-Warehouse-Ansatz bestätigt, weiter verfolgt und verfeinert. Der Vorteil liegt vor allem in der verbesserten Performance und dem Bereitstellen einer konsistenten Datenbasis für weitere Fragestellungen wie Lieferanten-
beurteilung, Retourenauswertung oder Qualitätsmanagement.

Es hat sich gezeigt, dass der Erklärungsbedarf zur Materialflussrechnung durch
ein logisches Modell wie das Sternschema wesentlich reduziert wird. Deshalb
kann das entwickelte Modell als Referenzmodell für die Materialflussrechnung
bezeichnet werden.

Mit dem CMDC dürfte auch die Frage geklärt sein, wie die Materialflussrechnung
nicht nur als Einzelprojekt, sondern dauerhaft mit minimiertem Aufwand implementiert werden kann, so dass beispielsweise einfach monatliche Auswertungen
und auch Periodenvergleiche gefahren werden können. Als richtiger Weg im Da-
ta-Warehouse-Kontext bietet sich hier ein Delta-Handling (inkrementelle Aktualisierung) an; dabei werden in definierten Abständen immer nur die im Operativsystem neu hinzugekommenen Bewegungsdaten und die geänderten Stammdaten geladen.

Auch das Thema Data Mining, das Erkennen von Datenmustern und Abhängigkeiten in Materialbewegungsdaten, wird besonders dort genauer zu untersuchen sein,
wo eine Identifikation von Fertigungsbereichen nicht möglich ist. Das Ergebnis
kann die Visualisierung spezieller Abhängigkeiten sein. Beispiel: Abhängigkeit
des Materialverlustes von der Materialart des zu fertigenden Produktes und der
Reihenfolge der Arbeitsplatzbelegung.

Eine interessante Nutzung der Materialflussauswertungen bietet das Benchmarking. Intern genutzt kann es zu einem positiven Wettbewerb führen, welche Pro-
duktlinie, welches Team, welche Schicht ressourceneffizienter arbeitet. Mit der
Integration und dem Vergleich von anonymisierten Fremddaten vergleichbarer
Unternehmen kann durch externes Benchmarking abgeschätzt werden, welches

Kostenoptimierungpotenzial bei den Mitbewerbern schlummert und wo im eigenen Ressourcenmanagement optimiert werden muss.

Das Management unterschätzt die Kosten mangelnder Datenqualität und den Nutzen der Materialeffizienz. Darum sind Methoden und Werkzeuge erforderlich, die bei der Lösung dieser Probleme helfen können. Mit dem Einführen eines CMDC werden Data-Warehouse-Technologie und die Methodik der Materialflussrechnung zusammengeführt. Die organisatorische Verzahnung beider Ansätze im Unternehmen geschieht durch ein spezifisches Rollenkonzept verbunden mit Alertfunktionen und einem Workflow, der eine angemessene Reaktion auf Materialflussereignisse einfordert, verfolgt und dokumentiert. Dadurch lassen sich bislang ungenutzte Kostensenkungspotenziale in Höhe von 0,5–3% der Gesamtkosten heben.

Die Umsetzung der Materialflussrechnung mit einem Data Warehouse zeigt, dass diese Methode als analytische Anwendung innerhalb der Business Intelligence behandelt werden muss. Die effiziente Bewirtschaftung von Ressourcen im Sinne der Nachhaltigkeit, die gleichzeitig unsere ökologischen Lebensgrundlagen sichert, braucht wirksame und einfach handhabbare Werkzeuge. Daraus erschließen sich weitere Einsatzmöglichkeit der Materialflussrechnung innerhalb der „Begriffsklammer" Business Intelligence (Gluchowski 2001), die sich somit zu einer „Business Greentelligence" ausweitet.

9   Literatur

DBU: ECO-Rapid, Elektronischer Leitfaden (CD-ROM); Deutsche Bundesstiftung Umwelt, in Vorbereitung, Osnabrück 2002.

Gluchowski, P.: Business Intelligence – Konzepte, Technologien und Einsatzbereiche, in: K. Hildebrand (Hrsg.): Praxis der Wirtschaftsinformatik – Business Intelligence, Heidelberg, 2001.

Hankins, L. H.: Cleansing Looms Important in Data Warehouse Efforts. SIGNAL, AFCEA's International Journal, February, 1999.

is-report – Zeitschrift für betriebswirtschaftliche Informationssysteme; Fehlendes Problembewusstsein für Datenqualität – Bereinigung lohnt sich; Ausgabe 6/2002; S.10; QXYGON Verlag GmbH, Feldkirchen.

Krcmar, H.; Dold, G.; Fischer, H.; Strobel, M.; Seifert, E.: Informationssysteme für das Umweltmanagement, Das Referenzmodell ECO-Integral, München, 2000.

Scheide, W.; Strobel, M.; Enzler, S.; Pfennig, R.; Krcmar, H.: Flow Cost Accounting in Practice – ERP-based Solutions of the ECO-Rapid-Project; in: Hilty, L.; Gilgen, P. (Hrsg.): Sustainabilty in the Information Society. Marburg, 2001, S. 287-296.

Statistisches Bundesamt: Statistisches Jahrbuch. Wiesbaden, 1999.

Strobel, M.: Flusskostenrechnung. In: Controller Magazin, 2002, Nr. 2, S. 200-204.

Tonn, D.: Data Cleansing Verfahren für Data Warehouses. Diplomarbeit o.V.; Humboldt Universität zu Berlin, Berlin 2000.

Customer Insight by Exploring a Customer Behavior Model on Top of a Nucleus Database

Michiaki Taniguchi
Sand Technology Deutschland GmbH

Michael Haft, Reimar Hofmann
Siemens AG

*In this paper we describe a new approach for analyzing customer behavior from data in a Nucleus[1] database. This approach gives very short response times by using a data modeling technique developed at Siemens Corporate Technology and thus allows browsing **interactively** through the variables describing a customer. This enables the user to discover and understand behavior patterns with little effort. The same approach can also provide customer segmentation into segments of similar behavior without the need to define criteria for similarity in advance. Thirdly the approach is able to make real time predictions about user behavior. The results of the interactive exploration can be automatically translated into SQL-statements and run against the Nucleus database with high ad-hoc query performance. This enables the business users to gain deep customer insight and support derived actions in a quick and flexible manner.*

We present a case study from a mobile telecommunications company.

1 Introduction

Customer Relationship Management has become mandatory for large and medium scale enterprises. Many companies have already made significant investments to collect data in a customer centric way such that all information regarding a customer is accessible in one place independent of channel (visit, telephone, web,…), action (buy, complaint, information gathering,…), department or region. This customer centric organization of data is mostly exploited in sales and services where it allows the agent to quickly obtain all information regarding a customer, for example when the customer calls.

---

[1]   Nucleus is a registered trademark of Sand Technology Inc.

Besides this operational use of CRM, the systematic collection of customer data also opens up a whole new field of opportunities in marketing, because it allows to systematically analyze and understand customers and their behavior and infer on their needs. However, many companies have just finished setting up the operational aspects of their CRM systems and do not yet exploit this potential in the data to gain customer insight.

Specially in the mobile telco industry the need of customer insight is crucial. The growth rate in adoption of mobile telephones in Europe during the late 90s was such that the mobile telco carriers were able to rely on a highly indiscriminate approach to acquiring new customers. After the market saturation, mobile telco businesses had to be re-orienting their approach looking at reduction of churn and protection of ARPU (average revenue per user). An increased focus on the personalization of service offerings and marketing campaigns based on accurate and detailed knowledge about existing customers has been becoming essential. The degree of customer insight is the differentiating factors between competing businesses.

We propose a novel approach. In this approach customer data are condensed to a statistical model of the customers' behavior. Instead of working directly on the original data we explore the *model* to learn about the customer. The advantage of this is that the model can be handled in a much more flexible way than the original data. The models supply any requested statistical information within less than a second even if the original data amount to Gigabytes. The instantaneous response of the model allows to browse through customers' behavior interactively and to spontaneously pursue new ideas as they arise during the process of verifying old ones. The type of statistical information delivered by the models is straightforward, so subject matter experts can directly look at customer behavior without needing statistics expertise. Customer data is thus transformed into intuitively understandable knowledge.

Statistical models can be built even from very complex customer data and do not underlie the limits of OLAP approaches like limited maximum dimensionality (MOLAP) or long response times for large datasets (ROLAP).

2   Customer Model for Mobile Telco Industry

The core idea of our approach is to condense large amounts of customer data to a compact statistical customer model and then explore the model instead of the original data. As opposed to the original data the derived model can be handled flexibly with little resources. We describe a customer insight solution for a mobile telecommunications company where the data is pre-processed in a Nucleus database. A statistical model is built on top of Nucleus and presented through a graphical user interface (GUI) for exploring the model. In the following sections we describe what kind of data is used for the analysis and how to explore the model using a GUI.

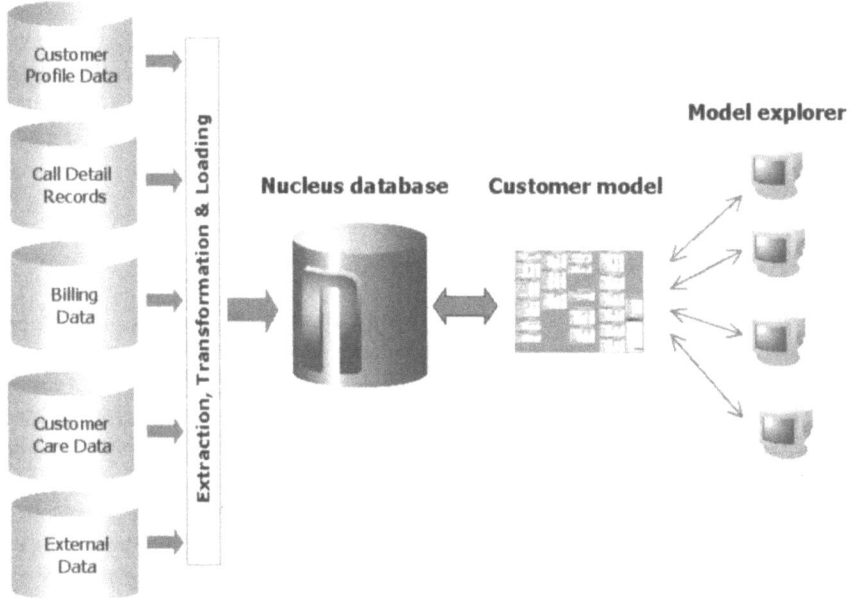

Fig. 1:   A scenario of knowledge transformation from different data sources to customer insight for telco industry

2.1   Data Collection in the Nucleus Database

Sand Technology delivered an analytical environment for a mobile telecommunications company where all available customer information sources were integrated. The core of this information providing system is Sand's Nucleus database, a database system optimized for analytic tasks. The database contains registration data, call detail records, billing information, customer service information etc. in a customer-centric manner and provides a consolidated view of the customer.

We generated a table using a Nucleus database containing different variables from a mobile telecommunications carrier in the UK. We took a portion of existing residential customers who opened the subscription between the quarter 4, 1997 and the quarter 3, 1998. The table contains variables from the customer registration like birthday, gender, occupation but also variables concerning sales information like sales region, acquisition channel and subscription date. Additionally, in order to characterize the calling behavior we enhanced the table by taking call detail records (CDR) in an aggregated manner over a certain time period. There-fore in this example, we have values, counts, durations of all calls independent of call types or services like SMS, answer phone (voice mail), carrier-internal calls (so called on-net calls), calls to other mobile networks, and calls to fixed net-works. Additionally, we added information about the subscription close quarter indicating churn. Note, that the churners – those who closed the subscription – have no call activity in the database. In the database there are some unknown values for some of the records, e.g. the marital state is not known for some of the customers. The statistical model can handle those missing values in an elegant way.

2.2 Building a Model from the Database

Building a statistical model requires extracting all relevant attributes for all re-cords in the database or – in case more advanced learning techniques are used – repeatedly for specific subsets of records. This means we used Nucleus to generate new attributes based on those in the tables by aggregating CDR over a certain time period, combining several variables, filtering records according to given criteria, and select relevant variables from a huge set of variables. The Nucleus database is specifically designed for these sorts of tasks and therefore can perform them in a very quick and flexible manner, which makes it possible to configure a model in a day and to run in an hour for a large customer base. More about the technology for building models is described in a separate chapter.

2.3 Exploring Customer Models

In this chapter we will show how one can work with the models and what type of answers one can expect. Due to confidentiality we are unfortunately unable to describe exactly which measures were taken as a result of the analysis (Some seem to be quite successful.). Looking at the analysis examples described in this chapter it will be obvious how these results can be used to optimize the product portfolio, to take marketing measures or to develop a new marketing strategy. Again we will use the customer analysis from the telecommunications domain for illustration. It should be stressed however, that the methodology and the tool is not restricted to the telecommunications domain and can be used to analyze customer data from any other source. Figure 2 shows part of the initial statistical distribu-tion.

The GUI shows for each variable a list of possible values. On the basic screen, behind each possible value a bar and a corresponding number indicates for which percentage of customers the variable takes on the respective state. In the pictured model one can see for example that around 67% of all customers are male, that the largest age group with 32% of all customers was born between 1970 and 1979, followed by the second largest group of 27% with birth years 1960-69. 31% of the customers are known to be single followed by 21% with known married status. Approximately 20% of the customers have no occupation. Almost half of the customers (over 48%) are using the Motorola handset followed by Philips (13%) and Nokia (6%). One can also see that around 72% of all customers in the database have no call activity in this time period. 69% of the customers opened their subscription by the quarter 3 of the year 1998 and 37% of the customer base have closed their subscription in the past (churners). The most called destination is fixed networks by 25% (= 100% – 74,72%) followed by on-net (carrier-internal calls), to the mobile of another mobile carriers, answer phone and SMS. Over 88% of the customers do not use SMS. The window 'segments' has a special meaning, as we will discuss later.

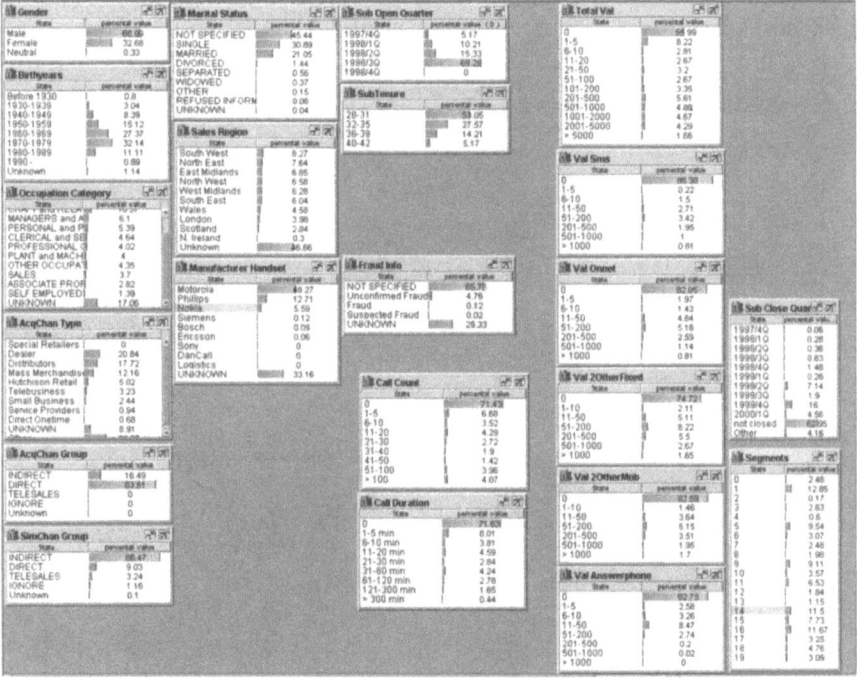

Fig. 2: Initial distribution of the whole customer base

The information on the basic screen is – not surprisingly – pretty basic. Here are a few questions that the analyst of such a customer base is likely to ask:

- What is the typical behavior of a non-churner?

- How effectively are the channels working?

- What dependencies among the variables do in the customer behavior exist?

- What impact has the handset on churn propensity?

- How is the typical characteristics of the customers with high ARPU?

- How is a typical SMS user look like?

- Which variables have strong impact on the churn likelihood?

- Are there significant differences between the on-net calls and calls to other mobile carrier?

- What segments can I discriminate in my customers into? What kind of customers do I have?

To analyze the behavior of the non-churner – we define non-churner as a customer who has not closed the subscription at the moment of the observation – we click onto "not closed" in the window "sub close quarter" (Fig. 3).

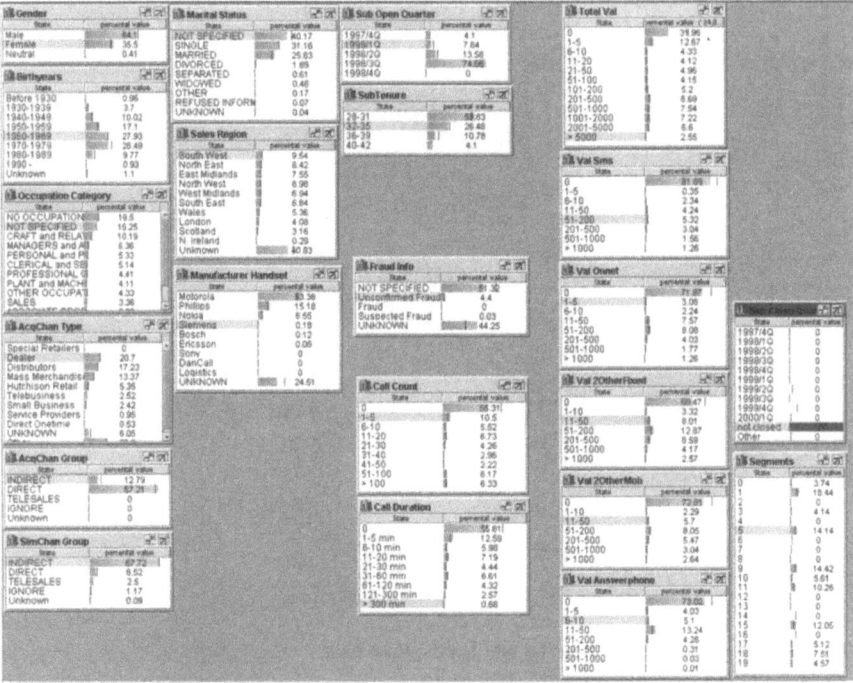

Fig. 3:   Statistical distribution for non-churner (against initial distribution)

The red bar indicates that we now have restricted our view to non-churners. The value 100% for "not closed" indicates that all customers currently under consideration have "not closed" their subscription. The bars in all other variables immediately change their values, too. The new values now indicate percentages of all the non-churners. The thin blue line at each bar indicates the value before the last click – here the value the whole customer base before restricting the focus to non-churner. In this case the blue lines show the percentage over all customers, whereas the bars and numbers only refer to the restricted set of non-churners.

One can see that there are obviously significant changes to the distribution for whole the customer base, particularly in the call behavior. Around 55% of the non-churner have no call activities (55,31% for "Call Count = 0"). Just 18% of the customers are using SMS (81,89% for "Val Sms = 0"). Among different call destinations most of the non-churners tend to make calls to fixed networks (60,47% for "Val 2OtherFixed = 0" compared to for instance 71,97% for "Val Onnet=0")

Furthermore, female customers seem to be more loyal – their share of non-churners is 35,5% compared to 32,7% in the whole customer base. Further impact for loyalty would have the age of the customers – the older customers tend to be loyal. Also the subscription tenure has important impact on the churn behavior of the customer (58,63% for "Sub Tenure = '28-31'" compared to 53,05% for the whole customer base).

In the occupation category window we can see that the bars have changed very little compared to the reference values indicated by the blue lines, i.e. the values have not significantly changed by changing our view from the whole customer base to only non-churners. In other words this means that the occupation category of non-churners has basically the same as the profile of all customers.

The marketing analyst would also be interested to find out about the behavioral characteristics of the SMS user. By excluding the state "Val SMS = 0" the window 'Val SMS' shows the distribution of the SMS activity for the non-churner (see Fig. 4).

The red bars indicates that we now have restricted our view to SMS-active users by excluding non-active SMS users where "Val Sms = 0". The new values now indicate percentages of all the non-churners with the active SMS usage. Approximately 30% of the SMS-active customers fall into the bar '51-200' followed by the bar '11-50' taking 23,4% in place. For the comparison purpose we define a scenario – the thin blue line is indicating the value for non-churners without any SMS usage.

SMS-users generate high call volume in terms of counts and duration. SMS seems to stimulate ARPU enormously. The call activity to all call destinations increases significantly and the distribution of the variable 'Total Val' shifts impressively to higher value. Around 24,5% of the SMS-users made more than 100 over all calls in the time period while only 2,3 % of the non-SMS users made more than 100 over all calls.

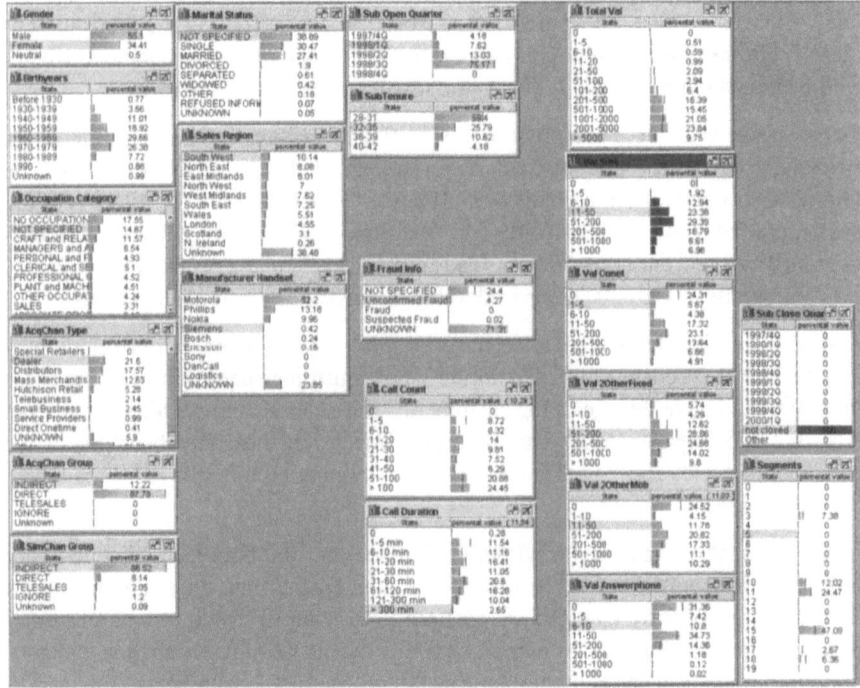

Fig. 4:   Statistical distribution SMS users (against non-SMS users)

Only 5,74% of the SMS-users had no calls to fixed networks in the observed time period compared to over 60% for all non-churners and 73% for non-SMS users. On the other hand just 43% of the non-churners calling to fixed networks utilize also SMS. The active SMS users tend to be male, married and have an occupation, but the type of occupation seems to have no recognizable impact. They prefer Nokia handset. Surprisingly, the older customers tend to be more active in using SMS. With respect to SMS the type of handset significantly influences usage. 14,3% of the active SMS customers using a Siemens handset have more than 5000 of "Total Val". This is more than 100% of the differential compared to the Philips handset user with a portion of 6,9% for the high usage customer with more than 5000 "Total Val". It is likely that even greater differentials will result with next generation devices, given the wider range of applications they will be designed to address. By introducing new picture and multi-media messaging applications (and the expected ARPU increase) the understanding of customer needs and preferences creating more tailored packages will have stronger impact on ARPU differentiating in the highly competitive mobile telco market.

So far, we have worked by drilling down to more and more specific types of customers. This is appropriate if we have a specific question to ask or if we have discovered something and want to explore it even further. If we have less specific questions and just want to get an overview then it is a good idea to look at the different segments the customers fall into. Our models each provide a segmentation of customers. The criteria by which the segmentation is made do not have to be specified by the user. The model does this automatically based on the principle that customers that fit the same statistical distribution of the variables should be put into the same segment. The segmentation can be displayed in a very similar way to other variables of the model (figure 2, bottom right).

The right bottom box in figure 2 shows the different segments that have been identified. Each line represents one segment, the bar and number behind it indicate which percentage of customers fell into this segment. Segment 1 covers almost 13% of all customers. We investigate what the customers in this segment look like by clicking into the line (figure 5).

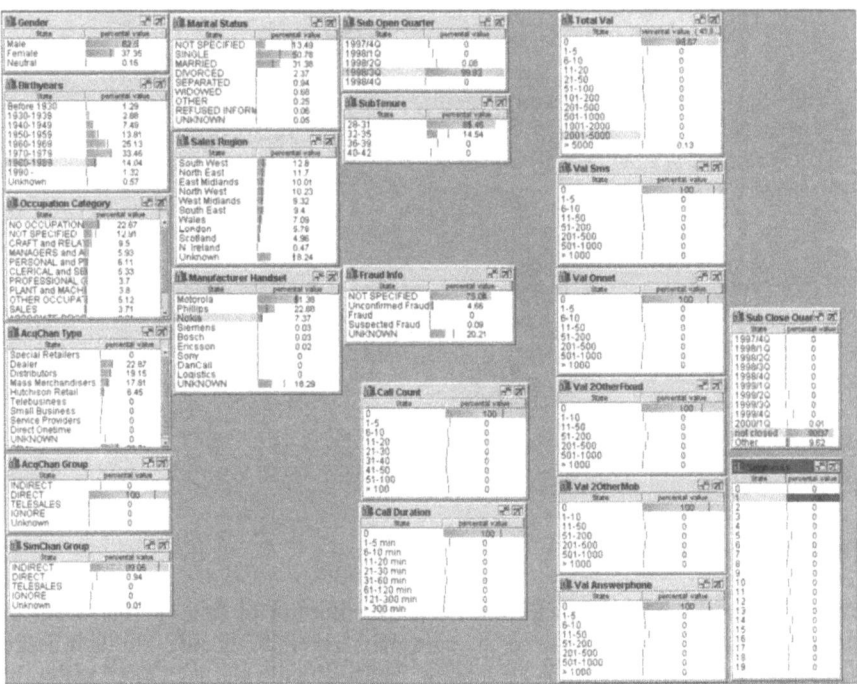

Fig. 5: Segment 1

The bars in the other windows now change to the values for only those customers that fall into this segment. Comparing the new percentages to previous overall values (blue lines) we note that this segment is characterized by generating no revenue (99,87% for "Total Val = 0") – they make no calls (100% for Call Count = 0), although the customers from this segment have not left the service (non-churners, "sub close quarter"="not closed"). All of these customers tend to be younger, all of them have subscribed at Q3, 1998 and prefer Motorola and Philips handset. In this segment the female portion is relatively high.

To get an overview and a feeling about customer behavior a good strategy is to browse through all segments one by one. Figure 6 shows another segment (segment 18) which covers 4,8% of the customers (number on the bar before clicking on it).

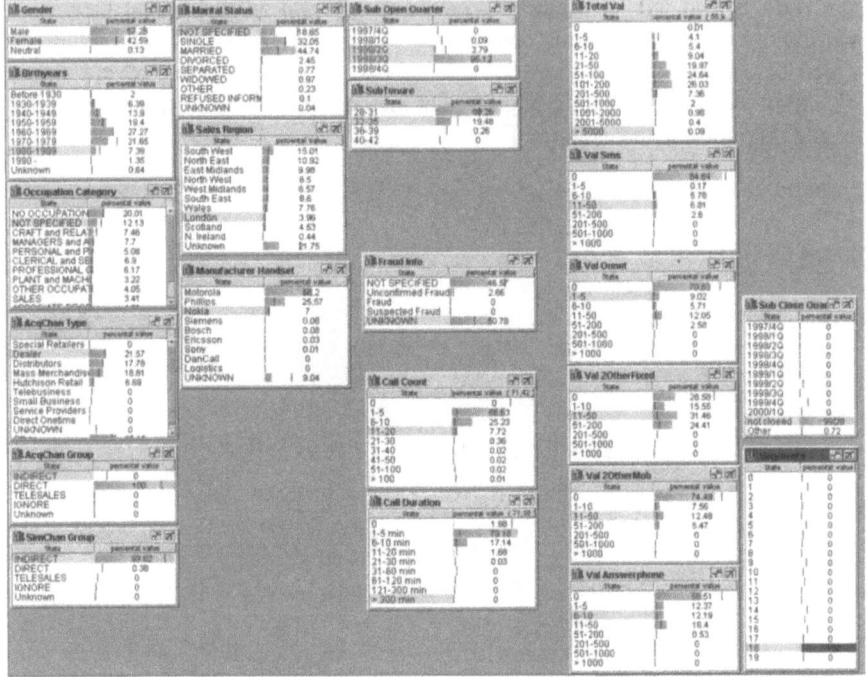

Fig. 6:   Segment 18

This segment is again characterized by a high portion of non-churners. But in comparison to the segment before, the customers generate revenue, but their usage is not high (around 67% of the customers made 1-5 calls and 25% 6-10 calls). In comparison to initial distribution, this segment represents older married customers, acquired at mass merchandisers using Philips handsets. They dominantly subscribed at the third quarter in the year 1998.

Browsing through all segments gives a complete overview over the customer behavior. Even though this model describes a large number of customers it is sufficient to look at a small number of segments to get a good overview. The intelligent way of grouping customers to segments ensures that large numbers of customers are summarized by a small number of segments. The data is compressed to its essentials.

In this chapter we have demonstrated two ways of exploring the model: By clicking on states in the boxes one can drill down into those customers for whom the corresponding variable is in the corresponding state. Any combination of states can be selected, states can be excluded and it is possible to select states in any number of variables at the same time. Each such click corresponds to a 'what-if' question to the model and the model answers immediately with statistics for all variables. These statistics are approximations to the exact value. In practice we have found that these values typically lie very close to the exact values (in general less than 1%) such that qualitative conclusions like those we drew in the examples above are perfectly valid.

A second way of exploring the model is to look at groups of similar customers. This provides typical behavior scenarios. The model divides the customers in segments of similar behavior. The segmentation criterion has not to be specified by the user. It is automatically derived from the goal that customers in the same segment should be as similar as possible in terms of the variables of the model.

Target groups identified during the analysis process (e.g. as targets for a campaign) can be fed back into the database from within the Exploration GUI. For this purpose the GUI will generate a SQL statement corresponding to the current selection. Using this mechanism, actions derived from discoveries can be started from within the Exploration GUI.

The presented examples were intended to demonstrate how one can work with statistical customer models and what type of results can be obtained. They do not represent the complete set of results in any way.

3 The Technology Behind it

Building models of real world phenomena is appropriate whenever the original problem is too voluminous to be analyzed efficiently or when the original size of the problem is overwhelming such that it is difficult to keep view of the essentials. This is true not just in our case; one will find that models are used in many different contexts.

A model is a simplified description of a real subject; it provides an approximate description of the truth. In our case the model provides a description of the relation between the variables describing a customer, such as attributes like age, historical behavior and expected future behavior. As described in the previous chapter one can fix any of the variables to one of its states; the model is then able to calculate frequencies/predictions for all the remaining variables under the condition set. So the model is able to draw conclusions from a specified condition to all other variables independently of which variable(s) conditions are set on. There is no input and output/target variable defined a priori.

One may ask "What is the age distribution of SMS-users?" or in the reverse direction "What is the SMS usage frequency for the different age groups?" That means, the model allows to look at the customer from any perspective; one easily obtains an 360° view of the customers.

To provide such a 360° view of the customers means in technical terms that we need an approximation to the *joint* probability distribution of the variables describing a customer. A joint distribution assigns a probability (a number between 0% and 100%) to each possible combination of values of all variables describing a customer. This probability describes what fraction of customers we expect to see with exactly this combination of features.

A joint distribution allows to compute an answer to any query regarding statistical relations between the variables of the domain. If that query does not involve *all* variables we have to sum over the possible values of all irrelevant variables: Suppose we would like to know relationship between age and the number of calls regardless of the gender. That is, we are interested in the dependency between the variables "birth years" and "CallCount" and have to select the according states, but otherwise would like to consider all customers irrespective of their gender. That means we have to sum over all possible states of the variable "Gender". To provide an answer to a query essentially means to sum the joint distribution over all states matching the particular query. Those sums can be performed efficiently based on an appropriate model structure. In our analysis we rely on an Bayesian (or causal) network framework (Pearl 1988). Within this framework efficient "message passing algorithms" are available to handle even large probabilistic domains (Jensen 1996). These message passing algorithms allow to compute the answer to each query on the fly.

Each model is a simplified description of the reality to some extent. Only this simplification, however, allows to focus on the essentials. There are different possible simplifying model types that can be used. One popular type is the "causal model", which represents the observed dependencies in a domain by cause and effect relations among the variables of the domain. "Structural learning" algorithms uncover the causal relations or direct dependencies that best describe the dependencies observed in the data. A potential result is displayed in form of a graph such as that of figure 7.

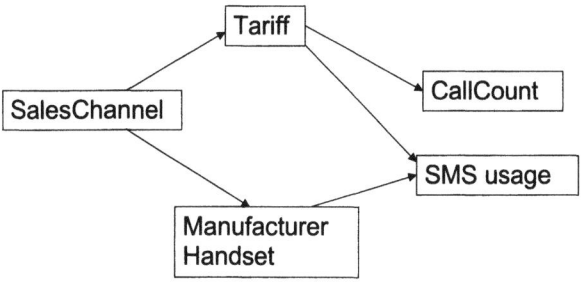

Fig. 7:   Illustration of the causal model and structural learning. A potential result might look like the graph shown above. The sales channel influences which handset and tariff is selected, the selected handset influences SMS usage, and the tariff influences the call count and SMS usage

The causal model is a very natural way to describe a domain if all the relevant variables of a domain are recorded. In many cases, however, there are hidden variables in the domain which are not accessible. A popular model type for those cases is a "latent variable model". It contains hidden variables that can model hidden causes behind the observed variables. A simple example for such a model is displayed in figure 8. In many cases it is very plausible to assume that hidden causes are present. In the case of mobile phones, for example, one such cause could be the usage intention the customers have when they buy the phone contract. For example, they might want a mobile phone for emergency use, or they might want to give friends and family the chance to reach them at any time, or they might travel by car a lot and want to use the time to make business calls,…This intention certainly influences the behavior. Unfortunately, the customer's intention is not known and can therefore only be treated as a hidden cause.

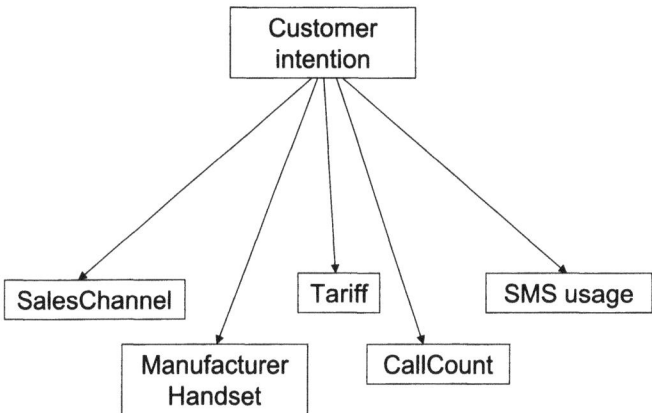

Fig. 8:   Simple example of a latent variable

In general, neither a causal model nor a latent cause model are a perfect picture of the truth. Both, however, will form approximate models which capture essentials of the original domain. Both model types can be combined and can in principle be driven up to arbitrary complexity (if you have the knowledge or sufficient data). They will then approximate the truth with arbitrary high accuracy. Arbitrarily high accuracy and complexity is, however, often not even desirable, because often it is the simplification that makes the important relationships visible. Depending on the type of model one will gain additional insight in terms of potential causal relations or in terms of behavioral cluster (scenarios).

Structural learning and fitting of parameters is typically based on the (penalized) likelihood (Fisher 1922) as an optimization criterion. In the presence of latent variables (as turned out to be useful in our case study) the most popular optimization procedure for likelihood-based learning is EM-learning (expectation maximization learning (Dempster 1977)). Plain EM-learning is painfully slow in case of missing or hidden information – too slow in our case with large amounts of data. We therefore developed a number of extensions which improve the efficiency of handling missing information and which organize small, fast learnable sub-models to a powerful joint model. Furthermore, we supplemented the learning criterion by additional terms in addition to the likelihood to ensure that behavioral clusters with a clear interpretation were formed. Hence, we term our learning procedure as "extracting scenarios from data". Mathematical details will be reported elsewhere.

4   Conclusions

In many companies lots of data are have been collected from different data sources for some time and are now being consolidated in a customer-centric manner to enable a "single view of the customer". Advanced database technology like Nucleus allows the user a detailed and flexible analysis of the customer database.

In this paper we showed a novel *model based* approach which was demonstrated using customer data from a mobile telco carrier as an example. The approach combines OLAP-like analysis functionality, data mining functionality (interactive exploring of dependencies, segmentation) and real-time prediction in one single framework. Its analytic power does not come from a large number of functions but rather from simplicity combined with speed and flexibility. This enables users with no analytics expertise to explore customer data themselves and helps bridge the gap between "information consumers" in marketing departments on the one side and analytics- and IT-experts on the other side. Even though the approach can be applied to data of many different sort, it is particularly suited for building behavioural customer models. In the telco example we demonstrated the process of gaining useful customer insight – e.g. that active SMS users have a relevant impact on ARPU, because they generate more calls to all destinations also, or which criteria discriminate churners from non-churners. The gained knowledge leads to new marketing strategies, pricing policies, or proactive campaigns (e.g. for churn prevention). The latter can be started directly from the analytic user environment which passes the selected target group to the Nucleus database in form of SQL. Apart from this there are more reasons for the conjunction of Nucleus and the analytic environment: It also supports the otherwise time-consuming model building process in a very flexible and efficient way., and through Nucleus the detailed information – like atomic CDR information – can be accessed very quickly. All necessary customer information for the operational actions derived from the customer model, e.g. complete addresses of a specific segment for a campaign management, can be delivered in a few seconds.

5 Bibliography

Dempster, A. P., Laird N. and Rubin D.: Maximum Likelihood for incomplete data via the EM algorithm; in: Journal of the Royal Statistical Society; B 39 (1977), page 1-38.

Fisher, R.: On the mathematical foundations of theoretical statistics; in: Philosophical Transactions of the Royal Society, Ser. A 222; (1922), page 309-368.

Jensen F.: An Introduction to Bayesian Networks; London: UCL Press; 1996.

Pearl, J.: Probabilistic Reasoning in Intelligent Systems: Networks of Plausible Inference; San Mateo: Morgan Kaufmann; 1988.

Simulation of Bank Customers Using CLSim

Janusz Milek

Insightful Switzerland

Obtaining large samples of finance-related customer-level test data is usually not possible because such data are confidential. However, the data can be essential for data warehouse software development and testing. Customer-level data are also critical for case studies, teaching, and research in the field of analytical customer relationship management. Customer Lifetime Simulator (CLSim), presented in this paper, overcomes the aforementioned lack of data by simulating bank-related behavior of large populations of individual customers. The paper describes modeling principles, implementation, and applications of CLSim.

1   Introduction

Bank data at the level of individual customers are confidential. Hence, it is usually not permitted to use such data for various data warehousing and analytical customer relationship management (ACRM) activities. This difficulty is overcome by Customer Lifetime Simulator (CLSim), which simulates behavior of large populations of bank customers at the level of individuals.

The goal of CLSim is not to deliver an exact, quantitative model. Instead, the goal is to provide data, sufficient for data warehouse software development and testing, ACRM case studies, teaching, and research.

CLSim is a Monte-Carlo, longitudinal, dynamic, micro-simulation model, where individual customer behavior is defined by means of Markov chains (Elliott *et al.* 1995). The simulator generates bank-related customer-level data using a number of common-sense rules. CLSim has already proved its usefulness as a data source and experimentation tool for teaching, software development, and for accelerating projects in data warehousing, see (Block and Nawrath 2002). The resemblance to real data is sufficient to develop various types of ACRM models using data mining methods, see (Witten and Frank 2000). These models include churn, cross-selling, and customer potential analysis. Moreover, CLSim is capable of modeling influence of ACRM campaigns on customers. In such a case, the complete closed loop (customers → data → models → campaigns → customers) can be simulated. An example application of this type, involving a customer database, a model-based mailing campaign, customer response simulation, and campaign evaluation, is shown in Fig. 1.

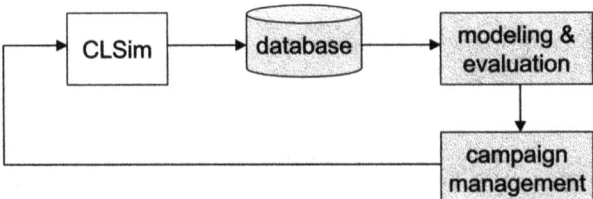

Fig. 1:   Closed loop application: CLSim simulates influence of a mailing campaign on customers

During the last two decades a number of other longitudinal dynamical micro-simulation packages have been developed, see (Harding 1996) or (CORSIM 2002) for overviews. Like CLSim, these simulators use also Markov chain models, but they are largely dedicated to governmental studies of socially optimal economic policies. Hence, the simulators do not produce bank-specific output. Some simulators have the advantage of allowing interactions between simulated persons to enable modeling of complete households, a capacity that CLSim does not have. However, the simulation models currently in use must be tuned to achieve desired experimental probability distributions of the observed reference data in order to deliver quantitative predictions of future distributions. Such model tuning requires precious reference data, is complex, time consuming, and very expensive. This effort is not justified for the generation of test data such as that provided by CLSim.

The paper is organized as follows. Section Two presents principles of Markov chains and the main ideas behind the CLSim model. Section Three is devoted to implementation issues. Section Four describes example application of CLSim in a knowledge discovery course, where a credit card cross-selling model is first developed using data mining methods and then validated in the closed loop (Fig. 1). Section Five summarizes applications of CLSim in the field of data warehousing and concludes the paper.

2   Markov Chain Modeling

CLSim uses Markov chains to model individual behavior of simulated customers. Let us consider the Markov chain model shown in Fig. 2. The model has only one state variable x_k, which, for discrete time instants $k = 1, 2, ...$ can take one value from the set of admissible states = {$active \mid terminated$}. Additionally, it is specified that the initial state x_0 be $active$.

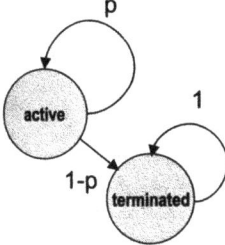

Fig. 2:   Example Markov chain model

The model describes time evolution of the state variable x_k by means of four *state transition* probabilities:

$$p(x_{k+1} = active \quad | x_k = active) \quad = p \tag{1}$$

$$p(x_{k+1} = active \quad | x_k = terminated) \quad = 0$$

$$p(x_{k+1} = terminated \quad | x_k = active) \quad = 1-p$$

$$p(x_{k+1} = terminated \quad | x_k = terminated) \quad = 1$$

Note that the *terminated* state cannot be exited. As is later shown, the survival time in the *active* state is finite and equals $1/(1-p)$.

The crucial feature of a Markov chain model is that

$$p(x_{k+1}|x_k) = p(x_{k+1}|x_k, x_{k-1}, x_{k-2} \ldots). \tag{2}$$

Hence, the state x_k contains complete information about the system's past. This fact is of use for the purpose of simulation: it is sufficient to store only the most recent state x_k to determine probability density of the next state x_{k+1}.

2.1   Survival Probability, Survival Time, and Logistic Regression

Random state transitions can be described either via survival probability (p in Fig. 2), or survival time, *i.e.*, mean time spent by the system at a given state. Let the system survive in an *active* state with probability p and leave the state with probability $1-p$ to a *terminated* state. The probability $P(n)$ of spending exactly n time instants in *active* state, provided $x_0 = active$, is given by

$$P(n) = (1-p)p^n.$$

Hence, the mean value T, the number of time instants during which the system is in the *active* state becomes

$$T = (1-p)*(p+2p^2+3p^3+4p^4 + \ldots) = p+p^2+p^3+p^4 + \ldots = p/(1-p). \tag{3}$$

The survival probability is often not constant but depends on some factors. Logistic regression (Hosmer and Lemeshow 2001) is a classical tool for models with discrete dependent variables and can be applied to define factor-dependent probability of state transitions. It this case

$$p = 1/(1+exp(-H)),$$ (4)

where

$$H = C_0+C_1X_1+...+C_NX_N.$$ (5)

Here X_i denote factors determining the transition probability (*e.g.*, other state variables and external stimuli) and C_i are the associated weights. According to (3), the corresponding survival time, expressed in the number of sampling instants, is given by

$$T = exp(H),$$ (6)

provided the factors X_i are constant. Note that the relation is exponential and the terms C_iX_i in (5) increase survival time if they are positive.

2.2 Model Tuning Aspects

Heuristic tuning of a model (1) with constant or logistic survival probability is simple because the survival time is directly linked to the model parameters. However, tuning a model containing just a few state variables that are, in turn, composed of a dozen states can be an involved task, even if sufficient reference data are at hand.

In the following example we only describe tuning of a simple migration model, which is a part of CLSim. The model describes personal migration between a number of geographic regions. The question is how to choose the transition probabilities between the regions such that the overall population distribution remains constant over time. Assuming the initial number of k-th region inhabitants equals N_k, the solution probabilities $p_{j \leftarrow i}$ of transitions from i-th to j-th region (and the probability that the individual does not change states, *i.e.*, transitions from i-th to i-th region) are given by

$$p_{i \leftarrow i} = 1 - \alpha \frac{\sum\limits_{k \neq i} N_k}{\sum\limits_{k} N_k}, \quad p_{j \leftarrow i} = \alpha \frac{N_j}{\sum\limits_{k} N_k}$$

where α in *[0, 1]* is a free parameter, representing the migration rate. As a result, the average proportions between inhabitant numbers are like $N_1:N_2:...:N_K$. Note that the migration rate can be set for each inhabitant individually, and must be independent of the region.

2.3   Markov Chain Model in CLSim

Now the concept of the Markov chain will be applied to model bank customers. The model should include a number of state variables (*e.g.*, age, health, education, salary...), a number of states for each state variable (*e.g.*, for health: good/.../medium/.../poor /deceased), and state-dependent transition probabilities. The CLSim model is heuristic, uses common sense rules, and contains only phenomena of obvious relevance. The relations, formulated as state transitions, correspond in a qualitative way to real-life relations. Hence, there is no guarantee that the resulting experimental distributions reflect real-life distributions in a quantitative way.

There exist two types of state transitions. Random transitions are described by the transition probabilities and govern state variables like health or education. Deterministic transitions describe evolution of state variables like age, name, or gender. Note that both random and deterministic transitions can be described by Markov chain models.

As shown in Fig. 3, the CLSim state variables are divided into two groups: (i) personal (generic part of the simulator), and (ii) bank-related. The personal state variables do not depend on bank-related ones. Hence, this part of the simulator is independent from the bank-related part.

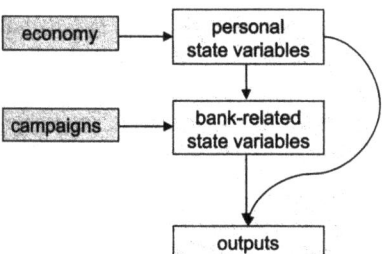

Fig. 3:   Relation between personal and bank-related state variables in CLSim

2.4   Personal State Variables

Figure 4 depicts the most relevant CLSim state variables and their causal relations. These relations are common-sense based.

Here is a compact description of the most relevant relations, given without numerous and unnecessary details. Note that state variables are underlined, and that values of these variables appear in italic font.

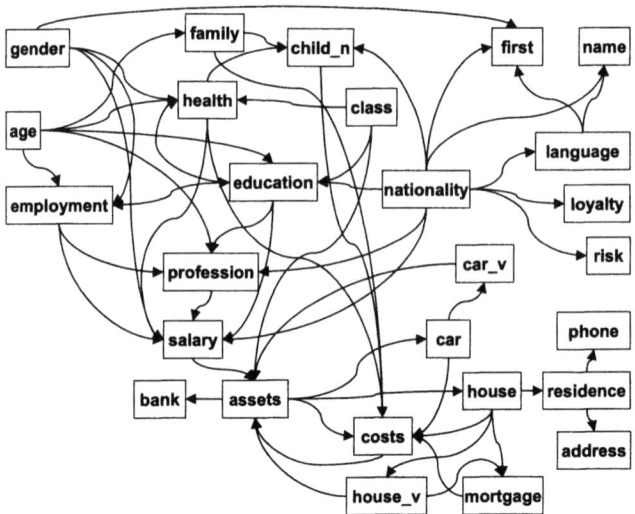

Fig. 4: Most relevant personal state variables

Birth is a uniformly distributed and randomly chosen date from a pre-specified time range, *e.g.*, June 1902 to May 2002. Obviously, the birth state variable does not vary with time. Variables nationality, first, name, gender, language, *etc.*, are randomly chosen at birth. These state variables are consistent with language and also stay constant. Social class determines social status of parents and takes values from {*poor* | *middle* | *upper* | *rich*}. The class variable is randomly chosen at birth and depends upon nationality. It may influence assets, *e.g.*, via heritage. The value of the age variable advances according to the simulation time and is the most important factor which determines health. The health variable takes a value from {*good* | *medium* | *poor* | *deceased*}. In addition to age, health depends on gender, education, and class. Family status depends on age and can take values from {*child* | *single* | *double* | *ddouble* | *married* | *divorced*}. Its initial value *child* is changed to *single* as soon as age>18. Probabilities of further transitions depend on age. Status influences number of children, child_n, and costs. Child_n depends also on age, nationality, and health. Education takes values from {*no* | *primary* | *secondary* | *COE* | *university* | *PhD*} and can be improved whenever employment equals *education*. Employment takes values from {*no* | *education* | *job_hunt* | *full_job* | *part_job* | *retired*} and is set to *job_hunt* whenever age is too high for a given education. Profession depends on education and nationality and is initialized when employment changes to *job_hunt*. Salary denotes monthly income and depends on profession, education, age, gender, and nationality. Costs denote monthly expenditures and depend mostly on salary, family, child_n, house, and car. Assets increase each month by salary and decrease by costs. Car denotes ownership of a car of value car_v. This value decreases with time according to aging. Car purchase depends on personal state variables like age or assets. Similarly, house denotes ownership of a house with value house_v, and its purchase depends also on other personal state variables. <u>Address</u> and <u>phone </u>change randomly when <u>residence</u> changes (all these state variables are consistent with each other). The transition probabilities are chosen in such a way that proportions between number of persons in simulated regions {*Zurich* | *Bern* | *Lausanne* | *Geneva* | *Basle*} stays constant (*cf.* Section 2.2 for details). Variable <u>bank</u> is set to *yes* whenever a customer has opened a banking connection. Other state variables like <u>loyalty</u> and <u>risk</u> are important factors determining bank-related events such as product purchase and churn.

Figure 5 shows an example distribution of <u>employment</u> grouped by <u>age</u>, where the states varies among the values *no, education, job_hunt, full_job,* or *part_job* to *retired*. It must be noted that any experimental distributions such as that depicted is created during the simulation. The only simulation inputs are the state-to-state transition parameters.

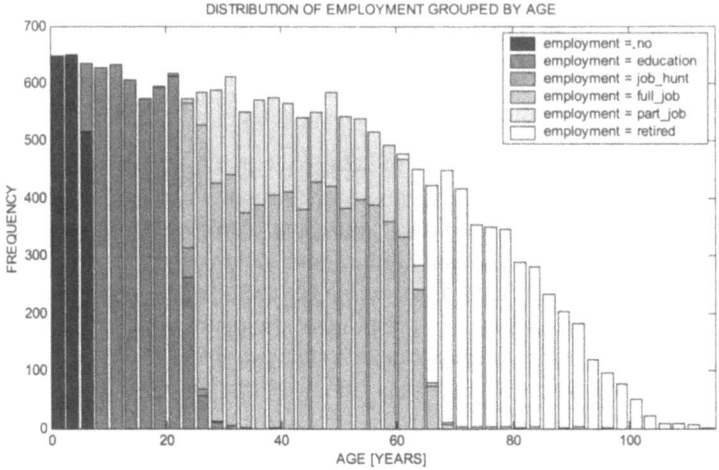

Fig. 5:   Experimental distribution of <u>employment</u> grouped by <u>age</u> in a test population of 25,000

2.5   Bank-related State and Output Variables

A person simulated by CLSim with an opened banking relation always possesses a current account. Additionally, the customer may take advantage of other products, *e.g.,* credit card, EC-card, savings account, shares depository, mortgage, and e-banking. For each of these bank products monthly aggregates of basic transactions types are generated. Number and total value of these transactions statistically depend on the personal state variables such as <u>costs</u>, <u>salary</u>, and <u>assets</u>. Purchase and churn behavior of the customers is governed by the personal state variables like age, gender, assets, loyalty, and risk. The account balances should be positive. Most transactions are conducted through the current account. If the balance of the current account threatens to become negative, a customer transfers the necessary amount of money from the savings account to bring the account up to date, if possible. On the other hand, if too much money is deposited on the current account, the customer transfers the excess into the savings account.

2.6   Modeling Mailing Campaigns

A customer can be influenced by the bank through a number of channels like the office service, bancomat, phone, mail, *etc.*. These influence channels, particularly mailing campaigns, can be modeled in CLSim by means of additional state variables. Let us consider a model of campaigns for credit card cross-selling. The set of customer's bank-related state variables is extended by a credit card advertisement variable. This interval nonnegative variable is increased if the customer obtains mail offering a new credit card (campaign = *1*) and otherwise decreases exponentially with time to zero (campaign = *0*):

$$\text{advertisement}_{k+1} = \lambda \text{ advertisement}_k + \beta \text{ campaign}_k.$$

The forgetting coefficient λ is somewhere between *0* and *1*, and determines customer's memory, on average equal to $1/(1-\lambda)$ time instants. The coefficient β determines the strength of campaign. (Both coefficients can depend on customer's state variables, such as age, nationality, education, loyalty, risk, *etc.*.) The state variable advertisement is then used as an additional factor which determines purchase of a credit card (see Section 4.1). Note that the input variable 'campaign' has to be merged with the individual customer's state variables.

2.7   Model Validity

As already discussed, the CLSim model reproduces customer behavior in a qualitative way only, using a number of common-sense rules. It has not been tuned nor validated using quantitative *real* data. In spite of the fact that such tuning is, at least theoretically, possible, see (CORSIM 2002), there are serious reasons why it was not performed here. An important and already mentioned problem is that such tuning is very expensive, which is not justified for generation of test data (*cf.* Introduction). Another, yet more important fact, is that because of data protection laws no single institution in the world may legally possess both personal and bank-related real customer data at the resolution necessary for tuning of a simulator like CLSim: the banks lack personal information such as health, education, loyalty, assets, *etc.*, and governmental institutions do not have full access to bank transactions nor deposits.

However, it is argued here that the CLSim model is, in a way, a valid representation, even if numerous simplifications are involved. Namely, it is based on heuristic rules which are consistent with both common sense and experience of our company, gathered during several long-term data warehousing and data mining projects in the banking area, see (Mathys 2000) and (Schünemann 2001). Hence, the resulting *multivariate* distribution of the generated variables is plausible, even if it is quantitatively different from the (hardy obtainable) true distribution. As a result, the CLSim model satisfies the needs for which it has been developed.

3 Implementation

CLSim is composed of two modules: a state machine and a flat file generator. These modules will be described in the forthcoming Sections.

3.1 State Machine

The state machine implements state processing. The module constitutes the core of CLSim and is optimized for speed. It is totally decoupled from the simulated model, which can be freely extended or changed. In the current version of the simulator the customers are simulated independently from each other. No interactions are allowed. Thus CLSim enforces a customer, not a household, view for its data model.

The simulator uses the following variables: (i) personal and bank related state variables, (ii) inputs (*e.g.*, campaigns), (iii) outputs (bank related data like monthly transactions), and (iv) auxiliary variables (*e.g.*, investment rates and taxes). The simulation is performed in two loops: an external loop to generate customers, and an internal loop for simulating the whole customer's lifespan, month by month. Each customer is defined by his own set of state variables. One iteration of the internal loop corresponds to a new state-determination and the writing of one observation to the output dataset STATES. The sequence is as follows. First, all output variables are zeroed and new personal states are generated, according to programmed state transition rules. Next, new bank-related states and outputs are computed. Then, all new values of the state variables rewrite the old ones. Finally, all state and output variables are written to the dataset STATES. To avoid difficult setting of proper initial conditions each customer is simulated from his/her birth.

Figure 6 shows entities appearing in CLSim: a number of independently processed customers, influenced by statistical stimuli, economic factors, and ACRM campaigns.

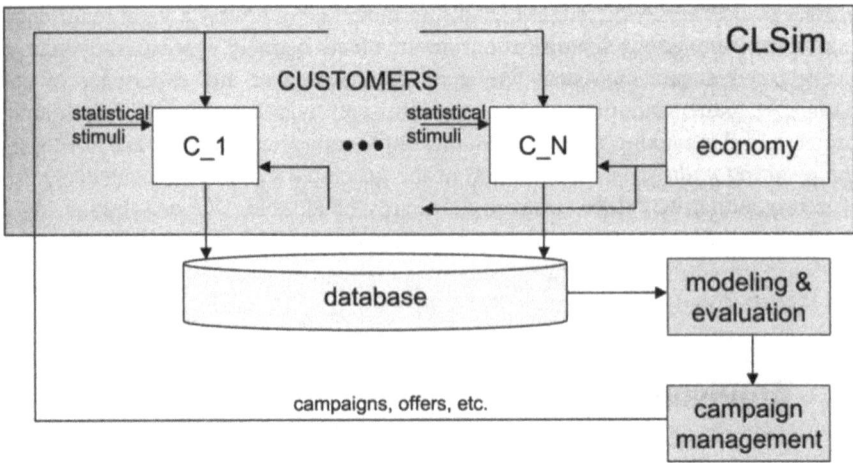

Fig. 6:   Entities in CLSim

3.2   Programming State Transitions

Random and deterministic state transitions (*cf.* Section 2.3) are programmed by
means of one function which implements transition of a single state variable from
a given state into one of all possible new states. The transitions have specified
probabilities and are conditional: only those having the corresponding condition
'true' are admissible and can be performed. The probabilities of the admissible
transitions are automatically normalized such that their sum equals one. Here is
syntax of the function:

```
transition(state_variable,current_state,
               {new_state_1, condition_1,  probability_1} …
               {new_state_n, condition_n,  probability_n}
          )
```

The following code implements the state transitions from Fig. 2:

```
transition(status, 'active',
             {'active',      1,    p}
             {'terminated', 1,   1-p}
          )

transition(status, 'terminated', ,
             {'terminated', 1,     1}
          )
```

Additional functions enable computation of state transition probabilities from more intuitive quantities such as survival time, or as survival probability specified using logistic regression.

```
prob(T, p)
```

The function computes the survival probability p from given survival time T, specified in years.

```
LRprob(C0+C1*X1+...+CN*XN, p)
```

The function computes the survival probability p defined via logistic regression, as defined by (4)-(6), such that the survival time (6) is expressed in years. An example application of the function to define credit card purchase is shown in Section 4.1.

```
factor(var, state)
```

The function computes value of a factor, determined by a nominal state variable and described by the corresponding factor variable. Here is an example how a factor can be defined:

```
w_salary_education_no            =        0.95;
w_salary_education_secondary     =        1.0;
w_salary_education_PhD           =        1.10;
```

and applied to compute the salary:

```
next_salary =
             factor('w_salary_profession_',state_profession)*
             factor('w_salary_employment_',state_employment)*
             factor('w_salary_education_',state_education);
```

3.3   Flat File Generation

Several flat files, which constitute bank-related CLSim output, can be directly loaded into a warehouse (of a hypothetical bank). The files contain monthly data related to all bank products owned by the customers, as well as the corresponding transactions in the aggregated form, and selected demographic information about the customer (such as name, address, birthday, product ownership status, *etc.*). The files are generated directly from the STATES dataset by drawing subsets from two hundred available variables. The formats of the flat files are meta-information driven.

3.4   Simulation Parameters and Benchmarking

The following parameters control the simulation run and must be set prior to the simulation:

- Number of simulated persons. This number should be around 35% higher than the desired number of bank customers since part of the simulated persons are either too young to have opened a bank account or have already died.

- Date of the first and last simulated month. Each simulated person is "born" at a random time instant between the first and last simulated months. A sensible value for the simulated time period is 90-110 years.

- Number of the most recent months for which the data are written to the STATES dataset.

- Seed value (default=1). Value 0 means that results of the simulations are all the time different, while for seed > 0 the results are repeatable.

There exist two implementation platforms: SAS and S-Plus (currently under development); generation of monthly sampled life paths with around two hundred variables of 100,000 customers for an average of 500 months takes one hour on a 2GHz IBM-PC. Hence, CLSim can generate even terabytes of the test data within a reasonable time.

4   Example: Credit Card Cross-selling Campaign

This section contains example application of CLSim for complete modeling of a credit-card cross-selling campaign and the associated back-end analysis. The example is a part of a course, devoted to knowledge discovery in data warehouses, and is qualitatively similar to a real modeling case. However, for confidentiality reasons, no quantitative comparisons are presented here.

In this application CLSim simulates a population of 5,000 persons within the time range June 1902–May 2002. Data corresponding to the last three years (June 1999–May 2002) are written into the customer database (pretending database of a bank). The simulation takes around 4 minutes to complete and can be easily conducted during the course.

4.1 Credit Card Purchase and Market Dynamics

The probability of not buying a credit card is modeled in CLSim as follows:

```
LRprob( a*max(1997-year-month/12,-4.5)
        -b*state_advert
        -c*state_assets
        -d*state_salary
        +e*state_age
        +f*(state_gender='f')
        +g
        ,p),
```

where a...g are appropriately chosen positive constants. Note that the first argument corresponds to natural logarithm of the survival time, expressed in years. The state transition rule for the credit card ownership has the following form:

```
transition(kk_kar_sta,'not_used',
           {'not_used', 1,                               p}
           {'opened',   state_gk_kon_sta='opened', 1-p}
           )
```

In order to maximize the number of purchases within the last three years (and reduce the number of simulated persons), the purchase rule is time-dependent. Credit card purchase before 1997 is almost improbable, then the probability increases until mid-2001.

Figure 7 depicts purchase date distribution. It can be seen that males are initially better purchasers (1995–2001). Females are later (2002–2015), once the male market saturates. The following phases are visible in the figure:

- 1995–2000: market grows due to the increasing purchase probability

- 2001: market achieves the maximum and then stagnates

- 2002–2010: market shrinks due to saturation (the number of potential purchasers decreases since almost all potential customers already possess credit cards)

- 2011–2020: market is an equilibrium—only newcomers acquire new cards (note that planning a marketing campaigns is not very sensible during this period since the purchase probability is high for all customers who do not yet own a credit card)

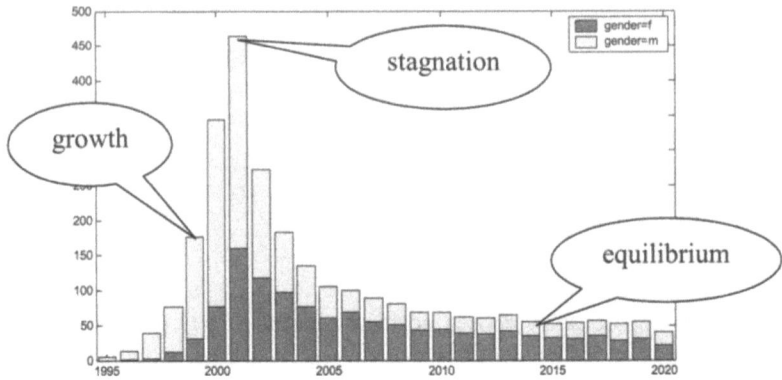

Fig. 7:   Example distribution of credit card purchase date, simulated up to year 2020

It should be noted that the use of time-dependent purchase probabilities must lead to an *overshoot* in the purchase time series (the maximum much higher than the equilibrium value). The following questions can be of interest for an ACRM manager or a university student: (i) how to assess market volume, (ii) what is economically optimal moment to perform a mailing campaign, and (iii), how to predict market stagnation.

4.2   Cross-selling Model

The purpose of building the cross-selling model is to discover the relation between the available data and the event of credit card purchase. Then, the model can be used to predict future purchasers. Since not all data determining the purchase probability (*cf.* Section 4.1) are stored in the bank database (*e.g.*, personal state variables assets and salary), the relation between available data and the modeled event loses its Markov property (2). As a consequence, to obtain a model with satisfactory quality enough past data must be used. During the so-called rollup process the bank-related CLSim output for the time period June 1999–May 2002 is transformed to the standard form, with one observation per customer. Two numerical features are extracted from each numerical time series variable, namely mean and standard deviation, computed for a one year's period preceding the card purchase. The rollup file contains 1112 recent credit card purchasers (purchase within the last two years) and 1705 potential purchasers.

The model is developed by a data mining tool; the corresponding data analysis and processing path is shown in Fig. 8. After partitioning the data into training, validation, and test subsets, correlation-based variable selection takes place. Then a logistic regression model is built, see, *e.g.*, (Hastie *et al.* 2001). The modeling results are evaluated and the model is used to score the customer data to determine those customers which are the most likely to buy a credit card.

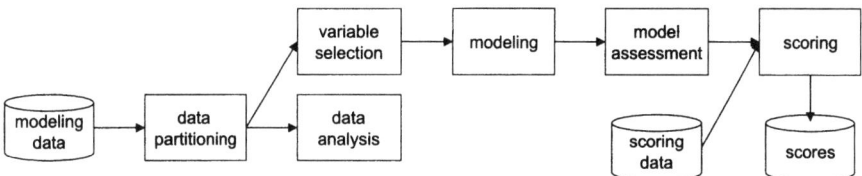

Fig. 8:   Data analysis and modeling path

Using bivariate bar chart plots it is easy to assess how informative variables are with respect to the target variable, the credit card ownership. Distribution of two example variables, namely customer age and total debit volume on current account are shown in Fig. 9. It turns out that both variables contain some useful information since their distributions depend on the value of the target variable. For the age variable it is not surprising, since it explicitly appears in the ownership rule of Section 4.1. The second variable is a good predictor of the target because the target variable depends on assets and salary. These variables are not available in the bank data directly, but they influence how much money goes through the current account.

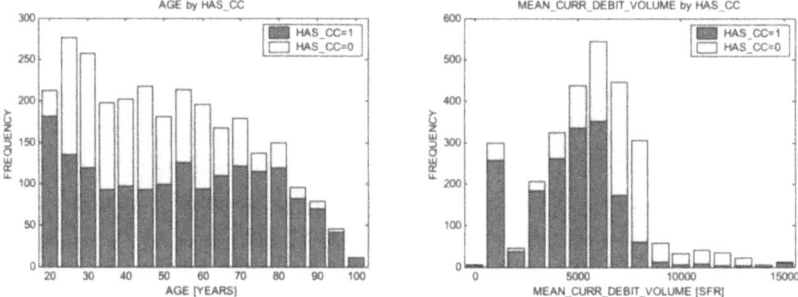

Fig. 9:   Correlation of the target variable with selected rollup variables: age and total money deposits

The classification chart for the logistic regression model is shown in Fig. 10 as desired, the model distinguishes well purchasers and non-purchasers.

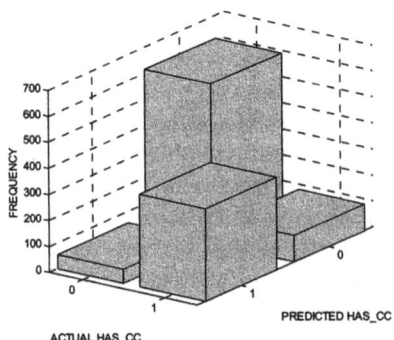

Fig. 10:   Classification chart for the logistic regression model

4.3   Campaign Simulation and Back-end Analysis

The developed credit-card cross-selling model can be validated using "real" data, obtained by simulating the effects of a mailing campaign (Fig. 1); the impact of a modeling campaign on customer purchase behavior has been already described in Sections 2.6 and 4.1.

The CLSim simulation horizon comprises three consecutive months: June, July, and August 2002; the simulation run takes around 15 seconds. Since the customers do not influence each other it is then necessary to simulate only two extreme situations: (i) all non owners of a credit card obtain an offer to buy one, and (ii) none of the customers obtain an offer. Results of any mailing campaign can be constructed by mixing both simulations.

A chart of the experimental cumulative lift value $LV(k)$ enables assessment of the mailing campaign. The lift compares percentage of purchasers within the best scored customers to the percentage of purchasers if random selection is used, and is defined as

$$LV(k) = \frac{\left. \# \text{ purchasers within the first } k \text{ potential purchasers} \right/ k}{\left. \# \text{ all purchasers} \right/ \# \text{ all potential purchasers}}$$

hence, the higher the lift value the better the performance.

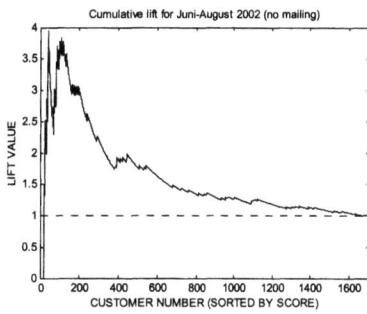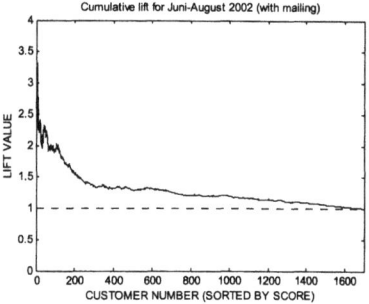

Fig. 11: Experimental cumulative lift charts for the case without mailing (left) and with mailing (right)

Figure 11 depicts an experimental cumulative lift chart for the case without mailing (the left picture, 54 purchases) and with mailing (the right picture, 410 purchases). The performance is better for the no-mailing case because this case corresponds better to the data used to develop the model, where no mailing information was available. Since the mailing is simulated as a very strong purchase motivation factor (purchases increased by the factor of 7.6!), it masks to some degree the influence of other factors, well captured by the model, and makes credit card purchase more random. This lowers the lift value.

5   Conclusions

Customer Lifetime Simulator (CLSim), presented in this paper, produces bank-related customer-level test data, which can be essential for software development, software testing, teaching, and research in the fields of data warehousing and analytical customer relationship management (ACRM).

The simulator generates data which qualitatively resemble behavior of individual customers at the level of monthly aggregated bank transactions. Its output in the form of raw flat files can be directly loaded into a data warehouse and used to test the ETL (extract/transform/load) process, even before any real data are available. Due to the underlying Markov chain model the data are useful to perform ACRM case studies concerning modeling methodology and development of various models, like customer retention, product cross-selling, or customer potential. Additionally, CLSim is capable of modeling the influence of mailing campaigns on individual customers since it can operate in the closed loop. This unique feature enables demonstration of back-end analysis, where the efficiency of the campaign is evaluated, and which is an important activity for a data warehouse containing customer-level data. Hence, if a data warehouse is under development, CLSim data can be valuable not only to speed up this development, but also to deliver sensible data for training data mining and ACRM teams. Moreover, CLSim can be used to demonstrate how data quality deficiencies deteriorate the performance of mailing campaigns in terms of money, such that use of Total Data Quality Management (Reigrotzki *et al.* 2001) is justified. Another application of CLSim is generation of test data for development of advanced data discovery methods, *e.g.*, utilizing the concept of Hidden Markov Models (Elliott *et al.* 1995). (Note that real bank data are not the most suitable for this purpose since the hidden personal states can never be known.) A not yet implemented but possible feature of CLSim is the ability to simulate a competitive market, where several financial institutions struggle with each other to get more customers and increase sales. Studies of that type can be of interest for both practitioners and researchers.

Concluding, the paper demonstrates that CLSim is a data generation and simulation platform which can be applied for several practical and theoretical purposes in the field of data warehousing.

6   Bibliography

Block, F. and Nawrath, T.: Data Mining the Insightful Way. White Paper, Insightful Corporation, 2002.

CORSIM: CORSIM 4.0 Analyst and Programmer Documentation. Strategic Forecasting. 2002. http://www.strategicforecasting.com

Elliott, R. J., Aggoun, L., and Moore, J. B.: Hidden Markov Models. Estimation and Control. Springer-Verlag, 1995.

Hastie, T., Tibshirani, R., and Friedman, J.: The Elements of Statistical Learning. Data Mining, Inference, and Prediction. Springer-Verlag, 2001.

Harding, A., Ed.: Microsimulation and Public Policy. North Holland, 1996.

Hosmer, D. W. and Lemeshow, S.: Applied Logistic Regression. John Wiley & Sons, 2001.

Mathys, S.: Kennt die Bank ihre Kunden? Handels Zeitung. Zürich, August 23, 2000.

Reigrotzki, M., Milek, J., Bosch, H., and Block, F.: A Holistic Approach to Data Quality Management. White Paper, Insightful Corporation, 2001.

Schünemann, P.: The Mathematics of Customer Loyalty. New Approaches to Customer Relationship Management. Financial Solutions International, Spring 2001.

Witten, I. and Frank, E.: Data Mining. Practical Machine Learning Tools and Techniques with Java Implementations. Morgan Kaufmann Publishers, 2000.

Tipps aus der Praxis – Intelligente Session Zusammenführung als Basis differenzierender e-Business Intelligence Lösungen

Christian Rodatus
Examind AG

1   Einführung

Bei den meisten Unternehmen hat sich, in unterschiedlicher Ausprägung und Priorisierung, der Online Kanal als isolierter, mehr aber noch als zusätzlicher Kanal für den Transport und die Präsentation von Informationen, als Werbeträger und für die Vermarktung von Produkten und Services etabliert. Zunehmende Bedeutung hat dabei die Einbettung dieses Kanals in integrierte Multi-Kanalmodelle, insbesondere als Fullfillment- und Service-Kanal bei der Implementierung effektiver CRM Architekturen.

Dieser Bedeutung und den damit verbundenen Ansprüchen werden in vielen Fällen implementierte Sites und e-Business Infrastrukturen, nicht gerecht. Dabei ist die rein digitale Natur dieses Kanals, wo jede Interaktion zwischen Besucher und Unternehmen und jede Kundentransaktion in Echtzeit von den unterschiedlichen IT-Systemen der e-Business Infrastruktur aufgezeichnet wird, geradezu prädestiniert für faktenbasierende Entscheidungsfindung und sehr schnelle Reaktion im Unternehmen.

Die wenigsten Unternehmen nutzen heute das gewaltige Potenzial dieser Daten und benutzen diese für eine differenzierende Entscheidungsfindung auf allen Ebenen des strategischen und operativen Managements. Viele Unternehmen erkennen zwischenzeitlich, dass weit verbreitete Webanalyse-Software mit stark limitierten analytischen Möglichkeiten hier nur in sehr geringem Maße zur Optimierung von Inhalten, Sortiment und Marketingaktivitäten oder zur Individualisierung von Service und Angebot beitragen kann.

Klassische Data Warehouse Ansätze mit ihren Möglichkeiten der Datenintegration, Datenhistorisierung und ausgefeilten analytischen Anwendungen zeigen hier Lösungspotenziale auf, um Besucher- und Kundenverhalten wirklich nachvollziehbar zu machen und im Unternehmen eine qualitativ hochwertige und wettbewerbsdifferenzierende Entscheidungsbasis im Unternehmen zu schaffen. Nach einer Studie von KPMG und der Universität in Mannheim nutzen allerdings erst weniger als 30 % der Unternehmen diese Potenziale. Bedingt durch die Datenvolumina, die Komplexität des Datenmanagements und die spezifischen analytischen Herausforderungen in einem e-Business Umfeld, finden sich im Markt auch heute noch sehr wenige erfolgreich implementierte e-Business Data-Warehouse-Lösungen. Implementierungszeiten von selten weniger als neun Monaten, mangelnde Verfügbarkeit entsprechender Fähigkeiten im Markt und die signifikanten Kosten für Hardware, Software und Beratungsleistungen der Initialimplementierung schrecken viele Unternehmen zusätzlich ab.

Eine echte Alternative bietet hier Data Warehousing als Managed Service. Unternehmen wie EXAMIND übernehmen das Management des gesamten Data-Warehouse-Prozesses, von der Extraktion und Transformation der Daten, über das Data-Warehouse-Management, bis hin zur Auslieferung von Berichts- und Data-Mining-Anwendungen über ein webbasierendes Applikationsportal. Vorgefertigte Lösungsbausteine ermöglichen die Auslieferung erster Anwendungen in rekordverdächtigen drei Wochen und die Inanspruchnahme der Softwaredienste im Rahmen eines Servicevertrages mit definiertem Leistungsspektrum und Monatsgebühr stellen eine herausragende Wirtschaftlichkeit sicher.

2 Die Geschäftssicht – e-Business Herausforderungen

Bei vielen untersuchten Geschäftsmodellen zeigen sich ähnliche Symptome:

- Ungenügende Besucherkonversion, wobei es keine Seltenheit ist, dass über 90% der Besucher sich nicht zu einem Kauf entschließen können.

- Mangelhafte Kundenloyalität, dokumentiert als Wiederkäuferrate von weniger als 70%.

- Geringe Geschäftsrelevanz des Contents. Viele Unternehmen tätigen signifikante Investitionen in die redaktionelle Aufbereitung von Inhalten. Die wenigsten wissen wie Besucher- und Geschäftsrelevant das Ergebnis dieser Investitionen ist. Häufig lässt sich beobachten, dass bis zu 50% des Contents weder service-, noch umsatzwirksam ist.

- Versagen von Community Modulen und Besucherregistrierung als Kundenbindungsinstrument. Analysen bei Unternehmen haben gezeigt, dass nur 3–5% der registrierten Benutzer am gesamten Session Aufkommen beteiligt sind, oder nur 5–7% als wirklich loyal definiert werden können (Rate der Besuchshäufigkeit in einer definierten Zeitperiode).

- Ungenügende Kenntnis der Marketingeffektivität, insbesondere im Bereich Banner, Sonderwerbeformen und besonders Affiliate Partner Management.

Diese Liste könnte sicherlich noch durch etliche Beispiele vervollständigt werden. Die primären Herausforderungen lassen sich wie folgt kategorisieren:

Optimierung von Online Werbung

Von der breiten Streuung zu dedizierter Rotation oder individueller Auslieferung. Der faktische Nachweis von Inhalts- und Besucheraffinitäten für unterschiedliche Banner- und Sonderwerbeformen ermöglicht eine völlig neue Strategieumsetzung im Bereich der Auslieferung von Werbeformen, macht den Werbeerfolg messbar und steigert die Effektivität nachhaltig.

Steigerung der Storefront Effizienz

Detaillierte Kenntnisse über das Besucherverhalten im historischen Kontext, sind unabdingbare Voraussetzung für die Optimierung des Sortiments, die geschäftsfördernde Gestaltung des Inhalts im Hinblick auf Artikelpräsentation und intelligente Besuchersteuerung, sowie die Implementierung effektiver Strategien für das Kundenbeziehungsmanagement. Steigerung von Besucherkonversion und Kundenloyalität stehen hier im Fokus.

Marketingeffektivität

Die Sicherstellung der Messbarkeit des Erfolges muss eine kosten- und umsatzoptimierte Steigerung der Effektivität der Investitionen in alle Online- und Offline-Marketing Aktivitäten ermöglichen. Ein besonderes Augenmerk möge hier dem Management von Affiliate Partnerschaften gelten, deren Erfolgsmessung entlang der Kette Werbetreibender – Medienagentur – Affiliate besondere Optimierungsresultate versprechen.

Im Rahmen eines Vortrages auf einer Data-Warehouse-Konferenz im November 2001 hat eine e-Business Managerin einer großen amerikanischen Versicherung es auf einen Nenner gebracht:

1. Finde heraus, was die Kunden wirklich wollen !

2. Prognostiziere, wie sie sich verhalten werden !

3. Reagiere auf diese Erkenntnisse zeitnah mit relevanten Aktivitäten !

Die zeitnahe Unterstützung betrieblicher Entscheidungsfindung auf allen Ebenen des operativen und strategischen Managements mit entsprechenden Geschäftsmetriken, aber auch die Entwicklung prognostizierender Verfahren (Data Mining), z. B. für die Ermittlung von Cross-Selling Potenzialen, die Prognose des Kampagnenerfolges, usw. stellt Unternehmen im Online Bereich vor große Herausforderungen.

3 Intelligente Datenintegration – Schlüssel für die differenzierende Geschäftsanalytik

Im Vergleich zu anderen Geschäftsmodellen generiert e-Business eine unglaubliche Menge an unstrukturierten Daten, die von einer Vielzahl an operativen IT-Systemen aufgezeichnet werden. Datenextraktion und -transformation, Datenmodellierung und Dateninterpretation erfordern ein sehr spezifisches Expertenwissen.

Die meisten Unternehmen haben mehr oder weniger intelligente Softwarewerkzeuge zur Analyse der Web-Log Daten eingeführt. Diese Werkzeuge kennen in der Regel keine oder nur eine sehr begrenzte Datenhistorie und beschränken sich in der Analyse auf die Datenelemente, die in der Regel von einem Web Server mit protokolliert werden:

Feld	Beschreibung
Zeitstempel	Uhrzeit, zu der ein Dokumentabruf stattfand oder erfüllt worden ist
IP-Adresse	Adresse, an die das Dokument übertragen worden ist. Manche Webserver können hier über einen Name-Server-Aufruf für viele Abrufe auch Klartext-Hostnamen eintragen
Abgerufenes Dokument	Bezeichnung der abgerufenen Ressource, einschließlich vollständiger Pfadangabe
Abrufparameter	Query-String oder Parameter, die einem den Abruf erfüllenden Programm mitgegeben werden
Protokollstatus	Statuscode, aus dem der Erfolg des Abrufs hervorgeht. Typische Werte sind 200=Erfolg, 404=Nicht gefunden
Referrer	Verweisende Ressource – ermöglicht es in vielen Fällen, auch über Website-Grenzen hinweg zu erkennen, welche Ressource der Anwender zuvor abgerufen hatte
User Agent	Bezeichnung von Rechnerplattform und Browserversion des Abrufers
Cookie	Kleine Datenmenge, die durch den Webserver oder dort generierte Skripte auf dem zugreifenden Computer abgelegt wurden und die Wiedererkennung des zugreifenden Rechners ermöglichen

Tab. 1:   Von Webservern protokollierte Datenelemente

Die Analyse dieser Daten macht es möglich, erste einfache Geschäftsfragen zu beantworten. Dazu gehören zum Beispiel:

- ‚Wie häufig wurde eine Seite abgerufen ?‘,

- ‚Wie lange verweilen Besucher auf Seiten ?‘,

- ‚Wo sind diese Besucher eingetreten ?',

- ‚Wo wurde der Besuch abgebrochen ?',

- ‚Wieviele Seiten wurden während eines Besuches abgerufen ?' usw.

Dies sind wichtige Informationen, die beim täglichen Management eines e-Businesses eine Hilfestellung leisten. Für eine wettbewerbsdifferenzierende Entscheidungsfindung auf allen Ebenen des operativen und strategischen Managements, ist dies jedoch nicht hinreichend. Vielmehr ist es essentiell Daten des Besucher- und Kundenverhaltens im historischen Kontext als Grundlage für eine bessere Geschäftsanalytik zu verwenden.

Die folgende Geschäftsfragen machen den Unterschied deutlich:

- ‚Über welche Kampagne sind Besucher auf unsere Seite gekommen, welche Artikel waren von besonderem Interesse, was aber wurde tatsächlich in den Warenkorb gelegt und was wurde am Ende wirklich gekauft ?' oder

- ‚Welche Affiliate Programme liefern den höchsten Return-on-Investment im Hinblick auf Kundengewinnung und Umsatz ?' oder

- ‚Welche Cross-Selling Potenziale lassen sich aus einer Kaufhistorie ableiten?'.

Zur Beantwortung dieser Fragen ist es notwendig die Klickpfade von Besuchern (Sessions), einschließlich aller geschäftsrelevanter Attribute zu rekonstruieren und in der Folge zu analysieren. Eine Session könnte beispielhaft durch die in Tabelle 2 dargestellten Attribute definiert werden.

Die Analyse der einzelnen Session-Attribute gibt dabei Aufschluss über die Verhaltensweise einzelner Kundengruppen, insbesondere im Hinblick auf Mechanismen der Besucherkonversion, der Wirksamkeit von Kampagnen und Affiliate Programmen, der Effektivität des Content Managements, Bestellindikatoren oder auch des Abbruchverhaltens.

In der Praxis stellt man fest, dass die Rekonstruktion dieser Besucher-Sessions alles andere als ein trivialer Prozess ist. Probleme bereiten insbesondere die Datenintegration und verschiedene technische Herausforderungen.

Attribut	Beschreibung
Referrer	Zuführende Seite, von der aus der Besucher in den Log-file-überwachten Bereich geleitet wurde
Folge der Seitenab-rufe	Identifikation jeder einzelnen Seite, einschließlich Be-trachtungsdauer und technischer Übertragungsdaten
Besucherklasse	Anonymisierte Zugehörigkeit des Besuchers zu Alters-klasse, Einkommensklasse etc. (sofern ermittelbar)
Bestellumsatz	Summe des im Rahmen dieses Klickpfades getätigten Bestellwertes
tatsächlicher Um-satz	Tatsächlicher Umsatz, der im Rahmen dieser Bestellung stattfand, bereinigt um Betrugsversuche, Retouren etc.
Sonderattribute	Kunden-, branchen- und geschäftsmodellabhängige weitere Attribute

Tab. 2:   Beispielhafte Attribute einer Session

Datenintegration

Die oben aufgeführten Session-Attribute sind das Resultat unterschiedlichster Interaktionen und Transaktionen zwischen Besucher und IT-Infrastruktur des Unternehmens. Dies können sein:

Seitenabrufe

Einblendungen von Bannern und Sonderwerbeformen

Klicks auf Werbeformen

Registrierungen

Warenkörbe

Bestellungen

Stornierungen

Zahlungsvorgänge

usw.

Aus informationstechnologischer Sicht werden viele dieser Ereignisse auf unterschiedlichsten operativen IT-Systemen erfasst. Dazu gehören Web Server, Storefrontanwendungen und Warenwirtschaftssysteme, Advertising Server oder auch Registrierungsdatenbanken. Selbst schon für relativ einfache betriebswirtschaftlich relevante Fragestellungen, ist es notwendig all diese Ereignisse in chronologisch korrekter Form eindeutig einer Besucher-Session zuordnen zu können. Neben den im folgenden näher beschriebenen technischen Herausforderungen stellt bereits die Extraktion und die Transformation der für e-Business Umgebungen typischen sehr großen Volumina an unstrukturierten Daten aus unterschiedlichsten Quellsystemen die meisten Unternehmen vor große Probleme.

Im folgenden werden exemplarisch zwei verknüpfbare Quellsysteme dargestellt und mit Beispielen zu Analysemöglichkeiten ergänzt.

Storefront Anwendungen (Shop Systeme)

Shop-Systeme sind dann besonders erfolgreich, wenn die Kennzahlen zur Besucherkonversion und Besucherloyalität regelmäßig ermittelt werden und im Controlling der Unternehmen Berücksichtigung finden.

Um die Besucherkonversion beeinflussen zu können, müssen insbesondere Verhaltensdaten zu Nichtkäufern ermittelt werden. Hier gilt es, die Nichtkäufer möglichst gut zu kennen und zu verstehen, aus welchen Gründen sie zu Käufern werden oder Nichtkäufer bleiben.

Analyseansätze hierzu sind:

- Trennung von echten Warenkorbabbrechern und von vornherein kaufuninteressierten Warenkorbnutzern

- Wiedererkennung und Segmentierung von Noch-Nicht-Käufern und Ermittlung der Kaufhindernisse

Um die Besucherloyalität hoch halten zu können, muss das Verhalten der Käufer untersucht werden. Hier helfen insbesondere

- Analysen zum Verhalten unmittelbar vor Schlüsselseiten, z. B. Warenkorbnutzung

- Analysen zum Verhalten vor und nach der Verwendung von Produktdetailansichten

Advertising-Server

Betreiber von Content-Delivery-Websites vermarkten Bannerplätze und Sonderwerbeformen ihrer Website nach verschiedenen Zahlungsmodellen. Dabei sind die folgenden Modelle gängig: „Pay Per Lead", „Pay per Sale", „Pay per Click" und (in letzter Zeit weniger) „Pay per View".

Da für den Content in der Regel kosten anfallen, sei es intern oder extern, gilt es, sowohl Informationen über die Nutzung der Contentseite selbst als auch über die Nutzer der Seite zu erfassen.

- Für die Modelle „Pay per Lead" und „Pay per Sale" muss möglichst genau bekannt sein, welche Zielgruppe den Inhalt der Trägerseite abruft. Ausschließlich abschlussaffine Besucher können hier zur Refinanzierung der Contentkosten beitragen. Aufwand im Zusammenhang mit Content, der unprofitable Kunden anzieht, kann eingespart und auf profitablere Seiten konzentriert werden.

- Beim Modell „Pay per Click" ist der Nutzerkreis weiter gefasst. Insbesondere im Zusammenspiel von „Pay per View" und „Pay per Click" können Umsätze dadurch gesteigert werden, dass „Pay per View"-Werbeformen auf Seiten erscheinen, die geringe Sessionabbruchraten (z. B. einfache und inhaltlich unkritische Eingabemasken) haben, während „Pay per Click"-Werbeformen dort erfolglos verpuffen würden. Hier gilt es, die Seiten zu identifizieren, auf denen affine Nutzer ohnehin häufig die Website verlassen.

- Weitere Fragen, deren Beantwortung besonders durch die Verknüpfung aus Weblog- und Ad-Server-Daten unterstützt wird:

  - Welche Besuchergruppen zeigen welche Affinitäten zu bestimmten Werbeformen und Kampagnen ?

  - Gibt es regionale Unterschiede bei der Akzeptanz von Werbeformen ?

  - Welche Rotationsstrategie maximiert den Werbeerfolg?

Technische Herausforderungen

Technisch gesehen gilt es herauszufinden, welche Logfileeinträge zu identischen Anwendern gehören. Da die Interaktion eines Browsers mit dem Webserver von Fall zu Fall und nicht im Rahmen eines Sessionkontextes erfolgt, müssen Merkmale der Abrufe zur Zusammenführung verwendet werden. Hierzu stehen fünf Merkmale zur Verfügung (siehe Tab. 3).

Jedes einzelne dieser Merkmale bringt, im Fall der professionellen Anwendung bei großen Webauftritten eigene Herausforderungen mit, auf die im folgenden eingegangen wird.

Merkmal	Beschreibung
Zeitstempel	Uhrzeit, zu der ein Dokumentenabruf stattfand oder erfüllt worden ist
IP-Adresse	IP-Adresse, an die das Dokument übertragen worden ist
User-Agent	Bezeichnung von Rechnerplattform und Browserversion des Abrufers
Referrer	Verweisende Ressource – ermöglicht in vielen Fällen auch über Website-Grenzen hinweg zu erkennen, welche Ressource der Anwender zuvor abgerufen hatte
Session-Tag	Nach vom Web-Anwendungsentwickler vorgegebenen Kriterien entweder als Teil des Cookies oder innerhalb der URL gesetzte Identifikationskennung zur Wiedererkennung von Sessions

Tab. 3:   Merkmale der Abrufe

Session-Tag-Brüche

Setzt die Frontend-Anwendung auf dem Webserver des Kunden Session Tags in Form von Cookies oder insbesondere URL-Rewriting ein, dann kann es zu unbeabsichtigten Session-Tag-Wechseln kommen. Hierzu können zum Beispiel manuelle Neueingaben der URL im Browser führen, aber auch die Nutzung von Favoriten-Links oder der Zurückfunktion des Browsers während der Sitzung. Oft sind auch Programmierfehler die Ursache, wenn der Entwickler bei einem Link den Session-Tag nicht an die Folgeseite übergibt oder die Folgeseite die Übergabe nicht ordnungsgemäß erkennt.

Als Wirkung erhalten wir, dass innerhalb einer Session manchmal mehrere Tags auftreten. Daher kann für viele Websites der Session-Tag ausschließlich zur Zusammenführung von Logeinträgen zu Sessions („positiv"), aber nicht zur Auseinanderhaltung unterschiedlicher Sessions („negativ") verwendet werden.

Zeitdifferenzen

Bei großen Websites mit viel Traffic trifft man häufig eine Konfiguration aus mehreren Servern an, die auch gelegentlich von unterschiedlichen Organisationen betrieben werden. Dabei tritt in der Praxis überraschend häufig die Situation auf, dass die Uhren der einzelnen Server nicht synchronisiert sind und über die Zeit hinweg langsam relativ zueinander wandern. Für eine erfolgreiche Sessionrekonstruktion muss dieser Zeitunterschied ermittelt werden. Technisch nutzt man hierfür eine Klasse von vergleichsweise kurzen Sitzungen, die auf beiden Servern Spuren hinterlassen hat.

Cache-Server

Fordert der Benutzer über seinen Browser ein Dokument an, so wird diese Anforderung über mehrere Zwischenstationen weitergereicht, bis sie den Webserver, dessen Logfiles ausgewertet werden, erreicht. Jede dieser Zwischenstationen hat die potentielle Möglichkeit, das Abrufergebnis der Seite bereits aus einem früheren Abruf des gleichen oder sogar eines anderen Nutzers zwischengespeichert zu haben. Der Betreiber der Zwischenstation hat wirtschaftliche Vorteile davon, den Abruf nicht an den eigentlichen Webserver weiterzugeben, sondern aus seinem Zwischenspeicher zu erfüllen. Der Website-Betreiber hat hierdurch zwar den Vorteil erhöhter Performance und niedrigerer Kosten, jedoch den Nachteil, dass er die Abrufe nicht mehr auswerten kann. Hier muss abgewogen werden, welche Kriterien seitens des Website-Betreibers höher zu priorisieren sind. Es gibt eine Reihe mehr oder weniger aufwändiger und zuverlässiger Methoden, das Zwischenspeichern der Dokumente zu verhindern. Die Skala reicht von der Angabe von Metatags in den abgerufenen Dokumenten selbst bis hin zur künstlichen Anreicherung der abgefragten URL mit Zufallszahlen.

IP-Sharing

Greift eine größere Organisation aus einem Intranet durch eine Firewall oder einen Proxy auf das Internet zu, so erscheinen die Abrufe für den Webserver häufig als Abrufe über eine einzige IP-Adresse. Damit könnten potentiell zur gleichen Zeit zwei Benutzer unter der selben IP-Adresse mit der Website interagieren, was die Sessionzusammenführung natürlich erschwert. Leider ist auch der User-Agent in diesem Fall oft nicht zur Trennung verwendbar, denn Organisationen, die hinter einem eigenen Proxy verborgen sind, haben häufig auch Betriebssystem und Browserversion standardisiert. Zur Trennung solcher Sessions kann neben einer komplexen und fehlerträchtigen Analyse der Referrer-Angabe im Hit nur die Verwendung von Session-Tags helfen.

IP-Flicker

Der genau entgegengesetzte Fall tritt in Verbindung mit dem sogenannten IP-Flicker auf. Dabei hat eine größere Organisation, oft auch ein ISP Verfahren zur Lastverteilung implementiert, die dazu führen, dass die Hits einer einzelnen Session über mehrere IP-Adressen verteilt bei der gemessenen Website einlaufen.

Sessions ohne Session-Tag, die IP-Flicker unterliegen, können nur durch aufwändige Verfahren rekonstruiert werden, die wiederholte strukturelle Analysen der wichtigen Provider erfordern (prohibitiv aufwändig) oder empirisch ermittelte Flickerschemata berücksichtigen. Zur Extraktion der Flickerschemata sind große Weblogdaten mit verlässlichen Sessiontags erforderlich.

EXAMINDs Algorithmus zur Sessionzusammenführung wurde in einem komplexen Softwareprozess im Rahmen der Datentransformation realisiert und führt Klickpfade über operative Quellsysteme hinweg und unter Eliminierung der oben diskutierten technischen Herausforderungen präzise zusammen.

4   Applikationsbeispiele

Klassischerweise lassen sich auch im beschriebenen Umfeld analytische Anwendungen wie folgt kategorisieren:

4.1   Vordefinierte Berichtsanwendungen

Diese Lösen in einer aggregierten Datensicht und eingeschränkt manipulierbar, bekannte und ähnliche betriebliche Fragestellungen. Dazu werden typischerweise für die Realisierung der Anwendungen OLAP oder ROLAP Werkzeuge verwendet.

Beispielhaft lassen sich hierfür aufführen:

- Detaillierte Analysen von Sessions und Nutzungsverhalten

- Rotationsanalysen für Online-Kampagnen, die insbesondere Affinitäten zwischen Kampagnen, Inhalten und Besuchergruppen herausarbeiten

- Untersuchung der Besucherkonversion im Rahmen einer Prozesstrichterbetrachtung

- Controlling von Online Kampagnen und Affilliate Programmen bis auf Umsatzebene

- Usw.

4.2   Prognosemodelle

Mit Hilfe von Data-Mining-Verfahren lassen sich auf der Basis der erörterten Session Definition intelligente Prognosemodelle erstellen. Anwendungen hierfür finden sich insbesondere im Bereich der Warenkorbanalyse, der Besucher- und Kundensegmentierung (anonym und mit Identität), insbesondere aber im Bereich der Kampagnenprognose. Batch verarbeitende Scoring und Prognosemodelle kön-

nen auf der Basis historisierten Kundenverhaltens die Eingabegrößen für die Echt-
zeitauslieferung individualisierter Kampagnen in operative CRM-Systeme liefern.

4.3 Ad-hoc-Analysen

Neben klassischen Ad-hoc-Analysen lässt sich in einer vielschichtigen und komplexen Web Architektur das Besucherverhalten insbesondere mit Hilfe von visua-
lisierenden analytischen Anwendungen untersuchen. EXAMINDs Klickpfad-Analyse sei hier beispielhaft als Werkzeug aufgeführt, das die Verfolgung von Besu-
cherströmungen in einer grafischen Darstellung und die Messung des Geschäfts-
nutzens dieser Ströme ermöglicht (siehe Abb. 1).

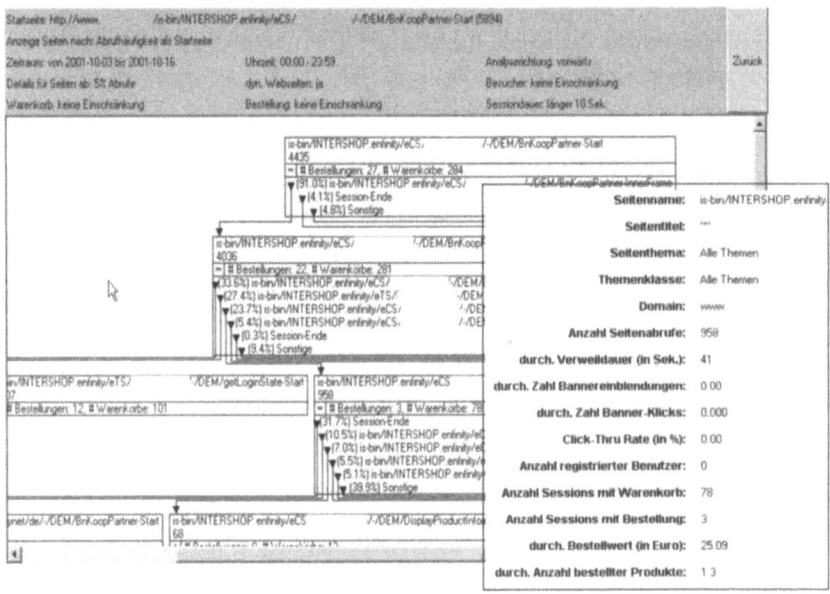

Abb. 1:   EXAMINDs Klickpfad-Analyse

Diese Anwendung ist extrem datenintensiv, da zu jedem Seitenabruf, sowie den
folgenden und vorherigen Seitenabruf alle geschäftsrelevanten Attribute für die
Analyse bereitgestellt werden müssen.

Für eine selektierte Domain und einen vorgewählten Zeitraum können abhängig
von vorgewählten Parametern (z. B. Warenkorb benutzt, Startabrufseite der Session, Besucherattribute, usw.) die Besucherströme berechnet werden. Interaktiv
kann der Analyst vom Start (vorwärts) oder vom Ende (rückwärts) der Session die
Besucherströme expandieren und so den Weg der Besucher nachvollziehen. Zu
jedem beliebigen Zeitpunkt der Analyse können die betriebswirtschaftlichen Er-

gebnisse des Besucherstroms gemessen werden (z. Anzahl Bestellung, Durchschnittlicher Bestellwert, usw.).

5   Zusammenfassung

Mit einfachen Webloganalysen können ausschließlich technische Kennzahlen ermittelt werden. Wie im Beitrag erläutert werden Analysen der Weblogs jedoch erst dann sinnvoll, wenn sie auf ein Verständnis des Nutzerverhaltens abzielen. Neue Methoden basieren daher auf der Analyse von Visits bzw. Sessions und weitergehend auf der Analyse von Klickpfaden.

Erst wenn es dem Websitebetreiber gelingt, die komplexen Herausforderungen der Zusammenführung von Benutzersessions zu lösen und die ermittelten einzelnen Klickpfade zudem in Zusammenhang mit anderen Unternehmensdatenquellen zu setzen, können die Ressourcen des Site-Betriebs und der Vermarktung optimal zur Kostenreduktion und Umsatzsteigerung eingesetzt werden.

Data Warehouse in der Marktforschung: Analyse von Benutzeraktivitäten in virtuellen Welten

Guido Schryen, Markus Schoenen
RWTH Aachen

Bei der Online-Marktforschung lässt sich mit Hilfe virtueller 3D-Welten das Konsumentenverhalten beobachten. Da die Struktur der dabei anfallenden Daten multidimensional ist und die marktforschungsrelevanten Anfragen eine hohe OLAP-Affinität aufweisen, wurde hierzu im Rahmen des Forschungsprojekts Benevit ein Data Warehouse konzipiert und realisiert. Im Rahmen einer Standardisierung der Protokollierung von Konsumentenaktivitäten und deren prototypischen Realisierung erwies sich der Data Warehouse/OLAP-Ansatz zur Speicherung, Analyse und Präsentation der Marktforschungsdaten als adäquates Instrumentenbündel.

1 Online-Marktforschung als Anwendungsgebiet für Data Warehouses und OLAP

Das Internet gehört zu den größten Wachstumsmedien weltweit und verzeichnete in den vergangenen Jahren trotz der letztjährigen Ernüchterung einen enormen Boom. Sowohl das Angebot an Online-Inhalten als auch die Zahl der Nutzer steigen exponentiell. Mittlerweile gehen Schätzungen von über 600 Millionen Usern weltweit aus (vgl. Computer Industry Almanac Inc 2001).

Der Marktforschung sind die daraus erwachsenen Chancen des Mediums Internet nicht verborgen geblieben. Das Methodenspektrum der Marktforschung wurde um internetbasierte Marktforschung erweitert, wobei die Online-Befragung das verbreitetste Online-Instrument darstellt. Dabei ergeben sich die Potentiale der internetbasierten Marktforschung vor allem aus Kostenvorteilen bei großen Stichproben, der einfachen Möglichkeit des globalen Einsatzes und der Ubiquität des Internet. Grundsätzlich lassen sich zwei Beziehungsfacetten zwischen Online-Marktforschung und Internet identifizieren: (a) das Internet selbst als Untersuchungsgegenstand, (b) das Internet als Instrument der Primär- oder Sekundärforschung (vgl. Zerr 2001). Während im Bereich der Online-Marktforschung die Befragung mittels Online-Fragebögen derweil breiten Einzug gefunden hat, sind in virtuellen

Online-Welten durchgeführte Testmarktverfahren und Kundenlaufstudien ein offener Untersuchungsgegenstand (vgl. Abb. 1). Durch die Möglichkeit der systematischen Beobachtung virtueller Testumgebungen ist es z. B. möglich, den Einfluss des Preises, der Werbung, der Verpackung, der Regalplatzierung und der Regalbestückung auf das Kaufverhalten der Konsumenten zu testen. Darüber hinaus können Tests zur Neuprodukteinführung und zum Produktwechsel-Verhalten durchgeführt werden (vgl. Simulation Research 2002). Ein verwandtes Einsatzgebiet ist das Web Usage Mining, bei dem mit Hilfe der Aufzeichnung von Web-Daten Verhaltensmuster von Internetbesuchern ermittelt werden (für einen Überblick vgl. Srivastava et al. 2000).

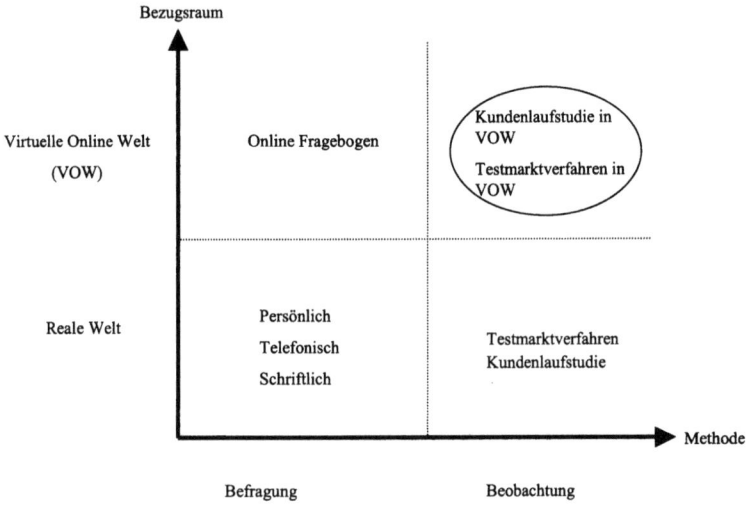

Abb. 1:   Offene Untersuchungsgegenstände (Schryen, Herstell 2002)

Die bei der Marktforschung erhobenen Daten sind ausgerichtet auf die zu beantwortenden Fragestellungen (s.o.) adäquat zu speichern. Bauer, Günzel führen in diesem Kontext ein Data Warehouse an: „Einsatzmöglichkeiten eines Data Warehouse bieten sich unter anderem im *Online-Marketing*, dessen wesentliche Aufgabe die Umsetzung des One-to-one-Marketing und die Überführung des Gefühls beim Betreten eines ‚Tante Emma-Ladens' in das Internet ist. Aufgabe eines Data Warehouse ist dabei die Sammlung aller möglichen Daten über das Verhalten der Kunden während der Nutzung eines Informationsangebots." (Bauer, Günzel 2000, S. 16) Praktischen Einsatz findet ein Data Warehouse bereits bei der panelorientierten Marktforschung der GfK[1] Marketing Services im Non-Food-Bereich (vgl. Bauer, Günzel 2000, S. 488-495).

---

[1]   GfK ist die Gesellschaft für Konsumforschung.

Inwiefern der Data Warehouse/OLAP-Ansatz ein geeignetes Instrument zur Speicherung, Analyse und Visualisierung von Marktsforschungsdaten aus virtuellen Welten darstellt, wird im Folgenden näher untersucht.

Beim marktforscherischen Einsatz virtueller Welten werden neben demographischen Daten vor allem Verhaltensdaten von Probanden erhoben, die sich charakterisieren lassen durch (nicht notwendigerweise vollständige) Angaben zu Proband, Produkt, Zeit, Ort, Aktivität und Fixation[2], beispielsweise legt der Proband *Hugo Sanchez* am 23.08.2002 um 14:34:45 Uhr das Produkt *Belroyal Erdbeer der Firma Zentis* in den Warenkorb. Die inhärente (semantische) Multidimensionalität der Daten erhebt die Fragen nach Aggregationsebenen bzw. Attributen und Hierarchien; diese werden im Abschnitt 3 thematisiert.

Betrachtet man neben der Speicherung die angestrebte Verwendung dieser Daten und den Nutzerkreis, so finden sich zahlreiche Eigenschaften, die sich auch bei verbreiteten definitorischen Beschreibungen von OLAP-Systemen finden. Kurz stellt bedeutende Ansätze – u. a. die von Codd sowie Pendese/Greeth – vor, (vgl. Kurz 1999, S. 316-325) die vor allem die in Tab. 1 dargestellten Charakteristika aufweisen; ihre Entsprechungen in der (Online-)Marktforschung finden sich dort zugeordnet.

Eigenschaft	OLAP-Ausprägung	MaFo[3]-Entsprechung
Datensicht	multidimensional	Dimensionen: Proband, Zeit, Produkt etc.
Ziel	Entscheidungsunterstützung	Entscheidungsunterstützung bzgl. des Marketing-Mixes
Methodisches Instrument	Analyse von Daten, z. B. mittels Drill-Optionen	Analyse von Aktivitäten, dynamisch aufgeschlüsselt nach Attributelementen der Dimensionen Produkt, Proband, Zeit etc.
Benutzerbezug	funktionale Transparenz insbesondere für Nicht-IT-Anwender[4]	Anwender sind primär Marktforscher und Manager

Tab. 1:   OLAP-Inhärenz von Marktforschung in virtuellen Welten

---

[2]   Die Fixation bezeichnet entweder die Blickrichtung des Probanden oder die Art der Drehung eines Produkts, z. B. eine Rotation um x Grad um eine bestimmte Drehachse.

[3]   Marktforschung in virtuellen Welten

[4]   Die Trennung zwischen Benutzerschnittstelle und zugrundeliegender Basistechnologie soll dazu dienen, die Produktivität von Nicht-SQL-Kennern nicht einzuschränken

Die dargelegte Data Warehouse/OLAP-Affinität einer (datengestützten) Marktforschung in virtuellen Welten rechtfertigt und motiviert aus Sicht der Autoren eine weitergehende Konzeption und prototypische Realisierung (s. Abschnitte 3 und 4).

2   Projekt Benevit

Bislang dominiert in der Online-Marktforschung die Befragungsmethode bspw. per WWW-Fragebogen, jedoch gestatten die Internettechnologien darüber hinaus auch die insbesondere für kleine und mittelständische Unternehmen relevante (zeit- und Kosten sparende) Beobachtung von Probanden in virtuellen Verkaufs- und/oder Testräumen. Diese können mit Hilfe von 3D-Darstellungssprachen realisiert und im Web-Browser angezeigt werden. Der Einsatz virtueller Verkaufswelten ist technisch weitgehend gelöst, jedoch fehlen Standards zur Protokollierung von Probandenaktivitäten und eine Verbindung zu marktforscherischen Analysemethoden.

Hier setzt das vom Lehrstuhl für Wirtschaftsinformatik und Operations der RWTH Aachen durchgeführte und von der Stiftung Industrieforschung geförderte Forschungsprojekt Benevit (vgl. Winfor 2002) (Beschreibung von Nutzeraktivitäten in virtuellen Test-Umgebungen) an. Es versucht, diese Lücken durch die

- Entwicklung eines offenen Standards zur Protokollierung von Konsumentenaktivitäten in virtuellen Umgebungen,

- prototypische Realisierung und Implementierung dieses Standards in Form eines in der Darstellungssprache *Virtual Reality Modeling Language* (VRML97) erstellten Supermarktes (s. Abschnitt 4) sowie die

- Ankopplung dieses Supermarktes an ein OLAP (Online Analytical Processing)-Marktforschungssystem zur Analyse und Präsentation der erhobenen Daten (s. Abschnitt 4)

zu schließen (s. Abb. 2).

Der entwickelte Benevit-Standard (vgl. Schryen, Herstell 2002; Schryen 2002) normiert die Beobachtung und Analyse von Benutzeraktivitäten in virtuellen Verkaufswelten und ist realisierungs- und implementierungsunabhängig. Er besteht aus den Aspekten Dimensionen, Atome, Moleküle und Datenbeschreibung. Die ersten drei standardisieren die erfassbaren marktforschungsrelevanten Aktivitäten, die Datenbeschreibung regelt die syntaktische und semantische Behandlung von elementaren Probandenaktivitäten, im Benevit-Standard Atome genannt, so dass eine einheitliche Interpretation der im Datenpool abgelegten Daten möglich ist.

Die Spezifizierung von Atomen erfolgt anhand der fünf Dimensionen *Proband*, *Produkt*, *Zeit*, *Raum* und *Fixation*, d.h. jede Aktivität lässt sich mit einer Kombination entsprechender Ausprägungen parametrisieren bzw. beschreiben, wobei nicht bei jeder Aktivität alle Dimensionen verwendet werden müssen. Ein Proband hält sich beispielsweise zu einem bestimmten Zeitpunkt an einem bestimmten Ort auf und schaut dabei in eine bestimmte Richtung.

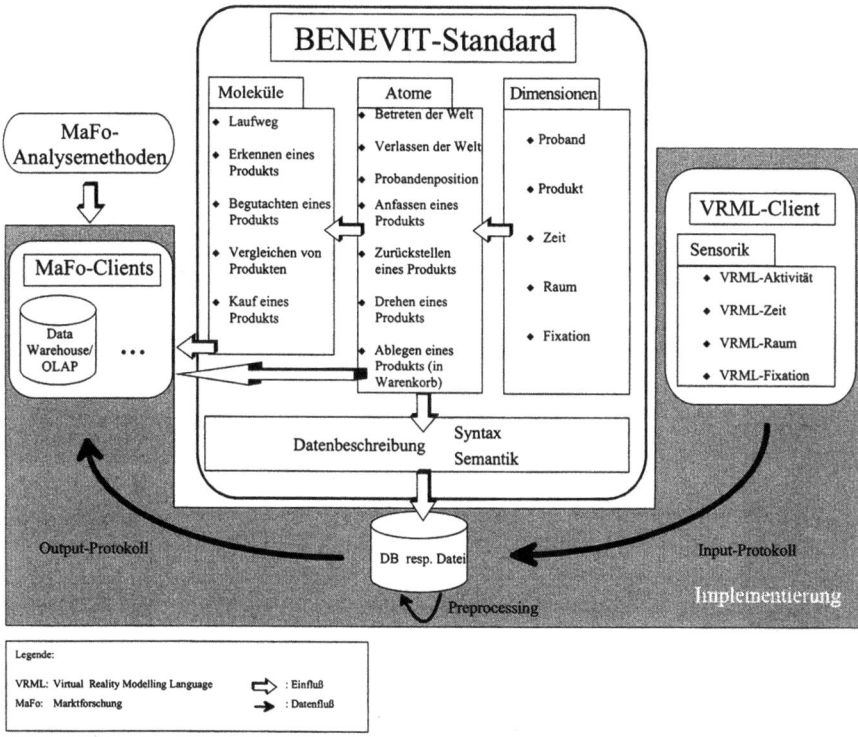

Abb. 2:   Standard zur Protokollierung von Benutzeraktivitäten in virtuellen Welten

Moleküle bezeichnen solche marktforschungsrelevanten Informationen, die sich aus Atomen zusammensetzen und in der Regel erst dann gebildet werden können, wenn ein Proband die Welt wieder verlassen hat. Beispielsweise gilt dies für seinen Laufweg. Die Erzeugung von Molekülen geschieht mittels einer Aggregation von Atomen, die mit Hilfe einer Analyse des Datenpools (Speicherort von Atomen) vorgenommen wird.

Die prototypische Realisierung eines Benevit-konformen Marktforschungssystems findet sich im Abschnitt 4 beschrieben. Zuvor sollen das semantische und logische Datenmodell des dabei zum Einsatz kommenden Data Warehouses vorgestellt werden.

3   Semantisches und logisches Datenmodell

3.1   Semantische Datenmodellierung

Für die semantische Modellierung des eingesetzten Data Warehouse ist zunächst die Bestimmung der relevanten Dimensionen und Fakten (vgl. Kimball 1998, S. 165f., 272ff.) notwendig. Die Dimensionen ergeben sich aus der Spezifikation der Atome und Moleküle (vgl. Abschnitt 2) im Benevit-Standard, wobei die letztendlich im Data Warehouse verwendeten Dimensionen nicht mit denen des Benevit-Standards identisch sein müssen (s. u.). Für die Aufgabenstellung an das Data Warehouse sind die Moleküle teilweise nicht relevant, da bspw. die Laufweganalyse der Probanden über ein anderes integriertes Softwarewerkzeug (vgl. Abschnitt 4) realisiert wird. Da Moleküle aber prinzipiell aus der Aggregation mehrerer Atome gebildet werden, können sie ebenfalls für Auswertungen herangezogen werden.

Im Data Warehouse sollen die Aktivitäten der Probanden in Bezug auf Produkte im Zeitablauf näher analysiert und je nach marktforscherischer Anforderung auch aggregiert werden. Weiterhin ergeben sich durch Konstellationen verschiedener Aktivitäten sowie durch deren zeitliche Abfolge weitere Auswertungsobjekte (Moleküle). Die im Benevit-Standard auftretenden Dimensionen *Proband*, *Produkt* und *Zeit* beschreiben die Aktivitäten bzw. Atome näher und werden daher auch als Dimensionen für das Data Warehouse herangezogen, wobei die Bezeichnung *Produkt* durch *Sortiment* ersetzt wird. Bei der Behandlung von Aktivitäten besteht zum einen die Möglichkeit, diese als Fakten zu behandeln (Faktwerte sind dann die IDs der Aktivitäten), zum anderen die Option, auch sie mittels einer Dimension darzustellen (Faktwerte bestehen dann stets aus dem Wert 1). Die zweite Alternative bietet die Möglichkeit, im Sinne der Erfüllung des marktforscherischen Informationsbedarfs auch (OLAP-)Auswertungen hinsichtlich der Aktivitäten durchzuführen. Die Dimensionen „Fixation" und „Raum" werden nicht als Data-Warehouse-Dimension übernommen, da hierfür aus dem Prototypen des virtuellen Supermarktes keine Daten generiert werden (Fixation) bzw. anderweitige Auswertungen erfolgen (Raum). Damit ergeben sich zusammenfassend als vier Dimensionen des Data Warehouse die folgenden: *Proband*, *Sortiment*, *Aktivität* und *Zeit*. Gegenstand der Auswertung sind Ereignisse (Events), sie bilden einen Fakttyp im Data Warehouse. Ereignisse entstehen durch das Agieren der Probanden im virtuellen Raum und werden durch das Auftreten einer bestimmten Attributkombination der Dimensionsattribute spezifiziert. Das Ereignis selbst wird lediglich als Wahrheitswert („tritt auf" bzw. 1) abgelegt, so stellt es die Verbindung zwischen den Dimensionsattributen her. Hierbei ist zu untersuchen, ob alle Ereignisse in gleichem Maße durch Attributausprägungen aller Dimensionen bestimmt werden. Ein weiterer Fakttyp entsteht durch die Betrachtung der Dauer bestimmter Moleküle, wie z. B. die Verweildauer im Supermarkt oder die Betrachtungsdauer eines Objektes. Zeitdauerbezogene Fakten hängen dimensional nur vom Probanden und ggf. vom Sortiment ab.

Zur strukturierten semantischen Modellierung wird die von Determann 2001 entwickelte KOSMO-Methodik verwendet, die es ermöglicht, die Modellierungssichten Struktur, (Daten-)Quantität und Aggregation(-spfade) in den Betrachtungsebenen Selektion, Definition/Konkretisierung und Konnektion zu betrachten. Sie bietet für die unterschiedlichen Entwicklungsschritte verschiedene grafische Notationsformen an, die im Folgenden auszugsweise für die Darstellung des semantischen Modells des Benevit Data Warehouse verwendet werden. Die erwähnten Betrachtungsebenen beziehen sich hierbei auf einen wiederkehrenden Prozess innerhalb der Modellierungssichten, dessen aktuelle Ergebnisse hier lediglich als Momentaufnahme präsentiert werden. Abb. 3 stellt die Vorgehensweise und die Verwendung der unterschiedlichen Notationsformen grafisch dar.

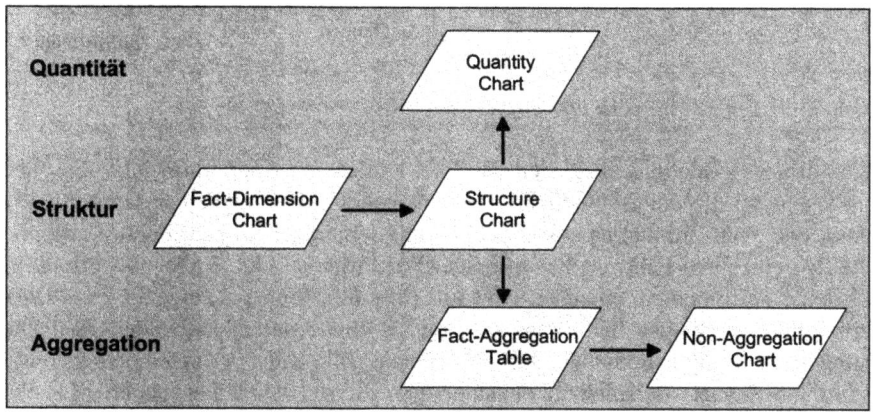

Abb. 3: Notationsformen und ihre Reihenfolge

Zur Erstellung des Fact-Dimension-Charts muss zusätzlich zur Definition und Verifikation der Fakten und Dimensionen geklärt werden, ob und auf welchem Aggregationsniveau die Fakten von den Dimensionen bestimmt werden. Hierzu ist die folgende tabellarische Darstellung hilfreich. Ein „X" in einer Dimensionszelle bedeutet, dass das entsprechende Fakt durch Attributausprägungen dieser Dimensionen beschrieben wird. Im Rahmen des Benevit-Standards existieren unterschiedliche Fakttypen (Ereignis oder Dauer), wobei zwischen Atom (A) und Molekül (M) unterschieden wird (vgl. Tab. 2).

Unter dem Fakt *Weltevent* werden Ein- und Austritt eines Probanden subsumiert, d.h. die Aktivitäts-ID kann in der entsprechenden Faktentabelle zwei mögliche Werte annehmen. Der Fakt *Produktevent* fasst die (atomaren) Aktivitäten *Anfassen*, *Kippen*, *Zurückkippen*, *Ablegen* und *Zurückstellen* sowie die zusammengesetzte bzw. molekulare Aktivität *Kaufen* (in den Warenkorb ablegen und nicht mehr zurückstellen). Der Fakt Aufenthaltsdauer speichert probandenspezifisch die Verweildauer im Supermarkt; der Fakt Beschäftigungsdauer umfasst die Dauern für die (molekularen) Aktivitäten *Betrachtungsdauer Deckel*, *Betrachtungsdauer*

Rand und Gesamtbeschäftigungsdauer mit dem Produkt, d.h. die Aktivitäts-ID kann drei Werte annehmen.

Data-Warehouse-Dimensionen				Fakten und ihre Benevit-Bedeutung		
Aktivitäten	Proband	Sortiment	Zeit	Fakttyp	Atom/ Molekül	Fakt
X	X	–	X	Ereignis	A	Weltevent
X	X	X	X	Ereignis	A/M	Produktevent
–	X	–	–	Dauer	M	Aufenthaltsdauer
X	X	X	–	Dauer	M	Beschäftigungsdauer

Tab. 2:   Dimensionen und Fakten

Aus dieser Darstellung lässt sich das Fact-Dimension Chart formen, wobei hier insbesondere die unterschiedlichen dimensionalen Abhängigkeiten deutlich werden. Jede Fakt(-gruppe) ist ausschließlich mit denjenigen Dimensionen verknüpft, die den einzelnen Faktwert beeinflussen. Für Produkt- und Weltevents gilt, dass für jedes Auftreten ein einzelner Faktwert (mit dem Wert „1") erzeugt wird. Dies ermöglicht Zählungen der Ereignisse und sämtliche darauf aufbauende Berechnungen im zu modellierenden Data Warehouse. Alle anderen Fakten enthalten als Wert ihre Dauer. Beispielhaft bedeutet dies für die Aufenthaltsdauer, dass für jeden Probanden die Differenz aus Start- und Endzeit seines Aufenthalts im virtuellen Supermarkt als Faktwert abgelegt wird.

Im aktuellen Entwicklungsstadium des Data Warehouse ist eine Beschränkung ausschließlich auf die Produktevents vorgenommen worden, sodass aus den in Abb. 4 dargestellten Faktgruppen lediglich diese für die weitere Darstellung bedeutsam ist.

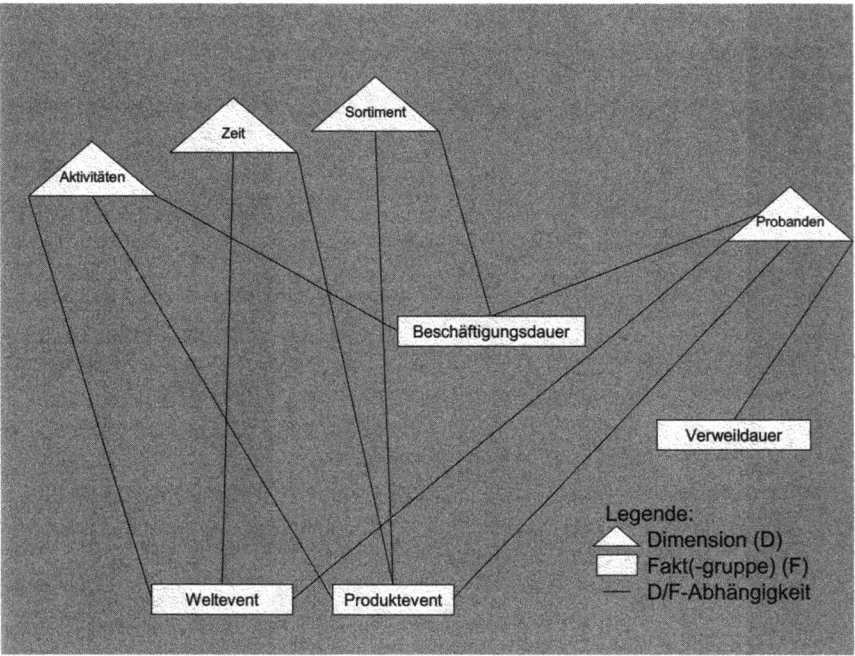

Abb. 4:   Fact-Dimension Chart

Den nächsten Entwicklungsschritt hin zum semantischen Modell stellt das Structure Chart dar. Hierfür sind alle im Fact-Dimension Chart gezeigten Dimensionen mit ihren Attributen und deren Beziehungen zu ergänzen. Bei den Beziehungen ist zusätzlich die Art der Beziehung zu vermerken; im hier betrachteten Teilmodell sind lediglich 1:N-Beziehungen vorhanden. Die Probanden- und Aktivitätendimension bestehen lediglich aus einer Hierarchiestufe, hier sind für die Zukunft weitere Hierarchisierung möglich und geplant. Insbesondere ist eine weitere Strukturierung der Probandendimension sinnvoll, um anhand von Gruppierungen (z. B. männlich/weiblich, Altersklassen etc.) weitergehende Fragestellungen der Marktforschung beantworten zu können. Die Sortimentsdimension hat eine lineare Struktur, deren Stufung sich mit dem betrachteten Ausschnitt der Sortimentsstruktur des am Projekt teilnehmenden Unternehmens Zentis deckt. Die Elemente des Dimensionsattributes „Produkt" stellen in Abgrenzung zu „Artikel" konkrete Produkte an einem bestimmten Regalstandort im virtuellen Supermarkt dar. „Artikel" verkörpern allgemein Produkte eines bestimmten Typs, ohne einen solchen Standort zu haben. Die Zeitdimension spannt vom Jahr auf höchster Ebene bis zur stundengenauen Betrachtung eines Tages auf niedrigster Ebene. Die Aggregationspfade laufen sowohl über Monate als auch über Kalenderwochen zum Jahr. Wochentage als Generalisierung von Tagen und Stundentyp als Generalisierung von Tagesstunden ermöglichen Auswertungen der Fakten auf diesen Ebenen, wobei Stundentyp eine stundengenaue Uhrzeit zwischen 00:00 und 23:00 unabhängig von konkreten Tagen darstellt. Für Produktevents ergibt sich aus dieser Modellierungsweise das in Abb. 5 gezeigte Structure Chart.

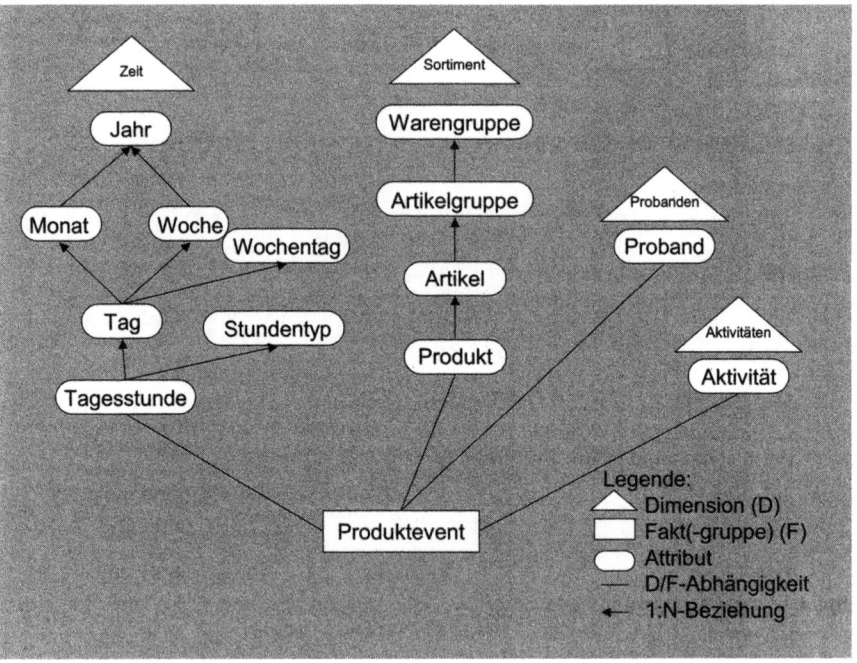

Abb. 5:   Structure Chart

In ähnlicher Form lassen sich für die anderen Faktgruppen ebenfalls Structure Charts erstellen. Je nach Komplexität der Darstellung können diese schließlich zu einem einzigen Structure Chart zusammengefasst werden oder in ihrer separaten Darstellung verbleiben, wobei sich dann die Darstellung einiger Dimensionen wiederholt.

Eine Identifizierung und Kategorisierung von *marktforschungsrelevanten* Kennzahlen (Fakten) kann anhand der Dimensionen vorgenommen werden. Für die Kombination Sortimentsdimension/Aktivitätsdimension zeigt Abb. 6 ein Kennzahlensystem; weitere Kennzahlensysteme unter Einbeziehung der anderen Dimensionen werden derzeit erarbeitet. Das dargestellte Structure Chart deckt mit dem Fakt Produktevent und durch die Einbeziehung aller betrachtbaren Dimensionen einen weiten Teil dieser marktforschungsrelevanten Kennzahlen ab.

Aktivitätsvergleichende Kennzahlen fixieren beispielsweise einen bestimmten Artikel und ermitteln das Verhältnis der Anzahl herausgenommener und gekaufter Produkte dieses Artikels zu der Anzahl der herausgenommenen. Analog lassen sich Verhältnisse auf anderen Attribut(eben)en bilden. Produktvergleichende Kennzahlen hingegen fixieren z. B. die Aktivität *Kaufen* und bilden das Verhältnis der Anzahl gekaufter Produkte einer Artikelgruppe zur Anzahl der gekauften Produkte der übergeordneten Warengruppe. Im Sinne der Produkt- und Aktivitätsdimension nicht-vergleichende Kennzahlen ermitteln das Verhältnis der Anzahl derjenigen Probanden, die die fixierte Aktivität bezogen auf das fixierte Attributelement der Produktdimension durchgeführt haben, zu der Anzahl aller Probanden.

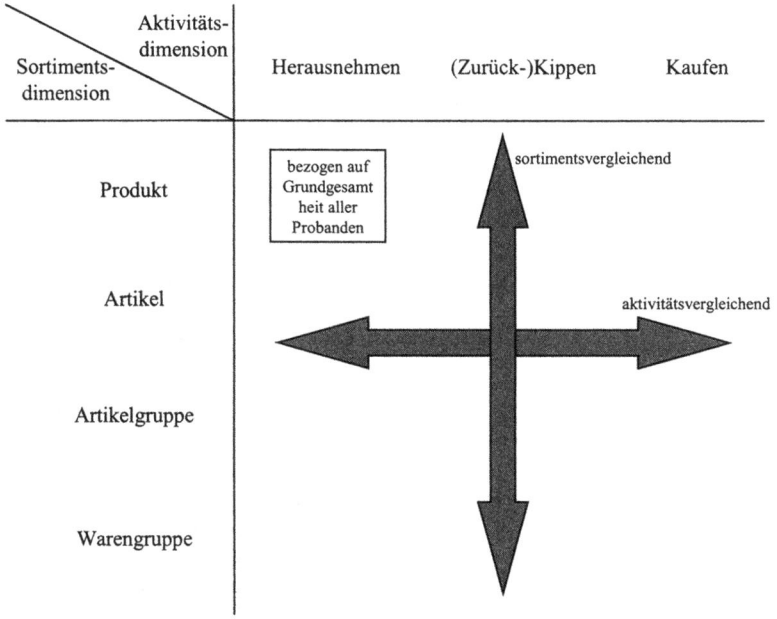

Abb. 6: System von aktivitäts- und sortimentsvergleichenden Kennzahlen

Die KOSMO-Methodik schlägt bereits an dieser Stelle des semantischen Modellprozesses vor, eine Abschätzung der zu erwarteten Datenmengen (Fakten und Dimensionen) anhand eines so genannten Quantity Charts vorzunehmen. Dies soll verhindern, dass im weiteren Erstellungsprozess des Data Warehouse Fakten und Granularitätsniveaus von Dimensionen abgelegt werden, deren Wert für Fragestellungen im Vergleich zur dafür benötigten Speicherkapazität nur sehr gering ausfällt. Da sich das Data Warehouse im Benevit-Projekt noch in einem recht frühen Entwicklungsstadium befindet, wird auf eine Entwicklung des Quantity Charts verzichtet, da sich aktuell die insgesamt betrachtete Grundmenge der Daten noch auf einem prototypisch niedrigen Niveau befindet.

An die semantische Abschätzung der notwendigen Speicherkapazitäten schließt sich die Betrachtung der Aggregationsperspektive des Data Warehouse an. Im Fact-Aggregation Table wird definiert, welche Fakten sich in welcher Weise entlang der Dimensionspfade aggregieren lassen (Navigationspfade). Weiterhin stehen die Berechnungsvorschriften zur Datenverdichtung im Kern dieser Darstellung. Aufgrund der Tatsache, dass in der semantischen Modellierung von Data Warehouse Systemen üblicherweise eine Vielzahl verschiedener Fakten Verwendung findet, wird für das Fact-Aggregation Table einer tabellarischen Darstellung der Vorzug vor einer graphischen Darstellung gegeben, um die Übersichtlichkeit zu erhöhen. Dargestellt werden die Einflussdimensionen des jeweiligen Fakts, die Art der Aggregierbarkeit in ihren möglichen Ausprägungen „voll", „semi" und „nicht" sowie die Berechnungsformel zur Aggregation. Außerdem wird vermerkt, ob es sich bei dem jeweiligen Fakt um eine Ableitung aus anderen Fakten handelt; so lässt sich beispielsweise ein einfacher Gewinnbegriff aus der Subtraktion des Fakts „Kosten" vom Fakt „Umsatz" ableiten. Bezüglich der Art der Aggregierbarkeit bedeutet „semi", dass ein Fakt nicht in allen Einflussdimensionen aggregierbar ist; z. B. wäre ein Lagerbestandswert sinnvoll geographisch durch Summation zu aggregieren, aber nicht zeitlich.

Für den Prototypen des Benevit Data Warehouse ergibt sich die folgende Fact-Aggregation Darstellung:

	Dimension				Aggregierbarkeit			Berechnung	
Fakt	Aktivitäten	Zeit	Sortiment	Probanden	voll	semi	nicht	abgeleitet	Formel
Produktevent	X	X	X	X	X			nein	COUNT distinct (ProdEvent)

Tab. 3:   Fact-Aggregation Table

Das Fakt Produktevent wird hier mit einer Berechnungsvorschrift versehen, die es ermöglicht, innerhalb der Dimensionen zu aggregieren. Eine solche Kombination aus Fakt und Berechnungsvorschrift wird auch als Metrik bezeichnet.

Als letzter Schritt der semantischen Modellierung schließt die KOSMO-Methodik mit dem Non-Aggregation Chart ab, in dem die Faktengruppen in Bezug auf die Art ihrer Aggregierbarkeit zusammen mit den Dimensionen dargestellt werden. Nur semi- und nicht aggregierbare Fakten werden hier aufgenommen. Nicht aggregierbare Fakten werden in der Grafik gesondert ohne Bezug zu den Dimensionen dargestellt, was auf die Unmöglichkeit der Navigation innerhalb der Dimensionen für diese Fakten hinweist. Da es sich bei dem aktuell betrachteten Fakt im Rahmen des Benevit Data Warehouse um ein voll aggregierbares Fakt handelt, entfällt diese Darstellung.

3.2   Logische Datenmodellierung

Innerhalb der logischen Datenmodellierung wurde die Übertragung der Semantik auf ein relationales Datenmodell gewählt, da die spätere Auswertung mit einem ROLAP-Werkzeug (MicroStrategy 7) erfolgen soll.

Die Repräsentation des semantischen Modells in einer relationalen Struktur erfolgt über ein vollständig denormalisiertes Snowflake Schema (vgl. Kurz 1999, S. 164ff; Hahne 1999, Kimball, 1998, 170f.), welches im aktuellen Ausbaustand des Data Warehouse lediglich eine Faktentabelle enthält. Für jede Dimension wird auf jeder Stufe eine so genannte Lookup-(Dimensions-)Tabelle gebildet, welche alle Attributelemente der jeweils betrachteten und aller in der Hierarchie oberhalb befindlichen Stufen enthält. Somit ist es möglich, Faktentabellen anderer Dimensionalität oder einfach Aggregatfaktentabellen zur Performance-Steigerung ohne großen Aufwand im Data Warehouse zu modellieren und abzulegen. Aufgrund der relativ geringen Dimensionstiefe ist der durch die Verwendung dieses Snowflake-Schemas steigende Speicherplatzbedarf zu vernachlässigen und das Schema somit als adäquat zur Problemlösung im Projektumfeld anzusehen. Die folgende Darstellung zeigt exemplarisch einen Ausschnitt aus dem entwickelten Schema. Gezeigt werden lediglich die Dimensionen Zeit und Sortiment mit einigen Dimensionsstufen bzw. Attributen.

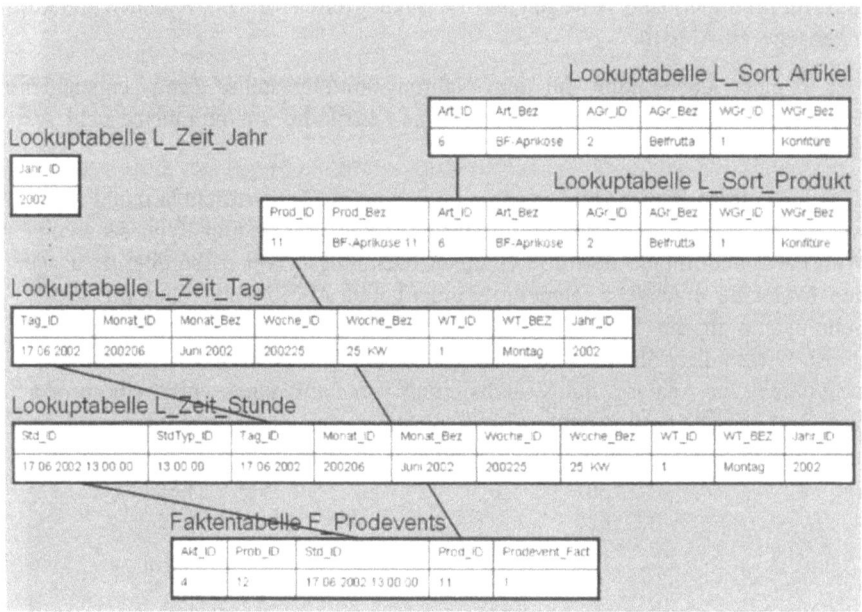

Abb. 7:   Snowflake Schema Benevit (Ausschnitt)

Die Strukturierungskriterien der Dimensionen werden durch die ID-Spalten definiert. Die Bezeichnungsspalten dienen der verbesserten Darstellung der Werte im
Auswertungswerkzeug. Die graphische Darstellung zeigt die bewusst in Kauf ge-
nommene Redundanz innerhalb der Dimensionstabellen nochmals deutlich. Dies
führt innerhalb der physischen Modellierung und der Abbildung in der verwendeten Data Warehouse-Datenbank zu größerer Flexibilität (Aggregat-speicherung)
und zur Steigerung der Berichtsperformance durch die Verringerung von JOIN-
Operationen bei der Navigation innerhalb der Dimensionen.

4   Prototypische Realisierung im Rahmen einer Fallstudie

Die prototypische Realisierung einer auf dem Benevit-Standard basierenden
Marktforschungsumgebung erfolgt client-server-basiert: mit Hilfe der international standardisierten 3D-Darstellungssprache VRML (vgl. VRML 1997) wurden
zwei Supermärkte[5] erstellt. Diese können mit einem Web-Browser geladen und
einem Plug-In zur VRML-Darstellung angezeigt werden. Der Probend kann sich
nun frei im Supermarkt bewegen und Produkte greifen, drehen, in den Warenkorb
legen usw. (s. Abb. 8).

Der in einer Kooperation mit dem Nahrungsmittelhersteller Zentis entstandene
Supermarkt kann im Rahmen einer Online-Feldstudie im Internet besucht werden[6].

Die elementaren Probandenaktivitäten (s. Atome im Benevit-Standard und Abb. 2)
werden mittels der im Supermarkt integrierten Sensorik als http-Requests an einen
Webserver übermittelt, dort von einem Anwendungsserver aufbereitet (u. a. werden Moleküle erzeugt, s. Benevit-Standard und Abb. 2) und über die ODBC-
Schnittstelle in die Faktentabellen des Microstrategy-Data-Warehouses eingespeist. Dieses dient als Marktforschungs-Frontend zur Analyse der Konsumentenaktivitäten; zur Analyse und Visualisierung von Laufwegen wurde eine proprietäre Grafikanwendung erstellt. Abb. 9 illustriert das Zusammenwirken am Szenario der produktbezogenen Data-Warehouse-Analyse.

---

[5]   Der eine Supermarkt dient primär der Ermittlung von Laufwegen, der andere wird in
      Kooperation mit dem Nahrungsmittelhersteller Zentis GmbH & Co. primär für die
      Betrachtung von produktbezogenen Aktivitäten verwendet.

[6]   http://www.winfor.rwth-aachen.de/inhalte/forschung/vrmafo/supermarkt/ eingabe.html

Abb. 8:   Screenshots der Virtuellen Supermärkte

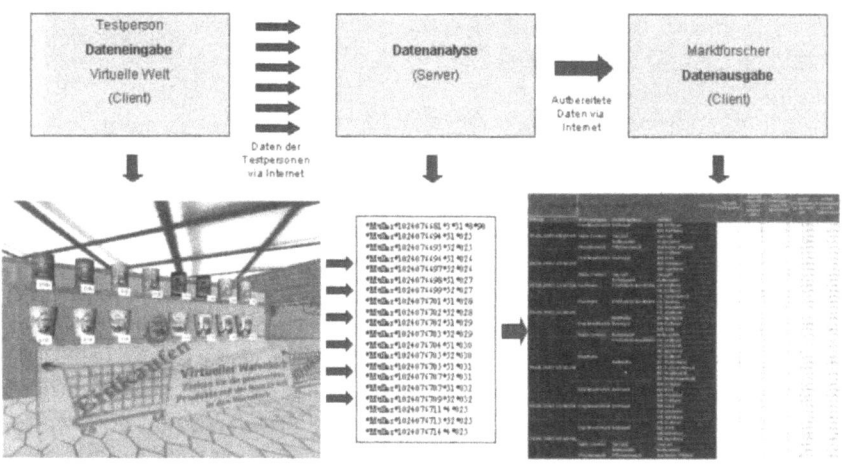

Abb. 9:   Benevit-Marktforschungssystem

Exemplarisch für die vielseitig gestaltbaren Marktforschungsberichte (s. Abschnitt 7) ist vergrößert in Abb. 10 ein Bericht zu sehen, der die absolute und relative Beschäftigung von Probanden mit bestimmten Produkten wiedergibt.

Stunde	Warengruppe	Artikelgruppe	Artikel	Anzahl Probanden	Anzahl Probanden (Sort gesamt gef.)	Anzahl Probanden (Sort Filt. ignorieren)	Anteil Probanden an gesamt gef.	Anteil Probanden an Filt. ignorieren
	Fruchtaufstrich	Belroyal	BR-Erdbeer	1	23	70	4,35%	1,43%
			BR-Aprikose	1	23	70	4,35%	1,43%
30.06.2002 00:00:00	Süße Cremes	Nusspli	Nusspli	1	31	70	3,23%	1,43%
		Belmandel	Belmandel	3	31	70	9,68%	4,29%
	Pflaumenmuß	Pflaumenmuß	Aachener Pflümli	1	3	70	33,33%	1,43%
			BR-Erdbeer	1	23	70	4,35%	1,43%
	Fruchtaufstrich	Belroyal	BR-Kivi	1	23	70	4,35%	1,43%
30.06.2002 12:00:00			BR-Himbeer	1	23	70	4,35%	1,43%
			BR-Aprikose	1	23	70	4,35%	1,43%
	Süße Cremes	Nusspli	Nusspli	1	31	70	3,23%	1,43%
		Belmandel	Belmandel	2	31	70	6,45%	2,86%
30.06.2002 13:00:00	Konfitüre	Frühstückskonfitüre	FK-Erdbeer	3	24	70	12,50%	4,29%
			FK-Erdbeer	2	24	70	8,33%	2,86%
			FK-Sauerkirsch	1	24	70	4,17%	1,43%
	Konfitüre	Frühstückskonfitüre	FK-Ananas	2	24	70	8,33%	2,86%
			FK-Brombeer	1	24	70	4,17%	1,43%
30.06.2002 14:00:00			FK-Himbeer	2	24	70	8,33%	2,86%
		Belfrutta	BF-Aprikose	1	24	70	4,17%	1,43%
	Fruchtaufstrich	Belroyal	BR-Erdbeer	1	23	70	4,35%	1,43%
			BR-Kivi	2	23	70	8,70%	2,86%
	Süße Cremes	Belmandel	Belmandel	1	31	70	3,23%	1,43%
		Frühstückskonfitüre	FK-Erdbeer	7	24	70	29,17%	10,00%
			FK-Himbeer	1	24	70	4,17%	1,43%
	Konfitüre		BF-Aprikose	4	24	70	16,67%	5,71%
			BF-Erdbeer	2	24	70	8,33%	2,86%
		Belfrutta	BF-Heidelbeer	2	24	70	8,33%	2,86%
30.06.2002 15:00:00			BF-Schwarzkirsch	5	24	70	20,83%	7,14%
			BF-Waldfrucht	1	24	70	4,17%	1,43%
			BF-PinkGrapefruit	1	24	70	4,17%	1,43%
	Fruchtaufstrich	Belroyal	BR-Erdbeer	2	23	70	8,70%	2,86%
			BR-Kivi	1	23	70	4,35%	1,43%
			BR-Himbeer	3	23	70	13,04%	4,29%
30.06.2002 17:00:00	Fruchtaufstrich	Belroyal	BR-Erdbeer	6	23	70	26,09%	8,57%
			BR-Kivi	2	23	70	8,70%	2,86%
			BR-Himbeer	2	23	70	8,70%	2,86%
			BR-Aprikose	2	23	70	8,70%	2,86%
			BR-Erdbeer	5	23	70	21,74%	7,14%
	Fruchtaufstrich	Belroyal	BR-Kivi	1	23	70	4,35%	1,43%
			BR-Himbeer	1	23	70	4,35%	1,43%
30.06.2002 18:00:00			BR-Aprikose	2	23	70	8,70%	2,96%
	Süße Cremes	Nusspli	Nusspli	2	31	70	6,45%	2,86%
		Belmandel	Belmandel	3	31	70	9,68%	4,29%
	Pflaumenmuß	Pflaumenmuß	Aachener Pflümli	2	3	70	66,67%	2,86%

Abb. 10:   Exemplarischer Bericht zur Beschäftigung mit Produkten

5   Resümee und Ausblick

Die Speicherung und Analyse von Benutzeraktivitäten in virtuellen Welten stellt ein adäquates Anwendungsgebiet für Data Warehouses und OLAP dar. Der vorliegende Beitrag schlägt hierzu erste semantische und logische Datenmodelle vor, deren Eignung derzeit im Rahmen einer empirischen Studie überprüft werden. Hinsichtlich der Generierung von Kennzahlensystemen wurde aus aktivitäts-produktbezogener Sicht systematisiert, die Einbeziehung weiterer Dimensionen ist Gegenstand zukünftiger Betrachtungen. Von marktforscherischem Interesse können neben OLAP auch Verfahren des Data Mining sein, die sich beispielsweise der Aufgabe der Probandentypisierung bzw. -clusterung widmen.

6 Literatur

Bauer, A., Günzel, H. (Hrsg.): Data Warehouse Systeme – Architektur, Entwicklung, Anwendung. Heidelberg 2000.

Computer Industry Almanac Inc.: There will be 625 Million Computers-in-Use Year-End 2001; 15.07.2001; http://www.c-i-a.com/pr0701.htm (Abruf: 2002-05-03).

Determann, L.: Modellierung Analytischer Informationssysteme: Entwurf einer Methodik zur multidimensionalen Datenstrukturierung. Erscheint 2002.

Hahne, M.: Logische Datenmodellierung für das Data Warehouse – Bestandteile und Varianten des Star Schemas. In: Chamoni, P., Gluchowski, P. (Hrsg.): Analytische Informationssysteme: Data Warehouse, On-Line Analytical Processing, Data Mining. 2., neubearb. Aufl. Berlin u. a. 1999, S. 145-170.

Kimball, R.: The Data warehouse lifecycle toolkit: expert methods for designing, developing, and deploying data warehouses. Chichester u. a. 1998.

Kurz, A.: Data Warehousing – Enabling Technology. Bonn 1999.

Schryen, G.: Spezifikation des Benevit-Standards zur Beobachtung und Analyse von Benutzeraktivitäten in Virtuellen Verkaufswelten. Arbeitsbericht des Instituts für Wirtschaftswissenschaften der RWTH Aachen, NR. 02/06. Aachen 2002.

Schryen, G., Herstell, J.: Online-Marktforschung – Analyse von Konsumentenverhalten in virtuellen Umgebungen. In: Information Management & Consulting. Erscheint 2002.

Simulation Research: Visionary Shopper has been used for a number of different purposes; http://www.simulationresearch.com/PRODUCT.htm. (Abruf: 2002-05-03).

Srivastava, J.; Cooley, R.; Deshpande, M.; Tan, P.: Web Usage Mining: Discovery and Applications of Usage Patterns from Web Data. In: SIGKDD Explorations, 1 (2000) 2.

VRML Consortium: The Virtual Reality Modeling Language, Spezifikation VRML97, International Standard ISO/IEC 14772-1:1997, http://www.vrml.org/fs_specifications.htm (Abruf: 2002-05-03).

Winfor 2002: Webseite des Lehrstuhls für Wirtschaftsinformatik und OR, http://www.winfor.rwth-achen.de/inhalte/forschung/vrmafo/ueberblick/ueberblick.html (Abruf: 2002-05-03).

Zerr, Konrad: Online-Marktforschung – Erscheinungsformen und Nutzenpotentiale. In: Theobald, A.; Dreyer, M.; Starsetzki, T. (Hrsg.): Online-Marktforschung – Theoretische Grundlagen und praktische Erfahrungen. Wiesbaden 2001, S. 8-25.

Metadatenmanagement

Prozessorientiertes Metadatenmanagement für Data-Warehouse-Systeme

Gunnar Auth

Universität St. Gallen

Ein gezieltes und umfassendes Management von Metadaten für das Data Warehousing erfordert ein hohes Mass an Abstimmung unter den beteiligten Personen. Um diese Abstimmungsvorgänge effektiv und effizient zu gestalten, ist es erforderlich, explizite Prozesse für den Umgang mit Metadaten zu definieren. Der Beitrag beschreibt ein konzeptionelles Prozessmodell und eine darauf basierende Prozessarchitektur für das Metadatenmanagement. Für die Modellierung der Prozesse wird ein UML-Profil vorgeschlagen, das zum OMG-Standard Common Warehouse Metamodell konform ist und die Speicherung und Weiterverarbeitung der Prozessmodelle erlaubt.

1 Einleitung

Das Metadatenmanagement gilt als wichtiger Katalysator für die Effektivität und Effizienz des gesamten Data-Warehouse-Lebenszyklus (vgl. z. B. Marco 2000). Ein wichtiges Ziel bei der Einführung eines Metadatenmanagements ist eine gemeinsame, innerhalb der ganzen Organisation einheitliche und akzeptierte Semantik der Daten auf der Meta-Ebene. Im Zuge eines umfassenden Metadatenmanagements ist es notwendig, die Semantik wichtiger Datenobjekttypen (z. B. Relationen, Attribute oder auch Datenstrukturen in Programm-Modulen) festzulegen, explizit in Form von Metadaten zu verwalten und für Entwickler und Anwender verfügbar zu machen. Bei der Integration von Daten aus heterogenen Applikationen in einem Data-Warehouse-System erwachsen aus unterschiedlicher bzw. nicht dokumentierter Semantik grosse Probleme. Die Semantik der Daten, wie sie durch ihre Strukturen (z. B. in Datenschemata) festgelegt ist, reicht hier oftmals nicht mehr aus. Diese Problematik wird durch komplexe Datentransformationsprozesse noch verstärkt, da Daten hierdurch von ihrem operativen Kontext (d. h. weitere, mit diesen Daten in Beziehung stehende Daten) getrennt werden können bzw. Semantik verloren geht, die implizit im ursprünglichen Quellsystem festgelegt ist.

Die nachträgliche Dokumentation bzw. Festlegung der Datensemantik ist eine umfangreiche Aufgabe, bei der jede existierende Applikation betrachtet werden muss und somit jeder Anwender und Entwickler einer Applikation unmittelbar oder mittelbar betroffen ist. Hieraus entsteht bereits beim erstmaligen Durchführen dieser Aufgabe ein enormer Abstimmungsaufwand zwischen den menschlichen Aufgabenträgern einer Organisation. Eine Dokumentation der Datensemantik in Form von Metadaten kann ihren Zweck allerdings nur erfüllen, wenn auch die ständig durchgeführten Änderungen an Datenschemata und -strukturen nachvollzogen werden.

Neben dedizierten Applikationen zur Verwaltung der Metadaten ist daher die Gestaltung eines organisatorischen Rahmens für das Metadatenmanagement erforderlich, um Konsistenz, Aktualität und Qualität der Metadaten sicherstellen zu können. Die Aufgaben der beteiligten Mitarbeiter müssen in Rollenbeschreibungen spezifiziert werden und deren Durchführung durch definierte Prozesse festgelegt werden.

Der Beitrag ist wie folgt gegliedert: Nach einer Analyse des Prozessverständnisses im Data Warehousing wird ein konzeptionelles Prozessmodell beschrieben, das als Grundlage für eine Prozessarchitektur des Metadatenmanagements dient. Für die Modellierung von organisatorischen Prozessen wird im Hauptteil ein UML-Profil vorgeschlagen und anhand eines Beispiels erläutert. Den Abschluss bilden eine kurze Diskussion des Ansatzes sowie ein Ausblick auf zukünftige Forschungsarbeit.

2   Der Prozessbegriff in der Domäne Data Warehouse

2.1   Der Prozesscharakter von Data-Warehouse-Systemen aus Aussensicht

Das Konzept des Data Warehouse (DWH) beschreibt eine Informationssystem-Architektur für die Versorgung von Entscheidungsträgern mit entscheidungsunterstützenden Informationen über die Organisation und die mit ihr in Beziehung stehende Umwelt (vgl. Inmon 1996, S. 33). Aufgrund von Kosten-, Zeit- und Risikoaspekten wird die Entwicklung eines konkreten Data-Warehouse-Systems typischerweise nicht in einem umfassenden Projekt durchgeführt, sondern erfolgt in einer Sequenz von mehreren (Teil-)Projekten (vgl. Jung, Winter 2000, S. 15). Der Betrieb des DWH-Systems beginnt dabei oftmals schon nach Abschluss des ersten Teilprojekts. Um die Aktualität der DWH-Daten zu gewährleisten, müssen während des Betriebs regelmässig aktuelle Daten aus den Quellsystemen ergänzt werden (vgl. Anahory/Murray 1997, S. 21). Im Rahmen der Nutzung des DWH-Systems entstehen kontinuierlich neue Anforderungen (z. B. die Bereitstellung neuer

Kennzahlen), die wiederum bei der (Weiter-)Entwicklung berücksichtigt werden müssen (vgl. Meyer 2000, S. 134 f.).

Die prozessorientierte Betrachtung des Data-Warehouse-Systems wird mit dem Begriff Data Warehousing ausgedrückt (vgl. z. B. Anahory, Murray 1997, S. 10 f., Jung, Winter 2000, S. 5). In einem Grossteil der Literatur wird dabei unter Data Warehousing primär der Prozess für die Entwicklung des Data-Warehouse-Systems verstanden (vgl. z. B. Gardner 1998; Vassiliadis et al. 2001a). Als Leistung erbringt dieser Prozess ein einsatzfähiges DWH-System zur Bereitstellung entscheidungsunterstützender Daten. Diesem Verständnis folgt bspw. Gardner, wenn er schreibt: „building a data warehouse is an extremely complex process" (Gardner 1998, S. 52). Der DWH-Entwicklungsprozess, den Gardner beschreibt, besteht aus mehreren Phasen und Aktivitäten, die iterativ ausgeführt werden und so die Evolution des DWH-Systems unterstützen. Obwohl der Schwerpunkt bei Gardner auf der Entwicklung des DWH-Systems liegt, will er darüber hinaus vermitteln, dass Data Warehousing nicht mit der Inbetriebnahme eines DWH-Systems endet: „Data Warehousing is a process, not a product, for assembling and managing data from various sources for the purpose of gaining a single, detailed view of part or all of a business" (Gardner 1998, S. 54).

Noch deutlicher wird die Rolle der Prozesse bei (Vassiliadis et al. 2001a, S. 205), die von einem komplexen Data-Warehouse-Lebenszyklus sprechen. Einen ähnlichen Blickwinkel nehmen Rieger, Klerber, von Maur ein, wenn sie schreiben: „Data warehouses are built to implement [...] a supply chain of decision relevant information" (Rieger, Kleber, von Maur 2000, S. 372). Meyer fordert als Konsequenz aus dem Prozesscharakter eine dauerhafte organisatorische Verankerung des Data Warehousing und beschreibt hierfür ein Organisationskonzept (vgl. Meyer 2000, S. 71 ff.). Prozesse und Architektur stehen im Data Warehousing in einer engen Wechselbeziehung. Erst die Umsetzung der Prozesse mit Hilfe eines Informationssystems ermöglicht die Integration operativer und externer Daten, die den Kern des Data Warehousing bildet.

2.2 Prozesse des Data Warehouse aus Innensicht

Im Unterschied zum Gebrauch des Begriffs Data Warehousing als Ausdruck des Prozesscharakters von Betrieb und Entwicklung eines Data-Warehouse-Systems wird der Prozessbegriff auch zur Beschreibung des dynamischen Verhaltens der DWH-Komponenten und Teilsysteme benutzt. Typischerweise bezeichnet der Begriff Prozess hier eine (teil)automatisierte Folge von Operationen zur Übertragung von Daten aus einem Datenquellsystem zu einem Datenzielsystem. Wegen der drei wichtigsten generischen Operationen, Extrahieren, Transformieren und Laden, werden Datenübertragungsprozesse in der Praxis häufig verkürzt ETL-Prozesse genannt (Bartel et al. 2000, Vassiliadis et al. 2001b).

Neben ETL-Prozessen lassen sich in der Innensicht von Data-Warehouse-Systemen noch weitere Prozesse identifizieren. Quix schlägt bspw. ein Metamodell für DWH-Prozesse vor, das die dynamischen Aspekte einer Data Warehosuing Umgebung abbildet. Darin eingeschlossen sind „the usual data warehouse processes like data loading or update propagation" wie auch „evolution processes, which are processes which evolve the data warehouse like the materialization of a new view or the addition of a new source" (Quix 1999, S. 4-2). Das Metamodell beschreibt einen Prozess in der üblichen Form einer Folge von Prozessschritten. Ein Prozess wird von einem Objekttyp ausgeführt, den Quix so beschreibt: „usually an agent which is represented in the physical perspective of the architectural model" (Quix 1999, S. 4-4). Gemäss des im Modell zugrundegelegten Prozessverständnisses bearbeitet ein Prozess einen weiteren Objekttyp, z. B. eine Datenquelle. Personen werden in Form eines Stakeholder-Typs einbezogen, der verantwortlich für das Auslösen und die Kontrolle der Prozesse ist.

3   Die Prozessarchitektur des Metadatenmanagements

Allgemein wird in der Wirtschaftsinformatik unter einem Prozess ein ereignisgesteuerter Ablauf von Aufgabendurchführungen zur Erstellung einer Leistung verstanden (vgl. Ferstl, Sinz 2001, S. 126; Becker, Kahn 2000, S. 4). Auch in den Ingenieurwissenschaften wird traditionellerweise zwischen dem Produkt und dem Prozess zur Erstellung dieses Produkts unterschieden (vgl. Rolland, Nurcan, Grosz 1999, S. 165). Dieser Arbeit liegt das Prozessverständnis von Österle zugrunde, wie es auch im St. Galler Unternehmungsmodell verwendet wird (vgl. Rüegg-Stürm 2001).

Demnach besteht ein Prozess aus den in Abb. 1 dargestellten fünf konstituierenden Komponenten (Österle 1995, S. 49 f.):

1. Den Kern eines Prozesses bilden *Aufgabenketten*, die Aufgaben und deren Ablauf beschreiben. Aufgaben werden von Aufgabenträgern durchgeführt. Für die Wirtschaftsinformatik sind maschinelle Aufgabenträger (Applikationen) sowie personelle Aufgabenträger (Organisationseinheiten bzw. Personen, die betriebliche Rollen wahrnehmen) relevant (Österle 1995, S. 50). Der Aufgabenablauf beginnt oder endet mit einem Ereignis. Aufgabenketten lassen sich in verschiedenen Detaillierungsstufen betrachten (Makro- und Mikroebene).

2. Ein *Informationssystem* unterstützt die Aufgaben durch Applikationen und Datenbanken.

3. Ein Prozess produziert und konsumiert *Leistungen*, die er mit anderen Prozessen austauscht (Input/Output).

4. Die Qualität des Prozesses wird durch die *Prozessführung* gesichert. „Sie bestimmt die Führungsgrössen, setzt Vorgaben und überprüft sie anhand von Messpunkten im Prozess. Sie leitet Handlungsbedarfe ab, bestimmt Massnahmen für die Weiterentwicklung und überwacht deren Ausführung" (Österle 1995, S. 49).

5. „Die *Prozessentwicklung* plant und kontrolliert Massnahmen zur Reorganisation des Prozesses aus dem projektmässigen Prozessentwurf und der permanenten Prozessführung" (Österle 1995, S. 49).

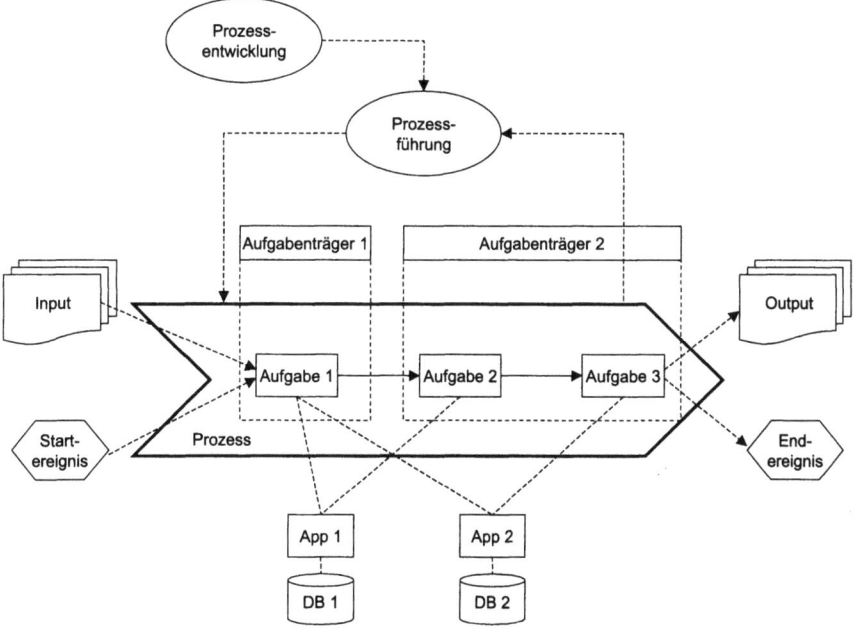

Abb. 1:   Konzeptionelles Prozessmodell in Anlehnung an (Österle 1995)

Mit Hilfe dieses konzeptionellen Prozessmodells lassen sich Entwicklung, Betrieb und Nutzung eines Data-Warehouse-Systems als Schritte eines umfassenden Prozesses verstehen. Sie bilden damit zugleich die Aufgabenkette dieses Prozesses.

Die Leistung, die dieser Prozess erbringt, ist die Versorgung von Entscheidungsträgern (Führungs- und Fachkräfte) mit „zuverlässigen, zeitrichtigen, genauen und verständlichen Geschäftsinformationen aus allen Unternehmensbereichen zum Zwecke der Entscheidungsunterstützung" (Mucksch, Behme 2000, S. 5).

Das Data-Warehouse-System bildet das Informationssystem, das den Prozess unterstützt, in diesem Fall sogar erst ermöglicht. Prozessführung und -entwicklung werden vom Data-Warehousing-Projektteam bzw. einer permanenten Data-Ware-

housing-Organisationseinheit in Zusammenarbeit mit Mitarbeitern aus den Fachabteilungen wahrgenommen (vgl. Meyer 2000, S. 71 ff.).

Nach (Rüegg-Stürm 2000, S. 32 ff.) lassen sich drei grundlegende Typen von Prozessen unterscheiden, deren konkrete Ausprägungen zusammen die Prozessarchitektur einer Organisation bilden.

- *Managementprozesse* beinhalten alle grundlegenden Management-Aufgaben,
  die zur Gestaltung, Lenkung und Entwicklung eines Unternehmens dienen[1].

- *Geschäftsprozesse* sind unmittelbar auf die Stiftung von Kundennutzen ausgerichtet und verkörpern somit den praktischen Vollzug der marktbezogenen
  Kernaktivitäten eines Unternehmens. Geschäftsprozesse unterteilen sich wiederum in *Kundenprozesse* zur Gestaltung der Beziehungen zu Kunden sowie
  Leistungsprozesse zur Erstellung der Leistung für den Kunden in der vereinbarten Qualität.

- *Unterstützungsprozesse* erstellen interne Leistungen, die nötig sind, um Geschäftsprozesse effektiv und effizient vollziehen zu können.

Abb. 2:   Teilprozesse der Kategorie Unterstützungsprozesse in der Prozesssicht des
              St. Galler Unternehmungsmodells (Rüegg-Stürm 2001, S. 36)

Neben einer Reihe von weiteren Teilprozessen der Kategorie Unterstützungspro-
zesse (vgl. Abb. 2) beschreibt Rüegg-Stürm Prozesse des Informationswesens:
„Prozesse des Informationswesens dienen der zeitgerechten Bereitstellung von
Führungskenngrössen zur Prozessführung und von Betriebs-, Finanz- und Risiko-
daten, was die informationstechnologischen Aufgaben der Aufbereitung dieser
Daten betrifft" (Rüegg-Stürm 2001, S. 37). Diese Charakterisierung trifft auch auf

---

[1]   Rüegg-Stürm legt dieser Beschreibung den systemorientierten Management-Ansatz von
      Ulrich (Ulrich 1984) zugrunde.

Data Warehousing und Metadatenmanagement zu, so dass sich diese beiden Prozesse in die Kategorie Prozesse des Informationswesens einordnen lassen.

Um Data Warehousing und Metadatenmanagement im Sinne einer Komplexitätsbewältigung besser verstehen und dadurch zielgerichteter gestalten zu können, empfiehlt es sich, die Strukturierung der Prozesssicht nach Rüegg-Stürm in rekursiver Weise wiederum auf die Datenanalyseprozesse anzuwenden. Hierdurch erhält man auf einer obersten Ebene zunächst ein Prozesssystem, in dem das Data Warehousing den Leistungsprozess darstellt, der durch Managementprozesse im Sinne der IT-Strategie geregelt wird und durch den Unterstützungsprozess Metadatenmanagement in seiner Effektivität und Effizienz verbessert werden kann.

Mit einem weiteren Detaillierungsschritt wird nun primär das Metadatenmanagement betrachtet, und es lassen sich wiederum Management-, Leistungs- und Unterstützungsprozesse aufdecken. Abb. 3 zeigt die resultierende Prozessarchitektur, die sowohl mit Hilfe von Fallstudien als auch auf Workshops mit Unternehmensvertretern erarbeitet wurde.

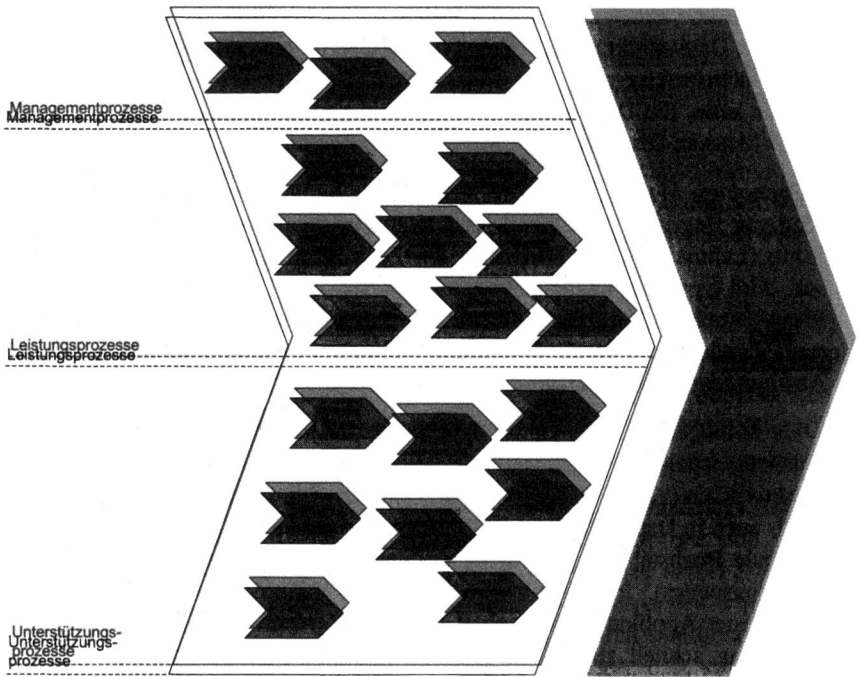

Abb. 3:   Prozessarchitektur des Metadatenmanagements

Die drei Managementprozesse Metadatenstrategieplanung, Metadatenarchitekturplanung und Metadatenprozessführung überwachen und manipulieren die Leistungs- und Unterstützungsprozesse im Sinne eines Regelkreises. Die Managementprozesse übernehmen darin die Rolle des Reglers, während die anderen beiden Prozesskategorien die Regelstrecke bilden.

Leistungsprozesse des Metadatenmanagements erbringen Leistungen für Prozesse des Data Warehousing. Bei den Leistungen handelt es sich typischerweise um Metadaten, die für einen bestimmten Zweck aufbereitet wurden, z. B. Begriffsdefinitionen. Folgende Leistungsprozesse lassen sich identifizieren:

- *Data Context Analysis.* Die (Re)konstruktion des Datenkontexts ist die Grundlage für das Verständnis von Daten (Devlin 1997, S. 60; von Maur 2000, S. 43). Dies gilt sowohl für Entwickler, die Datenstrukturen oder -schemata wiederverwenden müssen, die sie nicht selbst erstellt haben, als auch für Endbenutzer, die Daten analysieren, welche ursprünglich in einem anderen Business Kontext erzeugt wurden. Der Prozess definiert typische Aktivitätenketten zur Erschliessung des Datenkontexts.

- *Datenstrukturmanagement.* Dieser Prozess zielt auf eine Vereinheitlichung und Standardisierung sämtlicher in der Organisation verwendeten Datenstrukturen. Hierzu werden die Datenstrukturen in einem Repository verwaltet. Müssen neue Datenstrukturen angelegt werden, wird zuerst überprüft, ob die benötigte Datenstruktur nicht aus elementaren Datenstrukturen zusammengesetzt werden kann. Ein Datenstrukturmanagement verlangt von den Entwicklern ein hohes Mass an Disziplin und einen klar definierten Prozess.

- *Terminology Management.* Die Vereinheitlichung, Definition und Verknüpfung von Begriffen ist eine der wichtigsten Aufgaben des Metadatenmanagements (Lehmann 2001). Da primär das Data Warehousing unterstützt werden soll, wird typischerweise ein datenorientierter Ansatz verfolgt, bei dem Begriffe aus Entitäten, Attributen und Attributwerten von Datenschemata und -strukturen abgeleitet werden (vgl. Granda Warburton 2001). Der Prozess regelt den Abstimmungsablauf und legt Entscheidungskompetenzen fest.

- *Code Management.* Das Code Management ist insbes. bei Unternehmen der Finanzdienstleistungsbranche oftmals eine der ersten und wichtigsten Metadatenaktivitäten (vgl. z. B. Kellermann 2001). Sowohl in den operativen Systemen als auch in Data-Warehouse-Systemen sind für eine Vielzahl von Daten abkürzende Buchstaben- und Zahlenkombinationen hinterlegt, sog. Codes (z. B. Währungscodes). In einer multinationalen Organisation mit typischerweise heterogener Applikationslandschaft wird die Verwaltung der Codes und ihrer Bedeutung schnell zu einer Herausforderung, die auch organisatorisch gemeistert werden muss.

- *Metamodellmanagement.* Eine umfassende und einheitliche Anwendung von Metakonstrukten wie Metamodelle, Metasprachen und Metadaten, die z. B. von der OMG mit der Model Driven Architecture (MDA) auf Grundlage der Meta Object Facility (MOF) vorgeschlagen wird (vgl. MDA 2002), benötigt organisatorische Regelungen zur Einbindung sämtlicher Projekte und Entwicklungsteams.

- *Data Quality Tracking.* Metadaten sind eine unentbehrliche Grundlage für ein aktives Datenqualitätsmanagement im Data Warehousing (Marco 2000, S. 32). Datenqualität kann nur kontrolliert werden, wenn sie messbar ist. Messgrössen für die Datenqualität lassen sich direkt aus den Metadaten ableiten, z. B. die Anzahl nicht geladener Datensätze bei der Ausführung eines ETL-Prozesses (vgl. Helfert 2002, S. 79 ff.).

- *Change Notification.* Änderungen von Daten auf der Metaebene können besonders weitreichende Auswirkungen auf die von ihnen beschriebenen Objektdaten haben. Für die möglichst verzögerungsfreie Kommunizierung der Änderungen an alle betroffenen Organisationsbereiche sollte daher ein expliziter Prozess definiert werden.

- *Exception Rule Generation.* Metadaten können als Grundlage für die Definition von Regeln zur Aufdeckung und Behandlung von Ausnahmeereignissen genutzt werden. Dieser Prozess legt die zugehörigen Rollen und Aktivitäten fest.

Unterstützungsprozesse des Metadatenmanagements produzieren grundlegende Leistungen für die MDM-Leistungsprozesse wie z. B. Bereitstellung und Betrieb eines Metadatenmanagementsystems.

- *Metadatenmanagementsystem-Entwicklung.* Umfasst sämtliche Aktivitäten zur erstmaligen Entwicklung und zur fortwährenden Anpassung des Softwaresystems für das Metadadatenmanagement. Eine Beschreibung dieses Prozesses findet sich bspw. bei (Marco 2000).

- *Metadatenmanagementsystem-Betrieb.* Dieser Prozess stellt nach Inbetriebnahme des MDM-Systems dessen Verfügbarkeit sicher.

- *Structured Metadata Sourcing.* Ein Grossteil der Metadaten befindet sich in den Komponenten des DWH-Systems und der operativen Systeme. Dieser Prozess beschreibt Abläufe zur Extraktion und Aufbereitung dieser Metadaten.

- *Unstructured Metadata Sourcing.* Benutzer, die durch regelmässige Benutzung und intensive Schulung sehr gut mit dem DWH-System vertraut sind, verfügen über persönliches, kontextspezifisches Wissen über das DWH-System, das durch Schulung sowie Erfahrung bei der Benutzung gewonnen wird. Um dieses implizite Wissen für eine Wiederverwendung durch sämtliche DWH-Benutzer tauglich zu machen, muss das Wissen expliziert, d. h. strukturiert und codiert werden (vgl. Nonaka, Takeuchi 1995, S. 59 f.), um es in Form von Metadaten zu speichern. Daher müssen fachliche Metadaten oft erst manuell erfasst werden, um allen Benutzern zur Verfügung zu stehen.

- *Metadata Reconstruction.* Dieser Prozess systematisiert die nachträgliche Beschreibung von Alt-Applikationen durch Metadaten. Bei älteren Systemen sind Datenstrukturen, Regeln für die Datenverarbeitung sowie fachliche Beschreibungen oftmals für Endanwender unzugänglich im Programmcode, in Handbüchern oder anderen Dokumentationen enthalten. Diese Informationen stellen wichtige Metadaten dar, die für eine gezielte Nutzung zunächst noch aufbereitet werden müssen.

- *Metadata Reporting.* Analog zum herkömmlichen Reporting im Datenmanagement ist das Metadata Reporting eine sinnvolle Funktion zur regelmässigen Dokumentation und Kontrolle der Veränderungen im Metadatenbestand.

- *Impact Analysis.* Auswirkungsanalysen ermitteln mögliche Auswirkungen von geplanten Änderungen auf Metadatenebene wie z. B. die Änderung von ETL-Prozessen, die sich direkt auf Objektdaten auswirken. Ablauf und Ausführung von Auswirkungsanalysen sollten daher organisatorisch festgelegt werden.

- *Role & Access Tracking.* Die organisatorische Verankerung des Data Warehousing mit Hilfe von Konzepten wie Data Ownership (vgl. Meyer 2000) produziert Metadaten über Rollen und Verantwortlichkeiten, die durch diesen Prozess organisiert werden. Metadaten über Zugriffskonzepte und -rechte sind wichtige Grundlagen für den Aufbau von Massnahmen für Datenschutz und -sicherheit (Essmayr et al. 1999).

Für die beschriebene Prozessarchitektur für das Metadatenmanagement wurden typische Prozesse ausgewählt, die bei den betrachteten Unternehmen[2] als wesentlich für ein Metadatenmanagement gelten. Die resultierende Prozessarchitektur hat somit bis zu einem gewissen Grad auch Referenzcharakter und kann als normative Gestaltungsempfehlung für das Metadatenmanagement gelten.

4   Modellierung von Metadatenmanangement-Prozessen

Für Entwurf und Umsetzung eines prozessorientierten Metadatenmanagements ist es zunächst erforderlich, die Prozesse in Form von Modellen explizit zu betrachten. Zur Modellierung von Geschäftsprozessen stehen in der Wirtschaftsinformatik eine Reihe von Methodiken zur Verfügung z. B. ARIS von Scheer (vgl. Scheer 1997), SOM von Ferstl und Sinz (vgl. Ferstl, Sinz 2001) oder PROMET-BPR von Österle (vgl. Österle 1995). Eine wesentliche Anforderung für eine Technik zur Modellierung von Metadatenmanagementprozessen erwächst aus der

---

[2]   Die Prozessarchitektur wurde im Rahmen des Kompetenzzentrums CC Data Warehousing 2 entwickelt, in dem das Institut für Wirtschaftsinformatik der Universität St. Gallen mit acht Unternehmen der Finanzdienstleistungsbranche Probleme des Data Warehousing erforscht (vgl. http://datawarehouse.iwi.unisg.ch).

Tatsache, dass es sich bei den Modellen und Beschreibungen der Prozesse selbst wiederum um Metadaten handelt (Devlin 1997, S. 52). Dies bedeutet, dass die verwendete Notation möglichst formal spezifiziert sein sollte. Sind nämlich Syntax und Semantik der Modelle möglichst vollständig beschrieben, besteht die Möglichkeit, die Modelle neben ihrer Dokumentationsfunktion auch automatisiert weiterzuverarbeiten. Beispielsweise lassen sich mit formalen Prozessmodellen automatisierte Auswirkungsanalysen durchführen, die bei einer Änderung der Prozesse die möglichen Auswirkungen auf die verarbeiteten Metadaten ermitteln. Eine wietere Einsatzform ist die Durchführung von Simulationen um Zeit- und Ressourcenverbrauch zu ermitteln. Mit den bisher genannten Modellierungsmethodiken ist eine solche weitergehende Nutzung von Prozessmodellen in Abhängigkeit vom eingesetzten Modellierungstool nur eingeschränkt und mit zusätzlichem Entwicklungsaufwand möglich.

Die Modellierungssprache Unified Modeling Language (UML) erfüllt diese Anforderungen, da sie über ein Metamodell verfügt, das Syntax und Semantik weitgehend vollständig spezifiziert. Mit Hilfe der OMG-Standards Meta Object Facility (MOF) und XML Metadata Interchange (XMI) ist es möglich, aus UML-Modellen voll automatisiert XML DTDs sowie zugehörige XML-Dokumente zu generieren (UML 2001; XMI 2002). XML-Dokumente können sowohl mit speziellen XML-Abfragesprachen (z. B. XML Query) als auch mit gängigen Programmiersprachen (Java, C++ etc.) über ein API weiterverarbeitet werden.

UML bietet mit den Diagrammtypen Statechart Diagram und Activity Diagram bereits die wesentlichen Modellelemente für die Modellierung organisatorischer Prozesse und wird seit geraumer Zeit auch für die Modellierung von Geschäftsprozessen eingesetzt (vgl. z. B. Oestereich 1998; Eriksson, Penker 2000). Fehlende Modellelemente, die spezielle Semantik von Prozessen des Metadatenmanagements abbilden (z. B. die Verknüpfung mit Metadaten) lassen sich über die von UML bereitgestellten Erweiterungsmechanismen Stereotypen, Tagged Values und Constraints einfach und nachvollziehbar ergänzen (vgl. UML 2001).

Für die Verwendung von UML spricht weiterhin die fortschreitende Verbreitung des Common Warehouse Metamodel (CWM). Das CWM ist ebenfalls ein Teil der OMG Standardfamilie und nutzt sowohl die MOF, UML als auch XMI/XML (CWM 2001; Melchert et al. 2002; Poole et al. 2002). Die Spezifikation beschreibt Syntax und Semantik für die Modellierung von Metadaten im Data Warehousing mit UML sowie einen XMI-basierten Mechanismus zum Austausch dieser Metadaten zwischen Komponenten des DWH-Systems. Darüber hinaus wird ein API zum Zugriff auf die gemeinsamen Metadaten definiert. Das CWM wird bereits von einer Anzahl von Software-Herstellern unterstützt (z. B. IBM, Oracle, SAS) und weitere Hersteller haben eine Unterstützung für die nächste Version ihrer DWH-Produkte angekündigt. Es ist somit zu erwarten, dass sich das CWM auf breiter Basis als Standard für die Modellierung und den Austausch von Metadaten im Data Warehousing durchsetzt. Die Verwendung von UML als Sprache für die Modellierung von Prozessen des Metadatenmanagements erlaubt die Erstellung

CWM-konformer Modelle, die direkt als Erweiterung in den Standard übernommen werden können.

Die Verwendung von Stereotypen, Tagged Values und Constraints wird auch als „lightweight extension mechanism" bezeichnet (OMG 1999), da es sich letztlich nur um eine Parametrisierung von bereits im UML-Metamodell enthaltenen Elementen handelt. Stereotypen klassifizieren Metaklassen hinsichtlich einer Verwendung in einem bestimmten Kontext, der nicht explizit von der ursprünglichen Semantik abgedeckt wird. Es handelt sich also um eine Erweiterung der Semantik, die durch zusätzliche Meta-Attribute (Tagged Values) und Bedingungen (Constraints) ausgedrückt wird. Stereotypen werden mit doppelten spitzen Klammern gekennzeichnet (z. B. <<Stereotyp1>>). Für die graphische Notation kann ein eigenes Symbol definiert werden (vgl. zu Stereotypen Berner et al. 1999).

Bei der Verwendung des „heavyweight extension mechanism" wird dagegen das Metamodell selbst verändert, indem durch Spezialisierung neue Metaklassen hinzugefügt werden. Beim Austausch von Metadaten zwischen verschiedenen DWH-Tools stellt sich schnell das Problem unterschiedlicher interner Metamodelle, die aufeinander abgebildet werden müssen. Das CWM zielt genau auf diese Problematik. Eine Erweiterung des CWM sollte daher möglichst wenig Gebrauch von Erweiterung durch Spezialisierung machen. Da das CWM auf UML basiert, umfasst es auch die Erweiterungsmechanismen der UML. CWM-konforme Tools müssen daher auch mit diesen Erweiterungen umgehen können. Um neue Inkompatibilitäten durch Erweiterungen zu vermeiden, sollte daher auf eine Erweiterung durch Hinzufügen neuer Metaklassen weitestmöglich verzichtet werden. Stattdessen ist einer Erweiterung mittels UML-Profilen, die auf Spezialisierungen verzichten, der Vorzug zu geben.

4.1   Ein UML-Profil für Data-Warehousing-Prozesse

Ein UML-Profil ist ein spezielles Package zum Zusammenfassen von Erweiterungen des UML-Metamodells für einen bestimmten Modellierungszweck (vgl. UML 2001). Demnach definiert das UML-Profil „WarehousingProcess" Modellelemente für die Modellierung von organisatorischen DWH-Prozessen, wobei der Fokus der Betrachtung auf dem Metadatenmanagement liegt. Abb. 4 zeigt die Abhängigkeiten des WarehousingProcess-Profils von den Metamodellen und Teil-Metamodellen der UML und des CWM.

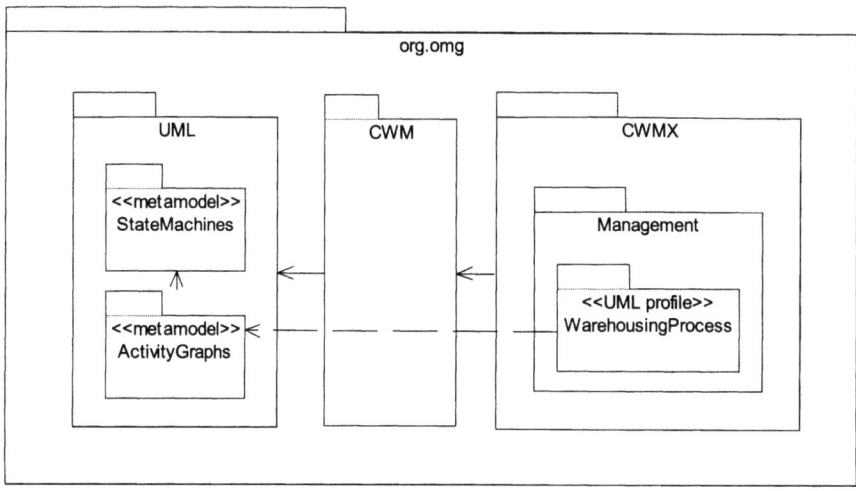

Abb. 4:   Abhängigkeiten von UML und CWM

Demnach ist das CWM eine Erweiterung des UML-Metamodells und das Package CWMX definiert seinerseits wieder Erweiterungen des CWM. CWMX ist bereits in der CWM-Spezifikation enthalten und bietet spezielle Anpassungen für DWH-Tool-Hersteller. Das WarehousingProcess-Profil wird dem Management-Package zugeordnet. Das Profil erweitert die Modellelemente des ActivityGraphs-Meta-modell, welches wiederum eine Erweiterung des StateMachines-Metamodells ist. Beide sind im UML-Standard enthalten.

Das Activity-Graph-Metamodell definiert Syntax und Semantik von ereignisge-steuerten Aktivitätsketten, die auf dem Modell des endlichen Automaten basieren. Dabei repräsentiert eine Aktivität einen Zustand mit einer internen Aktion. Der Abschluss der Aktion ist das implizite Ereignis, welches den Übergang zur nächsten Aktivität auslöst. Tab. 1 gibt einen Überblick über die verwendeten Mo-dellelemente, deren UML-Kontext, Semantik[3] und Notation.

---

[3]   Eine vollständige Beschreibung der Semantik kann (UML 2001) entnommen werden.

Modellelement	Kontext	Semantik	Darstellung
InitialState	from State-Machines	Auslöser der Aktivitätskette mit genau einer ausgehenden Transition.	●
FinalState	from State-Machines	Abschluss der Aktivitätskette mit genau einer eingehenden Transition.	◉
ActionState	SimpleState::StateMachines	Durchführung einer atomaren Aktivität.	Activity1
CompositeState	State::State-Machines	Durchführung einer Aktivität, die Sub-Aktivitäten enthält.	Activity2
Transition	from State-Machines	Übergang zwischen einer Aktivität und einer nachfolgenden Aktivität.	⟶
Decision	from State-Machines	Entscheidungsknoten mit zwei oder mehr ausgehenden Transitionen. Der so aufgespaltene Kontrollfluss kann durch dasselbe Symbol wieder vereinigt werden.	◇
Transition-Split/Transition-Sync	from State-Machines	Aufsplittung und Zusammenführung nebenläufiger Übergänge.	—
ObjectFlow-State	SimpleState::StateMachines	Beliebiges Objekt, dass im Sinne eines Aufgabenobjektes mit Aktivitäten verknüpft werden kann. Wird durch Classifier näher bestimmt.	ObjectFlow-State1
Partition	ModelElement::Core	Zuordnung von Aktivitäten zu Organisationseinheiten über sog. Swimlanes.	Swimlane1

Tab. 1:   Modellelemente für UML-Aktivitätsdiagramme

Das UML-Profil zur Modellierung von DWH-Prozessen zielt primär darauf ab, die enge Verzahnung der organisatorischen Abläufe mit den Komponenten des DWH-Systems einerseits sowie die zwischen diesen verlaufenden Datenflüsse andererseits explizit abzubilden. Das CWM beinhaltet zur Darstellung von DWH-Komponenten und Datenelementen eine Vielzahl von Modellelementen, zu denen die organisatorischen Prozesse in direkter Beziehung stehen.

Das Profil besteht aus den in Tab. 2 dargestellten Stereotypen, welche die Semantik der Modellelemente des ActivityGraphs-Metamodells erweitern, sowie zugehörigen Tagged Values und der graphischen Notation. Grundlage ist das in Abb. 1 dargestellte konzeptionelle Prozessmodell, dessen Bestandteile vollständig abgedeckt werden.

Stereotyp	Parent	Semantik	Darstellung
<<Warehousing Process>>	Composite-State::ActivityGraphs	Teilprozesse des Data Warehousing auf Makroebene, z. B. Metadatenmanagement.	Process1
<<WarehousingActivity>>	ActionState::Activity-Graphs	Aktivität im Zusammenhang mit dem Gesamtprozess Data Warehousing. Darstellung der Mikroebene von DWH-Prozessen.	Activity1
<<WarehousingActor>>	Partition::Activity-Graphs	Organisationseinheit bzw. Rolle im Data Warehousing.	Swimlane1
<<DataElement>>	ObjectFlow-State::ActivityGraphs	Datenelement, das von einem DWH-Prozess verarbeitet wird.	DataElement1

Tab. 2: Stereotypen des UML-Profils für DWH-Prozesse

Um die Semantik der Prozessarchitektur für das Metadatenmanagement zu definieren, wird für die Modellierung von Prozessen auf Makroebene das Stereotyp <<WarehousingProcess>> eingeführt. <<WarehousingProcess>> basiert auf dem Modellelement CompositeState. Beim Übergang auf die Mikroebene werden die Aktivitäten aufgedeckt, aus denen ein Prozess besteht. Zur Modellierung von Aktivitäten wird das Stereotyp <<WarehousingActivity>> eingeführt, welches ActionState klassifiziert. Eine <<WarehousingActivity>> wird von einem <<WarehousingActor>> ausgeführt und manipuliert dabei ein <<DataElement>>, welches z. B. auf ein CWM-Element verweist.

Input und Output eines Prozesses werden über gleichnamige Tagged Values beschrieben (vgl. Tab. 3), die jeweils dem InitialState und dem FinalState zugeordnet sind. <<WarehousingActivity>> verfügt über ein Tagged Value DWComponent, welches die Zuordnung zu einer DWH-Komponente (bspw. ein ETL-Tool) herstellt.

Tagged Value	Parent	Semantik
Input	InitialState	Beschreibt oder verweist auf den Prozess-Input bei Auslösen des InitialState.
Output	FinalState	Beschreibt oder verweist auf den Prozess-Output bei Erreichen des FinalState.
DWComponent	Warehousing-Activity	Beschreibt oder verweist auf eine Data-Warehouse-Komponente aus dem SoftwareDeployment Package des CWM.

Tab. 3:   Tagged Values des UML-Profils für DWH-Prozesse

Um die Anwendung des Profils zu demonstrieren, wird nachfolgend der Prozess „Metadata Reconstruction" aus der Metadatenmanagement-Prozessarchitektur modelliert. Dieser Prozess wurde ausgewählt, da an ihm vergleichsweise viele Organisationseinheiten beteiligt sind und so der hohe Koordinationsbedarf im Metadatenmanagement besonders deutlich wird. Aus Platzgründen ist die Darstellung vereinfacht, deckt aber die wesentlichen Elemente des Profils ab.

4.2   Modellierungsbeispiel Metadata-Reconstruction-Prozess

An dem Prozess zur Codierung von unstrukturierten Informationen in strukturierte Metadaten sind fünf organisatorische Einheiten beteiligt. Das Data Office ist ein Gremium, das sich sowohl aus Vertretern des Data-Warehousing-Teams als auch sämtlicher DWH-Benutzergruppen im Business zusammensetzt. Bei der Rolle Business Specialist handelt es sich um einen Vertreter eines bestimmten Unternehmensbereichs mit fundierten Kenntnissen über Struktur und Abläufe seines Bereichs. Der Business Specialist arbeitet eng mit dem Data Modeler bei der Strukturierung der Metadaten zusammen. Der Data Modeler ist für die Abbildung der Metadaten auf das bestehende Datenschema des Metadaten-Repositories verantwortlich und muss hierzu das Schema gegebenenfalls anpassen. Das physische Einfügen der Daten in das Repository wird vom Data Administrator ausgeführt. Hierbei kann eine manuelle Dateneingabe erforderlich sein, falls eine automatisierte Konvertierung und Übertragung nicht möglich ist. Der Data Owner hat die Verantwortung für die Semantik der Metadaten, überwacht die Einhaltung von Datenqualitätsanforderungen und hat die Berechtigung seine Metadaten zu ändern. Der Data Owner kann sowohl eine einzige Person als auch eine Gruppe von Personen sein.

Abb. 5 zeigt das Modell des Prozessablaufs unter Verwendung des UML-Profils. Zunächst legt das Data Office inhaltlich Bereiche fest, für die Metadaten erschlossen werden sollen. Für diese Bereiche wird je ein Business Specialist und ein Data Owner bestimmt.

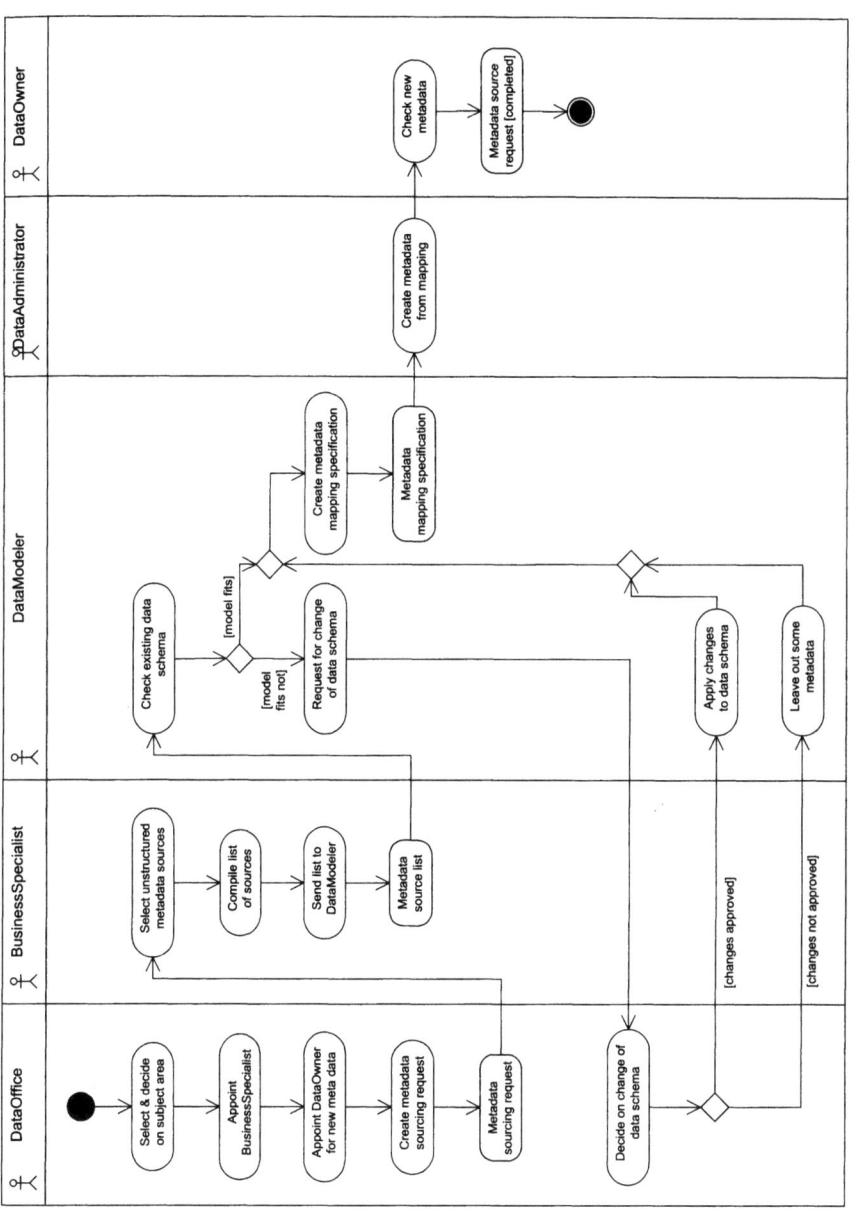

Abb. 5: Modellierungsbeispiel Metadata-Reconstruction-Prozess

Diese Informationen werden in einem formellen Antrag für einen neuen Metadata-Sourcing-Vorgang festgehalten. Dieser Antrag wird an alle übrigen Beteiligten weitergeleitet. Der Business Specialist analysiert auf dieser Grundlage mögliche Metadatenquellen wie z. B. Word-Dokumente oder Lotus Notes Datenbanken. Er erstellt eine Liste mit einer kurzen Beschreibung der ausgewählten Quellen sowie den nötigen Zugriffsinformationen. Mit Hilfe dieser Liste und in Zusammenarbeit mit dem Business Specialist analysiert der Data Modeler die Metadatenquellen und bildet die im Antrag spezifizierten Metadaten auf das Datenschema des Metadaten-Repositories ab. Dazu kann eine Änderung des Datenschemas erforderlich werden, die aber zuvor vom Data Office genehmigt werden muss. Die Zuordnungen zum Datenschema werden in einem Metadata-Mapping-Dokument für den Data Administrator spezifiziert, der das eigentliche Überführen der Metadaten in das Repository erledigt. Schliesslich werden die neuen Metadaten vom Data Owner auf inhaltliche Richtigkeit sowie ausreichende Qualität überprüft und nach bestandener Überprüfung zum Gebrauch freigegeben. Die Rolle des Data Owner kann dabei von der gleichen Organisationseinheit übernommen werden, die auch als Business Specialist fungiert. Der Prozess endet, indem der Data Owner den Metadata-Sourcing-Antrag als ausgeführt an das Data Office zurückleitet.

5   Diskussion und Ausblick

Die skizzierte Prozessarchitektur für das Metadatenmanagement beruht auf der Grundannahme, dass Metadatenmanagement nicht aus einem Selbstzweck heraus betrieben wird, sondern in erster Linie das Data Warehousing unterstützen soll. Hierzu werden wesentliche Prozesse identifiziert und in Management-, Leistungs- und Unterstützungsprozesse eingeteilt. Die vorgeschlagene Modellierungstechnik beruht auf der UML und erweitert das CWM um Modellelemente zur Modellierung von Data-Warehousing-Prozessen. Die Vorteile des Ansatzes liegen im Zurückgreifen auf anerkannte und verbreitete Standards wie UML und CWM. Unter Anwendung von XMI können die erstellten Modelle in XML überführt werden und anschliessend bspw. für Auswirkungsanalysen genutzt werden.

Schwächen des Ansatzes ergeben sich aus der Nutzung des lighweight extension mechanism der UML und den damit verbundenen Nachteilen. So ist die Nutzung von Tagged Values keine befriedigende Lösung, da diese auf den Datentyp String beschränkt sind. Bspw. kann die Verknüpfung von Aktivitäten mit Komponenten des DWH-Systems nur rudimentär realisiert werden. Eine Erweiterung mit neuen Metaklassen könnte hier Abhilfe schaffen, würde allerdings wieder andere Nachteile beim Metadatenaustausch mit sich bringen.

Das Ziel einer zukünftigen Weiterführung des Ansatzes ist eine vollständige Ausarbeitung der Prozessarchitektur für das Metadatenmanagement mit Referenzcharakter. In diesem Zusammenhang besteht weiterer Forschungsbedarf auch bei der erweiterten Nutzung von Prozessbeschreibungen, die in XML vorliegen.

6 Literatur

Anahory, S.; Murray, D.: Data Warehousing in the Real World. A practical Guide for Building Decision Support Systems. Harlow, Reading, Menlo Park 1997.

Bartel, W.; Schwarz, S.; Strasser, G.: Der ETL-Prozess des Data Warehousing. In: Jung, R.; Winter, R. (Hrsg.): Data Warehousing Strategie. Erfahrungen, Methoden, Visionen. Berlin et al. 2000. S. 43-60.

Becker, J.; Kahn, D.: Der Prozess im Fokus. In: Becker, J.; Kugeler, M.; Rosemann, M. (Hrsg.): Prozessmanagement. Ein Leitfaden zur prozessorientierten Unternehmensgestaltung. Berlin 2000. S. 1-13.

Berner, S.; Glinz, M.; Joos, S.: A Classification of Stereotypes for Object-Oriented Modeling Languages. In: Proc. der 2nd Int. Conf. on the Unified Modeling Language 1999 (UML '99). Berlin et al. 1999.

CWM: Common Warehouse Metamodel (CWM) Specification. Volume 1. Version 1.0. o.O. 2001. http://www.omg.org/technology/cwm/ (Abruf 2002-08-23).

Devlin, B.: Data Warehouse: From Architecture to Implementation. Reading et al. 1997.

Eriksson, H.-E.; Penker, M.: Business Modeling with UML: Business Patterns at Work. New York 2000.

Essmayr, W.; Tjoa, A M.; Wagner, R. R.; Kapsammer, E.: Meta-data for Enterprise Wide Security Administration. In: Proc. of the Third IEEE Meta-Data Conference (META-DATA '99). Bethesda 1999.

Ferstl, O. K.; Sinz, E. J.: Grundlagen der Wirtschaftsinformatik. Band 1. 4. Aufl. München, Wien 2001.

Gardner, S.: Building the Data Warehouse. In: Communications of the ACM, 41 (1998) 9, S. 52-60.

Granda, R.; Warburton, K.: Terminology Management as Data Management. In: Proc. of the IBM Centre for Advanced Studies Conference 2001 (CASCON '01). o.O. 2001.

Helfert, M.: Planung und Messung der Datenqualität in Data-Warehouse-Systemen. Dissertation Universität St. Gallen 2002.

Inmon, W. H.: Building the Data Warehouse. 2nd Ed. New York et al. 1996.

Jung, R.; Winter, R.: Data Warehousing: Nutzungsaspekte, Referenzarchitektur und Vorgehensmodell. In: Jung, R.; Winter, R. (Hrsg.): Data Warehousing Strategie. Erfahrungen, Methoden, Visionen. Berlin et al. 2000. S. 3-20.

Kellermann, J.: BKK InfoNet – Das Data-Warehouse der Betriebskrankenkassen. Präsentation am 4. DWH-Forum. St. Gallen 2001.

Lehmann, P.: Meta-Datenmanagement in Data-Warehouse-Systemen. Rekonstruierte Fachbegriffe als Grundlage einer konstruktiven, konzeptionellen Modellierung. Dissertation Universität Magdeburg 2001.

Marco, D.: Building and Managing the Meta Data Repository. A Full Lifecycle Guide. New York et al. 2000.

MDA: Model Driven Architecture (MDA). Document no. ormsc/2001-07-01. o.O. 2001, http://www.omg.org/mda/ (Abruf 2002-08-23).

Melchert, M.; Auth, G., Herrmann, C.: Integriertes Metadatenmanagement für das Data Warehousing. Grundlagen, Nutzenpotenziale, Architektur. Universität St. Gallen, Institut für Wirtschaftsinformatik, Arbeitsbericht Nr. BE HSG/CC DW2/03 2002.

Meyer, M.: Organisatorische Gestaltung des unternehmensweiten Data Warehousing. Konzeption der Rollen, Verantwortlichkeiten und Prozesse am Beispiel einer Schweizer Universalbank. Dissertation Universität St. Gallen 2000.

Mucksch, H.; Behme, W.: Das Data Warehouse-Konzept als Basis einer unternehmenswieten Informationslogistik. In: Mucksch, H.; Wolfgang, B. (Hrsg.): Das Data Warehouse-Konzept. 2. Auflage. Architektur – Datenmodellle – Anwendungen. Wiesbaden 1997. S. 31-94.

Nonaka, I.; Takeuchi, H.: The Knowledge-Creating Company. How Japanese Companies Create the Dynamics of Innovation. New York, Oxford 1995.

Oesterreich, B.: Objektorientierte Geschäftsprozessmodellierung mit der UML. In: Objekt-Spektrum, 1998, H. 2, S. 48-52.

OMG: White Paper on the Profile Mechanism. o. O. 1999. http://www.omg.org/ (Abruf 2002-08-23).

Österle, H.: Business Engineering: Prozess- und Systementwicklung. Band 1: Entwurfstechniken. 2. Auflage. Berlin et al. 1995.

Poole, J.; Chang, D.; Tolbert, D.; Mellor, D.: Common Warehouse Metamodel. An Introduction to the Standard for Data Warehouse Integration. New York et al. 2002.

Quix, C.: Repository Support for Data Warehouse Evolution. In: Proc. of the Intl. Workshop on Design and Management of Data Warehouses (DMDW'99). Heidelberg 1999.

Rieger, B.; Kleber, A.; Von Maur, E.: Metadata-based Integration of Qualitative and Quantitative Information Resources Approaching Knowledge Management. In: Proc. of the 8. European Conference on Information Systems 2000 (ECIS '00). Volume 1. o.O. 2000. S. 372-378.

Rolland, C.; Nurcan, S.; Grosz, G.: Enterprise Knowledge Development: The Process View. In: Information & Management, 1999, H. 36, S. 165-184.

Rüegg-Stürm, J.: Was "ist" eine Unternehmung? Ein Unternehmungsmodell zur Einführung in die Grundkategorien einer modernen Managementlehre. 3., überarb. Aufl. Diskussionsbeitrag Nr. 36, Institut für Betriebswirtschaft, Universität St. Gallen. St. Gallen 2001.

Scheer, A.-W.: Wirtschaftsinformatik. Referenzmodelle für industrielle Geschäftsprozesse. 7., durchges. Aufl. Berlin et al. 1997.

Ulrich, H.: Management. Bern 1984.

UML: OMG Unified Modeling Language Specification. Version 1.4. o. O. 2001, http://www.omg.org/technology/uml/index.htm (Abruf 2002-08-23).

Vassiliadis, P.; Quix, C.; Vassiliou, Y.; Jarke, M.: Data Warehouse Process Management. In: Information Systems, 2001, H. 26, S. 205-236.

Vassiliadis, P.; Vagena, Z.; Skiadopoulos, S.; Karayannidis, N.; Sellis, T.: Arktos: Towards The Modeling, Design, Control and Execution of ETL Processes. In: Information Systems, 2001, H. 26, S. 537-561.

von Maur, E.: Object Warehouse. Konzeption der Basis objektorientierter Management Support Systems am Beispiel von Smalltalk und dem ERP Baan. Dissertation Universität Osnabrück 2000.

XMI: OMG XML Metadata Interchange (XMI) Specification. Version 1.2. o. O. 2002, http://www.omg.org/technology/xml/index.htm (Abruf 2002-08-23).

Metadatenaustausch unter Einsatz von Korrespondenzmetamodellen

Jürgen Meister, Heiko Tapken, Arne Harren
OFFIS

In Form des Common Warehouse Metamodel (CWM) hat sich inzwischen ein industrieweiter Standard für den Austausch von Metadaten in Data-Warehouse-Systemen etabliert. Da der Standard die Struktur der auszutauschenden Metadaten explizit festlegt, ist jedoch der Austausch ergänzender Metadaten zwischen Komponenten eines Data-Warehouse-Systems auf Basis des Standards nicht ohne wieteres möglich. Im Rahmen dieses Beitrags präsentieren wir eine Vorgehensweise für den Metadatenaustausch, welche die Vorteile eines standardisierten Metadatenaustauschs beibehält und zusätzlich die Integration ergänzender Metadatenstrukturen in den Austauschprozess ermöglicht, um auf diesem Weg den Verlust wertvoller Metadaten beim Austausch zu vermeiden.

1   Einleitung

Data-Warehouse-Systeme (DWS) haben sich in Unternehmen bereits als technische Grundlage der modernen Entscheidungsunterstützung etabliert, da sie aufgrund einer integrierten und vereinheitlichten Sicht auf Daten verschiedener operativer und externer Systeme eine verlässliche Basis für unternehmensweite, strategische Datenanalysen und Prognosen bilden. DWS beinhalten üblicherweise eine Vielzahl von Software- und Hardware-Komponenten, die für den Entwurf, die Pflege und den Betrieb des DWS benötigt werden (Bauer, Günzel 2001). Für den Entwurf werden bspw. spezielle Modellierungstechniken und -werkzeuge eingesetzt, welche die Besonderheiten des multidimensionalen Datenmodells berücksichtigen (vgl. z. B. Harren, Herden 1999). Die Integration benötigter Quelldaten in eine Data-Warehouse- oder Data-Mart-Datenbank sowie die Sicherung der Datenqualität wird üblicherweise durch sog. Extraktions-, Transformations- und Lade- (ETL-)Werkzeuge durchgeführt. Die auf diesem Weg zusammengeführten Daten werden schließlich mit Hilfe von Online-Analytical-Processing- (OLAP-), Data-Mining- oder Reporting-Systemen für den Anwender aufbereitet. Zusätzliche Administrations- und Monitoring-Werkzeuge ermöglichen die Verwaltung und Überwachung der DWS-Komponenten und -Prozesse (Bauer, Günzel 2001).

Die einzelnen Komponenten eines DWS sind häufig auf Metadaten angewiesen, für deren Erstellung, Manipulation und Speicherung andere Komponenten zuständig sind: so benötigen bspw. ETL-Werkzeuge Informationen über Schemata der zu integrierenden Datenquellen und OLAP-Anwendungen eine Beschreibung der Struktur gespeicherter multidimensionaler Daten. Die große Anzahl von Komponenten, aus denen ein DWS bestehen kann, und die Tatsache, dass diese Komponenten u. U. von unterschiedlichen Herstellern stammen, stellen hohe Anforderungen an die Metadateninteroperabilität (vgl. Do, Rahm 2000).

Der Metadatenaustausch mit Hilfe standardisierter Austauschformate erfüllt eine Vielzahl der Anforderungen an die Metadateninteroperabilität. Allerdings wird durch standardisierte Austauschformate die Menge der austauschbaren Metadaten eingeschränkt, so dass u. U. nicht alle anwendungsspezifischen Metadaten ausgetauscht werden können. Aus diesem Grund kann eine manuelle Nacherfassung der nicht übertragenen Metadaten notwendig werden, womit sich die Vorteile standardisierter Austauschformate relativieren. In diesem Beitrag wird ein Verfahren für den Metadatenaustausch durch Erweiterung standardisierter Metadaten zu Korrespondenzmetamodellen vorgestellt. Ein Korrespondenzmetamodell beinhaltet dabei alle für den Metadatenaustausch in einem konkreten DWS relevanten Metadatenstrukturen, so dass der Austausch korrespondierender Metadatenstrukturen ermöglicht wird.

Der Beitrag gliedert sich wie folgt: Zunächst werden im folgenden Abschnitt allgemeine Aspekte des Metadatenaustausches in DWS betrachtet, die durch die Erweiterung standardisierter Austauschformate auftretenden Probleme beleuchtet und ein Lösungsansatz vorgestellt. In Abschnitt 3 wird ein Verfahren zur Herleitung von Korrespondenzmetamodelle und Techniken für deren Definition vorgestellt. Nach einer kurzen Zusammenfassung geben wir einen Überblick über noch offene Problemstellungen und daraus resultierende Arbeitspakete.

2   Metadatenaustausch in Data-Warehouse-Systemen

Der Austausch von Metadaten zwischen einzelnen DWS-Komponenten kann durch den Einsatz proprietärer Application Programming Interfaces (API) oder auf Basis standardisierter Austauschformate erfolgen. Während der API-Ansatz sehr entwicklungs- und wartungsintensiv ist, da für alle eingesetzten Werkzeuge jeweils Schnittstellen für Import bzw. Export benötigter Metadaten für die direkte Kommunikation mit anderen Werkzeugen realisiert werden müssen, kann hingegen der Aufwand bei dateibasierten Lösungen drastisch reduziert und eine höhere „Off-the-Shelf"-Interoperabilität einzelner DWS-Komponenten erreicht werden. Die Grundlage für den Austausch per Datei bildet eine standardisierte Darstellung der Metadaten in Form von Metadatenstrukturen in Kombination mit einem standardisierten Dateiaufbau. Hersteller von DWS-Komponenten müssen somit nur die Metadaten ihrer Werkzeuge auf den Standard abbilden. Hierdurch wird die Möglichkeit zum Austausch von Metadaten mit anderen Werkzeugen geschaffen, ohne interne Besonderheiten des jeweiligen Austauschpartners kennen zu müssen. Diese müssen lediglich den Standard unterstützen. Die Nutzung standardisierter Austauschformate hat allerdings auch zur Folge, dass die Mächtigkeit der austauschbaren Metadaten auf die Struktur des gemeinsamen Formats eingeschränkt ist.

Der direkte Metadatenaustausch zwischen einzelnen DWS-Komponenten wird zudem zunehmend durch zentrale Repositories abgelöst, die einen einheitlichen Zugriff auf alle Metadaten ermöglichen und Metadatenflüsse zwischen registrierten Komponenten steuern, so dass eine globale Metadatenkonsistenz sichergestellt wird (vgl. Marco 2000).

Im DWS-Umfeld existierten durch das Open Information Model (OIM) der Meta Data Coalition (MDC) (MDC 1999) und das Common Warehouse Metamodel (CWM) der Object Management Group (OMG) (OMG 2001) zwei große Standardisierungsinitiativen, die konzeptionell viele Gemeinsamkeiten aufweisen. Beide Standards

- definieren für gleiche Konzepte ähnliche Metadatenstrukturen,

- verwenden Metamodelle für die Spezifikation dieser Strukturen und

- nutzen die Extensible Markup Language (XML) für den Austausch von Metadaten.

In Bezug auf die enthaltenen Metadatenstrukturen setzen beide Standards jedoch unterschiedliche Schwerpunkte, so konzentriert sich das CWM ausschließlich auf das DWS-Umfeld, während durch das OIM ein breiteres Anwendungsspektrum unterstützt wird (Jung, Rowohl 2000). Da sich jedoch die MDC im Herbst 2000 der OMG angeschlossen hat und hierbei Teilstrukturen des OIM in das CWM integriert worden sind, wird die Metadatenstandardisierung im DWS-Umfeld jetzt nur noch in Form des CWM fortgeführt (Rohde, Williams 2000).

2.1 Common Warehouse Metamodel

Der Ende 2001 in der Version 1.0 von der OMG verabschiedete CWM-Standard (OMG 2001) für den Metadatenaustausch basiert auf dem OMG-eigenen Metamodellierungsrahmenwerk Meta Object Facility (MOF) (OMG 2000 b). Dieses dient auch als Grundlage für die Beschreibung der Unified Modeling Language Version 1.3 und höher (OMG 1999).

In der Metamodellierung werden zusammenhängende Metadaten als *Modell* bezeichnet. Modelle werden mit Hilfe von *Metamodellen* spezifiziert. Durch ein

Metamodell wird somit eine Sprache zur Spezifikation von Metadaten für eine bestimmte Domäne vorgegeben. Die Metamodelle selbst werden wiederum mit Hilfe von *Meta-Metamodellen* definiert. Aufgrund der gewünschten Selbstbeschreibungsfähigkeit der Meta-Metamodelle entfallen weitere Meta-...-Ebenen (vgl. Ortner 1999).

Neben den Konzepten der Metamodellierung wird durch MOF das XML-basierte Austauschformat XMI (XML Metadata Interchange) für den datei- bzw. datenstrombasierten Austausch von Metadaten spezifiziert, so dass für alle MOF-basierten Metamodelle und zugehörige Modelle ein einheitliches Austauschformat existiert.

Das CWM definiert eine Menge von Metamodellen, mit deren Hilfe die grundlegenden Metadaten eines DWS modelliert werden können (vgl. Abb. 2.1). Die einzelnen Metamodelle sind dabei in folgende Themenbereiche gegliedert:

- *Foundation*: Der Foundation-Bereich stellt grundlegende Metamodelle wie bspw. Datentypen bereit, die als Grundlage anderer Bereiche dienen.

- *Resource:* Im Resource-Bereich befinden sich Metamodelle zur Beschreibung von Quell- und Zieldatenstrukturen, wie z. B. relationalen Datenbanken oder XML-Dateien.

- *Analysis*: Der Analysis-Bereich beinhaltet Metamodelle zur Beschreibung von Tätigkeiten, die im Rahmen von Analysen durchgeführt werden.

- *Management*: Der Management-Bereich beinhaltet Metamodelle, welche zur Beschreibung der Prozesse innerhalb eines DWS und zur Dokumentation ihrer Ausführungen genutzt werden.

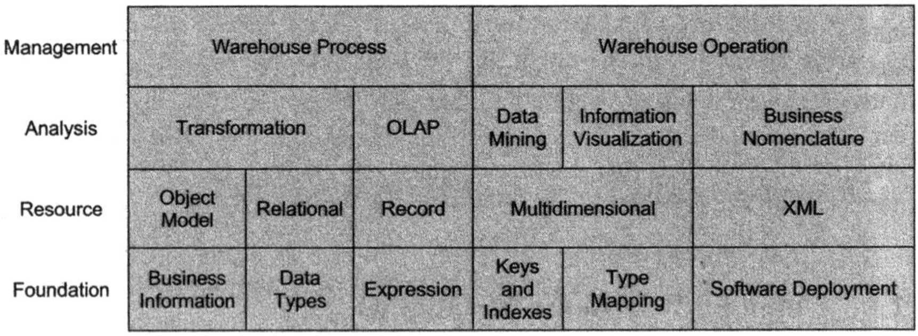

Management	Warehouse Process				Warehouse Operation		
Analysis	Transformation		OLAP	Data Mining	Information Visualization	Business Nomenclature	
Resource	Object Model	Relational	Record	Multidimensional		XML	
Foundation	Business Information	Data Types	Expression	Keys and Indexes	Type Mapping	Software Deployment	

Abb. 1:   Metamodelle des Common Warehouse Metamodel

Das CWM definiert somit einen Metadatenstandard für alle wichtigen Anwendungsbereiche eines DWS, so dass es einen Grundstein für die Interoperabilität von Metadaten in DWS legt.

Durch die Unterstützung seitens vieler namhafter Hersteller ist zu erwarten, dass das CWM sich zukünftig als Austauschformat in der Praxis durchsetzen wird.

Problematisch ist hierbei die oft unzureichende Mächtigkeit des CWM; So sind in das CWM lediglich die Metadatenstrukturen eingeflossen, die von Beteiligten als grundlegend anerkannt worden sind. Während z. B. das Metamodell für relationale Datenquellen wegen seiner technologischen Reife als nahezu vollständig angesehen werden kann, weist das Metamodell für multidimensionale Strukturen noch „Lücken" auf. Um fehlende Metadatenstrukturen zu ergänzen bietet das CWM die Möglichkeit zur Definition werkzeugspezifischer Erweiterungen, so existiert bspw. das *CWMX::Express*-Metamodell als eine Oracle-spezifische Erweiterung des normalen *CWM::Multidimensional*-Metamodells (vgl. OMG 2000a).

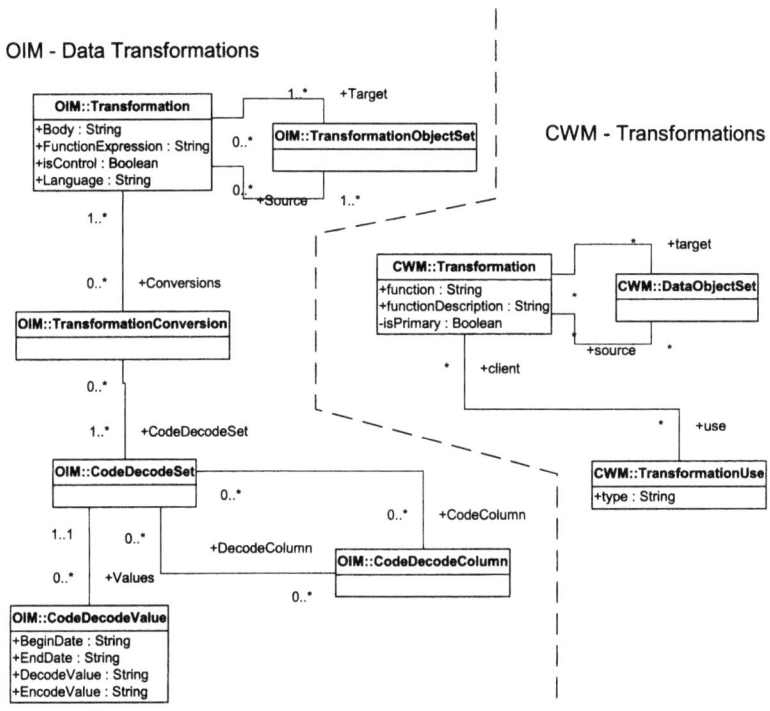

Abb. 2:   Unterschiede in Transformationsmetadaten von OIM und CWM

Zur Verdeutlichung der Problematik unvollständiger Metadatenstrukturen sind in Abb. 2 exemplarisch Ausschnitte aus OIM- und CWM-Metamodellen für die Beschreibung von Datentransformationen gegenübergestellt, wie sie z. B. für ETL-Werkzeuge genutzt werden. In beiden Metamodellen erfolgt die Beschreibung einer Transformation durch ähnliche Strukturen: die Transformationsmetaklassen assoziieren jeweils Strukturen für Ziel- und Quellobjekte (*Transformation-ObjectSet* bzw. *DataObjectSet*) und besitzen vergleichbare Attribute für die Beschreibung der eigentlichen Datentransformation. Bei dieser Beschreibung wird

jedoch im OIM zusätzlich die Programmiersprache eines im *Body*-Attribut enthaltenen Transformationsskripts vermerkt, während beim CWM diese Angabe für
das vergleichbare Attribut *function* nicht existiert. Im Metamodell des OIM ist es
darüber hinaus möglich, die Konvertierung von Kodierungen durch die Angabe
von „Look-Up"-Spalten oder durch eine explizite Auflistung aller Kodierungen zu
beschreiben (vgl. Bernstein, Bergstraesser 1999; MDC 1999). Dem gegenüber
können einer CWM-Transformation mit Hilfe der Metaklasse *CWM::Transfor-
mationUse* externe Programme zugeordnet werden, die bei der Transformation
genutzt werden. Beim Export OIM-basierter Transformationsmetadaten unter
Verwendung des CWM würden folglich Metadaten über die Sprache des Transformationsskripts und über Kodierungskonvertierungen verloren gehen. Im entgegen
gesetzten Fall würde die Angabe der Programmiersprache fehlen (bzw. sie müsste
entsprechend rekonstruiert werden) und Informationen über eingebundene externe
Programme könnten nicht ausgetauscht werden.

In verschiedenen DWS-bezogenen Projekten sind wir auf vergleichbare Situatio-
nen gestoßen, in denen durch den Einsatz standardisierter Austauschformate ein
Verlust relevanter Metadaten auftritt. So ist es bspw. beim Entwurf von Data-
Warehouse-Schemata unter Einsatz der *Multidimensional Modeling Language*
(MML) (vgl. Harren, Herden 1999; Bauer, Günzel 2001) möglich, gezielt zu
spezifizieren, welche Aggregierungsfunktionen für Dimensionen des Datenwür-
fels erlaubt sind. Beim Austausch von Schemametadaten zwischen MML-basier-
ten Entwurfskomponenten und anderen DWS-Komponenten können mit Hilfe des
CWM::Multidimensional-Metamodells Beschreibungen der Datenwürfel, Fakten
und Dimensionen übertragen werden; die vorhandenen Informationen über zuläs-
sige Aggregierungsfunktionen werden jedoch nicht berücksichtigt. Im Falle einer
DWS-Analyseumgebung, z. B. dem epidemiologischen Auswertungssystem
CARESS (vgl. Rohde et al. 2000; Wietek 2000), ist folglich eine manuelle
Nachbereitung importierter Metadaten notwendig, damit vom CARESS-System
bei Datenanalysen auf Basis der anwendbaren Aggregierungsfunktionen geeignete
statistische Auswertungen ausgewählt werden können.

CWM definiert einen Metadatenstandard, der für einzelne Bereiche eines DWS
die grundlegenden Metadatenstrukturen definiert. Da aber durch einen allgemeinen Standard nicht alle Besonderheiten der konkreten Anwendungen berücksichtigt werden können, ist es sinnvoll für einzelne Austauschszenarien erweiterte
Versionen der CWM-Metamodelle zu nutzen.

2.2 Metadatenaustausch mit Hilfe von CWM-Erweiterungen

Mit dem Einsatz erweiterter CWM-Metamodelle als Zwischensprache für den
Metadatenaustausch lässt sich zwar der Umfang austauschbarer Metadaten ver-
größern, jedoch stellt sich als Nachteil heraus, dass für jede CWM-Erweiterung

die Import-/Export-Funktionalität einzelner Anwendungen angepasst werden muss. Da solche Anpassungen aufwendig und fehleranfällig sind, wird im Folgenden mit der Auslagerung der Metadatentransformationen aus den Anwendungen eine von der gängigen Praxis abweichende Vorgehensweise für den Metadatenaustausch vorgestellt (vgl. Abb. 3).

Die Transformation werkzeugeigener Metadaten in eine Zwischendarstellung wird bei unserem Ansatz durch eine *Transformationskomponente* durchgeführt. In dieser Transformationskomponente werden die Quellmetadaten zunächst in Korrespondenzmetadaten abgebildet, die anschließend in die Zielmetadaten transformiert werden. Die Struktur der Korrespondenzmetadaten wird durch ein *Korrespondenzmetamodell* vorgegeben, welches alle für den Metadatenaustausch relevanten Metadatenstrukturen durch die Erweiterung eines CWM-Metamodells spezifiziert. Die Transformation zwischen den Korrespondenz- und werkzeugeigenen Metadaten wird auf der Grundlage von zwei Abbildungsspezifikationen durchgeführt. Die Abbildungsspezifikationen beinhalten die Transformationsvorschriften für die Abbildungen zwischen Quell-, Korrespondenz- und Zielmetadaten. Die einzelnen Anwendungen konsumieren bzw. veröffentlichen Metadaten. Hierbei handelt es sich um Metadaten, die Werkzeuge für ihren Betrieb benötigen bzw. den anderen Beteiligten im DWS entsprechend den Vorgaben eines werkzeugeigenen Metamodells zur Verfügung stellen.

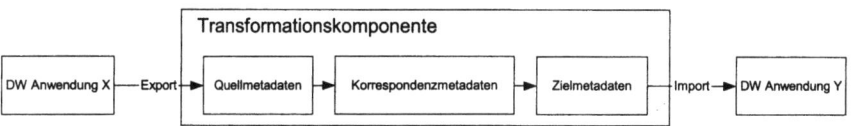

Abb. 3:   Metadatenaustausch unter Einsatz von Korrespondenzmetadaten

Der Vorteil dieser Vorgehensweise besteht darin, dass einzelne Anwendungen den Import/Export lediglich für das werkzeugeigene Metamodell implementieren müssen, das idealerweise auch als CWM-Erweiterung definiert ist (vgl. das bereits erwähnte *CMWX::Express*-Metamodell) Wie diese Metadaten in die Korrespondenzmetadaten abzubilden und in die werkzeugeigenen Metadaten der Zielanwendung zu transformieren sind, wird durch die Abbildungsspezifikationen zwischen dem Korrespondenzmetamodell und den jeweiligen Metamodellen festgelegt.

Für die Ausführung des Metadatenaustauschs sind zunächst einige Vorbereitungen erforderlich:

1. Definition werkzeugeigener, auf MOF basierender Metamodelle und Implementierung der Import-/Export-Funktionalität für diese Metamodelle,

2. Erweiterung eines CWM-Metamodells zu einem Korrespondenzmetamodell, das alle in einem konkreten DWS austauschbaren Metadatenstrukturen beinhaltet, und

3. Spezifikation von Abbildungen zwischen den einzelnen werkzeugspezifischen Metamodellen und dem Korrespondenzmetamodell.

Die Definition werkzeugeigener Metamodelle wird einmalig vom Hersteller der jeweiligen Software durchgeführt. Die Erweiterung von CWM-Metamodellen zu Korrespondenzmetamodellen und die Spezifikation von Abbildungen muss für konkrete DWS zumindest partiell wiederholt werden.

Durch den Einsatz von Korrespondenzmetamodellen für den Austausch wird dem Verlust relevanter Metadaten entgegengewirkt. Die zu erwartende Komplexitäts-steigerung durch den Einsatz von Korrespondenzmetamodellen wird durch Erwei-terung der Metadateninfrastruktur in DWS um entsprechende Komponenten be-grenzt.

2.3   Erweiterte Metadateninfrastruktur

Die Metadateninfrastruktur eines DWS besteht typischerweise aus einem Metada-ten-Repository und einer Anwendung zur Modellierung von Metamodellen (vgl. Abb. 4).

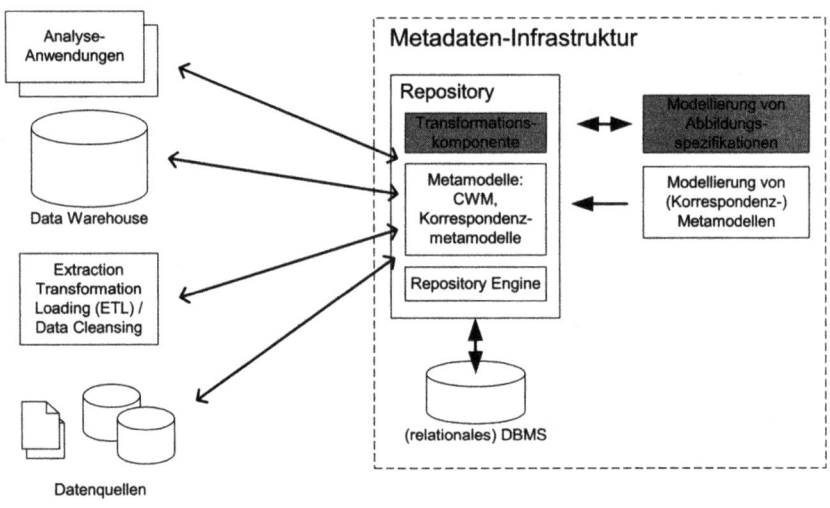

Abb. 4:   Erweiterte Metadateninfrastruktur

Das Metadaten-Repository beinhaltet eine Repository-Engine, die grundlegende Dienste für die Handhabung der Metamodelle und ihrer Metadaten anbietet. Fer-ner existiert eine darüber liegende Schicht, die den Zugriff auf Metadaten instal-lierter Metamodelle ermöglicht (Bernstein 1997; Bernstein et al. 1997; Harren, Tapken 2001).

Durch die Integration einer Transformationskomponente in das Repository und die Einführung eines Modellierungswerkzeuges von Abbildungsspezifikationen (vgl. Abb. 4) wird eine erweiterte Metadaten-Infrastruktur zur Unterstützung des Metadatenaustausches in DWS unter Einsatz von Korrespondenzmetamodellen definiert.

3   Korrespondenzmetamodelle

Metamodelle für den Metadatenaustausch werden im Allgemeinen durch die Bildung eines Kernmetamodells hergeleitet. Ein *Kernmetamodell* beinhaltet exakt die Metadatenstrukturen, die ohne Informationsverlust zwischen den werkzeugeigenen Metamodellen ausgetauscht werden können (Scholz et al. 1996). Auch die CWM-Metamodelle können als Kernmetamodelle für die jeweilige Domäne angesehen werden, weil im Rahmen des OMG-Standardisierungsprozesses nur die Metadatenkonzepte in ein CWM-Metamodell aufgenommen werden, die eine Mehrheit von Mitgliedern der OMG als relevant erachten.

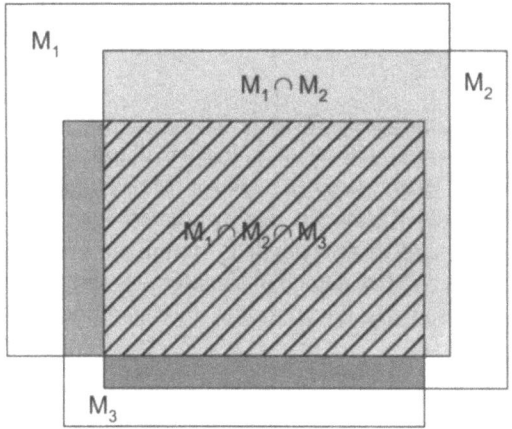

Abb. 5:   Gegenüberstellung von Kern- und Korrespondenzmetamodellen

In Abb. 5 sind drei Metamodelle schematisch dargestellt. Das Kernmetamodell wird als Schnittmenge der Metamodelle definiert. Für M_1, M_2 und M_3 wird das Kernmetamodell also durch *Kern* = $M_1 \cap M_2 \cap M_3$ definiert. Diese Definition impliziert, dass die mit Hilfe des Kernmetamodells ausgetauschten Metadaten in jedem der drei Metamodelle dargestellt werden können. Beim Austausch von Metadaten zwischen M_1 und M_2 mit Hilfe des Kernmetamodells wird somit nur eine Teilmenge der möglichen Metadaten ausgetauscht, weil das Kernmetamodell nur eine Teilmenge der gemeinsamen Strukturen von M_1 und M_2 darstellen kann. Diese Eigenschaft von Kernmetamodellen ist beim Vorhandensein von mehr als zwei auszutauschenden Metamodellen hinderlich, weil dadurch die Menge der ausgetauschten Metadaten unnötig eingeschränkt wird.

Ein für den Metadatenaustausch konzipiertes Metamodell muss also die Metadatenstrukturen beinhalten, die ohne Informationsverlust zwischen mindestens zwei Metamodellen ausgetauscht werden können. Ein *Korrespondenzmetamodell* wird also entsprechend durch $K = \bigcup_{i \neq j} M_i \cap M_j$ definiert, wobei die Anzahl der auszutauschenden Metamodelle als endlich angenommen wird.

Wie aus den obigen Ausführungen ersichtlich, beinhalten die Korrespondenzmetamodelle immer auch die Kernmetamodelle. Diese Eigenschaft wird anschließend bei ihrer Herleitung aus CWM-Metamodellen genutzt.

3.1 Vorgehensmodell zur Herleitung eines Korrespondenzmetamodells

Der Prozess zur Herleitung eines Korrespondenzmetamodells kann als eine geordnete und eingeschränkte Umkehrung des CWM-Standardisierungsprozesses an-gesehen werden. Dabei wird für eine bestimmte Anzahl von Anwendungen ein Korrespondenzmetamodell als Erweiterung eines CWM-Metamodells definiert. In der Abb. 6 sind die einzelnen Schritte zur Herleitung eines Korrespondenzmetamodells dargestellt.

Die Herleitung der jeweiligen Korrespondenzmetamodelle ist ein iterativer Prozess, der für jedes zu integrierende Metamodell wiederholt wird. Zunächst wird die Abbildungsspezifikation zwischen dem werkzeugeigenen Metamodell und dem vorläufigen Korrespondenzmetamodell definiert. Dabei können auch bestehende Metadatenstrukturen des Korrespondenzmetamodells modifiziert werden, sofern sie nicht zum ursprünglichen CWM-Metamodell gehören. Anschließend werden bereits bestehende Abbildungsspezifikationen an die durchgeführten Änderungen angepasst.

Im nächsten Schritt wird das Korrespondenzmetamodell um diejenigen Metadatenkonstrukte des werkzeugeigenen Metamodells erweitert, die noch nicht an der Abbildungsspezifikation teilnehmen. Parallel zur Erweiterung des Korrespondenzmetamodells wird die Abbildungsspezifikation um entsprechende Transformationsvorschriften erweitert. Diese zwei Arbeitsschritte werden für werkzeugeigene Metadatenmodelle aller zu berücksichtigenden Anwendungen des DWS wiederholt.

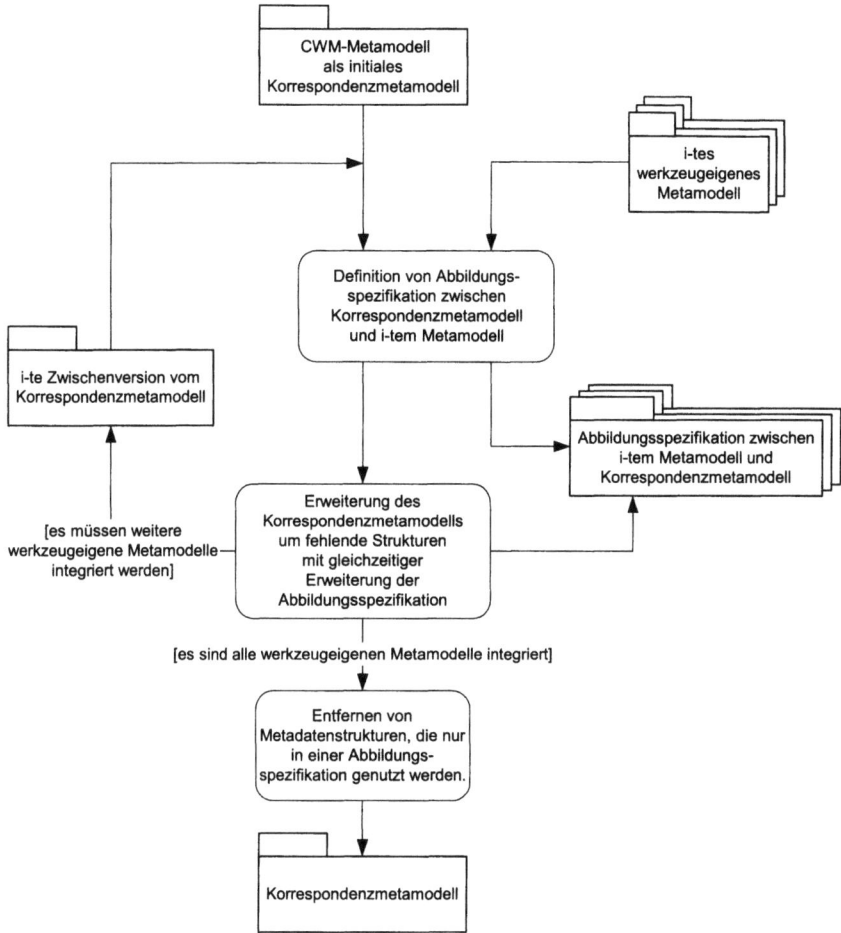

Abb. 6:   Vorgehensmodell zur Herleitung eines Korrespondenzmetamodells

Abschließend werden aus dem Korrespondenzmetamodell alle Metadatenstrukturen entfernt, die an der Abbildungsspezifikation von genau einem werkzeugeigenem Metamodell teilnehmen. Somit sind im Korrespondenzmetamodell nur die Metadatenstrukturen enthalten, die in mindestens zwei Metamodelle abgebildet werden können. Gleichzeitig könnte man auch die Metadatenstrukturen entfernen, die für den Austauschprozess als nicht relevant erachtet werden. Bei der Entfernung von Metadatenkonstrukten sind jedoch auch die betroffenen Abbildungsspezifikationen anzupassen. Die Metadatenstrukturen des ursprünglichen CWM-Metamodells bleiben unabhängig von der Anzahl der Referenzierungen unangetastet, so dass in diesem Schritt nur die während der Iteration zu viel hinzugefügten Strukturen entfernt werden.

Bei der Herleitung eines Korrespondenzmetamodells ist eine Erweiterung eines bestehenden CWM-Metamodells um zusätzliche Konstrukte notwendig. Die dabei genutzten Erweiterungstechniken müssen

- die Erweiterung bestehender Metaklassen um neue Eigenschaften,

- das Einführen neuer Metaklassen und

- die Definition neuer sowie die Verfeinerung bestehender Beziehungen zwischen Metaklassen

ermöglichen. Darüber hinaus sollte organisatorisch eine strikte Trennung zwischen dem originären CWM-Metamodell und den Erweiterungen, die bei der Herleitung eines Korrespondenzmetamodells hinzugefügt worden sind, gewährleistet werden. Die organisatorische Trennung der Erweiterungen vom CWM-Metamodell ist aus folgenden Gründen notwendig:

- Die Abbildungsspezifikationen zwischen dem eigentlichen CWM-Metamodell und dem werkzeugeigenem Metamodell können so für die Herleitung weiterer Korrespondenzmetamodelle genutzt werden.

- Außerdem können dadurch Manipulationen des originären CWM-Metamodells während der Herleitung des Korrespondenzmetamodells einfacher unterbunden werden.

3.2 Erweiterungstechniken für CWM

Im Zusammenhang mit MOF-basierten Technologien werden von der OMG „leichtgewichtige" und „schwergewichtige" Erweiterungen unterschieden. Unter dem Oberbegriff „leichtgewichtiger" Erweiterungen werden Erweiterungstechniken zusammengefasst, die „virtuelle" Spezialisierungen von Metaklassen definieren. Dafür werden drei aus der UML bekannte Erweiterungstechniken eingesetzt:

- *Constraints* – definieren semantische Einschränkungen auf Metaklassen.

- *Tagged Values* – ermöglichen das Hinzufügen neuer Attribute zu bestehenden Metaklassen als (Name,Wert)-Tupel.

- *Stereotypen* – definieren eine „virtuelle" Unterklasse einer existierenden Metaklasse durch Benennung einer Gruppe von Constraints und Tagged Values.

Diese Erweiterungstechniken haben sich als Hilfsmittel für kleinere Anpassungen der UML-Metamodelle in der Praxis bewährt. „Leichtgewichtige" Erweiterungen werden aufgrund ihrer Andersartigkeit vom ursprünglichen Metamodell abgegrenzt und sind somit als Erweiterungen eindeutig erkennbar. Kritisch ist dabei anzumerken, dass die Änderungen oft nicht weitreichend genug sind: es sind unter anderem keine echte Spezialisierung vorhandener Metaklassen und keine Definition neuer Metaklassen erlaubt. Wir können z. B. für das Beispiel aus Abb. 2 zwar das *Language*-Attribut der *OIM::Transformation*-Metaklasse als Tagged Value eines Stereotyps der *CWM::Transformation*-Metaklasse modellieren (vgl. Abb. 7), dürfen aber keine neuen Metaklassen zur Beschreibung der Konvertierungsmetadaten definieren. Erschwerend kommt noch hinzu, dass diese Konstrukte orthogonal zu anderen Konstrukten der Metamodellierung liegen, so dass die damit erstellten Erweiterungen eine Sonderbehandlung erfordern. Die Nutzung dieses Ansatzes ist somit lediglich für kleinere Erweiterungen möglich, die nur wenige bestehende Metaklassen und Beziehungen spezialisieren.

Stereotype <<EXT::Transformation>> <u>for</u> CWM::Transformation
      Language : String

Abb. 7:   „Leichtgewichtige" Erweiterung von CWM::Transformation

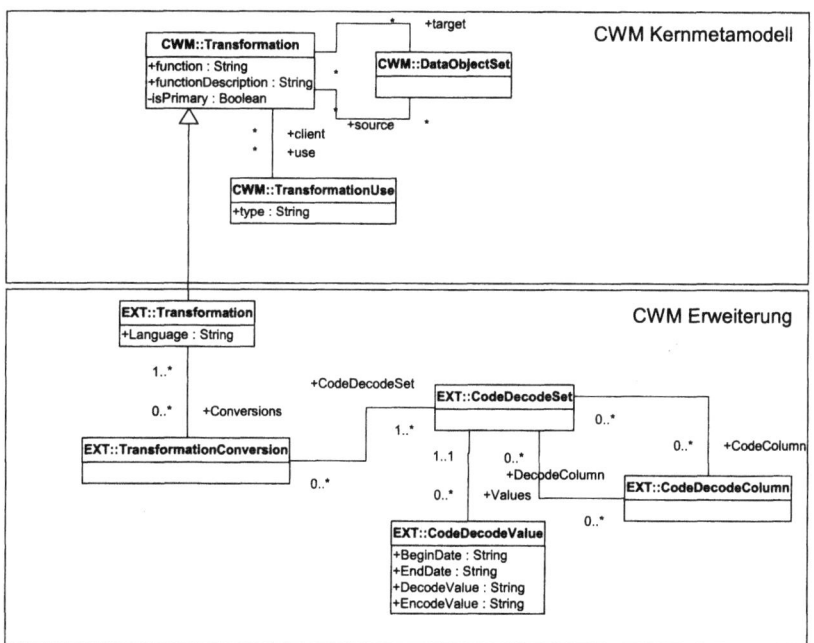

Abb. 8:   „Schwergewichtige" Erweiterung von CWM::Transformation

„Schwergewichtige" Erweiterungen erlauben die Nutzung aller objektorientierten Konzepte zur Definition spezieller Metamodelle. Die Erweiterungen werden innerhalb eines neuen Metamodells durchgeführt, das von einem bestehenden abgeleitet wird. Im neuen Metamodell können bestehende Metakonstrukte des ursprünglichen Metamodells durch echte Spezialisierung erweitert und neue definiert werden. Mit Hilfe dieses Ansatzes können beliebige Erweiterungen modelliert werden. In Abb. 8 ist eine Erweiterung des CWM-Transformationsmetamodells aus Abb. 2 dargestellt, in der die Metaklasse *CWM::Transformation* durch eine neue Metaklasse *EXT::Transformation* spezialisiert wird und um die im CWM-Metamodell fehlende Metaklasse zur Beschreibung von Konvertierungen ergänzt werden. Als problematisch ist im Zusammenhang mit den „schwergewichtigen" Erweiterungen jedoch die enge Verquickung des ursprünglichen Metamodells mit den durchgeführten Änderungen zu erwähnen.

In UML 2.0 ist die Einführung eines Profil-Konzepts zur dynamischen Erweiterung standardisierter Metamodelle geplant (vgl. OMG 2002). Profile ermöglichen die Spezifikation eingeschränkter Erweiterungen von Metamodellen mit Hilfe „leichtgewichtiger" Erweiterungstechniken. Darüber hinaus werden hier Operationen zur einfacheren Handhabung von Erweiterungen definiert, wie z. B. das Wechseln zwischen den unterschiedlichen Profilen oder das Ausblenden zusätzlicher Metadaten, die durch ein bestimmtes Profil spezifiziert worden sind (OMG Task Force 1999; OMG 2002).

Für die Verwaltung von CWM-Erweiterungen der Korrespondenzmetamodelle würde eine geeignete Kombination der „schwergewichtigen" Erweiterungen mit dem Profil-Konzept optimale Ergebnisse liefern. Die „schwergewichtige" Erweiterungen ermöglichen eine einheitliche Handhabung der Metadaten im Korrespondenzmetamodell, während durch das Profil-Konzept eine fortgeschrittene Technik zur Kapselung der CWM-Erweiterungen definiert wird.

4   Zusammenfassung und Ausblick

Der Metadatenaustausch mit Hilfe von Korrespondenzmetamodellen ermöglicht den Austausch zusätzlicher Metadatenstrukturen zwischen einzelnen Anwendungen eines DWS. Korrespondenzmetamodelle werden durch sukzessive Erweiterung der CWM-Metamodelle um fehlende Metadatenstrukturen definiert. Zur Spezifikation von Korrespondenzmetamodellen sind die „schwergewichtigen" Erwieterungstechniken in Kombination mit dem Profil-Konzept der OMG optimal geeignet. Die durch die Erweiterung der standardisierten Metamodelle verursachten Probleme, die aus der Vielzahl möglicher Korrespondenzmetamodelle resultieren, werden durch die Auslagerung der eigentlichen Metadatentransformationen in die Metadateninfrastruktur des DWS abgemildert. Die Anwendungen müssen nur ihre Metadaten entsprechend ihren eigenen Metamodellen exportieren bzw. importieren. Die Abbildungen zwischen den werkzeugeigenen Metamodellen und dem Korrespondenzmetamodell werden anschließend durch eine Transformationskomponente auf der Grundlage von (visuellen) Abbildungsbeschreibungen durchgeführt.

Es ist geplant ein Modellierungswerkzeug zu realisieren, welches eine visuelle Spezifikation des vorgeschlagenen Verfahrens für den Metadatenaustausch ermöglicht. Das Vorhandensein visueller Spezifikationen erhöht die Transparenz des gesamten Austauschprozesses für die Anwender, so dass die Nutzer in die Lage versetzt werden, die Metadatenflüsse im DWS besser nachzuvollziehen.

5 Literatur

Bauer, A.; Günzel, H. (Hrsg.): Data-Warehouse-Systeme – Architektur, Entwicklung, Anwendung; dpunkt.verlag; 2001.

Bernstein, P.A.: Repositories and Object Oriented Databases; in: Proceedings of Datenbanksysteme in Büro, Technik und Wissenschaft (BTW) März 1997.

Bernstein, P.A.; Bergstraesser, T.: Meta-Data Support for Data Transformations Using Microsoft Repository; Bulletin of the IEEE Computer Society Technical Commitee on Data Engineering 1999.

Bernstein, P.A.; Harry, B.; Sanders, P.; Shutt, D.; Zander, J.: The Microsoft Repository; in: Proceedings of 23rd International Conference on Very Large Data Bases; August 1997.

Do, H.H.; Rahm, E.: On Metadata Interoperability in Data Warehouses; Technischer Bericht, Universität Leipzig 2000.

Harren, A.; Herden, O.: MML und mUML – Sprache und Werkzeug zur Unterstützung des konzeptionellen Data-Warehouse-Designs. In: Proceedings 2. GI-Workshop "Data Mining und Data Warehousing als Grundlage moderner entscheidungsunterstützender Systeme", Magdeburg 1999, S.57-68.

Harren, A.; Tapken, H.: TODAY Open Repository – An Extensible, MOF-based Repository System; Technischer Bericht, OFFIS. Oldenburg 2001.

Jung, R.; Rowohl, F.: Vergleichende Analyse der Standardisierungsbestrebungen im Metadatenmanagement: Neue Metamodelle der MDC und OMG. In: Jung, R.; Winter, R. (Hrsg.): Data Warehousing 2000 – Methoden, Anwendungen, Strategien. Berlin u. a. 2000.

Marco, D.: Building and Managing the Meta Data Repository. New York u. a. 2000.

Meta Data Coalition (MDC): Open Information Model (OIM) Specification, Version 1.1 (Proposal); o. O. August 1999.

Object Management Group (OMG): Unified Modeling Language Version 1.3; o. O. Juni 1999.

Object Management Group (OMG): Common Warehouse Metamodel (CWM) Specification, Volume 3. Extensions. o. O. Februar 2000a.

Object Management Group (OMG): Meta Object Facility (MOF) Specification, Version 1.3. o. O. März 2000b.

Object Management Group (OMG): Common Warehouse Metamodel (CWM) Specification, Version 1.0. o. O. Februar 2001.

Object Management Group (OMG): Unified Modeling Language 2.0 Proposal, Version 0.671 (draft). o. O. Januar 2002.

Object Management Group Analysis and Design Platform Task Force (OMG Task Force): White Paper on the Profile mechanism, Version 1.0. o. O. April 1999.

Ortner, E.: Repository Systems – Teil 1: Mehrstufigkeit und Entwicklungsumgebung; Informatik Spektrum, 1999 H. 4.

Rohde, C.V.; Williams, M.: Competing Data Warehousing Standards to Merge in the OMG. Presseerklärung Object Management Group und Metadata Coalition. http://www.omg.com/news/releases/pr2000/2000-09-25a.htm (Abruf 2000-09-25).

Rohde, M.; Kieschke, J.; Wellmann, I.; Wietek, F.: Regionale Untersuchungen im Gesundheitsbereich mit Hilfe von CARESS. In: Cremers, A. B.; Greve, K. (Hrsg.): Umweltinformatik '00. 14. Internationales Symposium "Informatik für den Umweltschutz" der Gesellschaft für Informatik (GI), Bonn 2000. Marburg 2000, S. 201-211.

Scholz, G.; Wilkens, W.; Schlageter, G.: A Methodology for the Specification of Transformations between Information Models. In: Bergé, J.-M., Levia, O., Rouillard, J. (Hrsg.): Meta-Modeling Performance and Information Modeling. Kluwer Academic Publishers 1996.

Wietek, F.: Intelligente Analyse multidimensionaler Daten in einer visuellen Programmierumgebung und deren Anwendung in der Krebsepidemiologie. Dissertation Universität Oldenburg 2000.

Das metadatenbasierte Datenqualitätssystem der Credit Suisse

Marcel Winter
Credit Suisse

Markus Helfert, Clemens Herrmann
Universität St. Gallen

Datenqualität ist ein entscheidender Erfolgsfaktor für eine erfolgreiche Umsetzung und Nutzung von Data-Warehouse-Systemen. Der Artikel beschreibt ein Datenqualitätssystem für ein umfassendes Datenqualitätsmanagement in Data-Warehouse-Systemen. Hierbei wird ein proaktiver Ansatz zugrundegelegt, der die Fehlervermeidung der nachträglichen Fehlerbereinigung vorzieht. Es wird eine konzeptionelle Architektur eines metadatenbasierten Datenqualitätssystems dargestellt, die anhand einer ersten konkreten Realisierungsstufe bei der Credit Suisse illustriert wird.

1   Einführung

Die Qualität von Daten und Informationen spielt in der heutigen Informationsgesellschaft eine immer wichtigere Rolle (vgl. Wolf 1999, S. 7f.). Neben einigen prominenten Beispielen aus der Presse für die teilweise verheerenden Auswirkungen mangelhafter Datenqualität[1], stellt die Qualität der Daten im Data Warehousing einen entscheidenden Erfolgsfaktor dar (vgl. English 1999, S. 4). Data-Warehouse-Projekte scheitern oft an einer unzureichenden Datenqualität (vgl. Helfert 2000, S. 65). Weitere Folgen ungenügender Datenqualität im Data Warehouse umfassen eine geringere Akzeptanz des Data Warehouse durch die Endbenutzer, schlechtere Entscheidungsprozesse auf der Basis qualitativ unzureichender Analyseergebnisse bzw. Berichte, Zusatzkosten z. B. durch Doppelerfassungen und

---

[1] Bekannte Beispiele sind der Absturz der ersten Ariane 5 Rakete am 4. Juni 1996 aufgrund einer falschen Datendefinition (vgl. Bange, Schinzer 2001) und der versehentliche Angriff der chinesischen Botschaft im Kosovokrieg am 8. Mai 1999 durch die NATO aufgrund falscher Adressdaten (vgl. Redman 2001, S. 39).

eine unzulängliche Unterstützung der Geschäftsprozesse (vgl. Helfert et al. 2001, S. 1f.).

Der Themenbereich Datenqualität im Data Warehousing wird bereits von einigen Autoren behandelt. Wand und Wang (vgl. Wand, Wang 1996) fokussieren ihre Betrachtung auf die Entwicklung und den Betrieb eines Informationssystems. Datenqualitätsmängel treten bei Inkonsistenzen zwischen der Sicht auf das Informationssystem und der Sicht auf die reale Welt auf. Aus diesen Abweichungen können vier innere Datenqualitätsmerkmale abgeleitet werden: Vollständig, eindeutig, bedeutungsvoll und korrekt. Wand und Wang betrachten in ihrem Ansatz jedoch nicht die funktionalen Anforderungen der Endbenutzer an das Informationssystem.

English (vgl. English 1999) unterscheidet zwischen Datendefinitions- und Architekturqualität, der Qualität der Datenwerte sowie der Qualität der Datenpräsentation. Diesen Kategorien ordnet er Merkmale zur detaillierteren Beschreibung zu. Er versäumt es jedoch, Überschneidungen und Beziehungen zwischen den einzelnen Merkmalen und den übergeordneten Kategorien darzustellen.

Im Rahmen einer empirische Untersuchung von Wang und Strong (vgl. Wang, Strong 1996) zur Bestimmung allgemeiner Datenqualitätsmerkmale werden vier Kategorien (Innere Datenqualität, kontextabhängige Datenqualität, Darstellungsqualität und Zugangsqualität) mit jeweils unterschiedlichen Qualitätsmerkmalen ermittelt. Die empirische Untersuchung lief in zwei Stufen ab, wobei die Hauptanalyse auf 355 Fragebögen basiert.

Jarke et al. (vgl. Jarke et al. 1999; Jarke, Vassiliou 1997) gliedern die Datenqualitätsmerkmale anhand der drei Prozesse Entwicklung und Verwaltung, Softwareimplementierung sowie Datennutzung. Die sich hieraus ergebenden Merkmale werden weiter anhand von zugeordneten, auf die Datenwerte bezogenen Kriterien verfeinert.

In dieser Arbeit soll ein alternativer Vorschlag zur Systematisierung und Konkretisierung des Begriffs Datenqualität gemacht werden, der für die praktische Fraugestellung bei der Credit Suisse geeignet erscheint. Darauf aufbauend wird die Konzeption eines metadatengestützen Datenqualitätssystem aufgezeigt und anschliessend anhand einer praktischen Umsetzung bei der Credit Suisse verdeutlicht. Der Artikel schliesst mit einer Zusammenfassung und einem Ausblick auf zukünftige Schritte.

2   Datenqualität

Nach dem Systematisierungsansatz von Garvin lassen sich fünf Qualitätsvorstellungen unterscheiden (vgl. Garvin 1998, S. 40f.). Der *produktbezogene Ansatz* definiert Qualität über Produkteigenschaften, d. h. Qualität ist präzise messbar und eine inhärente Eigenschaft des Produktes selbst. Qualitätsdifferenzen sind demnach auf Unterschiede in den Eigenschaftsausprägungen der Produkte zurückzuführen. Beim *anwenderbezogenen Ansatz* liegt die Auffassung vor, dass Qualität durch den Produktbenutzer und nicht ausschliesslich durch das Produkt selbst festgelegt wird. Ein Produkt wird dann als qualitativ hochstehend angesehen, wenn es dem individuellen Zweck der Benutzung durch den Kunden dient. Nach dem *prozessorientierten Ansatz* bedeutet Qualität die Einhaltung der Spezifikationen der Produktionsprozesse. Jede Abweichung von der Spezifikation bedeutet Verringerung der Qualität. Der *wertbezogene Ansatz* stellt einen Bezug zwischen Preis und Qualität im Sinne von Nutzen her. Ein Produkt ist dann von hoher Qualität, wenn der zu entrichtende Preis und die empfangene Leistung in einem akzeptablen Verhältnis stehen. Der *transzendente Ansatz* kennzeichnet Qualität als angeborene Vortrefflichkeit, Einzigartigkeit oder Superlative. Qualität wird zu einer absoluten und universell erkennbaren Eigenschaft. Die diesem eher abstrakt philosophischen Verständnis folgende Auffassung ist jedoch für die weitere Betrachtungen nicht relevant und soll daher nicht weiter verfolgt werden.

Diese verschiedenen Ansätze sind für unterschiedliche Ebenen des Produktionssystems geeignet und verfolgen unterschiedliche Zielsetzungen. Die Ansätze können auf den Ebenen der Anforderungsanalyse, der Produkt- und der Prozessentwicklung eingeordnet werden. Daher erscheint eine zusammenhängende Betrachtung der Ansätze sinnvoll. Der Auffassung von Garvin folgend können für den Datenqualitätsbegriff drei Sichten unterschieden werden:

* anwenderbezogene, externe Ebene,

* produktbezogene, konzeptionelle Ebene und

* herstellungsbezogene, prozessorientierte Ebene.

Der anwenderbezogene Qualitätsansatz bezieht sich auf eine externe Sicht und stellt den Endbenutzer mit seinen Anforderungen in den Vordergrund. Von diesen Qualitätsforderungen wird eine Produktspezifikation und ein Produktionsplan abgeleitet. Die konzeptionelle Spezifikation bildet die Grundlage für die Gestaltung der Produktionsprozesse. Auf Grundlage dieser Qualitätsebenen lässt sich Qualität, wie in Abb. 1 dargestellt, grundsätzlich in zwei Faktoren untergliedern:

* Designqualität und

* Ausführungsqualität.

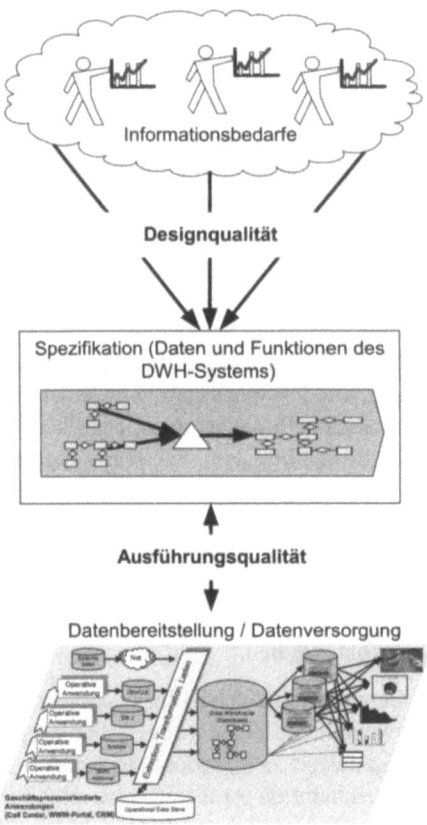

Abb. 1:   Qualitätssichten

Zunächst werden die Qualitätsforderungen der Endbenutzer erfasst und durch eine Spezifikation konkretisiert. Es ist die Frage nach den geeigneten Produkteigenschaften zu beantworten. Es sind die Eigenschaften auszuwählen, welche die Bedürfnisse der Anwender am Besten erfüllen und so Kundenzufriedenheit erzeugen. In einer Datenbank werden durch Datenschemata Entitäten und Eigenschaften der zu erfassenden Datenobjekte festgelegt und können so als Spezifikation eingestuft werden.

Sind die Anforderungen erfasst und in einer Spezifikation festgelegt, ändert sich die Zielsetzung des Qualitätsmanagements auf die Einhaltung der in der Spezifikation festgelegten Qualitätsforderungen. Nicht die Bedürfnisse der Anspruchsgruppen, sondern Konformität und fehlerfreie Erfüllung der in Spezifikationen niedergeschriebenen Anforderungen ist das Ziel. Die Produktionsprozesse sind dahingehend zu kontrollieren. *Designqualität* bezieht sich auf die Erfassung von Qualitätsforderungen aus Anwendersicht in einer Spezifikation, während *Ausführungs-*

qualität die Einhaltung der von den Anwendern festgelegten Spezifikation umfasst. Eine unzureichende Gesamtqualität kann sowohl in einer mangelhaften Design- als auch in einer nicht ausreichenden Ausführungsqualität begründet sein.

3 Metadatenbasiertes Datenqualitätssystem

3.1 Konzeptionelle Architektur

Das hier dargestellte Konzept des Datenqualitätssystems beschränkt sich nicht nur auf einen Teil des Data-Warehouse-Systems sondern betrachtet alle Ebenen inklusive der operativen Systeme. Die Messung der Datenqualität wird entlang des gesamten Datenflusses vorgenommen. Der Metadatenverwaltung kommt dabei eine besondere Bedeutung zu. Es werden vorwiegend Daten über die Transformationsprozesse und über die Datenschemata zur Messung herangezogen Daneben sind zur Beurteilung der Datenqualität auch manuelle und werkzeugunterstützte Analysen von Datenqualitätsexperten und das Urteil des Datenverwenders mit einzubeziehen. Das so entwickelte Konzept, das alle qualitätsrelevanten Daten entlang des Datenflusses ermittelt, ist in Abb. 2 dargestellt.

Kern des Ansatzes ist ein in die Metadatenverwaltung integriertes Datenqualitätssystem. Hier werden alle relevanten Datenqualitätsmetadaten verwaltet. Eine Regelmenge, in der bestimmte Regeln zur Prüfung der Datenqualität hinterlegt sind, ist wesentlicher Bestandteil des Systems. Neben den zu berücksichtigenden Messobjekten in den Regelbedingungen und den Zielwerten, werden hier auch deren Ausführungszeitpunkte spezifiziert. Die sich aus den Qualitätsprüfungen ergebenden Messergebnisse werden gespeichert und sind für Qualitätsaussagen verfügbar. Diese Qualitätsaussagen werden anhand der von den Datenverwendern spezifizierten Datenqualitätsvorgaben (Soll-Datenqualität) und geeigneten Qualitätskennzahlen erstellt bzw. generiert. Datenqualitätskennzahlen und -kennzahlensysteme erlauben die Aggregation der Messergebnisse zu verdichteten Qualitätsaussagen für die Endanwender. Damit eine direkte Interpretation dieser Aussagen durch die Datenverwender möglich wird, ist auf höchster Aggregationsstufe eine Aussage anhand von drei Zuständen wünschenswert:

- Die Daten sind verwendbar (z. B. Kennzeichnung grün),

- die Daten sind eingeschränkt verwendbar (z. B. Kennzeichnung gelb) und

- die Daten sind nicht zu verwenden (z. B. Kennzeichnung rot).

Prinzipiell können die Messwerte durch Erweiterung der Datenmodelle in den bereits vorhandenen Datenhaltungssystemen oder in einem separaten Datenhaltungssystem verwaltet werden. Aufgrund der Flexibilität wird hier die getrennte Daten-

haltung für Qualitätswerte bevorzugt. Eine weitere Komponente des Datenquali-
tätssystems sind Benachrichtigungsregeln. Hier werden Regeln und Ereignisse zur
Benachrichtigung entsprechender Personen oder Personengruppen festgelegt.
Qualitätsverantwortliche können dann bei Unterschreiten bestimmter Qualitäts-
werte auf elektronischem Wege (z. B. E-Mail), mobilem Telefon (z. B. SMS) oder
sonstigen Kommunikationskanälen über das Ereignis in Kenntnis gesetzt werden.
Sie können dann problemadäquate Massnahmen einleiten und so im Sinne einer
Qualitätslenkung regelnd in den Prozess eingreifen.

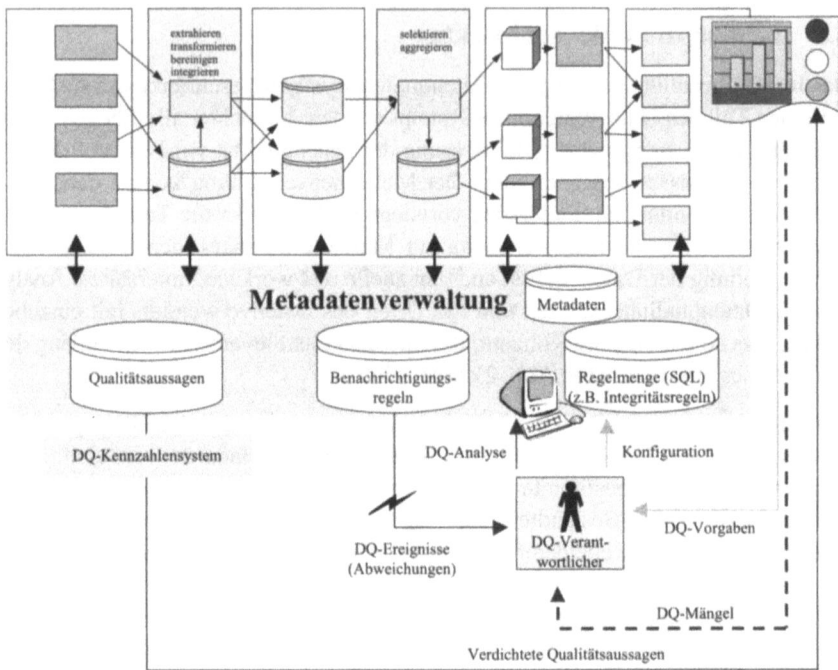

Abb. 2: Konzept eines metadatenbasierten Datenqualitätssystems

Basis zur Regelspezifikation können Integritätsregeln für Datenbanken bilden.
Hierbei werden statische, transitionale und dynamische Bedingungen unterschieden. Erstere schränken einen einzelnen Datenbankzustand ein, wohingegen transitionale Bedingungen auf zwei Datenbankzustände bezogen sind. Es werden möglich Zustandsübergänge eingeschränkt. Dynamische Integritätsbedingungen stellen
eine Verallgemeinerung der transitionalen dar, indem Folgen von Zustandsüber-
gängen eingeschränkt werden. (vgl. Heuer, Saake 2000, S. 496; Vossen 2000,
S. 148f.). Eine weitere Möglichkeit zur Unterscheidung von Integritätsbedingungen stellt die Granularität der Bezugsobjekte dar. Bedingungen können sich auf
Attribute, Tupel, Relationen oder Datenbanken beziehen (vgl. Heuer, Saake 2000,
S. 507f.). Beispiele für Integritätsbedingungen sind:

* Ober- und Untergrenzen für Werte,

* Menge möglicher Werte,

* Pflichtfelder bzw. Ausschluss der Verwendung von Nullwerten,

* Schlüsselbedingungen,

* Fremdschlüsselbeziehungen und

* Aggregatbedingungen (z. B. Ober- und Untergrenze für die Summe der Gutha-ben).

Neben diesen Integritätsbedingungen sind noch weitere Regeln denkbar, wie z. B. (vgl. Elmasri, Navathe 1994, S. 149):

* Die Anzahl der Tupel einer Relation steht in Beziehung zur Anzahl der Tupel einer anderen Relation (z. B. die Anzahl der Konten ist grösser als die Anzahl der Kunden).

* Ein Wert ist zeitinvariant (z. B. das Geburtsdatum eines Kunden).

* Ein Attributwert zeigt im Zeitablauf ein ähnliches Verhalten wie ein zweiter Attributwert (z. B. das durchschnittliche Kreditvolumen verhält sich linear zur Anzahl der Kunden).

Derartige Bedingungen können aufgrund charakteristischer Eigenschaften der Daten gebildet werden. Hierzu werden sogenannte Qualitätsreferenzdaten unter-sucht, die einen idealtypischen Ausschnitt der Daten repräsentieren. Univariate und multivariate Methoden der deskriptiven Statistik stellen eine Möglichkeit zur Ableitung bestimmter Charakteristika der Daten dar. Des Weiteren können Ver-fahren des Data Mining genutzt werden, um typische Aussagen über die Daten zu generieren und daraus Regeln abzuleiten. Dieser Ansatz wird unter dem Schlag-wort „Data Quality Mining" zusammengefasst (vgl. weiterführend Soler, Yanke-levich 2001; Grimmer, Hinrichs 2001).

3.2   Erste Realisierungsstufe

Das in Abschnitt 3.1 beschriebene Konzept eines Datenqualitätssystems wird im Rahmen eines Projektes bei der Credit Suisse umgesetzt. Dieses enthält alle oben beschriebenen Komponenten. In der ersten Realisierungsstufe ist lediglich die ag-gregierte Darstellung der vorliegenden Datenqualität für die Endbenutzer noch nicht enthalten, soll aber Gegenstand zukünftiger Ausbaustufen sein. Eine zentrale Komponente stellt die Regelbasis dar, die sowohl SQL-Statements als auch Korn-Shells enthalten kann. Ein vereinfachtes Beispiel aus der Regelbasis zur Überprü-fung der Anzahl der neu hinzugekommenen Zeilen nach einem Load stellt folgen-der SQL-Ausdruck dar:

```
SELECT    count (*)
FROM      table_x a
WHERE     a.date_per =
          to_date('31.01.2002','dd.mm.yyyy')
```

Aus der Erfahrung ist dem Fachexperten beispielsweise bekannt, dass zu
table_x pro Monat ca. 1000 neue Tupel hinzukommen. Weicht das Ergebnis
des SQL-Statements jedoch deutlich von diesem Wert ab, so muss eine Fehler-
überprüfung stattfinden. Ein weiteres Beispiel stellt die folgende Regel dar, die
alle Konten zählt, für die das „closed flag" gesetzt ist, aber für die kein „closing
date" angegeben ist:

```
SELECT    count(account_id)
FROM      accounts
WHERE     substr(appl_flags_1,8,1) = '1' AND
          account_closing_date is NULL
```

Das Ergebnis dieser Überprüfung muss Null ergeben, da es keine geschlossenen
Konten ohne Enddatum geben darf.

Die Oberfläche zur Verwaltung der Regeln zeigt Abb. 3. Einzelne Regeln können
zu Regelmengen zusammengefasst werden, die jeweils abgeschlossene Sachverhalte überprüfen. Für jede Regel kann das gewünschte Ergebnis festgelegt werden,
welches bei Fehlerfreiheit generiert wird. Hierbei kann unterschieden werden
zwischen einem einzigen Ergebnis und einem Intervall, in dessen Grenzen sich
das Ergebnis befinden muss.

Das Datenqualitätsmodul wird zur Zeit täglich zur Überprüfung der Datenqualität
der Extrakte auf der Staging Area eingesetzt. Diese Qualitätskontrolle stellt den
letzten Job dar, bevor die Daten endgültig in das Data Warehouse geladen werden.
Als problematisch hat sich in Zusammenarbeit mit den Datenverwendern die Identifikation der Felder herausgestellt, die für das Datenqualitätsmanagement eine
hohe Priorität besitzen. Nicht alle Felder einer Tabelle müssen zwangsläufig zur
Überprüfung der Datenqualität betrachtet werden. Beispielsweise sind aus technischer Sicht die Schlüsselattribute für die Datenqualität von besonderer Bedeutung.
Auch aus fachlicher Sicht lassen sich derartige Präferenzen festlegen. So ist denkbar, dass z. B. die Qualität des Geburtsdatums eines Kunden wichtig ist, wohingegen das Feld Beruf nur eine untergeordnete Rolle spielt. Es hat sich jedoch gezeigt, dass derartige Prioritäten schwer zu identifizieren sind. Weiterhin werden
die Regeln teilweise sehr komplex werden, da viele Ausnahmen zu berücksichtigen sind, wenn die Daten aus vielen unterschiedlichen Datenquellen stammen.

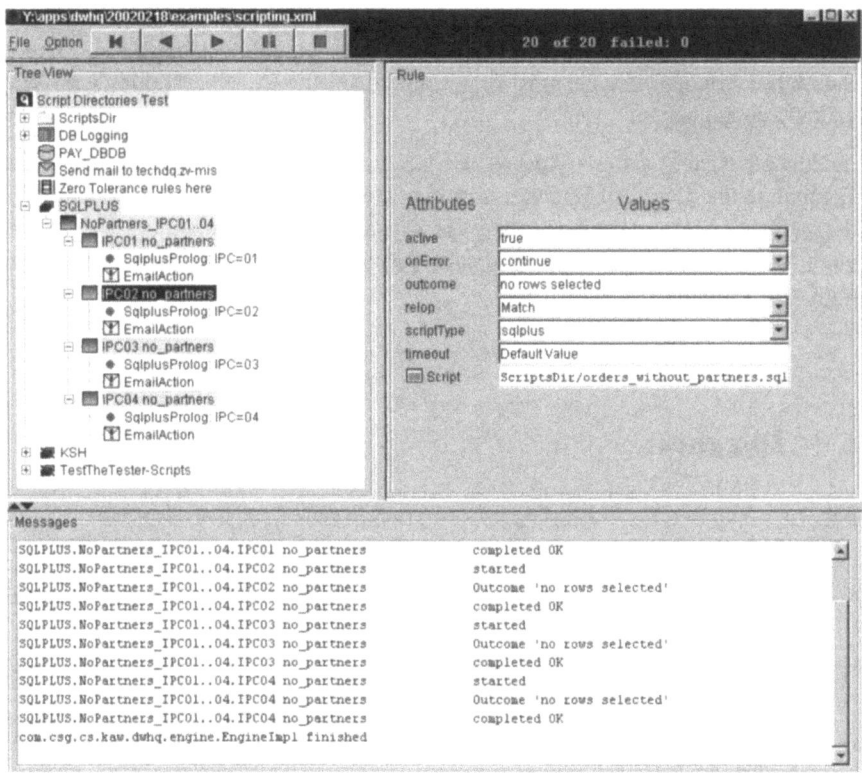

Abb. 3: Screenshot des Datenqualitätssystems (Regelverwaltung)

4 Zusammenfassung und Ausblick

Der Artikel beschreibt die konzeptionelle Architektur eines Datenqualitätssystems unter besonderer Berücksichtigung der Rahmenbedingungen der Credit Suisse. Es hat sich gezeigt, dass insbesondere das Metadatenmanagement eine entscheidende Rolle im Datenqualitätsmanagement einnimmt. Die wesentlichen Daten für ein Datenqualitätssystem stellen die Regelmenge, die Benachrichtigungsregeln und die Qualitätsaussagen dar. Diese sind allesamt im Metadatenmanagement anzusiedeln. Neben den einzelnen Komponenten beschreibt das Konzept den idealtypischen Ablauf eines proaktiven Datenqualitätsmanagements. Die zentrale Stellung hierbei nimmt der Datenqualitätsverantwortliche ein, der bei Regelverletzungen benachrichtigt wird, adäquate Verbesserungsmassnahmen koordiniert bzw. einleitet und die vorhandene Regelbasis pflegt und aktualisiert. Dies zeigt deutlich, dass ein funktionierendes Datenqualitätsmanagement sowohl auf technischer als auch organisatorischer Ebene etabliert werden muss. Weiterhin wird die erste Realisierungsstufe des konzeptionell beschriebenen Datenqualitätssystems bei der Credit Suisse beschrieben. Hierbei wird insbesondere auf die Regelbasis und deren Verwaltung eingegangen.

In Zukunft ist ein weiterer Ausbau der Regelmenge sowie die Bereitstellung der Ergebnisse der Datenqualitätsmessung in aggregierter Form für die Datenverwender geplant. Auch soll eine intensivere organisatorische Einbettung des Datenqualitätssystems erfolgen, beispielsweise durch die Etablierung von standardisierten Prozessabläufen.

5   Literatur

Bange, C.; Schinzer, H.: Am Anfang steht die Datenqualität. Computerwoche, 2001, Nr. 44.

Elmasri, R.; Navathe, S. B.: Fundamentals of Database Systems. 2. Aufl. Reading u. a. 1994.

English, L. P.: Improving Data Warehouse and Business Information Quality: Methods for Reducing Costs and Increasing Profits. New York u. a. 1999.

Garvin, D. A.: What does 'Product Quality' really mean? In: Sloan Management Review, Fall 1998, S. 25-43.

Grimmer, U.; Hinrichs, H.: A Methodological Approach to Data Quality Management Supported by Data Mining. In: Pierce, E. M.; Kaatz-Haas, R. (Hrsg.): Proceedings of the Sixth International Conference on Information Quality. Cambridge 2001, S. 217-232.

Helfert, M.: Massnahmen und Konzepte zur Sicherung der Datenqualität. In: Jung, R., Winter, R. (Hrsg.): Data Warehousing Strategie: Erfahrungen, Methoden, Visionen. Berlin u. a. 2000, S. 61-77.

Helfert, M.; Herrmann, C.; Strauch, B.: Datenqualitätsmanagement. Arbeitsbericht des Instituts für Wirtschaftsinformatik der Universität St. Gallen, BE HSG/CC DW2/02, 2001.

Heuer, A., Saake, G.: Datenbanken. Konzepte und Sprachen. 2. Aufl. Bonn 2000.

Jarke, M.; Jeusfeld, M.; Quix, C.; Vassiliadis, P.: Architecture and Quality in Data Warehouses: An Extended Repository Approach. In: Information Systems 24 (1999) 3, S. 229-253.

Jarke, M.; Vassiliou, Y.: Foundations of Data Warehouse Quality – A Review of the DWQ Project. In: Strong, D. M.; Kahn, B. K. (Hrsg.): Proceedings of the 1997 Conference of Information Quality. Cambridge 1997, S. 299-313.

Redman, T. C.: Data Quality: the field guide. Boston u. a. 2001.

Soler, S. V., Yankelevich, D.: Quality Mining: A Data Mining Method for Data Quality Evaluation. In: Pierce, E. M.; Kaatz-Haas, R. (Hrsg.): Proceedings of the Sixth International Conference on Information Quality. Cambridge 2001, S. 162-172.

Vossen, G.: Datenmodelle, Datenbanksprachen und Datenbankmanagementsysteme. 4. Aufl. München u. a. 2000.

Wand, Y., Wang, R. Y.: Anchoring Data Quality Dimensions in Ontological Foundations. Communications of the ACM. 39 (1996) 11, S. 86-95.

Wang, R. Y., Strong, D. M.: Beyond Accuracy: What Data Quality Means to Data Consumers. In: Journal of Management Information Systems. 12 (1996) 4, S. 5-33.

Wolf, P.: Konzept eines TQM-basierten Regelkreismodells für ein „Information Quality Management" (IQM). Dortmund 1999.

Metadatenmanagement: Ein Plan zur „Schatzsuche"

Barbara Dinter

Mummert + Partner Unternehmensberatung AG

Der Artikel beschreibt Probleme und Lösungen des Metadatenmanagements in Data Warehouse-Projekten aus Sicht des Beraters. Es zeigt sich, dass die Unterstützung seitens der Hersteller und durch Standards noch immer unzureichend ist. Im Gegensatz zum Data Warehousing haben sich noch kein(e) Standard-Vorgehen und -Architektur etabliert, die helfen könnten, die zahlreichen Hindernisse auf dem Weg zu einer umfassenden Lösung zu überwinden. Der Beitrag zeigt eine mögliche Vorgehensweise mit den jeweiligen kritischen Erfolgsfaktoren auf; illustriert werden die Ausführungen durch ein Praxisbeispiel bei der Hamburgischen Landesbank.

1   Einführung

Wenngleich die Bedeutung von Metadaten für die Qualität und Akzeptanz eines Data Warehouse heutzutage unumstritten ist, so erweist sich die praktische Umsetzung dieses Thema in fachlicher, organisatorischer und technischer Hinsicht nach wie vor als eine aufwändige Aufgabe, deren Erfolg keineswegs garantiert ist. Noch immer hat sich keine „Standard"-Architektur herauskristallisiert (vergleichbar der Hub and Spoke-Architektur für Data Warehouses) bzw. können die Herstellerlösungen oft nur unzureichend Unterstützung bieten (auch dies im Gegensatz zum etablierten Markt für Data Warehouse-Lösungen).

Im vorliegenden Beitrag wird nach einer kurzen Einführung in die Thematik dargestellt, welche Lösungen derzeit seitens der Hersteller angeboten werden und auf welchem Stand sich die Standardisierungsbemühungen befinden. In einem weiteren Abschnitt wird dargestellt, welche Probleme und Lösungen bei der Umsetzung von Metadatenmanagement-Systemen sich in langjähriger Beratungspraxis herauskristallisiert haben. Aus diesen Erfahrungswerten wird ein Vorgehensmodell für die Umsetzung von Metadatenmanagement-Lösungen abgeleitet, begleitet von „Tips und Tricks" für ein erfolgreiches Gelingen des Vorhabens. Abschliessend wird beispielhaft eine konkrete Lösung aus einem Kundenprojekt von Mummert + Partner vorgestellt. Der Beitrag schliesst mit einer Zusammenfassung.

2 Metadatenmanagement im Kontext Data Warehousing

2.1 Definition

Unter dem Begriff Metadaten wird im allgemeinen jede Art von Information verstanden, die für den Entwurf, die Konstruktion und die Benutzung eines Informationssystems benötigt wird. Im Kontext des Data Warehousing beschreiben die Metadaten dann insbesondere die Bedeutung, den Aufbau, die Herkunft und die Qualität der Data Warehouse-Daten. Als ein maßgeblicher Teil der Dokumentation über das Data Warehouse sollten die Metadaten dem Anwender als ein Informationsverzeichnis zur Verfügung stehen, das für ihn eine fachlich orientierte Sicht auf die Daten des Data Warehouse darstellt. Die Metadaten steuern den gesamten Ablauf innerhalb eines Data Warehouse, angefangen von den Datenbewirtschaftungsprozessen über die Generierung von SQL Queries bis hin zu den Navigationspfaden für die Endbenutzer (vgl. Do, Rahm 2000).

Es gibt zahlreiche Ansätze zur Klassifikation von Metadaten (vgl. Staudt, Vaduva, Vetterli 1999, S. 43ff.; Bauer, Günzel 2001, S. 334ff.). Im folgenden wird zwischen technischen und fachlichen (bzw. Business) Metadaten unterschieden. Während technische Metadaten der Entwicklung und dem Betrieb des Data Warehouse, und damit den Entwicklern zugeordnet werden, unterstützen die fachliche Metadaten die Nutzung des Data Warehouse durch die Endanwender (vgl. Melchert, Auth, Herrmann 2002). Beispielhaft seien einige fachliche Metadaten aufgezählt:

- die (fachliche) Beschreibung einer Kennzahl mit
  - der zugrundeliegenden Berechnungsformel
  - den zugrundeliegenden Dimensionen (Dimensionalität)
  - den zugrundeliegenden Quelldaten, etc.
- die (fachliche) Beschreibung von Dimensionen mit
  - den Hierarchien
  - den Verdichtungsregeln und den Berechnungsregeln
  - den Vorgaben für Gültigkeitszeiträume, etc.
- die (fachliche) Beschreibung von Auswertungen mit
  - den Inhalten (Kennzahlen, Dimensionen, Filtern, etc.)
  - der Aktualität

- dem Adressatenkreis, etc.

Für die Kategorie der technischen Metadaten seien exemplarisch genannt:

- die Extraktions,- Transformations- und Laderegeln

- die logischen Datenmodelle

- die physischen Datenmodelle

- datenbank-spezifische Informationen, wie Parameter, Indizes, etc.

2.2   Der Nutzen von Metadaten

Auch in der Nutzenbetrachtung kann man hinsichtlich Endanwendern und Entwicklern unterscheiden, wie die folgende Tabelle zeigt:

Nutzen aus Anwendersicht	Nutzen aus Entwicklersicht
• Aufbau eines einheitlichen Begriffs- und Definitionssystems (für Kennzahlen, Dimensionen, etc.)	• Einheitliche Erfassung technischer Metadaten, insbesondere für die Datenbewirtschaftung
• Transparenz und Nachvollziehbarkeit von Daten (Herkunftsnachweis)	• Erhöhung der Wiederverwendbarkeit technischer Metadaten (Transformationen, Mappings, etc.)
• Vermeidung von Inkonsistenzen zwischen versch. Auswertungen aufgrund einheitlicher Definitionen	• Automatisierung des Administrationsprozesses
• Unterstützung in der Datenanalyse: präzise Anfrageformulierung und korrekte Interpretation der Anfrageergebnisse	• Unterstützung des Change Managements, wie Vergleich zwischen Entwicklungs-, Test- und Produktionsumgebung und Versionierung
• Förderung der Selbständigkeit durch eigene Anfrageformulierungen der Endanwender	• Durchführung von Impactanalysen (Erkennen von Abhängigkeiten zwischen Metadaten; relevant beispielsweise bei Änderungen von Datenmodellen)
	• Unterstützung bei der Daten- und Systemintegration
	• Bessere Zugriffskontrolle

Führt man die o.g. Nutzenpotentiale einen Schritt weiter, so ergibt sich ein übergeordneter Mehrwert, der von erheblicher Relevanz für ein Data Warehouse-Projekt ist. Neben der Reduzierung von Entwicklungs- und Betriebskosten und den kürzeren Entwicklungszeiten, die wiederum einen höheren ROI zur Folge haben (vgl. Abschnitt 4.3), ist insbesondere der Einfluss auf Nutzen, Akzeptanz und Erfolg des Data Warehouse zu nennen. Dies liegt zum einen an der erhöhten Daten- und Anwendungsqualität, zum anderen an der bereits angesprochenen Transparenz und Selbständigkeit für die Endanwender. Werden ihnen die Metadaten adäquat (zeitnah, korrekt und benutzerfreundlich) zur Verfügung gestellt, verliert das Data Warehouse den Ruf einer „Black Box", die nicht nachvollziehbare und damit nicht akzeptable bzw. interpretierbare Ergebnisse liefert.

2.3   Anforderungen an das Metadatenmanagement

Um die im vorangegangenen Abschnitt genannten Nutzenpotentiale in vollem Maße zu erreichen, muss eine Lösung für das Metadatenmanagement folgenden Anforderungen genügen:

- Unternehmensweit einheitliche Definition und konzeptionelle Beschreibung aller anwenderrelevanten Metadaten

- Aufbau eines zentralen technischen Metadaten-Repositories, welches sämtliche Metadaten der Entwickler-Sicht umfasst

- Unterstützung von Impactanalysen bei Modifikationen von Metadaten zur Dokumentation der Auswirkungen aus Entwickler- und Anwendersicht

- Aufbau eines umfassenden, anwenderfreundlichen Metadatenmanagement-Systems zur Gewährleistung eines intuitiven Zugangs zu sämtlichen Metadaten (Möglichkeiten zum Erstellen individueller Abfragen oder Filter, Browsen, etc.)

- Hoher Automatisierungsgrad der Metadaten-Verwaltung

- Integration des Metadatenmanagement-Systems in das Releasemanagement

- Versions- und Konfigurationsmanagement sowie ein Change Management

Im folgenden Abschnitt werden diese idealtypischen Annahmen bzgl. Nutzen und Anforderungen an ein Metadatenmanagement-System hinsichtlich ihrer Praxistauglichkeit untersucht.

3   Metadatenmanagement in der Praxis

Nach einem kurzen Überblick über State of the Art bei Standards und Herstellerlösungen und ihrer kritischen Beurteilung hinsichtlich Eignung und Reifegrad für den Einsatz in Data Warehouse-Projekten werden Architekturalternativen untersucht und auf typische Umsetzungsprobleme in der Praxis eingegangen.

3.1 Standards

Im folgenden wird nur auf diejenigen Standards fokussiert, die derzeit in Projekten zum Metadatenmanagement im Data Warehousing aus unserer Beratersicht eine Rolle spielen. Für eine umfassende Übersicht und Beschreibung von Metadaten-Standards (auch den nicht Data Warehouse-spezifischen) sei auf (Staudt, Vaduva, Vetterli S. 15ff. und S. 48ff.) verwiesen.

An erster Stelle ist der Common Warehouse Model (kurz CWM)-Standard der Object Management Group zu nennen (vgl. www.cwmforum.org; Poole et al. 2001). Hierin werden UML-Modelle für die jeweiligen Metadatentypen definiert. Als Austauschformat dient XML, zusätzlich sind CORBA-Schnittstellendefinitionen spezifiziert. Der CWM-Standard wird sich aller Voraussicht nach durchsetzen. Allerdings sind derzeit die Akzeptanz und Unterstützung seitens der Hersteller noch eingeschränkt. Wenngleich viele Produkte den CWM-Standard (zumindest teilweise) schon anbieten, so gibt es sowohl inhaltliche als auch technische Einschränkungen (meist nur auf COM-Basis und nicht via XML oder direkt auf das Repository). Da die Tools jeweils unterschiedliche Teilmengen des Standards unterstützen, ist die Kommunikation zweier CWM-kompatibler Produkte keineswegs von vorneherein sichergestellt. Die Komplexität und der Umfang des Standards erschweren seine Akzeptanz ebenso wie das häufig geäusserte Manko, dass er zu sehr auf technische Metadaten fokussiere, so dass Business User nicht adäquat unterstützt werden. Schliesslich ist noch zu erwähnen, dass nicht explizit zwischen logischem und physischem Datenmodell unterschieden wird (im Gegensatz zur Praxis in den Data Warehouse-Projekten). Des weiteren sind Aspekte von Datenqualität und Data Lineage nicht berücksichtigt. So wird derzeit nur in großen Projekten für Metadatenmanagement-Systeme mit dem CWM-Standard gearbeitet bzw. „experimentiert", da noch keine Standardlösungen vorliegen.

Als ein allgemeines Austauschformat für Metadaten gewinnt auch XML zunehmend an Bedeutung. Viele Hersteller (insbesondere im ETL- oder End to End-Bereich) bieten neuerdings bidirektionale XML-Schnittstellen an; im Frontend-Bereich ist die Unterstützung häufig noch mangelhaft. Damit öffnen sich Systeme, deren Metadaten bisher nur schwer ausserhalb der administrativen Oberflächen abfragbar waren – beispielhaft sei das SAP Business Information Warehouse mit der aktuellen Version 3.0 genannt. Angesichts der Verbreitung von XML wird diese Schnittstelle vergleichsweise häufig genutzt.

Schliesslich sei noch der MX2-„Standard" erwähnt, ein Austauschformat, das herstellergetrieben (namentlich Informatica) entwickelt wurde. Auch wenn zwei Produkte (beispielsweise Informatica und ein Frontend-Tool) MX2 unterstützen, so traten in der Vergangenheit bei Praxistests immer wieder Probleme beim Metadatenaustausch auf. Vermutlich wird die Bedeutung von MX2 zugunsten des CWM-Standards abnehmen.

3.2 Produkte

Betrachtet man die möglichen Toolkategorien innerhalb einer Data Warehouse-Lösung, so werden Unterschiede hinsichtlich des Umgangs mit Metadaten deutlich:

Werkzeuge zur Datenbewirtschaftung (ETL-Tools) bieten am meisten Unterstützung für das Metadatenmanagement. Dies gilt v.a. für sogenannte engine-basierende Produkte, die komplett metadatengesteuert ablaufen. Daher müssen hier die Metadaten über den gesamten Prozess der Datenbewirtschaftung vorgehalten werden. Allerdings unterscheiden sich die Tools in der Offenheit der Metadatenhaltung. Die Marktführer legen die Metadaten jedoch meist relational und offen zugänglich ab, so dass sich verschiedene Möglichkeiten für den Austausch und Zugriff anbieten. In letzter Zeit werden die Abfragemöglichkeiten – etwa per Web, XML oder über vor- bzw. selbstdefinierte Reports – zahlreicher. Nach wie vor ist die Zielgruppe aber die der Entwickler, die technische Metadaten benötigen. Einige Hersteller (wie Informatica und Ascential) führen mittlerweile Komponenten in ihrer Produktpalette, die den Metadatenaustausch zu und zwischen verschiedenen Tools (vorwiegend Modellierungs-, Frontend- und ERP-Systeme) ermöglichen.

Im Frontend-Bereich sind derlei Anstrengungen zur Verbesserung und Unterstützung des Metadatenmanagements nur vereinzelt zu beobachten. Die meisten Produkte halten ihre Metadaten weiterhin proprietär vor, ein Austausch gestaltet sich schwierig.

Auch in der Kategorie der Repositories sind kaum Fortschritte festzustellen. Nach wie vor gibt es nur einen Anbieter (Viasoft mit Rochade), der Data Warehouse-spezifische Erweiterungen seiner Repository-Technologie anbietet. Unsere Erfahrungen in zahlreichen Projekten haben gezeigt, dass die Integration von Data Warehouse-Projekten in ein (vorhandenes) unternehmensweites Repository entweder gescheitert ist oder erst gar nicht versucht wurde. Der Aufwand wird meist als zu hoch eingeschätzt. Oft wird auch nicht auf Kauf-Software für Repositories zurückgegegriffen, sondern eine Eigenentwicklung (datenbankgestützt, HTML-Seiten, etc.) vorgezogen. Dazu tragen neben der Komplexität der Repositories auch deren hohen Anschaffungs- und Lizenzkosten bei.

Für Toolevaluationen und Evaluationskriterien für Repository-Technologien sei auf (Staudt, Vaduva, Vetterli 1999, S. 27ff. und S. 50ff.; Quitzsch 2000; Frie, Strauch 1999) verwiesen. Zusammenfassend lässt sich feststellen, dass ein umfassendes Metadatenmanagement in einem Data Warehouse heutzutage noch nicht durch ein entsprechendes Tool vollständig abgedeckt ist. Die meisten Produkte bieten ein eigenes Metadatenmanagement, demzufolge besteht die Herausforderung darin, Metadaten zwischen diesen unterschiedlichen „Welten" auszutauschen oder gar in einem einheitlichen Modell zu integrieren.

3.3   Architekturalternativen

Innerhalb der Realisierungsmöglichkeiten gibt es zwei Extrempositionen; das völlig zentrale Metadatenmanagement (bzw. eine entsprechende Architektur) auf der einen Seite und die völlig dezentrale Lösung auf der anderen Seite. Im ersten Fall wird ein eigenständiges Metadaten-Repository, physikalisch getrennt von den sonstigen Repositories der einzelnen Data Warehouse-Komponenten, aufgebaut. Die Charakteristika dieses Lösungsansatzes sind:

- Ein zentrales Repository für das gesamte Data Warehouses, das die Metadaten aus den anderen Data Warehouse-Komponenten zusammenfasst

- Sämtliche DWH-Komponenten tauschen Metadaten mit dem zentralen Repository aus.

- Sämtliche Metadaten werden in diesem Metadaten-Repository zentral verwaltet.

- Vollständige Erfüllung der Anforderungen an ein Metadatenmanagement-System.

- Automatisierte Bereitstellung der Metadaten.

Als Nachteile gelten jedoch:

- Hoher Integrations- und Entwicklungsaufwand in Abhängigkeit von den eingesetzten Data Warehouse-Komponenten. Ggf. muss eine Vielzahl von Schnittstellen entwickelt werden.

- Das zentrale Repository enthält Kopien der lokalen Metadaten-Bestände. Damit liegt eine Redundanz von Daten vor.

- Hoher Realisierungsaufwand, da es kein Werkzeug gibt, welches diese Implementierungsvariante vollständig unterstützt.

Insbesondere der letzte Punkt macht diese Implementierungsvariante in der Praxis fast nicht mehr umsetzbar, so dass es keine solchen Lösungen im größeren Rahmen gibt.

Auch das andere Extrem, der dezentrale Ansatz, bei dem alle beteiligten Werkzeuge ihre Metadaten selber verwalten, und in beliebigen Kombinationen untereinander bei Bedarf austauschen, ist in der Praxis nicht zu finden. Denn auch hier machen die derzeitigen technischen Einschränkungen eine solche Lösung sehr aufwändig. Zudem steigt dabei die Gefahr von Inkonsistenzen.

Daher sind in der Praxis meist Misch- und Teillösungen anzutreffen, die je nach Anforderungen einen Metadatenaustausch zwischen bestimmten Komponenten realisieren oder nur einen Teil der Metadaten in einem zentralen Repository vorhalten. Ein Beispiel für eine solche Lösung findet sich in Abschnitt 5, wo ein konkretes Kundenprojekt vorgestellt wird.

Als pragmatisch erweisen sich angesichts der Schnittstellen- und Austauschproblematik in der Regel teilautomatisierte Lösungen für das Metadatenmangement, die auch organisatorische Prozesse beinhalten. Somit kann der Aufwand entsprechend reduziert werden; allerdings ist hier die Pflege und Nutzung der Metadaten durch Einhaltung der vereinbarten Prozesse und Notationen zu gewährleisten.

Oft sind auch rein organisatorische Lösungen (papierbasierend, etc.) anzutreffen; hier gilt noch mehr, dass nur eine konsequente Umsetzung einen langfristigen Erfolg bringt. Eindeutige und verbindliche Regelungen und Prozesse helfen ebenso wie technische Unterstützung, wie der Einsatz von Workflow-Komponenten oder des Intranets.

3.4 Probleme in der Praxis

In den vorangegangenen Abschnitten wurde schon die ein oder andere Problematik in der Umsetzung von Lösungen für das Metadatenmanagement angesprochen. Es zeigt sich, dass die in Abschnitt 2.2 genannten Nutzenpotentiale idealtypischen Annahmen wie Homogenität der Anwendung, Reifegrad der Metamodelle, Offenheit der Technologien, etc. unterliegen. Aber gerade diese Annahmen treffen in der Praxis nur eingeschränkt zu. Reale Metadaten sind nicht „ideal", sie sind nach wie vor proprietär, technologieabhängig und komplex. In technischer Hinsicht ergeben sich ähnliche Transformations- und Integrationsprobleme wie beim Data Warehouse selbst, wozu insbesondere die mangelnde Verbreitung von Standards und die fehlende Offenheit von Tools beiträgt.

Heutige Lösungen fokussieren sehr stark auf die technischen Metadaten. Damit werden die Business User mit ihrem Bedarf an fachlichen Metadaten in vielerlei Hinsicht vernachlässigt, sei es in den Data Warehouse-Softwareprodukten (man vergleiche nur die Unterstützung für technische Metadaten in den ETL-Tools mit der Möglichkeit, fachliche Metadaten über das Frontend dem Endanwender zu präsentieren), in den Standards (vgl. CWM) und damit fast zwangsläufig bei den in der Praxis existierenden Lösungen für das Metadatenmanagement. Dies gefährdet in starkem Maße die Akzeptanz und damit den Erfolg des Data Warehouse. Erschwerend kommt hinzu, dass fachliche Metadaten wesentlich aufwändiger zu erzeugen und zu warten sind, da sie im Gegensatz zu den technischen Metadaten nicht automatisch und zwangsläufig anfallen.

Schliesslich scheitern Metadaten-Vorhaben immer wieder an der Finanzierung. Ihr Mehrwert lässt nur schwer vermitteln; zudem gilt auch hier – wie häufig bei Projekten, die viele Unternehmensbereiche betreffen, das „St. Florians-Prinzip": niemand möchte die Finanzierung übernehmen. Letztendlich entsteht häufig der Nutzen an anderen Stellen als der Aufwand (wenn beispielsweise derjenige, der einpflegt, nicht identisch mit dem Nutzer ist, der unmittelbar davon profitiert). Gerade die „Vergangenheitsbewältigung", wie etwa die Erfassung von Metadaten

für alte Quellsysteme, kann sehr aufwändig und damit kostenintensiv werden –
hier steckt noch viel Wissen in den Köpfen.

In der Beratungspraxis lassen oft auch falsche oder überzogene Erwartungen an
das Metadatenmanagement erste zaghafte Lösungsansätze im Keim ersticken.
Schliesslich weist man dem Thema eine niedrigere Priorität zu, wenn erste Anläu-
fe scheitern – das Projekt verläuft im Sande.

Abschliessend sei noch auf die Probleme verwiesen, die die Vereinheitlichung von
Begriffen, etwa für eine Begriffsinformationssystem, nach sich ziehen kann. Neben den rein fachlichen Schwierigkeiten sind häufig zwischenmenschliche Aspekte und das Konkurrenzdenken zwischen verschiedenen Unternehmensbereichen hinderlich.

4 Lösungsansätze

Im folgenden werden neben einer möglichen Vorgehensweise kritische Erfolgsfaktoren aufgelistet und einige Wirtschaftlichkeitsbetrachtungen durchgeführt.

4.1 Vorgehensweise

Die Vorgehensweise ähnelt in Aufbau und Problemstellungen der Realisierung eines Data Warehouse: aus den (fachlichen) Anforderungen der Anwender müssen
die liefernden Systeme bestimmt werden, Metadaten müssen ggf. integriert und
konsolidiert werden (die Problematik einer einheitlichen Terminologie ist hier
sogar noch verschärft), Metadaten sollen versioniert werden, etc. Als zusätzliche
Architekturvariante kommt der bidirektionale Austausch von Metadaten zwischen
verschiedenen Tools bzw. Data Warehouse-Komponenten hinzu, während Data
Warehouse-Architekturen üblicherweise mit der Hub and Spoke-Architektur den
zentralen Ansatz verfolgen.

Die erste Phase – die Projektdefinition – unterscheidet sich nicht wesentlich von
der eines klassischen IT-Projektes. Wirtschaftlichkeitsbetrachtungen können allerdings eine größere Rolle spielen (vgl. Abschnitt 4.3).

4.1.1 Anforderungsaufnahme

Ähnlich der Phase des Grobkonzeptes in IT-Projekten müssen zunächst die Anforderungen aufgenommen werden. Dies betrifft neben einer IST-Analyse der derzeitigen technischen und fachlichen Lösungen (inkl. ihrer organisatorischen Einbettung) insbesondere die Anforderungen an das künftige System. Dazu sollten
Workshops mit den späteren Anwendern (Endanwender und Entwickler) durchge-

führt werden; beispielsweise anhand einer Checkliste mit allen gängigen Metadatentypen werden dann die jeweiligen Bedürfnisse eruiert. Eine Priorisierung ist hier sinnvoll, um die Komplexität und den Umfang einzugrenzen bzw. um einen etwaigen Business Case (s.u.) daraus ableiten zu können. Solche Meetings sollten auch dafür genutzt werden, ein gemeinsames Verständnis von Metadaten, ihrem Nutzen und ihrer Komplexität bei allen Beteiligten zu erzeugen.

4.1.2   Aufbau eines Business Case (optional)

Begleitend oder vorgelagert der technischen und fachlichen Konzeption bietet sich der Aufbau eines Business Cases an. Je mehr das Projekt unter wirtschaftlichem Rechtfertigungszwang steht und je weniger den Anwendern der Nutzen klar ist und ihre künftige Kooperationsbereitschaft in Frage steht, desto wichtiger wird ein solcher Business Case. Er sollte einen vorher festgelegten, von einem möglichst großen Anwenderkreis getragenen Scope haben, der neben Erkenntnissen hinsichtlich Aufwand und Nutzen des Projektes (Ermittlung des ROI) insbesondere Quick Wins (wenig Aufwand, große Wirkung) liefert. Idealerweise adressiert man mit dem Szenario eine Anforderung, die für die Anwender eine hohe Priorität hat, die sie bisher aus eigenen Mitteln jedoch nicht erreichen konnten. Beispiel könnte etwa sein, die Aktualität der Daten dem Endanwender verfügbar zu machen („Von wann sind denn die Daten in meinem Report?"). Ein weiteres Ergebnis des Business Case sollte eine Prioritätenliste sein, aus der sich die weiteren Schritte ableiten lassen.

4.1.3   Fachliches und organisatorisches Konzept

Die abzubildenden Metadaten werden in einem Datenmodell bzw. in einer geeigneten Notation spezifiziert. Aus den Ergebnissen der Informationsbedarfsanalyse werden die liefernden „Quellsysteme" für die Metadaten bestimmt bzw. wird identifiziert, welche Metadaten manuell einzupflegen oder zu übertragen sind. Je nach Architekturansatz (zentral oder verteilt) muss hier auch die Integrationsproblematik von Metadaten aus verschiedenen Systemen insbesondere auf semantischer Ebene gelöst werden. Noch stärker als in Data Warehouse-Projekten ist die Umsetzung durch unterstützende organisatorische Prozesse zu adressieren. Hier gilt es auch, die Verantwortlichkeiten und Zuständigkeiten für die einzelnen Aufgaben (Ersterfassung, Pflege, Freigabe, etc.) sowie verbindliche Regelungen festzulegen. Schliesslich ist der Initialaufbau des Metadatenmanagement-Systems gesondert zu adressieren.

4.1.4   Technisches Konzept

Hier werden alle technischen Rahmenbedingungen festgelegt. Das Design der Architektur erfordert, dass die Möglichkeiten der beteiligten Tools zum Metadatenaustausch bekannt sind. Ggf. sind entsprechende Tests durchzuführen, bzw. kann der Business Case (soweit vorhanden) Erkenntnisse bringen. Auf keinen Fall sollte man sich blindlings auf Herstellerangaben verlassen oder davon ausgehen, dass zwei Produkte, die an sich dasselbe Austauschformat anbieten, auch problemlos miteinander kommunizieren können. Bei einer Entscheidung für Kauf-Software (und gegen Eigenentwicklung) ist zu prüfen, ob diese alle geforderte Funktionalität abbildet.

Während in Data Warehouse-Projekten das technische Konzept dem Fachkonzept üblicherweise nachfolgt, ist hier eine gewisse Parallelisierung der Phasen empfehlenswert. Aufgrund der bereits angesprochenen technischen Problematik läuft man so weniger Gefahr, ein Fachkonzept zu spezifizieren, das sich technisch nicht umsetzen lässt oder das zuviel Aufwand verursachen würde.

Die weiteren Phasen der Implementierung, Wartung, etc. unterscheiden sich nicht wesentlich zu IT-Projekten, daher wird hier nicht näher darauf eingegangen.

4.2   Kritische Erfolgsfaktoren

Bei der Konzeption und Umsetzung einer Metadatenmanagement-Lösung gibt es eine Reihe kritischer Erfolgsfaktoren, deren Beachtung für den Projekterfolg entscheidend sind:

- Genaue Anforderungs- und Bedarfsanalyse mit Priorisierung angesichts des Umfang und der Komplexität von Metadaten

- Weitestgehende Nutzung der technischen Möglichkeiten der Tools; so wenig manuelle Prozesse wie möglich

- Erfahrener Projektleiter

- Eine kontrollierte Begriffsvielfalt kann sinnvoll sein. Für diesen Ansatz ist zwingend erforderlich, den Geltungsbereich und den verantwortlichen Ansprechpartner jeder Definition zu dokumentieren, um in späteren Phasen möglichen Fehlinterpretationen vorzubeugen

Daneben gibt es Faktoren, die die Akzeptanz der Lösung seitens der Anwender erheblich beeinflussen:

- Das Repository muss für die Endanwender und Entwickler mit minimalem Aufwand erreichbar sein.

- Aktualität der Metadaten

- Die Standards, die mit der Einrichtung eines Repositorys etabliert werden, müssen in der Praxis umsetzbar und akzeptabel sein.

- Die funktionalen Anforderungen an ein Metadatenmanagement (vgl. Abschnitt 2.3) müssen erfüllt sein.

Schliesslich ist es notwendig, ein Metadatenmanagement-Projekt auch richtig ein-
zuschätzen bzw. im Unternehmen adäquat zu positionieren. Ein umfassendes Projekt benötigt ein Sponsoring von höchster Managementebene. Metadatenmanagement ist – wie Data Warehousing – ein Prozess, und nicht nur ein Projekt. Folglich
sind ein iterativer Ansatz und ein langfristiger Horizont unabdingbar – trotz der
Notwendigkeit schneller sichtbarer Erfolge. Man sollte zudem weder den Aufwand noch die politische Dimension eines solchen Unterfangens unterschätzen.
Metadatenmanagement erfordert Kommunikation und Kooperation im Unternehmen, insbesondere auch zwischen der IT und den Fachabteilungen. Für alle Beteiligten sollte sich letztlich eine Win-Win-Situation ergeben, in der langfristig ein
ausgewogenes Verhältnis zwischen Aufwand und Nutzen herrscht.

4.3 Wirtschaftlichkeitsbetrachtungen

Gerade gegenüber dem Management müssen Nutzenargumente, wie erhöhte Produktivität, fundiertere Entscheidungsfindung und niedrigere Kosten mit Zahlen
belegt werden. Daher stehen die Projekte oft unter dem Zugzwang, den postu-
lierten Nutzen auch zu quantifizieren, etwa im Rahmen einer ROI-Analyse. Es
liegt nahe, dass dies in vielen Fällen nur schwer machbar ist. Dennoch empfiehlt
es sich, vergleichbar den ROI-Analysen in klassischen IT-Projekten, die Kosten
und Nutzen der jeweiligen Alternativen einander gegenüberzustellen. Der Kosten-
schätzung für das geplante Metadatenmananagement-Projekt (die üblicherweise
im Rahmen der Projektdefinition sowieso durchgeführt wird) sollten die Kosten
für die gegenwärtige Situation gegenüber gestellt werden. Letztere sind nicht
unmittelbar ersichtlich, denn es handelt sich vielfach um Kosten für die Suche
nach Informationen (in welchem Bericht finde ich die benötigte Analyse, was
bedeutet diese Kennzahl, etc.), die Interpretation der Information (Nachfragen per
Email, Telefon, etc.), die Aufbereitung der Information und für weitere Aufgaben.
Solche Werte können etwa über eine Protokollierung dieser Tätigkeiten über einen
gewissen Zeitraum oder durch Interviews ermittelt werden

Für die Nutzenanalyse kann die in Abschnitt 2.2 aufgeführte Liste der Nutzenpotentiale verwendet werden: welcher Nutzen trifft zu und was spart er ein?
Schliesslich sollte auch noch der entgangene Nutzen oder gar der Schaden in irgendeiner Form quantifiziert oder zumindest geschätzt werden, der durch Fehlin-
terpretation von Daten oder durch fehlende Informationen entstehen kann. Anhaltspunkte hierfür können Erfahrungen aus der Vergangenheit, aus vergleich-
baren Umgebungen in anderen Unternehmensbereichen oder externe Werte (aus
Case Studies, etc.) sein.

Auch in wirtschaftlicher Hinsicht ist es sinnvoll, mit einem Business Case oder
einem Teilprojekt zu beginnen. Hier lassen sich Kosten und Nutzen in der Regel
noch besser überschauen. Man sollte also vermeiden, den ROI einer unternehmensweiten und langfristigen Lösung schon zu Projektbeginn ermitteln zu wollen.

5 Realisierungsbeispiel bei der Hamburgischen Landesbank

Im folgenden wird anhand eines Praxisbeispiels ein durchgängiges Metadatenmanagement beschrieben, das weitgehend automatisiert und unter weitestmöglicher Ausnutzung der Funktionalität der eingesetzten Tools dem Endanwender Metadaten (auch fachliche) zur Verfügung stellt. Die Lösung wurde von Mummert + Partner in Zusammenarbeit mit der Hamburgischen Landesbank entwickelt. Sie ist beim Kunden implementiert und läuft dort erfolgreich.

5.1 Die Architektur

Im Rahmen des Aufbaus des Data Warehouse wurde eine Toolauswahl durchgeführt, die neben den funktionalen Kriterien und der Plattform-Festlegung (in diesem Fall auf die skalierbare SUN Solaris Umgebung) auch insbesondere Anforderungen bezüglich der Metadaten enthielt. Systeme mit proprietärer Datenhaltung für Metadaten, aber auch Tools ohne die notwendigen offenen Schnittstellen schieden bereits bei der Grobevaluierung aus. Nicht nur wegen des umfangreichen Funktionsspektrums, auch angesichts der Flexibilität im Bezug auf Metadaten entschied man sich für eine Lösung mit Informatica im Bereich der Datenbewirtschaftung. Dessen Komponente PowerPlug zum Austausch der Metadaten liefert hier einen besonderen Mehrwert: mit wenig Aufwand können Metadaten aus den gängigen Modellierungswerkzeugen (z. B. ERwin, PowerDesigner) in das Informatica Repository überführt werden. Auch der Business Content aus SAP-Quellen kann abgeglichen werden, sodass die Einführung neuer SAP-Versionen mit weitaus weniger Aufwand verbunden ist.

Als Frontend entschied man sich für Brio, das für das Metadatenmanagement eine besondere Lösung anbietet. Andere Reporting Tools werten i.d.R. die Systemtabellen des zugrundeliegenden Datenbanksystems aus. Tabellen- und Attributbeschreibungen müssen daher in der Datenbank per DLL abgelegt werden. Die Möglichkeiten für die Speicherung solcher Metadaten ist folglich sehr begrenzt, da in den Systemtabellen nur statische Datenbankobjekte abgelegt werden können. Transformationsregeln oder Ladestatistiken, also gängige Informationen eines ETL-Tool Repositories, stehen daher in diesen Frontend-Werkzeugen nicht zur Verfügung. Im Gegensatz dazu bietet Brio eine generische und anpassbare Metadatenschnittstelle an. Alternativ zu den Systemtabellen können weitere Metadaten aus beliebigen relationalen Datenbanken per SQL-Anweisungen und damit dynamisch dem Endanwender zugänglich gemacht werden.

Die folgende Abbildung zeigt, wie das Metadatenmanagement innerhalb der Data Warehouse-Architektur (eine klassische Hub and Spoke-Architektur) realisiert ist. Dabei wurde weitestgehend Standard-Software eingesetzt.

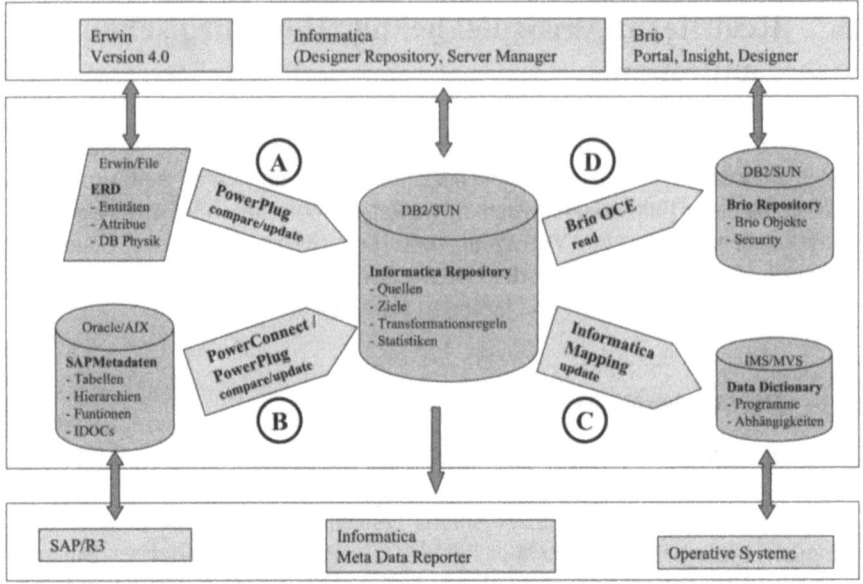

Abb. 1: Architektur der Metadatenlösung bei der Hamburgischen Landesbank

Die zentrale Datenbasis für die Verwaltung der Metadaten ist das Informatica Repository, in dem alle notwendigen Informationen bereitgestellt werden. Alle Datenbankobjekte werden in ERwin modelliert und beschrieben. Anschließend werden diese Informationen mittels PowerPlug in das Informatica Repository in ein Verzeichnis übertragen (Weg A), auf das nur mit einer Leseberechtigung zugegriffen werden kann. Die SAP Metadaten werden mit der Informatica Komponente PowerConnect eingespielt (Weg B). Auf organisatorischer Ebene gibt es eine zentrale Instanz (in Form eines Mitarbeiters), die die ERwin-Datenmodelle abnimmt. Für eine Abnahme müssen alle Objekte kommentiert sein. Die Instanz ist auch für die Übertragung dieser Metadaten in das Informatica Repository verantwortlich. Damit ist eine kontinuierliche Pflege und die Konsistenz der Metadaten organisatorisch und technisch gewährleistet.

Um das gängige Praxisproblem zu vermeiden, dass Änderungen an den Datenmodellen in den Quellsystemen den ETL-Entwicklern nicht mitgeteilt werden (wäre notwendig, da die ETL-Tools hierfür keine technische Lösung bieten) und somit zunächst fehlerhafte Bewirtschaftungsläufe verursacht werden, findet eine weitere Übertragung von Metadaten statt: ein Informatica-Prozess transferiert periodisch die Transformationsregeln einschließlich der Quell- und Zieldefinitionen in das zentrale Data Dictionary auf dem Host (Weg C). Dieses Dictionary enthält alle Metadaten der Quellsysteme und auch insbesondere deren Datenmodelle. Die Entwickler der operativen System werden nun umgehend bei Datenmodelländerungen in ihrem Bereich informiert, ob und welche Transformationsprozesse für die Bewirtschaftung des Data Warehouses betroffen sind. Zielgerichtet kann dann den

ETL-Entwicklern mitgeteilt werden, wenn Änderungen in den Quellsystemen die Datenbewirtschaftung beeinflussen werden, so dass die ETL-Entwickler a priori (und nicht erst im Fehlerfall) die Änderungen einarbeiten können. Auch hier wird durch eine technische Lösung ein organisatorischer Prozess initiiert, der die Pflege und den Austausch von Metadaten zum Ziel hat.

Der Zugriff auf die Metadaten im Informatica Repository kann auf unterschiedliche Weise erfolgen. Der ETL Entwickler erhält alle relevanten Informationen direkt aus den Informatica Clients (die Entwicklungsumgebung Designer, Repository Manager, Meta Data Reporter). Der Endanwender bzw. der Frontend-Entwickler kann diese Informationen über die generische Brio Schnittstelle (BRIO OCE (open catalog extension)) einsehen (Weg D). In Abschnitt 5.2 wird eine solche Verbindung beispielhaft vorgestellt. Schließlich können aber auch eigenständige Reports per SQL entwickelt werden, da das Informatica Repository, und damit alle Metadaten, in einer relationalen Datenbank transparent gespeichert werden. Das Strukturen des Repositorys sind ausreichend dokumentiert, um dies (nach einer gewissen Einarbeitung) zu ermöglichen.

5.2 Exemplarische Übertragung von Metadaten

Anhand der folgenden Reihe von Screenshots wird beispielhaft gezeigt, wie Metadaten (im Beispiel die fachliche Beschreibung der Tabelle „T_DM_PERIODE_MONAT_STR") vom originären System, in dem sie eingepflegt wurden, – hier das Modellierungstool Erwin – über das Informatica Repository bis hin zum Endanwender „wandern", der sie im Rahmen einer Query abfragen kann.,

Der erste Screenshot zeigt die Überführung der Metadaten aus ERwin in das Informatica Repository (im obiger Abbildung Weg A) mit Hilfe der Informatica Komponente PowerPlug. Über die Funktionen „Validate", „Compare" und „Update" können die Metadaten beider Tools verglichen und geänderte oder neue Metadaten wahlweise ganz oder in Teilen (beispielsweise nur Beschreibungen) von ERwin nach Informatica übernommen werden.

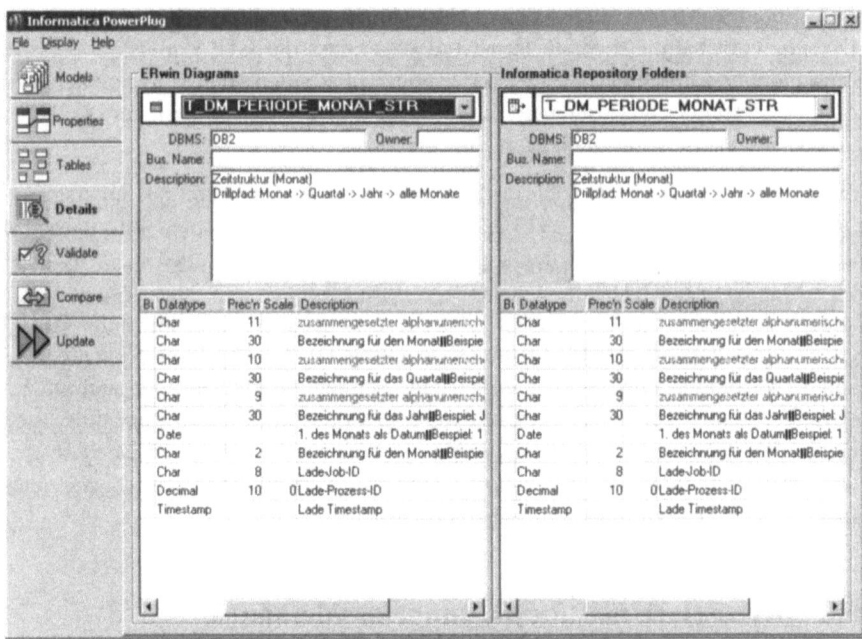

Abb. 2:   Übertragung einer Tabellenbeschreibung aus ERwin nach Informatica in PowerPlug

Nach der Übertragung „kennt" auch Informatica die Beschreibung der Beispielstabelle „T_DM_PERIODE_MONAT_STR", wie der Bildschirmausschnitt der Arbeitsoberfläche des Informatica Designers in Abb. 3 zeigt. So können auch ETL-Entwickler die enthaltene semantische Information bei ihrer Arbeit nutzen.

Die Beschreibung ist, wie alle Metadaten von Informatica, in dessen Repository (einer relationalen Datenbank) abgelegt. Daher kann nun mit der eingangs erwähnten OCE-Schnittstelle vom Frontend-Werkzeug Brio aus darauf zugegriffen werden. Dazu definiert ein Entwickler einmalig und im Vorfeld den Inhalt dieser Verbindung, wie der Screenshot in Abb. 4 zeigt. Neben der Angabe von Tabellen und Spalten (in anderen Reitern definiert, daher hier nicht sichtbar) wird spezifiziert, welche Informationen aus dem Informatica Repository über diese Schnittstelle abgefragt werden sollen. Im vorliegenden Beispiel ist dies wiederum die Beschreibung der Tabelle (man beachte, daß diese Definition nicht „festverdrahtet" für die Beispielstabelle „T_DM_PERIODE_MONAT_STR" erfolgt, sondern generisch für alle Tabellen).

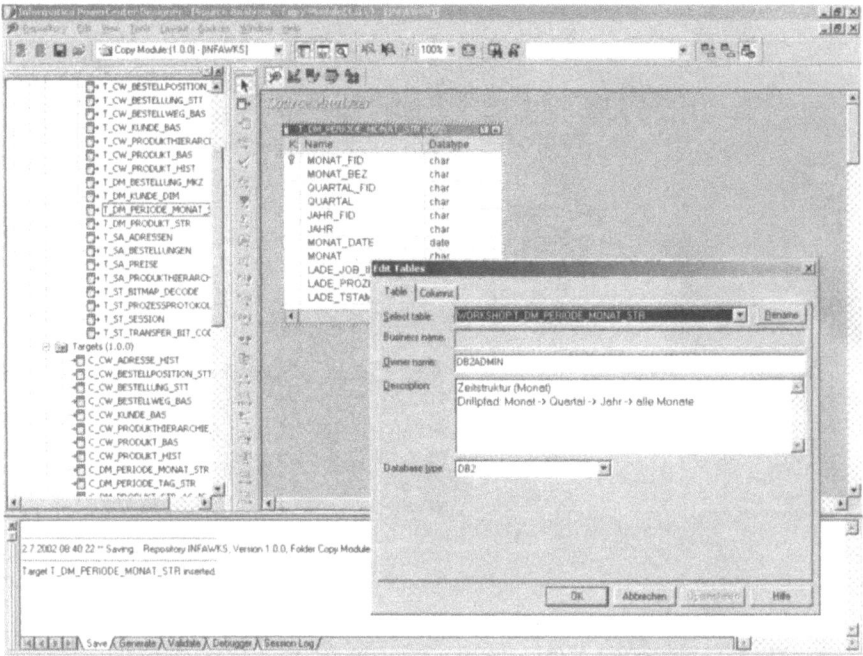

Abb. 3:   Anzeige der Tabellenbeschreibung in der Informatica Arbeitsoberfläche

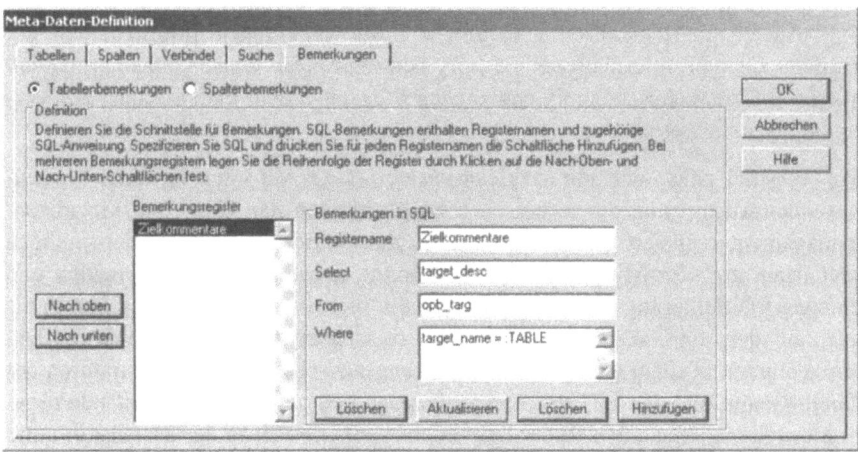

Abb. 4:   Definition des Zugriffs auf Informatica-Metadaten in Brio, hier für Tabellen-
beschreibungen

Will nun der Endanwender im Verlauf einer Query die fachliche Beschreibung zu
einer Tabelle sehen, so erhält er diese über einen einfachen Mausklick in einem
separaten Fenster, wie der folgende Screenshot zeigt.

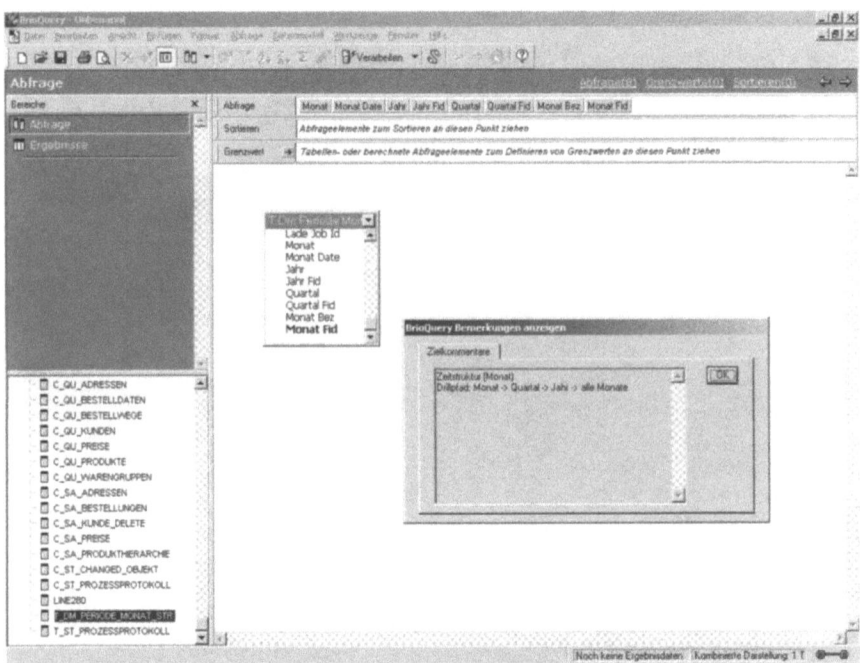

Abb. 5:   Anzeige einer Tabellenbeschreibung in Brio für den Endanwender

Dabei wird im Hintergrund gemäß der im Vorfeld definierten Schnittstelle eine SQL-Anweisung dynamisch generiert, die die angefragten Informationen zur Laufzeit aus dem Informatica Repository holt. Auf diese Weise können prinzipiell alle im Informatica Repository enthaltenen Metadaten dem Endanwender zur Verfügung gestellt werden.

Das Beispiel zeigt, wie mit vergleichsweise wenig Aufwand, da unter weitestgehender Ausnutzung der technischen Möglichkeiten der Tools, ein Metadatenmanagement realisiert wurde, das dem Endanwender alle für ihn notwendigen Metadaten zur Verfügung stellt. Diese können sowohl aus dem führenden und einzigen Modellierungswerkzeug ERwin (wie hier die Tabellenbeschreibung) als auch aus dem ETL-Werkzeug Informatica (beispielsweise die Aktualität der Daten) stammen. Zudem wurde die Abstimmung zwischen den Administratoren der Quellsysteme und den ETL-Entwicklern wesentlich verbessert. Begleitende organisatorische Massnahmen fördern die kontinuierliche Pflege der Metadaten unter Berücksichtigung von Konsistenzanforderungen.

6 Zusammenfassung

Die Ausführungen zeigten, dass auch heutzutage, lange nachdem die Bedeutung eines durchgängigen Metadatenmanagements erkannt wurde, die Unterstützung durch Hersteller, Standards, Methodik und Referenzarchitekturen nur sehr unzureichend ist. Neben diesen eher technischen Unzulänglichkeiten erschweren nach wie vor organisatorische und „zwischenmenschliche" Hemmnisse in den Unternehmen eine rasche und erfolgreiche Umsetzung. Eine strategische Positionierung mit Sponsoring aus dem Management muss daher einhergehen mit einem Umdenkprozess in den Unternehmen, der eine einheitliche Auffassung des Geschäftes (und damit der Geschäftsobjekte und -ziele) im Fokus hat.

7 Literatur

Bauer, A., Günzel, H., (Hrsg.): Data Warehouse Systeme: Architektur, Entwicklung, Anwendung. dpunkt.verlag, Heidelberg 2001.

Do, H.H., Rahm, E.: On Metadata Interoperability in Data Warehouses. Report Nr. 01(2000), Universität Leipzig 2000.

Frie, T., Strauch, B.: Kriterienkatalog für Metadatenmanagement-Werkzeuge. Bericht BE HSG/CC DWS/03, Universität St. Gallen September 1999.

Melchert, F., Auth, G., Herrmann, C.: Integriertes Metatenmanagement für das Data Warehousing. Bericht BE HSG/CC DW2/03, Universität St. Gallen Juni 2002.

Poole, J., Chang, D., Tolbert, D., Mellor, D.: Common Warehouse Metamodel. John Wiley & Sons, 2001.

Quitzsch, S.: Metadatennutzung kommerzieller Data-Warehouse-Werkzeuge. Diplomarbeit, Universität Leipzig 2000, http://dol.uni-leipzig.de/pub/2000-10.

Staudt, M., Vaduva, A., Vetterli, T.: Metadata Management and Data Warehousing. Technical Report des Instituts für Informatik, ifi-99.04, Universität Zürich 1999, ftp://ftp.ifi.unizh.ch/pub/techreports/TR-99/ifi-99.04.pdf.

Staudt, M., Vaduva, A., Vetterli, T.: The Role of Metadata for Data Warehousing. Technical Report des Instituts für Informatik, ifi-99.06, Universität Zürich 1999, ftp://ftp.ifi.unizh.ch/pub/techreports/TR-99/ifi-99.06.ps.

Tozer, G. V.: Metadata management for information control and business success. Artech House, Norwood 1999.

Vaduva, A., Dittrich, K.R.: Metadata Management for Data Warehousing: Between Vision and Reality. Technical Report 2000.08, Department of Information Technology, University of Zurich Dezember 2000.

Die Swiss Re Data Language – Erfahrungen mit Terminologiemanagement im Rahmen des Data Warehousing

Hans Wegener
Swiss Re

Gunnar Auth
Universität St. Gallen

Die Vereinheitlichung von Begriffssystemen wird vielfach als wichtiger Nutzenfaktor für das Metadatenmanagement im Rahmen des Data Warehousing hervorgehoben. Die Swiss Re Gruppe hat für die Verwaltung von Fachbegriffen das Konzept der Swiss Re Data Language (SDL) entwickelt, über das Fachbegriffe eng mit den Datenmodellen der Data-Warehousing-Umgebung verknüpft werden. Dieser Beitrag beschreibt das Konzept der SDL, die hierfür entwickelte SDL-Applikation sowie Erfahrungen mit der organisatorischen Verankerung über Prozesse und Rollen.

1   Einleitung

Die Swiss Re unterscheidet sich von manchen Unternehmen darin, dass sie eine sehr inhomogene Struktur aufweist. Unter anderem:

- ist das Unternehmen durch eine starke geographische, d. h. weltweite Verteilung der Standorte gekennzeichnet,

- gestaltet sich die technische Infrastruktur, z. B. auf Grund von Firmenaquisitionen in den letzten Jahren, sehr heterogen und

- weisen die Geschäftsfelder teilweise beachtliche Unterschiede auf, z. B. die so genannt klassische Rückversicherung gegenüber der als innovativ beschriebenen Finanzdienstleistungen.

Dies spiegelt sich auch im Anforderungsprofil für das seiner Natur nach eher zentralistische Terminologiemanagement wider. Die Auswirkungen von Begriffsbestimmungen sind zuweilen sehr subtil und müssen entsprechend breit abgestützt werden. Zudem sind Fehler, einmal gemacht, nicht ohne weiteres schnell wieder rückgängig zu machen. Der entscheidende Lackmustest, der die Prozesse für das Terminologiemanagement prüft, ist daher das Mass an Flexibilität, das ohne Aufgabe hinreichender Integrität erzielbar ist.

In der Swiss Re bestand vor dem Entwurf der Prozesse bereits eine technische Lösung zum Terminologiemanagement. Die drei Benutzergruppen rekrutierten sich aus der Business Group Life & Health sowie dem Corporate Center. Zu diesem Zeitpunkt war das Bedürfnis nach einer Konsolidierung der Glossarentwürfe aufgetreten, weshalb die Gruppen bereits informell zusammenarbeiteten (Vertreter der Gruppen sassen in Gremien der jeweils anderen Gruppen). Strukturell waren die Glossare unabhängig, aber die Beschlussfassung erfolgte unter Einbeziehung der Expertise der Vertreter anderer Gruppen. Der erklärte Wunsch der Fachbereichsvertreter war, diese Ordnung beizubehalten.

Das grundlegende Problem beim Entwurf der Glossarmanagementprozesse bestand also darin, die stark ausgeprägte föderale Kultur als Faktum zu akzeptieren, ohne Möglichkeiten zum formalisierten Glossarmanagement aufzugeben. Insbesondere zeichnete sich relativ früh ab, dass sich ein zentral institutionalisiertes Glossarmanagement keinesfalls durchsetzen würde.

Der Beitrag beschreibt ein Konzept für ein Terminologiemanagement im Rahmen des Data Warehousing, das bei der Swiss Re Gruppe entwickelt und umgesetzt wurde. Abschnitt 2 ordnet das Terminologiemanagement in das allgemeine Metadatenmanagement ein und beschreibt notwendige theoretische Grundlagen. In Abschnitt 3 werden Aufbau, zentrale Elemente und Qualitätsaspekte der Swiss Re Data Language (SDL) dargestellt. Darauf aufbauend erläutert Abschnitt 4 das Vorgehen und die zentralen Ergebnisse beim Entwurf von organisatorischen Prozessen für die Verankerung des Terminologiemanagements innerhalb des Data Warehousing. Der Beitrag endet mit einer Zusammenfassung der bisherigen Erfahrungen mit der SDL.

2   Terminologiemanagement als Teilaufgabe des Metadatenmanagements

Im Rahmen des Data Warehousing machen sich aus Sprachdefekten resultierende Probleme u. a. bei der Datenanalyse bemerkbar. Bei fehlenden, fehlerhaften und uneindeutigen Definitionen von Begriffen für Dateninhalte wird bspw. ein Vergleich von Berichtsdaten über einen Zeithorizont stark erschwert (vgl. Strauch 2002, S. 119). Lehmann bezeichnet die Klärung von Unternehmensbegriffen daher als kritischen Erfolgsfaktor für das Data Warehousing (Lehmann 2001, S. 123) und schlägt die Einführung eines eigenen *Terminologiemanagements* vor, das die Planung, Steuerung, Pflege und Organisation der Terminologie umfasst (Lehmann

2001, S. 133). Besonders hervorgehoben wird von Lehmann der Prozesscharakter des Terminologiemanagements. Demnach ist Terminologiemanagement „ein kontinuierlicher Prozess der Neubildung, Umbenennung, Redefinition und Kontrolle von Fachbegriffen" (Lehmann 2001, S. 134). Und weiter: „ Deshalb ist sie explizit und systematisch als ständiger Prozess zu organisieren, da die Entwicklung des Begriffssystems andernfalls unkontrolliert läuft (Lehmann 2001, S. 134).

Grundlegende Instrumente für das Terminologiemanagement sind das Glossar und die Taxonomie. Ein Glossar[1] ist eine Sammlung von Fachbegriffen und ihren zugehörigen Definitionen. Glossare dienen primär zur Kontrolle der Semantik von Fachbegriffen. Syntaktische Beziehungen zwischen Begriffen eines Glossares werden in einer zugehörigen Taxonomie abgebildet. Eine Taxonomie stellt ein systematisches und hierarchisches Klassifikationsschema für Fachbegriffe dar (Faber, Sanchez 2001, S. 193).

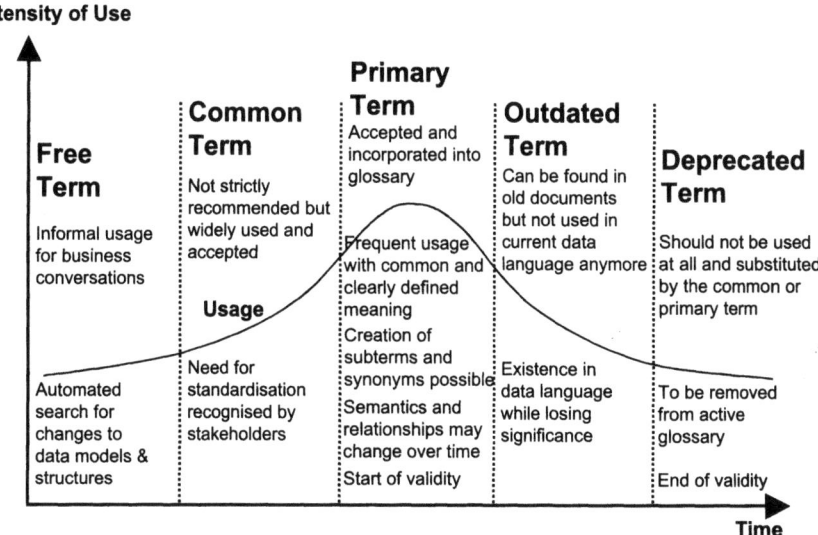

Abb. 1:   Begriffslebenszyklus der Swiss Re (in Anlehnung an Kremer, Riempp 2001)

Sprache und ihre Begriffe sind keine statischen Konstrukte sondern unterliegen im Zeitverlauf einem dynamischen Wandel. Begriffe verändern ihre Bedeutung und/ oder ihre Schreibweise (also ihre Benennung), verschwinden aus dem Sprachgebrauch oder kommen neu hinzu. Während seines Gebrauchs durchläuft ein Begriff eine Reihe von Phasen, aus denen ein *Begriffslebenszyklus* resultiert. Auch dem

---

[1]   Der Begriff Terminologie wird sowohl als Oberbegriff für einen Menge von zusammengehörigen Glossaren als auch als Synonym für ein einzelnes Glossar verwendet. In diesem Beitrag hat er durchgehend erstere Bedeutung.

Terminologiemanagement der Swiss Re liegt ein Begriffslebenszyklus zugrunde, der speziell auf die Verwendung im Rahmen des Data Warehousing der Swiss Re angepasst wurde. Abb. 1 zeigt den bei der Swiss Re verwendeten Begriffslebenszyklus.

In der ersten Phase seiner Nutzung wird ein Begriff als *Free Term* klassifiziert. Der Begriff wird zunächst sporadisch und in informeller Weise innerhalb der Unternehmenskommunikation genutzt. Free Terms können bspw. durch automatisiertes Verfolgen von Änderungen an Datenmodellen und -strukturen identifiziert werden.

Steigt die Intensität des Gebrauchs in Konversationen im Unternehmenskontext an, wechselt der Begriff in den Status eines *Common Term*. Für einen Common Term existieren häufig Mitarbeiter, die in besonderer Weise an einer eindeutigen Festlegung von Syntax und Semantik dieses Begriffs interessiert sind, da sie bei ihrer Aufgabenverrichtung verstärkt mit dem Begriff arbeiten müssen (*Stakeholders*). Die Identifikation von Fachbegriffen kann somit auch durch Vorschlag eines Stakeholders erfolgen.

Mit der Aufnahme eines Begriffs in ein explizites Glossar innerhalb des Terminologiemanagements wird aus dem bisherigen Common Term ein *Primary Term*. Primary Terms werden bei der Kommunikation regelmässig benutzt und Benennung und Bedeutung sind klar definiert und gemeinhin anerkannt. Im Terminologiemanagement der Swiss Re können Primary Terms genutzt werden, um durch Kombination mit anderen Begriffen neue Begriffe zu erzeugen. Primary Terms sind darüber hinaus in eine Taxonomie eingebunden und können in anderen Glossaren wiederverwendet werden.

Im Laufe der Zeit kann ein Primary Term seine Bedeutung und/oder seine Benennung ändern, wodurch er zum *Outdated Term* wird. Outdated Terms verbleiben zunächst in Glossar und Taxonomie, die Intensität ihrer Benutzung in Konversationen nimmt allerdings ab.

Schliesslich wird aus dem Outdated Term ein *Deprecated Term*, dessen Gebrauch im Unternehmen nicht mehr erwünscht ist. Ein Deprecated Term kann in Glossar und Taxonomie durch einen anderen Primary Term ersetzt werden, sollte aber aus Konsistenzgründen in einem passiven Glossar erhalten bleiben.

3   Vereinheitlichung von Fachbegriffen mit der Swiss Re Data Language

Als Grundlage für das Metadatenmanagement und insbesondere auch für das Terminologiemanagement wurde bei der Swiss Re die *Swiss Re Data Language*

(SDL) entworfen, die Teil der Swiss Re Business Information Architecture (BIA) ist. Die BIA beschreibt eine konzeptionelle Informationslogistik zur Bereitstellung entscheidungsunterstützender Daten für die Swiss Re. Innerhalb der BIA ist die SDL die zentrale Komponente zur Beschreibung von applikationsübergreifenden Metadaten. Die Bezeichnung „Data Language" deutet bereits auf den angestrebten Zweck hin, Syntax und Semantik von Begriffen zu definieren, die bei der Datenverarbeitung und insbesondere dem Berichtswesen der Swiss Re Gruppe eine Relevanz haben.

3.1   Aufbau der SDL

Ende 1999 wurde in einem ersten Projekt zur Umsetzung des SDL-Konzepts damit begonnen, die bisher getrennten Begriffssysteme der Bereiche Finance Systems Architecture (FSA-DL) und Reinsurance Systems Architecture (RSA-DL) in der SDL zusammenzuführen. Im Zuge der Integration wurden die ebenfalls getrennten Applikationen zur Verwaltung von FSA-DL und RSA-DL von einer neuen SDL-Applikation abgelöst. Die wichtigsten Bestandteile der SDL-Applikation sind ein Repository zur Verwaltung von Glossaren und Taxonomie, eine Administrationskomponente sowie ein Web-Frontend für den Zugriff aus dem Intranet.

Begriffe, die nicht direkt einem der Bereiche FSA oder RSA zugeordnet werden können, werden in der *eXtended Group Data Language* (XGDL) zusammengefasst. Abb. 2 zeigt die Zusammensetzung der SDL aus den einzelnen Teil-Data-Languages.

Dabei werden FSA-DL und RSA-DL zunächst zu einer *Group Data Language* (GDL) zusammengefasst. Die GDL beinhaltet sämtliche Begriffe, die vom Executive Board bei seiner Tätigkeit gebraucht werden. Dies können auch Begriffe sein, die nicht Element der Vereinigung von FSA-DL und RSA-DL sind. Die GDL bildet zusammen mit der XGDL die Swiss Re Data Language, die wiederum auch Begriffe enthält, die nicht aus einem der Teilsprachen GDL und XGDL stammen.

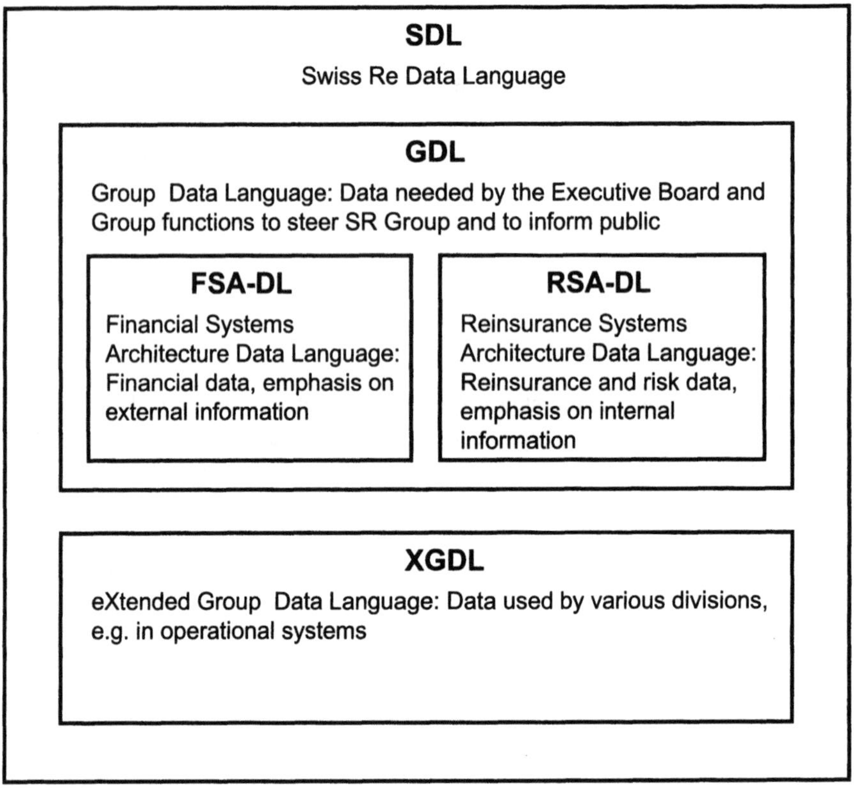

Abb. 2:   Der Aufbau der Swiss Re Data Language

3.2   Elemente der SDL

Zentraler Bestandteil der SDL-Struktur ist das Konstrukt des Business Terms. Ein Business Term besteht aus einer Benennung und den folgenden Attributen (vgl. Tab. 1).

Der Gültigkeitszeitraum (valid_from und valid_to) dient zum Abbilden der Phasen des Begriffslebenszyklus. Ein Begriff wird in der SDL mit Aufnahme in die Sprache zum Primary Term, womit auch seine Gültigkeit beginnt. Der Zustand Outdated Term wird durch eine Markierung innerhalb der SDL-Applikation gekennzeichnet. Schliesslich wird der Begriff zum Deprecated Term, indem das valid_to-Datum erreicht wird oder sein Owner ihn manuell als Deprecated Term klassifiziert.

Attribut	Beschreibung
definition	Bedeutung des Begriffs in prägnanter, klarer und umfassender Form.
description	Ausführlichere Beschreibung der Bedeutung des Begriffs.
Alias	Andere existierende und oft benutzte Benennungen des Begriffs.
owner, co_owner	Verantwortliche Mitarbeiter für Benennung und Inhalt des Begriffs.
valid_from, valid_to	Angabe des Gültigkeitszeitraumes.
Code	Automatisch generierter alphanumerischer Identifikationsschlüssel

Tab. 1:   Attribute zur Definition von SDL Business Terms

Für das Identifizieren von Begriffen für die SDL wurde ein Bottom-Up-Vorgehen gewählt. Die SDL wurde primär zur Unterstützung des Berichtswesen konzipiert, das einen Grossteil seiner Berichte auf der Basis eines Data-Warehouse-Systems generiert. Die wichtigsten Quellen, aus denen Begriffe für die SDL stammen, sind daher die Datenmodelle des DWH-Systems sowie Datenmodelle und -strukturen anderer Applikationen, die für die Berichtserstellung genutzt werden. Aus diesem Grund wurde für die SDL eine Struktur gewählt, mit der sich die wichtigsten Elemente von Datenmodellen und -strukturen abbilden lassen. Die SDL folgt damit dem Ansatz von Granda und Warburton, die dafür plädieren, Begriffssysteme als Datenressourcen und nicht als Textressourcen anzusehen und zu behandeln (Granda, Warburton 2001, S. 1).

Ein Business Term kann eine von drei konkreten Ausprägungen haben, die eng an die Datenmodellierung angelehnt sind:

1. *Entity* (z. B. Acceptance, Global Loss Event oder FSA Account)

2. *Attribut* (z. B. Treaty Number, Risk Description oder Currency)

3. *Attributwert* (z. B. Currency Code „CHF")

Abb. 3 zeigt das Metamodell der SDL mit den Sprachelementen und ihren Beziehungen.

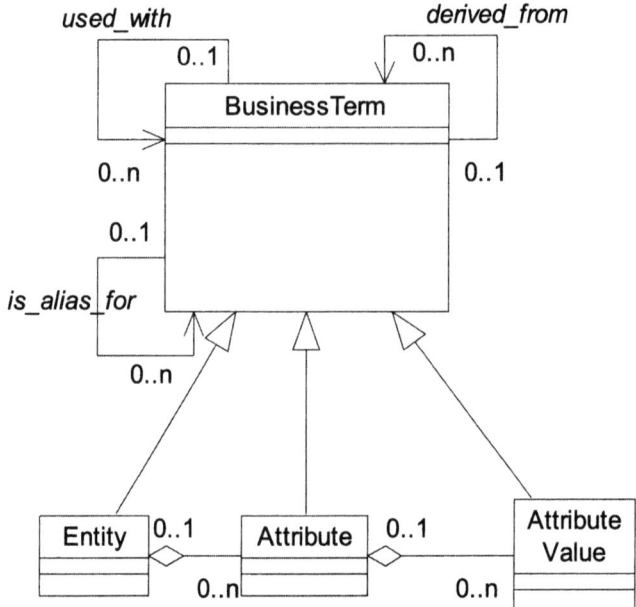

Abb. 3:   Metamodell der Swiss Re Data Language

Zur Verknüpfung von Begriffen zu einer Taxonomie stehen in SDL demnach vier verschiedene Beziehungstypen zur Verfügung:

1. Beziehungstyp *Komposition*: Ein Term T_1 ist zusammengesetzt aus zwei Termen T_2 und T_3 (oder mehr).

2. Beziehungstyp *Assoziation*: Ein Term T_1 wird immer in Zusammenhang mit einem Term T_2 benutzt.

3. Beziehungstyp *Alias*: Ein Term T_2 ist ein Alias (Synonym) für einen Term T_1.

4. Beziehungstyp *Aggregation*: Ein Term T_1 (Entity) hat die Terme T_2 und T_3 als Attribute, T_3 hat T_4 bis T_{10} als Attributwerte.

Mit Hilfe dieser Beziehungen lassen sich in der SDL auch die komplexen Begriffsverhalte des Rückversicherungsgeschäfts abbilden.

3.3   Qualitätssicherung in der SDL

Die SDL wird innerhalb der Swiss Re als zentrale Quelle für standardisierte Business Definitionen propagiert. Um die Benutzer dazu zu bringen, diese Quelle konsequent zu nutzen und zu vermeiden, dass in einzelnen Bereichen doch wieder eigene Definitionen gepflegt werden, ist es unabdingbar, dass die Begriffe der SDL den Qualitätsanforderungen der Benutzer genügen (vgl. Lehmann 2001, S. 129 ff.). Die Sicherstellung der Metadatenqualität ist eine wichtige Voraussetzung für die Akzeptanz. Für die Qualität der SDL-Glossare und ihrer Begriffe wurden bei der Swiss Re auf der Grundlage der bei (Lehmann 2001, S. 129 ff.) beschriebenen Qualitätskriterien und unter Einbeziehung der Benutzer Qualitätsanforderungen für Begriffsdefinitionen der SDL festgelegt:

- *Genauigkeit*: Die Begriffsdefinition muss es dem Benutzer ermöglichen, dem Begriff die damit bezeichneten Gegenstände der betrieblichen Realität (materielle und immaterielle) genau zuzuordnen.

- *Eindeutigkeit*: Die Bedeutung des Begriffs muss hinreichend eindeutig definiert sein, um eine klare Abgrenzung gegenüber inhaltlich verwandten Begriffen vornehmen zu können. Die Definition soll möglichst überschneidungsfrei zu anderen Definitionen sein.

- *Widerspruchsfreiheit*: Die Definition darf keine Widersprüche enthalten.

- *Vollständigkeit*: Die Definition muss die wesentlichen Merkmale des Begriffs beinhalten. Wesentliche Merkmale sind solche, die unmittelbar mit dem Zweck der Begriffsbenutzung zusammenhängen.

- *Aktualität*: Die Definition muss die jeweils aktuelle Bedeutung des Begriffs im Unternehmen widergeben.

- *Akzeptanz*: Die Begriffsbenennung und -definition soll von möglichst allen Benutzergruppen akzeptiert sein. Hierzu ist es erforderlich, jeder Benutzergruppe die Möglichkeit zu geben, bei der Begriffsfestlegung mitzuwirken.

- Da die Einhaltung der Qualitätsanforderungen nicht automatisierbar ist, müssen die an der Definition und Nutzung beteiligten Mitarbeiter eng in die Qualitätssicherung einbezogen werden. Dies lässt sich am besten durch die Einführung klar definierter Prozesse für die Definition und Pflege der Glossare umsetzen. Da die (meisten) Mitarbeiter das Terminologiemanagement nur als eine Nebenaufgabe wahrnehmen, müssen auch beim Entwurf der Prozesse gewisse Anforderungen an die Prozessqualität einbezogen werden:

Aufwandsbegrenzung: Der Arbeitsaufwand für die am Terminologiemanagement beteiligten Mitarbeiter aus den Fachbereichen soll möglichst gering sein. Diese Anforderung steht zunächst im Widerspruch zu den Qualitätskriterien, die für die Begriffe festgelegt wurden, da deren Einhaltung durchaus einen gewissen Arbeitsaufwand erfordert. Es gilt deshalb beim Prozessentwurf ein Gleichgewicht zwischen Aufwand und Qualität zu finden, dass von wirtschaftlichen Kriterien geleitet werden sollte.

Offene Definitionsbildung: Diese Anforderung bezieht sich auf die bereits angesprochene Akzeptanz und fordert einen offenen Prozessentwurf, der jedem am Begriff interessierten Mitarbeiter die Möglichkeit gibt, sich an der Definition zu beteiligen.

Klare Konfliktlösungsmechanismen: Kann beim Definieren eines Begriffs zwischen den Benutzergruppen keine Einigung erzielt werden, muss ein Konfliktlösungsmechanismus existieren, der eine bindende Entscheidung herbeiführt.

4   Analyse und Neugestaltung von Prozessen für den Umgang mit der SDL

Auslöser für die Analyse und Neugestaltung der SDL-Prozesse war eine Umfrage mittels strukturierter Interviews unter 16 ausgewählten Mitarbeitern der Abteilung Information Management/Data Warehousing (IM/DW) und der Fachbereiche. Ziel der Umfrage war es, mögliche Ansatzpunkte für einen weiteren Ausbau des Metadatenmanagements zu identifizieren und zu priorisieren, um so eine Reihenfolge für die Bearbeitung zu erhalten. Die Auswahl der Mitarbeiter erfolgte aufgrund des Wissenstands im Bereich Metadatenmanagement. Von den befragten Mitarbeitern haben 7 einen IT-Hintergrund und 9 arbeiten in den Fachbereichen. Die Mitarbeiter der Fachbereiche dominieren also leicht, was auch beabsichtigt war, da diese Mitarbeiter die primäre Zielgruppe des Metadatenmanagements sind. Die identifizierten Ansatzpunkte und ihre Bewertung sind nachfolgend grafisch dargestellt (vgl. Abb. 4).

Entlang der X-Achse des Koordinatensystems sind die identifizierten Ansatzpunkte mit der Gesamtzahl der Nennungen in Klammern dargestellt. An der Y-Achse wird für jeden Ansatzpunkt die zugehörige Dringlichkeitsstufe jeweils aus Sicht der IT-Mitarbeiter, der Business-Mitarbeiter sowie der Mittelwert aus beiden Bewertungen abgetragen. Die Bereiche *Data Languages, Reuse* und *Administration, Code Generation* wurden mit jeweils 9 Nennungen von den Mitarbeiter am höchsten priorisiert. Die Entscheidung fiel schliesslich für *Data Languages, Reuse*, da dieser Bereich von den primär angesprochenen Fachvertretern höher bewertet wurde. Reuse bezieht sich dabei auf die Wiederverwendung von Begriffen bzw. Glossarteilen in den verschiedenen Teilsprachen bzw. den Glossaren innerhalb einer Teilsprache. Die Wiederverwendung von Begriffen zielt vor allem darauf, das Entstehen unnötiger Synonyme einzudämmen und so einem Wildwuchs in der SDL vorzubeugen. Um eine Wiederverwendung gezielt zu fördern, wurde daher ein Projekt zur Analyse und·Anpassung der SDL-Prozesse unter besonderer Berücksichtigung einer wiederverwendungsfreundlichen Gestaltung gestartet.

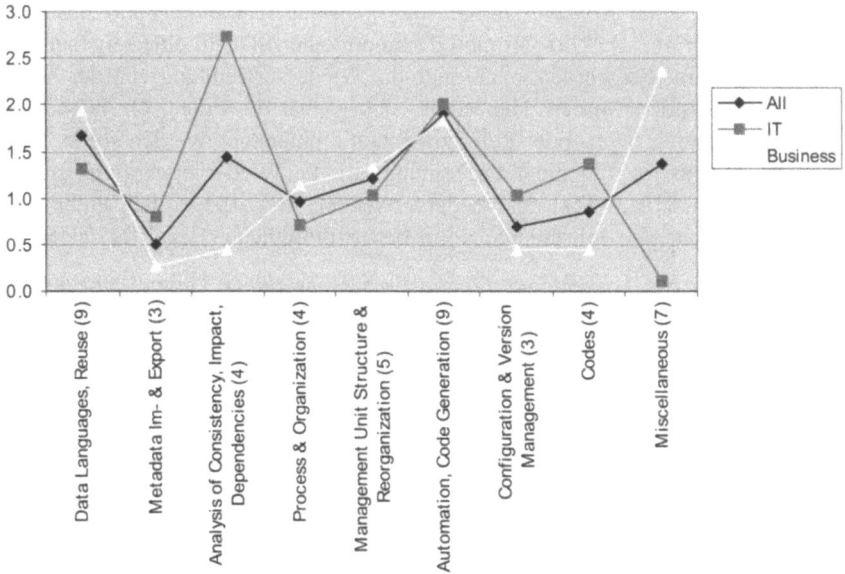

Abb. 4:   Ergebnisse der Umfrage zum Metadatenmanagement bei der Swiss Re

4.1   Vorgehen

Die Neugestaltung der SDL-Prozesse bei der Swiss Re erfolgte als Evolution im Sinne einer Verbesserung und Weiterentwicklung. Da die SDL-Applikation bereits seit geraumer Zeit produktiv im Einsatz war, hatten sich in den Benutzergruppen FSA, RSA und BOF bereits Prozesse für den Umgang mit der SDL herausgebildet. Bereits bei ersten Gesprächen mit Vertretern der Benutzergruppen zeigte sich, dass eine radikale Neugestaltung der Prozesse auf schwerwiegende Widerstände stossen würde. Für die Durchführung des Projektes wurde ein schrittweises Vorgehen gewählt:

1. *Formulierung der Ziele und Ergebnisse.* Primäres Ziel des Projekts war es, die Wiederverwendung innerhalb der SDL durch klare und effiziente Prozesse zu fördern. Dazu war es nötig, die bisher eher impliziten Prozesse für die Nutzung und Pflege der SDL zu explizieren und damit einer Analyse zugänglich zu machen.

2. *Analyse des Ist-Zustandes.* Hierzu wurden sowohl teilweise existierende Prozessdokumentationen analysiert als auch Gespräche mit Vertretern der Benutzergruppen und den auf IT-Seite für die SDL verantwortlichen Mitarbeiter geführt. Existierende Prozessdokumentation bezogen sich durchgehend auf allgemeine Change-Management-Prozesse, die nicht speziell auf die SDL abgestimmt waren.

3. *Entwicklung eines Konzepts für die Begriffswiederverwendung auf Basis der SDL-Applikation.* Da Glossare und Taxonomie der SDL in einer eigenen Applikation verwaltet werden, muss auch die Wiederverwendung von der Applikation unterstützt werden. Hier stellte sich primär die Frage, ob Wiederverwendung mittels Wert- oder Referenzsemantik unterstützt werden sollte. Nach kurzer Diskussion fiel die Entscheidung auf die Wiederverwendung mittels Referenzsemantik, wobei der wiederverwendete Begriff lediglich einen Verweis und nicht eine vollständige Kopie des ursprünglichen Begriffes darstellt.

4. *Entwicklung von Vorschlägen für die Prozessgestaltung.* Unter Einbeziehung der Ergebnisse der Schritte 1-3 wurden grafische Prozessmodelle erstellt, die Aktivitäten, Leistungen und Zuordnungen zu Rollen spezifizieren.

5. *Bewertung des Prozessentwurfs hinsichtlich der eingangs formulierten Ziele und Beurteilung der Umsetzbarkeit durch die Benutzer.* Die Prozessmodelle wurden sowohl mit Mitarbeitern von IM/DW als auch Vertretern der Benutzergruppen diskutiert. Sämtliche Anmerkungen und Verbesserungsvorschläge wurden in mehreren Durchläufen dieses Schrittes einbezogen.

6. *Auswahl eines Lösungsvorschlags bzw. Entscheidung für einen konkreten Prozessentwurf.* Als Ergebnis der wiederholten Anpassung und Verbesserung des Prozessentwurfs in Schritt 5 entstand ein allgemein akzeptiertes Prozessmodell, das daraufhin als in Zukunft bindend verabschiedet wurde.

4.2 Prozessentwurf

Für den Prozessentwurf wurden die Kerntechniken Architekturplanung, Prozessvision, Leistungsanalyse und Ablaufplanung der Methode PROMET-BPR (vgl. Österle 1995, S. 63 ff.; IMG 1995, S. TECH 1 ff.) verwendet. PROMET-BPR ist eine umfassende Methode für den Prozessentwurf. Aus der Vielfalt der bereitgestellten Techniken und Ergebnisdokumente wurden für das SDL-Projekt nur die jeweils passenden Methoden-Elemente ausgewählt.

Architekturplanung

Mittels der Architekturplanung wurden Teilprozesse für Aufbau und Pflege der SDL und deren Leistungsaustausch untereinander festgelegt. Ausgehend von dem Makroprozess Terminologiemanagement wurden durch einen Detaillierungsschritt die Prozesse der SDL auf Mikroebene aufgedeckt (vgl. IMG 1995, S. TECH 3 ff.). Die Abgrenzung der Prozesse orientiert sich an der Prozessleistung, der Leistungserstellung und der Leistungsverwendung beim Leistungsempfänger (Hess 1996; S. 162). Die zentrale Leistung ist die Bereitstellung von Fachbegriffen für Endbenutzer. Für die Leistungsverwendung müssen jedoch u. a. auch das Ändern und das Entfernen von Begriffen aus der aktiven SDL berücksichtigt werden. Die Aufgaben, die zur Bereitstellung dieser Leistungen nötig sind, werden nun zu Pro-

zessen zusammengefasst und ihren Aufgabenträgern zugeordnet. Die Prozesslandkarte zeigt überblicksartig die identifizierten Prozesse und deren Leistungsbe-
ziehungen aus Sicht des Terminologiemanagements. Die Darstellung folgt der
PROMET-BPR-Notation (IMG 1995, S. ERGE 5; Österle 1995, S. 137).

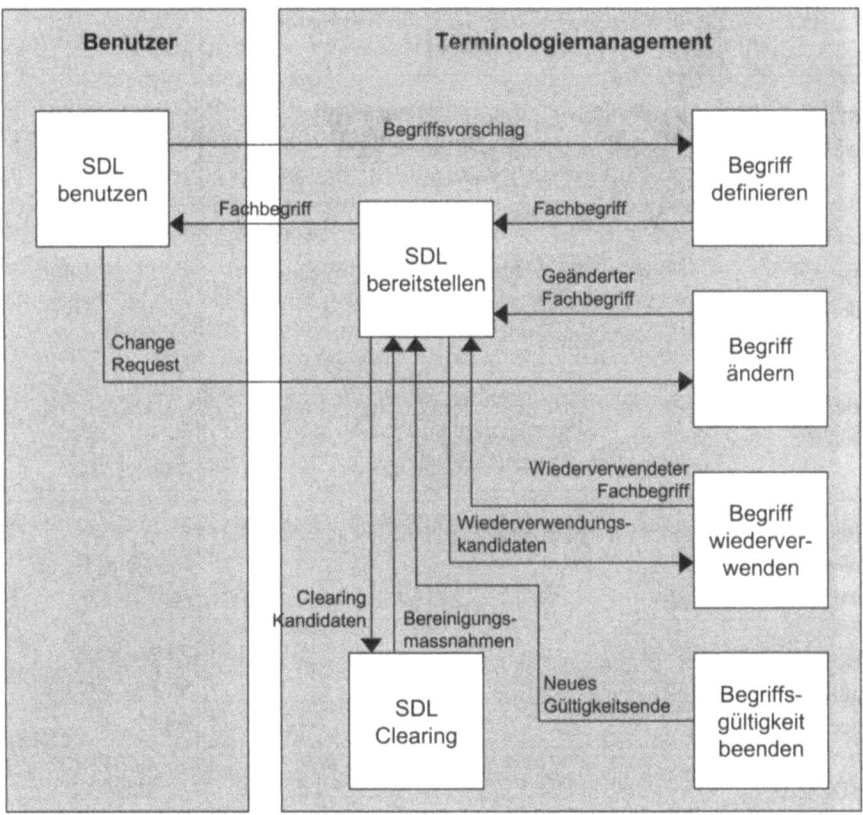

Abb. 5:   Prozesslandkarte Terminologiemanagement bei der Swiss Re

Die ermittelten Prozesse werden im Prozessverzeichnis (vgl. IMG 1995, S. ERGE
6) zunächst grob beschrieben:

Prozess	Wichtige Aufgaben	Aufgabenträger
SDL benutzen	Kundenprozess für das Terminologiemanagement. Begriffsbenutzung beinhaltet das Selektieren von Begriffen im SDL-Tool und das Aufnehmen der gesuchten Informationen (z. B. genaue Schreibweise, Definition, Synonyme etc.).	Benutzer, SDL Applikation
SDL bereitstellen	Computergestützte Verwaltung von Glossaren und Taxonomie, d. h. Eintragen der Begriffe in das SDL-Repository, Taxonomie aktualisieren, Überprüfen der Qualitätskriterien.	Glossar Administrator, SDL Applikation
Begriff definieren	Möglichkeit der Wiederverwendung prüfen, Term Owner festlegen, Begriffsattribute festlegen, Einhalten der Qualitätskriterien	Benutzer, Term Owner, Glossar Administrator
Begriff ändern	Änderungsvorschlag prüfen, Wiederverwendung auflösen, Änderungen durchführen, Taxonomie aktualisieren, Benutzer benachrichtigen	Benutzer, Term Owner, Glossar Administrator
Begriff wiederverwenden	Begriffsverweis erzeugen, Taxonomie aktualisieren	Term Owner, Glossar Administrator
Begriffsgültigkeit beenden	Wiederverwendung auflösen, Gültigkeitsende eintragen, Benutzer benachrichtigen	Term Owner, Glossar Administrator
SDL Clearing	Über Problemfälle (z. B. Homonyme) entscheiden, Problemfälle bereinigen	Clearing Ausschuss, Term Owner, Glossar Administrator

Tab. 2:   Prozessverzeichnis Terminologiemanagement bei der Swiss Re

Die Ergebnisse Prozesslandkarte und Prozessverzeichnis sind die Grundlage für die Formulierung von Prozessleitlinien in der Prozessvision.

Prozessvision

Die Prozessvision legt die grundlegenden Prinzipien für die Leistungserstellung von Prozessen fest. Ausgangspunkte sind der Bedarf des Leistungsempfängers, die Strategie der Swiss Re für das Terminologiemanagement sowie Verbesserungspotentiale durch IT-Unterstützung. Die Ausrichtung der Prozessvision ist langfristig (3-5 Jahre) (IMG 1995, S. TECH 25). Die Ergebnisse der Prozessvision für das Terminologiemanagement der Swiss Re sind in den folgenden Prozessgrundsätzen (vgl. IMG 1995, S. ERGE 18) festgehalten:

- Neue Synonyme sind möglichst zu vermeiden. Vielmehr sollen existierende Begriffe wiederverwendet werden.

- Neue Homonyme sind möglichst zu vermeiden. Neue Begriffsbezeichnungen müssen daher einmalig sein.

- Wiederverwendete Begriffe „gehören" weiterhin ihrem ursprünglichen Owner.

- Wenn ein wiederverwendeter Begriff geändert werden soll, müssen die Benutzer der Wiederverwendung die Möglichkeit haben, sämtliche Attribute des ursprünglichen Begriffes beizubehalten, wenn sie die Änderung nicht mitvollziehen wollen.

- Die Sicherung der Konsistenz und Integrität der SDL-Glossare und Taxonomie wird von einem Clearing-Ausschuss wahrgenommen.

Um eine strikt einheitliche Normsprache zu definieren, wäre es eigentlich erforderlich, Homonyme kategorisch auszuschliessen. In der SDL wurden Homonyme nicht ex ante ausgeschlossen, da sie bereits (verursacht durch Migration von externen Glossaren in die SDL) existieren. Ein Verbot von Homonymen scheint daher nicht umsetzbar und würde zudem einen Verlust an Flexibilität bedeuten.

Um die Wiederverwendung von Begriffen bzw. Teilglossaren zu fördern, ist es wichtig die Wiederverwendung planbar zu gestalten. Änderung und Entfernung wiederverwendeter Begriffe dürfen nicht völlig ausserhalb der Kontrolle der wiederverwendenden Benutzergruppen liegen. Hierzu wurde im Swiss Re-Projekt eine pragmatische Lösung gewählt. Das SDL-Tool hat eine Funktion, um von einem Begriff eine Kopie zu erzeugen. Darüber können die wiederverwendenden Benutzer den ursprünglichen Begriff unter Vergabe einer neuen Benennung sichern, wenn sie die Änderungen nicht akzeptieren wollen. Die Möglichkeit zum Kopieren eines Begriffs bezieht sich allerdings nur auf eine Änderung der Begriffssemantik. Wird lediglich die Benennung geändert, sind die wiederverwendenden Benutzer gezwungen, die Änderung mitzumachen, um der Entstehung unnötiger Synonyme vorzubeugen. Die Kopie des ursprünglichen Begriffs stellt somit weder ein Synonym noch ein Homonym dar.

Leistungsanalyse

Die Leistungsanalyse dient zur Überprüfung der Effektivität eines Prozesses. Ziel ist es, die Leistungen auf die Anforderungen des Leistungsempfängers und die Vorgaben der Prozessvision abzustimmen. PROMET-BPR sieht hierzu die getrennte Analyse von IST- und Soll-Leistungen sowie die Erstellung von Qualitätsprofilen für die wichtigsten Leistungen vor (IMG 1995, S. TECH 37 ff.). Bei der Swiss Re wurden die Leistungen nicht getrennt nach Ist und Soll analysiert, sondern bei der Spezifikation der Soll-Leistungen wurden die Ist-Leistungen einbezogen. Die Ergebnisse dokumentieren das Leistungsverzeichnis mit textuellen Beschreibungen der wichtigsten Leistungen des Makroprozesses Terminologiemanagement (IMG 1995, S. ERGE 20):

Leistung	Beschreibung
Fachbegriff	Die Leistung Fachbegriff besteht aus einem SDL-Business-Term und seinen Attributen. Ebenfalls eingeschlossen ist die Einordnung des Begriffs in die SDL-Taxonomie über seine Beziehungen zu anderen Begriffen.
Begriffsvorschlag	Ein Begriffsvorschlag besteht mind. aus der Begriffsbenennung und einer Definition. Optional kann er bereits sämtliche übrigen Attribute sowie Beziehungen umfassen.
Change Request	Ein Change Request besteht mind. aus der Begriffsbezeichnung und einem Vorschlag für eine Bezeichnungsänderung. Zusätzlich kann er Vorschläge für Attributsänderungen sowie Vorschläge für Beziehungsänderungen einschliessen.
Wiederverwendungs-kandidaten	SDL-Business-Term oder mehrere durch Beziehungen verbundene Business Terms.
Wiederverwendeter Fachbegriff	SDL-Business Term der in einem Glossar A definiert und mittels eines Verweises in ein Glossar B eingebunden wurde.
Clearing Kandidaten	SDL-Business Terms, die einzeln oder zusammengenommen einen der genannten Sprachdefekte aufweisen.
Bereinigungsmass-nahmen	Im Teilprozess SDL-Clearing werden die Sprachdefekte der Clearing Kandidaten analysiert und Massnahmen zur Bereinigung festgelegt, z. B das Zusammenführen von unerwünschten Synonymen.

Tab. 3:   Leistungsverzeichnis Terminologiemanagement

Die Ergebnisse der Leistungsanalyse bilden den Ausgangspunkt für eine detaillierte Planung der Prozessabläufe mit Hilfe der Ablaufplanung.

Ablaufplanung

In der Ablaufplanung wurden auf Grundlage der vorherigen Ergebnisse die einzelnen Aufgaben der Teilprozesse, deren Ablauffolge und die Zuordnung zu den Aufgabenträgern festgelegt. Dabei flossen insbesondere auch die Restriktionen ein, die durch die SDL-Applikation, die Art der Wiederverwendung und die Qualitätsanforderungen vorgegeben waren. Auch bei der Ablaufplanung wurden nicht alle in PROMET-BPR vorgesehenen Komponenten benötigt. Hauptergebnisse waren Ablaufkettendiagramme und Aufgabenverzeichnisse für die identifizierten Teilprozesse sowie Beschreibungen der beteiligten Rollen.

Glossar Administrator		
Jede Benutzergruppe mit eigenem Glossar hat mind. einen Glossar Administrator, der für die Pflege von Glossar und Taxonomie mit der SDL-Applikation verantwortlich ist. Alle anderen Benutzer greifen lediglich lesend auf das SDL-Repository zu.		
Aufgaben	**Kompetenzen**	**Verantwortlichkeiten**
• Glossarpflege • Taxonomiepflege • Überprüfung der Qualitätskriterien • Ermitteln von Wiederverwendungskandidaten • Ermitteln von Clearing Kandidaten • Informieren über Änderungen an wiederverwendeten Begriffen	• Hinzufügen und Ändern von Begriffen und Beziehungen nach Vorgabe des Term Owners • Ändern der Gültigkeitsdauer nach Vorgaben des Term Owners • Erzeugen von Wiederverwendungsverweisen nach Vorgabe des Term Owners	• Sicherstellen, dass wiederverwendende Benutzergruppen vor Änderungen reagieren können • Konsistenz und Integrität von Glossar und Taxonomie sicherstellen • Zusammen mit Term Owner die Einhaltung der Qualitätsanforderungen sicherstellen

Tab. 4:   Rollenbeschreibung Glossar Administrator

Term Owner		
Term Owner kann eine einzelne Person oder auch eine Organisationseinheit sein. Der Term Owner trägt die inhaltliche Verantwortung für seine Begriffe und dessen Beziehungen. Die Rolle basiert auf dem verbreiteten Konzept des Data Owner (vgl. Meyer 2000, S. 71 f.).		
Aufgaben	**Kompetenzen**	**Verantwortlichkeiten**
• Festlegen der Attribute und Beziehungen für verantwortete Begriffe • Einhalten der Qualitätsanforderungen • Entgegennehmen und überprüfen von Change Requests • Zusammenarbeit mit Glossar Administrator • Ermitteln von Clearing Kandidaten	• Inhaltliche Kompetenz für verantwortete Begriffe • Entscheidung über Change Requests	• Inhaltliche Verantwortung • Zusammen mit Glossar Administrator die Einhaltung der Qualitätsanforderungen sicherstellen

Tab. 5:   Rollenbeschreibung Term Owner

Clearing Ausschuss		
Der Clearing Ausschuss setzt sich aus kompetenten Vertretern der Benutzergruppen, des allgemeinen Metadatenmanagement-Teams und des Teams für die SDL-Tool-Entwicklung und Administration zusammen. Der Ausschuss tritt möglichst regelmässig sowie nach Bedarf zusammen.		
Aufgaben	**Kompetenzen**	**Verantwortlichkeiten**
• Zusammen mit jeweiligen Term Ownern Sprachdefekte beseitigen. • Konflikte bei der Definition von Begriffen klären (z. B. Meinungsverschiedenheiten bei der Semantik oder der Benennung)	• Entscheidung über Sprachdefekte • Entscheidung im Konfliktfall	Evolution der SDL gemäss der SDL-Strategie sicherstellen

Tab. 6:   Rollenbeschreibung Clearing Ausschuss

Benutzer		
In erster Linie Mitarbeiter der Bereiche RSA, FSA und BOF. Da die SDL über das Web-Frontend aber unternehmensweit verfügbar ist, auch jeder andere Mitarbeiter der Swiss Re, der ein Interesse an Terminologie hat.		
Aufgaben	**Kompetenzen**	**Verantwortlichkeiten**
Keine im Zusammenhang mit Terminologiemanagement	- Formulierung von Change Requests - Formulierung von Begriffsvorschlägen	Keine im Zusammenhang mit Terminologiemanagement

Tab. 7:   Rollenbeschreibung Benutzer

Die beschriebenen Rollen sind so ausgelegt, dass sie von Mitarbeitern aus den Benutzergruppen und der IT-Abteilung zusätzlich zu ihren übrigen Aufgaben wahrgenommen werden können. Beabsichtigt war dabei, die Arbeitsbelastung durch das Terminologiemanagement möglichst gering zu halten, um so die Akzeptanz zu fördern.

5   Erfahrungen

In der Befragung der Fachvertreter im Februar 2002 wurden Wünsche geäussert, die deutliche Züge einer zentralisierten Organisation aufweisen. Sobald aber im Mai 2002 die Konkretisierung des Entwurfs erfolgte, z. B. in Form eines klar definierten Konfliktlösungsmechanismus, fiel der Elan in sich zusammen und der Kontrollverlust wurde strikt abgelehnt. Es ist sehr schwer, eine konsistente Vision für die Handhabung von Glossaren zu entwerfen und durchzusetzen. Nach unserer Erfahrung können folgende Faktoren entlastend wirken:

1. Etablierung eines einzigen Ansprechpartners auf Fachbereichsseite, der die nötige Autorität zum Treffen von Entscheidungen besitzt. Dies wird in der Swiss Re zur Zeit versucht.

2. Schrittweises Vorgehen von Beginn an. Die Akzeptanz auf Fachbereichsseite ist höher, wenn Verbesserungen des Status Quo in (kleinen) Inkrementen erfolgen; zudem ist mit den Umstellungen auch ein kultureller Wandel verbunden, der Zeit in Anspruch nimmt. Auf IT-Seite wiederum sollten die Erwartungen nicht zu hoch liegen, um Enttäuschungen zu vermeiden.

3. Flexibilisierung der Prozesse und Software. Bei den geschäftlichen Abläufen muss das Management der Metadatenkonsistenz explizit und mit der erforderlichen Konsequenz durchgezogen werden. Software muss Inkonsistenzen vertragen können, also z. B. nicht abstürzen, sondern angemessene Fehlermeldungen liefern. Ausserdem müssen Reporting-Funktionen zur Verfügung stehen, die die möglichen Inkonsistenzen entdecken.

Das Definieren einer einheitlichen Sprache oder auch nur eines einheitlichen Begriffssystems für ein Unternehmen steht immer vor dem Problem der bereits existierenden sprachlichen Vielfalt. Auch bei den Business Terms der SDL handelte es sich in den wenigsten Fällen um neu entstandene Begriffe. Vielmehr war es nötig, eine Einigung über eine einheitliche Benennung und eine scharf abgegrenzte Semantik existierender Begriffe herbeizuführen. Diese Aufgabe gestaltet sich mit zunehmender Unternehmensgrösse immer schwieriger, da mehr und mehr Personen ihren Standpunkt einbringen wollen. Die offensichtlichen Nachteile eines solchen umfassenden Ansatzes sind kompliziertere Software und Prozesse, ein ungleich höherer Aufwand im Bereich Qualitätssicherung und die Notwendigkeit einer langfristigen Ausrichtung des Projekts. Allerdings wiegen diese Nachteile leicht, da die Lösung sich auf verschiedene Umgebungsbedingungen (zentralisiert, föderalisiert) einzustellen vermag und dadurch die Erfolgschancen ungleich höher sind.

6   Literatur

Faber, P., Sánchez, M. T.: Codifying Conceptual Information in Descriptive Terminology Management. META, XLVI. Jg. (2001), S. 192 – 204.

Granda, R., Warburton, K.: Terminology Management as Data Management. In: o. V. (Hrsg.): Proc. of the IBM Centre for Advanced Studies Conference 2001 (CASCON '01). o.O. 2001.

Hess, T.: Entwurf betrieblicher Prozesse. Grundlagen – Bestehende Methoden – Neue Ansätze. Gabler, Wiesbaden 1996.

IMG (Hrsg.): PROMET. Methodenhandbuch für den Entwurf von Geschäftsprozessen. St. Gallen, München 1995.

Kremer, S., Riempp, G.: Babels Türme – Terminologiemanagement in B2E-Portalen. Computerwoche, Nr. 26 vom 30.06.2001.

Lehmann, P.: Meta-Datenmanagement in Data-Warehouse-Systemen. Rekonstruierte Fachbegriffe als Grundlage einer konstruktiven, konzeptionellen Modellierung. Diss., Magdeburg 2001.

Meyer, M.: Organisatorische Gestaltung des unternehmensweiten Data Warehousing. Konzeption der Rollen, Verantwortlichkeiten und Prozesse am Beispiel einer Schweizer Universalbank. Diss., St. Gallen, 2000.

Österle, H.: Business Engineering: Prozess- und Systementwicklung. Band 1: Entwurfstechniken. 2. Auflage, Springer, Berlin et al. 1995.

Strauch, B.: Entwicklung einer Methode für die Informationsbedarfsanalyse im Data Warehousing. Diss., St. Gallen 2002.

Metadatenmanagement im Data Warehousing bei den Winterthur Versicherungen

Urs Joseph, Paul Wittwer, Martin Stäubli, Toni Kaufmann
Winterthur Versicherungen

Gunnar Auth, Eitel von Maur
Universität St. Gallen

Der vorliegende Beitrag fasst die wesentlichen Ergebnisse eines Grundlagenprojektes zum Thema Metadatenmanagement im Data Warehousing bei den Winterthur Versicherungen zusammen. Ziel der Untersuchung war es, grundlegende Merkmale und Eigenschaften eines integrierten Metadatenmanagements aufzuzeigen sowie eine Realisierungsempfehlung für das Metadatenmanagement im Kontext des Data-Warehouse-Gesamtprojekts zu erarbeiten.

1   Einleitung

Der vorliegende Beitrag fasst die wesentlichen Ergebnisse eines Grundlagenprojektes zum Thema Metadatenmanagement im Data Warehousing bei den Winterthur Versicherungen zusammen, das im Rahmen des Kompetenzzentrums Data Warehousing 2 (CC DW2) der Universität St. Gallen durchgeführt wurde. Ziel der Untersuchung war es, grundlegende Merkmale und Eigenschaften eines integrierten Metadatenmanagements aufzuzeigen sowie eine Realisierungsempfehlung für das Metadatenmanagement im Kontext des Data-Warehouse-Gesamtprojekts zu erarbeiten. Dabei wurde eine primär benutzerorientierte Perspektive eingenommen, da sich der Nutzen eines Data Warehouse erst mit der Nutzung und dem Einsatz wertschöpfender Applikationen erschliesst und zudem wirtschaftlich rechtfertigen lässt (vgl. Joseph et al. (Konzept) 2000, S. 251). Im Verlauf der Untersuchung wurden folgende Teilziele behandelt:

- Schaffung einer theoretischen Grundlage, die einerseits die Bedeutung und Notwendigkeit eines Metadatenmanagement und andererseits die Bildung eines Begriffssystems im Kontext des Metadatenmanagements motiviert;

- Strukturierung der Metadaten auf der Grundlage einer logischen Sicht auf die Data-Warehouse-Architektur entlang eines generalisierten Extraktions- und Transformationsprozesses für Daten;

- Positionierung des vorhandenen WinRepository zur Standardisierung von Datenstrukturen im Metadatenmanagement;

- Entwurf und Beurteilung einer Informationssystemarchitektur und Software-Infrastruktur für das Metadatenmanagement;

- Identifizierung spezifischer Metadatenquellen, um relevante Metadatenobjekte für die Verwendung in einem semantischen Metadatenmodell zu ermitteln;

Zu Beginn des Beitrags stehen ausgewählte Projekte im Mittelpunkt der Ausführungen. Zunächst wird jedes Projekt überblicksartig beschrieben und erste Schlussfolgerungen werden gezogen. Schliesslich steht die Entwicklung eines Metadatenmanagement-Systems im Vordergrund der Ausführungen. Schlussendlich werden verschiedene Varianten zur Realisierung eines Metadatenmanagement-Systems beschrieben und das weitere, mögliche Vorgehen vorgeschlagen.

2   Bestehende Metadatenansätze in ausgewählten Projekten

2.1   Marketingdatenbank (MDB)

Das Thema Metadaten wurde im Projekt MDB bereits frühzeitig adressiert. Bereits mit dem Beginn der Datenmodellierung wurde über Metadaten diskutiert. Da das Projekt MDB in vielen Fällen neue Technologien einsetzt (Unix, Internet, usw.), griffen die bisherigen Metadatenabläufe nicht mehr. Für das MDB-System wird ein zugekauftes ETL-Tool eingesetzt, welches die Metadaten intern verwaltet und welches nicht ohne weiteres ins bestehende Metadaten-Umfeld integriert werden kann.

Der Entschluss für die Entwicklung der eigenen Metadaten-Lösung MetaInfo wurde durch das Extraktions-Team getroffen, da Anfragen bezüglich Metadaten von den verschiedenen Datenempfängern immer häufiger wurden und sich keine Entscheidung über eine Metadatenverwaltung im Projekt wie auch allgemein in der Informatik der Winterthur Versicherungen abzeichnete. Als Hauptanforderung der Benutzer stand der Wunsch nach einem Tool im Vordergrund, welches die Beschreibungen der Daten zentral in strukturierter Form ermöglicht. Ein Tool, in dem Informationen aus den verschiedensten Quellen (Modell, Codes, Daten, IT, Fachbereich) zentral zusammenlaufen, kann jederzeit an eine zukünftige Metadatenverwaltung weitergegeben werden.

Von Anfang an wurde MetaInfo nicht als umfassende Metadatenverwaltung konzipiert. Dafür fehlen einige wichtige Eigenschaften. MetaInfo ist vielmehr eine

Datenbeschreibungsapplikation, mit welcher der interessierte Benutzer auf einfache Art und Weise sehr schnell und umfangreich zu seinen Informationen kommen kann.

Mittlerweile ist das Tool im produktiven Einsatz und hat sich für seinen beschränkten Zweck gut bewährt. MetaInfo wird von den Anwendern gut angenommen, und es gibt bereits Anforderungen für Erweiterungen. Besonderer Bedarf besteht für eine durchgängige Abbildung der Schnittstellen zwischen den Primärsystemen und der MDB-Datenbank. Ebenfalls fehlt eine Anbindung an das WinRepository für Datenstrukturen auf OS/390. Diese zwei Punkte sind wegen fehlender technischer Grundlagen bisher nicht realisiert worden. Durch eine solche Anbindung könnten viele Probleme gelöst werden. Auch wurde bei der Realisierung der Bereitstellung von technischen Metadaten wenig Beachtung geschenkt.

2.2   Führungsinformationssysteme MIS und StatIS

Das Metadatenmanagement in den Projekten MIS und StatIS existiert in der Form eines zweckerfüllenden Hilfesystems, welches zum Beispiel Auskünfte über den Zustand der präsentierten Daten (Aktualität, Qualität etc.) erteilt. Der wichtigste Teil dieses Hilfesystemes ist die Beschreibung von Begriffen und Auswertungspositionen sowie der Berechnungsformeln von berechneten Spalten.

2.3   WinRepository

Seit 1998 wird bei der Winterthur ein Standardwerkzeug für die Metadatenverwaltung auf der Host-Plattform eingesetzt. Mit diesem Werkzeug werden verschiedene, über ein Metamodell verbundene Anwendungen betrieben, wobei zur Zeit der Schwerpunkt auf der Dokumentation und Generierung von Datenstrukturen für die operativen Backend-Systeme der Winterthur liegt. Als Zielgruppe ist vor allem die Systementwicklung/IT angesprochen.

Mit der Anwendung WinDataDictionary werden die Datenstrukturen und DB2-Daten der Backend-Systeme bewirtschaftet, welche im DWH als Quellsysteme fungieren.

Mit der Anwendung WinServiceRepository werden Schnittstellen für CORBA-Services der Backend-Systeme dokumentiert und transparent gemacht. Weitergehende Dokumentationen in Form von unstrukturieren Informationen in Word und Lotus Notes sind ebenfalls eingebunden

Mit der Anwendung WinElementRepository wird die Möglichkeit geschaffen, einzelne Datenelemente als Building Blocks der Informationsverarbeitung gezielt zu bewirtschaften, um bestehende Redundanzen zu dokumentieren und für die Zukunft Standards und gezieltere Wiederverwendung zu ermöglichen. Über diese

Anwendung sind auch WinServiceRepository und WinDataDicionary miteinander lose verbunden.

2.4   Zusammenfassung und Schlussfolgerungen

Einen Überblick über die momentane Applikationslandschaft für die Datenanalyse bei der Winterthur und wichtige Architekturkomponenten sowie die Datenflüsse zwischen diesen zeigt Abb. 1.

Dargestellt sind die Teilarchitekturen der Systeme WinRepository, StatIS, MIS und MDB. Die farbliche Hinterlegung dient der Kennzeichnung der unterschiedlichen Betriebssystem-Plattformen, auf denen einzelne Teilsysteme laufen. Während die Clients mit den Benutzerschnittstellen bei allen vier Systemen auf Windows NT/2000 laufen, findet ein Grossteil der Datentransformation und -speicherung auf OS/390 statt. Eine Ausnahme bildet das MDB-System, bei dem die zentrale Datenbank und grosse Teile der ETL-Abläufe Unix-basiert sind.

Der Fluss der eigentlichen Nutzdaten ist in der Abbildung durch schwarze Pfeile dargestellt. Dagegen ist der Fluss der Metadaten durch gestrichelte Pfeile abgebildet. Architekturkomponenten, die primär die Verwaltung oder Bereitstellung von Metadaten realisieren (z. B. MDB-MetaInfo), sind farblich von den übrigen Komponenten abgehoben.

Die Darstellung zeigt, dass Metadaten bereits an mehreren Stellen der Applikationslandschaft gezielt verarbeitet und genutzt werden. Diese lokalen Metadatenaktivitäten laufen allerdings momentan weitgehend unabhängig voneinander ab. So werden im WinRepository bereits Metadaten für MIS und StatIS verwaltet und zur Generierung der Datenstrukturen genutzt, während MDB eine eigene Metadatenmanagement-Lösung realisiert hat. Bei den im WinRepository integrierten Metadaten aus MIS und StatIS handelt es sich um überwiegend technische Metadaten, wie Datenstrukturen und Programmbeschreibungen, deren Zweck momentan hauptsächlich eine Standardisierung bei der Entwicklung der Primärsysteme ist. Genutzt werden diese Metadaten daher auch nahezu ausschliesslich von Entwicklern. Der Bedarf an fachlichen Metadaten der Endbenutzer (z. B. Begriffsdefinitionen) wird bei MIS und StatIS durch ein SAS-basiertes Hilfesystem gedeckt. Begriffsdefinitionen für das Hilfesystem werden von Fachabteilung und Mathematik festgelegt und von der Projektgruppe MIS in die SAS-Applikation übernommen.

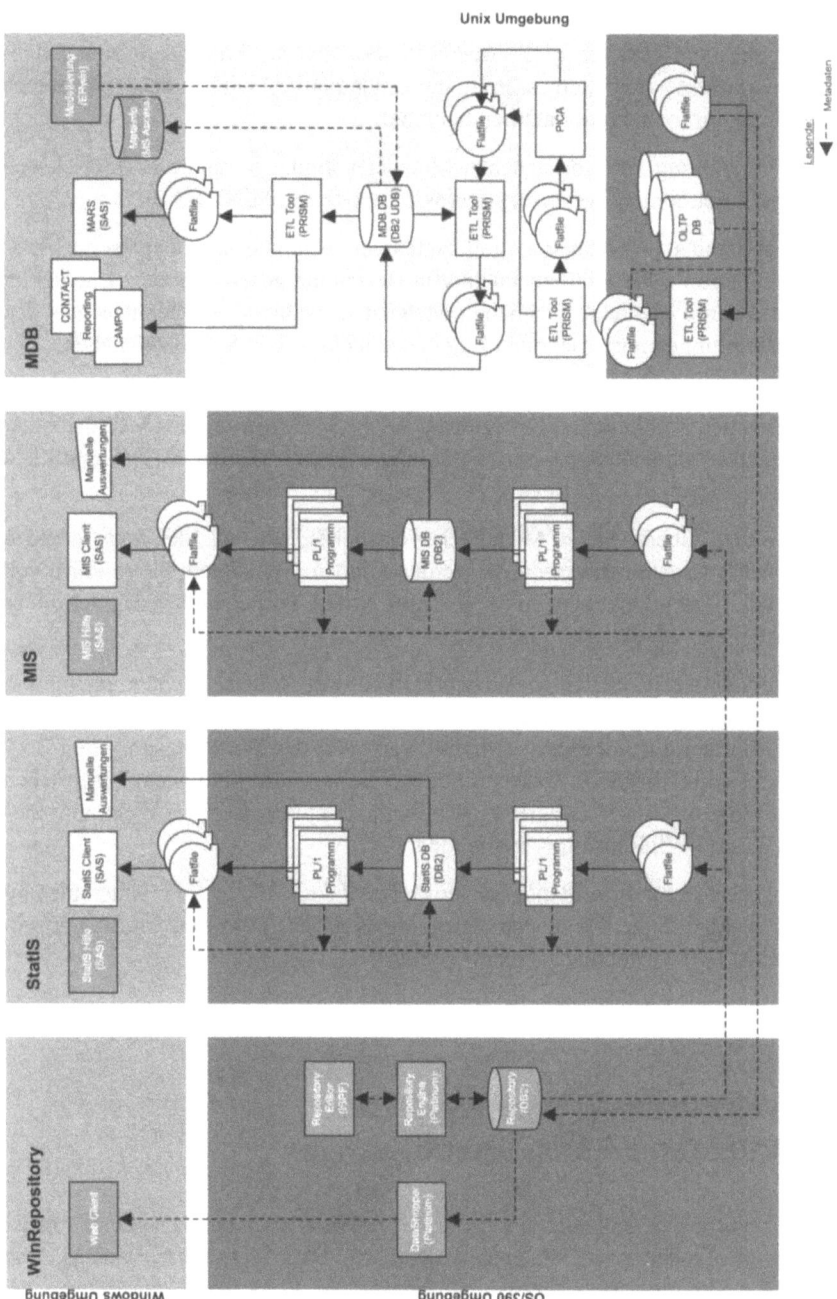

Abb. 1:   Ist-Situation der Applikationslandschaft Datenanalyse

Eine gezielte Realisierung von Nutzenpotenzialen, die auf einem integrierten Metadatenbestand basieren (z. B. Auswirkungsanalysen, Automation von Administrationsprozessen und Verbesserung der Datenqualität) wird in der momentanen Ist-Situation durch mehrere Faktoren behindert:

• Die Verwaltung von vorhandenen Metadaten findet in mehreren logisch und physisch getrennten Systemen statt (WinRepository, MDB, SAS).

• Die vorhandenen Metadaten sind zudem in fachliche und technische Metadaten unterteilt, die nicht zueinander in Beziehung gesetzt werden. Entwickler nutzen wenig bis keine fachlichen Metadaten, während Endbenutzer aus den Fachabteilungen nur beschränkt Zugang zu technischen Metadaten haben.

• Das Bewusstsein für den Nutzen von Metadaten ist noch wenig verbreitet. Entsprechend fehlt auch eine organisatorische Verankerung des Metadatenmanagements. Metadatenprozesse laufen überwiegend implizit ab und sind nicht eindeutig definiert.

• Es werden überwiegend Metadaten verarbeitet, die aus den existierenden Informationssystemen gewonnen werden können. Metadaten, die in Form von unstrukturierten Dokumenten (z. B. Lotus Notes) vorliegen, werden nicht einbezogen.

• Die momentan genutzten Metadaten stellen zwei isolierte Sichten auf die beschriebenen Daten dar: Während in StatIS- und MIS-Hilfe Begriffe aus Sicht der Fachabteilungen beschrieben sind, verwaltet das WinRepository den Begriffen zugrundeliegende Datenstrukturen, die aus Informatiksicht beschrieben sind. MetaInfo/MDB integriert zwar beide Sichten, ist aber nicht mit StatIS/MIS und WinRepository verbunden.

• Es existiert keine Informationssystem-Infrastruktur, die auf die Unterstützung eines ganzheitlichen Metadatenmanagements für das Data Warehousing ausgerichtet ist (Metadatenmanagement-System).

3   Konzeption eines integrierten Metadatenmanagement-Systems

In der Praxis ergibt sich der Bedarf nach einem Metadatenmanagement meist während oder sogar erst nach dem Aufbau des Data-Warehouse-Systems. Das führt zu der Situation, dass bereits eine Anzahl von Werkzeuge zum Betrieb des Data-Warehouse-Systems im Einsatz ist, die wiederum bereits Metadaten erzeugen und nutzen. Beispiele sind ETL-Tools, welche die ETL-Prozesse mit Hilfe von Metadaten steuern oder das DBMS für das Kern-Data-Warehouse, das die Datenbankstruktur in einem Data Dictionary verwaltet. Das Data-Warehouse-

System besteht also aus einer Reihe von Software-Komponenten, die untereinander in Beziehung stehen. Dieses Software-System benötigt zur Ausführung eine Infrastruktur, bestehend aus Hardware-Komponenten und Kommunikationsnetzwerk. Vollständig betrachtet besteht das Data-Warehouse-System also aus den Teilsystemen Software-System und Technik-Infrastruktur. Die Spezifikation und Dokumentation der Komponenten und Beziehungen eines Systems bezeichnet man als seine Architektur. In der Literatur wird in diesem Zusammenhang in Anlehnung an das Bauwesen auch von einem Bauplan gesprochen. Nach dieser Auffassung gehören zu einer Architektur ebenfalls die Konstruktionsregeln für diesen Bauplan.

Im folgenden wird die konzeptionelle Architektur des Metadatenmanagement-Systems als Teilsystem des Data-Warehouse-Systems betrachtet. Wir beschränken uns dabei auf die Software-Architektur und klammern die Hardware-Infrastruktur zunächst aus. Dies liegt in dem Umstand begründet, dass die Software-Komponenten des Data-Warehouse-Systems und auch des Metadatenmanagement-Systems meist kommerzielle Software-Produkte sind, für die bezüglich der Infrastruktur bereits spezifische Anforderungen vorgegeben sind, die nicht umgangen werden können. Die konzeptionelle Architektur als bestimmter Typ von Architektur trägt dem Umstand Rechnung, dass es sich um die ersten Entwurfsentscheidungen im Entwicklungsprozess handelt, bei denen noch nicht alle Bedingungen bekannt sind. Trotzdem handelt es sich um sehr schwerwiegende Entscheidungen, da Fehler in diesem Stadium der Entwicklung später nur noch mit hohem Aufwand zu korrigieren sind. Die konzeptionelle Architektur ist von zentraler Bedeutung für das Erreichen der gesteckten Funktionalitäts- und Qualitätsziele (vgl. Bachmann et al. 2000).

3.1   Der Warehouse Information Catalog als Einstiegspunkt für die Datenanalyse

Die Idee des Warehouse Information Catalogs (WIC) ist von Devlins Konzept eines Data Warehouse Catalog motiviert (Devlin 1997, S. 140). Es handelt sich beim WIC um eine spezifische Anwendung innerhalb des Metadatenmanagement-Systems. Auf der Basis eines zentralen Metadaten-Repositories[1] gibt der WIC dem Endbenutzer einen Überblick über den Inhalt des Data Warehouses und liefert Informationen über Qualität, Nutzungsstatistik und Strukturierung des Inhalts. Der Zweck des WIC ist die Einordnung von Objektdaten in ihren Business Kontext, d. h. die Objektdaten des Data Warehouse werden aus primär fachlicher Sicht dokumentiert. Der WIC bietet dem Endbenutzer einen Einstiegspunkt für die Datenanalyse vergleichbar mit dem Telefonbuch „Gelbe Seiten" oder einem Inter-

---

[1]   Vgl. zu möglichen Architekturvarianten für Metadaten-Repositories (Do, Rahm 2000, S. 8 ff.).

net-Portal zum Thema Datenanalyse bei der Winterthur. Der Benutzer kann sich mit Hilfe des WIC bspw. einen Überblick über bereits existierende Reports, Füllgrad und Aktualität des Data Warehouses, Data-Mining-Ergebnisse und verfügbare OLAP-Würfel verschaffen. Mit Hilfe dieser Informationen kann er dann bereits vorhandene Auswertungen nutzen oder auf diesen aufbauend neue Auswertungen erstellen.

3.2   Analyse des Metadaten-Angebots und -Bedarfs bei der Winterthur

Für den Entwurf einer auf die spezifischen Anforderungen der Winterthur zugeschnittenen Metadatenmanagement-Systemarchitektur ist es nötig, den Bedarf und das Angebot an Metadaten genauer zu untersuchen. Hierzu werden einerseits Metadaten-Elemente identifiziert, um im Sinne eines Inventars einen Überblick über die relevanten Metadaten zu erhalten. Auf der anderen Seite wird die Architektur durch den Austausch dieser Metadaten-Elemente zwischen den Komponenten eines DWH-Systems in Form von Metadatenflüssen bestimmt. Die Architektur des Metadatenmanagement-Systems wird somit direkt aus den Metadatenanforderungen eines Data Warehouses abgeleitet. Im folgenden werden ausgehend von der konzeptionellen Architektur der Applikationslandschaft zur Datenanalyse bei der Winterthur (MDB, MIS, StatIS sowie die bestehenden Metadatenapplikationen WinRepository und MDB-MetaInfo) Kategorien von Metadaten abgeleitet und die zugehörigen Metadatenelemente identifiziert. Für die Metadatenelemente werden Konsumenten und Produzenten angegeben und der Zweck des Metadatenaustauschs wird beschrieben. Die Beschreibung jeder Kategorie endet mit einem Überblick über mögliche Probleme und Hindernisse bei der Implementierung.

3.2.1   Metadatenkategorie Begriffe

Für das Verständnis der Daten im Data Warehouse ist es wichtig, dass sämtliche Benutzer die Bedeutung der verwendeten Begriffe kennen bzw. diese nachlesen können. Dabei kann es sich sowohl um technische Fachbegriffe als auch betriebswirtschaftliche Fachbegriffe handeln. Bei der Winterthur sind wesentliche Quellen von Begriffen das MDB-Glossar, die MIS- und StatIS-Hilfe sowie Lotus Notes. Verwendet werden die Begriffe sowohl im WIC als auch in den Analysen und Auswertungen, die mit BI-Tools erstellt werden. Abb. 2 gibt einen Überblick über produzierende und konsumierende Architekturkomponenten sowie die zugehörigen Datenflüsse.

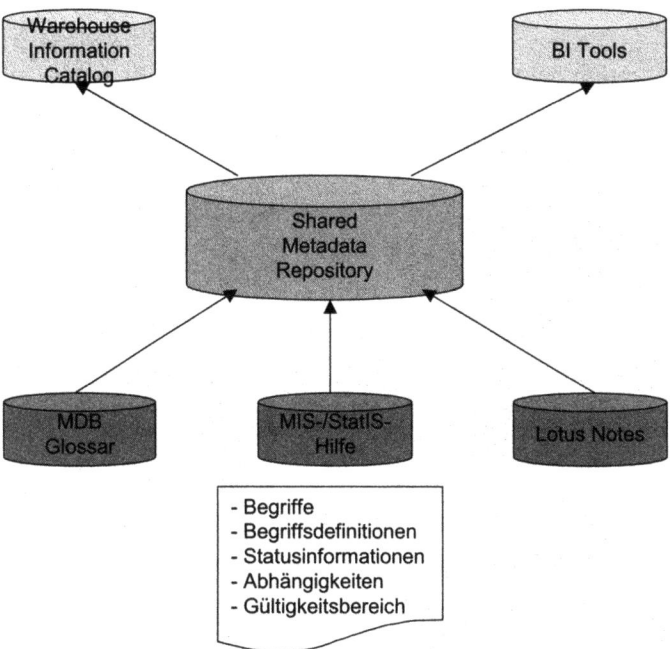

Abb. 2: Metadatenkategorie Begriffe

Neben Begriffsbezeichnungen und -definitionen umfasst die Kategorie Begriffe auch Informationen über den Status des Begriffs (z. B. Gültigkeit, Owner etc.) sowie Informationen über Beziehungen und Abhängigkeiten zu anderen Begriffen sowie den Gültigkeitsbereich.

Neben der Unterstützung durch das Metadatenmanagementsystem erfordert die Begriffsverwaltung insbesondere klare Prozesse zur Abstimmung zwischen beteiligten Interessensgruppen bei Erstellung, Änderung und Abgleich der Begriffe. Ebenfalls geklärt werden muss die Handhabung von Synonymen (verschiedene Begriffe mit gleicher Bedeutung) und Homonymen (gleiche Begriffe mit verschiedener Bedeutung).

3.2.2 Metadatenkategorie Business Information Directory

Die Metadatenkategorie BID bezieht ihre Metadaten aus den BI-Tools (Überblick über vorgefertigte Berichte und deren Ausführung), der ETL-Engine (Protokollinformationen über die Ausführung der ETL-Prozesse und die Staging Area) und den Data Marts (Informationen zu Individuellen Datenauswertungen (IDA), zum Change Management, vorhandene Fakten und Dimensionen sowie zur Datenqualität.)

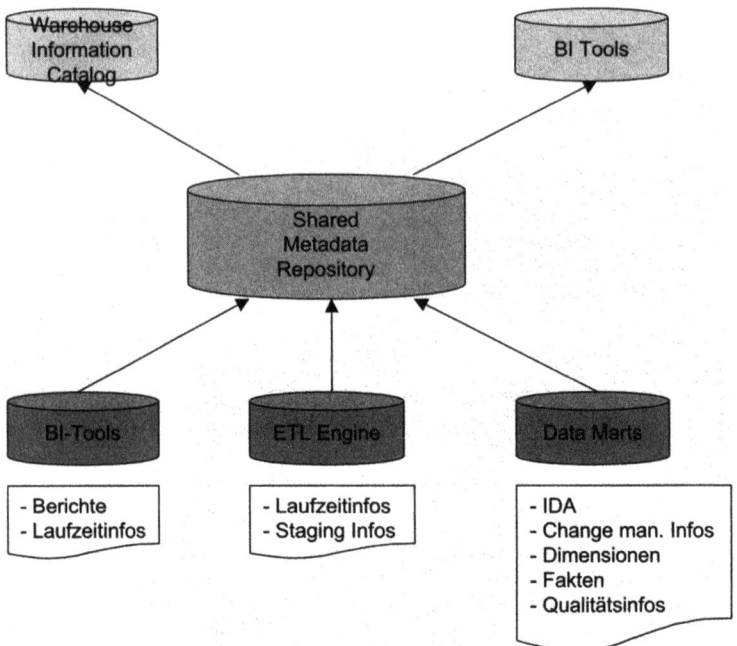

Abb. 3:   Metadatenkategorie Warehouse Information Catalog

Problematisch erscheint zum jetzigen Zeitpunkt vor allem die Ermittlung von Informationen zur Datenqualität.

3.2.3   Metadatenkategorie Data Warehouse Datenbasis

Metadaten dieser Kategorie dienen primär zur Unterstützung der Endbenutzer beim Auffinden und Interpretieren relevanter Daten. Diese Metadaten werden vor allem bei der Nutzung von BI-Tools benötigt und stammen aus einer Vielzahl von Data-Warehouse-Komponenten sowie unstrukturierten Dokumenten (z. B. Dokumentation im Text-Format).

Probleme sind vor allem bei der Integration der unterschiedlichen Sichten auf die Daten (fachlich vs. technisch) und bei Beschreibungen zu erwarten, die in mehreren Sprachen benötigt werden.

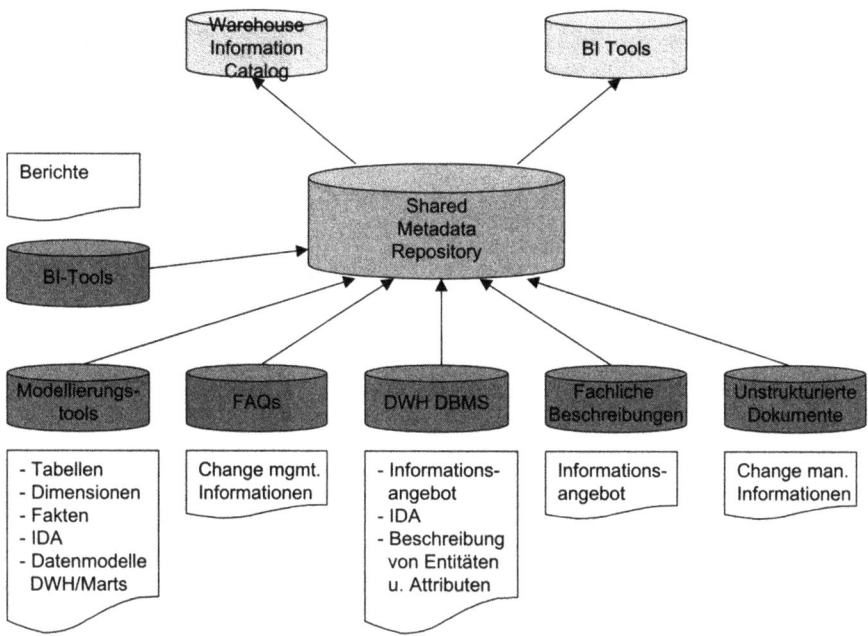

Abb. 4:   Metadatenkategorie Data Warehouse Datenbasis

3.2.4   Metadatenkategorie Ladeinformationen

In dieser Kategorie sind sämtliche Metadaten zusammengefasst, die beim Laden der Daten in das Data Warehouse anfallen. In den BI-Tools werden diese Metadaten benötigt, um Auskunft über den aktuellen DWH-Status zu erhalten. Produzenten sind in erster Linie die ETL-Engine, das DWH DBMS und zugehörige Scheduling Informationen. Diese liefern Metadaten-Elemente Datenqualitäts- und -umfangsinfos, Logfiles, sowie Lade-Parameter.

Erfahrungsgemäss ist die Nutzung und Akzeptanz solcher zusätzlichen Informationen durch die Endbenutzer am grössten, wenn die Informationen möglichst intuitiv verständlich in grafischer Form aufbereitet werden z. B. mit Statusanzeigen, die Verkehrsampeln nachempfunden sind.

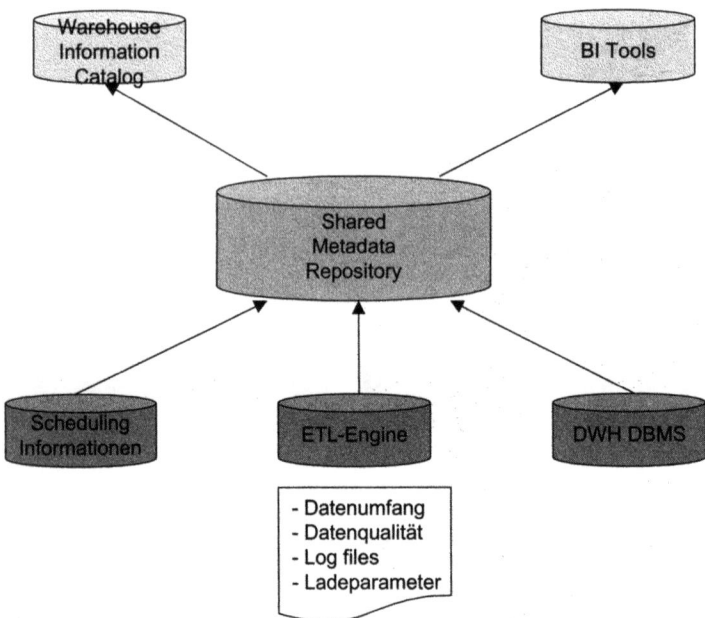

Abb. 5:   Metadatenkategorie Ladeinformationen

3.2.5   Metadatenkategorie Transformation

Transformationsmetadaten dienen zur Bestimmung der Datenherkunft auf fachlicher Ebene, zur Auswirkungsanalyse bei Änderungen auf technischer Ebene sowie zur Versionierung und Historisierung. Genutzt werden sie in ETL-Tools, Data Marts und BI-Tools, während zu den Produzenten Modellierungstools, ETL-Tools, das DWH DBMS, das WinRepository sowie diverse andere DWH-Tools (z. B. SAS) zählen.

Versionierung und Historisierung sind wichtige Funktionen, die jedoch auch sehr kompliziert zu implementieren sind. Als Hindernisse können sich fehlende bzw. unzureichende Schnittstellen von proprietären Tools (z. B. SAS oder Prism) erweisen.

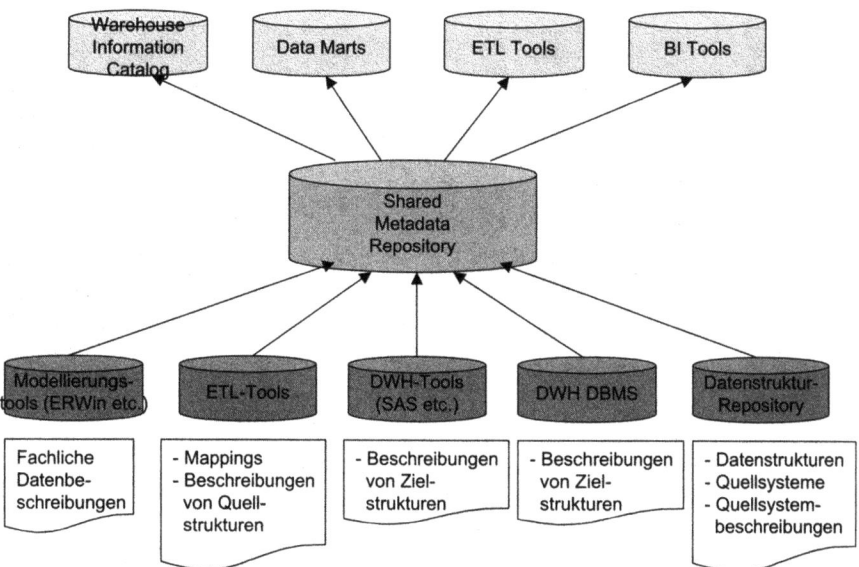

Abb. 6:   Metadatenkategorie Transformation

3.2.6   Metadatenkategorie Rollenmodell/Sicherheit

Metadaten aus den Bereichen Rollenmodell und Sicherheit lassen sich zur Automatisierung von Administrationsprozessen sowie zu Dokumentationszwecken nutzen. Bei Metadaten dieser Kategorie handelt es sich um Benutzerprofile, Rollenbeschreibungen, Zugriffsrechte und Parameter.

Produzenten hierfür sind die diversen Security-Systeme sowie der WIC. Genutzt werden diese Metadaten in BI-Tools, ETL-Tools, dem DWH DBMS und im WIC.

Problematisch ist auch hier die Extraktion der Metadaten aus den sie verwaltenden Applikationen.

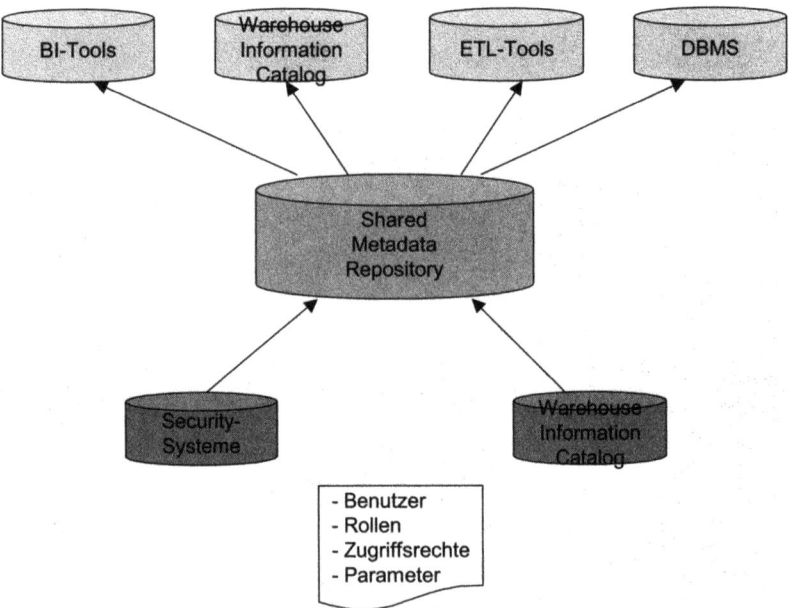

Abb. 7: Metadatenkategorie Rollenmodell/Sicherheit

3.2.7 Bewertung der Metadatenkategorien

Um erste Anhaltspunkte für eine Bearbeitungsreihenfolge für die identifizierten Metadatenkategorien zu erhalten, wurde von der Autorengruppe eine Bewertung der Kategorien aufgrund der bisherigen subjektiven Erfahrungen mit Metadaten in den einzelnen Projekten vorgenommen. Als Kriterien für die Bewertung wurden der Nutzen der Kategorie für das Data Warehousing der Winterthur, der momentane Abdeckungsgrad durch existierende Teillösungen sowie der zu erwartende Aufwand für die Umsetzung herangezogen. Für den Aufwand wurde darüber hinaus zwischen der nötigen personellen Kapazität sowie der Komplexität der Kategorie unterschieden. In den einzelnen Kategorien wurden jeweils Noten von 1 bis 6 vergeben, wobei die Note 1 für die stärkste Ausprägung in diesem Kriterium und die Note 6 für die schwächste Ausprägung steht. Auf dieser Grundlage wurde anschliessend eine Reihenfolge für die Bearbeitung ermittelt. Folgende Tabelle stellt die Ergebnisse der Bewertung zusammen:

Metadaten-kategorie	Nutzen	Abdeckung	Aufwand	
			Manpower	Komplexität
Begriffe	3	2	2	1
BID	4	4	5	4
Datenbasis	1	1	4	5
Ladeinfos	5	5	6	6
Transformation	2	3	3	3
Rollen/Sicherheit	6	6	1	2

Tab. 1:   Bewertung der Metadatenkategorien

Unter der Annahme, dass mit der Kategorie mit dem grössten Nutzen und dem geringsten Aufwand begonnen werden sollte, und bei einer Gleichgewichtung der genutzten Kriterien ergibt sich somit folgende Bearbeitungsreihenfolge:

1. Datenbasis

2. Ladeinfos

3. Transformation / BID

4. Begriffe

5. Rollenmodell/Sicherheit.

Diese grobe Bewertung der Kategorien kann jedoch nur ein erster Anhaltspunkt sein, da ihr lediglich subjektive Einschätzungen zugrunde liegen. Für die Durchführung eines konkreten Projekts ist auf jeden Fall eine Wiederholung der Bewertung auf der Grundlage einer detaillierten Analyse der konkreten Situation erforderlich. Der Umfang der Kategorien wurde zunächst bewusst nicht präzise festgelegt und muss für ein individuelles Projekt noch schärfer abgegrenzt werden.

3.3   Konzeptionelle Architektur eines integrierten Metadatenmanagement-Systems

Beim Entwurf der Architektur für ein Metadatenmanagement-System bei den Winterthur Versicherungen konnte auf ein konzeptionelles Architekturmodell -

zurückgegriffen werden, das im CC DW2 zusammen mit sieben anderen Partner-
unternehmen und dem Institut für Wirtschaftsinformatik der Universität St. Gallen
entwickelt wurde. Das CC DW2 bzw. das Vorgängerprojekt CC DWS beschäftigt
sich seit Anfang 2000 mit dem Metadatenmanagement für Data-Warehouse-Systeme. Die Architektur für das Metadatenmanagement wurde in einer Reihe von
Workshops und Diskussionsrunden mit Experten entwickelt und schrittweise verbessert.

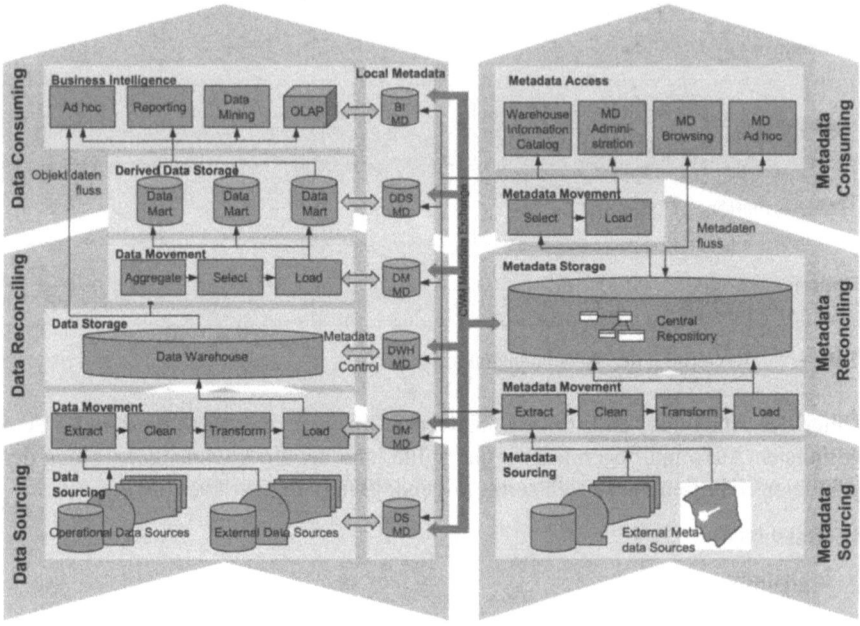

Abb. 8:   Konzeptionelle Architektur für ein metadatenunterstütztes Data-Warehouse-
System (in Anlehnung an Auth et al. 2002)

Ausgangspunkt ist die klassische DWH-Architektur, die operative Daten über
mehrere Transformationsschichten zu analytischen Daten integriert. Auf allen
Schichten der DWH-Architektur werden während Entwicklung und Betrieb der
dort eingeordneten Software-Komponenten (Werkzeuge, Datenbanken, Schnittstellen etc.) fortwährend Metadaten produziert und konsumiert (z. B. Datenstrukturen, ETL Mappings oder Feldbeschreibungen). Typischerweise werden diese
Metadaten in den zugehörigen Komponenten verwaltet, ohne dass andere Komponenten direkten Zugriff auf diese Metadaten haben (z. B. DBMS Catalog mit
Schemadefinitionen der DWH-Datenbank). In der konzeptionellen Architektur
sind diese lokalen Metadatenbestände in der Schicht „Local Metadata" zusammengefasst.

Ähnlich wie das Data Warehousing zielt das Metadatenmanagement auf die Er-
richtung und den Betrieb einer Logistik für die Versorgung des Data-Warehou-

sing-Prozesses mit Metadaten. Neben den lokalen Metadaten des DWH-Systems existiert eine Fülle von Metadaten in Form von unstrukturierten Dokumenten (z. B. Benutzerhandbücher) und als Wissen der am Data Warehousing beteiligten Personen, die für eine Verarbeitung im MDMS strukturiert und codiert werden müssen. In Abb. 8 sind diese externen Metadaten auf der Schicht „External Metadata" dargestellt. Die Integration von externen Metadaten mit den Metadaten der „Local Metadata"-Schicht wird durch ein zentrales Metadaten-Repository realisiert. Durch die Speicherung im Repository wird darüber hinaus eine werkzeugunabhängige Versionierung und Konfigurationsbildung für die Metadaten ermöglicht. Zugleich dient das Repository den DWH-Komponenten als Drehscheibe zum Austausch von lokalen Metadaten. Es handelt sich um eine verteilte Architektur bei dem das zentrale Repository ein gemeinsames Metamodell auf Basis des Common Warehouse Metamodell der OMG implementiert. Der Austausch der Metadaten erfolgt mit Hilfe eines standardisierten Austauschmechanismus, der auf dem XML Metadata Interchange (XMI) Standard beruht. DWH-Komponenten, die diesen Mechanismus nutzen wollen, müssen einen sog. Adapter implementieren, der die interne Repräsentation der Metadaten auf das gemeinsame Metamodel abbildet und damit externalisiert. Als Austauschformat sieht das CWM die Metasprache XML vor. Der Einsatz von XMI ermöglicht eine regelbasierte Generierung von XML-Dokumenten, wodurch komplette Metamodelle, Teilmengen von Metadaten oder werkzeugspezifische, d. h. nicht standardkonforme Metadaten in einem Erweiterungsformat ausgetauscht werden können.

Zum momentanen Zeitpunkt beginnen die Hersteller von DWH-Tools allerdings gerade erst mit der Implementierung des CWM-Standards in ihre Produkte. Mit der ersten Generation von Tools, die den Standard unterstützen, ist also erst bei Erscheinen der jeweils nächsten Version der Tools zu rechnen. Somit sind auch die Möglichkeiten für den Austausch von Metadaten über einen CWM-konformen XMI-Mechanismus stark eingeschränkt. XMI ist zwar ein offener Standard und könnte somit bei einer Eigenentwicklung eingesetzt werden; die zu erwartenden Aufwände sind allerdings vergleichsweise hoch. Da einem Einsatz eines CWM-basierten Metadaten-Austauschmechanismus derzeit also grosse Hindernisse im Weg stehen, muss es eine Alternative für den Metadaten-Austausch geben. Aus diesem Grund umfasst der rechte Teil der konzeptionellen Architektur mit dem eigentlichen Metadatenmanagement-System analog zu den Data-Movement-Schichten des DWH-Teils spezielle Metadata-Movement-Schichten. Die untere der beiden Schichten enthält Software-Komponenten zur Extraktion der Metadaten aus den lokalen Metadatenspeichern der DWH-Komponenten sowie aus externen Metadatenquellen, die auch unstrukturiert sein können. Die Metadata-Movement-Schicht sorgt für die Aufbereitung dieser Metadaten und steuert das Laden der Metadaten in das zentrale Metadaten-Repository. Über dem Metadaten-Repository gewährleistet eine zweite Metadata-Movement-Schicht die korrekte Rückführung von benötigten Metadaten in die DWH-Komponenten sowie die Komponenten der Metadata-Access-Schicht.

Die Architekturkomponenten zur Nutzung der Metadaten orientieren sich an den grundlegenden Nutzungsaspekten „Unterstützung von Entwicklung und Betrieb des DWH-Systems" sowie „Unterstützung der Nutzung des DWH-Systems". Entwicklung und Betrieb profitieren primär durch aktive Metadaten-Nutzung der DWH-Komponenten. Für die Endbenutzer werden analytische Applikationen bereitgestellt, die eine Auswertung des Metadaten-Repositories erlauben. In ähnlicher Weise wie das Data Warehouse die Basis für unterschiedlichste analytische Anwendungen ist (z. B. OLAP, Data Mining), kann ein zentrales Metadaten-Repository unterschiedliche Metadaten-Applikationen bedienen, die nur auf eine bestimmte, daraufhin optimierte Teilmenge des Metadatenbestandes zugreifen. Neben diesen eher endbenutzerorientierten Anwendungen, ist es erforderlich, eher technische Benutzer mit den notwendigen Schnittstellen auszustatten, um auf dem Inhalt des Repositories direkt zu navigieren und ihn zu durchsuchen. Darüber hinaus ist eine Administrationskomponente erforderlich, mit deren Hilfe die Verfügbarkeit des Repositories gewährleistet werden kann. Andere denkbare Metadaten-Applikationen unterstützen z. B. das Management von Begriffssystemen oder die Abfrage von Qualitätsinformationen.

4   Varianten für die Realisierung eines Metadatenmanagement-Systems für die Winterthur

Zum jetzigen Zeitpunkt erfüllen die vorhandenen Metadaten-Lösungen (MetaInfo, MIS-/StatIS-Hilfe, WinRepository) ihre jeweiligen begrenzten Einsatzzwecke in befriedigendem Masse. Könnte man davon ausgehen, dass sich die Applikationslandschaft für die Datenanalyse bei der Winterthur langfristig nicht grundlegend ändert, wäre auch das Beibehalten des Status Quo eine gangbare Alternative. Mit den jetzigen Bedingungen ist allerdings kein umfassendes, integriertes Metadatenmanagement möglich und die Nutzenpotenziale einer solchen Lösung können nur teilweise ausgeschöpft werden.

Aus den vorangegangenen Ausführungen wird deutlich, dass es für die Realisierung eines integrierten Metadatenmanagement für das Data Warehousing bei der Winterthur grundsätzlich drei verschiedenen Varianten gibt. Diese Varianten werden im folgenden beschrieben und auf ihre Machbarkeit unter wirtschaftlichen Gesichtspunkten hin analysiert.

4.1   Variante 1: Ausbau von MDB-MetaInfo

MetaInfo entstand um die Antworten auf sich ständig wiederholende Fragen von Business Usern und Extraktionsteam an das MDB-Team allgemein verfügbar zu machen. Es handelt sich nicht in erster Linie um ein Metadatenverwaltungssystem, sondern eher um ein Dokumentationstool für die Datenbank. MetaInfo wurde in erster Linie für Business User von MDB entwickelt, um diesen Metadaten mit speziellem Fokus auf die Marketing-Datenbank zur Verfügung zu stellen. Das Tool deckt daher auch nur einen Teil der unter 3.2 identifizierten Metadatenkategorien ab. Da die Lösung möglichst schnell und mit geringem Aufwand umgesetzt und die Notwendigkeit von Benutzerschulungen vermieden werden sollte, entschied man sich bei der Realisierung für Microsoft Access. Bereits existierende Metadaten in vorhandenen Tools sollten damit wiederverwendet werden können. MetaInfo hat sich für den ursprünglich vorgesehenen Einsatzzweck gut bewährt und erfüllt seine vorgesehene Funktion.

Um MetaInfo zu einem umfassenden Metadatenmanagement-System auszubauen, müssten in der Endausbaustufe sämtliche Metadatenkategorien abgedeckt werden. Hierzu wäre es erforderlich, eine Schnittstelle zum WinRepository sowie zu anderen in 3.2 identifizierten Metadaten-Produzenten zu implementieren, um Metadaten aus diesen Systemen nach MetaInfo überführen zu können. Die Benutzerschnittstelle von MetaInfo ist momentan speziell auf die Anforderungen der MDB-Benutzergruppen zugeschnitten. Die Benutzung erfolgt aus dem MDB-Kontext und ist ohne Kenntnisse des MDB-Systems nicht ohne ein Minimum an Schulungsaufwand möglich. MetaInfo verfügt momentan nicht über ein Web-Interface, um Metadaten über das Intranet verfügbar zu machen.

Auch durch den Einsatz von Access entstehen einige Limitierungen: Zunächst ist die Nutzung von MetaInfo auf Windows-Plattformen beschränkt. Weiterhin ist Access eine sogenannte Desktop-Datenbank und skaliert nicht in befriedigendem Masse bei einer grossen Anzahl von Benutzern und grossen Datenmengen. Zwar kann Access als Front-End seine Daten von nahezu jedem relationalen Datenbankserver beziehen, allerdings würde dies eine Migration nötig machen, die wiederum mit Entwicklungsaufwand verbunden ist.

4.2   Variante 2: Ausbau des WinRepositories

Das WinRepository basiert auf einem Repository-Produkt der Firma Platinum (mittlerweile von Computer Associates übernommen) und weist dadurch einige Vorteile im Vergleich zu MetaInfo/Access auf. Die Repository-Komponente läuft unter OS/390 und ist für einen anspruchsvollen Einsatz unter grösserer Last ausgelegt. Zusätzlich ist ein Web-Client verfügbar, der es ermöglicht, von jeder beliebigen Betriebssystem-Plattform über einen Webbrowser auf das Repository zuzugreifen. Allerdings bietet der Web-Client momentan nur rudimentäre Funktionalitäten und müsste für einen grossflächigen Einsatz noch weiter ausgebaut werden. Auf dem WinRepository laufen momentan bereits mehrere Anwendungen zur Verwaltung von Metadaten für operative (Backend)-Systeme. Das Produkt wurde allerdings von der Firma CA unter dem Namen Advantage Repository weiterentwickelt und wird explizit auch für die Verwaltung von Metadaten für Data-Warehouse-Systeme positioniert. Das Repository verfügt über ein API, über das nahezu beliebig auf die Inhalte zugegriffen werden kann. Als vollwertiges Repository-Produkt werden darüber hinaus spezielle Funktionen für Versioning, Auswirkungsanalysen (Impact analysis) sowie standardisierte Benennungen (Naming standards) zur Verfügung gestellt.

Um die momentan nicht abgedeckten Metadatenkategorien in das WinRepository mit aufzunehmen und es somit zu einer umfassenden Metadatenverwaltung auszubauen, wäre zunächst eine Anpassung und Erweiterung bzw. die Neuerstellung eines eigenen Datenmodells für DWH-Metadaten nötig. Ebenso wie bei Variante 1 müssten zudem Schnittstellen zu den diversen Metadatenproduzenten entwickelt werden. Dies wird allerdings durch das Repository-Produkt mit einer Anzahl von vorgefertigten Scannern und Schnittstellen unterstützt. Eine weitere wichtige Massnahme wäre der Ausbau des Web-Interfaces. Für den Entscheid, das Win-Repository weiter auszubauen, müsste weiterhin der langfristige Produkt-Support durch den Hersteller sichergestellt werden.

4.3   Variante 3: Beschaffung eines dedizierten DWH-Metadaten-Werkzeugs

Die Beschaffung eines neuen Metadaten-Werkzeugs würde bedeuten, die Thematik Metadaten von Anfang an neu aufzurollen. Hierzu müsste ein umfassendes Projekt mit dem entsprechenden Management-Support aufgesetzt und mit hoher Wahrscheinlichkeit auch externes Berater-Know-How eingekauft werden. Voraussetzung für den Erwerb eines neuen Tools wäre eine gründliche Marktanalyse und anschliessende Tool-Evaluation. Für die Umsetzung dieser Variante würde zunächst der grösste Ressourcenverbrauch anfallen, der allerdings unter Umständen mittel- bis langfristig durch ein leistungsfähiges, auf Metadatenmanagement spezialisiertes Tool wieder kompensiert werden könnte. Anzumerken ist, dass nach heutigem Wissensstand der Autoren auf dem Markt kein Tool verfügbar ist, das die beschriebenen Anforderungen vollständig abdeckt.

4.4   Ein Vorschlag für das weitere Vorgehen

Auf Basis der vorliegenden Studie wird folgendes weiteres Vorgehen empfohlen:

- Detailanalyse und Vergleich der skizzierten Varianten. Hierbei sind besonders die Kriterien Machbarkeit und Wirtschaftlichkeit zu berücksichtigen. Auf dieser Grundlage kann der Ressourcenverbrauch der jeweiligen Varianten fundiert eingeplant werden. Danach erfolgt die Auswahl einer Variante zur Realisierung eines Metadatenmanagements. Zunächst sollte die Variante mit der besten Einschätzung hinsichtlich Machbarkeit und Aufwand-/Nutzenverhältnis ausgewählt werden. Schliesslich werden eine oder mehrere der zentralen Metadatenkategorien für ein Pilotprojekt ausgewählt. Aus den zuvor beschriebenen Metadatenkategorien sollte unter Nutzung der beschriebenen sowie gegebenenfalls weiterer Kriterien die wichtigsten Kategorien ausgewählt werden, die dann zunächst in einem Pilotprojekt realisiert werden.

- Durchführen eines Pilotprojektes. Das Pilotprojekt dient zum einen zur Überprüfung der Machbarkeit unter den realen Bedingungen in der Winterthur und zum anderen zum Erzielen erster Ergebnisse.

- Wurde das Pilotprojekt erfolgreich durchgeführt, kann die erstellte Lösung ausgebaut und im Unternehmen verbreitet werden.

5   Zusammenfassung und Ausblick

Erst die Gesamtheit aller Einzelkomponenten und deren möglichst effiziente Abstimmung aufeinander ermöglichen es, das Data Warehouse betriebswirtschaftlich sinnvoll einzusetzen. Der Aufwand und die daraus resultierende Komplexität, die Einzelkomponenten aufeinander abzustimmen, wird in der betrieblichen Praxis oft unterschätzt. Unter Berücksichtigung der konzeptionellen und technischen Aspekte des Data Warehousing sowie der organisatorischen Rahmenbedingungen sind für ein integriertes Metadatenmanagement-Konzept Massnahmen zu ergreifen, die eine effektive Kontrolle des Data Warehousing ermöglichen. Dazu zählt beispielsweise der Aufbau eines zentralen Repositories, das auf der Basis eines die fachlichen und technischen Metadaten integrierenden Datenmodells realisiert ist. Auf diesem Gebiet hat man bei den Winterthur Versicherungen bereits positive Erfahrungen im Rahmen des Vorgehens bei der evolutionären Entwicklung des Unternehmensdatenmodells gesammelt. Ähnlich dieser Vorgehensweise sollte projektgetrieben der Aufbau des Metadatenmodells erfolgen.

Geht man von der Annahme der vorgeschlagenen Data-Warehouse-Lösung „Enterprise Data Warehouse" aus (vgl. Joseph et al. (Mig) 2000, S. 86 ff.), das als zentrales Data Warehouse konzipiert ist, so liegt es nahe, das Metadatenmanagement ebenfalls zu zentralisieren. Die Vorteile für die Wahl dieses Lösungsszenarios ergeben sich unmittelbar aus betriebswirtschaftlichen und wirtschaftlichen Überlegungen, der Organisation und Bereitstellung einer zentralen Informationsarchitektur und -logistik. Ein dezentrales Metadatenmanagement widerspräche dem aktuellen Trend und der Entwicklung der betrieblichen Informatikstrategie. Im Vordergrund steht die Bereitstellung einer unternehmensweiten einheitlichen System- und Informationsintegration. Ausgehend von drei alternativen Architekturformen für ein Metadatenmanagement-System (zentrale Architektur, dezentrale

Architektur und verteilte Architektur, vgl. Do, Rahm 2000, S. 8 ff.) wird daher eine konzeptionelle idealtypische Architektur für ein Metadatenmanagement-System bei der Winterthur vorgeschlagen, welche auf dem Ansatz einer verteilten Repository-Architektur basiert. Hierbei werden die Metadaten zwar in einem zentralen Repository integriert, die einzelnen DWH-Komponenten behalten aber nach wie vor die Kontrolle über ihre spezifischen Metadaten. Das zentrale Repository dient als Basis für den Metadatenaustausch sowie zur Belieferung von speziellen Metadaten-Anwendungen wie dem Warehouse Information Catalog. Die Architektur folgt daher in ihrem Grundaufbau der Architektur des Data Warehouses.

Kurzfristig ist davon auszugehen, dass für die aus den verschiedenen Ebenen der Data-Warehouse-Architektur hervorgehenden Metadaten eigene Metadatenmanagement-Werkzeuge eingesetzt und zunächst dedizierte Metadaten-Repositories bewirtschaftet werden. Diese Annahme resultiert aus der Erkenntnis, dass es zur Zeit keinen Hersteller gibt, der den Gesamtprozess mit den entsprechenden Werkzeugen vollständig abdeckt. Zur Zeit existiert eine Vielzahl von Werkzeugen, die jedoch nur einen Ausschnitt des Data Warehousing abdecken, wie zum Beispiel den ETL-Prozess oder system- beziehungsweise applikationsspezifische Aspekte der Datenhaltungssysteme. Darüber hinaus basieren viele Werkzeuge auf einer herstellerspezifischen Metadatenhaltung, die einer Integration mit anderen Metadatenmanagement-Systemen entgegensteht. Das Common Warehouse Metamodel ist eine mögliche Lösung für diese Problematik, deren Umsetzung allerdings noch abzuwarten bleibt. Von den Herstellern, die an der Entwicklung des CWM beteiligt sind, wird der Standard bereits zumindest in Teilen unterstützt (z. B. demonstriert IBM mit bestimmten DB2-Versionen den CWM-konformen Austausch von Metadaten aus dem Systemkatalog). Viele andere Hersteller haben eine Unterstützung des CWM für die nächste Version ihrer Produkte angekündigt, u. a. Oracle, SAS, Business Objects und Informatica. Eine breite Akzeptanz des Standards kann also erwartet werden. Zum momentanen Zeitpunkt erscheint es allerdings noch zu früh, das CWM als alleinigen Grundpfeiler für eine Metadatenmanagement-Lösung bei der Winterthur zu verwenden. Langfristig ist jedoch durch den Trend im Software-Markt für Metadatenmanagement-Werkzeuge zu erwarten, dass technologische und konzeptionelle Mängel auf dem Gebiet der werkzeugübergreifenden Metadatenintegration durch Standards wie das CWM beseitigt werden.

6 Literatur

Auth, G., von Maur, E., Helfert, M.: A Model-Based Software Architecture for Metadata Management in Data Warehouse Systems. In: Proc. of BIS 2002, Poznan, Poland 2002.

Bachmann, F., Bass, L., Chastek, G., Donohoe, P., Peruzzi, F.: The Architecture Design Based Method. Technical Report of the Software Engineering Institute, Carnegie Mellon University, Pittsburgh 2000.

Devlin, B.: Data Warehouse: From Architecture to Implementation. Addison-Wesley, Reading, Massachusetts et al. 1997.

Do, H. H., Rahm, E.: On Metadata Interoperability in Data Warehouses. Technischer Report 1-2000, Institut für Informatik, Universität Leipzig 2000.

Joseph, U., Stäubli, M., Wittwer, P., Frie, T. (Konzept): Das Data Warehouse-Konzept der Winterthur Versicherungen. in: Jung, R., Winter, R. (Hrsg.): Data Warehousing Strategie: Erfahrungen, Methoden, Visionen. Springer, Berlin, Heidelberg, New York 2000, S. 241 – 263.

Joseph, U., Stäubli, M., Wittwer, P., Frie, T. (Mig): Data Warehouse-Architekturkonzept und -Migrationspfade bei den Winterthur Versicherungen. In: Jung, R., Winter, R. (Hrsg.): Data Warehousing 2000: Methoden, Anwendungen, Strategien. Physica, Heidelberg 2000, S. 75 – 94.

Ansätze zur Integration der Informationslogistik

Informationsportale für das Management: Integration von Data-Warehouse- und Content-Management-Systemen

Jörg Becker, Ralf Knackstedt, Thomas Serries
Universität Münster

Das Ziel, Managern in Form von Managementinformationssystemen die für ihre Entscheidungen relevanten Inhalte bereitzustellen, geht bis in die 1960er-Jahre zurück. Heute stehen mit Data-Warehouse- und Content-Management-Systemen spezialisierte Informationssysteme für die Verwaltung quantitativer bzw. qualitativer Informationen zur Verfügung. Die Herausforderung liegt in der Überwindung der aus der Spezialisierung resultierenden Systemgrenzen. Informationsportale sollen den Zugriff auf Informationen beliebigen Typs über eine integrierte Oberfläche ermöglichen. Zu ihrer Realisierung bedarf es einerseits einer Integration der unterschiedlichen Inhalte und andererseits einer informationstypübergreifenden Navigation. Ausgehend vom Portalkonzept (Kapitel 1) zeigt der Beitrag Grenzen gegenwärtiger Realisierungskonzepte für Managementinformationssysteme auf (Kapitel 2). Basierend auf dieser Analyse werden Konzepte für eine weitreichende Integration der bestehenden Ansätze zur Verwaltung und Bereitstellung der heterogenen Managementinformation vorgeschlagen (Kapitel 3).

1 Integrierter Zugriff auf Managementinformationen

Managementinformationssysteme sollen den Aufgabenträgern des Führungssystems (Manager) technisch unterstützt die für ihre Steuerungs- und Regelungsaufgaben relevanten Informationen liefern (vgl. Becker, Holten 1998, S. 483). Bereits 1958 diskutierten LEAVITT und WHISLER den Einfluss informationstechnologischer Innovationen auf die Arbeit von Managern (vgl. Leavitt, Whisler 1958, S. 46). Seitdem wurden in Abhängigkeit von den hard- und softwaretechnischen Rahmenbedingungen regelmäßig neue Konzepte zur Gestaltung von Führungsinformationssystemen entwickelt (vgl. ausführlich Oppelt 1995). Mit dem Aufkommen grafischer Benutzeroberflächen zielten *Executive Information Systems* (EIS) auf die Bereitstellung wichtiger Informationen für das Top-Management in Form leicht bedienbarer, in Analogie zu Flugzeug-Cockpits gestalteter Bild-

schirmmasken. Das EIS sollte die Arbeit des Managements umfassend unterstützen und weitere für das Tagesgeschäft wichtige Applikationen wie E-Mail,
Newsticker, Terminkalender etc. über eine gemeinsame Benutzeroberfläche zugänglich machen (vgl. Back-Hock 1991, S. 49-50).

Mit der Verbreitung der Internet-Technologie erfolgt eine Verdrängung des Begriffs EIS durch den des *Enterprise-Information-Portals*. Der Begriff Enterprise-
Information-Portal (EIP) wurde von SHILAKES und TYLMAN wie folgt geprägt:
„Enterprise Information Portals enable companies to unlock internally and exter-
nally stored information and provide users a single gateway to personalized information needed to make informed business decisions" (Shilakes, Tylman 1998,
S. 3). In der Zielsetzung, eine integrierte, personalisierte Schnittstelle zu Inhalten
und Anwendungen unterschiedlicher Herkunft zur Verfügung zu stellen, weist das
Konzept des Enterprise-Information-Portals weitreichende Parallelen zum Konzept der EIS auf. Mit dem Wechsel auf die technologische Plattform des Internets
ging zudem eine Erweiterung der adressierten Benutzergruppen (breitere interne
und ggf. auch externe Zielgruppen) sowie der eingebundenen Applikationen (insb.
Transaktionen des Enterprise-Ressource-Management-Systems) einher.

Die heutigen Realisierungen von Enterprise-Information-Portalen (im Folgenden
auch kurz: Informationsportale) erinnern in ihrem Aufbau an Setzkästen. Die
Portalseite ist schematisch in einzelne Sektionen eingeteilt. Die Sektionen beinhalten entweder Anwendungen oder Publikationen. Das Grundmuster wird persona-
lisiert (vgl. Lüdi 1997, S. 24), indem der Benutzer durch die Wahl entsprechender
Optionen die Anwendungen wie Wetterbericht, Börsennotierungen, Kalender etc.
ein- bzw. ausblenden kann. Die Auswahl der Publikationen kann über die manuelle Angabe von Interessenprofilen bzw. durch die automatisierte Auswertung des
Nutzerverhaltens gesteuert werden.

Informationsportale müssen in ihrer Funktion als Managementinformationssysteme, wenn sie ihrem Anspruch gerecht werden wollen, über Anwendungen bzw.
Publikationen unternehmensinterne und -externe sowie quantitative und qualitative Informationen zur Verfügung stellen (vgl. Mertens 1999, S. 405). Die gegenwärtige Diskussion der Verwaltung von Managementinformationen wird durch
auf quantitative Daten spezialisierte Data-Warehouse- und OLAP-Systeme (Online Analytical Processing) dominiert. Die heterogenen Informationsbedürfnisse
des Managements erfordern allerdings die Ergänzung des Data-Warehouse-Kon-
zepts um Systemkomponenten, die Stärken im Umgang mit qualitativen Daten
besitzen. Spezialisiert auf diesen Bereich sind Content-Management-Systeme.[1]

---

[1] Für die verkürzte Benennung der unterschiedlichen Dateninhalte von Data-Warehouse-
und Content-Management-Systemen wird hier auf das begriffliche Gegensatzpaar
„quantiativ" vs. „qualitativ" zurückgegriffen, welches zwar im Gebrauch weit verbreitet
ist, aber aufgrund inhaltlicher Überschneidungen hinsichtlich der Präzision nicht
vollständig befriedigt. Die Verwendung begründet sich aus der basalen Bedeutung be-

Im Folgenden wird untersucht, wie basierend auf diesen verschiedenen Systemen Informationsportale realisiert werden können, die eine systemübergreifende Integration quantitativer und qualitativer Daten unterstützen. Dabei wird der Anspruch erhoben, dass die Verzahnung deutlich über eine Präsentation der von den verschiedenen Systemen verwalteten Inhalte in getrennten Sektionen einer Web-Seite hinausgeht.

2 State-of-the-Art der Gestaltung von Managementinformationssystemen

2.1 Basiskonzepte und -systeme

Data Warehousing unterstützt Entscheidungsträger durch Zusammenführen von Daten aus unterschiedlichen Quellen sowie der Bereitstellung von Analysefunktionen auf diesen (Dualismus von Datenintegration und Analysefunktion) (vgl. Bauer, Günzel 2001, S. 8). Die auswertbaren Daten sind zu diesem Zweck in Form von Fakten strukturiert. Fakten stellen Kombinationen von Bezugsobjekten (z. B. Filialen, Artikel, Kunden, Mitarbeiter, Monate) und Kennzahlen (z. B. Umsatz, Deckungsbeitrag, Kosten) dar. Die Unterscheidung in Bezugsobjekt und Kennzahl kann dabei auf die von RIEBEL entwickelte Grund- und Auswertungsrechnung der Einzelkosten- und Deckungsbeitragsrechnung zurückgeführt werden (vgl. Holten 1999, S. 76-82, 90-94). Dabei sind Bezugsobjekte „alle selbstständigen Maßnahmen, Vorgänge und Tatbestände, die eigenständiges Dispositionsobjekt oder Untersuchungsobjekt sein können" (Riebel 1979, S. 869). Kennzahlen stellen quantitative Sachverhalte in konzentrierter Form dar (vgl. Reichmann 1997, S. 19).

OLAP-Systeme (vgl. z. B. Jahnke et al. 1996) stellen Projektionen auf den Faktenbestand in Form von Tabellen zur Verfügung, wobei sie die durch den Benutzer

---

triebswirtschaftlicher Kennzahlen für Data-Warehouse-Systeme, in denen sie zur quantitativen Darstellung von Sachverhalten beitragen. Eine genauere Festlegung der Bedeutung des Wortpaares erfolgt im Rahmen der Entwicklung der fachkonzeptionellen Metadaten-Integration (vgl. Abschnitt 3). Alternativ wird vielfach das Begriffspaar „strukturiert" vs. „semi-strukturiert" verwendet, welches aber ebenfalls nicht unproblematisch ist. Zum Beispiel weisen Fachtexte, die üblicherweise als „semi-strukturiert" eingeordnet werden, dedizierte Gliederungen auf, weshalb es eigentlich nahe liegen würde, sie als gut strukturiert einzuordnen. Als Unterscheidungsdimension kommt der potenziellen Heterogenität der Inhalte zudem sicher eine bedeutende Rolle zu, die vom Begriff der Strukturiertheit aber nicht adressiert wird (zumindest nicht im herkömmlichen Sprachgebrauch).

definierten Sichten in Datenbankanfragen übersetzen. Die Eingrenzung der Daten wird dabei durch die Funktionen Rotation, Slicing und Ranging/Dicing unterstützt. Mit Roll-up und Drill-down werden Disaggregation und Aggregation auf den Strukturen der Bezugsobjekte ausgeführt (vgl. z. B. Holten 1999, S. 49ff.)

Die umfangreiche Unterstützung der Navigation durch den Bezugsobjektraum wurde bisher nicht umfassend auf die Kennzahlenbeziehungen übertragen. Die Kennzahlen einer OLAP-Tabelle werden in der Regel durch mathematische Formeln definiert. Aus den mathematischen Zusammenhängen ergibt sich ein Rechensystem. Darüber hinaus lassen sich Kennzahlen nach logisch-inhaltlichen Zusammenhängen ordnen, was zu Ordnungssystemen führt (vgl. Groffmann 1992, S. 76). Im Rahmen der betriebswirtschaftlichen Analyse ist analog zur Zerlegung von Fakten entlang der Bezugsobjekthierarchien (Drill-down) auch eine Naviation entlang der Kennzahlensysteme sinnvoll. Die OLAP-Operationen und ihre Implementierungen berücksichtigen die visuelle Zerlegung oder Anordnung der verwendeten Kennzahlen und Fakten anhand von Rechen- oder Ordnungssystemen, die dem Anwender das Verständnis der definierten Kennzahl erleichtern würden, bisher aber nur unzureichend. EIS-Generatoren wie Forest und Trees, bei denen auch durch die Beziehungen der Kennzahlen navigiert werden kann (vgl. Henneböle 1995, S. 135-149), können hier Anregungen für Erweiterungen liefern.

Push-Mechanismen zur aktiven Information des Benutzers durch das System werden von OLAP-Systemen durch Techniken des Exception-Reporting umgesetzt. Die „periodische Durchführung von Soll-Ist-Vergleichen durch das System und die Meldung signifikanter Abweichungen an den Benutzer" (Vetschera 1995, S. 37) wird durch manuell festgelegte oder automatisch ermittelte Schwellenwerte operationalisiert.

Content Management hat die Administration des Lebenszyklus von digitalen Inhalten beliebiger Art (Texte, Bilder, Videos, URLs etc.) zum Gegenstand. Neben der erstmaligen Erstellung von Inhalten werden in der Regel Freigabeprozesse und -mechanismen, Archivierung, Veränderung sowie Versionierung unterstützt. Zusätzlich werden pro Inhalt Attribute mit formalem (Versionsnummer, Autor, Erstellungszeit etc.) und inhaltsbeschreibendem Charakter (Kategorien, Schlagworte) verwaltet, wodurch die Suche nach Inhalten verbessert werden kann (vgl. Büchner et al. 2001, S. 111, 118). Die Inhalte eines Informationsportals bedürfen in der Regel häufiger Aktualisierungen. Da Content-Management-Systeme (CMS) dieses gut unterstützen, haben sie sich als Realisierungsplattform für Portale durchgesetzt.

Darüber hinaus zeichnen sich CMS dadurch aus, dass sie die Inhalte unabhängig von ihrer Präsentation speichern. Durch Templates (Formatvorlagen) können so die Informationen benutzerindividuell aufbereitet und auf unterschiedlichen Medien dargestellt werden. Für die weiteren Überlegungen in diesem Beitrag werden diese Aspekte jedoch nicht weiter berücksichtigt, da die Forderung nach einer benutzerindividuellen Darstellung nicht den Kern der Arbeit darstellt.

Um die Suche nach Dokumenten zu bestimmten Themen zu vereinfachen, werden *Schlagwortkataloge* eingesetzt. Die Schlagworte werden den Dokumenten zugeordnet, um deren Inhalt zu beschreiben. Darüber hinaus gliedern *Thesauren* die verwendeten Schlagworte und unterstützen so eine strukturierte Suche auf unterschiedlichen Abstraktionsebenen. Liegen die Dokumente in digitaler Form vor, so können automatisierte Klassifikationsverfahren eingesetzt werden. Das Forschungsgebiet der Computer-Linguistik hat Verfahren entwickelt, mit denen die bisher manuellen Tätigkeiten von Bibliothekaren zumindest teilweise durch Computer durchgeführt werden können. Besonders interessant sind dabei Verfahren, die Schlagworte nach ihrer Relevanz für einen Text bewerten und so eine präzisere Suche ermöglichen (vgl. Salton, McGill 1987, S. 217-228).

Die semantischen Strukturen zwischen Schlagworten ermitteln Computer-linguistische Verfahren vielfach durch Methoden der statistischen Datenanalyse (vgl. Salton, McGill 1987, S. 84ff.). In den entstehenden Thesauren können Synonyme (unterschiedliche Begriffe mit gleicher Bedeutung), Antinome (Begriffe mit entgegengesetzter Bedeutung), verwandte Begriffe (mit ähnlicher aber nicht gleicher Bedeutung), Generalisierung/Spezialisierung (ein Begriff ist Ober-/Untermenge eines anderen Begriffs) oder Homonyme (eine Zeichenkette kann unterschiedliche Bedeutungen haben) abgebildet werden.

2.2 Bestehende Ansätze zur Kopplung von Data Warehousing und Content Management

Mit zunehmender Bedeutung des Marktes für Informationsportal-Server drängen sowohl OLAP- als auch Content-Management-Systeme in dieses Segment vor. Gleichzeitig forciert das Streben nach Thin-Client-Lösungen die Entwicklung von WWW-Technologien in diesem Bereich. So wurden für OLAP-Systeme Schnittstellen entwickelt, mit denen OLAP-Berichte als URL publiziert werden können (vgl. z. B. Kurz 1999, S. 126). Zudem werden die üblichen Navigationsschritte in den OLAP-Berichten über das WWW unterstützt.

Ein erster Integrationsansatz bietet sich somit dadurch, dass die vom OLAP-System publizierten *URLs als Inhalte* in Content-Management-Systeme aufgenommen werden. Die URLs sind dabei geeignet, mit Bezug auf die enthaltenen Kennzahlen und Bezugsobjektdimensionen manuell oder automatisiert zu klassifizieren (vgl. Rieger, Kleber, von Maur 2000, S. 375). Die Abbildung 1 zeigt die Umsetzung eines solchen Integrationsansatzes aus fachkonzeptioneller Datensicht (a) (vgl. Holten, Ehlers 1998, S. 126) bzw. als DV-konzeptionelle Informationssystemarchitektur (b).

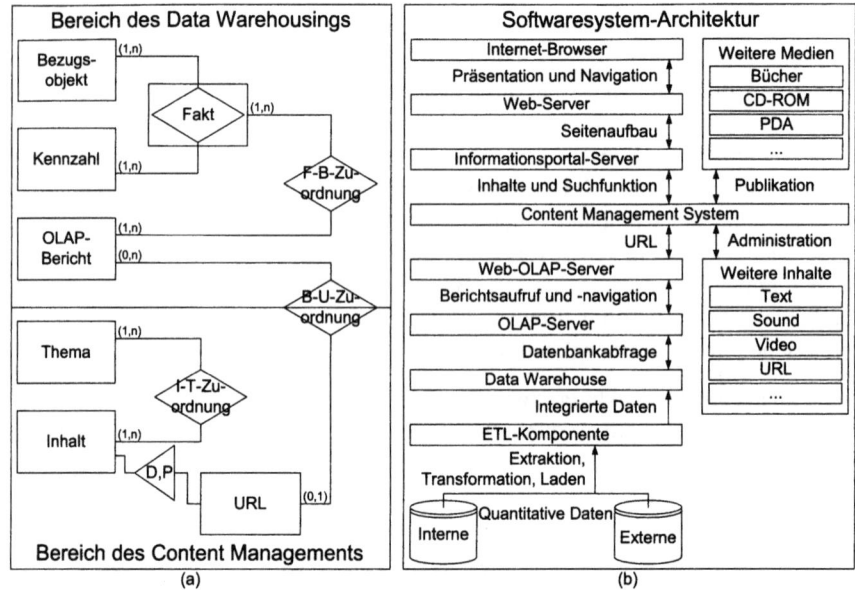

Abb. 1:   URLs von OLAP-Berichten als Inhalte von Content-Management-Systemen

MEIER hat in Zusammenarbeit mit der SAP ein Modul entwickelt, mit dem externe Führungsinformationen aus dem Internet und die OLAP-Funktionen des SAP-Systems integriert werden (vgl. Meier, Fülleborn 1999; Meier 2000). Durch die Verwendung der *Daten der OLAP-Dimensionstabellen als Indexierungsvokabluar* für externe (qualitative) Informationen wird eine fortgeschrittene Integration erzielt. Die Verwendung von Bezugsobjekten zur Klassifikation von qualitativen Inhalten realisiert einen einheitlichen Navigationsraum.

3   Konzept einer metadatenbasierten Integration

Eine informationstechnische Infrastruktur, die sowohl quantitative Daten, die heute hauptsächlich durch OLAP-Systeme verwaltet werden, als auch qualitative Inhalte, deren Verwaltung in den Aufgabenbereich von Content-Management-Systemen fällt, über eine integrierte Oberfläche verfügbar machen will, muss in Analogie zum für Data-Warehouse-Systeme gültigen Dualismus einerseits für eine *Inhalteintegration* sorgen und andererseits geeignete Funktionen zur *Bereitstellung* der Inhalte unterstützen. Grundlage für die in diesem Beitrag präsentierte systemübergreifende Inhaltebereitstellung ist eine integrierte, fachkonzeptionelle Metadaten-Struktur (Kapitel 3.1) und ihre DV-konzeptionelle Umsetzung (Kapitel 3.2). Hierauf aufbauend werden Vorschläge für zu unterstützende Navigationstechniken unterbreitet (Kapitel 3.3) und Möglichkeiten zur Individualisierung der Informationsbereitstellung erörtert (Kapitel 3.4).

3.1 Fachkonzept der Metadaten-Integration

Die Aufspannung von Navigationsräumen über Bezugsobjekt- und Kennzahlenhierarchien in OLAP- bzw. Data-Warehouse-Systemen stellt ein Konstruktionsprinzip dar, mit dem quantitative Daten unterschiedlicher operativer Systeme in einer einheitlichen Struktur bereitgestellt und analysiert werden können. Die grundlegende Hypothese des Beitrags ist, dass die Übertragung dieses Prinzips sowohl auf quantitative als auch qualitative Inhalte bei der Realisierung von Führungsinformationssystemen ein geeignetes Leitbild für die erforderliche Integrationsleistung bietet. Die im Folgenden präsentierten Vorschläge zur Gestaltung von integrierten Systemen werden ausgehend von dieser Hypothese entwickelt. Ihr Nutzen ist von der Gültigkeit der Ausgangshypothese abhängig. Die Validierung der Hypothese selbst und der formulierten Gestaltungsvorschläge stellen wichtige Aufgabenbereiche sich anschließender Arbeiten dar. Ausgehend von den Metamodellen des Data Warehousing und des Content Management wird hier zunächst ein Datenmodell für die zu integrierenden Metadaten eines Informationsportals in ERM-Notation (vgl. Chen 1976; zu den verwendeten Modellierungskonventionen vgl. Becker, Schütte 1996, S. 31-37) konzipiert (vgl. im Folgenden Abb. 2).

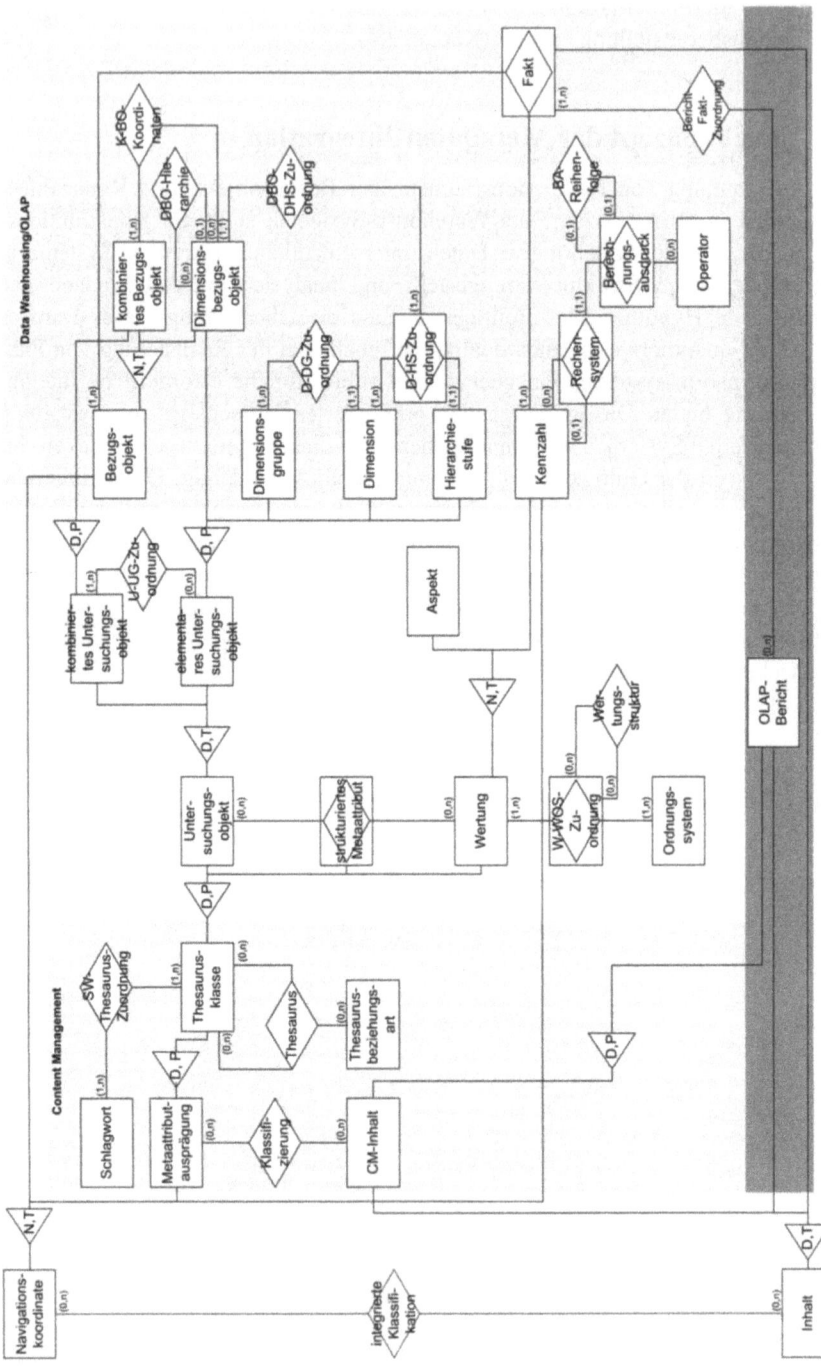

Abb. 2:   Integrierte Metadatenstruktur

3.1.1 Data-Warehouse-Metamodell

In Anlehnung an das von HOLTEN entwickelte Metamodell eines Führungsinformationssystems (vgl. Holten 1999) fassen *Dimensionsgruppen* Objekte mit aus datentechnischer Sicht gleichen Eigenschaften unabhängig von ihrer Herkunft zusammen. Beispiele sind „Zeit", „Kunden", „Geographie", „Filialen", „Aufträge" und „Artikel". Innerhalb einer Dimensionsgruppe können *Bezugsobjekte* anhand definierter Merkmale strukturiert und aggregiert werden. Für jedes Unterscheidungsmerkmal wird eine *Dimension* angelegt: „Filialen nach Lage", „Filialen nach Modernitätsgrad", „Filialen nach Konkurrenzsituation" (vgl. Holten, Knackstedt 1999, S.54-63). Innerhalb einer Dimension werden Bezugsobjekte auf unterschiedlichen *Hierarchiestufen* aggregiert: Die „Zeit" lässt sich beispielsweise auf den Stufen „Jahr", „Quartal", „Monat" usw. zusammenfassen.

Dimensionsbezugsobjekte wie „Kunde Meier", „Mai 2000" oder „Artikelgruppe Molkereiprodukte" lassen sich eindeutig einer Kombination aus Dimension und Hierarchiestufe zuordnen (nämlich „Kunde"/„Einzelkunde", „Zeit"/„Monat", „Artikel"/„Warengruppe"). Dimensionsbezugsobjekte stellen eine Spezialisierung des Entity-Typen Bezugsobjekt dar.

Eine weitere Spezialisierung des Bezugsobjekts ist das *kombinierte Bezugsobjekt*, das Bezugsobjekte unterschiedlicher Dimensionen zusammenfasst. Mit ihnen können „Molkereiprodukte in den Innenstadt-Filialen" oder die „Filiale München im Jahr 1999" als Bezugsobjekt analysiert werden.

Wie sich *Kennzahlen* durch rechentechnische Operationen zu neuen Kennzahlen kombinieren lassen, wird über Rechensysteme abgebildet. Die Reihenfolge, in der dabei die *Operatoren* angewendet werden, wird durch den *Berechnungsausdruck* und die *BA-Reihenfolge* ausgedrückt (vgl. Holten, Knackstedt 1999, S. 51-54). So können die Kennzahlen „Umsatz" und „Eigenkapital" jeweils der „Eigenkapitalrentabilität" zugeordnet werden. Über den Operator wird festgelegt, dass die Rentabilität durch Division ermittelt wird. Über die Angabe der Reihenfolge erfolgt die Zuordnung der Rollen „Divisor" bzw. „Dividend".

3.1.2 Content-Management-Metamodell

Neben der Unterstützung des Lebenszyklus von *CM-Inhalten* stellen Content-Management-Systeme vielfach Funktionen bereit, mit denen diese Inhalte über *Metaattributausprägungen* klassifiziert werden können. Neben den formal-technischen Attributen wie Erstellungsdatum, Versionsnummer oder Autorennamen können Attribute hinterlegt werden, die den CM-Inhalt nach seiner Bedeutung (Semantik) klassifizieren.

Zur Strukturierung einer semantischen Klassifikation wird vielfach auf *Thesauren* zurückgegriffen. Sie bilden ein System von zueinander in Beziehung stehenden *Thesaurusklassen*. Dabei steht jede Klasse für eine eindeutige inhaltliche Bedeutung. Zur Abbildung von Synonymen können Thesaurusklassen mehrere *Schlagworte* zugeordnet werden. Homonyme werden dadurch abgebildet, dass ein Schlagwort mehreren Thesaurusklassen zugeordnet wird.

Thesaurusbeziehungsarten bestimmen, von welcher Art eine Beziehung zwischen zwei Thesaurusklassen ist. So lassen sich sowohl linguistische Besonderheiten wie Generalisierung/Spezialisierung und Antinome als auch Domänen-spezifische Beziehungen wie „etwas ist Bestandteil von etwas anderem" oder „A liefert B" parallel abbilden.

3.1.3   Integrations-Metamodell

In erweiternder Anlehnung an das Vorgehen von MEIER (vgl. Abschnitt 2.2) wird im Folgenden ein Metamodell entwickelt, welches das Konstruktionsprinzip der Spezifikation quantitativer Daten-Navigationsräume auf qualitative Inhalte überträgt und als Schnittstelle zwischen den beiden zuvor beschriebenen Modellen fungiert.

Den Einstieg in das Integrationsmodell bietet der Analogieschluss, dass Datenbestände der unterschiedlichen Systeme im Informationsportal als gleichwertig angesehen werden können. OLAP-Bericht, Fakt und CM-Inhalt werden zu *Inhalt* generalisiert.

Das Bezugsobjekt als ein bildender Bestandteil eines Faktes kann als klassifizierendes Merkmal interpretiert werden. Es beschreibt, welches *Untersuchungsobjekt* durch den Fakt bewertet wird. Entsprechendes gilt auch für OLAP-Berichte, in denen eine Menge von Bezugsobjekten untersucht wird. CM-Inhalte sind nicht auf die Menge der Bezugsobjekte des OLAP beschränkt. Sie können z. B. Aussagen über Warengruppen und somit über eine spezielle Hierarchiestufe oder über Kunden allgemein und somit über eine Dimensionsgruppe enthalten. Die Menge der Untersuchungsobjekte muss folglich um Dimensionsgruppen, Dimensionen und Hierarchiestufen erweitert werden.

Analog zur Unterteilung der Bezugsobjekte in (elementare) Dimensionsbezugsobjekte und kombinierte Bezugsobjekte werden elementare und kombinierte Untersuchungsobjekte als Spezialisierung des Untersuchungsobjekts eingeführt. Dimensionsbezugsobjekt, Dimensionsgruppe, Dimension und Hierarchiestufe werden dabei zum *elementaren Untersuchungsobjekt* generalisiert. Qualitative Inhalte können darüber hinaus Objekte untersuchen, die keiner dieser vier Gruppen der OLAP-Untersuchungsobjekte zugeordnet sind. Beispiele können „Außenwirtschaft", „Steuerpolitik" oder die „Handelsforschung" sein. Somit ist die Generalisierung/Spezialisierung in Bezugsobjekt, Dimension, Dimensionsgruppe und Hierarchiestufe nur partiell.

Ein *kombiniertes Untersuchungsobjekt* fasst mehrere elementare Untersuchungsobjekte zusammen. Es dient u. a. zur Abbildung eines CM-Inhalts, der eine Kombination von Untersuchungsobjekten (und nicht mehrere Untersuchungsobjekte einzeln) behandelt. Dabei ist es unerheblich, aus welchen Teilsystemen die Bestandteile des kombinierten Objekts stammen. Die Einführung des kombinierten Untersuchungsobjekts ermöglicht die exakte Beschreibung der untersuchten Objektkombinationen. Bspw. kann beim Untersuchungsobjekt „deutsche Steuerpolitik" das Bezugsobjekt „deutsch" der Dimensionsgruppe „Geographie", Dimension „Geographie nach Topologie", Hierarchiestufe „Staaten" zugeordnet werden. „Steuerpolitik" als elementares Untersuchungsobjekt findet im OLAP als Untersuchungsobjekt hingegen in der Regel keine Entsprechung.

Analog zu den quantitativ bestimmbaren *Wertungen* (Kennzahlen) können Inhalte eines Content-Management-Systems qualitative Wertungen (*Aspekte*) über Untersuchungsobjekte behandeln; z. B. das Image (eines Produkts) oder die Motivation (von Mitarbeitern). Der Begriff Wertung generalisiert die quantitative Wertung (Kennzahl) und die qualitative Wertung (Aspekt), welcher der für Kennzahlen typische Formalismus fehlt. Da bestimmte Eigenschaften eines Untersuchungsobjekts sowohl quantitativ als auch qualitativ untersucht werden können, ist die Generalisierung nicht disjunkt. So kann bspw. der Umsatz mit Zahlen (Fakten) oder mittels erwarteter Umsatzentwicklungen textuell untersucht werden.

Wertungen werden in *Ordnungssystemen* gruppiert, die eine Verallgemeinerung der aus der Theorie über Kennzahlensysteme bekannten Ordnungssysteme darstellen (vgl. Groffmann 1992, S. 76). Innerhalb eines Ordnungssystems können sachlogische Beziehungen zwischen Wertungen in Strukturen abgebildet werden. Die „Bonität" hängt beispielsweise von den Kennzahlen „Liquidität ersten Grades" und „Liquidität zweiten Grades" sowie dem Aspekt „Zahlungsmoral" ab.

So wie Fakten Aussagen über Bezugsobjekte hinsichtlich einer Kennzahl machen, können Inhalte eines Content-Management-Systems Aussagen über Untersuchungsobjekte mit Bezug auf Wertungen enthalten. Mit Hilfe der Beziehung *strukturiertes Metaattribut* zwischen einem Untersuchungsobjekt und einer Wertung können Aussagen über „Monatsumsätze" und „Filialgewinne" entsprechend abgebildet werden.

Aus Sicht des Content-Management-Systems generalisieren sich das Untersuchungsobjekt, die Wertung und das strukturierte Metaattribut zur Thesaurusklasse. Die Generalisierung wird hier als nicht-total angenommen, da CM-Inhalte neben diesen auch noch andere Thesaurusklassen definieren können. Eine Instanz aus den drei genannten Untermengen der Thesaurusklasse kann jedoch immer nur einer dieser Mengen angehören: die Generalisierung ist disjunkt. Die Unterscheidung, welcher dieser Mengen eine Instanz im Einzelfall zugeordnet wird, unterliegt als kreativer Akt den Subjektivierungen des Modellierers (vgl. Luhmann 1999, S. 181-183). „Wirtschaftswachstum" kann bspw. prinzipiell als Untersuchungsobjekt oder Wertung verstanden werden. Zergliedert in das Untersuchungsobjekt „Wirtschaft" und die Wertung „Wachstum" kann es gleichfalls als strukturiertes Metaattribut klassifiziert werden.

Zusammenfassend stellt das dargelegte Konzept zur Inhalteintegration *Navigationskoordinaten* zur Verfügung, die den Inhalteraum des Informationsportals strukturieren. Die Zuordnung der Navigationskoordinaten zu den Inhalten als *integrierte Klassifikation* lässt sich aus den bisherigen Spezifikationen ableiten (dies wird in Abb. 2 durch gestrichelte Linien symbolisiert (vgl. Rauh 1992, S. 297f.)). Die Navigationskoordinaten ergeben sich aus einer nicht disjunkten, totalen Generalisierung über Bezugsobjekte, Kennzahlen und Metaattributausprägungen, womit die Such- bzw. Analysekriterien von Content-Management- und Data-Warehouse-Systemen gleichermaßen berücksichtigt sind.

Das vorgestellte Metamodell kann darüber hinaus als ein Handlungsrahmen für die Klassifikation von Inhalten interpretiert werden. Die aus dem Data Warehouse stammenden Navigationskoordinaten geben Vorgaben für die möglichen Metaattributausprägungen der CM-Inhalte. Bei Anwendung der daraus resultierenden Thesaurusklassen zur Verschlagwortung ist der Überlappungsbereich zwischen den Metaattributausprägungen und Kennzahlen bzw. Bezugsobjekten maximal und die Beziehungen zwischen quantitativen und qualitativen Inhalten wird auf der feinst möglichen Stufe abgebildet. Insofern stellt der Ansatz eine Verbesserung im Vergleich zu einer losen Kopplung der Systemarten dar, bei der die Überlappungsbereiche klein sein können, was wiederum zu einer schlechten Abbildungsgenauigkeit der Beziehungen zwischen den unterschiedlichen Inhaltstypen führt.

3.2   DV-Konzepte

Die im vorherigen Abschnitt vorgestellten fachkonzeptionellen Anforderungen lassen sich DV-technisch mittels relationaler Datenbanken umsetzen. Abb. 3 zeigt exemplarische Tabellenauszüge der Metadatenbasis eines entsprechenden Informationsportals.

Im Unterschied zum rein relationalen Ansatz werden einige Beziehungen zwischen Tabellen nicht durch Fremdschlüsselverweise, sondern über eigene Tabellen mit sog. Tabellenverweisen abgebildet.

Die Tabellen zeigen ein nach dem Star-Schema erstelltes relationales Datenbankschema zur Verwaltung von quantitativen wie qualitativen Inhalten. Die eigentlichen Inhalte werde in der Tabelle „Inhalte" gespeichert. Abhängig vom Inhaltstyp der gespeicherten Inhalte kann eine Partitionierung der Tabelle sinnvoll sein.

Inhalte

InhaltID	Inhalt
1	Prozesshandbuch
2	www.dssweb...
3	12.000

Inhaltstyp

InhaltID	InhaltTyp
1	Text
2	URL
3	Fakt

Klassifikation

InhaltID	Kennzeichnung	Art (Tabellenverweis)
1	Februar2001	Monat
1	Warengruppe	Hierarchiestufe
1	Filialen nach Konkurrenz	Dimension
1	Mitarbeiter	Dimensionsgruppe
1	Umsatz	Wertung
1	Motivation	Wertung
3	2001-02-28	Tag
3	Münster 02	Filiale
3	Wertansatz Ist	Wertansatz
3	Deckungsbeitrag	Wertung

Filiale

FilialID	KonkID	FlGrID
Münster 01	A	c
Münster 02	B	c
Osnabrück 01	A	d

Mitarbeiter

MitarbID	AngVerhID	AusbID
000001	1	04
000002	1	09
000003	2	09

FilialKonkurrenz

KonKID	KonKlBez
A	Kaufhof
B	Karstadt

FilialLage

FlGrID	InhaltTyp
c	City
d	Grüne Wiese

MitarbeiterAngestelltenverhältnis

AngVerhID	AngVerhBez
1	Vollzeitkraft
2	Azubi

MitarbeiterAusbildung

AusbID	AusbBez
04	Mittlere Reife
09	Abitur

Artikel

ArtikelID	WGrpID
Banane	04
Apfel	04
Lauch	05

Warengruppe

WGrpID	WGrpBez
04	Obst
05	Gemüse
06	Fleisch

Dimensionsgruppe

DimGrpID
Tag
Artikel
Filiale
Mitarbeiter
Wertansatz

Dimension

DimID	DimGrp
Tag nach Monat	Tag
Artikel nach CCG	Artikel
Filialen nach Konkurrenz	Filiale
Filialen nach Lage	Filiale
Mitarbeiter n. Angestelltenverhältnis	Mitarbeiter
Mitarbeiter nach Ausbildung	Mitarbeiter
Wertansatz nicht aggregiert	Wertansatz

Tag

TagID	MonatID
2001-02-28	Februar2001

Monat

MonatID	JahrID
Februar2001	2001

Wertansatz

WertansatzID	WertansatzBez
0	Ist
1	Optimistische Planung
3	Pessimistische Planung

Hierarchiestufe

HSt (Tabellenverweis)	UbergeordneteHSt (Tabellenverweis)	DimID
Tag	Monat	Tag nach Monat
Monat	-	Tag nach Monat
Artikel	Warengruppe	Artikel nach CCG
Warengruppe	-	Artikel nach CCG
Filiale	FilialKonkurrenz	Filiale nach Konkurrenz
FilialKonkurrenz	-	Filiale nach Konkurrenz
Filiale	FilialLage	Filialen nach Lagen
FilialLage	-	Filialen nach Lagen
Mitarbeiter	MitarbeiterAngestelltenverhältnis	Mitarbeiter nach Angestelltenverhältnis
MitarbeiterAngestelltenverhältnis	-	Mitarbeiter nach Angestelltenverhältnis
Mitarbeiter	Mitarbeiterausbildung	Mitarbeiter nach Ausbildung
Mitarbeiterausbildung	-	Mitarbeiter nach Ausbildung
Wertansatz	-	Wertansatz nicht aggregiert

Rechensystem

Kennzahl	Operand	Operator	Reihenfolge
Deckungsbeitrag	Umsatz	+	1
Deckungsbeitrag	Personalkosten	-	2

Ordnungssystem

Wertung	Wertungsgruppe
Motivation	Mitarbeiterführung
Personalkosten	Mitarbeiterführung

Wertung

Wertung	Kennzahl
Umsatz	Umsatz
Deckungsbeitrag	Deckungsbeitrag
Motivation	-
Personalkosten	Personalkosten

Abb. 3: Datenbankschema

Die zeitgleiche Entwicklung von Data-Warehouse- und Content-Management-Systemen hat für die Verwaltung, Bereitstellung und Bearbeitung der jeweiligen Inhaltstypen unterschiedliche Methoden hervorgebracht. Die Tatsache, dass bisher keine den fachkonzeptionellen Anforderungen vollständig genügende Integration stattgefunden hat, lässt vermuten, dass in der *nahen Zukunft* beide Systemarten weiterhin parallel eingesetzt werden. Das Informationsportal kann dabei als zentrale Koordinationsinstanz Metadaten aus beiden Systemwelten zusammenführen (zu Metadaten-Integrationsansätzen vgl. Do, Rahm 2002, S. 8ff., 17f.). Dabei müssen Veränderungen in den jeweiligen Systemen konsistent zum Gesamtsystem bleiben bzw. die Metadatenstruktur des Informationsportals muss konsistent an die Änderungen angepasst werden (vgl. Abb. 4.(a)) (vgl. Rieger, Kleber, von Maur 2000, S. 373). Die Inhalte selbst werden bei diesem Ansatz weiterhin in den spezialisierten Systemen verwaltet.

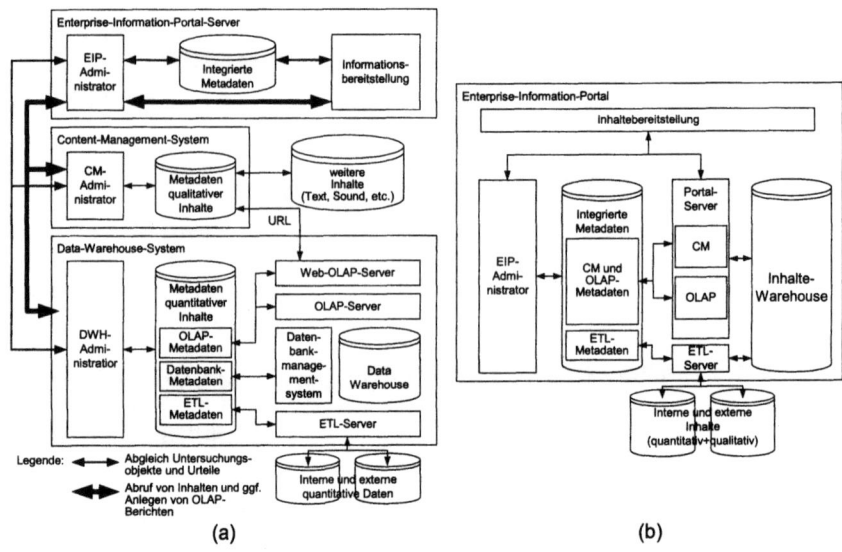

Abb. 4:   DV-konzeptionelle Informationssystemarchitekturen

Eine erfolgreiche Umsetzung setzt voraus, dass Data-Warehouse- und OLAP-Systeme ihre Metadaten über Schnittstellen dem Content-Management-System oder dem Informationsportal zur Verfügung stellen. Aus den Bezugsobjekthierarchien und den Kennzahlensystemen wird ein Grundgerüst der integrierten Metadatenstruktur (Thesaurus) erstellt bzw. entsprechend angepasst, das den fachkonzeptionellen Anforderungen des OLAP entspricht. Die Metadaten des Content-Management-Systems werden in dieses Grundgerüst integriert und ggf. angepasst. Die daraus entstandenen Metadaten werden wieder an das Content-Management-System übertragen, wo ggf. eine erneute Klassifikation der Inhalte vorgenommen werden kann.

In der *ferneren Zukunft* muss die Trennung in Spezialsysteme und Informationsportal nicht beibehalten werden. Der Wunsch nach hochintegrierten Managementinformationen (vgl. Frackmann 1996, S. 241-250) wird voraussichtlich dazu führen, dass die Teilsysteme zu einer neuen Klasse von Systemen verschmelzen. Dabei wachsen Datenbestände und Funktionskomponenten zu einem integrierten System zusammen (vgl. Abb. 4.(b)). Da unterschiedliche Inhaltstypen auch weiterhin eigene Bearbeitungs- und Verwaltungsmethoden erfordern können, sind die Fachkomponenten bewusst explizit genannt. Hingegen bietet der ETL-Server das Potenzial, sowohl quantitative als auch qualitative Inhalte in das Inhalte-Warehouse zu laden. In diesem Schritt kann eine Funktion integriert werden, die aus qualitativen Inhalten quantitative Informationen isoliert und als zusätzliche Fakten bereitstellt.

3.3   Konzept für die Benutzeroberfläche

Das Informationsportal als konsequente Umsetzung des EIS-Gedankens muss eine Benutzeroberfläche zur Verfügung stellen, welche die Systemgrenzen spezialisierter Verwaltungs- und Analysefunktionen überwindet und für den Manager möglichst unsichtbar gestaltet (vgl. im Folgenden Abb. 5). Neben dem Hauptbereich der Oberfläche, in dem die gerade angefragten Inhalte angezeigt werden, sind Segmente angeordnet, die den Einstieg in Verwaltungs- und Suchfunktionen bieten. Eine exemplarische Oberflächengestaltung sollte die folgenden Navigationsschritte berücksichtigen:

1. *Einstieg*: Beim initialen Einstieg in das Portal weist die Hauptfläche eine Liste mit für den Benutzer potenziell relevanten Inhalten auf. Die Relevanz sollte dabei auf typunabhängigen Bewertungsverfahren basieren (vgl. ausführlich Abschnitt 3.4). Der Informationstyp kann durch die Bezeichnung der Verweise sowie durch Icons visualisiert werden (vgl. Rieger, Kleber, von Maur 2000, S. 375).

2. *Suche*: Jederzeit kann eine Suchfunktion (Pull-Mechanismus) aufgerufen werden. Der Anwender kann durch Eingeben von Suchbegriffen (Termen) (vgl. Meier 2000, S. 99) oder das Auswählen von Metadaten aus den navigierbaren Strukturen einen Termvektor erstellen, der interessierende Inhalte charakterisiert. Das Ergebnis der Suche wird in einer Liste im Hauptteil der Oberfläche dargestellt (vgl. Punkt 1).

3. *Qualitativer Inhalt*: Ein ausgewählter qualitativer Inhalt wird mit der entsprechenden Anwendung dargestellt. Darüber hinaus werden die Metainformationen zum Inhalt separat aufgeführt.

4. *Kontextsensitive Suche*: Aus den Metainformationen des angezeigten Inhalts wird ein Termvektor erstellt, der die Ausgangsbasis für die Definition einer neuen Suchanfrage (vgl. Punkt 2) darstellt (vgl. Meier 2000, S. 97-98).

5. *Quantitativer Inhalt (OLAP-Bericht)*: Bei der Auswahl quantitativer Informationen wird der entsprechende OLAP-Bericht vom Data-Warehouse-System ausgeführt.

6. *OLAP-Navigation*: In einem aufgerufenen OLAP-Bericht kann mit den typischen Techniken (Slicing, Dicing etc.) navigiert werden. Bei jedem Navigationsschritt wird der Termvektor aktualisiert. Untersuchungsobjekte und/oder Kennzahlen, die nicht ausgewertet werden, werden entfernt, während neu zur Auswertung hinzukommende Untersuchungsobjekte und/oder Kennzahlen aufgenommen werden.

7. *Kontextsensitive Suche*: Der Termvektor eines Berichts dient als Basis für den Aufruf der Suchfunktion des Informationsportals. Die Vorbelegung der Suchparameter kann vom Anwender nach Bedarf angepasst werden.

8. *Neudefinition eines OLAP-Berichts*: Ist kein passender OLAP-Bericht definiert, kann der Termvektor als Basis für die dynamische Erzeugung eines
OLAP-Berichts dienen. Hierzu werden die aktuell relevanten Untersuchungsobjekte (Bezugsobjekte, Hierarchien, Dimensionen und Dimensionsgruppen)
sowie Wertungen (Kennzahlen) aus dem Vektor selektiert. Reichen diese
Informationen nicht zur Definition eines neuen Berichts aus, können Standard-
regeln helfen. Bspw. könnten folgende Regeln herangezogen werden:

- Wenn keine Kennzahl im Term enthalten ist, wähle die meistverwendete
  (z. B. „Umsatz").

- Ist eine Dimensionsgruppe ohne zugehörige Dimension oder Hierarchiestufe im Term enthalten, wähle die zugehörige Hierarchie mit den meisten/
  wenigsten Stufen.

Dynamisch erstellte Berichte werden über die öffentlichen Schnittstellen in die
Metadaten des Data Warehouse und des Informationsportals eingetragen.

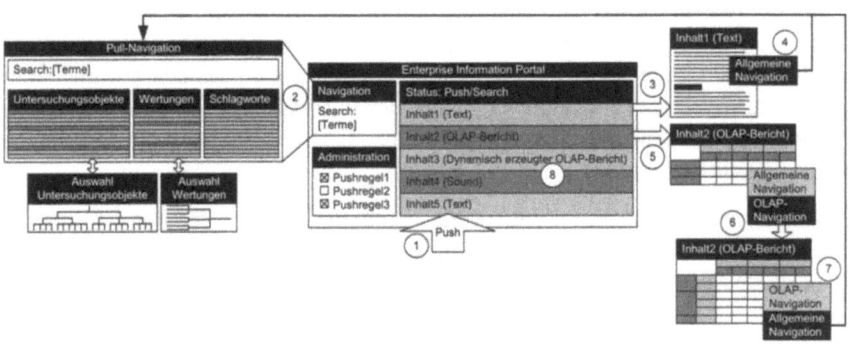

Abb. 5:   Pull- und Push-Navigation im Informationsportal

3.4 Alternative funktionale Konzepte für die Individualisierung der Inhaltebereitstellung

Generell lassen sich Informationsbedarfe für betriebswirtschaftliche Aufgaben-
gruppen festlegen. Die individuellen Wünsche und Bedürfnisse von Entscheidungsträgern dürfen dabei aber nicht vernachlässigt werden (vgl. Becker, Holten
1998, S. 485; Mertens 1999, S. 415). Für eine *Individualisierung* der im Informationsportal tätigen Push-Mechanismen der Inhaltebereitstellung existieren unterschiedliche Bewertungsverfahren. Abhängig vom Bewertungsmechanismus
wird zur Bestimmung des individuellen Wertes eines Inhalts auf unterschiedliche
Datenbasen zurückgegriffen: Neben Verfahren mit einer vollständig manuellen
Klassifikation greifen andere Verfahren auf Metadaten zurück und klassifizieren
automatisch (vgl. Salton, McGill 1987, S. 60ff.). Im Rahmen des vorgestellten

Portalkonzepts ist eine vom Inhaltstyp unabhängige einheitliche Bewertungsgrundlage notwendig. Hierfür bieten sich die im vorgestellten Datenmodell gespeicherten Attributausprägungen an.

Bewertungsverfahren (oder Information-Filtering-Verfahren) lassen sich nach
zwei Merkmalen differenzieren (vgl. Abb. 6). Das erste Merkmal beschreibt dabei,
ob eine Bewertung für eine Einzelperson (vgl. z. B. Salton, McGill 1987; Foltz,
Dumais, 1992; Boger et al. 2000) oder eine Gruppe von Personen vorgenommen
wird (vgl. z. B. Goldberg et al. 1992; Balabanovic, Shoham 1997). Das zweite
Merkmal differenziert, auf welchem Weg das Bewertungsverfahren zu seinem
Ergebnis gelangt. In der ersten Gruppe werden Verfahren zusammengefasst, die
bei ihrer Bewertung auf einem vor der Bewertung definierten Profil basieren.
Dabei wird unterschieden, ob das Profil explizit durch den Anwender vorgegeben
wurde (vgl. z. B. Goldberg et al. 1992) oder implizit vom System durch Beobachtung des Anwenders erstellt wurde (vgl. Boger et al. 2000). Verfahren ohne Klas-
sifikationsprofil verwenden Bewertungen anderer, um eine Bewertung für den
Einzelnen abzuleiten (vgl. z. B. Good et al. 1999, S. 440f.).

Kriterium	Ausprägungen		
Adressat	Einzelperson		Personengruppe
Verfahren	Verwendung adressatenspezifischer Klassifikationsprofile		Übertragung fremder Bewertungen
	explizit vorzugebendes Profil	per Beobachtung gewonnenes Profil	

Abb. 6:   Morphologischer Kasten für Bewertungsverfahren

Die im Folgenden vorgestellten Bewertungsverfahren stellen eine Auswahl möglicher Alternativen dar.

- Die *kollaborative Inhaltebewertung* (vgl. Good et al. 1999, S. 440f.) ist ein
  gruppenorientiertes Bewertungsverfahren und arbeitet ohne Benutzerprofil.
  Aufgrund von früher ähnlich vorgenommenen Inhaltebewertungen werden die
  Anwender in Gruppen mit potenziell gleichen Informationsbedarfen eingeteilt.
  Jeder Anwender kann (muss aber nicht) alle Nachrichten bewerten. Wird eine
  Nachricht von einem bestimmten Quorum der Gruppe als wichtig eingestuft,
  gilt die Nachricht automatisch als für alle Gruppenmitglieder wichtig und wird
  gesondert präsentiert. Dieses Verfahren hat zwei Nachteile: Zum einen ist die

ermittelte Bewertung nicht benutzerindividuell, zum anderen kann eine größere Zeitspanne vergehen, bis das geforderte Quorum erreicht wurde.

- Wird Bewertungswissen in Form von *Wenn-Dann-Regeln* hinterlegt, können
die Metadaten der Inhalte als Bewertungsgrundlage dienen. Der Aufwand, die
individuellen Profile zu erstellen, kann sich jedoch als nachteilig erweisen
(vgl. Kurbel 1992, S. 70).

- Mit *kollaborativen Profilen* kann das Erfassungsproblem individueller Profile
reduziert werden: Ein Profil zur individuellen Inhaltebewertung basiert nicht
mehr (ausschließlich) auf den direkt verfügbaren Inhalten oder deren Metadaten. Stattdessen können die definierten Regeln gezielt auf die Bewertungen anderer Nutzer zurückgreifen (vgl. Goldberg et al. 1992). Dieses Verfahren ist
zum Beispiel einsetzbar, wenn sich einzelne Personen auf Urteile andere Nutzer verlassen möchten oder andere Nutzer Experten auf einem bestimmten Gebiet sind, deren Urteil von besonderer Bedeutung ist.

- Bei der *Profilentwicklung mittels lernender Verfahren* wird die aktive Mitarbeit des Anwenders nicht vorausgesetzt. Stattdessen werden auf dem historischen Anwenderverhalten basierend Rückschlüsse auf seinen Informationsbedarf gezogen und so die Wichtigkeit von neuen Inhalten abgeleitet. Die Metadaten der Inhalte eignen sich sowohl für die Erfassung des historischen Verhaltens als auch für die Bewertung neuer Inhalte. In wie weit sich z. B. Künstliche Neuronale Netze (vgl. z. B. Rojas 1996) als Informationsfilter eignen,
wird zurzeit in mehreren Forschungsprojekten untersucht (vgl. bspw. Boger et
al. 2000 oder Kuropka, Serries 2000). Eine Gruppenwertung kann ggf. durch
ein eigenes Künstliches Neuronales Netz für die gesamte Gruppe erreicht werden.

4 Schlussbemerkungen

Der Beitrag schlägt für die Spezifikation von Informationsportalen ein *Konstruk-
tionsprinzip* vor, welches die für die Konzeption von Data Warehouses bewährte
Trennung zwischen Untersuchungsobjekten (Bezugsobjekten) und Wertungen
(Kennzahlen) verallgemeinert. Von der Hypothese, dass dieser Analogieschluss
eine geeignete Grundlage für eine übergreifende Strukturierung von Portalinhalten
darstellt, ausgehend wurde eine Metadatenbasis entworfen, welche die technische
Grundlage für eine integrierte Bereitstellung von quantitativen und qualitativen
Informationen darstellt. Es wird erwartet, dass das vorgestellte Zusammenspiel
von *Push- und Pull-Mechanismen der Informationsbereitstellung* das Potenzial
bietet, die Effektivität und Effizienz der Entscheidungsunterstützung deutlich zu
fördern. Mittel- bis Langfristig dürften die realisierbaren komparativen Wettbewerbsvorteile einer solchen Lösung für Softwarehersteller einen Anreiz darstellen,

ihre auf bestimmte Informationstypen spezialisierten Data-Warehouse- bzw. Content-Management-Systeme funktional in die eine oder andere Richtung zu erwietern bzw. bei der Realisierung einer integrierten Lösung zu kooperieren.

Entsprechend dem Bedarf nach Evaluation der zugrundegelegten Hypothese, kommt dem vorgestellten Integrationskonzept allerdings ein vorläufiger Charakter zu. Bevor die vorgestellten Konzepte Einzug in bestehende Systeme halten oder in Form eines integrierten EIP Niederschlag finden, sind mit prototypischen Realisierungen sowohl die technische Umsetzbarkeit als auch die Verbesserungen bei der Informationsversorgung zu verifizieren und ggf. Ansatzpunkte für weitere Forschungsarbeiten daraus abzuleiten.

5 Literatur

Back-Hock, A.: Executive Information Systeme (EIS). Kostenrechnungspraxis, 35 (1991) 1, S. 48-50.

Balabanovic, M., Shoham, Y.: Content-Based, Collaborative Recommendation. Communications of the ACM, 40 (1997) 3, S. 66-72.

Bauer, A., Günzel, H.: Begriffliche Einordnung. In: Bauer, A., Günzel, H. (Hrsg.): Data-Warehouse-Systeme: Architektur, Entwicklung, Anwendung. Heidelberg 2001, S. 5-10.

Becker, J., Holten, R.: Fachkonzeptuelle Spezifikation von Führungsinformationssystemen. Wirtschaftsinformatik, 40 (1998) 6, S. 483-492.

Becker, J., Schütte, R.: Handelsinformationssysteme, Landsberg am Lech 1996.

Boger, Z., Kuflik, T., Shapira, B., Shoval, P.: Information Filtering and Automatic Keyword Identification by Artifical Neural Networks. In: Hansen, H. R., Bichler, M., Mahrer, H. (Hrsg.): Proceedings of the 8th European Conference on Information Systems (ECIS 2000), Volume 1, Wien 2000, S. 379-385.

Büchner, H., Zschau, O., Traub, D., Zahradka, R.: Web Content Management: Websites professionell betreiben. Bonn 2001.

Chen, P. P.-S.: The Entity-Relationship Model – Toward a Unified View of Data. ACM Transactions on Database-Systems, 1 (1976) 1, S. 9-36.

Do, H. H.; Rahm, E.: On Metadata Interoperability in Data Warehouses. Report Universität Leipzig, (2000) 1, http://dol.uni-leipzig.de/pub/2000-13 [05.02.2001].

Foltz, P. W., Dumais, S. T.: Personalized Informations Delivery: An Analysis of Information Filtering Methods. Communications of the ACM, 35 (1992) 12, S. 51-60.

Frackmann, E.: Managementcomputing. Theorie und Praxis der Computerunterstützung des Top-Managements. Berlin, New York 1996.

Goldberg, D., Nichols, D., Oki, B. M., Terry D.: Using Collaborative Filtering to weave an Information Tapestry. Communications of the ACM, 35 (1992) 12, S. 61-70.

Good, N., Schafer, J. B., Konstan, J. A., Borchers, A., Sarwar, B., Herlocker, J., Riedl, J.: Combining Collaborative Filtering with Personal Agents for Better Recommendations. In: Proceedings of the 1999 Conference of the American Association of Artificial Intelligence (AAAI-99), 1999, S. 439-446.

Groffmann, H.-D.: Kooperatives Führungsinformationssystem: Grundlagen, Konzept, Prototyp. Wiesbaden 1992.

Henneböle, J.: Executive Information Systems für Unternehmensführung und Controlling. Strategie – Konzeption – Realisierung. Wiesbaden 1995.

Holten, R.: Entwicklung von Führungsinformationssystemen: Ein methodenorientierter Ansatz. Wiesbaden 1999.

Holten, R., Ehlers, L.: Repository zur Integration externer Informationen in Führungsinformationssysteme. In: Uhr, W., Breuer, S.-E. (Hrsg.): Integration externer Informationen in Management Support Systems. Wirtschaftsinformatik Fachtagung, Technische Universität Dresden 08.-09.10.1998. Dresden 1998, S. 123-136.

Holten, R., Knackstedt, R.: Fachkonzeptuelle Modellierung von Führungsinformationssystemen am Beispiel eines filialisierenden Einzelhandelsunternehmens. In: Sinz, E. J. (Hrsg.): Modellierung betrieblicher Informationssysteme. Proceedings der MobIS-Fachtagung 1999, 14. und 15. Oktober 1999. Rundbrief der GI-Fachgruppe 5.10, 6 (1999) 1, S. 48-64.

Jahnke, B., Groffmann, H.-D., Kruppa, S.: On-Line Analytical Processing (OLAP). Wirtschaftsinformatik, 38 (1996) 3, S. 321-324.

Kurbel, K.: Entwicklung und Einsatz von Expertensystemen. 2. Aufl., Heidelberg 1992.

Kuropka, D., Serries, T.: Personal Information Agent. In: Knorr, K. (Hrsg.): Agents in E-Business (AgEB'01). Zürich 2001.

Kurz, A.: Data Warehousing: Enabling Technology. Bonn 1999.

Leavitt, H. J., Whisler, T. L.: Management in the 1980's: New Information Flows Cut New Organization Channels. Harvard Business Review, 36 (1958) 6, S. 41-48.

Lüdi, A.: Personalize or Perish. Electronic Markets, 7 (1997) 3, S. 22-25.

Luhmann, N.: Zweckbegriff und Systemrationalität. 6. Aufl., Frankfurt am Main 1999.

Meier, M.: Integration externer Daten in Planungs- und Kontrollsysteme: Ein Redaktions-Leitstand für Informationen aus dem Internet. Wiesbaden 2000.

Meier, M., Fülleborn, A.: Integration externer Führungsinformationen aus dem Internet im SAP Strategic Enterprise Management (SEM). Wirtschaftsinformatik, 41 (1999) 5, S. 449-457.

Mertens, P.: Integration interner, externer, qualitativer und quantitativer Daten auf dem Weg zum Aktiven MIS. Wirtschaftsinformatik, 41 (1999) 5, S. 405-415.

Oppelt, R.U.G.: Computerunterstützung für das Management: Neue Möglichkeiten der computerbasierten Informationsunterstützung oberster Führungskräfte auf dem Weg von MIS zu EIS?. München, Wien 1995.

Rauh, O.: Überlegungen zur Behandlung ableitbarer Daten im Entity-Relationship-Modell (ERM). Wirtschaftsinformatik, 34 (1992) 3, S. 294-306.

Reichmann, T.: Controlling mit Kennzahlen und Managementberichten. Grundlagen einer systemgestützten Controlling-Konzeption. 5. Aufl., München 1997.

Riebel, P.: Gestaltungsprobleme einer zweckneutralen Grundrechnung. ZfbF, 31 (1979), S. 863-893.

Rieger, B., Kleber, A., von Maur, E.: Metadata-Bases Integration of Qualitative and Quantitative Information Resources Approaching Knowledge Management. In: Hansen, H. R., Bichler M., Mahrer H. (Hrsg.): Proceedings of the 8th European Conference on Information Systems (ECIS 2000), Volume 1, Wien 2000, S. 372-378.

Rojas, R.: Theorie der neuronalen Netze. Eine systematische Einführung. 4. Aufl., Berlin u. a. 1996.

Salton, G., McGill, M. J.: Information Retrieval: Grundlagen für Informationswissenschaftler. McGraw-Hill, Hamburg 1987.

Shilakes, C. C., Tylman, J.: Enterprise Information Portals. New York 1998.

Vetschera, R.: Informationssysteme der Unternehmensführung. Berlin, Heidelberg 1995.

Zur Rolle des Data Warehouse bei der Gestaltung einer CRM-bezogenen Wissensbasis

Gisela Schöpke
CSC Ploenzke AG

Die Arbeit stellt ausgehend von einem Benchmark zum Stand der CRM-Fähigkeit von Unternehmen des deutschen Versicherungsmarktes und ihren Anforderungen an eine verbesserte IT-Unterstützung zur Erreichung mittelfristig gesetzter CRM-Ziele ein Konzept zur Gestaltung einer CRM-bezogenen Wissensbasis und zur Nutzung dieses Wissens in den kundenorientierten Prozessen in Marketing, Vertrieb und Service vor. Auf die Komponenten des Data Warehouse und den Informationsfluss wird dabei vertiefend eingegangen. Teile des Konzepts wurden in mehreren Unternehmen umgesetzt, die dadurch ihre CRM-Fähigkeit wesentlich verbessern konnten.

1 Einleitung

Das Competence Center CRM der CSC Ploenzke AG hat in den letzten zwei Jahren etliche Projekte zur Definition einer unternehmensweiten Umsetzungsstrategie für Customer Relationship Management – vorwiegend bei Versicherungsunternehmen – durchgeführt. Bestandteil eines solchen Projekts ist unter anderem der Entwurf einer Business Architektur (Prozessmodell für Marketing, Vertrieb und Service) und einer IT-Architektur mit den Komponenten Daten-, Anwendungs- und Systemarchitektur. Wiederholt traten beim Architekturdesign ähnliche Fragen auf: Welche Informationen über Kunden werden benötigt? Wo sollen welche Informationen gespeichert werden? Welche Rolle spielt dabei das Data Warehouse? Wie soll der Zugriff auf die Informationen aus den unterschiedlichen Prozessen heraus unterstützt werden? Wie soll das Zusammenspiel der Systeme zur Informationsspeicherung und Informationsnutzung gestaltet werden? Wie soll der Erfolg von CRM gemessen werden?

Am Versicherungsmarkt zeichnen sich mehrere Trends ab, die Lösungsvorschläge für diese Probleme fordern: Die Rückbesinnung der Versicherungen auf ihr Kerngeschäft bringt eine stärkere Orientierung auf die Servicedifferenzierung mit sich. Vor allem durch ein verbessertes Schadenmanagement können sich Versicherer vom Wettbewerb differenzieren. Im Vetrieb geht es künftig vor allem um eine intelligente Multi-Kanal-Strategie, die alle Wege zum Kunden umfasst. Maßgeblich sowohl für ein effektives Schadenmanagement als auch die Gestaltung einer profitablen Multikanalsteuerung sind dabei technische Durchgängigkeit und Effizienz der Geschäftsprozesse sowie schnelle Dienstleistungen auf der Grundlage umfassender Wissensdatenbanken (vgl. CSC Ploenzke AG, 2002).

Ausgangspunkt für die hier dargestellten Anforderungen und Lösungsideen zur Gestaltung einer CRM-bezogenen Wissensbasis sind die Ergebnisse eines CRM-Benchmarks für ca. 20 Versicherungsunternehmen. Das Vorgehensmodell zur Erhebung der Informationen sowie das Benchmark Template zur Präsentation der Ergebnisse sind Bestandteil der Methodik CustomerConnect[SM], der CSC spezifischen Vorgehensweise in CRM-Projekten.

In Abschnitt 2 werden zunächst das Modell und die Benchmarkergebnisse kurz vorgestellt. Aus der CRM-Vision der untersuchten Unternehmen für einen Zeithorizont von 3 bis 5 Jahren werden in Abschnitt 3 Anforderungen an eine CRM-Wissensbasis sowie an die Informationslogistik formuliert. In Abschnitt 4 werden einige Ideen zur Umsetzung einer CRM-bezogenen Wissensbasis unter Einbeziehung des Data Warehouse vorgestellt.

2   CRM-Benchmark für Versicherungsunternehmen

2.1   Das CRM-Vorgehensmodell

Im Rahmen von Projekten zur Definition einer unternehmensweiten Umsetzungsstrategie für Customer Relationship Management (CRM) wurde zur Selbsteinschätzung der Ist-Situation eines Unternehmens im Bereich CRM und zur Aufnahme des angestrebten Zustandes eine spezielles Vorgehensmodell eingesetzt, das sich eng an das Modell von Peppers / Rogers anlehnt (vgl. Peppers, Rogers 1997) und gemeinsam von CSC und der Cambridge School of Management entwickelt wurde.

Das Vorgehensmodell unterstützt die systematische Betrachtung von vier Aktivitätenkomplexen – Identifizieren, Differenzieren, Interagieren, Modifizieren – die von einem Unternehmen ausgehend von seiner Kundenstrategie bei der Gestaltung der Prozesse in Marketing, Vertrieb und Service zu bearbeiten sind. Ziel ist die Entwicklung profitabler, langfristiger Kundenbeziehungen. Jeder der vier Aktivitätenkomplexe (AK) wurde noch einmal in zwei Teilkomplexe (TK) gegliedert (vgl. Abb. 1).

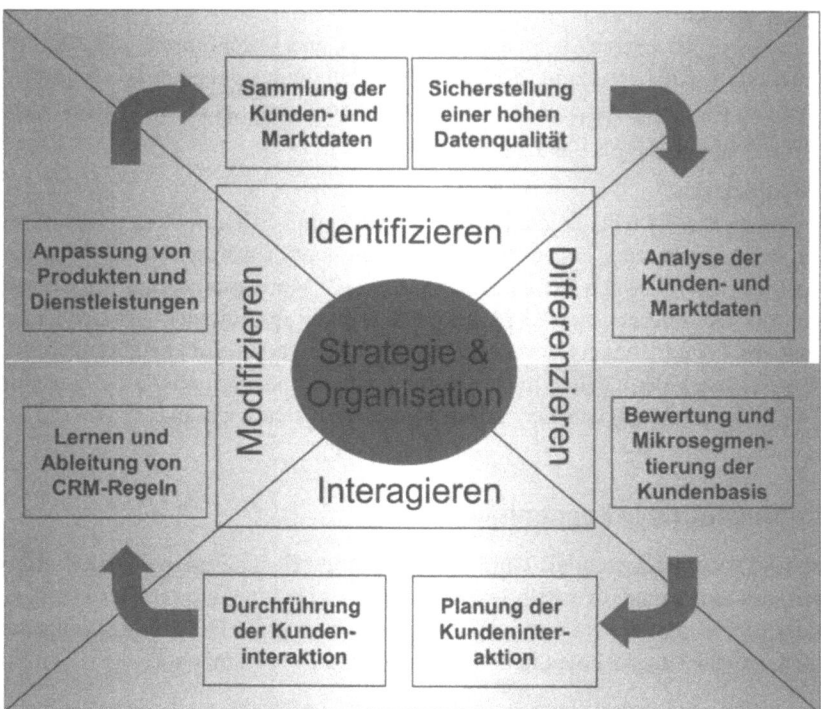

Abb. 1:   CRM-Vorgehensmodell nach Peppers & Rogers

- **Identifizieren**
  Die Basis für künftige CRM-Aktivitäten wird im AK „Identifizieren" gelegt. Hier geht es um die Frage, welche Informationen über Kunden in welcher Qualität im Unternehmen vorhanden sind bzw. vorhanden und im Zugriff sein sollten, um die "richtigen" Kunden und potentielle Kunden identifizieren und bedarfsgerecht ansprechen zu können.

- **Differenzieren**
  CRM hat eine differenzierte Kundenbehandlung zum Ziel. Der Wert, den ein Unternehmen einem Kunden liefert und der Wert, den dieser Kunde für das Unternehmen darstellt, sollten sich in einem relativen Gleichgewicht befinden. Je höher der erwartete Kundenwert, um so höher die Aufmerksamkeit und Individualität, mit der ein Kunde behandelt wird, um ihn an das Unternehmen zu binden.

  Datenanalysen sollen helfen, die Bedürfnisse und den Wert eines Kunden für das Unternehmen zu erkennen und auf dieser Basis wertdifferenzierte Produkte, Dienstleistungen und Services anzubieten. Im AK „Differenzieren" werden die verfügbaren internen und externen Daten zielbezogen analysiert, um die dafür benötigten Aussagen über Kundengruppen, Kundenwert und Kundenverhalten zu gewinnen.

- **Interagieren**

  Der AK „Interagieren" beinhaltet die Planung und Durchführung der Kundeninteraktion zur Umsetzung der Kundenstrategie unter Nutzung von Ergebnissen der AK "Identifizieren" und "Differenzieren" und unter Berücksichtigung
  der Multikanalstrategie des Unternehmens.

- **Modifizieren**

  CRM zielt auf Maßnahmen, um die Effizienz und Effektivität der Beziehung
  zu den Kunden zu erhöhen. Es muss jedoch geprüft werden, ob die Maßnahmen den gewünschten Erfolg bringen. Im AK „Modifizieren" geht es deshalb
  um die Optimierung der CRM-Aktivitäten durch die Entwicklung der Fähig-
  keit des Unternehmens zur systematischen Integration von Erfahrungen und
  des Feedback der Kunden in die Gestaltung der kundenorientierten Prozesse in
  Marketing, Vertrieb und Service sowie der Produktentwicklung.

2.2   Benchmark-Ergebnisse

Dem CRM-Vorgehensmodell wurde ein spezielles Benchmarking-Modell zugeordnet, das eine qualitative Selbsteinschätzung der Unternehmen in Bezug auf jeden der acht Teilkomplexe ermöglicht. Zusätzlich kann im Diagramm angegeben
werden, wo das Unternehmen in drei bis fünf Jahren stehen möchte.

Die Einordnung auf der Skala zwischen 1 und 5 geschieht nach speziell für den
Versicherungsmarkt entwickelten Kriterien, die einen niedrigen (1), mittleren (3)
bzw. hohen (5) Grad der Umsetzung der mit CRM verbundenen Anforderungen an
die Organisation, an die Prozesse in Marketing, Vertrieb und Service sowie an die
IT-Unterstützung für diese Prozesse beschreiben.

Da in die Projekte ca. 20 Versicherungsunternehmen involviert waren, die insgesamt über 50% des Beitragsvolumens des deutschen Versicherungsmarktes repräsentieren, wurden die Ergebnisse der einzelnen Unternehmen zusätzlich zu einem
Benchmark des Versicherungsmarktes verdichtet. In Abb. 2 ist dieses Übersichts-
ergebnis dargestellt.

Das Diagramm in Abb. 2 zeigt, dass sich die meisten der untersuchten Versicherungen heute in allen TK im unteren bis mittleren Bereich sehen. Was dies für den
heutigen Zustand der für CRM verfügbaren und nutzbaren Informationen bedeutet, ist in nachfolgenden charakterisierenden Aussagen zusammengestellt[1]:

- Es werden regelmäßig Daten aus den verschiedenen spartenorientierten Back-
  Office-Systemen abgezogen, validiert und separat für Auswertungszwecke ge-

---

[1]   Die nachfolgende Charakterisierung beschreibt das crm-bezogen Typische für
Unternehmen mit dieser Einordnung. Im Einzelnen kann die Situation (wie in Abb. 2 an
den Maximalwerten zu erkennen ist) durchaus davon abweichen.

speichert, inklusive historischer Informationen (Data Warehouse). Heute überwiegen jedoch isolierte Systeme, die aus Sicht einzelner Organisationseinheiten geschaffen wurden und deren Informationen in der Regel nicht für andere Prozesse oder Unternehmensbereiche zur Verfügung stehen. Dadurch sind spartenübergreifende Auswertungen zu Kunden oder Kundensegmenten häufig nicht möglich.

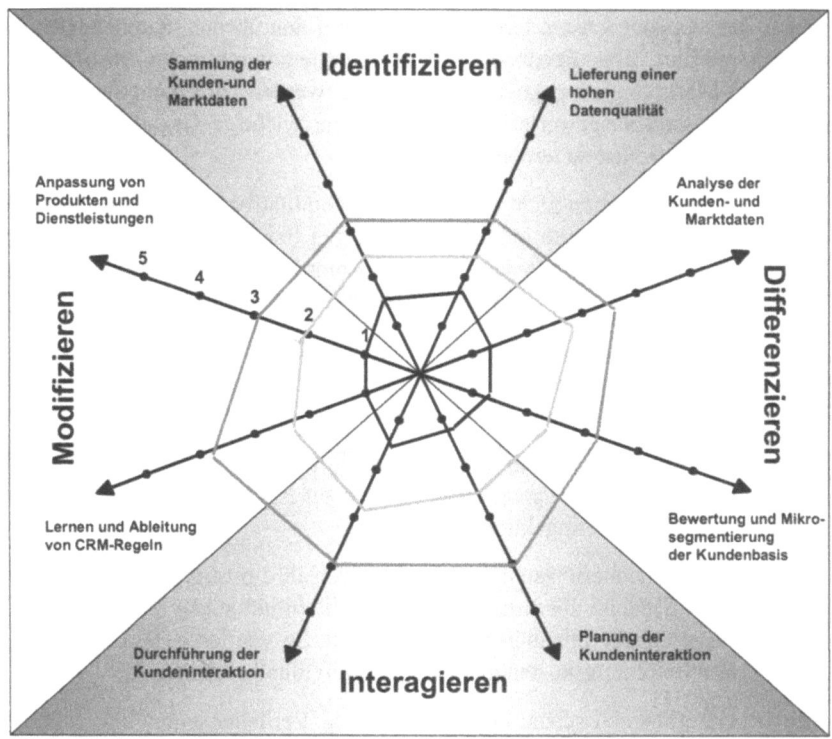

schwarz: gewichteter Mittelwert aktuell **hellgrau:** Maximalwerte aktuell
dunkelgrau: mittelfristiges Ziel (3-5 Jahre)

Abb. 2:   Ergebnis des Benchmark für Versicherungen

• Häufig existieren neben den Kundendatenbanken der operativen Back-Office-Systeme mehrere separate Kundendatenbanken zur Nutzung durch vertriebsunterstützende Systeme, für Marketingzwecke oder für das Call Center, die jeweils mit separaten Extraktionsprozeduren aus den operativen Systemen befüllt werden.

• An der Herstellung einer zentralen qualitativ hochwertigen Kundensicht/Interessentensicht für Back- und Front-Office wird z. Zt. in etlichen Versicherungsunternehmen gearbeitet.

- Interessentendaten und zugekaufte Adressdaten werden zwar in Auswertungen einbezogen (z. B. für Marketingkampagnen), sind aber mit den eigenen Kundendaten meist nicht integriert.

- Wichtige Informationen über die Kunden, die zur erfolgreichen Umsetzung von CRM benötigt werden, fehlen. So werden Daten aus dem Front-Office-Bereich, die im Kundenkontakt anfallen, nicht systematisch gesammelt und ausgewertet. Informationen der Außendienstmitarbeiter über ihre Kunden werden – aus den verschiedensten Gründen – nicht mit den übrigen Kundendaten zusammengeführt. Das Feedback auf die Kundeninteraktionen, insbesondere auch auf Marketingkampagnen oder auf Beschwerden wird nicht systematisch gespeichert und ausgewertet. Damit fehlt eine wichtige Grundlage, um aus Kundeninteraktionen zu lernen.

- Viele Basisdaten haben nicht die geforderte Qualität bzw. Aktualität. Das beeinträchtigt das Vertrauen in die Auswertungen bzw. in die Glaubwürdigkeit der abgeleiteten Informationen, z. B. die Einordnung eines Kunden in eine Kundengruppe oder eine Aussage zur Abwanderungsgefährdung.

- Mitarbeiter, die einen bestimmten Informationsbedarf haben, wissen häufig nicht, welche Informationen in welchen Systemen vorhanden sind und wie sie auf diese Informationen zugreifen könnten.

- Neben den Kundenbasisdaten stehen häufig in periodischen Abständen soziodemografische oder mikrogeografische Daten zur Anreicherung zur Verfügung und werden für Marketingaktionen genutzt.

- Nur wenige Versicherungsunternehmen kennen ihre profitablen Kunden. Die verwendeten Modelle zur Ermittlung der Profitabilität sind vereinfacht, meist wird die Kostenseite nur ungenügend erhoben. So werden z. B. Kampagnenkosten oder Betreuungskosten nicht kundenindividuell zugeordnet.

- Etliche Unternehmen setzen bereits mit Erfolg Verhaltenscores ein, z. B. zur Bewertung der Kündigungs- und Abschlusswahrscheinlichkeit.
  Zur Ermittlung dieser und weiterer Kundenprofilinformationen wird häufig ein „Statistik-Data Mart" gebildet, der i. a. nicht mit den übrigen Data Warehouse Ansätzen integriert ist. Auf dem Data Mart kommen Statistikpakete und vereinzelt Data-Mining-Verfahren zum Einsatz. Die gewonnenen Informationen werden aber nicht in andere Systeme zur Nutzung zurückgespielt und zu wenig für die Umsetzung der Kundenstrategie genutzt. Es existieren keine Prozesse zur regelmäßigen Durchführung der Analysen und zur Überprüfung der Modelle, welche die Basis für die Differenzierung zwischen den Kunden bilden.

- Die Kommunikationsplanung berücksichtigt die spezifische Kundensituation und Ereignisse im Leben der Kunden (bspw. Heirat, Pensionierung etc.).

- Einige Verkaufs- und Servicefunktionalitäten sind bereits integriert, aber es ist unmöglich, alle Angebote, Serviceanfragen und sonstigen Interaktionen mit dem Kunden nachzuvollziehen. Front- und Back-Office-Systeme sind nicht voll integriert.

- Der Prozess des Lernens ist bisher nicht systematisch eingeführt. Es fehlt ein System von Messgrößen anhand derer der Erfolg der CRM-Maßnahmen gemessen werden soll, z. B. die Erhöhung des Anteils profitabler Kundenbeziehungen, die Erhöhung des Beitragsaufkommens in bestimmten Kundensegmenten, die Erhöhung der Cross Selling-Rate, die Erhöhung der Servicequalität, die Senkung der Stornierrate oder die Erhöhung der Responsequote auf Mailingaktionen. Vor allem ist oft die Ausgangslage nicht genau bekannt, weil sie bisher nicht quantitativ analysiert wurde. Für eine wachsende Anzahl von Kunden wird jedoch die Information über ihre spezifischen Bedürfnisse gespeichert, so dass sie für die weitere Kommunikationsplanung verwendet werden können.

Ein Blick auf die mittelfristigen Ziele der Unternehmen in Abb. 2 zeigt, dass sich die Versicherungsunternehmen der Herausforderungen, die mit der Umsetzung eines wirkungsvollen Kundenbeziehungsmanagements verbunden sind, durchaus bewusst sind. Insbesondere im Bereich der Serviceverbesserung und der Kundeninteraktion sollen Verbesserungen erzielt werden. Dies setzt vor allem aussagefähiges Wissen über die Kunden und die IT-unterstützte Möglichkeit der Nutzung dieses Wissens, Prozessverbesserungen sowie Informations- und Systemintegration voraus.

3 Anforderungen an eine CRM-bezogene Wissensbasis

Die in Abschnitt 2.2 aufgezeigte Ist-Situation verdeutlicht, dass Versicherungen punktuell an der Schaffung der IT-seitigen Voraussetzungen für ein effektives Kundenbeziehungsmanagement arbeiten, dass es aber an einem integrativen Gesamtansatz fehlt. Ein solcher Gesamtansatz könnte darin bestehen, sich bewusst zu machen, welches Wissen und welche Zugriffe auf dieses Wissen in einem Unternehmen zur Umsetzung von CRM überhaupt gebraucht werden, um dann einen Fahrplan zu entwickeln, wie dies schrittweise umgesetzt werden kann. Diese Vorgehensweise entspricht dem bewährten "think big – start small"-Ansatz.

Denkbar ist auch der von einigen Versicherungen gewählte pragmatische Ansatz, der die effektivere Nutzung der vorhandenen Informationen in den Vordergrund rückt (start small) und Schritte zur Beschaffung weiterer Informationen von den noch ausstehenden geschäftlichen Entscheidungen zur Umsetzung von CRM abhängig macht. Um jedoch nicht auf der Stelle zu treten, wird versucht, im Rahmen bekannter Geschäftsstrategien aus dem Vorhandenen das Beste zu machen. Aber auch in diesem Fall ist eine Art "Landkarte" nützlich, die veranschaulicht, was in dem gesteckten Rahmen abgedeckt werden kann und wo aus Sicht eines Gesamtansatzes weiße Flecken bleiben.

Die beiden Konzepte, die zur Beschreibung eines ganzheitlichen Ansatzes eingesetzt werden können, sind die einer *CRM-bezogenen Wissensbasis* und der *Informationslogistik*, die zunächst inhaltlich erläutert werden sollen.

3.1 CRM-bezogene Wissensbasis

Als *CRM-bezogene Wissensbasis* soll die Gesamtheit der Informationen bezeichnet werden, die zur Unterstützung der Prozesse in Marketing, Vertrieb und Service benötigt werden, um die mit CRM verbundenen Ziele (vgl. Abschnitt 2.1) zu erreichen. Elemente der Wissensbasis sind:

- Basiswissen über Kunden, Produkte, Verträge, Kundenbetreuer, Kundenkontakte etc. Dieses Wissen wird aus den operativen Quellsystemen gewonnen und liegt meist in strukturierter Form vor (z. B. in Datenbanktabellen).

- Konzeptwissen, z. B. attraktiver Kunde, loyaler Kunde.

- Abgeleitetes Wissen, das durch Verdichtung von Basisinformationen gewonnen wird, z. B. die Anzahl der Verträge eines Kunden, die Dauer der Kundenbeziehung, seine Kundenprofitabilität, seine Sensitivität für Marketingaktionen, sein Beschwerdeverhalten, sein bevorzugter Kontaktweg zum Versicherungsunternehmen, die Anzahl von Beschwerden etc. Dieses Wissen reichert das Basiswissen über die Kunden an und liefert aussagefähige *Kundenprofile*.

- Wissen, das durch Datenanalyse/Data Mining gewonnen wird, wie die Zugehörigkeit zu einer Kundengruppe, die Stornierungsgefährdung, die Affinität zum Erwerb eines bestimmten Produktes etc., das ebenfalls zur Anreicherung der Kundenprofile beiträgt.

- Wissen in Form semistrukturierter Dokumente (z. B. Briefe, E-mail, Fax) oder in Form von Bildern (z. B. Unfallaufnahmen).

- Regelwissen („Business Rules"): Erkenntnisse aus der Datenanalyse oder aus dem Kundenfeedback werden in Form von IF ... THEN-Regeln zur Einordnung von Kunden oder zum Umgang mit Kunden zur Verfügung gestellt.

- Lösungswissen (z. B. Templates, Beispiellösungen, Nachschlagewerke).

- Prozesswissen der CRM-Anwendungen in Marketing, Vertrieb und Service (z. B. welche Personen (Rollen) in einen Prozessschritt zu involvieren sind, welche Informationen in welchem Prozessschritt benötigt werden).

Weitere Anforderungen an den Inhalt und die Struktur der Wissensbasis ergeben sich

- aus den Anforderungen an die Aktualität des Wissens.

- aus der Art der Wissensnutzung (z. B. Information, Online-Analyse, Reporting, Modell- oder Regelentwicklung bzw. -überprüfung).

3.2   Informationslogistik

Die *Informationslogistik* verbindet Wissensbasis und kundenorientierte Prozesse und sorgt dafür, dass das in der CRM-bezogenen Wissensbasis enthaltene Wissen für die Steuerung der kundenorientierten Geschäftsprozesse nutzbar wird. Dafür gibt es zwei prinzipielle Möglichkeiten:

- Pull-Verfahren: Aus den Prozessen heraus wird auf das benötigte Wissen zugegriffen.

- Push-Verfahren: das benötigte Wissen wird rollen- oder interessenspezifisch automatisch den Prozessen zur Verfügung gestellt.

Der Informationskreislauf wird vervollständigt, indem Informationen, die in den operativen Back-Office-Systemen und in den Front-Office-Systemen anfallen, zur Aktualisierung und Erweiterung der Wissensbasis verwendet werden.

Zu den Aufgaben der Informationslogistik gehören

- die anlassbezogene Bereitstellung von Informationen aus der CRM-bezogenen Wissensbasis für die Prozesse in Marketing, Vertrieb und Service

- der anlassbezogene Informationsaustausch zwischen den Front-Office-Systemen

- die Bereitstellung von Daten aus den operativen Front-Office- und Back-Office-Systemen zum Laden und zur Weiterverarbeitung in den dispositiven und analytischen Systemkomponenten der Wissensbasis

- die Funktionen zur Realisierung der Informationsflüsse innerhalb der Wissensbasis, z. B. die Überprüfung und ggf. Aktualisierung der Kundengruppenzuordnung und nachfolgende Aktualisierung der Kundenprofilinformationen

- Mechanismen zur Aktivierung von Regelwissen infolge neuer Informationen und damit eines geänderten Wissensstandes (z. B. automatische Profilaktualisierung eines Kunden bei vorliegendem Betrugsverdacht im Schadensfall und automatische Benachrichtigung des zuständigen Kundenbetreuers).

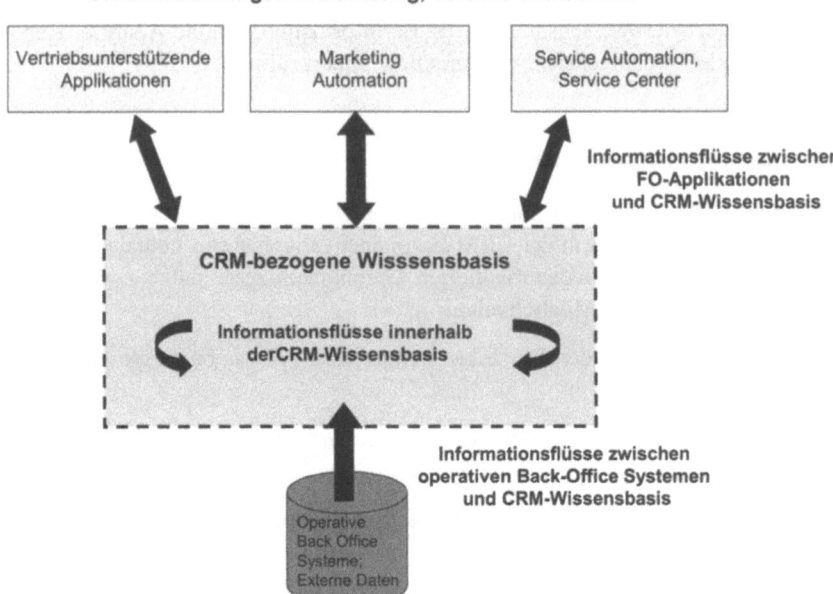

Abb. 3:   Informationsflüsse der Informationslogistik im Überblick

Die Realisierung der Informationslogistik erfordert ein „workflowgestütztes" Zusammenspiel von dispositiven und analytischen CRM-Systemkomponenten mit operativen Systemen aus dem Back- und Front-Office-Bereich sowie externen Datenquellen (vgl. Abb. 3). Lösungsideen dafür werden in Kapitel 4 vorgestellt.

3.3   Anforderungen an die CRM-bezogene Wissensbasis und Informationslogistik für Versicherungsunternehmen

Die Anforderungen an die CRM-Wissensbasis und CRM-Informationslogistik zur Erreichung der mittelfristig gesetzten CRM-Ziele werden entlang der Aktivitätenkomplexe des Vorgehensmodells betrachtet.

Identifizieren

- Herstellen einer unternehmensweiten Kundensicht. Herausforderungen hierbei sind:

  - Die Spezifikation des Informationsbedarfs sowohl an Basisinformationen als auch an abgeleiteten Informationen zur Charakterisierung von Kundenverhalten, Kundenwert, Kundenpotenzial, Kundenloyalität. Hierfür müssen jeweils Konzepte aus fachlicher Sicht entwickelt werden. Im zweiten Schritt sind diese Konzepte auf der Grundlage von verfügbaren Basisinformationen umzusetzen.

- Die Generierung einer qualitativ hochwertigen Kunden- und Haushaltssicht.

- Die Integration von Kunden-, Interessenten- und Marktdaten.

- die Klärung des Zusammenspiels zwischen operativen Partnerdatenbanken in Vertrieb, Marketing oder Service und Partnerdaten im Data Warehouse.

- Eine hohe Daten- und Informationsqualität als Basis für richtige Entscheidungen. Hier sind alle aus dem klassischen Data Warehousing bekannten Probleme zu lösen.

- Sicherstellen eines einfachen und konsistenten Informationszugriffs im Rahmen der betrachteten Prozesse in Marketing, Vertrieb und Service, d. h. die Nutzbarmachung der Informationen dort, wo sie benötigt werden.

- Bereitstellen eines Informationskatalogs über die verfügbaren Informationen.

Differenzieren

- Weitere Anreicherung der Kundenprofile, die die Basis für die Differenzierung zwischen Kunden bilden. Das Potenzial dafür liegt vor allem in der Aufbereitung und Integration von Informationen aus den Kundenkontakten über die jeweiligen Kanäle und Medien.

- Verfeinerung der Modelle zur Ermittlung der Kundenprofitabilität, insbesondere durch kundenbezogene Zuordnung von Marketing-, Vertriebs- und Servicekosten.

- Rückspielung der Analyseergebnisse in die Kundensicht des DWH oder in eine andere Kundensicht (z. B. Marketingdatenbank).

- Entwicklung eines gesamtheitlichen Ansatzes für das Zusammenspiel zwischen Systemen zur Datenanalyse und Systemen zur Verwendung der generierten Informationen.

Interagieren

- Entwicklung eines Konzepts zur integrativen, prozess- und rollenspezifischen Bereitstellung von aktuellen Kundeninformationen (auch semistrukturierter Informationen aus e-Mails oder Briefen), Kundenkontaktdaten und Kundenbewertungen.
Besondere Bedeutung kommt z. B. der Servicequalität im Schadensfall zu. Die Beurteilung des Schadens und die Entscheidungsfindung zur Schadenregulie-

rung erfordern die Bereitstellung von strukturierten und unstrukturierten Informationen (z. B. Schadenmeldung, Gutachten). Die im Zusammenhang mit einer Schadensregulierung angebotenen Serviceleistungen sowie die Qualität und Schnelligkeit der Schadenregulierung beeinflussen nachhaltig die Kundentreue wie aus entsprechenden Untersuchungen zur Abwanderungsgefährdung hervorgeht (vgl. Schöpke 2000).

• Sicherstellen einer abgestimmten Kunden- und Marktbearbeitung durch Hinterlegung entsprechender Zuständigkeiten (one face to the customer).

Modifizieren

• Definition eines Systems von Messgrößen und Einführung eines CRM-spezifischen Controlling. Die Messgrößen orientieren sich an den Zielen, die durch Umsetzung eines CRM-Programms erreicht werden sollen. Solche Ziele sind beispielsweise die Erhöhung des Anteils profitabler Kundenbeziehungen, die Erhöhung des Beitragsaufkommens in bestimmten Kundensegmenten, die Erhöhung der Cross-Selling-Rate, die Erhöhung der Servicequalität, die Senkung der Storniererrate, die Erhöhung der Responsequote auf Mailingaktionen. Die Basisdaten für die Bestimmung dieser Kennzahlen sind aus den Quellsystemen bereitzustellen und die Kennzahlen mit den entsprechenden Analysemöglichkeiten (nach Kundengruppe, Produkt, Unternehmensbereich, Region etc.) zu speichern. Auf diese Weise wird das klassische, produktorientierte Controlling um eine kunden-/kundengruppenspezifische Sicht erweitert.

• Bereitstellung eines Systems von Regeln (Business Rules), die zur Auslösung von kundenbezogenen Aktionen bei Erreichen des jeweiligen Schwellwertes führen, z. B. die Neubewertung eines Kunden anhand der Anzahl von Beschwerden, Mahnungen, Schäden, Höhe des Kundenwertes, Grad der Stornogefährdung etc.

4   Lösungsideen für eine CRM-bezogene Wissensbasis und ein Informationslogistikkonzept für Versicherungen

4.1   Komponenten der Wissensbasis im Überblick

Die nachfolgende Grafik (vgl. Abb. 4) gibt einen Überblick über eine mögliche logische Struktur einer CRM-bezogenen Wissensbasis und ihre Einbettung in Quellsysteme und wissensnutzende Prozesse.

Sie besteht aus den Komponenten

- Data Warehouse (DWH),

- Front-Office-Datenbank (FO-DB),

- Regelbasis (Business Rules),

- Informationscontainer mit prozessspezifisch gebündelten strukturierten und semistrukturierten Informationen,

- Prozesswissen, das in den CRM-Anwendungen in Marketing, Vertrieb und Service gekapselt ist.

Zieht man die Analogie zum menschlichen Gedächtnis, so umfasst auch die CRM-Wissensbasis ein „Kurzzeitgedächtnis" (die online-fähige Front-Office-Datenbank mit Kundensicht) eher dynamischer Natur und ein „Langzeitgedächtnis" (das Data Warehouse und die Regelbasis) von eher statischer Natur.

Die Komponenten der CRM-bezogenen Wissensbasis sollen im folgenden näher erläutert werden.

4.2   Die Quellsysteme der CRM-bezogenen Wissensbasis

Als Quellsysteme für die Wissensbasis fungieren neben den operativen Back-Office-Systemen und verschiedenen Quellen für externe Daten (soziodemografische, mikrogeografische Daten etc.) auch die Systeme aus dem Front-Office-Bereich (Marketing, Vertriebs- und Service Automation). Eine weitere Datenquelle für die CRM-Wissensbasis sind die semistrukturierten Informationen bspw. aus einem Dokumentenmanagementsystem, die einen hohen Anteil des über die Kunden verfügbaren Wissens enthalten (Schätzungen gehen von bis zu 90% aus).

- Eine wichtige Rolle für die Wissensbasis spielt die Kundensicht. In der Praxis hat es sich als vorteilhaft erwiesen, wenn *eine* zentrale operative Partnerdatenbank mit qualitativ hochwertiger Kundensicht und ggf. einer Haushaltssicht im Unternehmen aufgebaut wird, die auch als Quelle für die CRM-bezogene Wissensbasis fungiert.

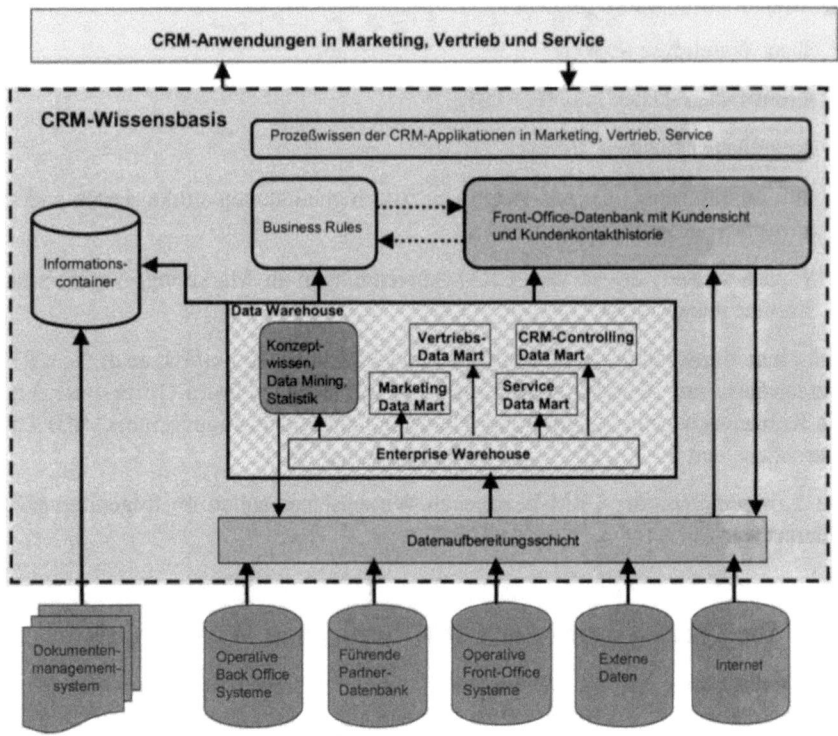

Abb. 4:   Logische Struktur der CRM-bezogenen Wissensbasis

Im Kundenkontakt fallen laufend neue Informationen an. Diese werden nach dem hier vorgeschlagenen Modell über die Front-Office-Applikationen in die operative FO-DB eingespeist und stehen quasi real-time anderen Kanälen zur Verfügung (vgl. Abschnitt 4.5). Die Änderungen an Kundenstammdaten in der FO-DB werden nicht sofort bestandswirksam. Dies geschieht erst durch einen nächtlichen Abgleich der FO-DB mit der zentralen operativen Partnerdatenbank.

Neben Änderungen an Partnerdaten enthält die FO-DB sämtliche Kundenkontaktinformationen, die als Quelle für die Erweiterung und Aktualisierung der Wissensbasis genutzt werden.

4.3   Die Datenaufbereitungsschicht

Die Daten aus den Quellsystemen werden mit üblichen ETL-Verfahren für das Data Warehouse aufbereitet und bereitgestellt.

Eine wichtige Operation im DWH ist die Bildung von abgeleiteten Informationen für die *Anreicherung der Kundenprofile*. Da hier neue Informationen generiert werden, ist dieser Teil des DWH als Datenquelle grau markiert (vgl. Abb. 4). Zur Bildung abgeleiteter Informationen wird auf die Basisdaten des Enterprise Warehouse zugegriffen.

Es wird vorgeschlagen, die Programme zur Ermittlung bzw. Überprüfung von Kundenprofileigenschaften in die Datenaufbereitungsschicht zu integrieren. Dies können zum Beispiel sein:

- Programm zur Ermittlung des monetären Kundenwertes

- Programm zur Ermittlung der Kundenattraktivität

- Programm zur Ermittlung der Kundengruppenzugehörigkeit

- Programm zur Ermittlung der Kundenloyalität

- Programm zur Ermittlung des erwarteten Bedarfs eines Kunden zur Deckung eines Risikos (bspw. ausgelöst durch die Information über den Erwerb eines Hauses oder die Geburt eines Kindes)

- Programme zur Ermittlung der Anzahl der Verträge, der Dauer der Kundenbeziehung, des Gesamtprämienaufkommens etc.

Den Programmen liegt entweder Konzeptwissen zugrunde (z. B. die Definition eines „loyalen Kunden", die Vorschrift zur Ermittlung des monetären Kundenwertes) oder unter Einsatz von Data-Mining-Verfahren entwickelte Modelle, z. B. zur Ermittlung der Abwanderungsgefährdung oder zur Ermittlung der Kundengruppenzugehörigkeit. Die Programme kommen für Neukunden zur Anwendung sowie für diejenigen Kunden, für die sich aufgrund von Informationen aus der FO-DB oder anderen Quellen ein neuer Informationsstand ergibt.

Die Zusammenhänge zwischen auslösender Datensituation und zu startendem Programm werden in der Regelbasis (vgl. Abb. 4) beschrieben. So sind beispielsweise nach Abschluss oder Verlängerung eines Vertrages der Kundenwert neu zu berechnen sowie die Kundengruppenzuordnung zu überprüfen, was zur Einordnung des Kunden in eine andere Kundengruppe führen kann, der z. B. erweiterte Serviceleistungen angeboten werden. Die Kundenprofilinformationen werden durch die entsprechenden Programme aktualisiert. Zusätzlich sollte automatisch eine weitere Regel aktiviert werden, durch die eine entsprechende Information an den Kundenbetreuer versendet wird.

Die auf diese Weise ermittelten/aktualisierten Kundenprofilinformationen werden im Enterprise Warehouse zum Aufbau der Kundendimension der Data Marts und für die FO-DB zur Verfügung gestellt. Eine Real-time-Reaktion auf neue Informationen oder vom Kunden durchgeführte Transaktionen ist im Versicherungsgeschäft i. a. nicht erforderlich. Eine Verzögerung der Aktualisierung um 24 Stunden wurde bisher von allen Versicherungen und bei den betrachteten Konstellationen akzeptiert. Bei einem täglichen Lauf der Datenaufbereitung ist für Versicherungen damit eine hinreichende Aktualität der Kundenprofilinformationen gewährleistet.

Wichtig ist, dass nach Möglichkeit sowohl das Data Warehouse als auch die FO-DB aus der Datenaufbereitungsschicht heraus befüllt werden, d.h. die Quellsysteme nur einmal angegriffen werden[2]. Dies sichert auch die Konsistenz der Bestandteile der Wissensbasis.

Die Daten aus den Front-Office-Anwendungen („horizontale" Anwendungen)(vgl. Winter 2000) durchlaufen das gleiche Procedere der Datenaufbereitung und Integration in das DWH wie die Daten aus den „vertikalen" Anwendungen. So werden beispielsweise nicht alle Kundenkontaktdaten in das DWH für Analysezwecke übernommen werden. Neu ist die Bereitstellung der Informationen im Enterprise Warehouse und zusätzlich in der FO-DB.

4.4   Das Data Warehouse

4.4.1   Enterprise Warehouse

Für das Data Warehouse wird die bewährte Struktur aus Enterprise Warehouse, gekoppelt mit Data Marts für spezifische Auswertungen vorgeschlagen.

Im Enterprise Warehouse werden die aufbereiteten Daten aus den Quellsystemen historisiert vorgehalten, um daraus sowohl spezifische Datensichten (Data Marts) als auch Auswertungen und Analysen aus unternehmensweiter Sicht zu generieren. Das Enterprise Warehouse physisch vorzuhalten, macht vor allem dann Sinn, wenn eine hohe Flexibilität der Auswertungen aus unterschiedlichen Blickwinkeln heraus möglich sein soll.

4.4.2   Data Mart-Schicht

Aus dem Enterprise Warehouse oder aus der Datenaufbereitungsschicht heraus werden die bereichsspezifischen Datensichten für Marketing, Vertrieb, Service und CRM-Controlling generiert und als Data Marts für die Datenanalyse zur Verfügung gestellt. Die einzelnen Data Marts beinhalten alle Informationen, um das Controlling und Reporting der jeweiligen Bereiche sowie spezifische Datenanalysen durchführen zu können.

Es wird vorgeschlagen, die Data Marts als System verbundener Data Marts (vgl. Kimball 1996) zu konzipieren, die zum Beispiel die Dimension „Kunde" gemein-

---

[2] Bei vielen Versicherungen ist dies nur schwer realisierbar, da sie für das DWH, für das Vertriebsinformationssystem, für Database Marketing und für das Call Center meist separate Extraktionsprozeduren mit spezifischen Formaten etc. geschaffen haben. Die Datenversorgung dieser Systeme auf eine zentrale Datenaufbereitungsschicht umzulenken, bedeutet einen hohen Aufwand und gelingt nur aus einer unternehmensweiten Perspektive heraus, nicht aus der Sicht der einzelnen Fachabteilungen.

sam nutzen. Dies vermeidet nicht nur Datenredundanz, sondern sichert auch einen konsistenten Blick auf den Kunden aus allen Unternehmensbereichen heraus.

Es kann an dieser Stelle keine ausführliche Beschreibung der einzelnen Data Marts erfolgen. Im Hinblick auf die in Abschnitt 3.3 formulierten Anforderungen soll jedoch Folgendes herausgestellt werden:

Marketing Data Mart

Um den Erfolg von Marketingaktionen realistisch einschätzen zu können, ist es erforderlich, die Kosten pro einbezogener Person und Kommunikationsmedium zu erfassen und als Datenquelle zur Verfügung zu stellen. Die Aktionen sollten nach Möglichkeit so gestaltet werden, dass ein Feedback (positives *und* negatives Feedback!) direkt einer Aktion zugeordnet werden kann. Auf dieser Basis kann ein kunden-, medien- und aktionsbezogenes Controlling der Marketingaktionen erfolgen. Die Analyse dieser Daten bietet die ideale Möglichkeit, um aus der Kundeninteraktion zu lernen: Wie gut wurde der Bedarf am angebotenen Produkt prognostiziert? Wie gut kommt das gewählte Medium an? Welche Qualität hat die Kunden- und Haushaltssicht? Daraus können wertvolle Hinweise zur Optimierung der Marketingaktionen gewonnen werden.

Darüber hinaus können die kundenbezogenen Auswertungen für eine verfeinerte Berechnung des Kundenwertes herangezogen werden.

Service Data Mart

Im Bereich Service geht es beispielsweise um die Auswertung von Aufwendungen für Services oder Kundenbetreuungsaktionen im Vergeich zum Kundenwert, die Auswertung von Beschwerden oder der Kundenzufriedenheit. Die Auswertungen werden für die verfeinerte Berechnung des Kundenwertes (Kostenseite) sowie die künftige Gestaltung des Service genutzt. Wichtig ist auch hier, dass in die Entscheidung über die künftige Gestaltung einer Kundenbeziehung Informationen über den Kunden aus Vertriebs- und Marketingsicht berücksichtigt werden. Dies kann durch geeignete Kundenprofilinformationen in der Dimension „Kunde" geschehen. Die Informationen für den Service Data Mart werden größtenteils aus den Kundenkontaktinformationen bezogen.

CRM-Controlling Data Mart

Der CRM-Controlling Data Mart dient der Ermittlung und Analyse derjenigen Kennzahlen, die über das Erreichen der CRM-bezogenen Unternehmensziele und den Erfolg der ergriffenen Maßnahmen Auskunft geben. Solche Ziele sind beispielsweise die Erhöhung des Anteils profitabler Kundenbeziehungen, die Erhöhung des Beitragsaufkommens in bestimmten Kundensegmenten, die Erhöhung der Cross Selling-Rate, die Erhöhung der Servicequalität (z. B. Anteil von zur Zufriedenheit erfolgten Schadenregulierungen), die Senkung der Storniererrate, die Erhöhung der Responsequote auf Mailingaktionen.

4.4.3   Statistik/Data Mining

Zur Generierung der Modelle für die Kundensegmentierung, zur Ermittlung der Abwanderungsgefährdung etc. wird ein eigener Data Mart aufgebaut, auf dem die umfassenden Datenaufbereitungen, die für das Data Mining erforderlich sind, ausgeführt werden.

Es wird vorgeschlagen, die Data-Mining-Modelle immer aus Unternehmenssicht statt nur aus Sicht einer Versicherungssparte oder eines Unternehmensbereiches heraus zu entwickeln. Die entwickelten Modelle kommen wie in Abschnitt 4.3 beschrieben, während der täglichen Datenaufbereitung zur Anreicherung der Kundenprofilinformationen zur Anwendung.

Von Zeit zu Zeit sind die entwickelten Modelle anhand der neuen Datenlage zu überprüfen und ggf. zu präzisieren. Dies kann zum Beispiel notwendig sein, wenn eine deutliche Änderung des Produktnutzungsverhaltens der Kunden sichtbar wird. Bei Änderung eines Modells sind sämtliche Kundendatensätze neu zu bewerten.

4.5   Die Front-Office Datenbank (FO-DB)

In dem hier zugrundegelegten Modell wird vorgeschlagen, dass die Front-Office-Applikationen eine gemeinsame operative Kundendatenbank (FO-DB) nutzen. Diese Datenbank wird über Nacht aus der Datenaufbereitungsschicht heraus aktualisiert und enthält damit tagesgenaue Kundeninformationen. Die Ausgestaltung der FO-DB wird von den Unternehmen unterschiedlich gehandhabt und reicht bis zum umfassenden „Kundenspiegel". Als Minimalanforderung sind die Kundenschlüsselinformationen, wichtige Vertragsinformationen und diejenigen Felder zu übernehmen, die durch Online-Eingaben aktualisiert werden können. Das Eintragen der Kundenkontakte, Änderungen an Kundenstammdaten (z. B. Adressänderung, Änderung des Familiennamens) sowie die Neuanlage von Interessenten sind Beispiele für mögliche Online-Aktionen. Kundenprofilinformationen können entweder aus der Datenaufbereitungsschicht in die FO-DB repliziert werden oder die Front-Office-Applikationen greifen alternativ online auf Kundenprofilinformationen im Enterprise Warehouse zu.

Im Front-Office-Bereich ist auch bei Versicherungsunternehmen die Reaktion in nahezu Echtzeit erforderlich. Wendet sich z. B. ein Kunde mit einem Anliegen erst an das Call Center und in kurzem Zeitabstand an seinen Kundenbetreuer, so will er diesem nicht alles noch einmal erzählen, sondern erwartet, dass der Kundenbetreuer bereits informiert ist. Dazu benötigt der Kundenbetreuer lediglich lesenden Zugriff auf die Kundenkontakthistorie und ggf. weitere Informationen der FO-DB. Der Umweg über das Enterprise Warehouse oder einen Data Mart ist dafür nicht erforderlich.

In der Literatur wird u. a. das Konzept des Real-time Data Warehouse als *das* Konzept zur Einlösung der mit CRM gegebenen Versprechen diskutiert (vgl. Robertson 2001). Das Konzept plädiert für eine Übernahme der Datenmodelle aus dem operativen in den dispositiven Bereich, für eine Ersetzung des ETL-Prozesses durch einfache Replikation und für den weitestgehenden Verzicht auf zeitaufwendige auswertungsorientierte Weiterverarbeitung der Basisdaten. Abgesehen von der Datenqualität ist der kritische Punkt hierbei vor allem, dass die meisten aussagekräftigen Informationen wie Aussagen zu Kundenverhalten, Kundenwert, Kundenpotenzial, Kundenloyalität nicht direkt von den Quelldatensystemen geliefert werden, sondern erst im analytischen Systemteil auf der Basis entsprechender Konzepte ermittelt werden müssen.

In dem hier vorgeschlagenen Modell einer CRM-bezogenen Wissensbasis werden diese Informationen in der Datenaufbereitungsschicht ermittelt. Durch die Trennung von Enterprise Warehouse und online-fähiger Front-Office-Kundendatenbank wird die Notwendigkeit zum Real-time Update des Data Warehouse umgangen. Damit stehen bei Bedarf im FO-Bereich neue Informationen in Real-time zur Verfügung, während gleichzeitig im DWH-Bereich Zeit für die Aufbereitung und auswertungsgerechte Darstellung der Informationen bleibt.

Durch Eingaben in die FO-DB werden tagsüber die kundenbezogenen Informationen im DWH und in der FO-DB auseinanderdriften. Zumindest für Versicherungsunternehmen mit eher seltenem Kundenkontakt[3] wird darin keine Beeinträchtigung der Informationsqualität des DWH gesehen. Im nächtlichen Update-Prozess werden beide Datenbanken wieder synchronisiert, wobei die FO-DB als Datenquelle fungiert.

Das hier vorgeschlagene Konzept der FO-DB steht dem Konzept des Operational Data Store (ODS) mit Schreibberechtigung nahe wie es von Auth und Frie (vgl. Auth, Frie 2001) diskutiert wird.

Die FO-DB kommuniziert darüber hinaus auch mit der Regelbasis (Business Rules), da vor allem durch Kundenkontakte und damit verbundene neue Kundeninformationen das Aktivieren von Regeln ausgelöst werden kann. Löst eine solche Regel die Aktualisierung von Kundenprofilinformationen aus, so werden diese Änderungen nur auf den Kopien der Kundenprofilinformationen der FO-DB wirksam. Die Aktualisierung der Kundenprofilinformationen in der Datenaufberei-

---

[3]   Nach Aussagen einer Schweizer Lebensversicherung wird sie etwa einmal in zwei Jahren von einem Kunden kontaktiert. In den Sachversicherungssparten dürfte die Anzahl der aktiven Kontakte seitens des Kunden etwas höher liegen. Hinzu kommen die Kontakte seitens der Versicherung zum Kunden durch Marketingaktionen etc.

tungsschicht und im Enterprise Warehouse erfolgt im Rahmen der nächtlichen Synchronisation der Datenbanken.

4.6 Die Regelbasis

Aus konzeptioneller Sicht besteht die Regelbasis aus einer Menge von IF ... THEN-Regeln, die eine bestimmte Reaktion auf das Vorliegen einer durch die Kundeninformationen implizierten Situation beschreiben.

Der Zusammenhang zwischen der Datensituation als Auslöser und der Aktion ist i. d. R. betriebswirtschaftlicher Natur und wird von den Mitarbeitern der entsprechenden Fachabteilungen (Marketing, Vertrieb, Produktmanagement etc.) hergestellt.

Beispiele für Regeln sind:

- IF ein Kunde einen Vertrag verlängert oder einen neuen Vertrag abschließt oder einen Vertrag storniert THEN aktualisiere den Kundenwert.

- IF Kundenwert aktualisiert THEN überprüfe die Kundengruppenzugehörigkeit.

- IF Kundenprofil aktualisiert THEN benachrichtige Kundenbetreuer über Änderung.

- IF Abwanderungsgefährdung > X % THEN schließe Kunden aus Marketingkampagnen der Art Y aus.

Manche Data Mining Tools gestatten die direkte Umsetzung von Entscheidungsbaumanalysen in Regeln, die zum Beispiel Aussagen über die Stornogefährdung oder das Vorliegen eines Verdachts auf Versicherungsbetrug in Abhängigkeit von der Datenkonstellation geben.

Die Regeln können auf unterschiedliche Weise implementiert werden. Eine Art wurde in Abschnitt 4.3 beschrieben, wo die Datensituation als Auslöser für Programme zur Aktualisierung von Kundenprofilinformationen in der Datenaufbereitungsschicht fungiert.

Die indirekte Speicherung der Regel durch einen Datenbankeintrag wird heute vielfach genutzt, ist aber nur bedingt praktikabel. Da der Datenbankeintrag nicht generisch, sondern nur in jedem Kundendatensatz erfolgen kann, ist die Pflege problematisch (z. B. Eintrag bei Neukunden). Ein Beispiel für die Nutzung ist die Kennzeichnung eines Kunden als „Robinson", wenn er ausdrücklich nicht in Mailingaktionen eingebunden sein möchte. Bei der Definition einer Marketingkampagne werden „Robinsons" i. a. nicht automatisch ausgeschlossen, sondern der entsprechende Datenbankeintrag muss bei der Definition als negatives Selektionskriterium angegeben werden.

Eine wichtige Form der Regelumsetzung ist ihre Einbindung in den Workflow, insbesondere wenn in Abhängigkeit von der Regel unterschiedliche oder zusätzliche Prozessschritte einzuleiten sind. Diese Form der Regelpräsentation wird in der in Abschnitt 4.7 dargestellten Lösung verwendet (vgl. Haase 2002). Ein Beispiel für die Einbindung von Regeln in den Workflow sind Regeln zur Rabattgewährung bei Abschluss eines Versicherungsvertrages in Abhängigkeit vom Kundenprofil. Die Auswirkung der Regeln auf das Vertriebs- und Geschäftsergebnis sind im Rahmen des CRM-Controlling zu prüfen und ggf. muss in bestimmten Zeitabständen „nachgeregelt" werden.

Eine weitere Möglichkeit besteht in der Verwendung einer Neuauflage der regelbasierten Expertensysteme. Deren verbreiteter Einsatz ist in naher Zukunft bei Versicherungen jedoch nicht zu erwarten.

Die Anwendung von Regeln aktiviert einen Informationsfluss nach dem Pushprinzip.

4.7 Informationscontainer – Integration strukturierter und semistrukturierter Informationen

Das DWH enthält nur einen geringen Teil (ca. 10%) aller Unternehmensinformationen, der Rest sind semistrukturierte oder unstrukturierte Informationen, die teils elektronisch, teils in Papierform vorliegen. Für einen Teil der CRM-relevanten Geschäftsprozesse, z. B. für die Risikobeurteilung oder das Schadenmanagement werden sowohl strukturierte als auch semistrukturierte Informationen benötigt.

Der entsprechende Geschäftsprozess kann qualitativ verbessert und beschleunigt werden, wenn alle benötigten Informationen allen Prozessbeteiligten kunden-, prozess- und rollenspezifisch gebündelt zur Verfügung stehen. Von CSC Ploenzke wurde hierfür ein Modell entwickelt und bei mehreren Finanzdienstleistern implementiert (vgl. Haase 2002). Durch Verbunddokumente einer objektorientierten Datenbank werden Informationen heterogener Natur in "Informationscontainern" gebündelt. Das Data Warehouse mit hochwertigen Kundeninformationen ist die wichtigste Datenquelle, um die Informationscontainer mit strukturierten Informationen zu speisen. Die DWH-Informationen können entweder dynamisch mit dem Informationscontainer verbunden oder aus dem DWH geladen und im Informationscontainer redundant gespeichert werden. Letzteres setzt einen regelmäßigen Synchronisationsprozess zwischen DWH und objektorientierter Datenbank voraus. Eine Aktualisierung im 24-Stunden-Rhythmus wird i. a. als ausreichend angesehen. Da nur ausgewählte Informationen übernommen werden, stellt sich die Frage des Datenvolumens nicht. Der Vorteil dieses Konzepts besteht in der Offline-Verfügbarkeit der Informationscontainer. Unstrukturierte Dokumente aus einem Dokumenten-managementsystem können ebenfalls entweder dynamisch über Hyperlinks oder statisch durch redundante Speicherung der Dokumente eingebunden werden. Durch die Definition von Nutzungsprofilen werden kontextspezifische Sichten auf die Informationen eines oder mehrerer Container generiert. Das Konzept unterstützt eine flexible Nutzung des Wissens durch eine beliebige Anzahl zeitlich und lokal unabhängig arbeitender Teammitglieder in den einzelnen Prozessschritten. Die Informationscontainer sind in den Workflow eingebunden. Der Informationsfluss erfolgt sowohl im Pull- als auch im Push-Verfahren.

5   Die Rolle von CRM-Standardsoftware

Ideen zu einer integrierten Informationslogistik werden von CRM-Standardsoftwarepaketen wie Siebel oder Peoplesoft zunehmend unterstützt. Als Nutzer solcher Softwarepakete ist man allerdings an die von den Systementwicklern vorgedachten Modelle und Funktionen gebunden.

Das hier vorgestellte Konzept für eine CRM-bezogene Wissensbasis und die Informationslogistik lässt sich in weiterer Spezifikation als Pflichtenheft an eine CRM-bezogene Daten- und Anwendungsarchitektur interpretieren. In seinem unternehmensspezifischen Zuschnitt und weiterer Detaillierung kann ein Anforderungskatalog für die CRM-Toolauswahl abgeleitet werden. Dies kann eine CRM-Suite sein oder eine Kombination verschiedener Einzelwerkzeuge, die bereits vorhandene Systemkomponenten ergänzen.

6   Zusammenfassung und Ausblick

Das hier vorgestellte Konzept zur Gestaltung einer CRM-bezogenen Wissensbasis und zur Nutzung des Wissens in den kundenorientierten Prozessen stellt eine Kombination aus bewährten Ideen aus dem DWH-Umfeld und Ideen aus dem Knowledgemanagement und Worlflowmanagement dar. Es ist für Anwendungsbereiche gedacht, in denen eine gewisse Verzögerung der Aufbereitung der fortlaufend in den Front-Office-Applikationen anfallenden Daten im Data Warehouse toleriert werden kann. Das Konzept versucht Antworten zu geben auf die eingangs gestellten Fragen und zeigt, dass ein großer Teil der heute existierenden Probleme der IT-Unterstützung von CRM-Programmen aus einer unternehmensweiten Perspektive heraus gelöst werden kann.

Jeweils unterschiedliche Teile des Konzepts wurden bisher von etlichen Versicherungsunternehmen bzw. Finanzdienstleistern umgesetzt. Für die Umsetzung des Konzepts im klassischen DWH-Teil sind dabei eher organisatorische als technische Hürden zu überwinden. Wie erwähnt, sind etliche Versicherungen dabei, die Qualität ihrer Kundensicht zu verbessern und zentrale Partnerdatenbanken zu schaffen. Der Aufbau eines kunden- oder kundengruppenbezogenen Controlling steckt dagegen noch in den Anfängen. Nachdem in den letzten Monaten viel von gescheiterten CRM-Projekten gesprochen wird, schauen die Versicherungsunternehmen genauer auf die mit dem CRM-Programm zu erreichenden wirtschaftlichen Ziele. Dies führt zwangsläufig zur Erfassung der entsprechenden Kennzahlen und somit zur Möglichkeit, ein CRM-Controlling zusätzlich zum klassischen produktorientierten Controlling aufzubauen.

Die Notwendigkeit zur Organisation eines CRM-Wissensmanagement wird zunehmend von den Versicherungsunternehmen erkannt. Der Einsatz regelbasierter Systeme zum Wissensmanagement oder der Einsatz der Informationscontainer zur Bündelung des Wissens über einen Kunden, gekoppelt mit Workflowmanagement sind allerdings Neuland für Versicherungen. Es besteht jedoch dringender Handlungsbedarf, z. B. bei der Nutzung des Wissens zum Schadenmanagement, der den Weg zum Einsatz auch solcher Konzepte ebnen und die Möglichkeit bieten wird, praktikable Konzepte zur Informationslogistik weiterzuentwickeln.

7   Literatur

Auth, G.; Frie, T.: Kopplung operativer (horizontaler) Applikationen mit dem Data Warehouse. Arbeitsbericht des Instituts für Wirtschaftsinformatik Universität St. Gallen BE HSG/CC DW2/01, St. Gallen, 2001.

CSC Ploenzke AG (Hrsg.): Trendbericht Versicherungen 2002. Wiesbaden, Juni 2002.

Haase, P.-G., Nastansky, L.: Das BONITAS-System - Prozessorientiertes Bonitätsmanagement im Finanzservice unter Einsatz von groupwarebasierten Komponenten für das Knowledgemanagement. Wirtschaftsinformatik, 44 (2002) 1, S. 65–73.

Kimball, R.: The Data Warehouse Toolkit. New York et al. 1996.

Knox, S.; Maklan, S.; Ryals, L.: Customer Relationship Management – The Business case for CRM. Cranfield University, Institute for Advanced Research in Marketing, Prentice Hall, 2000.

Maklan, S.; Knox, S.: Competing on Value. Pitman Publishing, 1998.

Peppers, D.; Rogers, M.: The One to One Future - Building Relationships One Customer at a Time. Bantam Doubleday Dell Publishing, 1997.

Robertson, G.: Real-Time Data Warehousing: Fulfilling the Promise of CRM. DM Direct, December 2001, http://www.dmreview.com/master.cfm?NavID=198&EdID=4460. (Abruf 2002-08-23).

Schöpke,G.: Ermittlung der Stornierungs- bzw. Abwanderungsgefährdung von Privatkunden der Versicherungen. internes Papier der CSC Ploenzke AG, 2000.

Winter, R.: Zur Positionierung und Weiterentwicklung des Data Warehousing in der betrieblichen Applikationsarchitektur. In: Jung, R., Winter, R. (Hrsg.): Data Warehousing Strategie. Erfahrungen, Methoden, Visionen. Springer Verlag, Berlin et al., 2000.

Data Warehousing und Knowledge Management in der Logistik – Praxisbeispiele und Erfolgsfaktoren

Oliver Paulzen, Stefan Haas, Joachim Henkelmann
Unilog Integrata Unternehmensberatung GmbH

Die Komplexität von Data-Warehouse-Projekten steigt mit einer zunehmenden Anzahl betroffener Benutzer, Unternehmensbereiche, Quellsysteme und Quelldaten sprunghaft an. Gerade im Bereich der Logistik mit einer Vielzahl von betroffenen Partnern und internen Systemen führt dies zu komplexen Anforderungen. In diesem Umfeld können Methoden des Knowledge Management unterstützend und wertsteigernd eingesetzt werden. Dieser Beitrag zeigt anhand zweier Beispiele aus dem Bereich der Logistik auf, wie diese Unterstützung erfolgen kann und welche Erfolgsfaktoren dabei zu berücksichtigen sind.

1 Data Warehousing im Bereich der Logistik

Das Grundkonzept eines Data Warehouse (DWH) ist einfach zu beschreiben: Die Unternehmensdaten, die für Entscheidungen notwendig sind, sind häufig über eine Vielzahl operativer und externer Systeme verteilt und liegen in unterschiedlichen Strukturen vor. Ein Lösungsansatz ist daher der Aufbau einer gemeinsamen Datenbasis aus den operativen und externen Daten. Diese dient dazu, Informationen zielgerichtet und integriert zur Verfügung zu stellen und weiter gehende Analysen zu ermöglichen.

Trotz der auf den ersten Blick einleuchtenden Idee scheitern zahlreiche Vorhaben zur Einführung eines DWH. Verantwortlich dafür sind häufig nicht technische Probleme, sondern die Vernachlässigung des fachlichen Informationsbedarfs und somit ein zu stark technisch getriebenes Vorgehen. Zudem werden im Kontext komplexer Konzernstrukturen und gewachsener Altsysteme vielfach die Probleme der Datenbeschaffung sowie die Definition einer semantisch integrierten Basis unterschätzt. In der Folge führt dies zu DWH-Systemen, welche die Anwender nicht systematisch bei ihren Analyse- und Entscheidungsprozessen unterstützen können und daher ungenutzt bleiben. Aber auch Hemmschwellen im Umgang mit dem neuen, Transparenz schaffenden System sind zu überwinden.

Die Komplexität von DWH-Projekten steigt mit der Anzahl betroffener Benutzer, Unternehmensbereiche sowie Quellsysteme und -daten an. Gerade im heterogenen Bereich der Logistik mit einer Vielzahl von involvierten Partnern und internen Systemen wird dies besonders deutlich. Das Spektrum reicht dabei von Systemen zur Unterstützung des Wareneingangs über die Lagerhaltung und Warenbereitstellung bis hin zum Warenausgang und Auftragsmanagement für logistische Dienstleister.

Um bei dieser Vielzahl von Einzelsystemen eine integrierte und prozessorientierte Sichtweise erhalten zu können, ist der Aufbau eines Data-Warehouse-Systems dringend notwendig. Dies gilt um so mehr, als die steigende Bedeutung des e-Business das Gewicht der Logistik erhöht, diese aber gleichzeitig auch einem erhöhten Leistungs- und Transparenzdruck aussetzt.

Ein Blick auf den aktuellen Status in der Logistik zeigt, dass ein Hauptproblem darin besteht, die notwendige prozessorientierte Sichtweise umzusetzen. Neben der Begriffs- und Systemvielfalt sind hierfür vor allem die durch Mergers & Acquisitions entstandenen Konzernstrukturen mit zum Teil redundanten Abteilungen und Systemen verantwortlich.

DWH-Projekte laufen besonders in diesem Kontext Gefahr, aufgrund der dargestellten Risiken zu scheitern. Um dies zu verhindern, bietet sich der Einsatz von Methoden des Knowledge Management (KM) an. Auf dieser Basis können Projekte unter Einbeziehung der relevanten Einflussfaktoren durchgeführt und die Akzeptanz von DWH-Systemen erhöht werden. Dabei stellt sich die Frage, was die Besonderheit des KM ausmacht und welche Methoden nutzbringend eingesetzt werden können.

Auch wenn sich bisher keine allgemein gültige Definition von KM hat durchsetzen können, so sind doch zwei wesentliche Aufgaben von KM identifizierbar:

• die systematische Entwicklung der organisatorischen Wissensbasis

• die Gestaltung effektiver und effizienter Wissensprozesse zur Unterstützung der Geschäftsprozesse

Als eine aus verschiedenen Bereichen zusammen gesetzte Management-Disziplin verfolgt das KM einen ganzheitlichen und umfassenden Ansatz: KM basiert auf der integrierten Betrachtung der Gestaltungsdimensionen Mensch (Human Resources Management), Organisation (Aufbau- und Ablauforganisation) und Technologie (Informations- und Kommunikationstechnologien). Eine isolierte Betrachtung einzelner Interventionsbereiche würde einen Verzicht auf wesentliche Potenziale des KM bedeuten (vgl. Gabriel, Dittmar 2001).

Dieser Beitrag zeigt anhand zweier Beispiele aus dem Bereich der Logistik auf, wie mit Hilfe von KM komplexe DWH-Systeme gestaltet werden können, die die Anwender systematisch bei ihren Aufgaben unterstützen (zum Einsatz von KM-

Methoden im Customer Relationship Management vgl. Oberweis, Paulzen, Sexauer 2001). Dabei dienen als Beispiele

- die Konzeption eines Logistik-Data Warehouse für die Neckermann Versand AG sowie

- der Aufbau einer DWH-Lösung für den Einkauf von Transportleistungen bei einem Logistikdienstleister (aufgrund des strategischen Charakters des Projekts wird es anonymisiert dargestellt und die Firma als „Transport AG" bezeichnet).

In beiden Fällen erfolgt die Gliederung der Methoden in Anlehnung an die von Davenport und Prusak untersuchten Wissensprozesse: Wissen identifizieren und generieren, Wissen kodifizieren sowie Wissen transferieren (Davenport, Prusak 1998, S. 111).

Abschließend werden die Erfolgsfaktoren aus den Projekten zusammen gefasst und weitere Entwicklungsmöglichkeiten aufgezeigt.

2 Projektbeispiel: Neckermann Versand AG

Das Beispiel der Erarbeitung eines Konzepts für ein Logistik-DWH der Neckermann Versand AG (NVAG) zeigt, wie bereits in der Definitionsphase eines DWH-Systems KM-Methoden sinnvoll eingesetzt werden können.

Aufgabenstellung

Die NVAG gehört zu den größten Versandhäusern Europas und bietet ein Vollsortiment von über 110.000 Artikelpositionen an. Allein in Deutschland wurden im Jahr 2000 über 20 Mio. Warensendungen mit ca. 46 Mio. Warenstücken verschickt. Als drittgrößtes Versandhandelsunternehmen in Deutschland bewegt sich die NVAG in einem äußerst dynamischen Marktumfeld: Deutschland ist nach den USA der größte Versandhandelsmarkt der Welt und der mit weitem Abstand größte in Europa. Eine Vielzahl von Wettbewerbern, im Wesentlichen Spezialanbieter, führt hier zusammen mit der allgemeinen Kaufzurückhaltung zu einem hohen Wettbewerbsdruck. Dies wird noch durch das starke Wachstum des Online-Versandhandels als ergänzendem Vertriebsweg verschärft.

Diese Marktsituation sowie die hohen Anforderungen der Kunden (z. B. 24-Stunden-Lieferservice) erfordern eine kontinuierliche Optimierung der Logistik. Dies schließt die operativen DV-Systeme mit ein, die regelmäßig modernisiert und ergänzt werden. In diesem Kontext erhielt Unilog Integrata den Auftrag, gemeinsam mit den betroffenen Fachbereichen ein Konzept für ein Logistik-Data

Warehouse zur Unterstützung des Logistik-Controllings zu erstellen. Das Haupt-
ziel des Projekts war, Wege zur Schaffung höherer Transparenz aufzuzeigen, zu
bewerten und mit den technischen Möglichkeiten abzugleichen. Ein besonderer
Schwerpunkt lag dabei auf der Bildung prozessorientierter Sichten als konsistenter
Grundlage für alle Bereiche des logistischen Berichtswesens. Im Einzelnen wurden u. a. folgende Ziele verfolgt:

- Abgleich des fachlichen Informationsbedarfs mit den zur Verfügung stehenden
  Informationen aus den Quellsystemen

- Unterstützung neuer und erweiterter Analyseanforderungen im Zuge organisatorischer Veränderungen

- Vermeidung von Brüchen im Analyseprozess

- Einheitliche Verwendung von Kennzahlen

- Entwicklung einer schrittweisen Implementierungsstrategie für ein integriertes,
  prozessorientiertes Berichtswesen

Zur Umsetzung der Anforderungen wurde ein gemeinsames Projektteam aus Mitarbeitern der NVAG und Unilog Integrata gebildet. Aufgrund der Vielzahl der betroffenen Geschäftsprozesse und Systeme lag ein hoher Grad an betriebswirtschaftlicher und technischer Komplexität vor, der durch ein gemeinsames Vorgehen und den Einsatz von KM-Methoden systematisch reduziert werden konnte.
Gerade die Entwicklung einer konsistenten prozessorientierten Sichtweise stellte
in diesem Kontext eine besondere Herausforderung dar.

Identifizieren und Generieren von Wissen

Die Grundlage des Projekts lag in der Vision der NVAG, ein integriertes Berichtswesen mit der Idee der Prozessorientierung zu verbinden. In zahlreichen
gemeinsamen Vorgesprächen wurden diese Vision konkretisiert und die Erfolgsfaktoren identifiziert. Bei der Bildung des Projektteams wurde beachtet, dass die
Teammitglieder insgesamt über das relevante Vorwissen für die Umsetzung der
Aufgabenstellung verfügten: Während die Mitarbeiter der NVAG ihre spezifische
fachliche Expertise (v. a. das Wissen um inhaltliche Strukturen) einbrachten,
agierten die Berater als „Katalysatoren" der Ideen und boten darüber hinaus methodische und technische Unterstützung. Da das Team im Wesentlichen aus Mitgliedern der Fachabteilungen gebildet wurde, konnte einer zu stark technischen
Orientierung vorgebeugt werden.

Zur ersten Aufnahme des grundlegenden Informationsbedarfs der betroffenen
Bereiche wurde das bestehende Berichtswesen untersucht. Ziel der Konzeption
war jedoch nicht eine Abbildung des Status quo, sondern eine anforderungsge-
rechte Definition der relevanten Kennzahlen und Berichte. Eine reine Analyse der
vorhandenen Unterlagen war daher nicht ausreichend. Zur Ermittlung der tatsäch-

lich benötigten Informationen war es vielmehr notwendig, nicht nur dokumentierte Datenstrukturen zu betrachten, sondern das Wissen der Betroffenen und ihren spezifischen Erfahrungshintergrund zu berücksichtigen. Entscheidend waren dabei die Fragestellungen, vor welchem Hintergrund sie neue Informationen betrachten und was die gelieferten Informationen für sie bedeuten.

Zur Beantwortung dieser Fragen wurden im Team zunächst die operativen Geschäftsprozesse vor Ort betrachtet, um Wissen über prozessorientierte Zusammenhänge und daraus ableitbare Informationsstrukturen zu generieren. Auf diese Weise konnte Missverständnissen vor allem in Bezug auf Begriffsdefinitionen vorgebeugt und ein einheitlicher Wissenstand aufgebaut werden.

Zur Ermittlung des relevanten Wissens über Berichtsstrukturen und Kennzahlen wurden Kreativtechniken wie z. B. Mindmapping in der Gruppe eingesetzt. Diese Techniken erlauben das Arbeiten mit einem hohen Freiheitsgrad und verhindern, dass sich zu schnell feste Denkstrukturen etablieren, die für die sorgfältige Informationsbedarfsanalyse hinderlich gewesen wären.

Die identifizierten Lösungsansätze wurden durch regelmäßige Kommunikation über die Vorgehensweise und die erzielten Zwischenergebnisse erfolgreich weiter entwickelt. Mit Hilfe der KM-Methoden wurde somit erreicht, dass die Informationen, die wirklich benötigt werden, systematisch ermittelt, strukturiert und priorisiert werden konnten.

Kodifizieren von Wissen

Aufbauend auf dem generierten Wissen wurden die Elemente, die für die weitere Bearbeitung und eine spätere Nutzung wesentlich waren, in parallelen Aktivitäten kodifiziert. Dafür wurden zunächst unklare Begriffe schriftlich festgehalten und dokumentiert. Auf die umfassende Aufnahme einer Taxonomie im Vorfeld wurde verzichtet, um gezielt auf wirkliche Missverständnisse im Rahmen der Wissensgenerierung eingehen zu können.

Zur Abbildung des generierten Wissens wurde besonderer Wert auf die Durchgängigkeit von verwendeten Methoden und Werkzeugen gelegt. Aus diesem Grund wurden sowohl die aufgenommenen Prozesse als auch die abgeleiteten Berichts- und Datenstrukturen sowie die Datenflüsse des DWH im Modellierungswerkzeug ARIS abgelegt.

Durch den Aufbau von Prozesslandkarten konnte der spezifische Informationsbedarf des Controllings systematisch analysiert und dokumentiert werden. Bei der anschließenden Systemdefinition wurde zunächst ein Kontextdiagramm zur Abgrenzung des Systemumfangs erstellt, da auf diese Weise die betroffenen Informationslieferanten bzw. die relevanten zugrunde liegenden Geschäftsprozesse festgelegt und detaillierter betrachtet werden konnten. Zur Darstellung von unterschiedlichen Abstraktionsebenen des Wissens wurde die Möglichkeit von ARIS genutzt, Detaillierungen der Systemelemente top-down zu modellieren. Der Ausschnitt in Abb. 1 macht die dabei zu berücksichtigende Komplexität deutlich. Ohne die Nutzung von KM-Methoden hätte hier die Gefahr bestanden, dass die wesentlichen Einflussfaktoren nicht erkannt worden wären.

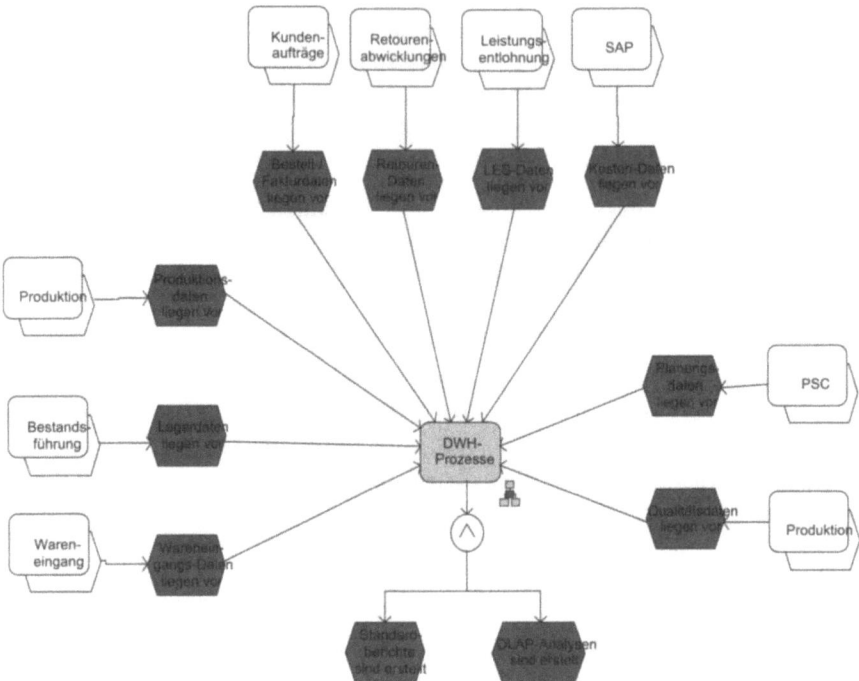

Abb. 1:   Kontextdiagramm des DWH (vereinfachter Ausschnitt)

Auf Basis der erarbeiteten Strukturen wurden unterschiedliche Vorgehensweisen und Realisierungsmöglichkeiten aufgezeigt und bewertet. Es wurde besonders darauf geachtet, dass nicht eine "monolithische" Lösung, sondern eine schrittweise Umsetzung in Abstimmung mit laufenden Projekten geplant wurde.

Transferieren von Wissen

Während der gesamten Durchführung des Projekts wurde besonderer Wert auf den Wissenstransfer zwischen den Projektmitgliedern gelegt. Dies betraf zum einen den Austausch über neue Ergebnisse während der Identifikations- und Generierungsphase. Zum anderen wurden dem Auftraggeber durch Coaching und Schulungen die im Projekt notwendigen Vorgehensweisen und Methoden vermittelt. Neben der Einarbeitung und Begleitung der Teammitglieder im Rahmen der Prozessmodellierung betraf dies z. B. die relevanten Grundlagen von DWH-Systemen und multidimensionalen Strukturen.

Ergebnisse

Das Ergebnis der Studie zeigt, dass durch die zielgerichtete Anwendung von Methoden des KM der Informationsbedarf für ein neues Berichtswesen zielgerichtet analysiert, strukturiert und einer systematischen Umsetzung zugeführt werden konnte. Die Nutzung der Methoden betont den ganzheitlichen Anspruch des KM und unterstützt die Berücksichtigung aller Gestaltungsdimensionen. Dadurch konnte eine technische Fokussierung erfolgreich verhindert werden. Zudem hat die Konzentration auf den tatsächlichen Informationsbedarf und die Unterstützung durch das Projektmanagement ein hohes Engagement der Beteiligten erzeugt und somit den Erfolg des Projekts sichergestellt.

3   Projektbeispiel: „Transport AG"

Das Beispiel der Konzeption und Implementierung eines DWH für den Einkauf von Transportleistungen der „Transport AG" zeigt, wie durch den Einsatz von KM-Methoden die Qualität und die Akzeptanz eines unternehmensübergreifend eingesetzten DWH deutlich gesteigert werden kann.

Aufgabenstellung

Im Rahmen ihrer Unternehmensstrategie konzentriert sich die „Transport AG" darauf, die aus der engen Zusammenarbeit aller Geschäftsbereiche resultierenden Synergiepotenziale vollständig auszuschöpfen. Ein wichtiger Bestandteil dieser Strategie ist ein Projekt, das den unternehmensweiten Einkauf von Transportleistungen mithilfe einer DWH-Lösung unterstützt. Dieses DWH wurde unter wesentlicher Mitwirkung der Unilog Integrata konzipiert und realisiert.

Es ermöglicht die Integration der heterogenen Systemwelten zu einer umfassenden Sicht auf relevantes Einkaufswissen. Das Ziel des Projekts ist die Schaffung von Transparenz über Kosten- und Preisstrukturen als bereichsübergreifende Entscheidungsunterstützung bei der Vergabe von Transportleistungen. Die implementierte DWH-Lösung ist ein intranet-basiertes Anwendungssystem für alle Einkaufsbereiche des Unternehmens. Beginnend mit einer Kernfunktionalität und wesentlichen Quellsystemen wird es schrittweise um weitere Funktionalitäten und Systeme ergänzt.

Auch in diesem Projekt wurde besonderer Wert auf die schnelle Realisierung von Projektergebnissen gelegt. Aufgrund der Herausforderung, das Wissen unterschiedlicher Organisationseinheiten zusammen zu führen, sowie der Vielzahl der betroffenen Quellsysteme wurden wiederum KM-Methoden eingesetzt, um die Komplexität der Aufgabenstellung systematisch reduzieren zu können.

Identifizieren und Generieren von Wissen

Zunächst wurden die Transporteinkaufsysteme unterschiedlicher Geschäftsbereiche evaluiert. Durch die Betrachtung der einzelnen Systeme konnten best-of-
breed-Ansätze identifiziert und damit essentielles Wissen für die DWH-Gestaltung
generiert werden. Neben der Aufnahme der Quellsysteme inkl. Datenhaltung erfolgte auch in diesem Projekt frühzeitig eine grobe Aufnahme der Geschäftsprozesse. Diese Ist-Aufnahme machte deutlich, an welchen Stellen im Prozessablauf
Wissen aufgebaut werden muss und wo Lücken im Wissensfluss bestehen. Dadurch konnte wiederum eine gezielte Aufnahme des Informationsbedarfs und der
erforderlichen Systemfunktionen erfolgen. Zudem wurde im Verlauf der Entwicklung ein Prototyp erstellt, der ausgewählten Vertretern der Fachseite zum Test bereitgestellt wurde. Auf diese Weise konnte Abweichungen von den Anforderungen
rechtzeitig entgegen gesteuert werden.

Den Anwendern bietet das System für die Identifikation und Generierung von be-
nötigtem Wissen verschiedene Möglichkeiten. So erleichtern z. B. eine Personali-
sierungsfunktion und eine Suchmaschine die Identifikation des für die einzelnen
Anwendergruppen relevanten Wissens.

Bei den zugrunde liegenden Analysemethoden brauchen die Anwender nicht auf
fest definierte Reports zurück greifen, sondern können den vorhandenen Datenbestand interaktiv analysieren und daraus neues Wissen generieren. Basis hierfür ist
das On-Line Analytical Processing (OLAP). Hierbei erfolgt eine flexible Navigation über die definierten Kennzahlen in Bezug auf die für die einzelnen Nutzer relevanten Auswertungskriterien und Aggregationsstufen (vgl. Grothe, Gentsch
2000, S. 51 ff.). Ergänzende Data-Mining-Funktionen sind in späteren Ausbaustufen angedacht.

Die Bereitstellung der Informationen erfolgt mithilfe von Pull- und Push-Mechanismen. Während Pull-Mechanismen, z. B. Reports und OLAP-Analysen, sowohl
Basis- als auch Management-Usern zur Verfügung stehen, werden für Manage-
ment-User zusätzlich Push-Mechanismen genutzt. So gelangen diese beim Start
des Systems auf eine Einstiegsseite, die ihnen in Form von dynamisch eingefärb-
ten Landkarten und Diagrammen die wichtigsten Informationen auf einen Blick
präsentiert.

Kodifizieren von Wissen

Im Rahmen von Workshops in der Fläche und im Projektteam wurde ein gemeinsames Begriffsverständnis der Anwender und des Teams für das Transportgesche-
hen im Unternehmen geschaffen. Dieses wurde in einem Glossar konsolidiert, das
im Intranet zur Verfügung steht und um relevantes Kontextwissen ergänzt wird
(z. B. einbezogene Transportsysteme).

Die Basis für die Dokumentation stellten die zuvor maßgeschneiderten Anforderungen des V-Modell 97 dar, das als Vorgehensmodell verwendet wurde. Abhängig von der jeweiligen Zielgruppe wurden die erarbeiteten DWH-Strukturen auf unterschiedlichen Abstraktionsebenen modelliert und für die Arbeit mit Anwendern oder Entwicklern verwendet. So wurden Modelle zur Kommunikation mit den Anwendern auf ADAPT-Basis (Application Design for Analytical Processing Technologies) erstellt, während für die Systementwicklung relationale Snowflake-Schemata Verwendung fanden.

Die Ablage der Dokumentation erfolgte auf einem Projektlaufwerk, dessen Struktur, Berechtigungskonzept und "Laufwerkspielregeln" (Dateikonventionen u. ä.) zuvor abgestimmt wurden (vgl. hierzu auch Holten, Rotthowe, Schütte 2001, S. 13 ff.). Die Projektmitarbeiter verpflichteten sich, ihre Arbeitsergebnisse regelmäßig auf dieses Laufwerk zu stellen und nicht nur auf ihren lokalen Verzeichnissen zu speichern. Entwickler, die das Projekt verließen, fertigten ausführliche Dokumentationen an, die sicher stellten, dass ein Großteil ihres impliziten Wissens für das Projekt rekonstruierbar vorlag. Dies wurde durch systematische Übergabegespräche unterstützt.

Transferieren von Wissen

Bereits zu Projektbeginn wurde ein wesentliches Augenmerk auf die realistische Einschätzung der Wissenskultur bei den Anwendern gelegt. Etwaige Vorbehalte gegenüber der Transparenz, die das System in Bezug auf die Transportpreise und eingesetzten Transportunternehmer quer über die einzelnen Unternehmensbereiche schafft, wurden identifiziert. Die Schaffung von Klarheit über die Projektziele sowie eine ernsthafte Auseinandersetzung mit den Bedenken einiger Anwender sorgten dafür, dass die betroffenen Bereiche schließlich von der win-win-Situation überzeugt wurden, die das Projekt im Unternehmen schafft. Eine eigene Projektseite im Intranet sorgt neben einem Projektmarketingeffekt für eine effektive Verteilung wesentlicher Projektinformationen an die interessierten Anwender.

Durch einen intensiven Austausch zwischen Fachseite und IT-Seite wurde sicher gestellt, dass bei Auftraggeber und Auftragnehmer ein hinreichender Wissensstand sowohl in Bezug auf die fachliche Aufgabenstellung als auch in Bezug auf die technischen Komponenten erreicht wurde. Dies wurde neben Telefon- und Mailverkehr u. a. durch den Einsatz von Videokonferenzen unterstützt. Darüber hinaus fanden regelmäßige direkte Kontakte auch im Rahmen von informellen Anlässen statt.

Zum Austausch von Best Practices und Erfahrungen – z. B. in Bezug auf Informationsbedarfe oder auch Toolanbieter – wurde das unternehmensweit vorhandene Wissen durch die Etablierung eines DWH-Arbeitskreises zusammen geführt. Im Sinne einer Learning Community werden auch weiterhin neue Erkenntnisse zwischen den Teilnehmern ausgetauscht.

Ergebnisse

Die „Transport AG" hat mit dem Projekt die entscheidenden und richtigen Weichen für eine unternehmensweite Transparenz im Bereich der Logistiksteuerung und des Berichtswesens gestellt:

- Die Akzeptanz der Anwender wurde durch eine frühzeitige Einbindung in den Entwicklungsprozess sicher gestellt; neben der Aufnahme des expliziten Wissens wurde das implizite Wissen der Anwender in Workshops aktiviert und für das Projekt nutzbar gemacht.

- Die systematische Kodifizierung und Weitergabe des Wissens der Projektmitarbeiter führt zu einem weitgehenden Know-how-Verbleib im Projekt.

- Die Präsentation erfolgt über das Corporate Intranet in einem Design, das gleichsam ansprechend und zweckmäßig ist; damit wird die Akzeptanz des Systems entscheidend gefördert.

- Die Systementwicklung erfolgte anhand eines stringenten Vorgehensmodells (V-Modell 97).

- Das System basiert auf einer skalierbaren Architektur auf der Basis von Standard-Softwarekomponenten, die in der Lage ist, zukünftige Anforderungen in Bezug auf den Anschluss weiterer Quellsysteme zu erfüllen.

4   Erfolgsfaktoren und Ausblick

Der Aufbau einer konsistenten Begriffswelt im Unternehmen ist unabdingbare Voraussetzung für ein erfolgreiches DWH-Projekt. Sie schafft eine eindeutige Grundlage für die fachliche Kommunikation innerhalb des Unternehmens sowie zwischen Unternehmen und Lieferanten. Zugleich ermöglicht sie eine zielgerichtete semantische und logische Datenmodellierung, die für den Aufbau eines DWH notwendig ist (vgl. Kurz 1999, S. 142 ff.; zum Vorgehen in DWH-Projekten vgl. auch Bauer, Günzel 2001).

Einen wesentlichen Erfolgsfaktor bei der Implementierung stellt ein angemessenes Personalisierungskonzept dar: Sachbearbeiter sind in besonderem Maße an Informationen für ihren eigenen Bereich interessiert. Zudem benötigen sie die Daten zumeist in granularer Form. Manager hingegen benötigen einen konzernweiten aggregierten Blick auf die Daten. Falls diese Anforderungen in Form einer detaillierten Informationsbedarfsanalyse und eines entsprechenden Berechtigungskonzepts nicht berücksichtigt werden, droht ein "information overload" sowie letzten Endes ein nicht akzeptiertes System.

Ein weiterer kritischer Erfolgsfaktor, der bei der Auswahl der Hard- und Software beachtet werden muss, ist die Skalierbarkeit des Systems. Die Erfahrung zeigt, dass bereits während eines ersten Projekts die Anforderungen an das System sukzessive steigen. Erste Erfahrungen der Anwender erzeugen einen erhöhten Wissensbedarf. So sind die physischen Grenzen in Bezug auf die Hard- und Software eines inkrementell auszubauenden Prototypen, der eigentlich primär für Quick Wins realisiert wurde, schnell erreicht.

Schließlich sei auch noch auf die Problematik des Begriffs "Wissensmanagement" oder auch "KM" hingewiesen: Durch eine Vielzahl von oberflächlichen Ansätzen sind diese Begriffe in Unternehmen nicht immer positiv belegt. Häufig ist es daher wenig sinnvoll, DWH-Projekte mit expliziten "KM-Konzepten" zu "belasten". Der Einsatz o. g. KM-Instrumente sollte dann einfach vorgenommen werden, ohne das Etikett "Wissensmanagement" oder "KM" zu verwenden.

Das KM-Analyseframework in Abb. 2 (vgl. Paulzen, Haas 2002) verdeutlicht mögliche Wege zur Erschließung weiterer Potenziale von DWH-Systemen.

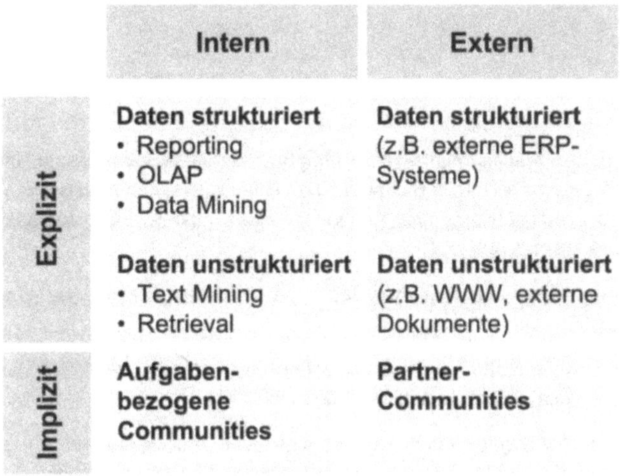

	Intern	Extern
Explizit	**Daten strukturiert** • Reporting • OLAP • Data Mining	**Daten strukturiert** (z.B. externe ERP- Systeme)
	Daten unstrukturiert • Text Mining • Retrieval	**Daten unstrukturiert** (z.B. WWW, externe Dokumente)
Implizit	**Aufgaben- bezogene Communities**	**Partner- Communities**

Abb. 2: KM-Analyseframework

Existierende Logistik-DWH-Lösungen verarbeiten zumeist lediglich strukturierte, interne Daten und konzentrieren sich auf explizites Wissen (explizit/intern). Ein hoher Mehrwert kann insbesondere durch die Aktivierung des impliziten Wissens der Beteiligten erzielt werden. Zu empfehlen ist vor allem eine Implementierung einer internen Logistic Community als Knowledge Network (implizit/intern): Hier können z. B. Diskussionsforen und Chatrooms eingerichtet sowie Newsletter- und Mailing-Dienste zur Verfügung gestellt werden. Corporate Yellow Pages (Expertise Directories inkl. Skill-Matrizen) bieten ebenso wie Link-Listen und FAQs wietere Unterstützungsmöglichkeiten (vgl. Bach 2000, S. 75).

Mit Hilfe des Gestaltungsbereichs implizit/extern kann die Logistic Community zur Partner Community ausgebaut werden (ggf. im Extranet). Hierbei wird das interne Wissen der Logistic Communities mit dem externen Wissen aus der Lieferantenumwelt vernetzt. Eine solche Partner Community kann als „Business Bus" wertschöpfende n:m-Beziehungen zwischen Unternehmen und Lieferanten aufbauen und die Vorteile eines integrierten Lieferantenmanagements realisieren (vgl. Österle 2000, S. 35).

Durch die Nutzung von Methoden des KM und eine integrierte Betrachtung von Knowledge Warehouses und Knowledge Networks wird eine ausschließliche Betonung technischer Komponenten wirkungsvoll verhindert. Neue Organisationsformen (z. B. Aufgabenintegration im Rahmen der Logistikprozesse), Motivation der Mitarbeiter (z. B. Anreizsysteme für qualitativ hochwertigen Input in die Communities) und Maßnahmen, die auf eine Veränderung der Unternehmenskultur zielen, sind zusätzliche wichtige Bausteine für den Ausbau eines Logistic Data Warehouse zu einem Logistic Knowledge Center.

5   Literatur

Bach, V.: Business Knowledge Management - Wertschöpfung durch Wissensportale. In: Bach, V.; Österle, H.; Vogler, P. (Hrsg.): Business Knowledge Management in der Praxis - Prozessorientierte Lösungen zwischen Knowledge Portal und Kompetenzmanagement. Berlin et al. 2000, S. 51-119.

Bauer, A.; Günzel, H. (Hrsg.): Data-Warehouse-Systeme - Architektur, Entwicklung, Anwendung. Heidelberg 2001.

Davenport, T.H.; Prusak, L.: Wenn Ihr Unternehmen wüßte, was es alles weiß... – Das Praxisbuch zum Wissensmanagement. Landsberg/Lech 1998.

Gabriel, R.; Dittmar, C.: Der Ansatz des Knowledge Managements im Rahmen des Business Intelligence. HMD Praxis der Wirtschaftsinformatik, Heft 222, 2001, S. 17-28.

Grothe, M.; Gentsch, P.: Business Intelligence - Aus Informationen Wettbewerbsvorteile gewinnen. München et al. 2000.

Holten, R.; Rotthowe, T.; Schütte, R.: Grundlagen, Einsatzbereiche, Modelle. In: Schütte, R.; Rotthowe, T.; Holten, R. (Hrsg.): Data Warehouse Managementhandbuch - Konzepte, Software, Erfahrungen. Berlin et al. 2001, S. 3-24.

Kurz, A.: Data Warehousing. Enabling Technology. Bonn 1999.

Oberweis, A.; Paulzen, O.; Sexauer, H.J.: Ein wissensbasiertes Vorgehensmodell zur Gestaltung von CRM-Systemen. Workshop Information Networking, Wien 2001, http://www.unilog-integrata.de/beratung/leistungen/crm/crm-paper_paulzen.pdf. (Abruf 2002-06-23).

Österle, H.: Business Model of the Information Age. In: Bach, V.; Österle, H.; Vogler, P. (Hrsg.): Business Knowledge Management in der Praxis - Prozessorientierte Lösungen zwischen Knowledge Portal und Kompetenzmanagement. Berlin et al. 2000, S. 11-50.

Paulzen, O.; Haas, S.: Integration von Knowledge Warehouses und Knowledge Networks – Konzept und Methodik am Beispiel des Intelligent Supplier Management. In: Herget, J. (Hrsg.): Competitive & Business Intelligence – Neue Konzepte, Methoden & Instrumente. Konstanz, Berlin 2002, S. 29-50.

Konzeption zur Integration eines Data Warehouse mit Wissensmanagementsystemen

Liane Haak

Universität Oldenburg

Dieser Beitrag beschreibt basierend auf den Ansätzen des Wissensmanagements und des Data Warehouse eine Integration dieser beiden Systeme. Nach einer kurzen Vorstellung der grundlegenden Ansätze folgt die Definition von Anforderungen an eine derartige Lösung bevor auf die eigentliche Konzeption eingegangen wird. Abschließend rundet die exemplarische Anwendung auf die Systeme SAP Business Information Warehouse und das Knowledge Café der Firma altavier vor einem Ausblick diesen Beitrag ab.

1 Die zugrundeliegenden Systeme

Grundlagen für das entwickelte Konzept bilden Ansätze des Wissensmanagements und das Data-Warehouse-Konzept. Aus diesem Grund werden zunächst relevante Aspekte beider Systeme skizziert und anschließend hinsichtlich der Anforderungen einer integrativen Lösung untersucht.

1.1 Wissensmanagementsysteme

Betrachtet man die Theorien des organisationalen Lernens (vgl. z. B. Probst, Büchel 1998; Schreyögg 1999) und des Wissensmanagements auf der einen Seite, und die Techniken des Software Engineerings verbunden mit denen der Datenbankentwicklung auf der anderen Seite, finden sich in einer Reihe von unterschiedlichen Systemen, Technologien und Plattformen wieder. Auf den ersten Blick handelt es sich dabei um sehr verschiedene Technologien, die jedoch die Grundlage für die Entwicklung von Wissensmanagementsystemen darstellen. Dabei ist die Entwicklung derartiger Systeme erheblich komplexer als die Entwicklung herkömmlicher Informationssysteme, weil bestehende Modellierungs- und Planungsmethoden erweitert und ein Bezug zu modernen Managementansätzen (z. B. Business Process Reengineering, Prozessorganisation, Unternehmensmodellierung) hergestellt werden muss (vgl. Lehner 2000, S. 4).

In Anlehnung an Lehner können Wissensmanagementsysteme (WMS) (auch Knowledge Management Systeme (KMS) genannt) als spezielle Klasse von Informationssystemen, aber auch als Eigenschaft konventioneller Systeme aufgefasst werden (vgl. Lehner 2000, S. 4).

Die inhärente Vielschichtigkeit von Wissen resultiert oftmals in hohen Anforderungen an die unterstützenden Wissensmanagementsysteme. Exemplarisch zur Anforderungsskizzierung lassen sich hierzu die Ziele eines aktiven Wissensmanagements im Unternehmen betrachten, wie beispielsweise die optimale Nutzung wichtiger Ressourcen, die Reduzierung des Time-to-market oder die Verkürzung von Produktzykluszeiten (vgl. Lehner 2000, S. 230). Zur Erreichung dieser Ziele ist ein effektiver Umgang mit der Ressource Wissen unabdingbar (vgl. Rehäuser, Krcmar 1996, S. 9 ff.).

Alle Ziele dienen letztlich dem effizienteren Umgang mit dem im Unternehmen vorhandenen Wissen, um daraus Vorteile im Wettbewerb zu erlangen. Eine ähnliche Zielrichtung, nämlich den effizienten und effektiven Umgang mit Informationen innerhalb eines Unternehmens verfolgen auch Data-Warehouse-Lösungen.

1.2   Das Data-Warehouse-Konzept

Wörtlich übersetzt bedeutet der Begriff "Data Warehouse" Datenlager bzw. -speicher, d. h. im Prinzip nichts anderes als ein Ort, an dem Daten gespeichert werden. In der Literatur finden sich hierzu ergänzende Definitionen, die unter einem Data Warehouse z. B. ein unternehmensweites Konzept verstehen, das als logisch zentraler Speicher eine einheitliche und konsistente Datenbasis für die vielfältigen Anwendungen zur Managementunterstützung bietet und losgelöst von den operativen Datenbanken betrieben wird (vgl. Gabriel et al. 2000, S. 76) oder "a data warehouse is a subject-oriented, integrated, time-variant, nonvolatile collection of data in support of management decisions (vgl. Inmon in Berson, Smith 1997, S. 15; vgl. Inmon 2002). Diese Definition ist wesentlich weiterführender und nennt sogleich die wichtigsten Merkmale eines Data Warehouse, wie beispielsweise Themenorientierung, Vereinheitlichung, Zeitorientierung und Beständigkeit (vgl. Chamoni, Gluchowski 1999, S. 14).

Auf den ersten Blick scheint sich ein Data Warehouse (DW) nicht wesentlich von den anderen entscheidungsunterstützenden Informationssystemen (z. B. dem EIS oder DSS) zu unterscheiden. Dennoch geht das Konzept des DW weit über diese Konzepte hinaus. Beispielsweise ist ein Data Warehouse nicht als fertiges Produkt einsetzbar, sondern muss für jedes Unternehmen individuell konzipiert und realisiert werden. Daher wird im Allgemeinen auch von einem "Data-Warehouse-Konzept" und nicht von einem "Data-Warehouse-System" gesprochen. Es gibt nicht "das" System, sondern nur ein grundlegendes Konzept, welches auf die oftmals heterogenen Unternehmenslandschaften angewandt werden kann (vgl. Muksch, Behme 2000; Mertens, Wieczorrek 2000; Lehmann, Jaszewski 1999).

Ein Grund für notwendige Anpassungen bei der Einführung eines DW in einem Unternehmen ist die Integration von unterschiedlichen, bestehenden Quellsystemen (wie Legacy Systeme oder Datenbanken), damit der Nutzer vergleichbar einem Lagerhaus, die von ihm benötigten Informationen dem DW entnehmen kann. Die Analogie deutet bereits darauf hin, dass das zentrale Erfolgskriterium beim Aufbau von Data-Warehouse-Lösungen der Nutzen der Anwender ist (vgl. Gabriel et al. 2000, S. 76). In diesem Kontext sollte besonders viel Augenmerk auf Flexibilität und Schnelligkeit bei der Bearbeitung von Benutzeranfragen gelegt werden, um die Akzeptanz im Unternehmen zu schaffen bzw. zu erhöhen.

Data-Warehouse-Konzepte müssen zu diesem Zweck in erster Linie die Verarbeitung großer quantitativer Datenmengen unterstützen. Im Allgemeinen entstammen diese Informationen einer zahlenorientierten Basis. So sind beispielsweise für das Controlling diverse Kennzahlen zur Umsatz-, Return-On-Investment- oder Break-Even-Analyse von Interesse. Durch flexibel zu gestaltende Auswertungsmöglichkeiten, in Form von Analysen und Prozessauswertungen, lassen sich unter Umständen bisher nicht ausreichend fokussierte Zusammenhänge zwischen verschiedenen Sachverhalten aufdecken (vgl. Lehner 2000, S. 342).

Somit bieten Data-Warehouse-Konzepte heutzutage ein probates Mittel zur Analyse großer Mengen quantitativer Daten, wie sie im täglichen Geschäftsverlauf anfallen, wobei sie individuell auf die jeweilige(n) Unternehmenssituation(en) anzupassen sind. Einige Anbieter von betrieblicher Standardsoftware tendieren aus diesem Grund dazu, in ihre bereits etablierten Informationssysteme DW-Lösungen zu integrieren, wie z. B. die SAP AG mit dem Business Information Warehouse.

2   Motivation

Im Mittelpunkt dieses Beitrags steht die Integration von Data Warehouses mit Wissensmanagementsystemen, welche exemplarisch an der Integration des SAP Business Information Warehouse (BW) mit dem Knowledge Café (KC) der Firma altavier untersucht werden soll. Im Vorfeld soll daher zunächst die Frage nach dem Grund für eine derartige Integration aufgezeigt werden.

Das hier vorgestellte Konzept geht über den Auswahl- und Einführungsprozess hinaus, und stellt vielmehr die Integration zweier existierender Lösungen in den Vordergrund. Grundgedanke ist dabei, die nonvolatilen Daten eines Data Warehouse mit den Erfahrungen und dem Wissen aus einem Wissensmanagementsystem zu verbinden. DWs sind wichtige entscheidungsunterstützende Werkzeuge in heutigen Unternehmen, wohingegen WMS dazu dienen, das oft implizit vorhandene Wissen von Mitarbeitern in explizites umzuwandeln und somit anderen zugänglich zu machen. Jede Entscheidung, die in einem Unternehmen getroffen wird, sollte auf einer optimalen Informationsversorgung basieren, hierbei spielen neben qualitativen und quantitativen auch zeitliche Aspekte, wie beispielsweise eine Erhöhung der Informationssicherheit zu einem bestimmten Entscheidungs-zeitpunkt, eine entscheidende Rolle (vgl. Muksch, Behme 2000, S. 68).

Derzeit sind entscheidungsunterstützende Informationen im firmeneigenen Intra-net kaum verfügbar (vgl. Mucksch, Behme 2000, S. 58). Durch eine Integration können Synergieeffekte genutzt werden, indem auch auf die Daten des DW web-basiert zugegriffen werden kann, so können bspw. Entscheidungsträger unabhäng-ig von ihrem Standort die Daten des DW bei der Entscheidungsfindung einbe-ziehen.

Bereits in der Phase der fachkonzeptionellen Spezifikation von Data Warehouses – also dem eigentlichen Aufbau – sollte den Projektbeteiligten Wissen über die Gestaltungsmöglichkeiten für ein derartiges System im Unternehmen zur Verfü-gung gestellt werden (vgl. Knackstedt 2001). Die Verfügbarkeit dieses Wissens, ist dabei eine Aufgabe von Wissensmanagementsystemen.

Bislang existieren Data Warehouses und WMS meist in isolierter Form nebenein-ander. Dabei ist oftmals viel Erfahrung und spezielles Wissen zur korrekten Inter-pretation der Daten des DW notwendig. Dieses notwendige Wissen könnte jedoch ein WMS liefern und so helfen, mögliche Fehldeutungen zu vermeiden und zudem den Wissensaustausch gezielt zu beschleunigen.

Daher ist es das Ziel, die Daten und das Wissen in einen gemeinsamen Kontext zu bringen. Das so neu gestaltete Konzept kann neben den ursprünglichen Dokumen-ten eines Wissensmanagementsystems auch die aggregierten Daten eines Data Warehouse enthalten. Dadurch werden nicht mehr Dokumente separat von den analytischen Auswertungen gehalten, sondern dem Benutzer wird die Möglichkeit geboten, auf das gesamte im Unternehmen vorhandene Wissen zuzugreifen. Ne-ben den reinen Informationen können dann auch Hinweise und Erfahrungen (also implizites Wissen eines Mitarbeiters) beispielsweise in Form von Berichten mitge-speichert werden.

3   Grundlagen für eine integrative Lösung

Grundsätzlich sei im Folgenden davon ausgegangen, dass zumindest eines der Systeme im Unternehmen bereits eingesetzt wird, da eine gleichzeitige Neueinfüh-rung beider Systeme aufgrund des damit verbundenen Aufwands als unrealistisch oder zumindest unpraktikabel angesehen werden kann. Dies ist heutzutage über-wiegend in mittleren und großen Unternehmen der Fall, wobei insbesondere in größeren, verteilten Unternehmen oftmals das Problem besteht, das vorhandene Wissen, aufgrund seines häufig personenbezogenen Charakters, allen Mitarbeitern zugänglich zu machen. Hier kann der Einsatz von Wissensmanagementsystemen helfen, den Mitarbeitern (leichter) einen Überblick über das im Unternehmen vorhandene Wissen zu verschaffen.

Da verschiedene Mitarbeiter i. d. R. in unterschiedlichen Hierarchien und Bereichen angesiedelt sind, besitzen sie im Allgemeinen auch unterschiedliche Rechte, was durch eine Berechtigungsverwaltung zu realisieren ist. Weiterhin muss das System aufgrund der oftmals heterogenen Systemlandschaften plattformunabhängig konzipiert werden. Zudem müssen für eine adäquate Unterstützung der Geschäftsprozesse individuelle Anpassungen möglich sein. Um die damit verbundenen Kosten der Systemeinführung möglichst gering zu halten, sollten die wichtigsten Standardfunktionalitäten bereits nach der Installation zur Verfügung stehen.

Neben den Anforderungen an die Umgebung und den Einsatz des Systems, gilt es Forderungen aus dem Bereich der Software-Ergonomie, wie Problemangemessenheit, Dialogflexibilität, Selbsterklärungsfähigkeit und die Zuverlässigkeit des Systems zu analysieren. Da die Funktionalität eines Systems in einem großen Maße von seiner Struktur abhängt, wird im Folgenden eine allgemeine Architektur für Wissensmanagementsysteme vorgestellt (vgl. Abb. 1) und beschrieben, welche dann die Basis für das Konzept darstellt.

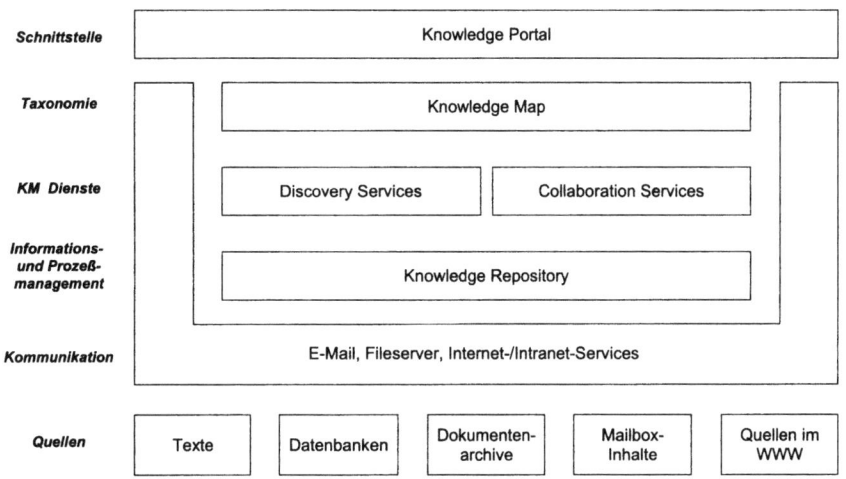

Abb. 1:   Referenzarchitektur für Wissensmanagementsysteme

Grundlage jeglicher WMS-Operationen sind die zu integrierenden Informationsquellen, wie Textdokumente, Multimediadaten oder Datenbanken. Die anschließende Kommunikationsschicht stellt die entsprechenden Kommunikationstechnologien wie beispielsweise E-Mail, Inter- und Intranet zur Verfügung. Die nächst höhere Ebene – das Informations- und Prozessmanagement – beschreibt die Struktur der Daten durch Metadaten und deren Administration (z. B. durch Benutzer- und Rechteverwaltungssysteme). Insbesondere die Beschreibung der Struktur erlaubt eine Normalisierung des u. U. heterogenen Datenbestandes zum Ziel einer einheitlichen Interpretation.

Mit Hilfe der Taxonomieschicht soll eine (semi-)automatische Klassifikation und Indexierung der im System abgelegten Informationen in Form einer Knowledge Map vollzogen werden. Auf der darüber angesiedelten Schicht befinden sich allgemeine Dienste, die in vielen WMS eingesetzt werden. Hierzu zählen:

• Discovery Services zum semi-automatischen Entdecken von Zusammenhängen in den Daten, Dienste des Information Retrieval zum Durchsuchen der Daten sowie

• Collaborative Services, welche die Zusammenarbeit der Benutzer im System unterstützen.

In der letzten Schicht ist schließlich das Knowledge Portal in Form einer Benutzungsoberfläche angesiedelt, die einen zentralen Zugriff auf das System ermöglichen soll und zudem Querschnittsfunktionen zur Verfügung stellt (vgl. Gronau, Kalisch 2002, S. 151; vgl. Gronau et al. 2002, S. 2).

4   Konzept zur Integration eines Data Warehouse mit Wissensmanagementsystemen

Während verschiedene Data-Warehouse-Systeme sich in ihren Ausprägungen oftmals nur unwesentlich unterscheiden, existieren im Bereich der Wissensmanagementsysteme häufig stark divergente Instanzen. Es gibt etliche Technologien, die im Rahmen einer Integration Anwendung finden können, schwierig ist es nur, die "richtigen" Lösungen zu finden.

Basis jeder Konzeption sind die zu ermittelnden Anforderungen. Zunächst wird deshalb die vorgestellte Referenzarchitektur für Wissensmanagementsysteme hinsichtlich ihrer Anforderungen beleuchtet und dann werden im Anschluss daran Vorschläge für die technische Realisierung unterbreitet.

Die Benutzungsschnittstelle (Knowledge Portal), hat für die Akzeptanz des Systems durch den Benutzer eine große Bedeutung. Ist die Anwendung einfach, schnell und effizient zu bedienen, wird er sie oft benutzen und an andere User weiterempfehlen. Ziel bei der Entwicklung muss es deshalb sein, ein komfortables Knowledge Portal zu schaffen, das den Benutzer optimal unterstützt. Daher müssen bei der Gestaltung etablierte Softwareergonomieansätze berücksichtigt werden, da nur ein genutztes Wissensmanagementsystem, zur Verbreitung von Wissen im Unternehmen und damit zur Steigerung dessen Wettbewerbsfähigkeit beitragen kann. Zudem erfordern derartige Systeme nur einen geringen oder gar keinen Schulungsaufwand, so dass durch eine intuitiv benutzbare Oberfläche eine Kosteneinsparung erzielt werden kann.

Hinsichtlich des Aspekts des verteilten Arbeitens ist eine Client-Server-Architektur mit browserbasiertem Zugang zu realisieren. Letztere entsprechen den Forderungen der Unternehmen standort- und plattformunabhängig auf das Wissen in einem Wissensmanagementsystem zugreifen zu können. Beispielsweise kann ein Mitarbeiter bei einem Kunden ebenso auf seine Projektdaten zugreifen, wie ein Mitarbeiter, der mittels Telearbeit von Zuhause aus Zugriff benötigt.

Bei einer integrierten Lösung ermöglicht ein derartiger Aufbau auch für das Data Warehouse einen webbasierten Zugriff auf die Daten und damit eine wesentliche Verbesserung der betrieblichen Informationsversorgung.

Weiterhin sind für die Individualisierung der Benutzungsoberfläche neben allgemeinen Funktionen, wie die Speicherung häufig benutzter Dokumente und Kennzahlen bis hin zu einer Anpassungsmöglichkeit des kompletten Menüstruktur durch den Benutzer, auch WMS spezifische, wie bspw. ein persönlicher Bereich, indem der Benutzer beispielsweise Wissen zu seinen individuellen Interessen ablegen kann, zu realisieren.

Darüber hinaus sind allgemeine Informationsdienste auf der Basis von sog. Push-Technologien zu integrieren, wie Newsletter und Nachrichtenticker. Die Push-Technologie hat dabei gegenüber der Pull-Technologie den entscheidenden Vorteil, dass der Benutzer nicht manuell nach neuen Informationen suchen muss. Zudem sollte sich die Informationsmenge über ein Regelwerk einschränken lassen. Auf diese Art und Weise lassen sich dann Ereignisse des DW (z. B. beim Überschreiten bestimmter Grenzwerte im Exception Reporting) im System propagieren.

Mit Hilfe einer Taxonomie können Informationen kontextbezogen dargestellt werden. Die strukturgebenden Formen (und Semantiken) variieren von einem Glossar über hierarchische Strukturen (z. B. Bäumen) bis hin zu relationalen Modellen (z. B. Mind- oder Knowledge Maps). Grundsätzlich wird die (multiple) Kontextbildung durch Klassifikationsverfahren (z. B. bibliometrischen Strukturierungsverfahren (vgl. Schiebel 2001)) vollzogen, um Zusammenhänge zwischen einzelnen Inhalten des Systems herzustellen.

Neben der allgemeinen Informationsaufbereitung lassen sich auch speziellere Formen, wie Expertenlandkarten in der Wissensaufbereitung nutzen (vgl. Wöhe 2001). Da häufig jeder einzelne Mitarbeiter über bestimmte Kenntnisse verfügt, die beispielsweise anhand von Fortbildungen erlernt worden sind oder Erfahrungen aus der Projektarbeit darstellen, sollte dieses Wissen ebenfalls expliziert werden. Gerade in größeren Unternehmen erleichtert dies die Suche nach dem richtigen Ansprechpartner, insbesondere für Entscheidungsträger, also den klassischen Nutzern eines Data Warehouse.

Die Informationseinstellung wird dabei häufig über sog. Yellow Pages realisiert. Diese lassen sich analog einer persönlicher Mitarbeiterhomepage gestalten, und fungieren dann wie die "Gelben Seiten" als firmeninternes Branchenbuch. Darin sollten beispielsweise neben Angaben zu den fachlichen Kenntnissen (Expertise), der jeweilige Arbeitsbereich und die aktuellen bzw. gelaufenen Projekte enthalten sein.

In jeden Fall ist die Existenz einer Verweislogik mit deren Hilfe die Dokumente in Relation zu den Speicherorten der Daten gesetzt werden können notwendig, um Redundanzen zu vermeiden und Konsistenz zu gewährleisten. Durch die Verknüpfungen wird es möglich, das Wissen platzsparend und konsistent im gesamten System mehrfach zu kontextualisieren. Dies bietet sich beispielsweise für häufig benutzte Berichte des WMS oder Queries des DW an. Betrachtet man dies für den Integrationshintergrund so könnten z. B. Data Marts (Ausschnitte aus dem gesamten Datenbestand) durch entsprechende Verweise mit den Berichten oder Einschätzungen in einen Kontext gesetzt werden.

Eine zentrale Funktion im jedem DW und WMS ist die Suche nach Daten bzw. Wissen. Diese sollte in Form von kontextbildenden Funktionen, z. B. durch Selektion des Data Marts bzw. eines Teils der Knowledge Map angemessen unterstützt werden. Dabei sollten sich die Kontexte der jeweiligen Suchanfragen zwischen DW und WMS bidirektional transformieren lassen, so dass beispielsweise eine Anfrage ans DW automatisch ein entsprechendes Wissensgebiet im WMS selektiert.

Bei diesen Anfragen wünschen Entscheidungsträger immer eine niedrige Granularität (Verdichtung) der Daten, um detaillierte Auswertungen und Analysen zu erhalten. Demgegenüber steht die Performance solcher Systeme, die durch eine hohe Granularität und damit einem geringerem Datenvolumen gewonnen wird (vgl. Mucksch, Behme 2000, S. 39). Hier bietet eine Integration von Wissensmanagement und Data Warehouse einen entscheidenden Vorteil. Durch die Ergänzung der Daten des DW mit dem Wissen in einem WMS steigt der Informationsgehalt in jedem Fall durch die Kontextualisierung.

Für eine Suche können eine Reihe von Retrieval-Techniken, wie z. B. im einfachsten Fall in Form einer Volltextsuche, angewendet werden. Weitere mögliche Formen der Klassifizierung stellen z. B. manuelle Indexierungen durch Schlagworte dar. Daneben eignen sich für eine Indexierung auch intelligente Software-Agenten. Sie stammen aus dem Bereich der Künstlichen Intelligenz, und versuchen die Informationswünsche des Anwenders zu beobachten und zu verstehen (vgl. Kühnel 2001). Dabei sollen sie anhand definierter Kriterien selbständig (autonom) Schlüsse ziehen. Eine einheitliche Meinung ist in der Literatur bislang nicht vorhanden, aber Eigenschaften von intelligenten Agenten, wie Reaktivität, Proaktivität, Lernfähigkeit, Autonomie, Mobilität sowie Kommunikation und Kooperation lassen den Schluss zu, dass intelligente Agenten im Rahmen einer Integration eine wertvolle Hilfe bei der Ermittlung von Kontexten zwischen Dokumenten leisten und damit eine automatische Indexierung des Wissens vornehmen können (vgl. Brenner et al. 1998, S. 22 ff.).

Des Weiteren ist zu prüfen, inwieweit andere Technologien z. B. aus dem Bereich der Künstlichen Intelligenz zur Klassifizierung des Wissens in Frage kommen. Da wären beispielsweise Neuronale Netze und attributierte Logiken (Entscheidungsbäume, -regeln, -listen) in Betracht zu ziehen. Ebenso ist eine Integration einer Data-Mining-Funktion oder von Case Based Reasoning zu überdenken. Erstere versucht versteckte Zusammenhänge oder Regelmäßigkeiten in Daten z. B. mit Hilfe evolutionärer Algorithmen zu entdecken, letztere versucht aus einem ähnlichen Fall (Problem) Rückschlüsse für eine mögliche Lösung des neuen Problems zu erhalten (vgl. z. B. Berthold, Hand 1998; Brenner et al. 1998 und Mertens, Wieczorrek 2000).

Dabei darf die Suche nicht auf das WMS beschränkt bleiben, sondern muss die Daten des DW auf Wunsch, z. B. durch entsprechende Case-Based-Reasoning (CBR)-basierte Abbildungen auf Queries mit durchsuchen. Im umgekehrten Weg könnten Data Mining Tools Zusammenhänge in den Daten des DW aufdecken, die dann durch Suchanfragen automatisch dazu erhältliche Dokumente im WMS ausfindig machen.

Neben dem Informationsmanagement spielt die Kommunikation, zum Ziel der Explizierung von Wissen, zwischen den Benutzern bei einem integrierten System eine entscheidende Rolle. So könnte es zum Beispiel einen eigenen Projektbereich geben, der es Projektmitgliedern ermöglicht, ihre Dokumente und Daten zentral zu verwalten und zu diskutieren. Hier könnte es die Integration von DW und WMS erlauben, Kennzahlen aus dem DW (z. B. im Form von Profit Center Daten) durch entsprechende elektronische Dokumente (z. B. Projekt- und Ressourcenbeschreibungen) zu erklären und so eine tiefergehende Diskussion zu ermöglichen.

Abschließend soll auf die Integration unterschiedlicher Informations- und Wissensquellen als Basis eines Wissensmanagementsystems und eines Data Warehouses eingegangen werden. Sie dienen als Quellen für das jeweilige Wissen bzw. für die Daten und sind deshalb besonders wichtig.

Das Data Warehouse integriert seine Daten, indem es sie aus anderen Systemen, meistens Datenbanken, extrahiert. Zusätzlich existieren Data-Mining-Systeme, die ihrerseits wieder das Data Warehouse als Quelle nutzen, um bestimmte Zusammenhänge zu analysieren (vgl. Graber 2000, S. 75).

Ein Wissensmanagementsystem sollte ebenfalls über die Möglichkeit verfügen verschiedene Quellen zu integrieren, denn der Nutzen eines derartigen Systems wächst erheblich, wenn mehr Wissen akquiriert werden kann. Dies kann beispielsweise durch die Implementierung von sog. Standardschnittstellen gewährleistet werden. Im Fall dieser Integration stellt das Data Warehouse für das Wissensmanagement dann eine zusätzliche Quelle dar. Ein Standard, der im Zusammenhang mit der Integration von mehreren Data-Warehouse-Systemen von Bedeutung ist, ist das Common Warehouse Metamodell (CWM) von der OMG (Object Management Group) (vgl. OMG 2002; Poole et al. 2002). Das CWM ist dabei auf der Metaebene der Modellhierarchien angesiedelt und spezifiziert für die einzelne Bereiche Modellierungskonstrukte. Durch die verwendete Schichtenarchitektur soll eine einheitliche Realisierung bei der Integration verschiedener Data Warehouses gewährleistet werden.

5   Das Integrationskonzept am Beispiel des SAP Business Information Warehouse und dem Knowledge Café

Nachdem Lösungsmöglichkeiten im Rahmen des Konzeptes entwickelt wurden, wurde dieses Konzept anhand zweier existierender Systeme getestet. Dafür wurde als Data-Warehouse-Lösung das SAP Business Information Warehouse (vgl. SAP 2000; vgl. SAP 2002) und als Wissensmanagementsystem das Knowledge Café der Firma altavier Informationssysteme und Consulting GmbH (vgl. altavier 2002) herangezogen. Auf eine detaillierte Vorstellung der beiden Systeme wird an dieser Stelle verzichtet, dafür sei auf die entsprechenden Homepages (vgl. SAP 2002 und altavier 2002) verwiesen. Stattdessen werden Vorschläge zur exemplarischen theoretischen und technischen Realisierung des beschriebenen Konzeptes vorgestellt.

5.1   Ein Realisierungsvorschlag

Der Realisierungsvorschlag bezieht sich auf Aspekte, wie beispielsweise Änderungen im Aufbau des Knowledge Cafés oder das Stellen von Anfragen (Queries) an das Business Information Warehouse (BW) .

5.1.1   Einfügen des Business Information Warehouses in die Strukturen des Knowledge Cafés

Als Knowledge Portal sollte weiterhin die Benutzerschnittstelle des Knowledge Cafés fungieren. Es ist bereits browserbasiert und verfügt aufgrund der technischen Realisierung auf Basis von Lotus Notes/Domino über ausreichende Sicherheitsmechanismen und eine Berechtigungsverwaltung, wodurch die Forderung nach einem ortsunabhängigen Zugriff sowie nach Plattformunabhängigkeit erfüllt wird. Zudem ist das Portal benutzerfreundlich gestaltet und erlaubt eine intuitive Bedienung, was den Schulungsaufwand erheblich reduzieren kann.

Für die Integration des Business Information Warehouse in die Benutzungsoberfläche ist ein eigenes Modul sinnvoll, da es sich bei den Informationen des BW um quantitative Daten handelt, im Gegensatz zu den qualitativen des Wissensmanagements. Dieses neue Modul stellt dann lediglich die Verbindung zum Business Information Warehouse her, ohne dabei die Daten aus dem BW zu kopieren; das Data Warehouse bleibt autonom bestehen. Zudem erhebt das Knowledge Café bei diesem Integrationsgrad nicht den Anspruch einer vollständigen Ersetzung des Business Information Warehouse. Ein modularer Aufbau hat zudem für Unternehmen den Vorteil, dass sie das Modul separat erwerben können, wenn sie die Funktionalität wünschen.

Die Integration der Daten in die Suchfunktion ist ein weiterer wichtiger Punkt, denn es muss sowohl die Suche in dem Modul selber möglich sein, als auch die globale Suche mit der Einschränkung auf dieses Modul. Hierzu sind geeignete Schnittstellen zu evaluieren bzw. die erwähnten Standards (CWM) auf einen möglichen Einsatz zu untersuchen. Neben einer Suche sollte auch die Möglichkeit bestehen, Anfragen an das Business Information Warehouse zu stellen.

5.1.2   Anfragen an das Business Information Warehouse

Aufgrund der bereits erwähnten Kapselung des BW in ein separates Modul können alle darin generierten Reports mit Hilfe eines Links verknüpft werden. Darüber hinaus sollte es möglich sein, aufgrund einer bestimmten Selektion den jeweiligen Report oder eine entsprechende Query angezeigt zu bekommen. Ein Beispiel für eine derartige Selektionsmöglichkeit ist schematisch in Abb. 2 dargestellt:

Für diese Abbildung wurde der mögliche Aufbau einer Anfrage an das Business Information Warehouse exemplarisch implementiert. In jedem Fall sollten verschiedene Vorgabefelder existieren, aus denen der Benutzer Werte selektieren kann. Bei den Reports und Queries sollte er die bereits vorhandenen aufgelistet bekommen, die er als Grundlage wählen kann. Neben diesen Möglichkeiten wären aber noch weitere Optionen denkbar, besonders beim Definieren der Query (in der Abbildung durch das Optionsfeld dargestellt). Sollte dies realisiert werden, müssen zusätzliche Felder bereitgestellt werden, in denen z. B. die Währung definiert werden kann.

Eine Lösungsmöglichkeit für diese Funktion ist die direkte Anbindung an das Reporting Tool des SAP BW, den Business Explorer. Dieser ist im Moment als Microsoft Excel Add-in implementiert und die Reports werden in Workbooks abgespeichert. Über die OLE-DB-for-OLAP-Funktion kann auf die Daten im Business Information Warehouse zugegriffen werden. Ihre Aufgabe ist es, speziell aus Nicht-SAP-OLAP-Clients Anfragen an den OLAP-Prozessor zu stellen.

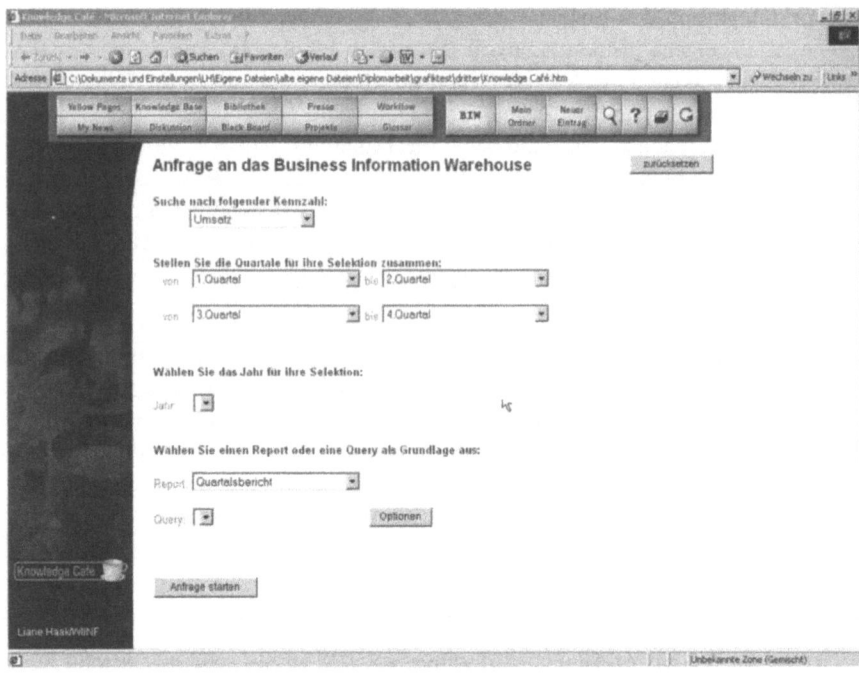

Abb. 2:   Anfrage an das BW aus dem Knowledge Café

Damit die beschriebenen Funktionen realisierbar sind, muss eine erweiterte Verweislogik für die Integration des Business Information Warehouse definiert werden.

5.1.3   Die Definition einer Verweislogik

Um auf die Daten aus dem Business Information Warehouse zugreifen zu können,
werden Verweise benötigt. Zum einen muss jeder gewünschte Report aus den Daten des BW mit dem Knowledge Café verbunden werden, zum anderen müssen innerhalb des Wissensmanagementsystems entsprechende Verknüpfungen zwischen
den Dokumenten und den Auswertungen existieren. Die folgenden zwei Beispiele
sollen diesen Zusammenhang verdeutlichen.

Ein Beispiel wäre ein Halbjahresgeschäftsbericht in einem Unternehmen. Dieser
hat immer einen erläuternden Teil und einen tabellarischen Teil. Der erste Teil
könnte in Form eines Textdokuments in die Knowledge Base eingestellt werden,
der wiederum auf einen Report im Modul BW verweist. Dieser Report sollte dann
die entsprechenden Zahlen zum Geschäftsbericht bereitstellen.

Ein anderes Beispiel wäre die Berechnung von Umsatzkennzahlen. In der Knowledge Base könnte das Dokument verwaltet werden, welches die Berechnung und

die zugrunde gelegten Formeln enthält, während durch einen Link auf den entsprechenden Report verwiesen wird. Dabei ist anzumerken, dass diese Berichte bereits im Business Information Warehouse generiert sein müssen, damit das Knowledge Café darauf zugreifen kann. Nach der Generierung sollte dann ein entsprechender Link im Modul BW des Wissensmanagementsystems angelegt werden, auf den die Dokumente im Knowledge Café verweisen können.

Nach den Vorschlägen zur Integration des SAP Business Information Warehouse mit dem Knowledge Café folgen nun einige Hinweise, wie eine technische Realisierung im Fall dieser beiden Systeme lösbar wäre.

5.2   Die technische Realisierung

Die technische Integration des SAP Business Information Warehouse mit dem Knowledge Café muss in diesem Fall über den Lotus Domino R5 Server erfolgen. Die Inhalte des Knowledge Café werden im Browser dargestellt, die physische Speicherung erfolgt jedoch auf dem Domino Server. Der Zugriff vom Knowledge Café auf den Server wird durch eine HTTP-Verbindung realisiert.

Dieser Aufbau wird auch im Fall einer Integration im wesentlichen gleich bleiben, es kommen lediglich einige Komponenten dazu, wie Abb. 3 schematisch darstellt.

Zur technischen Realisierung bieten sowohl SAP, als auch Lotus eine Reihe von Möglichkeiten. SAP verfügt über eine Vielzahl von Programmierschnittstellen (z. B. RFC (Remote Function Call), BAPI (Business Application Programming Interface), IDoc (Intermediate Document) oder Batch Input), mit denen externe Anwendungen in ein SAP-System integriert werden können. Mit Hilfe dieser Schnittstellen können diese mit dem SAP-System kommunizieren.

Dem gegenüber hat Lotus eine Reihe von Werkzeugen zur Integration von Lotus Notes/Domino mit SAP-Systemen entwickelt, die – obwohl sie einen unterschiedlichen Fokus haben – fast alle die vorgestellte RFC-Schnittstelle von SAP nutzen. Zur Verfügung stehen beispielsweise der Lotus Domino Connector für SAP (vgl. Lotus 2001, S. 37 ff.), LotusScript Extension (LSX) für SAP (vgl. Kowalski 1999, S. 309 ff.), Lotus Enterprise Integrator (LEI) (vgl. Kowalski 1999, S. 319 ff.) und Lotus Domino Enterprise Connection Services (DECS) (vgl. Lotus 2001, S. 56).

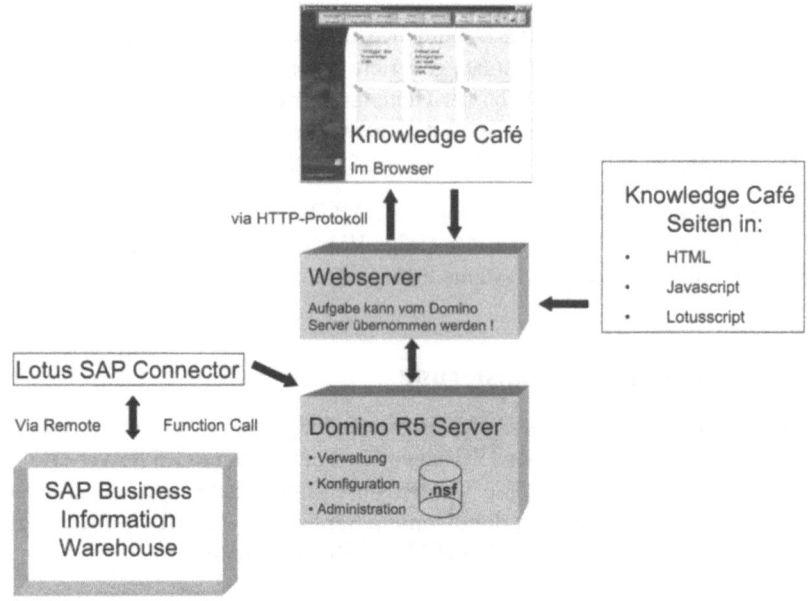

Abb. 3:   Technischer Aufbau des Knowledge Cafés nach der Integration

Darüber hinaus stellt Lotus noch zwei Werkzeuge für die Integration der Mail-Funktion des SAP-Systems (Domino Message Transfer Agent (MTA)) und der SAP-Workflow-Funktion (Lotus Domino Workflow Integration) zur Verfügung (vgl. Lotus 2001, S. 37; S. 32 ff.).

Damit stehen eine Reihe von technischen Realisierungsmöglichkeiten zur Verfügung. Mit Hilfe von weiterer Software wie dem SAP Connector können die Daten aus dem SAP System in das Knowledge Café integriert werden. Dies hat den Vorteil, dass kein SAP Client benötigt wird und der Mitarbeiter nicht mehr zwischen verschiedenen Systemen "springen" muss. Er muss nicht mehr für viele verschiedene Softwareprodukte geschult werden, sondern hat das für seine Tätigkeit benötigte Wissen "auf einen Blick". Dies spart Kosten und trägt dazu bei, die Arbeit effizienter zu gestalten.

Im Falle eine Implementierung wäre nun zu prüfen, welche(s) Werkzeuge von Lotus für die Umsetzung der Integration unter den genannten Anforderungen am geeignetsten wäre.

6 Fazit und Ausblick

Bei dem hier vorgestellten Konzept handelt es sich zunächst um einen allgemeinen Forschungsansatz mit einer Reihe von Lösungsvorschlägen, den es durch zukünftige Forschungen noch zu verfeinern und erweitern gilt, um ein nachhaltiges Integrationskonzept zu erreichen. Dabei wird insbesondere die Integration auf der Metadatenebene eine Rolle spielen, bei der die Einbindung von aktuellen Standards – insbesondere das bereits erwähnte Common Warehouse Metamodell der OMG – zu berücksichtigen ist.

Darüber hinaus enthält das Konzept zwar bereits eine Fülle von Hinweisen für die Entwicklung neuer und Erweiterungen bestehender Wissensmanagementsysteme, dennoch werden sich noch weitere mögliche Funktionen finden lassen, die im Einzel- bzw. Spezialfall durchaus sinnvoll sind. Insbesondere die Integration von Content Management und E-Learning Funktionen sind dabei in Betracht zu ziehen.

Ein weiterer Punkt für zukünftigen Forschungsbedarf ist die zugrundegelegte Sichtweise auf die Integration. Das vorgestellte Konzept fokussiert zunächst ein Wissensmanagementsystem als Integrationsbasis und integriert das Data Warehouse. Ebenso ist der gegenteilige Fall denkbar bzw. langfristig eine bi-direktionale Sichtweise auf eine Integration von Nöten.

Die Anwendung auf den Praxisfall mit den beiden Systemen SAP Business Information Warehouse und Knowledge Café zeigt durchaus, dass es sich um ein realisierbares Konzept handelt und nicht nur um ein theoretisches Konstrukt. Zum derzeitigen Zeitpunkt hat noch keine Implementierung stattgefunden, sollte aber aufgrund der umfangreichen Schnittstellen seitens der beiden Hersteller realisierbar sein.

7 Literatur

altavier GmbH: Homepage. Berlin 2002, http://www.altavier.de. (Abruf 2002-05-10).

Berson, A.; Smith, St.: Data Warehousing, Data Mining and OLAP. Berkeley et al., 1997.

Berthold, M.; Hand, D. J.: Intelligent Data Analysis. Berlin et al. 1998.

Brenner, W.; Zarnekow, R.; Wittig, H.: Intelligente Software Agents – Foundations and Applications. Berlin et al. 1998.

Chamoni, P.; Gluchowski, P.: Analytische Informationssysteme – Einordnung und Überblick. In: Chamoni, P.; Gluchowski, P. (Hrsg.): Analytische Informationssysteme. Berlin et al. 1999.

Gabriel, R.; Chamoni, P.; Gluchowski, P.: Data Warehouse und OLAP - Analyseorientierte Informationssysteme für das Management. In: Zfbf, Heft 52, 02/2000, S. 74-93.

Graber, M.: Data Mining – eine mächtige Methode im Business-Intelligence-Prozess. In: io-management, 1/2 (2000), S. 74-79.

Gronau, N.; Kalisch, A.: Knowledge Content Management System – A Framework integrating Content Management and Knowledge Management. In: 2002 International Conference on Information and Knowledge Engineering. Las Vegas. 2002

Gronau, N.; Dilz, S.; Haak, L.; Laskowski, F.; Martens, S.: Forschung im betrieblichen Wissensmanagement – Bedarf und erste Ergebnisse. In: Tagungsband 3. Oldenburger Fachtagung Wissensmanagement. Aachen. 2002.

Inmon, W.H.: Building the Data Warehouse. 3. Auflage, New York. 2002.

Knackstedt, R.: Konfigurative Referenzmodelle als operative Instrumente des Wissensmanagements bei der Data Warehouse-Entwicklung. In: Schnurr, H.-P.; Staab, S.; Studer, R.; Stumme, G.; Sure, Y. (Hrsg.): Professionelles Wissensmanagement - Erfahrungen und Visionen. Aachen 2001, S. 113-128.

Kowalski, T.: Lotus Notes & Domino R5 – Leitfaden für Einstieg und Einsatz. Vaterstetten 1999.

Kühnel, R.: Agentenbasierte Softwareentwicklung – Methode und Anwendung. Reading et al. 2001.

Lehmann, P.; Jaszewski, J.: Business Term as a Critical Success Factor for Data Warehousing. In: Proceedings of the International Workshop on Design and Management of Data Warehouses (DMDW'99), Heidelberg 1999.

Lehner, Franz: Organisational Memory – Konzepte und Systeme für das organisationale Lernen und das Wissensmanagement. München et al. 2000.

Lotus Development Corporation: Homepage - Integrating Domino with ERP Systems. 2001, http://www.lotus.com. (Abruf 2001-07-01).

Mertens, P.; Wieczorrek, H. W.: Data X Strategien – Data Warehouses, Data Mining und operationale Systeme für die Praxis. Berlin et al. 2000.

Mucksch, H.; Behme, W.: Das Data Warehouse Konzept. 4. Auflage, Wiesbaden 2000.

Object Management Group (OMG): Homepage - The CWM Specification. 2002, http://www.omg.org/cwm. (Abruf 2002-08-10).

Poole, J.; Chang, D.; Tolbert, D.; Mellor, D.: Common Warehouse Metamodell – An Introduction to the Standard for Data Warehouse Integration. New York 2002.

Probst, G.; Büchel, B.: Organisationales Lernen – Wettbewerbsvorteile der Zukunft. Wiesbaden 1998.

Rehäuser, J.; Krcmar, H.: Wissensmanagement in Unternehmen. In Schreyögg, G.; Conrad, P. (Hrsg.): Managementforschung 6. Berlin 1996, S.1-40.

SAP AG: Homepage. Walldorf 2002, http://www.sap-ag.de. (Abruf 2002-05-10).

SAP AG: Online-Bibliothek für das Business Information Warehouse Release 2.0B und das SAP R/3 Standard Release 4.6C. Walldorf 2000.

Schiebel, E.: Interaktive Knowledge Maps auf der Basis bibliometrischer Strukturierungs-verfahren. In: Gronau, N. (Hrsg.): Wissensmanagement: Systeme-Anwendungen-Tech-nologien. Aachen 2001.

Schreyögg, G.: Organisation - Grundlagen moderner Organisationsgestaltung. Wiesbaden 1999.

Wöhe, St.: Wie Unternehmen das Wissen ihrer Mitarbeiter erschließen. In: Gronau, N. (Hrsg.): Wissensmanagement: Systeme-Anwendungen-Technologien. Aachen 2001.

Integrierte Informationssysteme im Bildungsbereich am Beispiel eines Universitätsinstituts

Johannes Schwarz, Christian Zielowski
Montanuniversität Leoben

Durch die zur Zeit stattfindende Deregulierung der gesetzlichen Rahmenbedingungen zur Erhöhung der Autonomie österreichischer Universitäten gewinnen Instrumente zur Selbstorganisation vermehrt an Bedeutung. Auf Basis moderner Managementsysteme und strategischer Instrumente wurde speziell für Universitäten das Modell der Wissensbilanz entwickelt. Dieses Modell baut auf einer prozessorientierten Sichtweise auf und ermöglicht die strategische Ausrichtung von universitären Organisationseinheiten. Integrierte Informationssysteme spielen dabei eine zentrale Rolle und unterstützen die Erstellung der Wissensbilanz wesentlich.

In diesem Beitrag wird gezeigt, wie an einem Universitätsinstitut ausgehend vom Modell der Wissensbilanz umfangreiche Verbesserungen durch die Einbeziehung eines integrierten Informationssystems erzielt wurden. Dabei werden operative und strategische Aspekte ebenso diskutiert wie die technischen und organisatorischen Rahmenbedingungen. Abschließend wird ein Ausblick auf mögliche Erweiterungen sowie strategische Optionen für den weiteren Einsatz des Systems in Bildungseinrichtungen gegeben.

1 Ausgangssituation der Universitäten

Die Universitäten in Europa befinden sich derzeit in einem kulturellen Wandlungsprozess. Zum einen sollen sie effizienter, effektiver, „unternehmensähnlicher" und wirtschaftsnäher werden (vgl. Titscher et al. 2000), zum anderen nimmt der Wettbewerbsdruck am Bildungssektor stetig zu. Daraus ergibt sich die Notwendigkeit der Neuorientierung sowohl aus Gründen der inneren Strukturen als auch aus Gründen des äußeren Umfeldes.

Die inneren Strukturprobleme wurden bei Titscher formuliert und stellen die Basis für die aktuelle gesetzliche Reform in Österreich dar (vgl. Titscher et al. 2000 und siehe dazu Gesetzesentwurf für UG 2002). Der derzeitige Zustand wird durch die folgende Auflistung beschrieben: Fehlen von Entscheidungsstrukturen, Auseinanderklaffen von Entscheidungs- und Verantwortungsträgern, zu hohe gesetzliche Regelungsdichte, mangelnde Entscheidungsbefugnisse der Universitäten auch in Detailangelegenheiten, zu geringe Flexibilität im Personalbereich (vgl. Titscher et al. 2000). Da diese Probleme nicht wie bisher durch eine zentrale Koordinationsinstanz gelöst werden können, wird seit mehreren Jahren eine Reform der Universitäten in Richtung verstärkter Selbstverwaltung vorbereitet; mittlerweile liegt dazu ein Gesetzesentwurf vor. Diese umfassende Reorganisation bringt den Universitäten zwar mehr Autonomie in ihren Entscheidungen, stellt aber die einzelnen Organisationseinheiten vor vielfältigere, komplexere und letztlich neuartige Aufgabenstellungen. Dazu benötigen sie eine geeignete Basis für Entscheidungen sowie Instrumente für die strategische Steuerung.

Auf der anderen Seite begegnen die Universitäten der Herausforderung eines veränderten Umfeldes. Die zunehmende Internationalisierung der Wirtschaftswelt fordert eine höhere Mobilität der Studienabsolventen, sowie eine bessere Vergleichbarkeit von Ausbildungsinhalten und -abschlüssen. Die spezifischen Anforderungen, die sich daraus für Universitäten ergeben, werden von Höllinger beschrieben (vgl. Höllinger 2001, S. 48). Darüber hinaus führt die Liberalisierung des Bildungsmarktes zu einer ständig steigenden Anzahl von Anbietern. Es entstehen neuartige Bildungsmöglichkeiten und -einrichtungen, die untereinander in einem immer stärkeren Wettbewerb stehen. Im Umfeld der österreichischen Universitäten brachte die Zulassung von Fachhochschulen die gravierendste Veränderung des unmittelbaren Umfeldes mit sich. Auch die Universitäten bieten mittlerweile ein größeres Leistungsangebot an Aus- und Weiterbildung (z. B. postgraduale Weiterbildung, Kurse, etc.). Neben der Lehre hat sich auch der Bereich der Forschung verändert. Die Forschungsförderung muss die Universität heute mit neuen Wettbewerbspartnern teilen, die in Österreich in erster Linie die Fachhochschulen sowie industrienahe Forschungs-Cluster umfassen.

Aufgrund dieses veränderten Umfeldes und der Reformvorhaben ist es notwendig Lehr- und Forschungsangebote gezielt strategisch auszurichten. Somit werden künftig thematische Schwerpunktsetzung und Leistungsorientierung für Universitäten und deren Organisationseinheiten einen wesentlich höheren Stellenwert einnehmen.

2 Managementsysteme und strategische Steuerungsinstrumente

Für die strategische Ausrichtung von Organisationen wurden in den letzten Jahren eine Reihe von unterstützenden Managementsystemen und Steuerungsinstrumenten entwickelt. Im Bereich der Non-Profit-Organisationen haben sich das Modell der European Foundation of Quality Management (EFQM) und die Balanced

Scorecard (BSC) als besonders geeignet erwiesen (vgl. Scherer 2002). Beide basieren auf einer konsequenten Prozessorientierung.

Die Gliederung von wertschöpfenden Aktivitäten in Form von Prozessen ist seit mehreren Jahren sowohl im Profit- als auch im Non-Profit-Bereich Standard moderner Unternehmensorganisationen. Nach der Definition der EN ISO 9001:2000 werden Tätigkeiten, welche Ressourcen verwenden und ausgeführt werden, um die Umwandlung von Eingaben in Ergebnisse zu ermöglichen, als Prozesse angesehen (vgl. EN ISO 9001:2000, S. 11). Generell umfassen Prozesse die Kernleistungen einer Organisation und stellen den Ablauf der Produkt- oder Dienstleistungserstellung dar. Die Bewertung der Leistung innerhalb eines Prozesses erfolgt anhand von Indikatoren bzw. Kennzahlen.

Diese Prozessorientierung nimmt auch für Universitäten eine zunehmend wichtigere Rolle ein (vgl. Hansen et al. 2000, S. 26). Dadurch wird in erster Linie die routinemäßige Ablauforganisation unterstützt und (vgl. Pellert 1999, S. 170 ff.) der nötige kreative Freiraum für Forscher und Lehrende erhalten. Für Universitäten schlägt Sinz die Festlegung der beiden universitären Hauptaufgaben Forschung und Lehre/Studium als Schlüsselprozesse vor, die übrigen unterstützenden Abläufe sollen in Form von Supportprozessen definiert werden (vgl. Sinz 1998, S. 14).

Für eine effiziente strategische Steuerung der einzelnen Prozesse müssen diese in ein umfassendes System eingebettet und mit der Strategie der Organisation verbunden werden. In weiterer Folge wird eine derartige organisationale Einbettung von Prozessen anhand zweier moderner Ansätze erläutert.

Das EFQM Modell ist ein Managementsystem, das die gesamte Organisation abbildet und besonders für eine nachhaltige Steuerung geeignet ist. Es berücksichtigt neben monetären auch nicht-monetäre Größen und untergliedert die wichtigsten Aspekte einer Organisation in neun Kriterien. Vier davon führen die Ergebnisse quantitativ an und beleuchten schlüsselprozess-, mitarbeiter-, kunden- und gesellschaftsbezogene Aspekte. Diesen stehen fünf Befähigerkriterien gegenüber, die in einem Selbstbewertungsbericht qualitativ beschrieben werden (Führung, Mitarbeiter, Politik und Strategie, Ressourcen und Partnerschaften, Prozesse). Das Modell der EFQM geht von der Überlegung aus, dass alle Kriterien in einem unmittelbaren Zusammenhang zueinander stehen. Die Kriterien der Befähiger sind dabei die Basis für den langfristigen Erfolg der Organisation, der sich wiederum in den Ergebnissen manifestiert. Somit bietet dieses Konzept die Möglichkeit der langfristigen strategischen Steuerung und Analyse der Ergebnisse.

Die BSC ist ein modernes Instrument zur direkten Umsetzung der Organisationsstrategie. Die Ausgangsbasis bildet die ausgewogene Auswahl einzelner Kennzahlen aus verschiedenen Bereichen der Organisation. Dazu werden die Kennzahlen in vier Perspektiven gegliedert, nämlich in Kunden-, Prozess-, Lern- und Finanzperspektive. Damit die Organisationsstrategie auf quantifizierbare Ziele übertragen werden kann, werden ausgehend von der globalen Strategie Zielvorgaben für die einzelnen Kennzahlen festgelegt. Darüber hinaus erfasst das Kennzahlensystem der BSC den Wirkungszusammenhang zwischen einzelnen Kennzahlen untereinander. Grundsätzlich stellen die ersten drei Perspektiven sogenannte Vorsteuergrößen dar, die sich nur indirekt und langfristig auf die vierte, die Finanzperspektive, auswirken. Somit bieten die Vorsteuerperspektiven einerseits die Möglichkeit langfristiger Planung und andererseits die Möglichkeit tiefergehender Analysen. Zusätzlich zu der Ausgewogenheit über die verschiedenen Perspektiven werden auch die unterschiedlichen, charakteristischen Eigenschaften von Kennzahlen berücksichtigt, wie beispielsweise monetär – nicht-monetär, langfristig – kurzfristig, nachlaufend – vorlaufend (vgl. Gladen 2001).

Sowohl das Modell der EFQM als auch die BSC konzentrieren sich nicht nur auf eine Zieldimension, sondern erfassen die Organisation in ihrer Gesamtheit. Darüber hinaus berücksichtigen sie Indikatoren für den langfristigen Erfolg der Organisation. Da für Universitäten in erster Linie nicht-finanzielle Größen für die strategische Steuerung relevant sind, eignen sich grundsätzlich beide Ansätze für deren strategische Steuerung. Um den universitätsspezifischen Rahmenbedingungen (Verhältnis zwischen Universität und Staat) und dem für Bildungseinrichtungen zentralen Faktor Wissen jedoch besondere Aufmerksamkeit zu kommen zu lassen, wurde ein weiteres Steuerungsinstrument, die Wissensbilanz für Universitäten, entwickelt.

3 Wissensbilanz als Managementsystem und Steuerungsinstrument

Mit der Wissensbilanz für Universitäten wurde ein neues, umfassendes System entwickelt, das zwar auf den generellen Prinzipien der oben angeführten Konzepte aufbaut, aber um hochschulspezifische Aspekte erweitert wurde (vgl. Leitner et al. 2001). Die Wissensbilanz ist ein Instrument zur ganzheitlichen Darstellung, Bewertung und Kommunikation von immateriellen Vermögen, Leistungsprozessen und deren Wirkungen. Dazu werden die fünf Elemente Rahmenbedingungen, Leistungsprozesse sowie deren Input, Output und Wirkungen in ihrem Zusammenhang betrachtet (vgl. Abb. 1). In Zentrum stehen die Schlüsselprozesse mit den jeweiligen Input- und Outputgrößen, die durch Beschreibungen und Kennzahlen erfasst werden. Über den Output hinaus wird auch die Wirkung der einzelnen Prozesse gemessen und verfolgt. Parallel zur dieser prozessorientierten Sichtweise beschreibt die Wissensbilanz die Leistung in den jeweiligen fachlichen Schwerpunktbereichen. Somit kann die Aktivität einer Organisation wechselweise entlang eines einzelnen Schlüsselprozesses oder innerhalb eines Fachgebietes erfasst werden. Diese duale Sichtweise ermöglicht die gezielte Steuerung der Schwerpunktbereiche über die Steuerung der einzelnen Schlüsselprozesse. Die

transparente Darstellung der Wirkungszusammenhänge einer Organisation vereinfachen die strategische Ausrichtung und das anschließende Controlling. Die Funktion und Rolle der Wissensbilanz für Universitätsinstitute beschreiben Biedermann
et al. (vgl. Biedermann et al. 2002a).

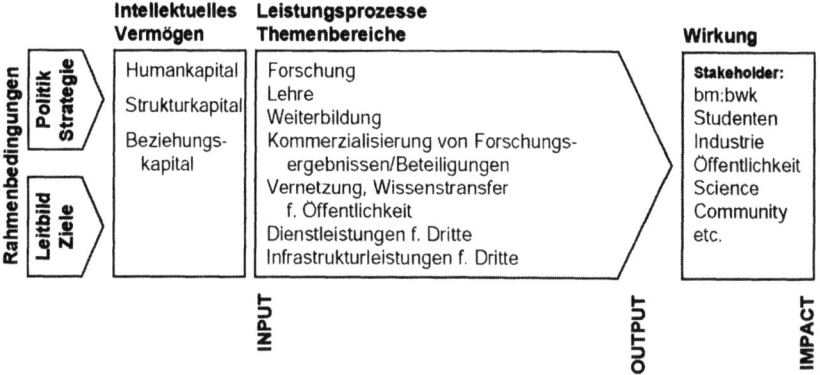

Abb. 1: Wirkungsmodell der Wissensbilanz für Universitäten. (vgl. Biedermann et al.
2002, S. 62)

Zusätzlich zu diesem internen Steuerungsinstrument müssen Universitäten eine
Reihe weiterer Berichte an Evaluierungseinrichtungen oder an das zuständige Mi-
nisterium weiterleiten. Die unterschiedlichen Formen der Aggregation von Daten
und Kennzahlen zu den einzelnen Berichtsformen ist aufwendig und zeitintensiv.
Geeignete Informationssysteme sollen sowohl diese umfangreiche Berichtserstellung erleichtern als auch die Basis für interne strategische Entscheidungen bieten.

4   Integrierte Informationssysteme und Workflow

Die effiziente Entscheidungsfindung in Organisationen setzt die Bereitstellung einer umfangreichen Informationsbasis voraus (vgl. Voß, Gutenschwager 2000,
S. 1 ff.). Informationssystemen kommen in diesem Zusammenhang die Aufgabe
der Informationsgewinnung und -verarbeitung zu (vgl. Schmidt, Schulz-Spathef
1998, S. 191). Um eine einheitliche begriffliche Basis zu schaffen werden zu Beginn dieses Abschnitts die wichtigsten Begriffe mithilfe der Literatur definiert.

Datenorientierte Informationssysteme zielen auf eine Informationsstrukturierung
von internen und externen Datenquellen ab (vgl. Diruf 1998, S. 337). Computer-
basierte Informationssysteme, die Entscheidungsprozesse von Organisationen unterstützen, werden in der Literatur unter dem Sammelbegriff Managementunter-

stützungssystem beschrieben (vgl. Diruf 1998, S. 337). Dieser Artikel beschäftigt sich mit computerbasierten, datenorientierten Informationssystemen in der Funktion eines Managementunterstützungssystems.

Mit der Integration von Informationssystemen werden zwei sich überschneidende und ergänzende Ziele verfolgt: Zum einen die Leistungsverbesserung bei der Entscheidungsunterstützung, zum anderen die Einbettung von Unterstützungssystemen in die Organisation (vgl. Diruf 1998, S. 340). Das Design eines derartigen Systems setzt an den Leistungsprozessen der Organisation an. Ein Informationssystem für Geschäftsprozesse ist somit ein Informationssystem, dessen Informationen Sachverhalte in einer Organistion beschreiben (vgl. Schönsleben 2001, S. 10). Die Konzeption bzw. der Aufbau von Informationssystemen unter betriebswirtschaftlichen Aspekten wird in der Literatur ausführlich beschrieben (vgl. Scheer 1997; Schönsleben 2001 und Voß, Gutenschwager 2000).

Unter einem integrierten Informationssystem versteht man ein Informationssystem, das als Zusammenwirken von Teilsystemen aufgebaut ist (Schönsleben 2001, S. 6). Horizontal integrierte Informationssysteme tauschen auf der gleichen Ebene Informationen aus. Dies ermöglicht die Integration einzelner Prozessschritte und Teilsysteme entlang der Prozesskette. Die vertikale Integration erlaubt den Austausch von Informationen zwischen den Ebenen, wobei der Fluss allgemein nach oben gerichtet ist und Daten zu Kennzahlen aggregiert werden. Den Nutzen eines Informationssystems bestimmt zu einem hohen Maß der Grad der Integration der Teilsysteme. Darüber hinaus kann ein Informationssystem mit Managementsystemen oder anderen Informationssystemen auf vielfältige Weise integrativ verbunden sein.

Für die strategische Komponente und das Controlling wird eine konsistente Datenbasis benötigt, um durch vertikale Integration (Aggregation) der Daten geeignete Kenngrößen zu ermitteln. Für die Steuerung einzelner Prozesse ist wiederum die horizontale Integration von Bedeutung. Die im Rahmen der Prozesse agierenden Akteure liefern durch ihre Handlungen die Datenbasis für das Informationssystem. Durch die operative und tätigkeitsbegleitende Abfrage von Daten unterstützt das Informationssystem das „Durchleben" der einzelnen Prozessschritte.

Die Strukturierung der Abläufe erfolgt nach der zeitlichen, räumlichen und personellen Zuordnung der Aktivitäten. Die Betrachtung des dynamischen Ablaufs der Prozesse führt zur Klassifikation der Abfolge der Prozessschritte als Workflow. Jeder Workflow besteht aus einem auslösendem Ereignis (Trigger), einem oder mehreren Vorgangsschritten und einem eindeutigen Abschluss (vgl. Heilmann 1994, S. 10). Das Informationssystem soll die drei Hauptaspekte des Workflows, nämlich Kommunikation, Kooperation und Koordination, abdecken (vgl. Haberstock; Nastansky 2000, S. 42). Unter Kommunikation ist der Austausch und die Übermittlung von Informationen sowohl zwischen Personen als auch Applikationen zu verstehen. Der Aspekt der Kooperation beschreibt das Wesen arbeitsteiliger Prozesse, welche je nach Ausprägung des Workflows nach dem Pull- oder

Push-Prinzip abgearbeitet werden. Die Koordinationsaufgabe besteht in der Abstimmung aufgabenbezogener Tätigkeiten. Hinsichtlich der Kategorisierung der möglichen Workflows (vgl. Kampffmeyer, Fichter 2000, S. 55 ff.) können folgende Typen unterschieden werden:

- Als ad-hoc Workflow werden alle Prozesse bezeichnet, die weitgehend unstrukturiert und nicht vorhersehbar sind.

- Collaborative/cooperative Workflow: beide Begriffe beschreiben Pull-Systeme, in welchen der Mitarbeiter den Zugriff auf relevante Daten selbst initiiert.

- Der Typ des administrativen Workflows kennzeichnet Prozesse, welche stark strukturiert, weder zeit- noch direkt erfolgskritisch sind und häufig auf elektronischer Formularbearbeitung basieren.

- Production Workflow beschreibt fest strukturierte und vordefinierte Vorgänge, bei welchen jeder Arbeitsschritt durch Bedingungen und Regeln kontrollierbar ist. Dieser Workflow entspricht im deutschsprachigen Raum am ehesten den Vorstellungen einer ganzheitlichen Prozesssteuerung.

Die Unterscheidung der Workflow-Typen erfolgt also nach dem Grad der Strukturierung, der Art des Informationsflusses und der Wiederholungshäufigkeit der Vorgänge. Die am WBW erhobenen Workflow-Typen lassen sich teilweise in die Kategorie des administrativen Workflows einordnen, vorrangig dominiert jedoch der Typ des collaborative/cooperative Workflows. Die Erhebung der vorhandenen Workflow-Typen stellte den ersten Schritt der Konzeption des Informationssystems dar.

5 Integriertes Informationssystem an einem Universitätsinstitut

In weiterer Folge wird das integrierte Informationssystem des Instituts für Wirtschafts- und Betriebswirtschaften (WBW) der Montanuniversität Leoben vorgestellt, das sich den eingangs beschriebenen Herausforderungen bereits frühzeitig gestellt hat. Das WBW ist eine Organisationseinheit an der grundstofforientierten und materialwissenschaftlichen Montanuniversität Leoben und vermittelt den Studenten der ausschließlich technischen Studienrichtungen eine Basisausbildung auf dem Gebiet der Betriebswirtschaft. Die wissenschaftlichen Mitarbeiter beschäftigen sich mit industrienahen Fragestellungen der Betriebswissenschaften. Diese Fachgebiete sind in Schwerpunktbereiche gegliedert und werden von einzelnen oder mehreren Personen abgedeckt. Das Tätigkeitsprofil in diesen Bereichen umfasst die Forschung, die studentische Lehre sowie postgraduale Weiterbildungsangebote. Die Abläufe dieser Tätigkeiten wurden bereits vor sechs Jahren in Form von fünf Schlüsselprozesse festgelegt (Lehre, Forschungsprojekte, postgraduale Weiterbildung, Diplomarbeiten, Dissertationen), die sich wesentlich im Ablauf und in den jeweiligen Verantwortlichkeiten der involvierten Personen unterscheiden. Jeder Schlüsselprozess ist auf eine andere Kundengruppe ausgerichtet. Serviceleistungen wie Abläufe des Sekretariats und Unterstützung durch die EDV sind nicht als eigene Prozesse definiert, sondern werden in einem Managementhandbuch sowie in den Beschreibungen der einzelnen Prozessschritte festgehalten. Als zugrundeliegendes Managementsystem wurde der EFQM-Ansatz gewählt. Die Leistung der Organisation in den einzelnen Schlüsselprozessen wird mit Hilfe eines Kennzahlenkatalogs nach dem Schema der BSC dargestellt. Die Erfahrungen des WBW mit dem Managementsystem sind durchwegs positiv, da der Koordinations- und Administrationsaufwand dadurch erheblich gesenkt und eine einheitliche Vorgangsweise bei Routinetätigkeiten erreicht wurde. Seit 1995 ist das WBW nach EN ISO 9001 zertifiziert; 1999 hat es den Austrian Quality Award for Business Excellence (AQA) gewonnen.

Die neueste Entwicklung am WBW ist die Erstellung einer Wissensbilanz. Dazu konnte die bereits vorhandene Prozessgliederung als Ausgangbasis unverändert übernommen werden, die ursprüngliche Gliederung der Kennzahlen nach dem Konzept der BSC musste jedoch mit einigem Aufwand in eine neue Logik überführt werden. Mithilfe dieses Instruments können einerseits die Leistungen des WBW umfassend abgebildet, andererseits gesetzte Ziele bezüglich ihrer Erreichung verfolgt werden. Maßnahmen zur Erreichung der gesteckten Ziele werden dabei bis auf Ebene der jeweiligen Mitarbeiter formuliert.

6   Anforderungen an ein Integriertes Informationssystem aus Sicht der Wissensbilanz

Durch die Erstellung der Wissensbilanz am WBW entstand der Bedarf an unterstützenden Informationssystemen für die Bereitstellung der benötigten Datenbasis. Das bisher gepflogene System der schriftlichen Dokumentation konnte diese Unterstützung nicht im gewünschten Umfang bieten. Darüber hinaus sollten bisher systembedingte Mängel in der Datenhaltung behoben sowie aufwendige Zugriffsmöglichkeiten auf vorhandene Datenbestände ermöglicht werden. Die wichtigsten Ziele bei der Entwicklung des Informationssystems am WBW können wie folgt aufgelistet werden:

- Einbindung in das bestehende Managementsystem und das Konzept der Wissensbilanz

- die Abdeckung aller Prozesse; Forderung nach Vollständigkeit, vertikaler und horizontaler Integration

- strikte Trennung von Inhalt, Struktur und Layout, modularer Aufbau des Gesamtsystems, einheitliche Datenebene für Kennzahlenerrechnung mit Möglichkeit zur späteren Auswertung vorhandener Datenbestände nach frei wählbaren Kriterien

- Einmaligkeit der Datenerfassung am Ort des Geschehens bei permanenter Verfügbarkeit des Systems. Dadurch sollen Redundanzen der Datenerfassung und -haltung vermieden werden und die Daten vom jeweiligen Fachexperten eingebracht werden.

- dezentraler Zugang zum System über verschiedene Schnittstellen mit unterschiedlicher Leistungsfähigkeit (spezielle Client-Software, Webbrowser, ODBC-Anbindung, aber auch mobile Geräte) sowie Anbindung an Systeme der Universität; Replikationsfähigkeit: Inhalte können auf mobilen Geräten ohne Verbindung zu einem Server bearbeitet werden und danach wieder ins System eingebracht werden.

- Durchgängigkeit der Datenspeicherung ohne Medienbrüche, Möglichkeit zur Speicherung multimedialer Inhalte

- Integriertes Berechtigungs- und Rollenkonzept

Die Beschreibungen der Schlüsselprozesse stellen den Ausgangspunkt für die Entwicklung des Informationssystems dar, das sowohl collaborative/cooperative als auch administrative Workflows unterstützen und eine Plattform für den gemeinsamen Informationszugriff darstellen soll. Der Zugang der Mitarbeiter zur gesuchten Information erfolgt durch Orientierung an den Schlüsselprozessen oder Schwerpunktbereichen. Die Dokumentation wird zum integralen (Teil-) Schritt bei der Durchführung der Prozesse. Abb. 2 zeigt schematisch die Prozessabfolge und mit der eingebundenen Dokumentation.

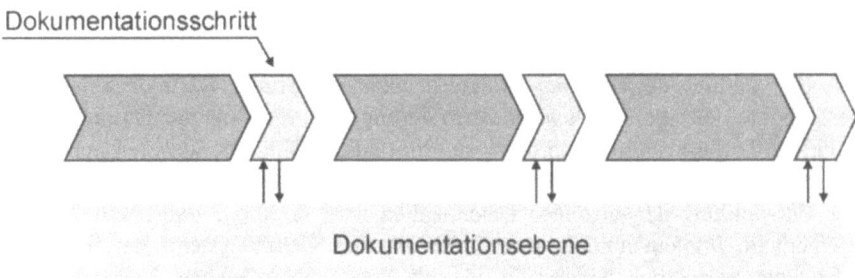

Abb. 2: Schematische Darstellung der Prozessabläufe mit Dokumentation als integraler Ablaufschritt

7   Entwicklung des Informationssystems

Am Beginn der Entwicklung stand die Wahl der geeigneten Softwareplattform. Hier wurden Aspekte der Verfügbarkeit von Software inklusive dem Anschaffungspreis sowie Verfügbarkeit der entsprechenden Entwicklungskapazität, Leistungsfähigkeit der Software sowie der dahinterstehenden Konzepte gegeneinander abgewogen. Die untersuchte Software lässt sich in die Kategorien der relationalen Datenbankmanagementsysteme und der Groupware–Systeme mit mehr oder weniger starker Datenbankorientierung unterteilen. Die Wahl fiel letztendlich auf Lotus Notes/Domino, welches folgende Stärken aufweist (vgl. Leeb 1999, S. 93):

- datenbankorientiertes Konzept ohne die Einschränkungen des relationalen Datenbankkonzepts

- Anbindung an das World Wide Web ist zentraler Bestandteil des Domino-Servers

- umfassendes und fein differenzierbares Berechtigungs- und Rollenkonzept

- Verfügbarkeit von spezieller Client-Software sowie Entwicklungswerkzeugen

- Verfügbarkeit von Mitarbeitern zur Entwicklung auf dieser Plattform

- vereinfachte Einbindung in die IT-Systeme der Universität, da das Produkt auch dort verwendet wird

- Integration von Email, personenübergreifender Terminplanung und Ressourcenverwaltung

- Replikationsfähigkeit und Softwareunterstützung zur Anbindung verschiedener Endgeräte

Rudimentäre Workflow-Funktionalität in Form einer Kommunikationsplattform sowie des darunter liegenden Datenbanksystems ist vorhanden, allerdings muss das Regelwerk, welches die Prozesse und deren Abwicklung beschreibt, programmiert werden.

Die Entwicklung des Systems erfolgte in mehreren Stufen. Da im Schlüsselprozess „Lehre" die umfangreichsten Anforderungen an die Dokumentation gegeben sind, wurde dieser Schlüsselprozess als Pilot ausgewählt. Die weiteren Schlüsselprozesse erfolgten nach dem erfolgreichen Abschluss des Pilotprojekts. Die zeitliche Entwicklung der einzelnen Datenbanken wird in Abb. 3 dargestellt. Die inkrementelle Implementation und Einführung des Gesamtsystems hat zur guten Akzeptanz wesentlich beigetragen, da zum einen überschaubare Teilprojekte in kurzer Zeit abgeschlossen werden konnten und zum anderen die Mitarbeiter nicht durch eine Fülle neuer Datenbanken überfordert wurden.

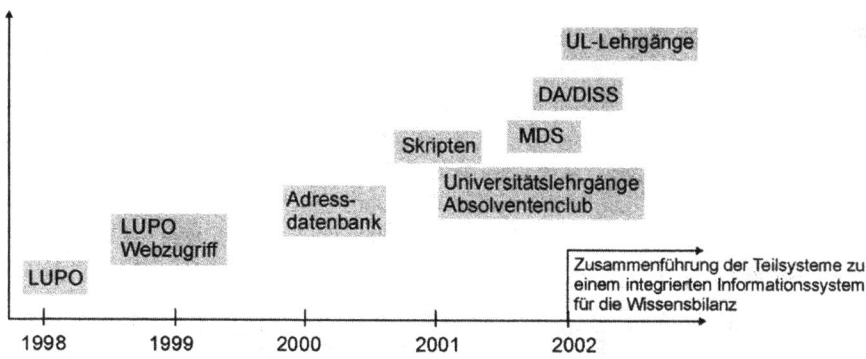

Abb. 3:   Schrittweise Einführung von Datenbanken am WBW

Die Modellierung der logischen Abläufe der Schlüsselprozesse des Instituts erfolgte in Form der ereignisgesteuerten Prozessketten, die Beschreibung der organisatorischen Zusammenhänge in Form von Funktionsmodellen. Dazu wurde das Werkzeug ARIS Toolset verwendet (vgl. Scheer 1997, S. 10). Durch die vollständige Abbildung aller Abläufe konnte die Beschreibung der Prozesse weiter verbessert werden. In regelmäßigen Workshops wurden prinzipielle Fragen der Implementierung sowie der Benutzerschnittstelle mit allen Mitarbeitern des Instituts besprochen und an die Anforderungen des Instituts angepasst. Abb. 4 zeigt die Schlüsselprozesse des WBW mit den dazugehörenden Datenbanken im Überblick.

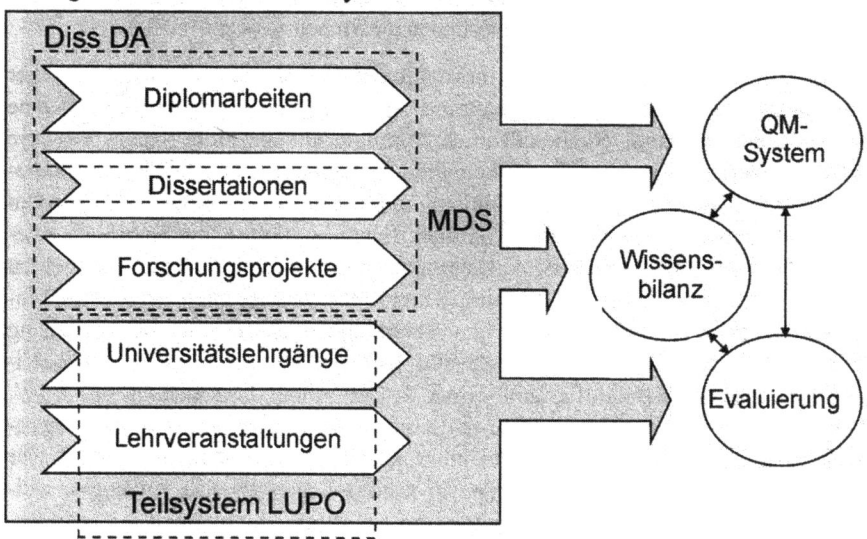

Abb. 4:   Schlüsselprozesse des WBW und Datenerfassung durch ein Integriertes Informationssystem

8   Aspekte des operativen Nutzens

Nach den bisherigen Erfahrungen mit den einzelnen Teilsystemen kann eine durchwegs positive Bilanz gezogen werden. Die oben beschriebene Standardisierung durch die konsequente Prozessorientierung wurde durch das Informationssystem weiter verbessert. Die Dokumentation wichtiger Ablaufschritte durch das Informationssystem ermöglicht die Durchführung von Vollständigkeits- und Plausibilitätsprüfungen. Die auf diese Weise gestiegene Datenqualität wurde bei Qualitätsaudits bereits positiv angemerkt. Die Dokumentation der auf Basis der Schlüsselprozesse durchgeführten Aktivitäten erfolgt zeitnah und wird vom Fachexperten an dessen Arbeitsplatz durchgeführt (auch durch externe Datenquellen, z. B. Student über Internet). Auf Basis dieser Aufzeichnungen hat die Institutsleitung jederzeit Überblick über den Status der laufenden und abgeschlossenen Aktivitäten und kann auf diese steuernd einwirken. Daten für Wissensbilanz, Evaluierung und allgemeine Kennzahlenberechnung können jederzeit dem laufenden System entnommen werden, der Arbeitsaufwand zur Erstellung unterschiedlichster Evaluationsberichte hat sich dadurch wesentlich verringert. Die am Institut sprichwörtliche „Wissensbilanz auf Knopfdruck" ist damit möglich geworden. Das integrierte Informationssystem ist also die Grundlage für eine moderne Form der Evaluierung der Institutsleistung. Durch den umfassenden Dokumentationsgrad der Schlüsselprozesse wird trotz geplanter Diskontinuitäten der Mitarbeiter eine weitgehend gleiche Informationsqualität sichergestellt. Weiter bildet die verbesserte Datenverfügbarkeit die Basis einer operativen Lernschleife. So kann beispielsweise aus der Dokumentation abgeschlossener Forschungsprojekte wertvoller Input für weitere Forschungsvorhaben gewonnen werden.

Darüber hinaus stellt das System Informationen für interne und externe Partner des Instituts bereit. Bei den Mitarbeitern des Instituts hat das System bereits eine hohe Akzeptanz erlangt. Sie benützen es vorrangig mit spezieller Client-Software auf PCs, aber auch mit mobilen Endgeräten (Notebooks, PDAs). Für die Studierenden wurde eine personalisierte Umgebung eingerichtet, in welcher der Student mittels Webbrowser nach erfolgter Authentifizierung die für ihn persönlich relevanten Daten einsehen und sich zu Lehrveranstaltungen und Prüfungen anmelden kann. Die Einschränkungen durch die Sekretariatsöffnungszeiten sind somit hinfällig, da das Informationssystem den Studierenden permanent zur Verfügung steht. Die ausschließlich elektronische Skriptendistribution führt zu einer erheblichen Reduktion der Umlaufbestände sowie des Koordinationsaufwands am WBW. Auf Grund der Flexibilität des Informationssystems und der vorhandenen Datenbasis besteht die Möglichkeit der gezielten Auswahl und Ansprache einzelner für das WBW relevanter Kundengruppen. So werden beispielsweise Studenten, welche spezifische Fachlehrveranstaltungen belegen, direkt zu bestimmten Diplomarbeitsthemen kontaktiert. Gegenüber der scientific community und der Industrie stellt die Web-Schnittstelle die elektronische Visitenkarte dar und bietet stets aktuelle Information an. Abb. 5 zeigt die unterschiedlichen Personengruppen, die intern oder extern auf das System zugreifen. Neben diesen operativen Vorteilen hat das Informationssystem für das WBW jedoch eine zentrale strategische Bedeutung.

9 Strategische Bedeutung

Die Wissensbilanz als strategisches Entscheidungsinstrument und Unterstützung des Managementsystems nimmt am WBW eine zentrale Stellung ein, das Informationssystem bildet dafür die wesentliche Basis.

Für die strategische Ausrichtung der Schwerpunktbereiche werden sämtliche dokumentierte Aktivitäten herangezogen und durch unterschiedliche Abfragekategorien aus dem System hochaggregiert. Auf diese Weise lässt sich die Strategie des Instituts kontinuierlich prüfen und kann gegebenenfalls korrigiert oder adaptiert werden. Ebenso können Daten mitarbeiterbezogen zusammengeführt werden, was wiederum die Grundlage für Management by Objectives (MbO), Mitarbeiterorientierung und mitarbeiterbezogene Leistungsvereinbarung darstellt.

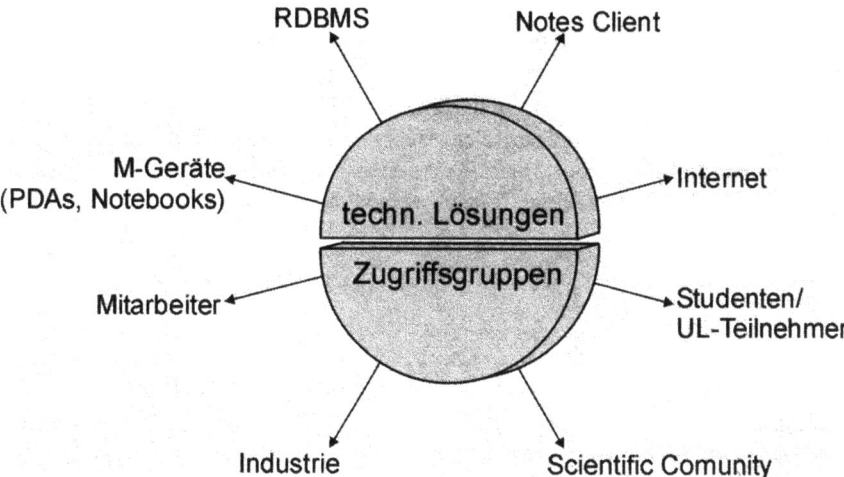

Abb. 5: Interner und externer Zugriff unterschiedlicher Personengruppen auf das Integrierte Informationssystem des WBW

Die Einbindung des Informationssystems in die Strategieplanung und -kontrolle steht noch am Beginn, es wird aber vermehrt in den Entscheidungsprozess einbezogen. Erst durch die umfangreiche Verfügbarkeit von Daten ist ein effizienter Soll-Ist-Vergleich möglich, welcher Abweichungen von der geplanten Ausrichtung des Instituts aufdecken kann.

Darüber hinaus stellt das integrierte Informationssystem am WBW eine Plattform für weitere Forschungsvorhaben in den Schwerpunktbereichen Wissens- und Qualitätsmanagement dar. Im Bereich des Wissensmanagement wäre der Einsatz von IT-Tools für Wissensmanagementsysteme sowie eine hochgradig automatisierte Erstellung von Wissensbilanzen unter Nutzung einer vorhandenen Datenbasis zu nennen. Das vorliegende Informationssystem wurde beispielsweise unter besonderer Berücksichtigung des Wissensmanagements gestaltet (vgl. Bornemann 2001). Im Bereich des Qualitätsmanagements stellen die elektronische Abbildung von Prozessen und Integration in strategische Kennzahlensysteme ein interessantes Forschungsgebiet dar.

10 Ausblick

Mit der Entwicklung einer Wissensbilanz und eines integrierten Informationssystems hat sich das WBW ein flexibles Rüstzeug für die Anforderungen, welche in den nächsten Jahren auf die Universitäten zukommen, geschaffen. In weiterer Folge soll das System zur umfangreicheren Unterstützung der Strategiefindung wieterentwickelt werden. In absehbarer Zukunft soll die Beschreibung aller Elemente der Wissensbilanz und Schlüsselprozesse in das System mit aufgenommen (vgl. Oehme et al. 2002) und die Nutzung des Datenbestands zur Entscheidungsfindung auf verschiedenen Ebenen ausgeweitet werden. Das System stellt weiterhin eine Forschungsplattform dar. Dem Beispiel des Teilsystems zur Lehrveranstaltungsverwaltung folgend sollen Komponenten, welche den entsprechenden Reifegrad aufweisen, an weiteren Instituten implementiert werden.

11 Literatur

Biedermann, H. et al.: Die Wissensbilanz als Instrument zur Steuerung von Schwerpunktbereichen am Beispiel eines Universitätsinstitutes. In: Bornemann; Sammer (Hrg.): Anwendungsorientiertes Wissensmanagement. Wiesbaden 2002.

Biedermann, H. et al. (2002a): Wissensbilanz 2001. Leoben 2002.

Bornemann, M. et al.: Praxishandbuch Wissensmanagement. Graz 2001.

Diruf, G.: Managementunterstützungssysteme. In: Klaus; Krieger (Hrsg.): Gabler Lexikon Logistik. Wiesbaden 1998, S. 337-342.

Gladen, W.: Kennzahlen- und Berichtssysteme. Wiesbaden 2002.

Haberstock, Ph.; Nastansky, L.: Der Groupware-Einsatz im prozessorientierten Team-Controllingsystem (ProTeCos). HMD – Praxis der Wirtschaftsinformatik, 37 (2000) 213, S. 41-51.

Hansen, U. et al. : Qualitätsmanagement von Hochschulen - FACULTY-Q als Erweiterung von TEACH-Q. DBW, 60 (2000) 1, S. 23-38.

Heilmann, H.: Workflowmanagement: Integration von Organisation und Informationsverarbeitung. HMD – Praxis der Wirtschaftsinformatik, 31 (1994) 94.

Höllinger, S.: Österreichs Universitäten als europäische Akteure in Forschung und Lehre. In: Höllinger, S. (Hrsg.): Die neuen Universitäten in Europa - Konzepte und Erfahrungen. Wien 2001, S. 47-50.

Kampffmeyer, U.; Fichter, M.: Der CSCW-Softwaremarkt. HMD – Praxis der Wirtschaftsinformatik, 37 (2000) 213, S. 52-66.

Leeb, M.: Die informationstechnologische Unterstützung in der Verwaltung am Beispiel der Entwicklung einer Internetapplikation als Teil eines Informationssystems eines nach EN ISO 9001 zertifizierten Universitätsinstitutes. Diplomarbeit an der Montanuniversität Leoben 1999.

Leitner, K.-H. et al.: Wissensbilanzierung für Universitäten. 2001, http://www. weltklasse-uni.at. (Abruf 2002-08-10).

Oehme, O. et al.: Entwicklung eines intranetbasierten Wissens- und QM-Systems. VDI-Z, 144 (2002) 4, S. 66-69.

Österreichisches Normungsinstitut (Hrsg.): Qualitätsmanagementsysteme - Anforderungen EN ISO 9001:2000. Wien 2000.

Pellert, A.: Die Universität als Organisation. Wien 1999.

Scheer, A.-W.: Wirtschaftsinformatik. 2. Auflage, Berlin 1997.

Scherer, A.: Besonderheiten der strategischen Steuerung in Öffentlichen Institutionen und der Beitrag der Balanced Score Card. In: Scherer; Alt (Hrsg.): Balanced Score Card in Verwaltung und Non-Profit-Organisationen. Stuttgart 2002.

Schmidt, W.; Schulz-Spathef, J.: Operative Informationssysteme. In: Klaus; Krieger (Hrsg.): Gabler Lexikon Logistik. Wiesbaden 1998, S. 189-196.

Schönsleben, P.: Integrales Informationsmanagement. Berlin 2001.

Sinz, E. J.: Universitätsprozesse. In: Küpper; Sinz (Hrsg.): Gestaltungskonzepte für Hochschulen. Stuttgart 1998.

Titscher, St. et al. (Hrsg.): Universitäten im Wettbewerb. München 2000.

Voß, St.; Gutenschwager, K.: Informationsmanagement. Berlin 2000.

Ein Bezugsrahmen für integrierte Managementunterstützungssysteme – Einordnung und funktionale Anforderungen an Business-Intelligence-Systeme aus managementtheoretischer Sicht

Bernd Knobloch
Universität Bamberg

Der vorliegende Beitrag untersucht Managementaufgaben aus systemorientierter Sicht und leitet daraus Anforderungen an deren anwendungssystemtechnische Unterstützung ab. Dabei wird insbesondere auf die Informationsversorgung und auf die Frage ganzheitlicher Managementunterstützungskonzepte eingegangen. In diesem Lichte wird der Business-Intelligence-Begriff analysiert und ein theoretisch fundierter Definitionsvorschlag gemacht. Schließlich wird ein aufgabenorientierter Bezugsrahmen entwickelt, der bei der Gestaltung und Automatisierung von Business-Intelligence-Systemen sowie bei der Bewertung zugehöriger Anwendungssysteme als Orientierung dienen kann.

1   Motivation

Anwendungssysteme zur Versorgung von Managern mit entscheidungsrelevanten Informationen werden von Mertens und Griese (Mertens, Griese 2000, S. 1) als Planungs- und Kontrollsysteme bezeichnet. Dieser Begriff ist eng an die Managementlehre angelehnt. Neben diesem haben sich im Laufe der Zeit weitere Begriffe herausgebildet, die Teilaspekte oder die gesamte Bandbreite von Planungs- und Kontrollsystemen beschreiben. Beispiele sind *Management Information Systems*, *Managementunterstützungssysteme*, *Data-Warehouse-Systeme*, *analytische Informationssysteme* und in neuerer Zeit *Business-Intelligence-Systeme*.

Werden technische Begriffe zu Schlagwörtern – häufig getrieben durch das Marketing von Beratungsunternehmen und Herstellern – so verwischen leicht die Grenzen zwischen den mit ihnen benannten Inhalten. Dies kann bei Unternehmen, die in Managementunterstützungssysteme investieren wollen und eine Auswahl treffen müssen, zu Unsicherheit führen. In jedem Falle schafft es Kommunikationsprobleme, wenn Gesprächspartner dieselben Begriffe verwenden und dennoch Unterschiedliches meinen.

Derzeit ist der Begriff Business Intelligence in aller Munde, doch es herrscht Unklarheit hinsichtlich seiner exakten Bedeutung. Dieser Beitrag betrachtet die Unterstützung lenkungsrelevanter Managementaufgaben aus managementtheoretischer Sicht und leitet aus den hierbei gewonnenen Erkenntnissen funktionale Anforderungen an Managementunterstützungssysteme ab. Es werden grundlegende Managementaufgaben, die zu ihrer Durchführung erforderliche Informationsversorgung und die Rolle der Datenanalyse untersucht. Die Bedeutung einer unternehmensweiten Strategie der intensiven Auswertung interner und externer Informationen wird theoretisch untermauert. Es folgt eine Einordnung sowie ein Definitionsvorschlag für Business Intelligence, und es wird ein funktionsorientierter Bezugsrahmen vorgestellt, der als Orientierung bei der Gestaltung von Business-Intelligence-Systemen dienen kann. Hinweise zur Automatisierung sowie ein Ausblick beschließen den Beitrag.

Da die Betrachtung nicht nur auf Planungs- und Kontrollaufgaben, sondern auf alle lenkungsrelevanten Managementaufgaben Bezug nimmt, wird als Ausgangspunkt der allgemeinere Begriff Managementunterstützungssysteme (MUS) herangezogen. MUS umfassen „alle Einsatzformen zur IV-Unterstützung unternehmerischer Aufgaben" (Mertens, Griese 2000, S. 11).

2   Managementaufgaben und Informationsbedarf

2.1   Der Managementzyklus

Das Aufgabenspektrum des Managements umfasst typischerweise Lenkungs- und Gestaltungsaspekte (vgl. Becker 1995, S. 17; Böhnlein 2001, S. 101-104). Lenkung bedeutet, ein System mit vorgegebener Struktur zu einem bestimmten Verhalten oder zu Verhaltensänderungen zu veranlassen. Unter Gestaltung versteht man die Ermittlung einer geeigneten Struktur für ein System, welches ein vorgegebenes Verhalten realisieren soll.

Betrachtet man die Managementaufgabe genauer, so lässt sich darin das Grundprinzip des Regelkreises erkennen. Das Management fungiert als Regler, der zielgerichtet das Leistungssystem (Erstellung der betrieblichen Leistungen) lenkend sowie gestaltend beeinflusst. Das Leistungssystem nimmt die Rolle der Regelstrecke wahr. Die Auswirkungen dieser Beeinflussung werden zurück an den Regler gemeldet (Ferstl, Sinz 2001, S. 23 f.).

Ausgehend von diesem einfachen Grundmodell lassen sich die wesentlichen Teilaufgaben des Managements identifizieren und zuordnen. Auf Grundlage von Zielvorgaben und der Rückmeldungen des Leistungssystems (*Kontrolle*) ermittelt das
Management im Rahmen der *Planung* erforderliche Lenkungseingriffe (*Steuerung*[1]), die im Leistungssystem umgesetzt werden (*Durchführung*).

Die Kontrollaufgabe besteht hierbei in der Meldung des aktuellen Zustands des
Leistungssystems an das Management (Ist-Werte). Dort können Abweichungen
von Zielvorgaben (Soll-Größen) festgestellt werden. Der Zustand des Leistungssystems wird ständig durch Einflüsse aus der betrieblichen Umwelt verändert
(Störgrößen). Beispiele solcher Störgrößen sind etwa Kundenaufträge, eintreffen-
de Lieferungen oder Kundenzahlungen, aber auch der Eintritt eines Mitbewerbers
in den Markt. Im Regelkreismodell werden diese Einflüsse dem Management erst
bekannt, nachdem sie auf das betriebliche System eingewirkt und dessen Zustand
verändert haben. Dies ist bei Transaktionen, die die regelmäßigen Geschäftsprozesse betreffen, im Grunde nicht von Nachteil, solange keine zu großen Zeitverzö-
gerungen bei der Meldung der Zustandsänderungen an den Regler auftreten. Kann
dieser die zum Ausgleichen von Soll-Ist-Abweichungen erforderlichen Eingriffe
nicht rechtzeitig veranlassen, kommt es zu unerwünschtem Schwingungsverhalten
des Systems (Ferstl, Sinz 2001, S. 25).

Im Gegensatz zu Regelungssystemen erkennen gesteuerte Systeme derartige Einflüsse sofort und können unmittelbar reagieren. Hierfür werden die Störgrößen
möglichst vor ihrer Einwirkung auf das betriebliche System erfasst und an die
Steuereinheit gemeldet. Man spricht in diesem Falle von *Vorkopplung*, bei Regelungssystemen hingegen von *Rückkopplung* (Wild 1984, S. 33-38). Es liegt also
nahe, diese beiden Lenkungsprinzipien zu kombinieren. Dieses Prinzip heißt *Störgrößenaufschaltung*; die Kombination von Regler und Steuereinheit ist unter dem
Begriff *Servomechanismus* bekannt (Hazebrouck 1998, S. 40 f.; Gomez 1981,
S. 59 f.). Abb. 1 zeigt dieses Lenkungsprinzip im Managementkontext.

Der Zustand des Leistungssystems wird typischerweise nicht unmittelbar beobachtet. Vielmehr werden Änderungen durch transaktionsverarbeitende Systeme über
Belege erfasst. Die Menge aller Aufgaben, die solche Informationen erfassen, verarbeiten, speichern und übertragen wird als operatives Informationssystem[2] bezeichnet. Dieses kann gemäß Regelungsprinzip als Regler des Leistungssystems
verstanden werden, wodurch ein hierarchisches Regelkreissystem entsteht (Ferstl,

---

[1] Der in diesem Kontext verwendete Steuerungsbegriff (vgl. Ferstl, Sinz 2001, S. 29)
weicht vom kybernetischen Begriffsverständnis ab. Alternativ könnte man von Durch-
setzung sprechen (vgl. Becker 1995, S. 54).

[2] Informationssystem ist hier im Sinne eines informationsverarbeitenden Systems zu
verstehen, nicht im Sinne eines Anwendungssystems oder eines „informierenden"
Systems (vgl. Ferstl, Sinz 2001, S. 1).

Sinz 2001, S. 36). Das Leistungssystem wird im Folgenden nicht weiter betrachtet.

Zur Gewährleistung einer konsistenten Gesamtsicht auf den Zustand der Diskurswelt empfiehlt es sich, die einzelnen Regelgrößen aus dem operativen Informationssystem mit den aus der Umwelt aufgenommenen Störgrößen in einer integrierten Informationsbasis zusammenzuführen. Werden diese Informationen über einen längeren Zeitraum vorgehalten, ergibt sich die Möglichkeit umfangreicher Vergleiche und Analysen, die dem Management als Entscheidungsgrundlage dienen können (Modell der Lenkungsstrecke) (vgl. Böhnlein 2001, S. 99 f.).

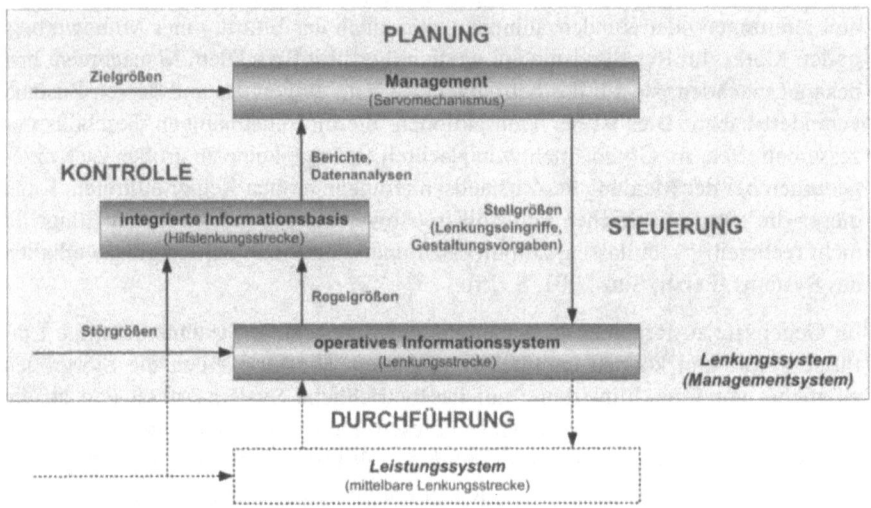

Abb. 1:   Lenkungsmechanismen im Management

Die folgenden Abschnitte widmen sich dem Informationsbedarf zur Unterstützung von Managementaufgaben.

2.2   Unterstützung der Managementaufgaben durch interne und externe Informationen

Bei der Erfassung von Störgrößen sind unkritische operative Einflüsse von tendenziell geringerem Interesse. Wesentlich bedeutsamer sind Veränderungen, die Auswirkungen auf die Erreichung der Unternehmensziele haben können. Handelt es sich um qualitative Abweichungen von bisherigen Entwicklungen, spricht man von Diskontinuitäten (Liebl 1996, S. 23), die gleichermaßen Chancen wie Risiken für das betriebliche System darstellen können. Zur frühzeitigen Erkennung von Diskontinuitäten wurde von Ansoff 1976 das Konzept der schwachen Signale vorgeschlagen, dessen zentrale Aussage darin besteht, dass sich wesentliche Umweltveränderungen durch Vorläuferereignisse ankündigen. Ein zentrales Problem besteht allerdings in der Erkennung und korrekten Interpretation dieser Signale.

Die Vorschläge zur Umsetzung des Ansoff'schen Konzepts lassen sich in drei Entwicklungsstufen einteilen (vgl. Liebl 1996, S. 5-7), die im Folgenden erläutert werden.

2.2.1 Beobachtung des aktuellen Zustands des betrieblichen Systems

Der Versuch, kritische Unternehmensentwicklungen ohne Berücksichtigung von Umweltphänomenen aus den Zahlen des Berichtswesens zu prognostizieren, wird als *Frühwarnung* bezeichnet. Ihr Fokus liegt auf der frühzeitigen Erkennung potenzieller Gefährdungen durch ständige Soll-Ist-Vergleiche. Grundlagen hierfür sind die interne Planungs- und Kontrollrechnung sowie die externe Rechnungslegung zur Antizipation künftiger Unternehmensentwicklungen. Die Frühwarnung beschränkt sich auf die Erkennung von Risiken und hat aufgrund der Orientierung an quantitativ-strukturierten Informationen eher operativen Charakter (Liebl 1996, S. 5 f.). Ein Großteil des bei diesem Konzept auftretenden Informationsbedarfs lässt sich durch Berichte abdecken, die periodisch Informationen über den laufenden Geschäftsbetrieb sowie über die Erreichung festgelegter Ziele an das Management liefern (Mertens, Griese 2000, S. 2).

Diese einfachste Variante eines Managementsystems entspricht der reinen Regelung, d. h. einer Rückkopplung.

2.2.2 Einbeziehung der Umwelt des betrieblichen Systems

Bezieht man die Erkennung von Chancen in die Frühwarnung ein, spricht man von *Früherkennung*. Diese Phase ist zusätzlich durch die Berücksichtigung von Umweltentwicklungen gekennzeichnet. Die Informationsbasis wird durch Indikatoren des betrieblichen Umfelds ergänzt und mittels mathematisch-statistischer Indikatormodelle strukturell untermauert, wodurch die Abbildung komplexer Interdependenzen ermöglicht werden soll. Ferner finden auch qualitative Informationen in die Situationsanalyse Eingang (Liebl 1996, S. 6).

Die Beschaffung relevanter Informationen aus der Unternehmensumwelt („Umfeldbeobachtung") lässt sich in zwei Teilaufgaben unterteilen. Das *Scanning* dient dem Aufspüren neuer Trends und Entwicklungen sowie der Identifikation potenziell interessanter Umfeldbereiche, die bisher keine Beachtung erfuhren. Das *Monitoring* dient der genaueren Untersuchung der im Rahmen des Scanning entdeckten Konzepte. Beide Teilaufgaben sind durch eine starke Interaktion gekennzeichnet. Aus wahrgenommenen Umweltveränderungen lassen sich Entwicklungen und Trends identifizieren, aus denen im Falle einer strategischen Relevanz für das Unternehmen mögliche Reaktionen abzuleiten sind (Liebl 1996, S. 12-18).

Diese Managementsystemstruktur entspricht durch die Einbeziehung der Vorkopplung dem Prinzip der Störgrößenaufschaltung.

2.2.3   Implementierung einer ganzheitlichen Aufklärungsstrategie

Die *Frühaufklärung* als dritte Entwicklungsstufe soll einige Unzulänglichkeiten
der Früherkennung beseitigen. Die Implementierung eigenständiger Früherkennungssysteme im Rahmen der Unternehmensplanung hat sich als nicht ideal herausgestellt. Nunmehr sollen alle Managementaufgaben Aspekte der Frühaufklärung umfassen; diese soll sich „wie ein roter Faden" durch das Management ziehen und zu einem seiner Kernbestandteile werden. Weiterhin wurden neue Konzepte zum Umgang mit unsicheren, qualitativen Informationen entwickelt
(Liebl 1996, S. 6 f.).

Externe, qualitative Informationen haben für Führungskräfte häufig einen höheren
Stellenwert als interne (vgl. Mertens, Griese 2000, S. 4). Es sei an dieser Stelle
darauf hingewiesen, dass Umweltentwicklungen nicht ausschließlich auf der
Grundlage unternehmensexterner Daten, sondern ebenso in intern verfügbaren
Transaktionsdaten erkennbar sein können. Veränderungen der Kundenpräferenzen
lassen sich beispielsweise aus den operativen Bestelldaten nachvollziehen. Umgekehrt können Informationen, die den (internen) Zustand des betrieblichen Systems
beschreiben, prinzipiell auch aus externen Quellen stammen, z. B. im Falle von
Unternehmensanalysen von Investmentbanken.

Aus systemtheoretischer Sicht kann durch die Implementierung einer unternehmensweiten Frühaufklärungsstrategie in allen Managementbereichen und -ebenen
ein ultrastabiles System (Homöostat) entstehen, sofern die einzelnen Lenkungseinheiten durch einen übergeordneten Lenkungsmechanismus koordiniert werden,
welcher bei Bedarf die Struktur des Gesamtsystems veränderten Umweltgegebenheiten anpasst (Gestaltungsaspekt des Managements) (vgl. Gomez 1981,
S. 60-62). Auf diese Weise kann das Unternehmen auch auf stark diskontinuierliche Einwirkungen reagieren.

2.3   Die Rolle der Datenanalyse

Ein elementares Problem beim Umgang mit internen und externen Signalen ist
deren Bewertung und Filterung hinsichtlich ihrer Relevanz für die Planungsaufgabe. Zur Vermeidung einer Informationsüberflutung dürfen nur die für eine Lenkungseinheit bedeutsamen Signale weiter betrachtet werden (Liebl 1996, S. 10).
Erst wenn es gelingt, die Komplexität der Diskursweltentwicklung durch Identifikation von Mustern und Ordnungsstrukturen zu bewältigen, können Risiken erkannt und Chancen genutzt werden (vgl. Grothe, Gentsch 2000, S. 11). Hierbei
kann die Datenanalyse einen Beitrag leisten.

Die Untersuchung von Systemen lässt sich sehr allgemein in Konstruktions- und Analyseprobleme differenzieren, die sich in ihrer Zielsetzung unterscheiden: Während Konstruktionsprobleme nach einer geeigneten Struktur für ein zu konstruierendes System mit vorgegebenem Verhalten suchen, beschäftigen sich Analyseprobleme mit dem Verhalten von bezüglich ihrer Struktur bekannten Systemen (Ferstl 1979, S. 44-51). Die Datenanalyse ist der Klasse der Analyseprobleme zuzuordnen (Knobloch 2001b, S. 66 f.). Die ihr zugrunde liegenden Daten repräsentieren Merkmalsausprägungen von Objekten (Zimmermann 1995, S. 3). Das Verhalten dieser Objekte (z. B. Kunden) kann Ziel analytischer Untersuchungen sein. Hierbei wird zunächst deutlich, dass Daten stets das Ergebnis einer Modellabbildung von der Realität in ein Zeichenalphabet darstellen (vgl. Knobloch 2001b, S. 67; Ferstl, Sinz 2001, S. 129).

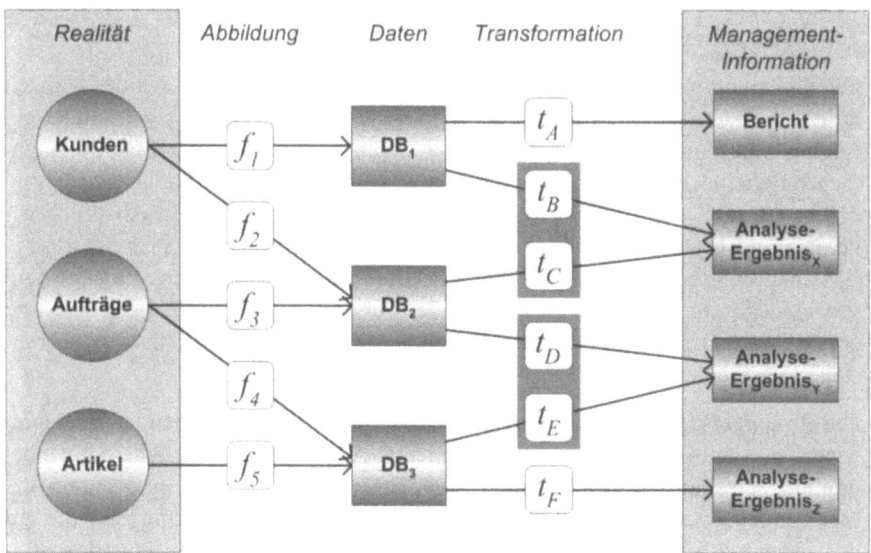

Abb. 2:   Transformationen zur Erzeugung von Management-Informationen

Der Kern einer jeden Datenanalyse besteht ebenfalls in einer Modellbildung, d. h., die zu untersuchenden Daten sollen in einem Abstraktionsschritt (Transformation als Modellabbildung, vgl. Abb. 2) in eine Darstellung geringerer Komplexität überführt werden (vgl. Zimmermann 1995, S. 6; Ferstl, Sinz 2001, S. 119-121; Knobloch 2001b, S. 74). Bei dieser Verarbeitung werden im aktuellen Kontext irrelevante Sachverhalte zwar ausgeblendet. Andererseits werden durch diese Komplexitätsreduktion aber gerade neue Informationen generiert, da wichtige Eigenschaften oder Zusammenhänge hierbei klarer in Erscheinung treten, innerhalb der großen Menge einzelner Werte jedoch nicht oder nur schwer erkennbar wären (vgl. Zimmermann 1995, S. 3 f.).

Die von Management-Informationssystemen (vgl. Abschnitt 3.3) bereit gestellten
Berichte werden ebenfalls durch Transformationen (zumeist bestimmte Formen
der Aggregation) aus Basisdaten erzeugt. Im Gegensatz dazu handelt es sich bei
der Datenanalyse jedoch im Allgemeinen um komplexere Transformationen, die
fortgeschrittene Methoden der Mathematik, Statistik oder der Künstlichen Intelligenz erfordern.

2.4   Ein verfeinertes Modell des Managements

Aus den managementtheoretischen Überlegungen der vorstehenden Abschnitte
kann nun ein detaillierteres Modell abgeleitet werden, welches konkrete Len-
kungsaufgaben und weitere, die eigentliche Lenkung unterstützende Aufgaben
enthält[3] (Abb. 3). Auf dieses Modell wird in Abschnitt 3.4 bei der Entwicklung
des Funktionsmodells wieder Bezug genommen.

Sämtliche vom operativen Informationssystem abgerufenen oder aus der Umwelt
erfassten Daten werden von der Datenbereitstellung über längere Zeiträume gesammelt, harmonisiert, verdichtet und für Datenanalysen oder zur Erstellung einfacher Berichte zur Verfügung gestellt (vgl. Böhnlein 2001, S. 25). Die Analyseergebnisse und die erstellten Berichte werden von der Planung in Anspruch genommen. In bestimmten Fällen kann es hilfreich sein, wenn die Planung zusätzlich auf Analyseergebnisse, Berichte, erstellte Pläne und getroffene Entscheidungen zurückgreifen kann, um z. B. Plan-Ist-Vergleiche und Wirkungsanalysen zu
ermöglichen. Deshalb sollten diese Informationen ebenfalls durch die Datenbereitstellung verwaltet werden.

Die Planungsaufgabe umfasst typischerweise mehrere Teilaufgaben, zu denen im
weitesten Sinne Zielbildung, Problemanalyse, Alternativensuche, Alternativenbe-
urteilung und Entscheidung zählen (vgl. Becker 1995, S. 40). Im Kontext der
Managementunterstützung ist jedoch eher eine Einteilung von Interesse, die auf
den „Planungsmitteln" Analyse und Prognose beruht und die Entscheidungsfindung als letzten Schritt eines Planungsvorgangs einbezieht. Die Situationsanalyse
untersucht den aktuellen Zustand der Diskurswelt auf Grundlage vergangenheits-
oder gegenwartsbezogener Evidenzen. Diese werden im Rahmen der Wirkungs-
prognose in zukunftsbezogene Hypothesen hinsichtlich des Systemzustands transformiert (Becker 1995, S. 45)[4].

---

[3]   Dies geschieht durch sukzessive Zerlegung der in Abb. 1 enthaltenen Objekte gemäß
der verarbeiteten Informationsflüsse und der zugehörigen Informationsverarbeitungs-
aufgaben (vgl. Ferstl, Sinz 2001, S. 193 f.).

[4]   Mertens und Griese (Mertens, Griese 2000, S. 6 f.) differenzieren in die Phasen
Symptomerkennung, Diagnose, Therapie, Prognose und Kontrolle, von denen die ersten
drei der Situationsanalyse zugerechnet werden können.

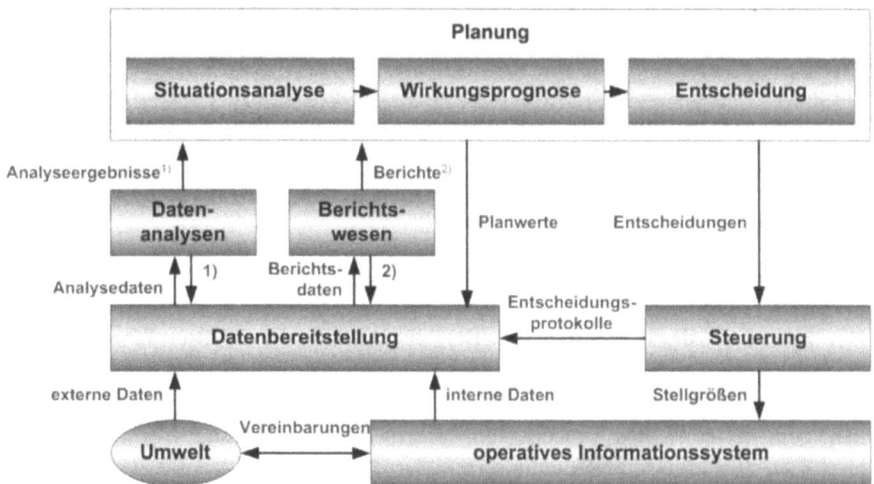

Abb. 3:   Verfeinertes Modell des Managements

Die im Zuge der Planung getroffenen Entscheidungen werden an die Steuerung übergeben, deren Aufgabe in der Operationalisierung von Plänen in detailliertere Vorgaben sowie deren Weiterleitung an das operative Informationssystem besteht, welches wiederum die Umsetzung der Stellgrößen (Lenkungseingriffe und Gestaltungsvorgaben) veranlasst. Hiermit ist prinzipiell eine Disaggregation von Informationen aus dem Planungssystem verbunden, um eine Anpassung an den kürzeren Planungshorizont des operativen Informationssystems zu ermöglichen (Böhnlein 2001, S. 25).

3   Betriebswirtschaftliche Aufklärungssysteme

3.1   Betriebswirtschaftliche Aufklärung als Managementkonzept

Die Frühaufklärung wird in der Management-Literatur typischerweise von der Planung bzw. dem Controlling abgegrenzt. Während sich die Aufklärung mit Entwicklungen der betrieblichen Umwelt beschäftigt, behandeln Planung bzw. Controlling die „nicht primär durch das sozio-politische Umfeld hervorgerufenen" Veränderungen (Liebl 1996, S. 10). Andererseits stellt Liebl fest, dass der der Frühaufklärung zugrunde liegende Diskontinuitätsbegriff von Ansoff nicht klar operationalisiert wird. Es bleibt offen, ob „eine diskontinuierliche Entwicklung im Umfeld oder (...) eine Diskontinuität in der *performance* des Geschäfts, die aus einer bestimmten Umfeldentwicklung resultiert", gemeint ist oder ob beide Fälle abgedeckt werden (Liebl 1996, S. 24). Die Trennung der beiden Konzepte wird im Folgenden zugunsten eines Gesamtkonzeptes der *betriebswirtschaftlichen Aufklärung* aufgehoben. Auf diese Weise werden die in Abschnitt 2.2 diskutierten Potenziale der Informationsversorgung durch Rückkopplung und Vorkopplung im Rahmen eines integrierten Konzepts nutzbar.

3.2   Der Begriff „Business Intelligence"

Der Begriff Business Intelligence (BI), der Anfang der 1990-er Jahre von der Gartner Group geprägt wurde, wird aktuell immer häufiger als Oberbegriff für die IT-gestützte Bereitstellung, Auswertung und Nutzung von Daten und Informationen zum Zwecke der Entscheidungsunterstützung gebraucht (Strauch, Winter 2002). Die konkrete Bedeutung, mit der dieser Begriff gefüllt wird, variiert jedoch mitunter stark. Einen Überblick über das Begriffsverständnis vermittelt z. B. Gluchowski (Gluchowski 2001). Zwar ist in letzter Zeit eine gewisse Konvergenz festzustellen, eine einheitliche wissenschaftliche Definition liegt jedoch nicht vor (vgl. Strauch, Winter 2002).

Zuweilen wird behauptet, ein neuer Begriff sei notwendig, da der bekannte Sammelbegriff MUS „eher antiquiert" wirke (Kemper, Lee 2001, S. 54). Dies ist jedoch wenig hilfreich und insbesondere aus wissenschaftlicher Sicht fragwürdig. Neue Begriffe lassen sich nur dann rechtfertigen, wenn sie sich durch die Aufnahme wesentlicher neuer Aspekte von bereits existierenden Konzepten unterscheiden. Gluchowski (Gluchowski 2001, S. 5) vertritt die Ansicht, dass BI kein solch neues Konzept verkörpert, sondern lediglich eine „begriffliche Klammer" über verschiedene Analyseansätze für betriebswirtschaftliche Daten darstellt. Andere Autoren vertreten gegenteilige Meinungen und stellen besonders den Integrationsbeitrag von BI als Neuerung heraus (vgl. Strauch, Winter 2002; Grothe, Gentsch 2000). Kemper und Lee (Kemper, Lee 2001, S. 55) sprechen von BI als „unternehmensweites, integriertes Konzept", das sich „in Zielsetzung und Aufbau erheblich von früheren isolierten Ansätzen der Management-Unterstützung" unterscheidet. Hinsichtlich des Aufbaus stehen jedoch stets technische Integrationsfragen, v. a. die Zusammenführung fragmentierter Informationen, im Vordergrund. In Bezug auf die Zielsetzung wird über die bereits von MUS geleistete, hier eher unspezifisch formulierte Unterstützung des Managements durch Versorgung mit entscheidungsorientierten Informationen kaum hinausgegangen.

Zur Klärung der Frage nach dem Inhalt des BI-Begriffes mag eine zunächst rein sprachliche Betrachtung des englischen Begriffes *intelligence* beitragen. Hierbei findet sich, neben der nahe liegenden Bedeutung gemäß der deutschen Übersetzung mit „Intelligenz", insbesondere folgender Inhalt (Marriam-Webster 2002): *„4 a : INFORMATION, NEWS b : information concerning an enemy or possible enemy or an area; also : an agency engaged in obtaining such information"*

Dies entspricht dem militärisch-geheimdienstlichen Aufklärungsbegriff, während der Aspekt des intelligenten Verhaltens hierbei offensichtlich in den Hintergrund tritt[5] (Knobloch 2001a).

Legt man nun dieses Begriffsverständnis zugrunde und überträgt es in den betriebswirtschaftlichen Kontext, so lässt sich unmittelbar der Bezug zum Konzept der betriebswirtschaftlichen Aufklärung (vgl. Abschnitt 3.1) herstellen. Business Intelligence ist demnach eine betriebswirtschaftliche Aufgabe mit dem Ziel der Sammlung und Auswertung von Daten bzw. Informationen über das Unternehmen und dessen Umwelt (z. B. Märkte, Kunden, Mitbewerber) zum Zwecke der Ableitung strategischer, taktischer oder operativer Maßnahmen (vgl. Knobloch 2001a).

Dieser Definitionsvorschlag wird inhaltlich durch die Auffassung anderer Autoren gestützt (vgl. z. B. Grothe, Gentsch 2000, S. 11; Strauch, Winter 2002). Hummeltenberg (Hummeltenberg 1998, S. 42) differenziert noch weiter in Business Intelligence (interne Informationen) und Competitive Intelligence (externe Informationen). Auf diese begriffliche Unterscheidung wird hier jedoch verzichtet, da der Nutzen der Erzeugung weiterer Schlagworte grundsätzlich kritisch zu hinterfragen ist.

Die Übertragung militärischer Konzepte und Begriffe in die Betriebswirtschaftslehre ist indes nicht neu und z. B. bereits aus den Bereichen Logistik und Operations Research (Unternehmensforschung) bekannt (vgl. Corsten 1995, S. 588; S. 688). Das Bindeglied liegt jedoch nicht unmittelbar auf der Hand. So bemerkt Liebl (Liebl 1996, S. 7), dass „die militärische und geheimdienstliche Diktion" des Begriffs Frühaufklärung „weitgehend auf den deutschen Sprachraum beschränkt bleibt." Im angelsächsischen Raum hingegen ist dieses Konzept unter dem Namen *Strategic Issue Management* bekannt.

Nun stellt sich weiterhin die Frage, ob Business Intelligence in diesem Lichte als Konzept mit wesentlichen neuen Inhalten angesehen werden kann und somit einen neuen Begriff rechtfertigt. Aus technischer Sicht stellt die Integration von Daten aus verschiedenen Quellen sowie gegebenenfalls die Funktions- oder Verfahrensintegration über einheitliche Präsentationsschichten (Knobloch 2001a) eine Neuerung dar. In Bezug auf die betriebswirtschaftliche Aufklärung kann BI zudem in ein unternehmensweites Führungskonzept eingebettet werden. Es sei zur Diskussion gestellt, inwieweit diese Sichtweise einen eigenen BI-Ansatz begründen mag.

Es darf angenommen werden, dass Unternehmen, die eine entsprechende BI-Strategie umsetzen, der Forderung nach „Organisationaler Intelligenz" (vgl. Schwa-

---

[5]   Vgl. hierzu auch Grothe und Gentsch (Grothe, Gentsch 2000, S. 19), die im Hinblick auf die „korrekte Übersetzung" den Aspekt der Suche betonen, sowie Strauch und Winter (Strauch, Winter 2002), die diesbezüglich auf Informationen aus dem Unternehmensumfeld verweisen.

ninger 1999) besser gerecht werden können. Damit rückt man dem intuitiven Intelligenzbegriff wieder ein Stück näher.

3.3   Funktionen von Managementunterstützungssystemen

Zur Umsetzung eines effektiven betriebswirtschaftlichen Aufklärungskonzeptes muss das in Abschnitt 2.3 beschriebene Problem der Informationskomplexität gelöst werden. Um hierfür geeignete Lösungsansätze zu identifizieren, werden im Folgenden die im Laufe der Zeit entstandenen wesentlichen Funktionen von MUS dargestellt. Hierzu wird die Entwicklungsgeschichte verschiedener MUS-Ausprägungen grob nachgezeichnet, wobei das Hauptaugenmerk auf die der jeweiligen Entwicklungsphase eigenen wesentlichen funktionalen Neuerungen gerichtet ist, weniger auf die Systemklasse an sich. Im Anschluss an die Charakterisierung wird jeweils skizziert, welche Funktionen aus heutiger Sicht weiterhin Relevanz besitzen und eingesetzt werden.

Management Information Systems (MIS) (Gluchowski, Gabriel, Chamoni 1997, S. 149-163): In den 1960-er Jahren wurden die ersten Systeme zur Informationsversorgung des Managements vorgestellt. Hochgestecktes Ziel war es, unter Nutzung der damals neuen informationstechnischen Möglichkeiten alle Managementebenen mit detaillierten wie verdichteten, aktuellen und korrekten Daten über den Zustand aller Geschäftsbereiche zu versorgen, um die Kontrollaufgabe des Managements zu unterstützen. MIS waren direkt mit den operativen Anwendungssystemen verbunden und lieferten periodische, standardisierte Berichte. Diese Systeme waren ausschließlich *datenorientiert* und *vergangenheitsbezogen*. Insbesondere war es mit ihnen nicht möglich, Ad-hoc-Berichte zu erstellen sowie auf Modelle oder Methoden zurückzugreifen.

Berichtssysteme sind auch heute wichtige operative Kontrollinstrumente für das untere bis mittlere Management, wobei typischerweise nur einzelne Funktionsbereiche eines Unternehmens abgebildet werden. Standardberichte werden mittels parametrisierter Datenbankanfragen erzeugt, während durch interaktive Anfragewerkzeuge die Möglichkeit besteht, Ad-hoc-Berichte zu definieren und abzufragen.

Decision Support Systems (DSS) (Gluchowski, Gabriel, Chamoni 1997, S. 165-199): Die reine Datenversorgung sowie zu hohe, nicht erfüllbare Erwartungen führten zum Scheitern der ersten MIS-Idee und in den 1970-er Jahren zur Entwicklung von DSS. Wesentliche Erweiterung im Vergleich zu MIS war die Bereitstellung umfangreicher *Modelle* und *Methoden* (z. B. Verfahren des Operations Research (OR)), um die angelieferten Daten entscheidungsgerecht aufbereiten und auswerten zu können. Zielsetzung war die substanzielle Verbesserung der Entscheidungsqualität (*Entscheidungsorientierung*) durch effektive Unterstützung von Teilaufgaben im Rahmen der Planung (v. a. Problemstrukturierung, Alternativengenerierung und -bewertung). Die DSS übernahmen hierbei eine „Assistentenrolle" und konnten interaktiv genutzt werden. Im Gegensatz zu MIS beschränkte man sich auf konkrete Entscheidungssituationen im operativen und taktischen Bereich.

Neben problemspezifischen Entscheidungsunterstützungssystemen sind heute insbesondere auf Tabellenkalkulationssystemen basierende Anwendungen in praktisch jedem Unternehmen in Gebrauch.

Executive Information Systems (EIS) (Gluchowski, Gabriel, Chamoni 1997, S. 202-230): Unter Zuhilfenahme der nun verfügbaren grafischen Benutzerschnittstellen wurde in den 1980-er Jahren ein erneuter Anlauf gestartet, das Top-Management automatisiert mit gesamtunternehmensbezogenen Informationen zu versorgen. Besonderes Augenmerk wurde auf intuitive Bedienbarkeit, hohe Flexibilität und Aktualität gelegt. Die zu liefernden Daten sollten „managementgerecht" präsentiert werden und umfassten neben „harten" internen nun auch „weiche" sowie externe Informationen. Wesentliche Neuerungen stellen die *Benachrichtigungen* und die *Navigationsmöglichkeiten* dar. Der Manager sollte über relevante Aspekte wie Exceptions oder wichtige Pressemeldungen vom EIS aktiv unterrichtet werden. Zur Erkundung von Zusammenhängen und Ursachen bestimmter Phänomene wurden Funktionen zur spontanen Navigation in Kennzahlensystemen, Dimensionen, Aggregationsstufen etc. bereit gestellt. Modelle und Methoden waren weniger von Interesse; EIS dienten der Informationsbeschaffung und –weiterleitung in frühen Phasen des Planungsprozesses.

EIS-Funktionen sind nach wie vor von Bedeutung und werden meist auf Grundlage von OLAP-Systemen (On-Line-Analytical-Processing-Systemen) realisiert. Top-Manager selbst greifen aber auch heute selten zum EIS; derartige Systeme werden meist in Stabsabteilungen und auf der Ebene des mittleren Managements genutzt (vgl. Mertens, Griese 2000, S. 3 f.).

Knowledge Discovery Systems (KDS) (vgl. Knobloch 2001b): Nach fortschreitender Automatisierung von Geschäftsprozessen hat in den 1990-er Jahren die in den Unternehmen verfügbare Menge an operativen Transaktionsdaten stetig zugenommen. Dies legt die Vermutung nahe, dass in den Unternehmensdatenbeständen bestimmte Sachverhalte abgebildet sind, ohne dass bekannt ist, wo und wie diese genau zu extrahieren sind. Andererseits bergen die großen Datenmengen möglicherwiese auch völlig neue Erkenntnisse, an deren Existenz man nicht geglaubt hätte. Um der Informationsüberflutung entgegenzuwirken und neue Erkenntnisse aufzudecken forderte man Möglichkeiten zur automatischen Filterung relevanter Informationen und damit fortgeschrittene Analyseverfahren, welche z. B. durch die Künstliche Intelligenz geliefert wurden. KDS sind zu gewissem Grad *autonome* Analysesysteme, die prinzipiell *ungerichtet* nach Zusammenhängen in Datenbeständen suchen. Die zu analysierenden Daten können hierbei strukturiert oder unstrukturiert (Dokumente) sein. Wesentliches Merkmal dieser Systemklasse ist die *Entdeckungsorientierung*.

KDS stellen die aktuell letzte Entwicklungsstufe von MUS dar. Ihre Nutzung erfolgt wegen der erforderlichen Methodenkenntnisse zumeist durch spezialisierte Analytiker. Die Verbreitung von KDS in der Praxis nimmt stetig zu, ebenso der Einsatz zugehöriger Methoden in spezialisierten Anwendungssystemen (z. B. im Bereich des „analytischen" Customer Relationship Management (CRM)).

Prognosesysteme (PS) werden in der MUS-Literatur typischerweise nicht als eigene Klasse eingeführt, stellen jedoch wichtige Funktionen zur Unterstützung der Planungsaufgabe bereit (vgl. Abschnitt 2.4; Grothe, Gentsch 2000, S. 157-176). Sie traten erstmals im Zuge von DSS in Erscheinung und sind aufgrund ihrer ausgeprägten Modell- und Methodenorientierung auch dieser Klasse zuzuordnen. Sie werden hier explizit genannt, da sie sich durch zwei wesentliche Merkmale auszeichnen. Dies ist zum einen die *Wirkungsorientierung*, d. h. sie werden eingesetzt, um Effekte und Konsequenzen von Handlungsalternativen aufzuzeigen. Andererseits sind PS damit gleichzeitig *zukunftsorientiert*, während der Großteil der Funktionen der vorstehenden Systeme Vergangenheitsbezug aufweist.

PS treten z. B. als statistische Methoden und Modelle, als Simulationssysteme, als Data-Mining-Modelle (z. B. Entscheidungsbäume oder Neuronale Netze) sowie in Form von Szenariotechniken in Erscheinung und werden, abhängig von ihrer konkreten Ausprägung und ihrem Einsatzbereich, eher selten bis häufig genutzt (vgl. Mertens, Griese 2000, S. 6).

3.4   Ein Funktionsmodell für Business-Intelligence-Systeme

Business-Intelligence-Systeme (BIS) können als MUS bezeichnet werden, die MUS-Funktionen über eine gemeinsame Informationsbasis integrieren und eine Business-Intelligence-Strategie umsetzen (vgl. Abschnitt 3.2). Unter Rückgriff auf die im vorstehenden Abschnitt beschriebenen Funktionen wird dieses BIS-Verständnis nun konkretisiert und zu einem Funktionsmodell eines idealtypischen BIS weiterentwickelt.

Das Funktionsmodell verfolgt das Ziel, einen Bezugsrahmen für konkrete BIS und zugehörige BI-Anwendungssysteme (BIAS) aufzuspannen. Es kann für jede Managementebene und für jeden Funktionsbereich eingesetzt werden, um die jeweiligen informationstechnischen Unterstützungspotenziale der dort anfallenden Managementaufgaben (vgl. Abschnitt 2.4) zu kartieren und auf der Anwendungssystemebene geeignete Software-Werkzeuge zuzuordnen. Es liefert damit eine Orientierung bei der Entwicklung konkreter BIS bzw. BIAS und hilft bei der Entscheidung über die jeweils bereitzustellenden MUS-Funktionen.

Die Dimension der *Managementaufgaben* wird also überlagert von den Dimensionen *Managementebene* und *Funktionsbereiche*, woraus sich eine beliebige orthogonale Kombinierbarkeit ergibt. Beispielsweise treten spezifische Planungsaufgaben sowohl im strategischen Management (z. B. Entscheidung über Änderungen der betrieblichen Aufbau- und Ablauforganisation) als auch im taktischen und operativen Management (z. B. Entwicklung kurzfristiger Marketingaktionen; vgl. Gluchowski 2001, S. 7) auf, die sich in Abhängigkeit vom Funktionsbereich unterscheiden. Hieraus resultieren jeweils individuelle Anforderungen an BIS.

Das Modell bewegt sich demnach auf der Aufgabenebene, die klar von der Verfahrens- und Werkzeugebene (Ebene der Anwendungssysteme) zu trennen ist (vgl. Ferstl, Sinz 2001, S. 2 f.). Diese Unterscheidung ist technologieneutral und ermöglicht insbesondere die Aufnahme künftiger Verfahren und Werkzeuge in das Modell.

Es ist zu beachten, dass das Modell nur auf die für die Planungsaufgabe relevanten Aspekte Informationsbeschaffung, Planung, Entscheidung und Kontrolle sowie auf anwendungsspezifische Teilaspekte der Kommunikation und auf Benutzerschnittstellen Bezug nimmt (Gluchowski, Gabriel, Chamoni 1997, S. 58-61). Wietere häufig genannte MUS-Komponenten zur Unterstützung von Bürotätigkeiten oder verteilter Gruppenarbeit seien vernachlässigt, da sie nur mittelbare Lenkungsrelevanz besitzen.

Abb. 4 zeigt die Funktionsklassen eines idealtypischen BIS. Der Aufbau orientiert sich an der in der Softwaretechnik gebräuchlichen Einteilung in Datenhaltungs-, Anwendungs- und Kommunikationsteil (vgl. Ferstl, Sinz 2001, S. 289-291), die mit den „BI-Prozessphasen" Bereitstellung, Entdeckung und Kommunikation korrespondieren (vgl. Grothe, Gentsch 2000, S. 20). Die Funktionsklassen lassen sich aus dem verfeinerten Managementmodell (Abschnitt 2.4) ableiten.[6]

Sämtliche Anwendungsfunktionen greifen auf eine Daten- und Informationsbasis (*Datenbereitstellung*) zu, welche von internen (*operatives Informationssystem*) und externen Quellen (*Umwelt*) gespeist wird. Neben Daten aus diesen Quellen können dort auch Ergebnisse der Anwendung einzelner Anwendungsfunktionen, etwa Berichte, Analyseergebnisse, Prognosemodelle etc. sowie Erfahrungen, Entscheidungen und getroffene Maßnahmen abgelegt werden. Dies entspricht der Forderung von Gluchowski, Gabriel und Chamoni (Gluchowski, Gabriel, Chamoni 1997, S. 61 f.; S. 95 f.) nach einer Daten-, einer Report- und einer Wissensbank als MUS-Komponenten.

---

[6] Die entsprechenden Objekte des Managementmodells sind jeweils in Klammern angegeben.

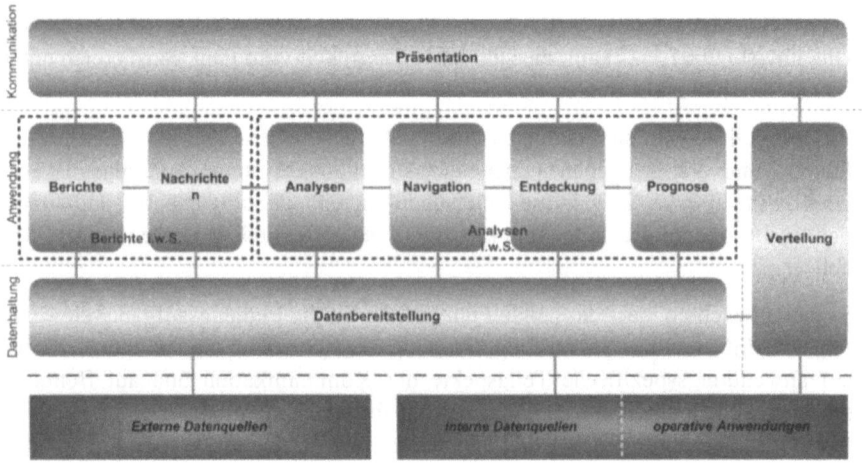

Abb. 4: Funktionsmodell eines idealtypischen Business-Intelligence-Systems

Die ebenfalls geforderten Komponenten Methoden-, Modellbank und Experten-
system werden von den Funktionen des Anwendungsteils eingebracht. Die Erstellung von *Berichten* umfasst Standard-Reporting, Kennzahlensysteme, einfache
Statistiken und Ad-hoc-Berichte sowie die regelmäßige Bereitstellung von Pressemeldungen. Die aktive *Benachrichtigung* des Nutzers durch das System („Push-
Verfahren") über vorliegende Nachrichten (Pressemeldungen, Dokumente und
Web Content), Signale oder Exceptions (vgl. Mertens, Griese 2000, S. 2; S. 5)
komplettiert die Funktionen des erweiterten Berichtswesens (*Berichtswesen*).

Komplexere Transformationen sind zur Klasse der Analysen i. w. S. (*Datenanalysen*) zusammengefasst. Sie umfasst Analysen i. e. S., Navigations-, Entdeckungs-
und Prognosefunktionen. Zum Bereich der *Analysen* gehören klassische DSS-
Methoden, etwa statistische Verfahren, OR-Modelle und spezifische Analyseansätze wie z. B. die ABC-Analyse. Die *Navigation* ermöglicht die interaktive Re-
cherche, z. B. im Internet, sowie die Exploration komplexer Datenräume hinsichtlich verschiedener Dimensionen, Aggregationsstufen und Perspektiven. Die *Entdeckung* beinhaltet die Funktionen von KDS, also Data Mining, Text Mining und
gegebenenfalls Web Mining zur datengetriebenen Analyse von (strukturierten)
Daten, Dokumenten bzw. Web Content. Zur *Prognosefunktionalität* zählen die
bereits in Abschnitt 3.3 genannten Ansätze zur Vorhersage von Werten, Wirkungen und zur Klassifikation.

Ein weiterer Anwendungsaspekt ist im Funktionsmodell recht allgemein mit *Verteilung* bezeichnet (*Steuerung*). Hierunter fallen sämtliche Formen der Weitergabe
der durch die anderen Anwendungsfunktionen erzeugten Berichte, Informationen,
Prognosen etc. zur weiteren Nutzung. Die konkreten Formen hängen in vielen
Fällen stark vom betrieblichen Funktionsbereich ab, in dem das BIS zum Einsatz
kommt. Exemplarisch können hier die Bereitstellung gewonnenen Wissens für in-

teressierte Organisationsmitglieder, z. B. über ein Portal (Wissensmanagement; vgl. Gluchowski 2001, S. 12), die Weiterleitung von Anweisungen zur Umsetzung gewonnener Erkenntnisse in Lenkungs- oder Gestaltungsmaßnahmen oder die operative Nutzung generierter Informationen genannt werden. Für letztere ist z. B. eine Schnittstelle zum CRM (vgl. Gluchowski 2001, S. 12-14) erforderlich. Durch Datenanalysen werden etwa Kundenprofile erstellt. Deren Nutzung, z. B. zur automatischen Klassifikation von Käufern in einem Web Shop, fällt ins operative CRM, das im Funktionsmodell auf der Datenhaltungsebene in die operativen Anwendungen eingeordnet ist und mit dem Klassifikationsmodell zu versorgen ist. Auf diese Weise lässt sich der so genannte „Closed Loop" (Regelkreis) zwischen analytischen und operativen Anwendungen unmittelbar realisieren: Die Abwicklung von Geschäftsprozessen hinterlässt in den operativen Systemen Transaktionsdaten, die mittels Analysefunktionen ausgewertet werden. Deren Ergebnisse werden an spezifische Anwendungen zur operativen Nutzung übergeben, welche wiederum Transaktionsdaten erzeugt, usw.

Der Kommunikationsteil besteht schließlich aus Funktionen zur adäquaten *Präsentation* und Darstellung von Informationen und Analyseergebnissen sowie zur möglichst nutzerfreundlichen Bedienung des BIS (Unterstützung der *Planung7*). In der Kommunikationsschicht kann gegebenenfalls auch eine Vorgangssteuerung enthalten sein, die situations- bzw. anwendungsspezifische Vorgangsketten zur Abarbeitung vorschlägt oder vorgibt (vgl. Knobloch 2001a). Der Kommunikationsteil entspricht nach dieser Sichtweise dem „Mastersystem"-Modul eines MUS (vgl. Gluchowski, Gabriel, Chamoni 1997, S. 95 f.).

4   Automatisierung der Managementunterstützung

Gemäß der in Abschnitt 3.4 aufgespannten Dimensionen lässt sich im Lenkungssystem eine Menge von Einsatzbereichen für BIS identifizieren, die jeweils durch individuelle Anforderungen gekennzeichnet sind. Diese Systeme sind in eine unternehmensweite BI-Strategie einzubetten (vgl. Abschnitt 2.2.3).

Hinsichtlich dieser Einsatzbereiche und der zugehörigen Anforderungen ist kaum anzunehmen, dass monolithische Softwarelösungen alle der dort anfallenden spezifischen Unterstützungsaufgaben in geeigneter Weise übernehmen können. Insbesondere können nur in wenigen Fällen Komplettlösungen in Form von Standardsoftware genutzt werden. Solche werden zudem eher als Innovationshemmnis betrachtet und erzeugen hohe Investitionsrisiken. Flexible, komponentenbasierte

---

[7]   Wie die Anwendungsfunktionen die Planungsaufgaben im Einzelnen unterstützen können, wird hier nicht näher betrachtet.

Lösungen, welche die Konstruktion individueller BIAS ermöglichen, werden als zukunftsträchtig angesehen (Strauch, Winter 2002).

Dieser Beitrag verfolgt nicht das Ziel, eine Referenzarchitektur für derartige BIAS vorzustellen. Im Folgenden soll lediglich auf einige in diesem Zusammenhang zu berücksichtigende Aspekte hingewiesen werden.

4.1 Hinweise zur Automatisierung von BI-Funktionen

Das Funktionsmodell aus Abb. 4 kann bei der Entscheidung über die Automatisierbarkeit und gegebenenfalls über die Art der Automatisierung einzelner Funktionen als Bezugsrahmen herangezogen werden. Zur Durchführung der Datenhaltungsfunktionen bieten sich Data-Warehouse-Systeme an, die konsolidierte Daten aus verschiedenen Quellsystemen sammeln und bereitstellen. Hierbei muss entschieden werden, ob Data Warehouses oder eher anwendungsbezogene Data Marts zu wählen sind (vgl. Böhnlein, Ulbrich-vom Ende 2000, S. 24 f.). Das Data Warehouse sollte dazu ausgelegt sein, Untersuchungsergebnisse in geeigneter Form verwalten zu können. In bestimmten Fällen mag es darüber hinaus hilfreich sein, eigene Untersuchungsdatenbanken anzulegen.

Auf der Ebene der Anwendungen können prinzipiell beliebige Berichts- oder Analysewerkzeuge eingesetzt werden. Den dargestellten Funktionsklassen lassen sich z. B. die Verfahren und Analyseansätze aus dem recht umfangreichen Katalog von Grothe und Gentsch (Grothe, Gentsch 2000, S. 51 ff.) vollständig zuordnen. Auf die Wiedergabe dieses Katalogs sei hier verzichtet; Beispiele für jeweils geeignete Ansätze wurden bereits in Abschnitt 3.4 genannt. Auf einige Besonderheiten sei an dieser Stelle dennoch stichpunktartig verwiesen: Zur Integration externer Dokumente bieten sich z. B. so genannte „Redaktions-Leitstände" an (vgl. Meier 2000). Navigationsfunktionen und flexible Analysen in multidimensionalen Datenräumen werden durch OLAP-Systeme in geeigneter Weise unterstützt (vgl. Böhnlein, Ulbrich-vom Ende 2000, S. 5-7). Für die Erkennung von Diskontinuitäten im Rahmen der Frühaufklärung, insbesondere für das Scanning, erscheinen u. a. datengetriebene Analyseansätze in besonderem Maße geeignet (vgl. Liebl 1996, S. 18; S. 23; Knobloch 2001b, S. 68 f.). Weiterhin können auch wissensbasierte Expertensysteme z. B. für die Analyse, Entdeckung und Prognose eingesetzt werden (vgl. Mertens, Griese 2000, S. 5).

Die Präsentationsschicht stellt ein weiteres integrierendes Element des Funktionsmodells dar und kann beispielsweise als Portal realisiert sein.

4.2 Allgemeine Anforderungen an BI-Anwendungssysteme

Abschließend werden kurz einige allgemeine Anforderungen an BIAS angeführt. Hinsichtlich ausführlicher Erläuterungen sei auf die Ausführungen von Knobloch und Weidner (Knobloch, Weidner 2000, S. 354 ff.) verwiesen, an die sich die Liste anlehnt.

Zentrale Forderung an BIAS ist neben der effektiven Managementunterstützung insbesondere die Effizienz bei der Arbeit mit dem System, die sich unmittelbar auf die Effizienz der Planungs- und Entscheidungsprozesse übertragen soll. In Abhängigkeit vom jeweiligen Einsatzbereich soll ein möglichst breites Spektrum der dort anfallenden Aufgaben abgedeckt werden, wozu prinzipiell eine hohe Flexibilität der bereitgestellten Berichts- und Analysemethoden erforderlich ist. Dabei soll der Zugriff auf möglichst viele Informationen aus internen und externen Quellen erfolgen können. Insbesondere sollen einzelne Datenbestände mittels verschiedener Verfahren untersucht werden können. Das System soll gute Ergonomieeigenschaften besitzen, um seine Bedienbarkeit zu erleichtern und die Kreativität des Entscheiders zu fördern. BIAS sollten den Anwender möglichst stark von informationsverarbeitungstechnischen Aufgaben wie z. B. der Datenaufbereitung entbinden.

Zusätzlich zu diesen funktionalen Anforderungen sind aus technischer Sicht die Offenheit, Erweiterbarkeit und Skalierbarkeit zu nennen, um die bereits erwähnte komponentenbasierte Lösung zu ermöglichen.

5 Fazit und Ausblick

Dieser Beitrag stellt aus einer managementtheoretischen Perspektive eine aufgabenorientierte Definition für Business Intelligence vor und entwickelt auf dieser Basis ein idealtypisches Funktionsmodell als Bezugsrahmen für BIS. Dieser Rahmen ist jedoch zunächst fachlicher Natur und beinhaltet keine softwaretechnische Referenzarchitektur zur Entwicklung von BIAS.

Die bereits zitierte Forderung von Strauch und Winter (Strauch, Winter 2002) nach einer derartigen Architektur und zugehöriger Integrationsmechanismen ist zu unterstreichen, um individuelle komponentenbasierte BI-Lösungen entwickeln und im Laufe ihres Lebenszyklus flexibel erweitern zu können. Nur auf diese Weise wird eine unternehmensweite BI-Strategie überhaupt realisierbar. Die in vielen Unternehmen unter teils erheblichem Aufwand bereits eingeführten Werkzeuge und Systeme müssen in umfassendere Lösungen aufgenommen werden können.

Weiterhin sind Fortschritte auf der Präsentationsebene des BI-Funktionsmodells anzumahnen. BI lässt sich erst dann im gesamten Unternehmen als Führungsstrategie erfolgreich umsetzen, wenn nicht nur Analytiker, sondern auch die Entscheidungsträger selbst völlig selbstverständlich und regelmäßig mit den Werkzeugen arbeiten. Dies ist mit den derzeit verfügbaren Nutzerschnittstellen kaum realisierbar. Ergonomie und Benutzerführung müssen entscheidend verbessert werden.

Ferner sind methodisch fundierte Einführungsstrategien für BIS zu entwickeln und hinsichtlich ihrer Praxistauglichkeit zu evaluieren. Diese müssen oben genannte Integrationsaspekte, Flexibilität und Offenheit sowie die Anbindung bestehender BI-Lösungen berücksichtigen. Gleichzeitig sollten sie bereits in frühen Ausbaustufen möglichst hohes Aufklärungspotenzial bieten.

6 Literatur

Ansoff, H.I.: Managing Surprise and Discontinuity – Strategic Response to Weak Signals. In: Zeitschrift für betriebswirtschaftliche Forschung 28 (1976), S. 129-152.

Becker, W.: Planung, Entscheidung und Kontrolle. Bamberger Betriebswirtschaftliche Beiträge, Edition Unternehmensführung & Controlling. Bamberg 1995.

Böhnlein, M.: Konstruktion semantischer Data-Warehouse-Schemata (Dissertation, Universität Bamberg, 2001). Wiesbaden 2001.

Böhnlein, M.; Ulbrich-vom Ende, A.: Grundlagen des Data Warehousing. Modellierung und Architektur. Bamberger Beiträge zur Wirtschaftsinformatik 55. Bamberg 2000.

Corsten, H.: Lexikon der Betriebswirtschaftslehre. 3., überarb. u. erw. Aufl. München 1995.

Ferstl, O.K.: Konstruktion und Analyse von Simulationsmodellen. Königstein/Ts. 1979.

Ferstl, O.K.; Sinz, E.J.: Grundlagen der Wirtschaftsinformatik, Band 1. 4., erw. und überarb. Auflage. München 2001.

Gluchowski, P.: Business Intelligence. Konzepte, Technologien und Einsatzbereiche. In: HMD – Praxis der Wirtschaftsinformatik (2001) 222, S. 5-15.

Gluchowski, P.; Gabriel, R.; Chamoni, P.: Management Support Systeme. Computergestützte Informationssysteme für Führungskräfte und Entscheidungsträger. Berlin 1997.

Gomez, P.: Modelle und Methoden des systemorientierten Managements. Eine Einführung. Bern 1981.

Grothe, M.; Gentsch, P.: Business Intelligence. Aus Informationen Wettbewerbsvorteile gewinnen. München 2000.

Hazebrouck, J.-P.: Konzeption eines Management Support Systems zur Frühaufklärung. Ein modellbasierter Ansatz unter Nutzung von Fuzzy Logic (Dissertation, Universität Bamberg, 1998). Wiesbaden 1998.

Hummeltenberg, W.: Data Warehousing: Management des Produktionsfaktors Information – eine Idee und ihr Weg zum Kunden. In: Martin, W. (Hrsg.): Data Warehousing – Data Mining – OLAP. Bonn 1998, S. 41-72.

Kemper, H.G.; Lee; P.-L.: Business Intelligence – Ein Wegweiser. In: Computerwoche (2001) 44, S. 54-55.

Knobloch, B. (2001a): Anforderungen an KDD-Werkzeuge für den Business User, oder: Was ist eigentlich ein Business Intelligence Tool?, Vortrag auf dem Workshop „Knowledge Discovery in Databases". Universität Duisburg, 2001-04-03.

Knobloch, B. (2001b): Der Data-Mining-Ansatz zur Analyse betriebswirtschaftlicher Daten. In: Informationssystem-Architekturen 8 (2001) 1. Bamberg 2001, S. 59-115.

Knobloch, B.; Weidner, J.: Eine kritische Betrachtung von Data-Mining-Prozessen: Ablauf, Effizienz, Unterstützungspotentiale. In: Jung, R.; Winter, R. (Hrsg.): Data Warehousing 2000. Methoden, Anwendungen, Strategien. Heidelberg 2000, S. 345-365.

Liebl, F.: Strategische Frühaufklärung: Trends – Issues – Stakeholders. München 1996.

Marriam-Webster, Inc. (Hrsg.): Marriam-Webster Online. 2002. http://www.m-w.com/dictionary.htm. (Abruf 2002-05-29).

Meier, M.: Integration externer Daten in Planungs- und Kontrollsysteme. Ein Redaktions-Leitstand für Informationen aus dem Internet (Dissertation, Universität Erlangen-Nürnberg, 2000). Wiesbaden 2000.

Mertens, P.; Griese, J.: Integrierte Informationsverarbeitung, Band 2: Planungs- und Kontrollsysteme in der Industrie. 8., vollst. überarb. Aufl. Wiesbaden 2000.

Schwaninger, M.: Organisationale Intelligenz aus managementkybernetischer Sicht. In: Schwaninger, M. (Hrsg.): Intelligente Organisationen – Konzepte für turbulente Zeiten auf der Grundlage von Systemtheorie und Kybernetik. Berlin 1999, S. 55-78.

Strauch, B.; Winter, R.: Business Intelligence. http://www.iwi.unisg.ch/iwiwebdaten/Publications/BusinessIntelligence.pdf. (Abruf 2002-04-09).

Wild, J.: Grundlagen der Unternehmensplanung. 4. Aufl. Olpaden 1982.

Zimmermann, H.-J. (Hrsg.): Datenanalyse. Anwendung von DataEngine mit Fuzzy Technologien und Neuronalen Netzen. Düsseldorf 1995.

Identifikation und Modellierung von Informationsbedarfen

Vorgehensmodell für die Informationsbedarfsanalyse im Data Warehousing

Bernhard Strauch
LGT Financial Services AG

Robert Winter
Universität St. Gallen

Obwohl der Informationsbedarfsanalyse als einer der frühen Phasen der Entwicklung von Data-Warehouse-Systemen grosse Bedeutung zukommt, zeigt die Bewertung bestehender Ansätze im Lichte der Anforderungen von Projektverantwortlichen erhebliche Lücken. In diesem Beitrag wird ein Vorgehensmodell für die nachfrageorientierte Informationsbedarfsanalyse im Data Warehousing vorgeschlagen, das den gesamten Prozess der Identifikation von Informationsbedarfen, Synchronisation von Informationsbedarf und -angebot, Bewertung und Homogenisierung von Informationslücken, Priorisierung zusätzlicher Informationsbedarfe und Spezifikation zusätzlicher Informationsbedarfe als Grundlage weiterer Data-Warehouse-Systementwicklungsschritte umfasst. Verschiedene Komponenten des Ansatzes konnten bereits in Form von Kooperationsprojekten mit Grossunternehmen erfolgreich umgesetzt werden.

1 Einleitung

Obwohl es sich beim Data Warehousing um ein relativ junges Teilgebiet der betrieblichen Informationsverarbeitung handelt, werden dafür mittlerweile signifikannte Ressourcen aufgewendet. Andererseits kann Data Warehousing erheblich zur Erreichung der Ziele des Informationsmanagements beitragen. Deshalb widmet sich eine zunehmende Zahl wissenschaftlicher Arbeiten den betriebswirtschaftlichen Problemen des Data Warehousings, d. h. Fragen der Wirtschaftlichkeit, der organisatorischen Verankerung oder des Projektmanagements (siehe z. B. Watson, Haley 1998 oder die Beiträge in Jung, Winter 2000).

In diesem Beitrag wird als spezielle Frage des Projektmanagements die Gestaltung der Informationsbedarfsanalyse betrachtet. Im Rahmen der Informationsbedarfsanalyse werden die durch das Data-Warehouse-System (u. U. in Ergänzung anderer Systeme) zu befriedigenden Informationsbedarfe eruriert, homogenisiert, priorisiert und fachkonzeptionell spezifiziert. Damit ist die Informationsbedarfsanalyse im Data Warehousing mit Teilen der Vorstudie und Teilen des Entwurfs des Fachkonzepts konventioneller betrieblicher Anwendungssysteme vergleichbar (vgl. z. B. Alpar et al. 2000, S. 213-215). Die Informationsbedarfsanalyse stellt eine der frühen Phasen der Entwicklung des Data-Warehouse-Systems dar. Spätere Phasen der Systementwicklung bauen auf den Ergebnissen der Informationsbedarfsanalyse auf, in dem die spezifizierten Informationsanforderungen durch entsprechende Systemgestaltung implementiert werden. Wie auch in anderen, konventionellen Systementwicklungsprojekten kommt frühen Phasen erhebliche Bedeutung zu, da Unzulänglichkeiten und Fehler in späteren Entwicklungsphasen nur mit grossem Aufwand korrigiert werden können (vgl. z. B. Alpar et al. 2000, S. 216-217).

Für die Informationsbedarfsanalyse im Data Warehousing wurden angebotsorientierte, nachfrageorientierte und geschäftsprozessorientierte Ansätze vorgeschlagen. Generell laufen angebotsorientierte Ansätze Gefahr, durch Verfügbarmachung auch unbenötigter Informationen Ressourcen zu verschwenden und Benutzer/innen nicht spezifisch genug in das Entwicklungsprojekt einbeziehen zu können. Nachfrageorientierte Ansätze setzen oft auf zu abstrakten Prozessbeschreibungen auf, sei es, weil bestimmte Entscheidungsprozesse (die durch das Data Warehouse unterstützt werden sollen) nicht standardisiert werden können oder weil die Entscheider/innen ihre Tätigkeit nicht exakt spezifizieren können oder wollen. Sowohl nachfrage- wie auch angebotsorientierte Ansätze explizieren oft keine Synchronisationsmechanismen für Informationsnachfrage und Informationsangebot, keine Priorisierungsmechanismen für zusätzlich abzudeckende Informationsbedarfe und/oder keine Homogenisierungsmechanismen für Informationsbedarfe unterschiedlicher Benutzer/innen.

In diesem Beitrag wird ein Vorgehensmodell für die nachfrageorientierte Informationsbedarfsanalyse im Data Warehousing vorgeschlagen, das den gesamten Prozess der Identifikation von Informationsbedarfen, Synchronisation von Informationsbedarf und -angebot, Bewertung und Homogenisierung von Informationslücken, Priorisierung zusätzlicher Informationsbedarfe und Spezifikation zusätzlicher Informationsbedarfe als Grundlage weiterer Data-Warehouse-Systementwicklungsschritte umfasst. Das vorgeschlagene Vorgehensmodell umfasst 13 Schritte: In der Initialisierungsphase werden Zielbenutzer/innengruppen und relevante Quell-Informationssysteme identifiziert. In einer Istanalyse-Phase werden bestehende Berichte analysiert, daraus ein aggregiertes Informationsmodell („Informationslandkarte") abgeleitet, und es werden relevante Datenquellen analysiert. Die Sollkonzeptphase umfasst die Identifikation und Analyse von sog. „business questions" für die zu unterstützenden Entscheidungsprozesse, einen systematischen Abgleich von Informationsbedarf und Informationsangebot, die Bestimmung von Prioritäten für nicht gedeckte Informationsbedarfe und die Homogenisierung der zusätzlichen Informationsbedarfe. In der abschliessenden Entwurfs-phase wird die Datensicht des Fachkonzepts spezifiziert und bewertet.

Zunächst ist zu klären, ob und worin sich der Entwicklungsprozess von Data-Warehouse-Systemen von der Entwicklung konventioneller betrieblicher Anwen-dungssysteme unterscheidet. Insbesondere sind die Unterschiede zwischen der In-formationsbedarfsanalyse im Data Warehousing und den entsprechenden Schritten bei der Entwicklung konventioneller betrieblicher Anwendungssysteme herauszu-arbeiten (Abschnitt 2). Als begriffliche Grundlage für die weiteren Analysen wer-den in Abschnitt 3 die verschiedenen betrieblichen Informations-Teilmengen defi-niert. Das hier vorgestellte Vorgehensmodell soll die Anforderungen von Verant-wortlichen für Data-Warehouse-Entwicklungsprojekte erfüllen und Lücken beste-hender Konzeptionen schliessen. Deshalb werden in Abschnitt 4 Anforderungen von Projektverantwortlichen an ein Vorgehensmodell zur Informationsbedarfsana-lyse zusammengefasst und in Abschnitt 5 bestehende Konzeptionen auf ihre Eig-nung hinsichtlich dieser Anforderungen untersucht. Der resultierende Handlungs-bedarf wird – quasi als Pflichtenheft für die Methodenentwicklung – am Ende des Abschnitts zusammengefasst. Die Strukturierung der vorgeschlagenen Aktivitäten in Form eines Vorgehensmodells – als wichtigster Komponente der Methodik – wird in Abschnitt 6 beschrieben. Für die anderen Methodenkomponenten wie In-formationsmodell, Rollenmodell, Dokumenten- und Technikbeschreibungen wird auf vertiefende Arbeiten verwiesen. Abschnitt 7 schliesst die Arbeit ab, indem der vorgestellte Ansatz zusammengefasst und seine Validierung in Form von Ko-operationsprojekten mit verschiedenen Grossunternehmen skizziert wird.

2 Besonderheiten der Informationsbedarfsanalyse im Data Warehousing

In den folgenden beiden Abschnitten werden Besonderheiten von Data-Ware-house-Systemen herausgearbeitet und darauf aufbauend begründet, weshalb für die Informationsbedarfsanalyse im Data Warehousing im Vergleich zu Ansätzen der konventionellen Systementwicklung ein spezifisches Vorgehen notwendig ist.

2.1 Data-Warehouse-Systeme vs. konventionelle betriebliche Anwendungssysteme

Data-Warehouse-Systeme unterscheiden sich in grundsätzlicher Hinsicht von kon-ventionellen betrieblichen Anwendungssystemen: (vgl. z. B. Dittmar 1999, S. 37ff.)

- Das Data-Warehouse-System, d. h. die Gesamtheit von Data Warehouse(s) i. e. S., Data Marts sowie Systemen zur Datenextraktion, -bereinigung, -transformation und -aggregation sowie zum Metadatenmanagement, stellt einen äusserst aufwändigen Bereich der betrieblichen Informationsverarbeitung dar, der sukzessiv aufgebaut werden muss (vgl. z. B. Inmon 1996, S. 96; Devlin 1997a, S. 304; Gardner 1998, S. 58; Holthuis 1998, S. 215; Heine 1999, S. 135).[1] und nur bei langfristiger und ganzheitlicher Betrachtung nachhaltig wirtschaftlich betrieben werden kann. Im Gegensatz dazu sind traditionelle betriebliche Anwendungssysteme im Normalfall besser isolierbar und müssen auch bei kurzfristiger, isolierter Betrachtung wirtschaftlich sein.

- Alle Daten in einem Data-Warehouse-System stammen aus den operativen Vorsystemen. Ein Data-Warehouse-System kann also – im Gegensatz z. B. zu Anwendungssystemen zur Unterstützung bestimmter Kanäle oder Geschäftsbereiche (z. B. Call Center, Electronic Commerce) – nicht „auf der grünen Wiese" entwickelt werden.

- Die zukünftigen Benutzer/innen eines Data-Warehouse-Systems haben Schwierigkeiten, ihren Bedarf an Informationen, d. h. die Anforderungen an das zu entwickelnde System, zu Beginn eines Projekts überhaupt und abschliessend zu spezifizieren (vgl. Meyer, Strauch 2000, S. 98). Für traditionelle betriebliche Anwendungssysteme ist dies zum Glück nicht der Normalfall.

- Der Aufbau von Data-Warehouse-Systemen stellt ein funktions- und bereichsübergreifendes Projekt dar, das nur erfolgreich sein kann, wenn es von genügend hoher Stelle im Unternehmen gefördert wird. Im Gegensatz dazu lassen sich Verantwortlichkeiten für bereichs- oder funktionsbezogene betriebliche Anwendungssysteme sehr gut lokalisieren („application owner").

Die inkrementelle Entwicklungsstrategie, die langfristige Betrachtungsweise, die enge Verknüpfung mit anderen betrieblichen Anwendungssystemen, der bereichs- und funktionsübergreifende Charakter und insbesondere die Schwierigkeiten der Benutzer/innen bei der Spezifikation ihrer Anforderungen an das System legen nahe, dass bei der Entwicklung von Data-Warehouse-Systemen konventionelle Methoden und Vorgehensmodelle der Systementwicklung nicht oder nur bedingt geeignet sind. Im nächsten Abschnitt wird speziell auf die hier zu betrachtende Phase der Informationsbedarfsanalyse eingegangen.

---

[1] Diese Ansicht wird auch von namhaften Anbietern von Data-Warehouse-Lösungen vertreten (vgl. z. B. SAS 2000, S. 2; Cognos 2000, S. 3).

2.2 Informationsbedarfsanalyse im Data Warehousing vs. Anforderungsanalyse in konventionellen Systementwicklungsprojekten

Für konventionelle betriebliche Anwendungssysteme werden im Rahmen der Vorstudie Anforderungen erhoben, homogenisiert und priorisiert, die dann im Rahmen des fachkonzeptionellen Entwurfs in möglichst anwendungs- und implementierungsneutraler Form spezifiziert werden (vgl. Alpar et al. 2000, S. 213-215 und die dort angegebene Literatur). Auf die Problematik, dass die zukünftigen Benutzer/innen eines Data-Warehouse-Systems z. B. aufgrund der teilweisen Unstrukturiertheit bzw. Einmaligkeit der zu unterstützenden Entscheidungsprozesse Schwierigkeiten haben, ihren Bedarf an Informationen – und damit die Anforderungen an das zu entwickelnde System – überhaupt und abschliessend zu spezifizieren, wurde im vorangegangenen Abschnitt bereits hingewiesen. Eine zusätzliche Problematik resultiert daraus, dass Data-Warehouse-Systeme entwickelt werden, um Informationen nicht nur für bekannte, sondern auch für zukünftige, noch unbekannte Fragestellungen bereitzustellen (vgl. Gardner 1998, S. 55). Wenn schon die Strukturierung aktueller Informationsbedarfe schwierig ist, wird die Strukturierung zukünftiger Informationsbedarfe gänzlich unmöglich (vgl. Gardner 1998, S. 55; Connelly, McNeill, Mosimann 1999, S. 7). Als Konsequenz kann die Analyse des Informationsbedarfs im Data Warehousing nicht losgelöst vom Informationsangebot, d. h. von den aktuell und zukünftig verfügbaren Informationen aus operativen Vorsystemen, durchgeführt werden.

3 Begriffsbestimmung betrieblicher Informationsteilmengen

Die zur Erfüllung betrieblicher Aufgaben benötigten Informationen spannen den so genannten Informationsraum auf, der in verschiedene betriebliche Informationsteilmengen unterteilt werden kann. Die folgenden Informationsteilmengen sind für die Analyse bestehender Ansätze zur Informationsbedarfsanalyse und den Vorschlag eines Vorgehensmodells relevant:

- „Der *Informationsbedarf* wird definiert als die Art, Menge und Qualität der Informationen, die eine Person zur Erfüllung ihrer Aufgaben in einer bestimmten Zeit benötigt. Er ist in vielen Fällen nur vage bestimmbar und hängt vor allem von der zugrunde liegenden Aufgabenstellung, den angestrebten Zielen und den psychologischen Eigenschaften des Entscheidungsträgers ab." (Picot, Reichwald, Wigand 1996, S. 106) Der *objektive Informationsbedarf* beinhaltet jene Informationen, die für den Entscheidungsträger zur Erfüllung seiner Aufgaben relevant sind. Der *subjektive Informationsbedarf* hingegen umfasst jene Informationen, die dem Entscheidungsträger als relevant erscheinen.

- In der Regel artikulieren Entscheidungsträger/innen nur einen Teil ihres subjektiven Informationsbedarfs (vgl. Mayer 1999, S. 165). Deshalb wird die *Informationsnachfrage*, d. h. die konkret nachgefragte Informationsmenge, als Teilmenge des subjektiven Informationsbedarfs beschrieben (vgl. z. B. Picot, Reichwald, Wigand 1996, S. 106). Dabei ist aber zu berücksichtigen, dass in Unternehmen vielfach Informationen nachgefragt werden, obwohl dem Nachfrager selbst bewusst ist, dass diese in keinem Zusammenhang mit seiner Tätigkeit stehen (*Pseudoversorgung*). Dieser Umstand kann einerseits dadurch erklärt werden, dass Information als Machtmittel verwendet wird. Andererseits kann ein hoher Sammeltrieb beobachtet werden, der Entscheidungsträger dazu bewegt, unspezifisch alles zu horten und aufzubewahren, was auch nur im Entferntesten relevant sein könnte (vgl. Schneider 1990, S. 226).

- Das *Informationsangebot* wird definiert als die Gesamtheit der Informationen, die einem Nachfrager zu einem bestimmten Zeitpunkt an einem bestimmten Ort zur Verfügung stehen (vgl. Mayer 1999, S. 166). Das Informationsangebot umfasst sowohl betriebsinterne als auch externe Quellen.

- Die Schnittmenge zwischen Nachfrage und Informationsangebot wird als *Informationsversorgung* bezeichnet.

Abb. 1 illustriert den Zusammenhang zwischen objektivem Informationsbedarf, subjektivem Informationsbedarf, Informationsnachfrage, Informationsangebot, Informationsversorgung, subjektivem Informationsunter- und -überangebot, objektivem Informationsunter- und -überangebot, Pseudoversorgung und Informationsstand.

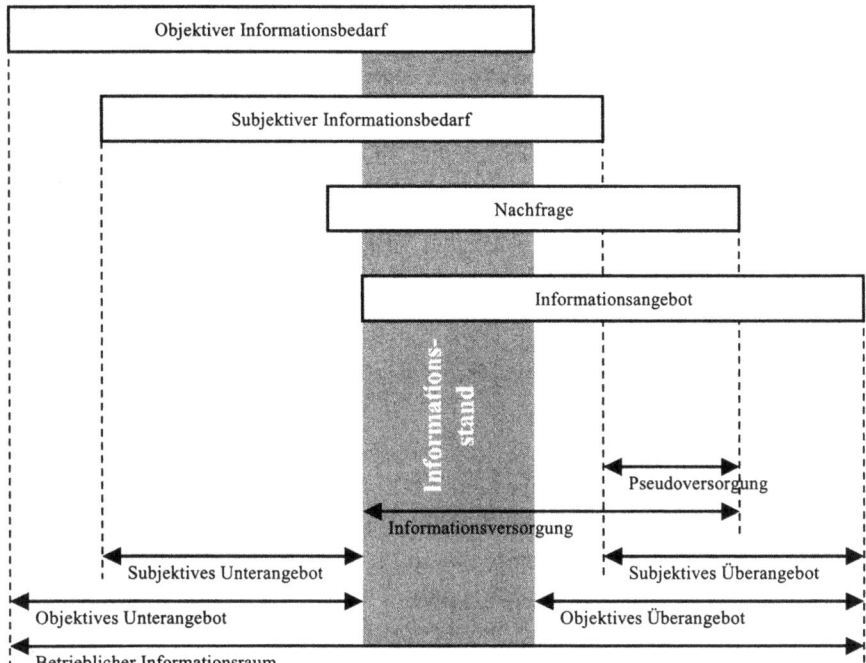

Abb. 1:   Betriebliche Informationsteilmengen (Quelle: Strauch 2002, S. 70)

4   Praxisanforderungen an die Informationsbedarfsanalyse im Data Warehousing

Im Rahmen eines vierjährigen Kooperationsprojekts zu betriebswirtschaftlichen Aspekten des Data Warehousings in Grossunternehmen wurden in Workshops und Befragungen durch Projektverantwortliche die folgenden Anforderungen an die Informationsbedarfsanalyse als wesentlich identifiziert: (in Anlehnung an Strauch 2002, S. 78ff)

- *Informationslandkarte:* Als Ergebnis der Informationsbedarfsanalyse im Data Warehousing wird eine so genannte „Informationslandkarte" verlangt, die auf aggregierter Ebene beispielsweise Aussagen darüber macht, aus welchen Quellsystemen welche Daten stammen, welche Organisationseinheiten welche Informationen erhalten, welche Begriffe homonym bzw. synonym verwendet werden etc.

- *Ist-Zustand der Informationsversorgung:* Die Informationsbedarfsanalyse muss den Ist-Zustand der Informationsversorgung erfassen können. Dies bedingt sowohl die Analyse bereits angeboter Informationen wie auch der Quellsysteme hinsichtlich Datenqualität. Die hiermit erzielten Ergebnisse müssen in die Informationslandkarte einfliessen.

- *Soll-Zustand der Informationsversorgung:* Der Soll-Zustand der Informationsversorgung muss auch zukünftige Anforderungen an die Informationsversorgung mittels Data-Warehouse-Systemen umfassen.

- *Priorisierung:* Die durch das Data-Warehouse-System bereitzustellenden Informationen müssen aufgrund von beispielsweise zeitlichen oder finanziellen Restriktionen und ihrer Wichtigkeit für die betriebliche Aufgabenerfüllung beurteilt und priorisiert werden.

- *Homogenisierung der Begriffe:* Die Integration operativer Daten in einem „zentralen" Data Warehouse bedingt die Vereinheitlichung der darauf aufbauenden Informationen und der entsprechenden Begriffswelt.

- *Abstimmung mit dem Modellierungsansatz:* Die Informationsbedarfanalyse muss die Objekte des gewählten semantischen Datenmodells (Fachkonzept) berücksichtigen. Dabei werden multidimensionale, semantische Datenmodelle bevorzugt.

- *Dokumentation:* Die Informationsbedarfsanalyse liefert wertvolle Metadaten, die maschinell erfasst werden sollten, um diese im Anschluss an ein Data-Warehouse-Projekt nicht mit hohem Aufwand zusammentragen zu müssen

Das zu entwickelnde Vorgehensmodell ist daran zu messen, ob es alle diese Anforderungen erfüllt und dazu geeignet ist, die Spezifikation aktueller und zukünftiger Informationsbedarfe zu unterstützen.

5   Bestehende Ansätze zur Informationsbedarfsanalyse im Data Warehousing

In Literatur und Unternehmenspraxis existieren eine Vielzahl verschiedener Techniken und Kombinationen von Techniken zur Ermittlung des Informationsbedarfs[2]

---

[2]   Für eine umfassende und detaillierte Beschreibung sei beispielsweise auf (Beiersdorf 1995, S.71 ff.) verwiesen, der insgesamt 28 unterschiedliche Techniken und Kombinationen von Techniken identifiziert. (vgl. auch z. B. Koreimann 2000, S. 54 ff.; Mayer 1999, S. 178 ff.)

– auch wenn diese meist für konventionelle Informationssysteme formuliert wurden und deshalb für die Entwicklung von Data-Warehouse-Systemen von vornherein nur bedingt geeignet sind. Beispiele für grundlegende Techniken sind u. a. die Durchführung von Interviews, die Verwendung von Fragebögen oder Analysen der Aufgaben von Entscheidern/innen. Um bestehende Unzulänglichkeiten dieser Techniken zu überwinden, werden diese teilweise auch miteinander kombiniert (vgl. z. B. Holten 1999, S. 122). Beispiele für Kombinationen von Techniken sind beispielsweise Business Systems Planning (vgl. Beiersdorf 1995, S. 76 ff.; Holten 1999, S. 123 sowie die dort angegebenen Referenzen), Information Engineering[3] oder die Methode kritischer Erfolgsfaktoren (vgl. Rockart 1979, S. 85 ff.). Die Prüfung dieser Techniken und Kombinationen von Techniken zeigt jedoch, dass sie den im vorangegangenen Abschnitt zusammengefassten Praxisanforderungen nicht genügen (vgl. Frie, Strauch 2001, S. 245; Strauch 2002, S. 77 ff.).

Data-Warehouse-Systeme werden häufig entwickelt, ohne dass der Informationsbedarf der Benutzer/innen richtig und vollständig verstanden worden ist (vgl. List, Schiefer, Tjoa 2000, S. 24). Es besteht also eine *Umsetzungslücke* zwischen dem geäusserten Informationsbedarf der Benutzer/innen und der Spezifikation durch die Entwickler/innen des Data-Warehouse-Systems. Um diese Umsetzungslücke zu schliessen, sind in der Literatur bereits spezielle Ansätze für die Informationsbedarfsanalyse im Data Warehousing zu finden. Diese Vorschläge lassen sich in nachfrage-, angebots- und geschäftsprozessorientierte Ansätze gliedern:

- *Nachfrageorientierte Ansätze:* Ziel des nachfrageorientierten Ansatzes ist es, mittels geeigneter Techniken den Informationsbedarf der Endbenutzer/innen des Data-Warehouse-Systems zu ermitteln. So ist beispielsweise Hansen überzeugt, dass allein der/die Endanwender/in den Geschäftszweck definieren kann, den das Data-Warehouse-System zu erfüllen hat. Demzufolge ist es Aufgabe der Anwender/innen, die Erhebung der benötigten Informationen selbst durchzuführen (Vgl. Hansen 1997, S. 319).

- Ein grundsätzliches Problem dieses Ansatzes ist der Umstand, dass die zukünftigen Anwender/innen selten in der Lage sind, ihren objektiven, nicht gedeckten Informationsbedarf ausreichend konkret zu artikulieren (vgl. Strauch 2002, S. 115). Zudem sind sich die Anwender oft nicht bewusst, welche neuartigen Informationen mit dem zu entwickelnden Data-Warehouse-System bereitgestellt werden können (vgl. Gardner 1998, S. 55; Connelly, McNeill, Mosimann 1999, S. 7).

---

[3]   Der Begriff *Information Engineering* wurde von den Autoren Finkelstein und Martin gemeinsam geprägt Die beiden Autoren entwickelten das Konzept des Information Engineering jedoch getrennt weiter (vgl. Finkelstein 1989; Martin 1989).

- *Angebotsorientierte Ansätze:* Ausgangspunkt des angebotsorientierten Ansatzes ist eine Analyse der operativen Informationssysteme, die zu deren semantischen bzw. logischen Schemata führen sollen. Aufgrund der vorliegenden Schemata werden von den Endbenutzern/innen die benötigten Informationen identifiziert. Die Schemata der operativen Informationssysteme und der identifizierte Informationsbedarf dienen in einem weiteren Schritt der Herleitung des Data-Warehouse-Schemas.

- Die Gefahr beim angebotsorientierten Ansatz besteht darin, dass die Endbenutzer/innen aufgrund der technischen Thematik mehr oder weniger von der Entwicklung ausgeschlossen bleiben, was dazu führen kann, dass die Endbenutzer/innen das entwickelte System nicht akzeptieren. Falls sie dennoch involviert werden, ist es schwierig, die durch die operativen Datenschemata vorgegebenen Strukturen zu verlassen, gerade auch, weil die Möglichkeiten der Informationsbereitstellung durch Data-Warehouse-Systeme vielfach noch unbekannt sind (vgl. Gardner 1998, S. 55).

- *Geschäftsprozessorientierter Ansatz:* Böhnlein und Ulbrich-vom Ende schlagen vor, die einem Geschäftsprozess zugrunde liegenden Datenstrukturen zu identifizieren und diese anschliessend in weiteren Schritten in ein Data-Warehouse-Datenschema umzuwandeln (vgl. Böhnlein, Ulbrich-vom Ende 2000, S. 9 ff.). Im konkreten Praxisfall ist die Unterscheidung, ob ein Data-Warehouse-System ausschliesslich analytischen Zwecken oder der Unterstützung von Geschäftsprozessen dient, nicht eindeutig vorzunehmen (vgl. Meyer 2000, S. 18). In diesem Beitrag wird von einem rein analytischen Charakter von Data-Warehouse-Systemen ausgegangen. Da der einem analytischen Informationssystem zugrunde liegende Prozess nicht operational strukturierbar ist (vgl. Koreimann 2000, S. 45), wird der geschäftsprozessorientierte Ansatz nicht weiter verfolgt.

Handlungsbedarf

Für das analytische Data Warehousing sind selbst die beschriebenen, spezifischen Ansätze zu technisch oder unzureichend operationalisiert (vgl. List, Schiefer, Tjoa 2000, S. 26). Den höchsten Grad der Formalisierung weisen im Allgemeinen die angebotsorientierten Ansätze auf, die aber viele Nachteile besitzen. Nachfrageorientierte Ansätze wurden in der Literatur bisher sehr allgemein gehalten und geben kaum detaillierte Handlungsanweisungen für die konkrete Umsetzung, insbesondere in Anbetracht der in Abschnitt 4 beschriebenen Praxisanforderungen.

Bei der Entwicklung einer Methodik für die Informationsbedarfsanalyse im Data Warehousing ist deshalb darauf zu achten, ausgehend vom Informationsbedarf der Benutzer (d. h. nachfrageorientiert) einen Abgleich mit dem Ist-Zustand der Informationsbereitstellung vorzunehmen, abzudeckende Informationsbedarfe zu bewerten, zu priorisieren und zu homogenisieren und schliesslich daraus die Datensicht des Data-Warehouse-Fachkonzepts abzuleiten (vgl. Strauch 2002, S. 85).

6   Vorschlag für ein Vorgehensmodell

Im Rahmen des bereits erwähnten vierjährigen Kooperationsprogramms mit verschiedenen Grossunternehmen wurde deren Vorgehen bei der Informationsbedarfsanalyse im Lichte der in Abschnitt 4 beschriebenen Anforderungen sowie des in Abschnitt 5 abgeleiteten Handlungsbedarfs analysiert. Dabei konnte zwar in keinem Fall ein vollständiges, allen Anforderungen genügendes Vorgehen beobachtet werden; In verschiedenen Unternehmen wurden jedoch bestimmte Aspekte und/oder bestimmte Teilaktivitäten erfolgreich methodisch unterstützt. Durch Kombination und Ergänzung der beobachteten Praktiken ergibt sich der folgende Vorschlag für ein Vorgehensmodell, das den in Abschnitt 4 beschriebenen Anforderungen genügt und die in Abschnitt 5 beschriebenen Nachteile bisheriger Ansätze überwindet.

Das Vorgehensmodell umfasst die sequentiell ablaufenden Phasen „Initialisierung" (1), „Ist-Analyse" (2), „Soll-Konzept" (3) und „Fachkonzeptentwurf" (4, vgl. Abb. 2). Im Folgenden werden die Aktivitäten dieser Phasen übersichtsartig beschrieben.

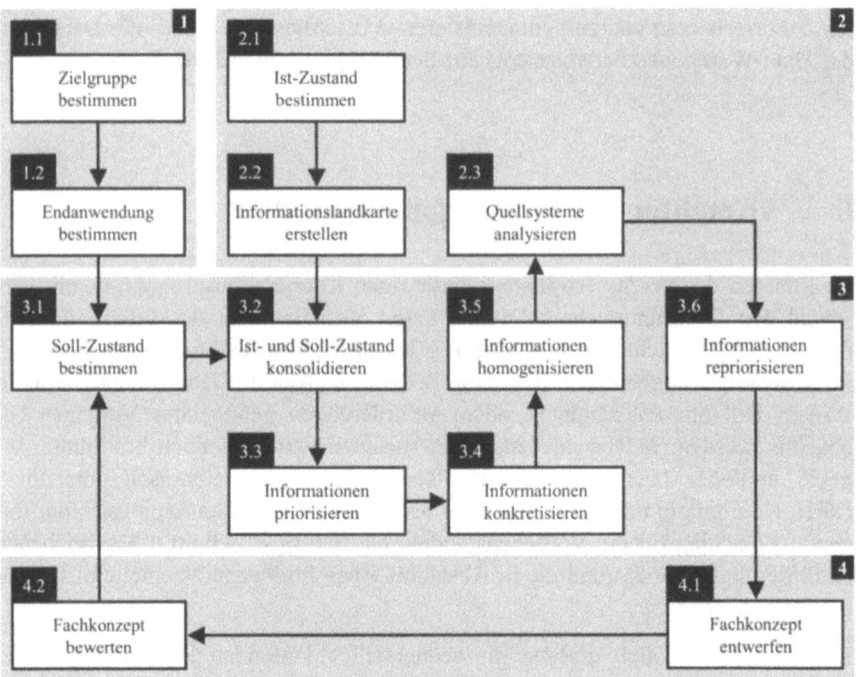

Abb. 2:   Vorgehensmodell der Informationsbedarfsanalyse im Data Warehousing
(Quelle: Strauch 2002, S. 172)

6.1   Phase 1: Initialisierung

6.1.1   Aktivität 1.1: Zielgruppe bestimmen

Im Sinne einer sukzessiven Entwicklungsstrategie (vgl. Abschnitt 2.1) für Data-
Warehouse-Systeme ist es notwendig, sich auf die Bereitstellung von Informationen zur Unterstützung einer bestimmten dispositiven Teilaufgabe zu beschränken.
Beispielsweise soll das zu entwickelnde System in einem ersten oder einem weiteren Schritt „lediglich" Auswertungen für die Wertschriftenlieferung einer Bank
zur Verfügung stellen.

6.1.2   Aktivität 1.2: Endanwendung bestimmen

Der Benutzer/innentyp (z. B. Abteilungsleiter, höheres Management etc.) und der
Anwendungszweck (Auswertungen über z. B. den Bestand von Wertschriftenauf-
trägen oder über Wertschriftenlieferungen etc.) beeinflussen den Typ des zu entwickelnden Anwendungssystems (vgl. Frie, Strauch 2001, S. 247). So bevorzugt
ein/e Analyst/in unter Umständen eine flexible OLAP-Anwendung, während zur

strategischen Unternehmensführung eher statische Kennzahlenberichte oder die Aufbereitung der Informationen in Form einer Balanced Scorecard geeignet erscheinen (vgl. Strauch 2002, S. 173 sowie die dort angegebenen Referenzen).

6.2 Phase 2: Ist-Analyse

6.2.1 Aktivität 2.1: Ist-Zustand der Informationsversorgung bestimmen

Zur Ermittlung des Ist-Zustands der Informationsversorgung im Unternehmen eignet sich im Besonderen eine Inventur des Berichtswesens (vgl. z. B. Becker, Holten 1998, S. 484), die mehrere Ziele verfolgt. Einerseits wird versucht, der Informationsüberflutung der Entscheidungsträger/innen entgegenzuwirken. Andererseits stellt das Inventar der Berichte im Unternehmen gleichzeitig eine Sammlung von Metadaten dar, die die Planung, die Entwicklung und den Betrieb des Data-Warehouse-Systems unterstützt (vgl. Becker, Holten 1998, S. 484). Eine Auswahl von Metadaten, die für jeden Bericht im Unternehmen zu ermitteln sind, werden im Folgenden dargestellt (in Anlehnung an Strauch 2002, S. 181 f.):

- Bezeichnung: Bezeichnung des Berichts

- Periodizität: Zeitspanne, in welcher der Bericht neu erstellt wird

- Struktur: Beschreibung der Struktur des Berichts z. B: „pro Generalagentur werden die Schadensfälle des Berichtszeitraums aufgelistet"

- Mängel: mögliche Mängel des Berichts (fehlende Informationen, überflüssige Informationen etc.)

- Applikation: Bezeichnung des betrieblichen Anwendungssystems, welches den Bericht produziert

- Konsumenten: Namen der Personen, die den Bericht nachfragen sowie Bezeichnung der Organisationseinheit, in welcher die Personen arbeiten

- Produzenten: Namen der Personen, die für die Produktion des Berichts zuständig sind sowie Bezeichnung der Organisationseinheit, in welcher die Personen arbeiten

- Positionen: Nennung der anzuzeigenden Berichtspositionen z. B. „Datum, Generalagentur, Vertragsnummer, Schadensart, Schadensursache, Schadenssumme)

6.2.2 Aktivität 2.2: Informationslandkarte erstellen

Ziel dieser Aktivität ist es, eine Informationslandkarte (vgl. Abschnitt 4) aufgrund einer Analyse des gewonnenen Bestands an Metadaten zu erstellen. Die Informationslandkarte dient als Grundlage für die weiteren Aktivitäten der Phase Soll-

Analyse. Die folgende Abbildung zeigt einen Ausschnitt aus der Informationslandkarte: Pro Berichtsposition werden die Berichte angezeigt, welche die entsprechende Berichtspostion enthalten. Diese Analyse des Bestands an Metadaten hilft
beispielsweise bei der Identifikation von Homonymen (Aktivität 3.5). So deuten
schon die Bezeichnungen der Berichte an, dass beispielsweise die „Anzahl Verträge" kontextabhängig unterschiedlich zu interpretieren ist.

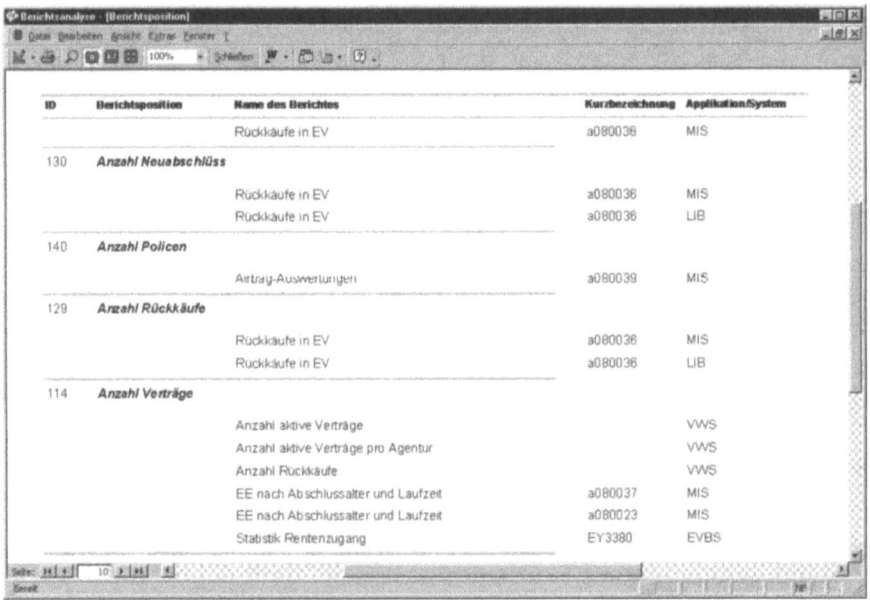

Abb. 3: Ausschnitt aus der Informationslandkarte (Quelle: Strauch 2002, S. 128)

6.2.3   Aktivität 2.3: Quellsysteme analysieren

Zwingend notwendig ist eine Analyse der mittels Berichtsanalyse identifizierten
Datenquellen. Vielfach verhindern gerade verschiedene Aspekte mangelnder Da-
tenqualität in den operativen Systemen eine sinnvolle Umsetzung von Teilen des
Data-Warehouse-Systems (vgl. dazu beispielsweise Watson, Haley 1998, S. 38;
Helfert 2000, S. 62).

6.3   Phase 3: Soll-Analyse

6.3.1   Aktivität 3.1: Soll-Zustand der Informationsversorgung bestimmen

Um den Soll-Zustand zu bestimmen, wird die Erhebung und Analyse von so genannten Geschäftsfragen („business questions") vorgeschlagen. Diese Technik

wird in der Praxis zunehmend eingesetzt (vgl. Strauch 2002, S. 187). Geschäfts-fragen sind typische Fragestellungen, die in der Tätigkeit der zu unterstützenden Benutzer/innengruppen eine Rolle spielen und die von den bisherigen Anwen-dungssystemen nicht oder nicht ausreichend beantwortet werden können. Oft ist nämlich nicht die fehlende Verfügbarkeit relevanter Daten das Problem – in Grossunternehmen sind meist alle Daten irgendwo verfügbar – sondern vielmehr das Stellen der richtigen Fragen (vgl. Schwaninger 1994, S. 142). Aufgabe eines Data-Warehouse-Systems ist es entsprechend, Antworten auf die aufgeworfenen Geschäftsfragen zu geben. Eine konkrete Beschreibung zur Ermittlung und Analy-se von Geschäftsfragen findet sich in (Strauch 2002, S. 187 ff.).

6.3.2   Aktivität 3.2 Ist- und Soll-Zustand konsolidieren

Es muss geprüft werden, welcher Teil des Ist-Zustands der Informationsbereitstel-lung zukünftig vom Data-Warehouse-System übernommen werden soll. Gleich-zeitig ist dieser mit dem ermittelten Soll-Zustand zu konsolidieren.

6.3.3   Aktivität 3.3: Informationen priorisieren

Um die Komplexität des gesamten Entwicklungsprojekts zu begrenzen, sind die nach jedem Entwicklungsschritt durch das Data-Warehouse-System bereitzustel-lenden Informationen zu identifizieren. Dies kann durch eine Priorisierung anhand der folgenden Kriterien geschehen: Kosten der Umsetzung, Zeitbedarf der Umset-zung, Personalrestriktionen, Datensicherheitsaspekte, Datenschutzaspekte, gewün-schte Granularität der Informationen, gewünschte Aktualität der Informationen, spezifische Aspekte der Datenqualität und Kosten zur Behebung mangelnder Datenqualität.

6.3.4   Aktivität 3.4: Informationen konkretisieren

Die zur Umsetzung bestimmten Informationen müssen konkretisiert werden. Kon-kretisierung bedeutet in diesem Fall die Bestimmung der Berechnungsvorschriften sowie die dazu notwendigen Attribute der Datenquellen. Referenzen auf poten-zielle Berechnungsvorschriften und Datenquellen lassen sich der Informations-landkarte entnehmen. Ebenfalls sind Aggregationsgrad bzw. Granularität sowie Aktualität bzw. Periodizität festzuhalten, mit welchen entsprechende Informa-tionen bereitgestellt werden sollen (vgl. Strauch 2002, S. 176).

6.3.5   Aktivität 3.5: Informationen homogenisieren

Nur wenn Daten mit klar definierten Begriffen verbunden werden, erhalten die vom Data-Warehouse-System gelieferten Informationen auch eine Bedeutung für den/die Endanwender/innen. Allerdings werden Begriffe in verschiedenen Bereichen eines Unternehmens unterschiedlich interpretiert. „Wenn z. B. unter Prämie an einem Ort eine effektiv eingezahlte Bruttoinkassoprämie inklusive Raten- und Risikozuschlägen gemeint ist und an einem anderen Ort eine vertraglich festgelegte Anfangsprämie ohne Ratenzuschläge, dann sind Inkonsistenzen und damit Akzeptanzprobleme vorprogrammiert." (Garzotto 2000, S. 166) Entsprechend müssen die im Unternehmen verwendeten Begriffe vereinheitlicht werden.

6.3.6   Aktivität 3.6: Informationen repriorisieren

Da nicht vorhandene Daten oder mangelnde Datenqualität dazu führen, dass Informationen nicht zur Verfügung gestellt werden können, muss der Informationsbedarf im Anschluss an die Analyse der Quellsysteme neu priorisiert werden. Dabei wird erwartet, dass Bedingungen (Kosten, Zeitbedarf etc.) einer Integration von externen Daten und/oder der Bereinigung der Datenbestände durch eine Analyse der Quellsysteme expliziert werden können.

6.4   Phase 4: Fachkonzeptentwurf

6.4.1   Aktivität 4.1: Fachkonzept entwerfen

Der Fachkonzeptentwurf (Datensicht) ist Ergebnis und somit Bestandteil der Informationsbedarfsanalyse. Die Wahl des Datenmodells ist grundsätzlich in Abhängigkeit der zu entwickelnden Endanwendung zu treffen. Während der Einsatz semantischer Datenmodelle (z. B. Entity-Relationship-Modellierung) im operativen Umfeld bereits eine breite Anwendung gefunden hat, konnten sich semantische Datenmodelle zur Entwicklung multidimensionaler, dispositiver Systeme (OLAP-Systeme) noch nicht durchsetzen. Dies liegt daran, dass viele der aktuellen Ansätze auf der logischen Ebene anzusiedeln sind und mehr oder weniger stark den physischen Strukturen proprietärer Werkzeuge verhaftet sind. (vgl. Schelp 2000, S. 2) Oftmals ist in der Praxis auch der Versuch anzutreffen, mit semantischen Datenmodellen des operativen Umfelds multidimensionale Strukturen für dispositive Systeme abzubilden. Dabei wird aber übersehen, dass bei der Gestaltung operativer Systeme hauptsächlich die Vermeidung von Redundanzen sowie die performante Abwicklung vieler atomarer Transaktionen im Vordergrund stehen (vgl. Schelp 2000, S. 2). Bei der Gestaltung dispositiver Systeme sind die genannten Aspekte jedoch von untergeordneter Bedeutung.

Multidimensionale Datenmodellierung spielt dennoch eine Schlüsselrolle im Entwurf eines Data-Warehouse-Systems (vgl. Sapia et al. 1998). Demzufolge existieren bereits verschiedene Ansätze zur semantischen Modellierung multidimensionaler Datenstrukturen, wie z. B. ADAPT (vgl. Bulos 1998, S. 253 ff.), das ME/R Model (vgl. Sapia et al. 1998), das Dimensional Fact Model DFM (vgl. Golfarelli, Rizzi 1998) oder das Kubenstrukturmodell (vgl. Schelp 2000, S. 252).

6.4.2 Aktivität 4.2: Fachkonzept bewerten

Das Fachkonzept muss von den involvierten Organisationseinheiten im Unternehmen bewertet werden. Genügt das Fachkonzept den Anforderungen nicht mehr, so ist der neue Soll-Zustand zu ermitteln.

6.5 Andere Methodenkomponenten

Die Spezifikation von Aktivitäten einschliesslich ihrer Struktur und ihrer gegenseitigen Abhängigkeiten stellt zwar den Kern einer Methodik dar, bedarf aber zur Operationalisierung der Ergänzung durch die Festlegung von (vgl. Heym, Österle 1992, S. 10)

- Dokumenttypen (die das Ergebnis bestimmter Aktivitäten beschreiben) und

- Techniken (die die Erzeugung der Dokumente unterstützen)

sowie der Spezifikation eines

- Rollenmodells (das die Verantwortlichkeiten und die Arbeitsteiligkeit im Entwicklungsprozess beschreibt) und insbesondere eines

- Informationsmodells (das alle relevanten Informationsobjekte in ihrem Gesamtzusammenhang modelliert).

Für das hier vorgeschlagene Vorgehensmodell finden sich die entsprechenden Methodenkomponenten in (Strauch 2002)[4].

7 Zusammenfassung und Ausblick

Das hier vorgestellte Vorgehensmodell stellt den Kern einer umfasseneren Methode zur Informationsbedarfsanalyse im Data Warehousing dar. Die beschriebenen Aktivitäten wurden bei der Analyse von realen Projekten in Grossunternehmen beobachtet, konzeptionell (insbesondere begrifflich) homogenisiert und in eine konsistente Reihenfolge gebracht. Betrachtet man alle Aktivitäten im Zusammenhang, werden die wesentlichen Anforderungen von Projektverantwortlichen an diese frühe Phase der Entwicklung von Data-Warehouse-Systemen erfüllt: Die Analyse wird fokussiert, als Zwischenschritt wird ein aggregiertes Informationsmodell („Informationslandkarte") erzeugt, auf dieser Grundlage wird der Ist-Zustand der Informationsversorgung erfasst, die Formulierung von Informationsbe-

---

[4] Vgl. Strauch 2002, S. 215 ff. für die Darstellung der Dokumenttypen; S. 179 ff. für Techniken; S. 221 für das Rollenmodell; S. 134 ff. für das Informationsmodell.

darfen wird mittels „business questions" endbenutzer/innenfähig unterstützt, und Informationsbedarfe werden durch geeignete Mechanismen priorisiert und homogenisiert. Am Ende werden die Ergebnisse unter Nutzung eines geeigneten semantischen Datenmodells für weitere Entwicklungsschritte verfügbar gemacht. Ausserdem werden die im Verlauf der Informationsbedarfsanalyse erzeugten Metadaten für die integrierte Metadatenverwaltung verfügbar gemacht.

Die Erfahrungen mit realen Data-Warehouse-Entwicklungsprojekten in Grossunternehmen zeigen jedoch, dass die vollständige Nutzung einer umfassenden Methodik, auch wenn sie sich nur auf eine bestimmte Phase der Systementwicklung bezieht, aus verschiedenen Gründen problematisch ist: Oft werden bestimmte Methoden, Modelle und Werkzeuge von unternehmensinternen Methodikeinheiten in Form von Standards vorgegeben, oder die Entwicklung erfolgt dezentral, wobei verschiedene Organisationseinheiten oftmals unterschiedliche Methoden, Modelle und/oder Werkzeuge nutzen – falls überhaupt ein methodisches Vorgehen erfolgt und die Anforderungen an die Informationsversorgung nicht – wie oft zu beobachten – informell, lückenhaft, ohne Einbezug der späteren Benutzer/innen oder gar nicht erfolgt.

Insofern steht die „Feuerprobe" im Sinne einer ganzheitlichen und umfassenden Anwendung des hier vorgestellten Vorgehensmodells noch aus. Erste Erfahrungen mit der Nutzung einzelner Komponenten lassen jedoch erwarten, dass durch eine umfassende Anwendung signifikante Wieder- und Weiterverwendungspotenziale der spezifizierten Ergebnisse realisiert werden können.

8   Literatur

Alpar, P.; Grob, H.L.; Weimann, P.; Winter, R.: Anwendungsorientierte Wirtschaftsinformatik. 2. Aufl. Wiesbaden 2000.

Becker, J.; Holten, R.: Fachkonzeptuelle Spezifikation von Führungsinformationssystemen. In: Wirtschaftsinformatik 40 (1998) 6, S. 483-492.

Beiersdorf, H.: Informationsbedarf und Informationsbedarfsermittlung im Problemlösungsprozess „Strategische Unternehmungsplanung", Band 5. München, Mering 1995.

Böhnlein, M.; Ulbrich-vom Ende, A.: Business Process Oriented Development of Data Warehouse Structures. In: Jung, R.; Winter, R. (Hrsg.): Data Warehousing 2000 – Methoden, Anwendungen, Strategien. Heidelberg 2000, S. 3-21.

Bulos, D.: OLAP Database Design. In: Chamoni, P.; Gluchowski, P. (Hrsg.): Analytische Informationssysteme, 1. Aufl. Berlin et al. 1998, S. 251-261.

Cognos: Constructing the Integrated Data Warehouse with e-Applications. Whitepaper 2000. http://www.cognos.com. (Abruf 2001-02-16).

Connelly, R.A.; McNeill, R.; Mosimann, R.P.: The Multidimensional Manager. Cognos, Inc. Ottawa 1999.

Devlin, B.: Data Warehouse – From Architecture to Implementation. Reading et al. 1997.

Dittmar, C.: Erfolgsfaktoren für Data Warehouse-Projekte – Eine empirische Studie aus Sicht der Anwendungsunternehmen. Arbeitsbericht des Instituts für Unternehmensführung und Unternehmensforschung, Ruhr-Universität Bochum Nr. 78. Bochum 1999.

Finkelstein, C.: An Introduction to Information Engineering. Sydney et al. 1989.

Frie, T.; Strauch, B.: Die Informationsbedarfsanalyse im Data Warehousing – ein methodischer Ansatz am Beispiel der Balanced Scorecard. In: Britzelmaier, B.; Geberl, S.; Weinmann, S. (Hrsg.): Informationsmanagement – Herausforderungen und Perspektiven. Stuttgart et al. 2001, S. 241-253.

Gardner, S.: Building the Data Warehouse. In: Communications of the ACM 41 (1998) 9, S. 52-60.

Garzotto, A.: MASY – Ein Erfahrungsbericht zum Thema Data Warehouse. In: Jung, R.; Winter, R. (Hrsg.): Data Warehousing Strategie. Berlin et al. 2000, S. 161-167.

Golfarelli, M.; Rizzi, S.: A Methodological Framework for Data Warehouse Design. In: Proceedings ACM First International Workshop on Data Warehousing and OLAP (DOLAP 98). Washington D.C. 1998, S. 3-9..ftp://ftp-db.deis.unibo.it/ pub/Stefano /dolap98.pdf. (Abruf 2001-01-18).

Hansen, W.-R.: Vorgehensmodell zur Entwicklung einer Data Warehouse-Lösung. In: Mucksch, H.; Behme, W. (Hrsg.): Das Data Warehouse-Konzept. 2. Aufl. Wiesbaden 1997, S. 311-328.

Heine, P.: Unternehmensweite Datenintegration. Stuttgart, Leipzig 1999.

Helfert, M.: Massnahmen und Konzepte zur Sicherung der Datenqualität. In: Jung, R.; Winter, R. (Hrsg.): Data Warehousing Strategie. Berlin et al. 2000, S. 65-78.

Heym, M.; Österle, H.: A Semantic Data Model for Methodology Engineering. Arbeitsbericht des Instituts für Wirtschaftsinformatik, Universität St. Gallen IM 2000/CC RIM/20. St. Gallen 1992.

Holten, R.: Entwicklung von Führungsinformationssystemen. Wiesbaden 1999.

Holthuis, J.: Der Aufbau von Data Warehouse-Systemen. Wiesbaden 1998.

Inmon, W.H.: Building the Data Warehouse. 2. Aufl. New York et al. 1996.

Jung, R.; Winter, R. (Hrsg.): Data Warehousing Strategie. Berlin et al. 2000.

Koreimann, D.S.: Grundlagen der Software-Entwicklung. 3. Aufl. München, Wien 2000.

List, B.; Schiefer, J.; Tjoa, A.M.: Use Case Driven Requirements Analysis for Data Warehouse Systems. In: Jung, R.; Winter, R. (Hrsg.): Data Warehousing 2000 – Methoden, Anwendungen, Strategien. Heidelberg 2000, S. 23-39.

Martin, J.: Information Engineering – Introduction, Band 1. Englewood Cliffs 1989.

Mayer, J.H.: Führungsinformationssysteme für die internationale Management-Holding. Wiesbaden 1999.

Meyer, M.: Organisatorische Gestaltung des unternehmensweiten Data Warehousing – Konzeption der Rollen, Verantwortlichkeiten und Prozesse am Beispiel einer Schweizer Universalbank (Dissertation, Universität St. Gallen, 2000). St. Gallen 2000.

Meyer, M.; Strauch, B.: Organisationskonzepte im Data Warehousing. In: Jung, R.; Winter, R. (Hrsg.): Data Warehousing Strategie. Berlin et al. 2000, S. 79-100.

Picot, A.; Reichwald, R.; Wigand, R. T.: Die grenzenlose Unternehmung. 2. Aufl. Wiesbaden 1996.

Rockart, J.F.: Chief executives define their own data needs. In: Harvard Business Review 57 (1979) 2, S. 81-93.

Sapia, C.; Blaschka, M.; Höfling, G.; Dinter, B.: Extending the E/R Model for the Multidimensional Paradigm. In: Kambayashi et al. (Hrsg.): Advances in Database Technologies, Proceedings of the International Workshop on Data Warehouse and Data Mining (DWDM). Berlin et al. 1998, ohne Seitenangaben. http://www.forwiss.tu-muenchen.de/~system42/publications/dwdm98.pdf. (Abruf 2001-08-05).

SAS: SAS Rapid Warehousing Methodology. Whitepaper 2000. http://www.sas.com/service/library/whitepaper/downloads/17384US_0998.pdf. (Abruf 2001-02-16).

Schelp, J.: Konzeptionelle Modellierung mehrdimensionaler Datenstrukturen analyseorientierter Informationssysteme. Wiesbaden 2000.

Schneider, U.: Kulturbewusstes Informationsmanagement. München 1990.

Schwaninger, M.: Managementsysteme, Band 4. Frankfurt, New York 1994.

Strauch, B.: Entwicklung einer Methode für die Informationsbedarfsanalyse im Data Warehousing (Dissertation, Universität St. Gallen, 2002). St. Gallen 2002.

Watson, H.; Haley, B.J.: Managerial considerations. In: Communications of the ACM 41 (1998) 9, S. 32-37.

Visual Specification of Multidimensional Queries Based on a Semantic Data Model

Michael Böhnlein
T-Systems Nova GmbH

Markus Plaha, Achim Ulbrich-vom Ende
Universität Bamberg

Multidimensional data analysis of online analytical processing (OLAP) tools has become an essential part of modern decision support systems. In addition to standard static reporting, major benefits of these tools include dynamic data navigation (drill-down, drill-up, drill-anywhere etc.) and ad-hoc querying. Unlike operational online transactional processing (OLTP) applications with static user interfaces, the dynamic data navigation aspects of OLAP applications force users to understand the underlying multidimensional data schema. Knowledge about the schema is essential for the quality of the query specification and responsible for the inferred decisions. Obviously, managers cannot be forced to learn the structure of the underlying data. Therefore, users need a multidimensional querying tool with a visual representation of the multidimensional schema to easily specify their information demands considering integrity constraints. In fact, most commercial tools provide users only with multidimensional business terms assuming their knowledge about the schema and neglecting the assistance in query specification.

In this paper, we present an approach of a user-friendly visual multidimensional querying tool. Instead of taking for granted that users have knowledge of the underlying data, the tool provides users with the information about the data in a graphical representation of a semantic multidimensional data model. Starting from this data model, users can visually specify their information demands within the graphical representation. The tool assists users in combining the correct multidimensional business terms corresponding with the semantic data model.

1   Introduction

Nowadays, companies cannot afford to miss the advantage of decision support applications. In providing the information necessary for the decision-makers, these tools allow to make faster and better decisions. This helps to minimize the risk of wrong conclusions. In recent years, data warehouse systems have become an essential part of modern decision support applications. Data warehouse systems enable efficient access to data from multiple heterogeneous data sources by storing the integrated data redundantly in an independent data store (data warehouse). From the user's perspective, especially the dynamic data analysis functionality of online analytical processing (OLAP) tools tend to be an enormous success. In contrast to operational transactional applications (online transactional processing (OLTP)), these tools provide an intuitive access to data within the warehouse by a multidimensional representation (Codd, Codd, Salley 1993). Additionally, OLAP tools support dynamic data navigation (drill-down, drill-up, drill-anywhere etc.) and ad-hoc querying.

In fact, the major benefit of OLAP tools is a substantial disadvantage at the same time. In order to use dynamic data analysis functionality, users have to understand the underlying multidimensional schema, the corresponding integrity constraints and the query language. Only with this knowledge users are able to transform their information demands into syntax of a multidimensional query. Misformulated queries or even misinterpreted query results can cause wrong decisions and become a high risk to a company. The knowledge about the schema is essential for the quality of the query specification. Therefore, interpretability is a hot topic in data quality research in the data warehouse community (English 1999, Jarke et al. 2000).

It is obvious that managers cannot be forced to learn the structure of the underlying data. If the dynamic character of schemas is taken into account, this requirement becomes even more unrealistic. Finally, this leads to a demand of a visual multidimensional querying tool presenting the needed information and assisting users to specify their information demands. Unfortunately, most commercial tools provide the user only with multidimensional business terms within a tree-control assuming the user's knowledge about the data model and neglecting the assistance in query writing.

In this paper we present a new approach of a visual multidimensional querying tool based on a graphical representation of the underlying multidimensional schema. For the graphical representation we choose the Semantic Data Warehouse Model (SDWM) (Böhnlein, Ulbrich-vom Ende 2001). Its focus lies on a user-friendly representation of the semantic aspects of a multidimensional schema. One of the major benefits of this model is the explicit representation of a measurement system. The usability of the model has been proven within an existing data warehouse project with non-technical end-users (Sinz et al. 2001). Starting from the graphical representation, users specify their information demands.

The paper proceeds as follows: After this introduction, in the second part related work both from the scientific community and from the industry is described. The third part consists of the specification of queries in a data warehouse environment based on a semantic data model. The main advantages of the selected semantic data model are introduced. The constraints for the query specification are discussed and a real-world example from a university application domain is presented. In the fourth part the architecture of the developed prototype is demonstrated. Finally, summary and outlook to further improvements conclude the paper.

2   Related Work

In recent years, two different approaches of modeling and querying data warehouses have emerged: the concepts of the scientific community and the pragmatic industrial solutions. Both differ substantially from each other, and an integration of these concepts has not yet occurred. In the following, we discuss the influences that both the scientific community and the industry have had on our work.

1. The scientific community mainly focuses on the specification of modeling approaches and query languages.

   - *Modeling approaches:* Most of the modeling approaches are characterized by three different modeling layers.

     - The semantic layer comprises a business term-oriented specification considering no implementation details. „A MDM [Multidimensional Data Model; remark of author] is not tied to a physical representation of data." (Raden 1996) On the semantic layer the so called semantic data models became particularly popular because of their rich expressive power.

     - The logical layer focuses on the applied database model, e. g. the relational, multidimensional or object-oriented model. In the warehouse community, star and snowflake schemas are well known transformations of the multidimensional model to a relational representation.

     - The physical layer considers implementation details based on the database management system, the operating system and the hardware environment. Mainly performance and capacity constraints are relevant on this layer.

   Scientific methods primarily focus on semantic modeling approaches. A significant variety of different approaches have emerged. Some of the proposed models evolve further through a prototypical implementation supporting a commercial OLAP tool. Most popular of these approaches are mentioned in the following:

- Dimensional Fact Model (DFM) from Golfarelli, Maio, Rizzi (Golfarelli, Maio, Rizzi 1998): The tool is called Warehouse Integrated Designer (WanD) (Golfarelli, Rizzi 2001).

- Multidimensional Unified Modeling Language (mUML) from the Oldenburger Forschungs- und Entwicklungs-Institut für Informatik-Werkzeuge und -Systeme (Harren, Herden 1999): A tool prototype integrated in Rational Rose is available.

- Fachkonzeptuelle Modellierung from Becker, Holten and Knackstedt (Becker, Holten 1998). A Meta-MIS toolsuite supporting MicroStrategy has been developed (Holten 2000).

- Multidimensional Entity-Relationship-Model (M/ERM) from Sapia, Blaschka and Höfling (Sapia et al. 1998): The graphical meta-data-driven modeling tool (GraMMi) implements a generic graphical modeling tool using a standard repository management system (Sapia, Blaschka, Höfling 2000).

All of the modeling approaches described above and their prototypical implementation mainly focus on the documentation of semantic data models. They do not consider query specification for end-users based on the particular model.

- *Query languages:* Generally, query languages are based on a formal data model using an algebra or a calculus. Often declarative high-level query languages extending SQL with specific aggregation and analysis-oriented operators are applied. In the following the most popular of these approaches are mentioned:

  - A Query Language for Multidimensional Arrays (Libkin, Machlin, Wong 1996).

  - A Rule-Based Language for Ordered Multidimensional Databases (Hacid, Marcel, Rigotti 1997).

  - nD-SQL: A Multidimensional Language for Interoperability and OLAP (Gingras, Lakshmanan 1998).

  Emphasis is given to query optimization and not to end-user friendliness. Only Cabibbo and Torlone (Cabibbo, Torlone 1998) describe a visual query language which is based on their multidimensional logical data model. This query language uses complex multilevel transformations to provide results.

2. Unfortunately, the industry has not adopted semantic data models from the scientific community so far. Instead of using graph representations of semantic data models, commercial products visualize business terms with components of conventional graphical user interfaces. They apply pragmatic approaches

with the direct manipulation or drag and drop paradigm. MicroStrategy (MicroStrategy 2001) and Cognos (Cognos 2001) for example use a tree-view or a wizard-based approach to represent analytical results in a grid or a graph.

In this paper, we illustrate the graphical specification of queries based on a semantic data model. Our contribution is to integrate the endeavours from the industry and the scientific community and we do this in three stages:

1. Model: Modeling multidimensional schemas with a meaningful and implementation independent semantic data model (part 3.1).

2. Selection: Use of the semantic data model to select components of a query (part 3.2). This leads to the following advantages:

   • Considering constraints and complex dependencies within the semantic model leads to consistent and meaningful end-user results.

   • A visual specification based on a graph provides selections through end-users in an intuitive manner.

3. Query: Generating queries which lead to a grid or graph representation of the results (part 3.3).

3   Queries in a Data Warehouse Environment Based on a Semantic Data Model

3.1   SDWM – A Semantic Data Warehouse Model

So far, no semantic multidimensional modeling approach has become generally accepted due to their respective deficits and the lack of support from the data warehouse industry (Böhnlein 2001). Therefore, in this part we introduce the Semantic Data Warehouse Model (SDWM) (Böhnlein, Ulbrich-vom Ende 2001). SDWM is better suited for the visual specification of queries through decision-makers than conventional semantic data models. This will be described in the following.

The multidimensional cube metaphor implies the representation of quantitative enterprise information from different qualitative perspectives. SDWM is a data model developed explicitly for modeling such multidimensional data structures. Therefore, all components of SDWM are aligned to the semantics of the multidimensional paradigm:

- *mastering complexity:* SDWM distinguishes between different views on a multidimensional data structure, e. g. dimensional view or measurement system view, to improve focus and clarity.

- *meta model:* There is a detailed meta model in a semiformal specification, which defines all components and their relationships from a syntactical as well as from a semantic point of view (Böhnlein 2001).

- *proven method:* An extensive model of action for SDWM is available which has been applied in the CEUS data warehouse project (Sinz et al. 2001). It describes the derivation of data warehouse structures from enterprise goals and business processes (Böhnlein, Ulbrich-vom Ende 2000; Böhnlein et al. 2001).

- *measurement system:* SDWM considers multilevel relationships between measures and their corresponding computation rules even across different cubes.

- *additivity:* It permits the specification of multilevel additivity of measures regarding their corresponding dimensions.

- *support for the multidimensional paradigm:* SDWM differentiates explicitly between quantitative aspects (measures) and their qualitative aspects (dimensions). It also supports special cases of multidimensional modeling like parallel or unbalanced hierarchies.

- *bases for discussion for decision-makers:* It represents business terms solely in a semiformal graph-oriented way and contains no implementation details in order to simplify the transferability to real-world problems.

Instead of a formal description of the SDWM, we give a short, informal description based on a case study.

Fig. 1 shows a partial multi cube SDWM schema. Each integrated schema comprises two main areas: dimensions and measures which are connected to each other.

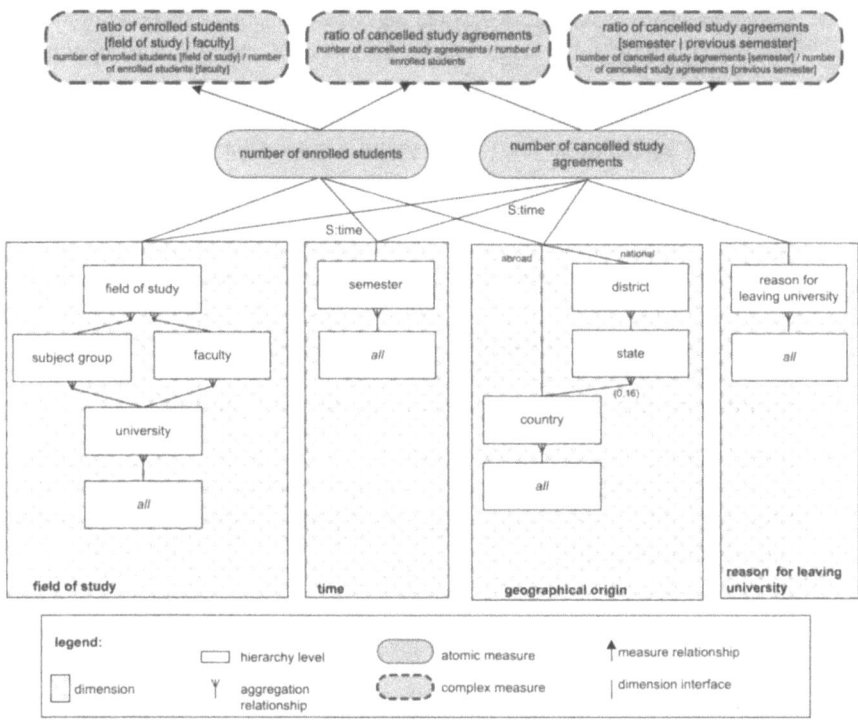

Fig. 1:   An example of a SDWM schema

1. *dimensional view:* The schema consists of four dimensions (*field of study*, *time, geographic origin* and *reason for leaving university*). A regular dimension (e. g. *time*) contains one hierarchy which consists of levels connected by aggregation relationships. The standard cardinality of a aggregation relationship (1:N) can be overwritten (e. g. a *country* comprises zero to sixteen *states*). Each dimension has an *all-dimension-level* and is related to atomic measures by so called dimension interfaces. Two special types of dimension hierarchies exist:

   • *parallel hierarchies:* The dimension contains more than one reasonable hierarchy (e. g. dimension *field of study*).

   • *unbalanced hierarchies:* The occurrence level of a dimension builds a tree-structure with different path lengths from the root member to the leaf members. Two or more dimension interfaces on different levels complemented by role names show an unbalanced hierarchy in SDWM (e. g. dimension *geographic origin*).

2. *system of measurement view:* There are two kinds of measures: atomic measures and complex measures forming a system of measurement:

- *atomic measures:* Atomic measures describe elementary facts without further computation rules, e. g. *number of enrolled students* and *number of cancelled study agreements*. There are two special kinds of atomic measures: *dimensional measures* and *conditional measures*. A dimensional measure is related to at least one level of a dimension, e. g. *number of enrolled students at a faculty* (faculty written in pointed brackets). However, a conditional measure contains a filter condition on at least one member of a level, e. g. *number of cancelled study agreements in the previous semester*. Both dimensional and conditional measures are basic building blocks of complex measures. A dimension interface, the relationship between atomic measures and dimensions, can be specified more precisely by additivity details. Both atomic measures in fig. 1 are not additive (S : *time*) in regard to the time dimension, because they are stock measures.

- *complex measures:* Complex measures are multilevel derived measures connected by measure relationships and are complemented by computation rules. Complex measures are often ratio figures. Normally, three types of ratios are distinguished:

  - *type 1:* A relative figure describes the ratio of two measures with equal status and unequal type, for example the *number of cancelled study agreements* (dimensional measure) referred to the *number of enrolled students* leads to the *ratio of cancelled study agreements* (dimensional measure).

  - *type 2:* A constructional figure specifies a ratio of a part to the whole, e. g. the relationship between a *number of enrolled students in a field of study* and the *enrolled students in a faculty*.

  - *type 3:* An index figure describes deviations of two measures with equal status and unequal temporal occurrence, e. g. the *ratio of cancelled study agreements* from a *semester* (conditional measure) related to its *previous semester* (conditional measure).

The schema in fig. 1 shows the relationship between two multidimensional data structures (so called hypercubes). One hypercube comprises the dimensions (*field of study*, *time* and *geographical origin*), the atomic measure *number of enrolled students* and all of its derived measures. The second hypercube consists of all four dimensions, the atomic measure *number of cancelled study agreements* and all of its derived measures.

3.2   Query Specification Constraints

In this section we present an informal description of the constraints necessary for the specification of multidimensional queries. The basic idea of our query specification process is the selection of the relevant multidimensional objects (measures, dimension levels) within a visual representation of the underlying multidimensional SDWM (fig. 2). Therefore, we have to introduce the necessary components of a query:

- *Multidimensional Query Specification (MQS):* A multidimensional query specification consists of a template and a filter:

  - *Template:* A template contains the visible components of the query result. For example the template of the report in fig. 3 contains the dimension levels *university, semester, faculty* and the measures *number of enrolled students, number of cancelled study agreements, ratio of cancelled study agreements.* Therefore, a template consists of two sets:

    - *Set of Selected Measures (SM):* The set of selected measures contains all measures selected within the SDWM diagram that are visible in the query result.

    - *Set of Selected Dimension Levels (SL):* This is the set of dimension levels selected within the SDWM diagram that are visible in the query result.

  - *Filter:* A filter contains conditions to restrict the result set (fig. 4).

Furthermore, for the query specification process we need an additional definition:

- *Set of Selectable Dimension Levels (SAL):* The set of selectable dimension levels includes all levels that could be selected or removed during the query specification process within the SDWM diagram considering the selected measures.

In the following we give an informal description of the functions *selecting a measure, deselecting a measure, selecting a dimensional level, deselecting a dimensional level* and *checking the query specification for non-additivity:*

- *Selecting a measure:* The selection of a new measure within the SDWM diagram means adding a new measure to the template of the query specification. After selecting the measure it is appended to the set of selected measures (SM). Furthermore, for the dimensions, which are attached to the selected measure, all levels have to be integrated to the set of selectable dimension levels (SAL) and the set of selected levels (SL) has to be enhanced with the *all-dimension-level* of the respective dimensions. In the case of a dimensional measure – that is restricted to a level of one or more dimensions – the template of the query has to be enhanced with these levels for a better interpretability of the result set. To prevent the deselection of levels of a dimensional measure, the levels have to be removed from the set of selectable levels (SAL). Furthermore, the *all-dimension-level* of these dimensions have to be removed from the selectable (SAL) and the selected levels (SL). If the new measure is a conditional one, the conditions have to be integrated to the filter of the query specification.

- *Deselecting a measure:* Removing a measure from a query specification causes not only the measure to be removed from the template, but also the levels of dimensions with no further corresponding measure. These levels also have to be removed from the set of selectable levels (SAL). Furthermore, in the case of a conditional measure, the associated conditions have to be removed from the filter.

- *Selecting a dimension level:* To be able to select a dimension level, this level has to be a member of the set of selectable levels (SAL). The new level has to be added and the *all-dimension-level* of this dimension has to be removed from the template. If the new dimension level is the *all-dimension-level*, all other levels of this dimension have to be removed from the template. In the case of parallel dimension levels with alternative paths (e. g. the different geographic origin levels *Kanton* and *Bundesland* for students living in Switzerland resp. Germany) only one of these levels can be a member of the template. Therefore, the corresponding levels have to be removed from the template and from the set of selectable levels (SAL).

- *Deselecting a dimension level:* As mentioned above, only levels of the set of selectable levels (SAL) can be removed from the template. This dimension level has to be removed from the template. If there exist no further levels of this dimension in the template, the *all-dimension-level* has to be added. In case the deselected level is part of a parallel hierarchy with alternative paths, the corresponding dimension levels have to be selectable again. Therefore, these levels are added to the set of selectable levels (SAL).

- *Checking the query specification for non-additivity:* All measures of the query specification that are not additive related to one or more dimensions have to be taken into consideration. The non-additive levels of these measures have to be member of the template or just one occurrence of these levels has to be added to the filter conditions.

After this short informal description of the query specification constraints, the next section shows a practical application of these constraints and the whole query specification process by an end user example.

3.3   Query specification with SDWM

The following example reveals four stages to specify a query:

1. Selection of query components using the semantic data warehouse model while constraints on the selection are verified.

2. Specifying the grid layout of the chosen components.

3. Specification of conditions limiting the result-set.

4. Executing the query.

The use of SDWM (part 3.1) and the query constraints (part 3.2) are applied on the example of part 3.1:

Step 1: The decision-makers select components for a query by means of the visual specification of SDWM (fig. 2). Starting point is the selection of the applied measures of the query. Thereby all reasonable dimensions are determined. In this example, we first select the measure *number of enrolled* students. Consequently, the corresponding dimensions *field of study*, *time*, *geographical origin* and their respective *all-dimension-level* are highlighted. Within the dimensional structure the user can choose the appropriate levels. Through selecting the levels *university* and *faculty* of the *field of study* dimension, the query is specified more precisely. The next step is to add the derived complex measure *ratio of cancelled study agreements* to the query specification. Available dimensions are determined transitively within the system of measurement. Additionally, the dimension *reason for leaving university* is highlighted. Adding the measure *number of cancelled study agreements* does not change the set of available dimensions.

Constraints prevent the user from selecting invalid levels in a parallel hierarchy. The selection of the level *subject group* is not possible if the template contains the *faculty* level. Furthermore, the tool assists the user in specifying appropriate levels when measures are not additive. The measures *number of enrolled students* and *number of cancelled study agreements* are not additive regarding the time dimension. To avoid the aggregation of these measures over several semesters, either the template has to be extended by the level *semester* or the query has to be restricted to one semester within the filter conditions. Removing components, such as measures or levels, from the actual selections works in the same intuitive manner. All concerned constraints are applied transitively.

The user can concentrate on the visualization of business terms and their relationships when specifying a query without considering the underlying implementation of the multidimensional schema. Constraints prevent end users from selecting unreasonable queries.

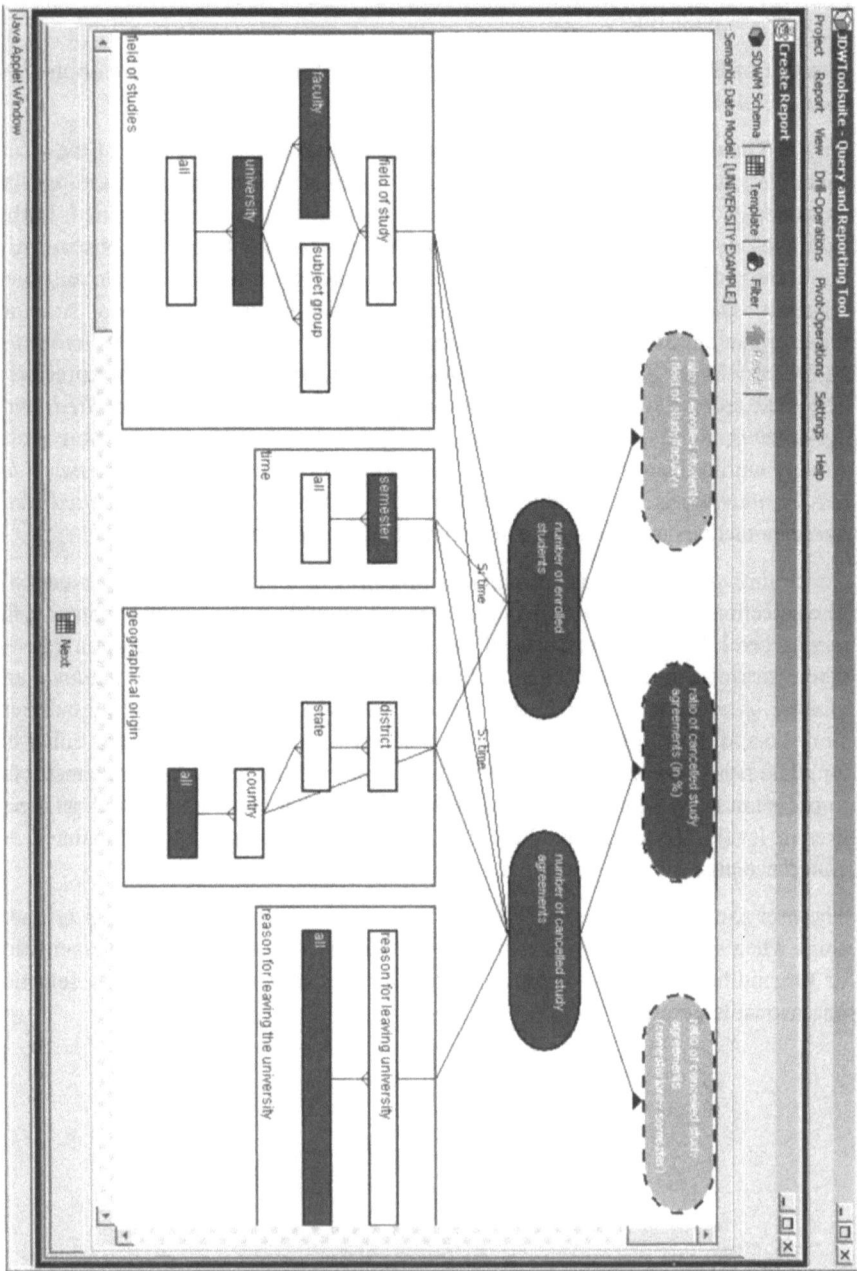

Fig. 2: Visual selection of query components using a SDWM schema

Step 2: In the second step, the end user can define the layout of the query components like in most other industrial solutions. Therefore, a template with all selected measures and dimension levels is shown on the right side of the fig. 3. On default all selected levels are placed on columns. In our example, *university* remains in the columns while *semester* and *faculty* are moved to the rows using a context menu entry.

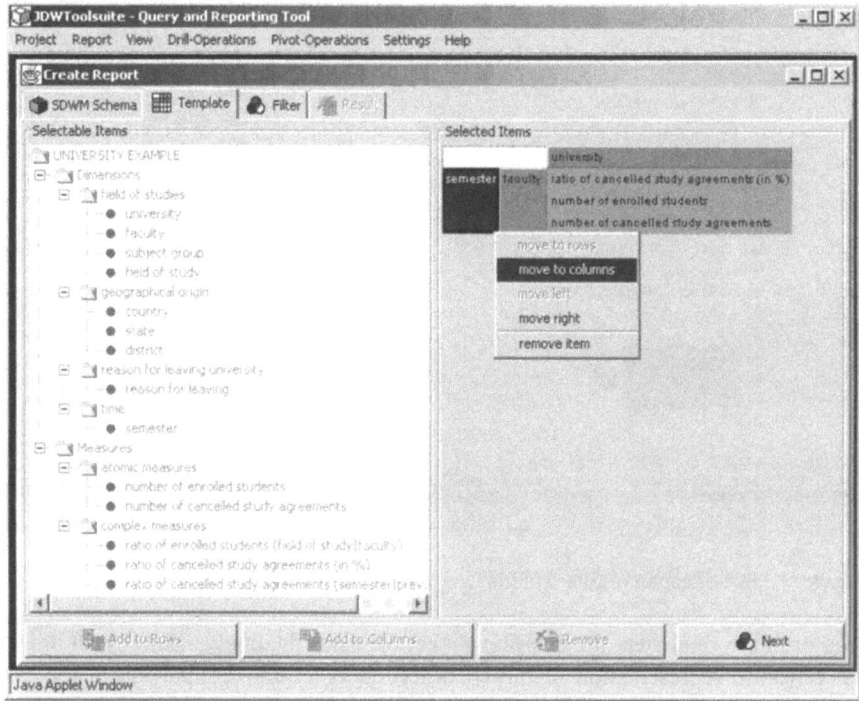

Fig. 3:   Specification of the grid layout

Step 3: In the third step, the end user can specify a condition to restrict the resulting amount of data. A classical tree view is used for this selection. It has to be taken into account that in this step all levels (not only the selected ones) can lead to a conditional statement. The user is able to create complex conjunctions applying *and*, *or* respectively *not* operators. In our example (fig. 4), the condition includes three *semesters* (*summer term 2009*, *winter term 2009/2010*, *summer term 2010*) connected by the default operator *and*.

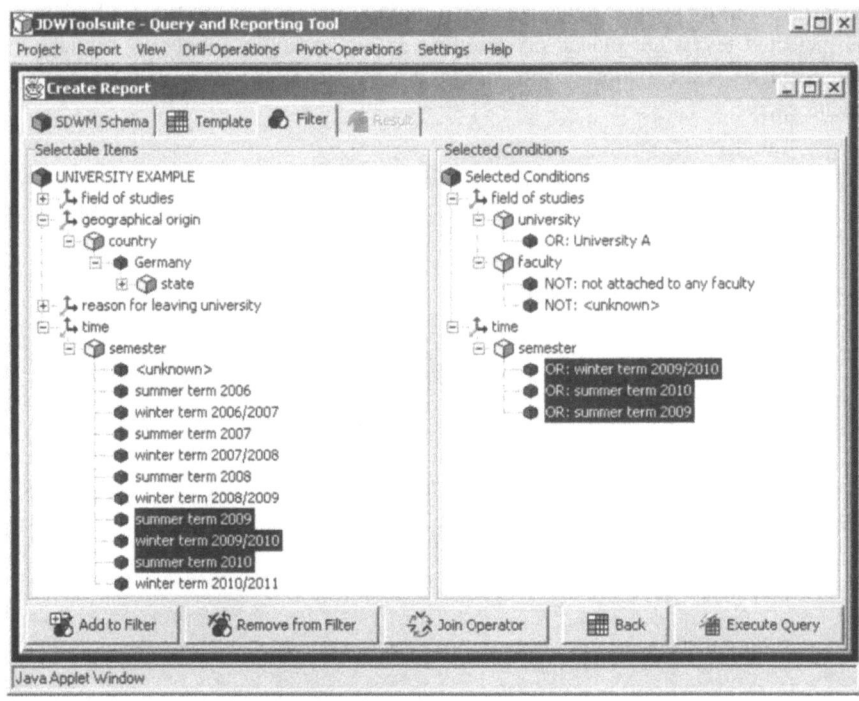

Fig. 4:   Specification of filter criteria

Step 4: In the final step, the decision-maker executes the query. Thereby an internal semantic representation of the specified query is transformed into a logical representation. Presuming a relational implementation, the logical model consists of tables, views and columns. This representation is transformed into a physical layer. An optimized SQL query is built including implementation details of the underlying relational database system. Furthermore, the SQL query is adapted to the storage structures of the used commercial tool, e. g. in supporting partition mapping tables. A detailed description of the query transformation would go beyond the scope of this paper.

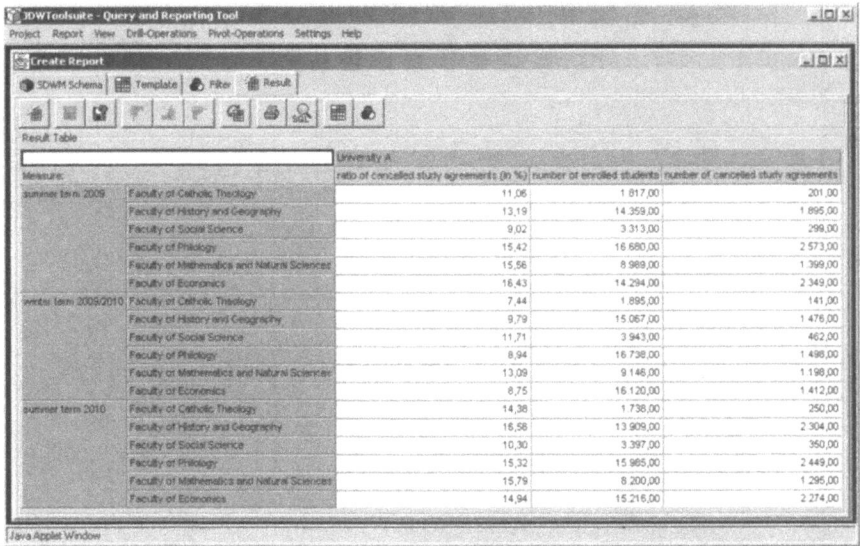

Fig. 5:   Result of the query as a cross-classified table

The query results are presented as a cross table (fig. 5). In this cross table view, conventional OLAP operators, such as drill down, roll up and pivot, can be used for further data navigation.

In the next part, the architecture of the implemented tool is described in detail.

4   Tool Architecture

The prototype is implemented according to the client/server architecture (Plaha 2000) (fig. 6). From a logical point of view the application logic is distributed between client and server, the presentation layer resides on the client, and the data management layer is located on the server. In order to develop a platform independent tool, we decided to use Java as the programming language. All physical architectural aspects are implemented on top of Java class libraries (data management by Java database connectivity (JDBC), user interface with SWING and Java foundation classes (JFC) and communication between client and server by remote method invocation (RMI)). The different layers fulfil the following tasks:

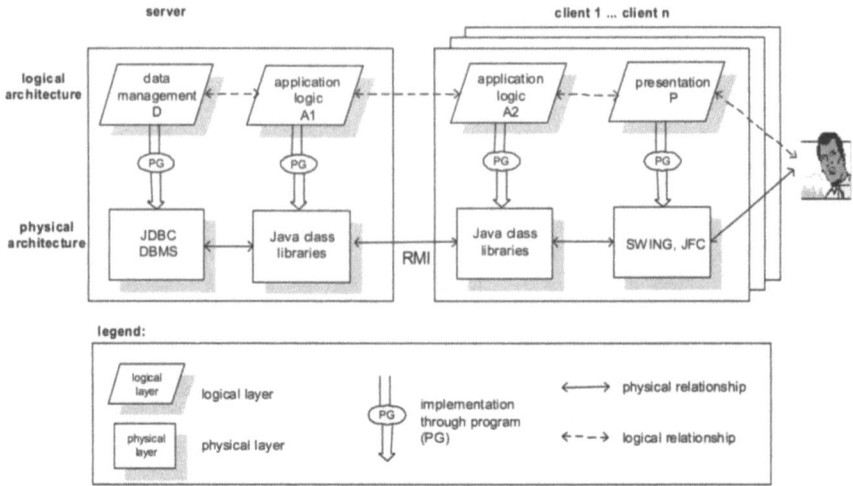

Fig. 6:   Logical and physical tool architecture

- The presentation layer (P) is responsible for user interaction when specifying queries, e. g. visualization of SDWM elements and the selection of the required components.

- On the application logic layer (A) we can distinguish between two parts (A1 and A2). A2 validates the combination of the schema elements by verifying the schema constraints according to the implemented rules (part 3.2). It builds an internal semantic representation of the specified query. A1 translates semantic aspects to logical aspects. Only a relational transformation using star and snowflake schemas is supported so far.

- The data management layer (D) comprises two different interfaces. One provides access to a specific database management system. The second interface allows the integration of commercial data warehouse suites. So far, Microsoft SQL Server 2000 and MicroStrategy 6 are supported.

Because of the chosen tool architecture the application can easily be extended by local modifications. Two different layers have to be adapted to extend the capabilities of the tool. The transformation on A1 can be extended to support other database models, e. g. the object-oriented or the object-relational model. Different implementations of the two interfaces on layer D lead to support additional database management systems and commercial tools like Cognos.

5   Summary and Outlook

In this paper, we presented a new approach of a visual multidimensional querying tool. Instead of introducing a new multidimensional query language or algebra, we focused on the support of the end users to transform easily their requirements into the syntax of a multidimensional query. To disburden the end user from memorization of the knowledge about the underlying multidimensional data structures, our tool bases on a graphical representation of the multidimensional schema in a Semantic Data Warehouse Model (SDWM). Starting from this graphical representation, the tool assists the user in specifying multidimensional queries easily considering the corresponding integrity constraints. This lead to an improved interpretability of the *query specification process*.

The flexible architecture of the tool enables further extensions, for example to integrate a component for Microsofts OLE DB for OLAP and the specification of MDX (Multidimensional Extensions) queries.

The implemented prototypical tool is a further component of the Java Data Warehousing Toolsuite (Böhnlein, Plaha, Ulbrich-vom Ende 2001). This suite of prototypical tools has been developed to test research assumptions for the improvement of information quality in data warehouse systems. Currently the toolsuite comprises a modeling tool, an extraction and source analysis tool, a tool for the automatic historization during warehouse loading and a query specification tool.

6   Bibliography

Becker, J.; Holten, R.: Fachkonzeptuelle Spezifikation von Führungsinformationssystemen. In: Wirtschaftsinformatik 40 (1998) 6, pp. 483-493.

Böhnlein, M.: Konstruktion semantischer Data-Warehouse-Schemata. Wiesbaden 2001.

Böhnlein, M.; Holten, R.; Knackstedt, R.; Ulbrich-vom Ende, A.: Identifikation und Anwendung semantischer Modellbausteine für Managementsichten. In: Jablonski, S.; Kirn, S.; Plaha, M.; Sinz, E.J.; Ulbrich-vom Ende, A.; Weiß, G. (Hrsg): Proceedings of Verteilte Informationssysteme auf der Grundlage von Objekten, Komponenten und Agenten (VertIS 2002, Bamberg, 4-5 October). Bamberg 2001, pp. 75-96.

Böhnlein, M.; Plaha, M.; Ulbrich-vom Ende, A.: JDW-Toolsuite (Javabasierte Data-Warehouse-Toolsuite). In: Postersession Wirtschaftsinformatik 2001 (WI-IF 2001, Augsburg, 19-21 September). Augsburg 2001.

Böhnlein, M.; Ulbrich-vom Ende, A.: Business Process Oriented Development of Data Warehouse Structures. In: Proceedings of Data Warehousing 2000 – Methoden, Anwendungen, Strategien (DW2000, Friedrichshafen, 14-15 November). Heidelberg 2000, pp. 3-22.

Böhnlein, M.; Ulbrich-vom Ende, A.: Semantisches Data Warehouse-Modell (SDWM) – ein konzeptuelles Modell für die Erstellung multidimensionaler Datenstrukturen. In: Informationssystem-Architekturen, Rundbrief des GI-Fachausschusses 5.10, No. 1, 2001.

Cabibbo, L.; Torlone, R.: From a Procedural to a Visual Query Language for OLAP. In: Tenth IEEE International Conference on Scientific and Statistical Database Management (SSDBM-98) 1998, pp. 74-83.

Codd, E.F.; Codd, S.B.; Salley, C.T.: Beyond Decision Support. In: Computerworld 30 (1993) 27, 1993, pp. 87-89.

Cognos: Cognos PowerPlay for Windows – PowerPlay User Guide. Cognos, Inc. 2001. www.cognos.com.

English, L.P.: Improving Data Warehouse and Business Information Quality – Methods for Reducing Costs and Increasing Profits. New York 1999.

Gingras, F.; Lakshmanan, L.V.S.: nD-SQL: A Multi-dimensional Language for Interoperability and OLAP. In: Proceedings of 24th International Conference on Very Large Data Bases (VLDB'98, New York, 24-27 August). New York 1998, pp. 134-145.

Golfarelli, M.; Maio, D.; Rizzi, S.: Conceptual Design of Data Warehouses from E/R Schemes. In: Proceedings of the 31st Hawaii International Conference on System Sciences. Kona 1998.

Golfarelli, M.; Rizzi, S.: WAND: A CASE Tool for Data Warehouse Design. In: Demo Proceedings of 17th International Conference on Data Engineering (ICDE 2001). Heidelberg 2001, pp. 7-9.

Hacid, M.S.; Marcel, P.; Rigotti, C.: A Rule-Based Language for Ordered Multidimensional Databases. In: Proceedings of 5th International Workshop on Deductive Databases and Logic Programming (DDLP'97). 1997, pp. 69-81.

Harren, A.; Herden, O.: MML und mUML – Sprache und Werkzeug zur Unterstützung des konzeptionellen Data Warehouse Designs. In: Proceedings of Second GI-Workshop "Data Mining und Data Warehousing als Grundlage moderner entscheidungsunterstützender Systeme". Magdeburg 1999, pp. 57-68.

Holten, R.: The MetaMIS Approach for the Specification of Management Views on Business Processes. In: Technical Report of the Institut for Information Systems Münster, No. 84. Münster 2001.

Jarke, M.; Lenzerini, M.; Vassiliou, Y.; Vassiliadis, P.: Fundamentals of Data Warehouses. Berlin 2000.

Libkin, L.; Machlin, R.; Wong, L.: A Query Language for Multidimensional Arrays: Design, Implementation, and Optimization Techniques. In: Proceedings of the 1996 ACM SIGMOD International Conference on Management of Data. Montreal, Quebec 1996, pp. 228-239.

Microstrategy: MicroStrategy Web and Desktop Products Report Designer Guide Version 7.1. MicroStrategy, Inc. 2001. http://www.microstrategy.com.

Plaha, M.: Konzeption eines webbasierten OLAP-Anfragewerkzeugs für Data Warehouse-Systeme (Diploma Thesis, Bamberg, 2000). Bamberg 2000.

Raden, N.: Modeling the Data Warehouse. White Paper, Archer Decision Sciences 1996. http://members.aol.com/nraden/iw0196_1.htm.

Sapia, C.; Blaschka, M.; Höfling, G.; Dinter, B.: Extending the E/R Model for the Multidimensional Paradigm. In: Proceedings of the International Workshop on Data Warehouse and Data Mining (DWDM-98, 19-20 November, 1998), Singapore. Singapore 1998.

Sapia, C.; Blaschka, M.; Höfling, G.: GraMMi: Using a Standard Repository Management System to Build a Generic Graphical Modeling Tool. In: Proceedings of 33rd Annual Hawaii International Conference on System Sciences (HICSS-33, 4-7 January, 2000). Maui 2000.

Sinz, E.J.; Böhnlein, M.; Ulbrich-vom Ende, A.; Plaha, M.: Architekturkonzept eines verteilten Data Warehouse-Systems für das Hochschulwesen. In: Proceedings of Wirtschaftsinformatik 2001 (WI-IF 2001, Augsburg, 19-21 September). Augsburg 2001.

Transformation mehrdimensionaler Datenmodelle

Michael Hahne

cundus AG

Data Warehousing, OLAP und Data Mining gewinnen als Basistechnologien zur Versorgung betrieblicher Entscheidungsträger durch eine stärkere Ausrichtung der Informationsverarbeitung auf analyseorientierte und strategische Fragestellungen an Bedeutung. Die in solchen analyseorientierten Informationssystemen vorgehaltenen Daten sind im Allgemeinen mehrdimensional aufgebaut und stellen an die Modellierung eine besondere Anforderung. Eine werkzeuggestützte Modellierung basiert auf der Möglichkeit, ausgehend von der semantischen Modellebene losgelöst von möglichen Zielplattformen auf Ebene des Fachkonzeptes abzubilden und dieses Modell dann auf die weiteren Ebenen herunterzubrechen sowie durch geeignete Transformationsverfahren in verschiedenne Datenbanksystemen Strukturen zu generieren. In dem vorliegenden Artikel wird auf der logischen Datenmodell-Ebene ein Metamodell definiert und als zentraler Punkt der Transformation positioniert. Semantische Datenmodelle können dann in dieses Metamodell auf logischer Ebene übertragen werden, von wo aus danach die Transformation in verschiedene zielsystemspezifische Modelle ebenfalls auf der logischen Modellebene erfolgen kann. Daran schließt sich die Generierung durch Übertragung in entsprechende Anweisungen der jeweiligen Datendefinitionssprache an. Als Grundlage des gesamten Transformationsmechanismus werden Techniken aus dem Bereich des Compilerbaus eingesetzt, die Modelle werden als formale Sprachen definiert.

1 Einleitung

Aufgrund einer zunehmenden Ausrichtung der Informationsverarbeitung auf analyseorientierte und strategische Anforderungen erhält die Versorgung von Fach- und Führungskräften mit adäquaten analyserelevanten Informationen in der Informationstechnologie einen neuen Stellenwert. Data Warehousing, OLAP und Data Mining werden zunehmend zu Basistechnologien, die damit die Grundlagen für Anwendungen des Knowledge Management, Customer Relationship Management sowie E-Commerce bilden und zunehmende Relevanz in der Praxis erhalten. Diese Systeme basieren zu einem wesentlichen Teil auf dem mehrdimensionalen

Paradigma der in ihnen verwendeten Daten, die eine angemessene Möglichkeit der dauerhaften Ablage benötigen. Problemadäquate Datenbanktechnologien zur Speicherung mehrdimensionaler Daten sind hier gefordert. In diesem Artikel liegt der Fokus auf dem logischen Datenmodell, das eingebettet in die drei Ebenen der semantischen, logischen und physischen Modellierung eine zentrale Rolle einnimmt.

Eine spezifische Datenbank-Technologie basiert auf dem Relationenmodell. Die spezielle Form zur Abbildung mehrdimensionaler Datenstrukturen in diesem Modell ist unter dem Namen Star Schema eingeführt und mittlerweile in einer Vielzahl von Ausprägungen verfügbar. Andere Datenbanktechnologien sind speziell auf die Mehrdimensionalität hin ausgerichtet und arbeiten mit proprietären Modellen. Diese werden oft auch als OLAP-Datenbanken bezeichnet. Für das Star Schema liegt eine formale Spezifikation des zugrunde liegenden logischen Datenmodells vor. Diese ist zugleich die Grundlage zur Klassifikation von Star Schemata und der Definition eines Metamodells zur Beschreibung solcher Strukturen. Für die mehrdimensionalen Datenbanksysteme gibt es keine einheitliche logische Modellbasis.

Beim Aufbau analyseorientierter Informationssysteme erfolgt die Modellierung über die verschiedenen Ebenen der Modellierung hinweg bis zum konkreten System auf physischer Ebene. Eine allgemeine Forderung ist dabei, dass die Modelle auf einer allgemeinen Ebene des Fachkonzeptes losgelöst von möglichen Systemen der Realisierung sind und erst in einer Generierungsphase eine Transformation in ein Zielsystem erfolgt. Dabei sollen aus einem semantischen Modell heraus über das logische Metamodell in verschiedenen möglichen Datenbanksystemen Schemata generiert werden.

Zunächst erfolgt in Abschnitt 2 eine kurze Darstellung der Modellierungsebenen und der Möglichkeiten der Modelltransformation über diese Ebenen hinweg. Im anknüpfenden Abschnitt 3 wird ein Metamodell als zentraler Ausgangspunkt möglicher Transformationen aufgebaut und als formale Sprache dargestellt. In Abschnitt 4 erfolgt die Darstellung der Transformation auf Basis formaler Sprachen.

2   Modelltransformation und Datenbank-Generierung

Ausgehend von der Darstellung der verschiedenen Ebenen der Modellierung im ersten Abschnitt folgt im zweiten Abschnitt die Aufarbeitung der grundsätzlichen Transformationsmöglichkeiten zwischen den einzelnen Ebenen und innerhalb der logischen Modellebene.

2.1 Ebenen der Datenmodellierung

Eine geläufige Strukturierung des Modellierungsvorganges ist in Abb. 1 dargestellt. Danach werden die Ebenen der semantischen, logischen und physischen Datenmodellierung unterschieden (vgl. Lockemann, Radermacher 1990). Ein Datenmodell soll die Bedeutung und Repräsentation von Daten beschreiben.

Abb. 1: Modell-Ebenen

Der Realwelt am nächsten ist dabei die semantische Ebene. In der zweiten Ebene, in der die logische Modellierung erfolgt, sind die Modelle ebenfalls noch unabhängig von der physischen Repräsentation, richten sich jedoch an der für die Speicherung einzusetzenden Datenbanktechnologie aus. Demzufolge spricht man hier auch von konzeptioneller Modellierung (vgl. Gabriel, Röhrs 1995). Ein solches Modell heißt auch Datenbankschema. Bei relationalen Datenbanksystemen wird vom Relationenmodell gesprochen.

2.2 Transformationsmöglichkeiten

In einem ersten Schritt soll ein Metamodell als Bestandteil im Gesamtkontext der mehrdimensionalen Datenmodellierung betrachtet werden. Der Modellierungsprozess setzt im allgemeinen auf semantischer Modellebene an, auf der es viele verschiedene Modellierungsansätze gibt. Eine geeignete graphische Repräsentationsform steht dabei im Vordergrund, da die intuitive Nachvollziehbarkeit hier sehr wichtig ist. Aus diesen semantischen Datenmodellen wird das logische Datenmodell abgeleitet. Dies kann ein Metamodell sein, welches als ein Ausgangspunkt auf logischer Modellebene fungiert. Von diesem Metamodell aus erfolgt eine Transformation in verschiedene Zieldatenbanksysteme. Diese können verschiedenen Paradigmen genügen, unter denen die eines Datenbanksystems auf Basis des Relationenmodells nur eine Möglichkeit darstellt. Andere Zielsysteme können verschiedene OLAP-Plattformen adressieren. Dieser Zusammenhang ist in Abb. 2 im Gesamten dargestellt.

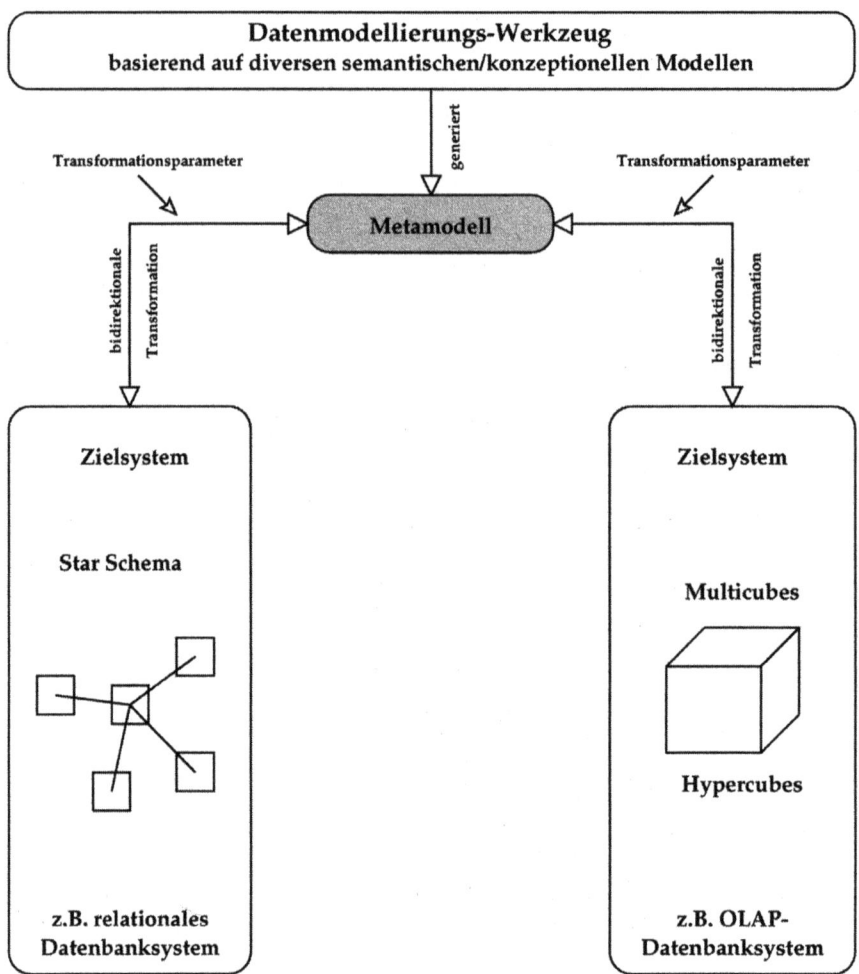

Abb. 2:   Integration in einen Modellierungsgesamtkontext

Die Transformation ist im allgemeinen nicht ohne Informationsverlust darstellbar, da nicht in allen Modellen alle Aspekte eines zentralen Metamodells abgebildet sind. Auch ist es denkbar, dass ein Modell ein Konstrukt beinhaltet, das so im Metamodell keine Berücksichtigung findet. Desweiteren bedarf dieser Transformationsschritt weitere Parameter, wie im Detail zu konvertieren ist. Für den Fall der Konvertierung in das Star Schema hinein werden z. B. die Informationen benötigt, in welche Variante transformiert werden soll. Dieser Fall der Transformation wird in den weiteren Ausführungen exemplarisch aufgezeigt.

3 Mehrdimensionales Metamodell als formale Sprache

Die Möglichkeiten des Einsatzes eines Datenmodells hängen auch davon ab, welche Sprachen zur Verfügung stehen, um mit diesem Modell arbeiten zu können. Der erste wichtige Punkt ist bereits beim Modellierungsprozess entscheidend, da hierbei die Definition der Schemata erfolgt. Dieser Schritt kann in zwei Ebenen unterteilt werden. Zum einen muss das Datenmodell selbst eine Syntax bzw. eine Sprache zur Verfügung stellen, mit der die Schemata definierbar sind. Zum anderen erfolgt die Modellierung meistens mit Unterstützung eines Modellierungswerkzeuges, so dass die formale Sprache zur Definition von Datenbank-Schemata nicht primär anwenderfreundlich gestaltet sein muss, sondern ihren Fokus auf konsequente Unterstützung der Möglichkeiten und der vollständigen Abbildung des Modells richten kann.

Sprachen zur Schema-Festlegung sind dadurch gekennzeichnet, dass sie auch Konstrukte zur Erweiterung und Änderung bestehender Schemata zur Verfügung stellen. Davon unterscheidet sich ein Metamodell, das ausschließlich die aktuellen Schema-Definitionen beinhaltet. Transformationsalgorithmen setzen nicht an der Datendefinitionssprache selbst an, sondern greifen auf das Metamodell zurück, das meistens als Metadaten- oder Data-Dictionary integraler Bestandteil eines Datenbanksystems ist.

3.1 Formale Sprachen

Sprachen werden über einem Alphabet, d. h. einer endlichen nichtleeren Menge von Zeichen, definiert. Ein Wort über einem beliebigen Alphabet ist eine endliche Folge von Zeichen des Alphabets. Weiter wird das leere Wort bestehend aus keinem Zeichen definiert. Eine *formale Sprache* ist eine beliebige Teilmenge der Menge aller Worte über einem festgelegten Alphabet.

Sprachen sind im allgemeinen unendliche Objekte, so dass zu deren algorithmischer Handhabung eine endliche Beschreibung notwendig ist. Diese Forderung ist für die Gesamtheit aller Sprachen nicht erfüllbar, jedoch für die Menge aller rekursiv aufzählbaren Sprachen, die dadurch gekennzeichnet sind, dass sie durch Grammatiken beschrieben werden können. In der von Chomsky 1959 aufgestellten Sprachhierarchie ist eine Klassifizierung verschiedener Sprachen gegeben. Eine Grammatik dient also der formalen Beschreibung einer Sprache, d. h. sie bestimmt, welche Worte zu dieser Sprache gehören. Im folgenden werden oft Grammatiken wie hier nur durch Angabe der Produktionsregeln definiert, d. h. festgelegten Regeln, wie aus gewissen Grundbausteinen komplette Worte der Sprache abgeleitet werden können.

Anhand der Produktionsregeln einer Grammatik können ausgehend von dem Startsymbol die Worte der erzeugten Sprache abgeleitet werden. Wie kann aber über ein vorliegendes Wort über dem gegebenen Alphabet entschieden werden, ob es zu dieser Sprache gehört oder nicht? Diese Aufgabe wurde im Rahmen der Theorie des Compilerbaus ausführlich diskutiert. Allgemein übersetzen Compiler von einer Sprache in eine andere. Die Übersetzung von der einen Sprache in die andere erfolgt dabei im allgemeinen in den drei Phasen der lexikalischen, syntaktischen und semantischen Analyse, welche nicht notwendigerweise sequentiell abgearbeitet werden müssen:

1. In der Phase der *lexikalischen Analyse* wird der Quelltext analysiert, d. h. es wird überprüft, ob er ein Wort über dem Ausgangsalphabet ist, und wird dabei in elementare Ausdrücke (sog. Tokens) transformiert, damit eine spätere Weiterverarbeitung leichter möglich ist.

2. Die Phase der *syntaktischen Analyse* überprüft das von der lexikalischen Analyse als Wort über dem Ausgangsalphabet erkannte Wort auf die syntaktische Korrektheit.[1]

3. In der Phase der *semantischen Analyse* werden die als syntaktisch korrekt erkannten Worte auf ihre semantische Stimmigkeit hin überprüft.

Diese Mechanismen formaler Sprachen sind Grundlage der Definition eines Metamodells zur Darstellung mehrdimensionaler Strukturen im nächsten Abschnitt, auf das in den weiteren Ausführungen zur Transformation wieder Bezug genommen wird.

3.2   Definition eines Mehrdimensionalen Metamodells

Auf Basis einer festgelegten Datendefinitionssprache für ein Zielsystem ist das Erstellen und Modifizieren von mehrdimensionalen Datenbank-Schemata möglich.[2]

---

[1]   Ganz allgemein erfolgt in der Syntaxanalyse keine Prüfung der semantischen Stimmigkeit. Bei Programmiersprachen erfolgt z. B. die Prüfung von Datentypenverträglichkeit ebenfalls nicht in der Phase der Syntaxüberprüfung.

[2]   Von Datenbanksystemen wird meistens eine Datendefinitionssprache (*data definition language (DDL)*), mit der die Schemata festgelegt werden, eine Datenmanipulationssprache (*data manipulation language (DML)*)) und eine Abfragesprache (*query language (QL)*)) zur Verfügung gestellt (vgl. Brodie 1984, S. 20 f.) In der Literatur werden für Anfragesprachen an mehrdimensionale Modelle oft SQL-ähnliche Sprachen definiert. Eine einheitliche Abfragesprache ist MDX (Multidimensional Expression), die unter anderem beim Microsoft SQL-Server und allgemein bei Schnittstellen auf Basis der Spezifikation für OLE DB für OLAP zum Einsatz kommt.

Dabei ist ein Skript eine Sammlung von *data definition statements* (DDL-Anwei-
sungen). Bei graphischen Werkzeugen, welche den entsprechenden DDL-Code
automatisch erzeugen, liegt die Anforderung an die Benutzerfreundlichkeit bei
dem Werkzeug und nicht bei der erzeugten Sprache, so dass die Sprachdefinition
auf formale Klarheit und theoretische Konsequenz hin ausgerichtet sein kann. Die
aktuelle Struktur eines Schemas ergibt sich nicht nur aus einem einzelnen Skript,
sondern kann sich auch aus mehreren einzelnen Skripten zusammengesetzt ergeben. In einem Metadatensystem erfolgte die Ablage dieser Struktur nicht zusammen mit der Historie der Entstehung auf Basis einzelner Anweisungen, sonder als
einzelnes Skript. Für Transformationsalgorithmen ist das die geeignetere Ausgangsbasis.

Dies ist auch die Intention bei der Definition eines Metamodells für mehrdimensionale Datenstrukturen. Darüber hinaus können sich noch vielfältige weitere Anforderungen auf Ebene der Metadaten ergeben, die als Erweiterungen des Metamodells mit abbildbar sind und damit zu einer formalen Beschreibung eines Repositories für Datenbanksysteme auf Basis logischer Datenmodelle führen.

Für das Metamodell wird eine Notation in Backus Naur Form (BNF) zur Definition genutzt. In der Darstellung der Produktionsregeln in BNF kann der Ausdruck
links des Trennzeichens (zwei Doppelpunkte gefolgt von dem Gleichzeichen)
ersetzt werden durch den Teil auf der rechten Seite. Optionale Ersetzungsmög-
lichkeiten werden durch den senkrechten Strich dargestellt. Ausdrücke, die nicht
weiter ersetzt werden können und damit elementare Grundbausteine der beschriebenen Sprache darstellen, unterscheiden sich von den anderen Bausteinen des
Aufbaus durch die Notation. Ersetzbare Zeichen, also genau die auf den linken
Seiten auftauchenden Begriffe, sind in spitzen Klammern notiert.

Die Darstellung des Metamodells erfolgt in diesem Abschnitt nur auf Ebene der
reinen Strukturen, die dynamischen Komponenten und Integritätsbedingungen
sind genauso wie weitere für ein Metadatenbanksystem relevante Dinge einer
Erweiterung des Metamodells überlassen. An erster Stelle zur Strukturierung im
Metamodell steht der Begriff der Datenbank. In jeder Datenbank sind dann die
Dimensionen und Kuben definiert, zwischen denen eine m:n-Beziehung besteht.
Damit die Regeln in BNF nicht zu lang werden, wurde der Ansatz verfolgt, jede
Regel in kleinere Teilregeln zu zergliedern.

```
<meta model>    ::= DATABASES: <database list> | ;
<database list> ::= DATABASE: <database> ; |
                    DATABASE: <database> ; <database list>
<database>      ::= <dbname> <datatypes> <cubes> <dimensions>
<dbname>        ::= <id>
```

Eine Liste der verfügbaren Datentypen ist insofern Bestandteil des Metamodells,
als die Gesamtheit der verfügbaren Datentypen als erweiterbar oder frei definierbar angesehen werden muss. Die vefügbare Liste der Datentypen ist im Rahmen
der Darstellung des Metamodells als konstant vorausgesetzt.

```
<datatype>        ::= integer boolean char double
<datatypes>       ::= DATATYPES: <datatype list>
<datatype list> ::= <datatype> | <datatype> , <datatype list>
```

In einem Beispielskript könnte dieser erste Skriptteil folgendermassen aufgebaut sein:

```
DATABASES:
  DATABASE: [Marketing]
    DATATYPES: integer,boolean,char,double
```

Gegenstand des Beispiels ist eine mehrdimensionale Struktur, die eine Anwendung im Marketing repräsentiert. Der Bezeichner (id) der Datenbank ist, wie alle Bezeichner im Beispiel, in eckigen Klammern geschrieben. Die Skriptteile, auf deren Basis die Würfel und Dimensionen definiert sind, fehlen an dieser Stelle noch.

Das Konstrukt eines Würfels basiert auf einer Liste der zugrunde liegenden Dimensionen und dem Datentyp der Zellinhalte. Die Definition eines Würfels erfolgt für eine spezielle Datenbank, die sich aus der Position im Skript des Metamodells direkt ergibt.

```
<cubes>            ::= CUBES: <cube list>
<cube list>        ::= <cube> | <cube>, <cube list>
<cube>             ::= CUBE: <cubename>
                       DATATYPE: <datatype>
                       REFERENCED DIMENSIONS: <referenced
                       dims>
<referenced dims> ::= <dimname> |
                       <dimname> , <referenced dims>
<cubename>         ::= <id>
<dimname>          ::= <id>
```

Die Definition der diversen Datentypen folgt gängigen Konventionen und ist weitgehend an Naur und die Definition der Datentypen in der Programmiersprache C angelehnt (vgl. Naur 1963, S. 4 f.). Das mögliche Beispielskript erweiternd könnte der Bereich der Würfelfestlegung durch den folgen Teil eines Skriptes definiert werden:

```
CUBES:
  CUBE: [Umsatz]
    DATATYPE: float
    REFERENCED DIMENSIONS: [Zeit],[Vertriebsweg],[Produkt]
```

Der betrachtete Datenwürfel beinhaltet Werte zu auf einem bestimmten Vertriebsweg getätigten Produkt-Umsätzen. Die wesentlichen Strukturbestandteile sind durch die Dimensionen festgelegt. Dimensionen bestehen im einfachsten Fall nur aus einer Liste von Knoten und Pfeilen. Eine Erweiterung dieser einfachen Sichtweise ergibt sich durch die Markierungen auf Ebene der Knoten und Pfeile.

```
<dimensions>        ::= DIMENSIONS: <dimension list>
<dimension list> ::= <dimension> |
                     <dimension> , <dimension list>
<dimension>         ::= DIMENSION: DATAYPE: <datatype>
                     NODES: <nodes> EDGES: <edges>
                     LABELS: <labels>
<nodes>             ::= <node list>
<edges>             ::= <edge list> | -
<labels>            ::= <labellist> | -
<labellist>         ::= <label> | <label> , <labellist>
<label>             ::= LABEL: <labelname>
                     LABELVALUES NODES <labelndef> |
                     LABEL: <labelname>
                     LABELVALUES EDGES <labeledef> |
                     LABEL: <labelname>
                     LABELVALUES NODES <labelndef>
                     LABELVALUES EDGES <labeledef>
```

Die Definition der Ausdrücke *labelndef* und *labeledef* ergibt sich wie auch die Auflösung der von *node list* und *edge list* aus den folgenden Regeln:

```
<labeldeflist> ::= <labeldef> | <labeldef> <labeldeflist>
<labeldef>     ::= no label |
                   label nodes <labelndef> <labelname> |
                   label edges <labeledef> <labelname> |
                   label nodes <labelndef> label edges
                   <labeledef> <labelname>
<labelndef>    ::= ( <labelnlist> )
<labeledef>    ::= ( <labelelist> )
<labelnlist>   ::= <node> : <label> |
                   <node> : <label> , <labelnlist>
<labelelist>   ::= <edge> : <label> |
                   <edge> : <label> , <labelelist>
<label>        ::= <const>
<labelname>    ::= named <id>
```

Der Rest des möglichen Skriptes auf Basis des definierten Metamodells könnte demzufolge auszugsweise sein (Beispiel aus Hahne 2002):

```
DIMENSIONS:
  DIMENSION:  [Zeit]
    DATATYPE: char
    NODES:    '1999',
              '2000',
              '2001',
              'Alle Jahre',
    EDGES:    ('Alle Jahre','1999'),
              ('Alle Jahre','2000'),
              ('Alle Jahre','2001'),
    LABELS:   -
  DIMENSION:  [Vertriebsweg]
    DATATYPE: char
    NODES:    'Partner',
              'Katalog',
              'E-Shop'
    EDGES:    -
    LABELS:   -
  DIMENSION:  [Produkt]
    DATATYPE: char
    NODES:    'F99-12',
              'F99-7',
              'F99-21S',
              'F99-13H',
    EDGES:    ('Rennräder','F99-12'),
              ('Rennräder','F99-7'),
              ('Rennräder','F99-21S'),
              ('Rennräder','F99-13H'),
    LABELS:
      LABEL:  [Partition]
        LABELVALUES NODES: 'F99-12':'Produkt',
                           'F99-7':'Produkt',
                           'F99-21S':'Produkt',
                           'F99-13H':'Produkt',
                           'Rennräder':'Warengruppe',
```

Dieses Skript beschreibt das Schema. Durch das soweit syntaktisch spezifizierte Metamodell wird bereits implizit eine kontextfreie Sprache definiert, wobei noch angegeben werden muss, welche Ausdrücke ersetzbar sind und was das Startzeichen ist. Die Syntaxregeln in BNF sind gerade die Produktionsregeln. Auf Basis dieses syntaktisch definierten Metamodells erfolgt im nächsten Abschnitt die

Darstellung der Transformation in Strukturen auf Basis verschiedener Zielsysteme.

4   Formalsprachliche Transformation

Bereits bei der Definition des Metamodells wurden die Möglichkeiten der Definition von formalen Sprachen genutzt. Die Definition der Sprachsyntax erfolgte in Backus Naur Form (BNF), auf deren Basis eine kontextfreie Sprache festgelegt wird. Ausgangspunkt für Transformationsmöglichkeiten auf Basis formaler Sprachen ist in jedem Fall zunächst ein *Parser*, der die Syntax der formalen Ausgangssprache erkennt. Für das beschriebene Metamodell wird in Abschnitt 4.2 ein solcher Parser definiert. Die Transformation vom Metamodell in das Star Schema steht in Abschnitt 4.3 im Vordergrund. Anschließend erfolgt eine zusammenfassende Darstellung der Möglichkeiten der Transformation in Abschnitt 4.4.

4.1   Formale Sprachen und Parser

Ein Parser für die Analyse von Metamodell-Skripten kann mit Techniken aus dem Bereich des Compilerbaus erzeugt werden. Die Generierung von Compilern lässt sich gut automatisieren, da dieses Gebiet theoretisch sehr fundiert ist und die eigentliche Aufgabe eines Compilers sehr gut in Phasen aufteilbar ist. Die Grundaufgabe besteht darin, einen Quelltext unter Ausgabe von eventuellen Fehlermeldungen in einen Objektcode bzw. in eine Zielsprache zu übersetzen.

In der ersten Phase erfolgt das Lesen des Quellprogrammes und dessen Zerlegung in handliche Einheiten, den *Tokens*. Kommentare und überflüssige Leerzeichen können dabei schon wegfallen. Diese Phase ist die lexikalische Analyse. Anschließend erfolgt die Gruppierung dieser Tokens in einer Form, dass die nachfolgenden Phasen diese besser verarbeiten können, sowie die Prüfung der syntaktischen Korrektheit. Daher heißt diese Phase auch Syntaxanalyse und dieses Programm dazu Parser.[3] Erst anschließend werden diese gruppierten Tokens von ihrer Semantik her überprüft und zum Zielprogramm hin verarbeitet.

Für die Phasen der lexikalischen und der syntaktischen Analyse gibt es die Hilfsmittel *lex* (lexical analyzer) (vgl. Ambrosch 1990) und *yacc* (Akronym für *yet another compiler compiler*) (vgl. Ambrosch 1991), die in den BELL Laboratories als Werkzeuge zur Compiler-Generierung entstanden und seitdem, in immer wei-

---

[3]   Der Parser ist demzufolge genau das Teilprogramm, das die Syntaxanalyse durchführt. Im weiteren Sinne wird aber auch das Programm der Kombination aus der lexikalischen Analyse und der Syntaxanalyse als Parser bezeichnet.

terentwickelten und verbesserten Versionen, zur Grundausstattung von UNIX-Systemen gehören. Im Rahmen des GNU-Projektes[4] entstanden public-domain Versionen von lex und yacc, der lexikalische Analysator *flex* und der parser-Generator *bison* (vgl. Mason 1990, S. 277 ff.).[5] Diese sind weitestgehend kompatibel zu den Original-Werkzeugen, aber in vielen Fällen etwas leistungsfähiger und flexibler. Beide Werkzeuge werden für die Erzeugung der Parser in diesem Artikel verwendet.

Der grundsätzliche Aufbau eines flex-Skriptes ist folgender (vgl. Mason 1990, S. 147ff.):

```
...definition section...
%%
...rules section...
%%
...user subroutines...
```

Der Definitionsteil eines lex-Skriptes (*definition section*) beinhaltet die Hilfsdefinitionen, wie z. B. Abkürzungen für reguläre Ausdrücke sowie durch %{ und %} geklammerter C-Code, der direkt in den von lex generierten C-Code integriert wird. Im Übersetzungsteil (*rules section*) befinden sich die lexikalischen Konstrukte, die vom Programm erkannt werden sollen. Dieser Bereich ist durch zeilenweise Angaben der Form eines regulären Ausdrucks gefolgt von geklammertem C-Code aufgebaut. Erkennt lex diesen regulären Ausdruck in der Eingabe, wird der entsprechende C-Code ausgeführt. In Zusammenarbeit mit bison als Generator für den syntaktischen Analysator erfolgt der Aufruf der lexikalischen Analyse immer dann automatisch durch den Parser, wenn ein neues Token von der Eingabe benötigt wird.

Der grundsätzliche Aufbau eines bison-Skriptes entspricht dem eines flex-Skriptes (vgl. Mason 1990, S. 181 ff.). Im Deklarationsteil kann wie bei einem lex-Skript auch durch %{ und %} geklammerter C-Code eingefügt werden, der direkt in das generierte Programm eingefügt wird. Des weiteren erfolgt in diesem Bereich die Festlegung der Token-Konstanten und einiger weiterer Einstellungen zur Steuerung der Syntaxanalyse wie etwa die Definition des Datentypen für Tokens mit Rückgabewerten.

---

[4] Das GNU-Projekt wurde 1984 mit dem Ziel der Entwicklung eines UNIX-ähnlichen Betriebssystems als freie Software gestartet. GNU ist ein rekursives Akronym für „GNU's not UNIX" und ist ein Projekt der *Free Software Foundation*, die den Begriff *freie Software* genau definiert. Informationen zu GNU und der Free Software Foundation sind im World Wide Web unter der URL www.gnu.org und www.gnu.org/fsf verfügbar.

[5] Eine ausführliche Beschreibung der Werkzeuge *flex* und *bison* sowie Abgrenzung gegenüber *lex* und *yacc* bietet die Online-Dokumentation der Werkzeuge.

Das „Herzstück" eines bison-Skriptes sind die Regeln (*rules section*). Hier ist die zu erkennende Grammatik hinterlegt. Das Erkennen einer Regel führt zu der Abarbeitung des zugeordneten C-Codes. Im dritten Bereich (*user subroutines*) ist wieder C-Code hinterlegbar, der direkt in das generierte C-Programm kopiert wird.

4.2 Parser für das Metamodell

Grundsätzlich ist jeder Parser komplett individuell programmierbar, aber für den Parser des Metamodells sollen die zuvor beschriebenen Techniken eingesetzt werden. Der erste Analyseschritt besteht in dem Aufnehmen der Eingabe und dem Herausfiltern der wichtigen erkannten Wörter, den Tokens, mit dem Werkzeug flex, die von überflüssigem Fülltext befreit und dann im zweiten Schritt der Analyse auf Basis des Werkzeuges bison auf ihre grammatikalische Korrektheit hin untersucht werden.

In der ersten Phase erfolgt also die Analyse des Quelltextes, in der dieser auf Basis regulärer Ausdrücke in einzelnen Teile zerstückelt wird. Einige abkürzende Definitionen zur Festlegung von regulären Ausdrücken werden in flex im Vorspann mit festgelegt. Dies sind im Fall des Parsers für das Metamodell auszugsweise:

```
blank              [ \t\n]+
cunsignedinteger   [0-9]+
cinteger           [+-][0-9]+
```

Ein `blank` bezeichnet also einen beliebig langen leeren Zwischraum. Der zweite Ausdruck bezeichnet eine beliebige Ziffernfolge, die aus mindestens einer Ziffer besteht.[6] Die Aufgabe der lexikalischen Analyse besteht in dem Erkennen der Eingabe-Tokens. Für einige exemplarische Tokens ist der Aufbau im Parser der folgende:

```
"database:" {fprintf(yylog,"DATABASE:\n"); return DATABASE;}
"cube:" {fprintf(yylog,"CUBE:\n"); return CUBE;}
```

Beim Erkennen des Tokens, z. B. des Schlüsselwortes „`database:`", wird ein Eintrag in die Logdatei gemacht und eine interne Konstante an die Syntaxanalyse übergeben. Hier wird das Zusammenspiel der beiden Komponenten deutlich. Der Aufruf des Parsers erfolgt mit den entsprechenden Parametern auf Ebene der Syntaxanalyse. Diese fordert immer bei Bedarf vom Lexikalischen Analysator ein neues Eingabe-Token an. Eine spezielle Funktion haben Tokens mit Wert, die mit als Rückgabewert übergeben werden:

---

[6] (vgl. Mason 1990, S. 28 f. zum Aufbau regulärer Ausdrücke)

```
{creal}
  {
  yylval.doubleval=strtod(yytext,NULL);
  fprintf(yylog,"%s: flex: float: %s\n",progname,yytext);
  return VDOUBLE;
  }
{cchar}
  {
  yylval.charval=strdup(yytext);
  fprintf(yylog,"%s: flex: char: %s\n",progname,yytext);
  return VCHAR;
  }
```

Diese Wertübergabe basiert auf der folgenden Token-Definition im bison-Skript:

```
%union
  {
  char    *charval;
  double doubleval;
  }


%token <charval>   VCHAR
%token <doubleval> VDOUBLE
```

Dies sind die Tokens mit Wert. Die Definition der Tokens ohne Wert erfolgt auszugsweise durch:

```
%token DATABASE CUBE DIMENSION
```

Die Nichtterminalzeichen werden ebenfalls alle mit Wert definiert, da in ihnen der
analysierte Regeltext gespeichert wird.

```
%type <charval> database, dbname, datatypes, cubes, dimensi-
ons
```

Bei den folgenden einfachen Grammatik-Regeln, die in bison formuliert sind, wird
deutlich, wie der grundsätzliche Aufbau ist und wie der analysierte Text rekursiv
durchgereicht wird. Der Aufbau der Regel ist immer Nichtterminalzeichen der
linken Seite gefolgt von dem Teil der rechten Seite der Regel. Der Wert des
Nichtterminalzeichens der linken Seite wird mit $$ adressiert, die der rechten
Seite von links nach rechts durchnummeriert beginnend bei $1.

```
'DATABASES:' databaselist
  {
  tc=strdup(maxc);
  strcpy(tc,"DATABASES:\n");
  strcat(tc,$2);
  $$=tc;
```

```
        }
    |  ';'
        {
        $$=";";
        }
    ;
```

Komplexer ist die Auflösung konstanter Werte, die von flex als Tokens mit Wert übergeben werden, im Parser. Hier erfolgt die Übernahme der Werte mit spezieller Information, von welchem Datentyp die Konstanten sind, und die Eingabezeichenfolge wird zu einem Wert des Datentyps konvertiert.[7]

Dieser Parser für das Metamodell ist dann die algorithmische Basis für einen Transformationsalgorithmus vom Metamodell in ein anderes Zielmodell. Die nötigen Transformationsschritte für den einen Spezialfall der Transformation vom Metamodell in das Star Schema in der Darstellung des Relationenmodells sind Gegenstand des folgenden Abschnittes.

4.3   Transformation in das Star Schema

Das dargestellte Metamodell kennt im Gegensatz zum Star Schema keine Variantenbildung, denn es gibt die folgenden Bestandteile des Modells:

- Dimensionen bzw. Dimensions-Schemata,

- Kuben und Kuben-Schemata,

- Datenbanken und Datenbank-Schemata sowie

- Markierungen von Dimensionen und des Datenbank-Graphen.

Diese Bestandteile sind der Ausgangspunkt einer Transformation eines Quellmodells auf Basis des definierten Metamodells. Als Beschreibung dieses Quellmodells wird die Darstellung in Form des Metamodells als formale Sprache genutzt.

In diesem Abschnitt wird exemplarisch für die vielen Transformationen und diversen Zielmodelle die Transformation in das Relationenmodell und das Star Schema als Form zur Darstellung mehrdimensionaler Datenstrukturen im Relationenmodell entwickelt.

Das Star Schema ist nicht ein einzelnes Modell, da es in vielen verschiedenen Varianten definiert ist und sehr unterschiedliche Ausprägungen haben kann. Eine Transformation in dieses Zielmodell muss also präzisieren, in welche explizite

---

[7] Die Darstellung erfolgt an dieser Stelle sehr kurz gefasst, ausführlich wird der Aufbau eines Parsers für das beschriebene Metamodell in (Hahne 2002) beschrieben.

Form des Star Schemas hinein konvertiert wird. Diese Transformation ist in Abb. 3 im Überblick dargestellt.

Die in (Hahne 2002) entwickelte Klassifikation von Star Schema-Strukturen ist eine geeignete Grundlage, die konkrete Ausgestaltung des Zielmodells zu parametrisieren. Bezüglich des Aufbaus von Faktentabellen sind Star Schemata danach differenzierbar, wieviele zentrale Faktentabellen vorhanden sind und wo ggf. die Ablage von Aggregaten erfolgt. Ein wesentliches Unterscheidungskriterium für Star Schema-Varianten ist der Grad der Normalisierung und der Schlüsselbildung der Dimensionstabellen sowie die Modellierung der Dimensionsstrukturen der jeweiligen Dimensionen z. B. in Form von rekursiven Beziehungen oder durch festgelegte Gruppierungsattribute. Weiterhin sind die vorkommenden Strukturen bezüglich des Orts der Ablage von Kennzahlen zu unterscheiden. Üblich ist dabei die Generierung einer Wertspalte in der Faktentabelle für jede Kennzahl.

Ausgangspunkt ist ein Skript des beschriebenen Metamodells, welches z. B. auf Basis eines semantischen Datenmodells generiert wird. Dieses Metamodell wird von einem Algorithmus unter Bezugnahme auf Parameter zur Transformation in das Metamodell des Star Schemas überführt.

Die Pfeile in der graphischen Repräsentation deuten an, dass diese Transformation vom Grundsatz her so angelegt ist, dass auch der umgekehrte Weg möglich ist, in der die Transformation in die andere Richtung durchgeführt wird. Dabei ist aber nicht zu erwarten, dass diese Transformation hin und her ohne Informationsverlust durchführbar ist. Diese Transformation ist nicht bijektiv.

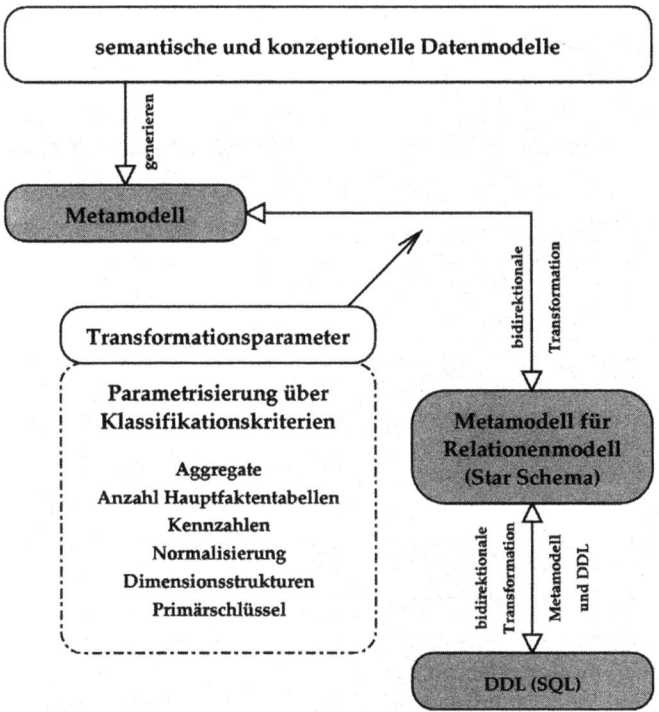

Abb. 3: Transformation vom Metamodell in das Star Schema

In einem weiteren Schritt kann dann dieses Metamodell in eine zielplattformspezifische Datendefinitionssprache (DDL) überführt werden. Der Schritt zwischen dem Metamodell und dieser DDL ist im allgemeinen ohne Informationsverlust umkehrbar.

Die konkrete Transformation soll im folgenden für den Fall des klassischen Star Schemas ausführlich dargestellt werden. Für die Transformation wird die folgende Vorgehensweise angewendet:

- Transformation der Dimensionen mit Markierungen

- Transformation der Kuben

- Generierung der Datenbank-Integritätsbedingungen

Schon der erste Punkt führt zu einem Problem, da die beiden Modelle für Dimensionen nicht in der gleichen Form zwischen Schema und Instanz differenzieren. Im Metamodell beinhaltet das Schema schon die konkreten Dimensionselemente als Strukturbeschreibung des Modells, diese sind im Relationenmodell konkrete Ausprägungen (Instanzen) der Relationen-Schemata für die Dimensionstabellen. Von ihrem Wesensgehalt her hat aber auch diese Ausprägung einer Relation strukturellen Charakter. Diese wird in der Transformation aber ausgelassen, da dies der sauberen Trennung von Schema und Instanz auf logischer Modellebene widerspricht. Diese Komponente eines Transformationsalgorithmus wird als eine Erweiterungsoption offen gehalten, wobei das beschriebene Metamodell für das Star Schema bzw. das Relationenmodell in der beschriebenen Form keine Ausprägungen von Relationen-Schemata kennt und dafür entsprechend erweitert werden müsste.

Zunächst erfolgt also die Transformation der Dimensionen, im Beispielskript sind drei Dimensionen definiert. Die erste hat im Metamodell die folgende Beschreibung:

```
DIMENSION:   [Zeit]
  DATATYPE:  char
  NODES:     '1999',
             '2000',
             '2001',
             'Alle Jahre',
  EDGES:     ('Alle Jahre','1999'),
             ('Alle Jahre','2000'),
             ('Alle Jahre','2001'),
  LABELS:    -
```

Diese Dimension wird im Relationenmodell im Rahmen des klassischen Star Schemas durch eine Struktur der mit den Attributen Schlüssel, Monat, Quartal, Jahr und Gesamt abgebildet, wobei die Wertebereiche und der Primärschlüssel entsprechend festgelegt sind.

Bei der Transformation ist aus dem Quellmodell auf Basis des Metamodells nicht erkennbar, welche Attributnamen zu bilden sind. Für das eigentliche Dimensionselement ist das ableitbar, für die Ebenen in der Hierarchie auf Basis der Kantendefinitionen ergibt sich lediglich eine Ebenenidentifikation. Für das Generieren der Attribute für die Hierarchie der Dimension braucht der Transformationsalgorithmus teilweise zusätzliche Informationen über den Dimensionstyp, der aber algorithmisch bestimmbar ist.

Die zweite Dimension des Beispiel-Schemas ist die Dimension Vertriebsweg und wird im Metamodell durch ein ähnlich aufgebautes Skriptstück wie im Fall der Zeitdimensions abgebildet. Die verbleibende dritte Dimension im Beispiel hat zusätzlich zu der eigentlichen Definition auch noch eine Markierung, welche die Hierarchie repräsentiert. Im Star Schema korrespondiert das mit einem level-Attribut.

```
DIMENSION:   [Produkt]
  DATATYPE:  char
  NODES:     'F99-12',
             'F99-7',
             'F99-21S',
```

```
                'F99-13H',
  EDGES:        ('Rennräder','F99-12'),
                ('Rennräder','F99-7'),
                ('Rennräder','F99-21S'),
                ('Rennräder','F99-13H'),
  LABELS:
    LABEL:    [Partition]
      LABELVALUES NODES: 'F99-12':'Produkt',
                         'F99-7':'Produkt',
                         'F99-21S':'Produkt',
                         'F99-13H':'Produkt',
                         'Rennräder':'Warengruppe',
```

In der Darstellung des Relationenmodells ergibt sich die Definition eines Schemas mit den Komponenten Schlüssel, Produkt, Warengruppe, Partition sowie wieder der entsprechenden Festlegung von Wertebereichen und Primärschlüssel. Die Attributnamen könne in diesem Fall aus dem Metamodell übernommen werden (*label*).

Die Definition des Würfels „Umsatz" basiert im Metamodell lediglich auf der Angabe des Datentypen und der referenzierten Dimensionen:

```
CUBE: [Umsatz]
  DATATYPE: float
  REFERENCED DIMENSIONS: [Zeit],[Vertriebsweg],[Produkt]
```

Im klassischen Star Schema wird der Würfel durch genau eine Faktentabelle dargestellt, deren Schema die Abhängigkeiten zu den referenzierten Dimensionstabellen berücksichtigen muss. Im Relationenmodell sind dies Inklusionsbedingungen, die im dritten Schritt der Transformation in die Integritätsbedingungen auf Datenbank-Ebene münden.

Das Schema der Faktentabelle im Relationenmodell besteht aus den Attributen des zusammengesetzten Primärschlüssels sowie dem Wertattribut für den Umsatz. Neben die Definition von Wertebereichen und Schlüsseleigenschaften kommt noch die Festlegung der Integritätsbedingungen auf Datenbank-Ebene. Diese sind genau die Inklusionsbedingungen, die sich aus den Fremdschlüsselbeziehungen ergeben.

Für die Transformation wird noch eine eindeutige Korrespondenz zwischen den im Metamodell festgelegten Datentypen und den im Relationenmodell verfügbaren Wertebereichen gefordert.

Die dargestellte Transformation in das klassische Star Schema ist der einfachste Fall unter den möglichen Zielmodellen als Varianten des Star Schemas. Für einen allgemeinen Algorithmus, der verschiedene Star Schema-Varianten generieren kann, sind die Klassifikationskriterien als Parametrisierung die Grundlage für den

Algorithmus. Hierbei sind im einzelnen für die Transformation der Dimensionen die folgenden vier Parameter zu beachten:

- Art der Abbildung von Kennzahlen

- Form der Normalisierung

- Zugrunde liegende Dimensionsstruktur

- Ausgestaltung des Primärschlüssels

Die Transformation der Kuben hat zwei Parameter:

- Umgang mit Aggregaten

- Anzahl der Hauptfaktentabellen

Als Eingabe dient ein Skript auf Basis des definierten Metamodells. Für jede zu transformierende Dimension und für jeden Kubus erfolgt die Übersetzung in die Zielstruktur auf Basis der Parameter, wobei die Einstellungen für verschiedene Dimensionen auch unterschiedlich sein können, ebenso für unterschiedliche Kuben.

Das Relationenmodell mit dem Star Schema als Modellierungsgrundlage ist nur eines von mehreren denkbaren Zielmodellen. Im folgenden Abschnitt erfolgt eine allgemeinere Darstellung des Algorithmus zur Transformation in verschiedene Zielmodelle.

4.4   Möglichkeiten der Transformation im Überblick

Die dargestellte Transformation des vorigen Abschnittes ist eine unidirektionale Verbindung von zwei Modellen. Naheliegend ist also eine Verallgemeinerung zu mehreren Knoten und bidirektionalen Transformationsmöglichkeiten. Die verallgemeinerte Transformation soll sich zunächst auf die logische Modellebene beschränken. Ausgangspunkt für die Umformung eines Modells ist das definierte Metamodell als zentrales logisches Datenmodell zur Abbildung mehrdimensionaler Datenstrukturen. Zielmodelle werden ebenfalls durch adäquate Metasprachen repräsentiert, in denen die transformierten Strukturen definiert werden können. Der Kern der Transformation liegt dann in der Übertragung von mehrdimensionalen Strukturen vom zentralen Metamodell in ein anderes Metamodell oder umgekehrt. Die Transformation verschiedener Zielmodelle untereinander ist in diesem Kontext nicht gewünscht und soll ausgeschlossen bleiben.

Die Möglichkeiten der gegenseitigen Umformung der verschiedenen durch jeweilige Metamodelle repräsentierten logischen Datenmodelle ergibt in graphischer Darstellung die Form eines Sternes mit dem dargestellten Metamodell als Zentrum. Für jede einzelne Transformationsrichtung erfolgt die Umsetzung auf Basis individueller Parametrisierungen. Für den Fall des Star Schemas und damit dem

Relationenmodell als Zielmodell sind die Klassifikationskriterien die Grundlage für diese Parametrisierung. Der Gesamtzusammenhang der Transformation ist in der folgenden Abb. 4 visualisiert. Dort ist das Datenmodell einer OLAP-Datenbank (z. B. MIS-Alea) als weiteres exemplarisches Zielmodell mit angeführt.

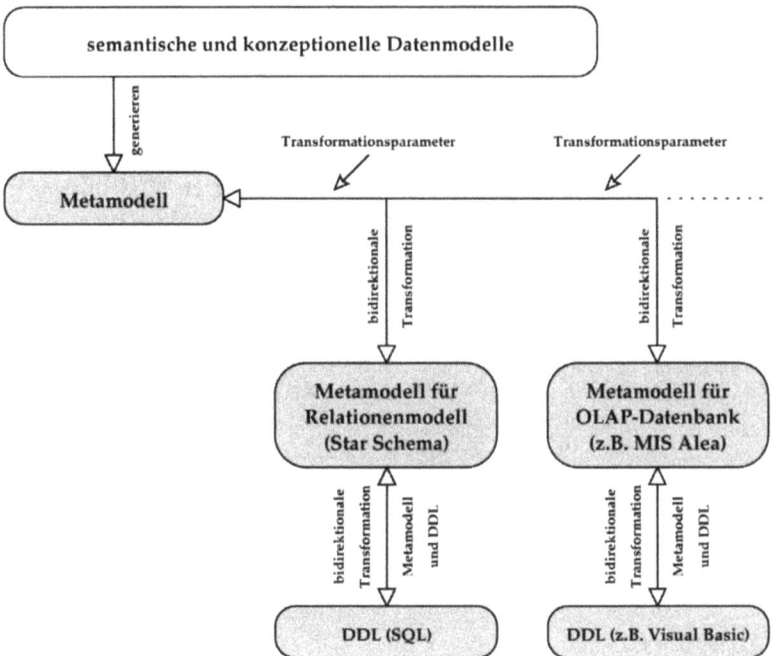

Abb. 4: Möglichkeiten der Transformation im Überblick

Als weiterer Schritt im Rahmen eines Transformationsprozesses ist die Generierung, d. h. der Übergang zur physischen Modellebene, zu berücksichtigen. In der Abbildung ist dies durch die weiterführende Übertragung des Metaskriptes in die zielsystemspezifische DDL angedeutet. Im Falle des Relationenmodells sind u. a. alle relationalen Datenbanksysteme eine mögliche Zielplattform. Die dort gängige Datendefinitionssprache SQL ist vom Programm aus dem Metamodell heraus zu generieren. Einige spezifische physische Parameter müssten in der Graphik der Vollständigkeit halber noch als Parameter mit angeführt werden.

Für den Fall der OLAP-Datenbank ist die dort definierte DDL zu verwenden, in dem Fall des Beispiels mit MIS-Alea könnte dies auf Basis von Visual Basic mit dedizierter systemspezifischer DDL-Bibliothek definiert werden. Andere Zielsysteme haben eine eigene ebenfalls proprietäre Schnittstelle, z. B. über eine API (*application programming interface*).

Ein weiterer Aspekt betrifft die semantische Modellierung. In diesem Transformation-Gesamtkonzept gibt es eine Konvertierung zwischen einem semantischen

Datenmodell, das seinerseits in einer formalen Sprache auf Metaebene fixiert sein sollte, und dem Metamodell auf der logischen Ebene.

5 Ausblick

Der hier dargestellte Ansatz der Transformation mehrdimensionaler Datenmodelle über ein Metamodell auf logischer Modellebene ist dahingehend erweiterbar, das dargestellte Verfahren in ein Werkzeug zur mehrdimensionalen Modellierung zu integrieren und damit einen Framework zu ermöglichen, der auch weitere Funktionalitäten, wie etwa das automatisches Generieren von Dimensionen auf Basis vorhendener Quellsysteme, beinhaltet.

Die dynamischen Eigenschaften insbesondere von speziellen mehrdimensionalen Datenmodellen sind bei der Betrachtung aussen vor geblieben. Um diese ebenfalls zu berücksichtigen ist der dargestellte Ansatz eines Metamodells zu erweitern. Die Unterstützung vielfältiger Zieldatenbanksysteme erfordert dabei insbesondere für die dynamischen Eigenschaften ein komplexe Erweiterung der Transformations-Algorithmen.

6 Literatur

Ambrosch, W.: Die Compiler-Macher – LEX auf ST und PC. In: c't 1990 12, S. 232-236.

Ambrosch, W.; Beer, F.: Die Compiler-Macher – Teil 2: YACC. In: c't 1991 2, S. 222-228.

Brodie, M.L.: On the developement of data models. In: Brodie, M.L.; Mylopoulos, J.; Schmidt, J. (Hrsg.): On conceptual modelling. New York et al. 1984, S. 19-47.

Gabriel, R.; Röhrs, H.-P.: Datenbanksysteme: Konzeptionelle Datenmodellierung und Datenbankarchitekturen. 2. Aufl. Berlin et al. 1995.

Hahne, M.: Logische Modellierung mehrdimensionaler Datenbanksysteme. Wiesbaden 2002.

Lockemann, P.C.; Radermacher, K.: Konzepte, Methoden und Modelle zur Datenmodellierung. In: HMD 1990, S. 132-134.

Mason, T.; Brown, D.: lex & yacc, Nutshell Handbooks. O'Reilly & Associates 1990.

Naur, P.: Revised Report on the Algorithmic Language ALGOL 60. In: Communications of the ACM 6 1963 1, S. 1-17.

Management Report Engineering – A Swiss Re Business Case

Roland Holten, Alexander Dreiling
Universität Münster

Benedikt Schmid
Swiss Re

To successfully create management reporting systems it is inevitable to specify the management reports from a business perspective. Based on a Swiss Re business case we show how the requirements of a data warehouse based management reporting system can be specified using a business driven method, the MetaMIS approach. The Swiss Re example shows, that dynamic business situations lead to a high complexity of information models and changed modeling requirements. The paper finishes with methodological conclusions impacting the further development of our modeling approach.

1   Introduction and Overview

Defining and structuring management views is a fundamental task of the specification of data marts and reporting systems. Today such systems are based on data warehouses. A data warehouse stores materialized views on business processes to support the management's information requirements (cf. Inmon 1996; Inmon, Hackathorn 1994; Inmon et al. 1997). It is located on a central layer of an idealized layer oriented architecture connecting online transaction processing (OLTP) systems and components enabling online analytical processing (OLAP) (cf. Becker, Holten 1998; Chaudhuri, Dayal 1997). The latter components are intended to support navigations adequate for management users through so called multi dimensional information spaces. OLTP systems directly support the business processes and are the sources of data used by OLAP systems. Typically, the integration of OLTP systems and the data warehouse is based on tools performing so called extraction, transformation and loading tasks (ETL) (cf. Inmon 1996; Widom 1995).

The spectrum of contributions on this general topic indicates that theory is far away from a clear understanding of all aspects relevant today (cf. Vassiliadis

2000). Contributions[1] are reaching from technical discussions of data bases and algorithms enabling OLAP functionality (cf. Agarwal et al. 1996; Agrawal et al. 1997; Bauer et al. 2000; Codd et al. 1993; Colliat 1996; Gyssens, Lakshmanan 1997; OLAP Council 1997; Vassiliadis, Sellis 1999; Wedekind et al. 1999; Cabibbo, Torlone 2001), information search behavior of managers (cf. Borgman 1998), and papers concentrating on methodologies of information systems development (cf. Golfarelli et al. 1998B; Jarke et al. 1999; Jarke et al. 2000). With respect to VASSILIADIS (cf. Vassiliadis 2000) there is a lack of a widely accepted methodology for data warehouse development, which is a central factor affecting the failure of data warehouse projects. Methodologies like e.g. the Zachman Framework (cf. Inmon, Zachman, Geiger 1997) do not provide suitable and commonly accepted languages for specifying data warehouses from a business perspective. Especially, a commonly agreed language between business and IT for the specification of management views as one task of the report development process is an open field today. Concerning this task there are two main problems characterizing a communication gap between business departments and IT departments:

1. Communication between business departments sometimes leads to problems because of semantic conflicts. Central problems are synonyms and homonyms. A consolidated and integrated description of business requirements is missing.

2. Communication between business in general and IT departments sometimes leads to problems because of not integrated perspectives on business processes. While the business concentrates on parameters relevant for business decisions, IT specialists concentrate on structures and modules relevant for the implementation of reporting systems.

Semantic modeling of reports and data warehouse systems focuses on closing these communication gaps. An actual approach is presented by (Böhnlein 2001). This work also presents an overview over the state of the art of semantic modeling in data warehousing environments. The approach presented by (Böhnlein 2001) is based on the so called SOM approach (cf. Ferstl, Sinz 2001) for the specification and development of information systems in general. In this paper we show, based on examples coming from the reinsurance business, how the so called MetaMIS approach (cf. Holten 2002; Holten, Dreiling 2002; Holten 2001; Holten 2000) works in business environments.

The Swiss Reinsurance Company (Swiss Re) was founded in 1863. With over 70 offices in more than 30 countries employing more than 9,000 people world-wide, Swiss Re is a globally oriented, leading company in the reinsurance business.

Swiss Re offers a full range of products to manage capital and risk, including reinsurance, insurance-based corporate finance solutions and supplementary ser-

---

[1]   See (Vassiliadis 2000) for an overview of research topics.

vices for comprehensive risk management. The traditional reinsurance products include a wide range of property and casualty as well as life and health covers and related services. Insurance-based corporate finance solutions include finite risk reinsurance, securitisation of insurance risks, run-off services and contingent capital commitments. Integrated risk management solutions cover risks not traditionally covered by reinsurance. Asset management and financial services operations include proprietary investments in publicly traded securities, minority holdings, private equity investment and advisory activities, investment banking and third party asset management.

The event of September, 11 2001 has shown that it is vital to properly estimate risks and calculate adequate premiums. Efficient and effective analysis tools are a fundamental part of the decision support process. They provide the management with the information they need for drawing decisions. The specification of management reports at Swiss Re today is document based and handed over from business to IT. There is no common language or tool support that could assist the communication or the actual development process of the software that delivers the management reports from a business perspective.

This paper describes how the MetaMIS approach could be applied to optimize the communication between business and IT. Section 2 describes a Swiss Re business case modelled with the MetaMIS approach. Required MetaMIS concepts are introduced. Lessons learned and some methodological conclusions are presented in section 3.

2 Specifying and Analyzing Business Requirements with the MetaMIS Approach

The MetaMIS approach has been developed to specify managers' information requirements from a business point of view. It has been developed to close the communication gap between business departments and the IT department. A successful data warehouse project is characterized by a resulting management information system environment, which exactly meets the business requirements and works efficiently from a technical point of view. Therefore, the MetaMIS method consists of a non-technical language, a representation formalism and guidelines for modeling information spaces. The information behind MetaMIS models can be used to create logical data warehouse or data mart schemes. Thus, the MetaMIS approach supports the development process of management information system (cf. Holten 2002).

The starting point of modeling information spaces with MetaMIS are *Dimensions*. They are used to create and organize information spaces, which are later used to define the management views on business processes. Dimensions are composed of a set of hierarchically ordered *dimension objects* (concept *DO-Hierarchy*). Based on the enterprise theory of RIEBEL, *dimension objects* can be understood as entities which are objects to arrangements or examinations of the management (cf. Riebel 1979). The enterprise theory provided by RIEBEL is centered on decision as the fundamental element (cf. Riebel 1992; Holten 1999). Any activity in an enterprise is produced and maintained by certain decisions which therefore are the real sources of cost, outcome, and liquidity. Based on RIEBEL's findings the language concept *dimension object* is introduced.

The concept of DO-Hierarchy allows the construction of, e.g., product hierarchies or hierarchies of regions. Every dimension object is associated to an unequivocal hierarchy level (concept *Hierarchy Level*). The set of dimension objects in each dimension can be divided into two parts, *leaves* (members of the lowest hierarchy level within a dimension) and *non-leaves* (all other dimension objects) of the hierarchies. If more than one dimension is composed of the same set of leave dimension objects, these dimensions form a *dimension grouping*. Regarding the non-leave reference objects all dimensions are orthogonal, i.e., the intersection of non-leave sets with leave sets of dimension objects is empty.

If aspects concerning business objects are independent (and thus can be combined in principle) from the management's point of view, this leads to different dimensions. This aspect of dimensions is called orthogonality. Nevertheless, if the combination of dimensions is not meaningful from the management's point of view, this leads to prohibited combinations. This aspect of dimensions is called compatibility. It is denoted here that orthogonality and compatibility are two different aspects relevant to the modeling of management views. This means that parallel branches in dimensions are not possible. If they occur the aspects of orthogonality and compatibility have not been taken into account. Incompatibilities of dimensions often lead to parallel branches within dimensions. Several examples can be found in literature (cf. Bulos 1996; Golfarelli, Rizzi 1999; Golfarelli, Rizzi 1998; Golfarelli et al. 1998A; Golfarelli et al. 1998B; Sapia et al. 1998; Blaschka et al. 1998; Böhnlein 2001; Lechtenbörger 2001).

Dimensions are represented by (red) rectangles. Dimension objects and the respective hierarchies are represented by hierarchical structures. Squares as prefixes represent hierarchical levels of non leaves. Dimension objects on the lowest level have no square as prefix. Every dimension object is associated with an identifier. Hierarchy level identifiers are associated to the respective level which is visualized by a doted line and an indentation. Lower level objects are placed rightwards of higher level objects. The squares with the·"+" sign indicate that there are more subordinate dimension objects which are not shown to enhance clearness. For squares with the "-" sign all dimension objects of the succeeding hierarchy level are visible.

At Swiss Re different dimensions and dimension groupings are relevant to perform business analyses. The set of analysis purposes determines the design of dimensions. In this paper we examine a Swiss Re management report conducting a group performance measurement analysis for a given business year and management unit at level division Europe (*GPM BY View by Management Unit at Level Division Europe*).

In order to specify this analysis using the MetaMIS method we need to start with constructing dimensions. Mandatory dimensions for each management report are *time* and *valuation* (*version*), because analyses neither related to *time* nor *valuation* (factual or plan figures) are not meaningful. The existence of some other dimensions is not specific for Swiss Re, but their design is. These dimensions include *Management Unit* and *Line of Business*. Given a certain size of the enterprise being examined, these dimensions probably will always occur, because decision competences are distributed (structure of *management unit*) and different lines of business need to be examined (structure of the respective dimension).

Furthermore, we need some specific Swiss Re or reinsurance dimensions. The first three dimensions, *type of business*, *type of agreement*, and *type of transaction* define product properties of the Swiss Re reinsurance property and casualty business. *Type of business* is basically divided into proportional and non-proportional business. *Type of agreement* focuses on whether the product is a treaty product (e.g. the reinsurance of all mid-sized cars in Switzerland of direct insurance company) or a facultative product (e.g. one single oil platform). *Type of transaction* is divided into traditional and non-traditional business. Additionally to these three product defining dimensions there are the dimensions *exchange rate year* and *exchange rate type*, which are analysis dimensions to cope with currency fluctuations. Furthermore, *type of cession* defines whether the business is incoming business (cession) or outgoing business (retrocession).

The mandatory time dimension at Swiss Re is quite unusual and needs to be explained further. All dates form a set of dimension objects which are ordered hierarchically in two different ways. As described above this leads to a dimension grouping containing two dimensions. The first time dimension, *business year*, which indicated the financial reporting period. In the second time dimension, *treaty year*, which contain the actual reinsurance acceptance validity time. The combination of both time dimensions does not lead to incompatibilities or empty sets of resulting contract data, but to meaningful analyses for the reinsurance business. The question behind an analysis containing both time dimensions could be the analysis of so-called long-tail business, where claims are settled years after the actual treaty year (e.g. asbestos claims). For the business case used in this paper only the year levels of the hierarchies are required. Nevertheless the date level is needed for operational business analyses. To overcome the first communication problem (see section 1) between e.g. an operational and a strategic business unit, the dimensions "Business Year" and "Treaty Year" have to be modeled top down to the date level. Dimensions are thus some kind of overall master data for the specification of management reports. Since the set of leave elements (dates) is the same for both dimensions, these dimensions belong to the dimension grouping "Time". The time dimension grouping modeled according to the MetaMIS approach is displayed in Fig. 1.

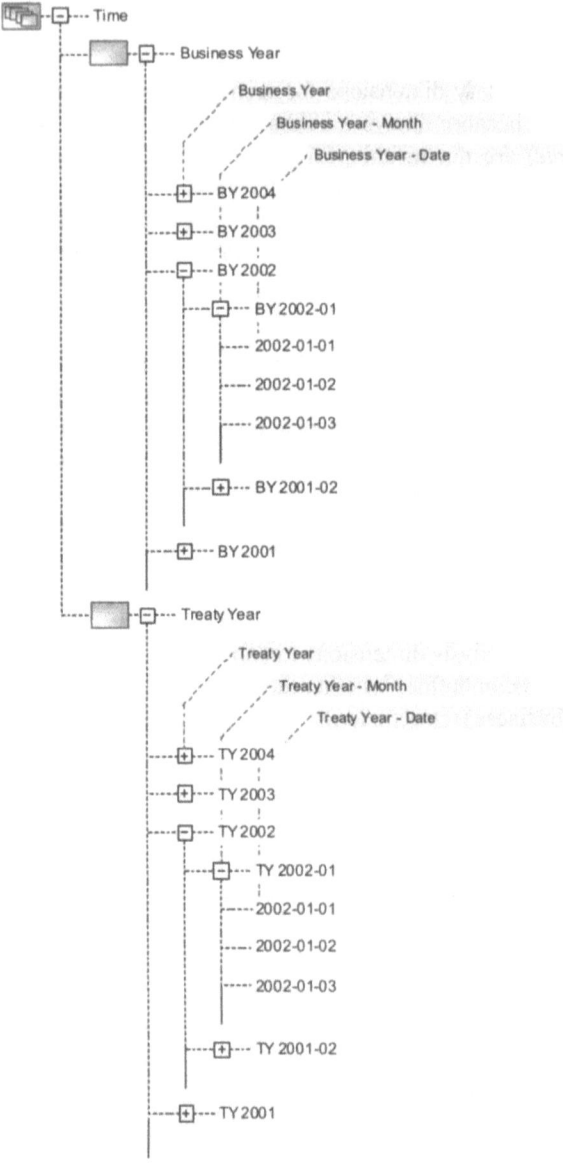

Fig. 1:   Dimension grouping *Time*

To prevent information overflow individual extracts need to be defined from existing dimensions (dimension object hierarchies) and combined to task specific views for single management users or groups. For this purpose the concepts *dimension scope* and *dimension scope combination* are introduced. *Dimension scopes* are sub trees of dimensions. Their combination defines a space of multi dimensional objects relevant for a management user. The type of vectors within this space is termed by means of the concept *reference object* with respect to RIEBEL's enterprise theory. Reference objects are defined as all "measures, processes and states of affairs which can be object to arrangements or examinations on their own" (Riebel 1979, p. 869). Dimension scopes are represented by (white) rectangles with (red) triangles inside. Fig. 2 contains the dimension scopes for the SwissRe "GPM BY View by Management Unit at Level Division Europe" report.

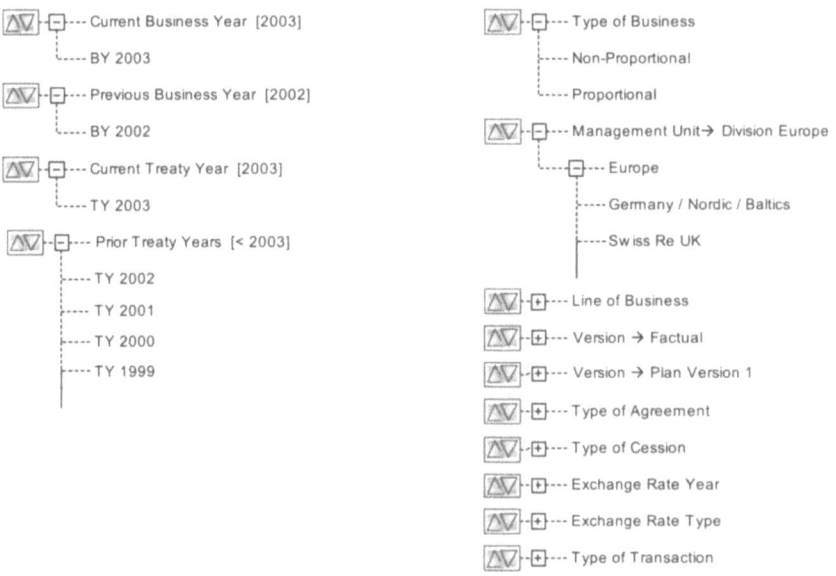

Fig. 2:   Set of dimension scopes for report *GPM BY View by Management Unit at Level Division Europe*

Dimension scope combinations are represented by (red) rectangles with small dimension scope symbols inside. Dimension scopes are hierarchically ordered within dimension scope combinations. If more than one dimension scope within a dimension scope combination is related to one dimension, an additional dimension symbol is introduced. Thus, the number of dimensions involved in the definition of a dimension scope combination can be recognized more easily. The dimension scope combination shown in Fig. 3 spans a 12-dimensional space of reference objects. Each reference object can be understood as a cell having 12 coordinates. This is expressed by the first hierarchical level of the dimension scope combination consisting of 12 elements. Either one of the 12 elements has to be chosen as coordinates to define the reference object as a vector. The semantics of the combination of different dimensions is the logical 'and' (∧). The sub trees beginning at the second hierarchical level combine different sub sets of one dimension. This combination corresponds to the logical 'inclusive or' (∨). These combination operations are relevant for the generation of logical data mart schemes based on MetaMIS models (cf. Holten 2002, pp. 26).

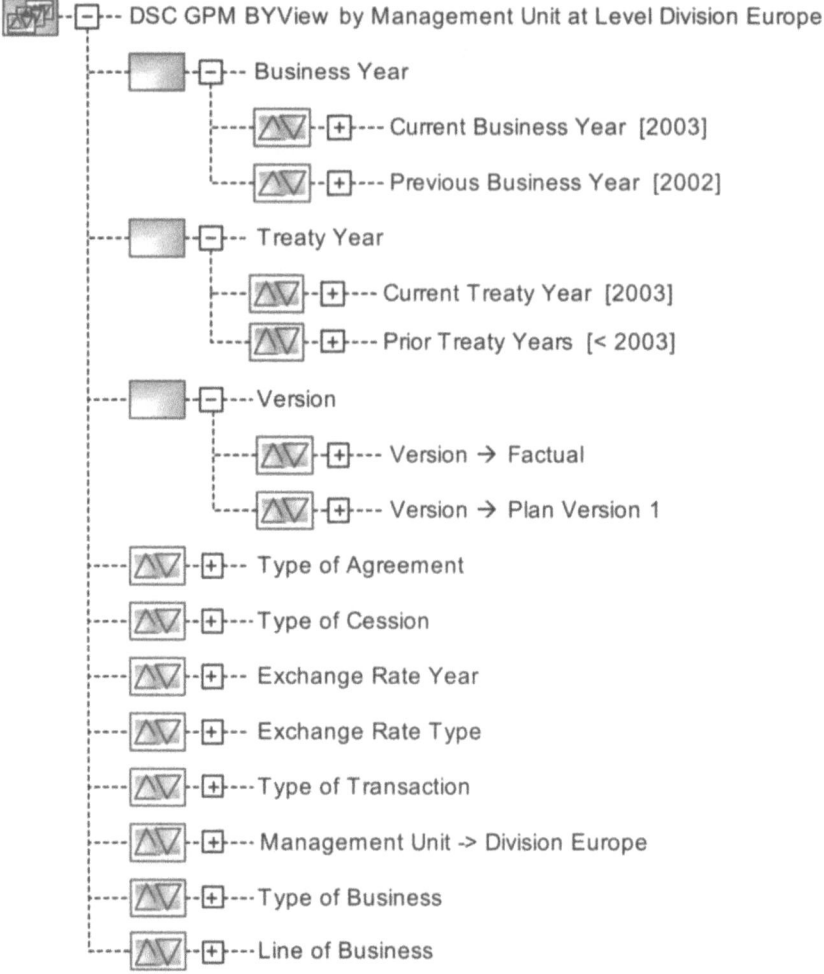

Fig. 3:   Dimension scope combination for report *GPM BY View by Management Unit at Level Division Europe*

The information space defined in Fig. 3 is parameterized. The variable x represents the business year, for which the analysis is performed. The years given in paratheses are values of algebraic expressions defined for the years to be choosen for the analysis. If the analysis is performed for business year 2003 the current business year is 2003 and the previous business year is 2002.[2] These business years can be combined with the corresponding treaty years in order to perform the above described run-time analysis of insurance polices. Dimension scope combinateions are part of report master data.

The next concept required is *Ratio* which is of fundamental importance for specifying information in management processes. *Ratios* are core instruments to measure the value of companies (cf. Copeland et al. 1990), the performance of the business (cf. Eccles 1991; Lapsley, Mitchel 1996; Kaplan, Norton 1997; Kaplan, Norton 1996; Kaplan, Norton 1992) and to analyze the financial situation of an enterprise (cf. Brealey, Myers 1996). Synonyms found in management accounting literature are operating ratio, operating figure or measure of performance. *Ratios* such as "combined ratio" define important aspects of business objects (In the insurance business the combined ratio relates outgoing and incoming money of the operative business. A positive percentage means more outgoing than incoming money). Their economic meaning is clearly specified and their calculation rules are defined by algebraic expressions (e.g. "((Nominal Claims + Nominal Commissions) – 1) / Nominal Premiums"). *Ratios* are represented in tables with each row defining a ratio. The association of identifiers and *ratios* leads to a respective table entry. *Basis ratios* are defined by linguistic statements (not shown in the example) expressing the ratio from a business perspective and synonyms can be listed. An example for such statements was given above for "combined ratio". *Calculated ratios* additionally require algebraic expressions for their definition. Every definition of a *calculated ratio* requires that *ratios* used in the calculation expression are defined beforehand. The tables serve as libraries for *ratios* to prevent semantic conflicts and are part of overall master data. An example definition table of *basis* and *calculated ratios* is given in Fig. 4.

Identifier	Calculation Expression	Synonyms
Nominal Commissions		
Nominal Claims		
Nominal Premiums		
Nominal Technical Result	Nominal Premiums - Nominal Commissions - Nominal Claims	
Nominal Technical Result Ratio	Nominal Technical Result / Nominal Premiums	
Nominal Combined Ratio	((Nominal Claims + Nominal Commissions) - 1) / Nominal Premiums	
...	...	...

Fig. 4: Example definition table of ratios

---

[2] The previous business year is needed to perform variance analyses, e.g., the growth rate of business in this year compared to the last one. For a deeper discussion on variance analyses compare (Holten, Dreiling 2002).

For the definition of management views ratios are assembled to so called *ratio systems* (concept *Ratio System*). *Ratio systems* can be organized hierarchically as shown in Fig. 5. They enable management users with top down analyses of unequivocal reference objects according to different economical aspects relevant to the management. E.g. the balanced scorecard presented by KAPLAN and NORTON (cf. Kaplan, Norton 1997; Kaplan, Norton 1996; Kaplan, Norton 1992) is a set of *ratio systems* supporting this top down analysis of reference objects in the strategic performance measurement process. *Ratio systems* are represented by (yellow) boxes with numbers inside and hierarchical structures. The *ratio system* "Group Performance Measurement" shows the hierarchical structure of its ratios according to their importance for the management user. This means that, e.g., the ratio "Economic Result" is on a higher level than the ratio "Nominal Technical Result". This structure implies a certain drill down logic for ratios from the management's point of view which also may go beyond an algebraic meaning or definition. Ratio systems are part of report master data.

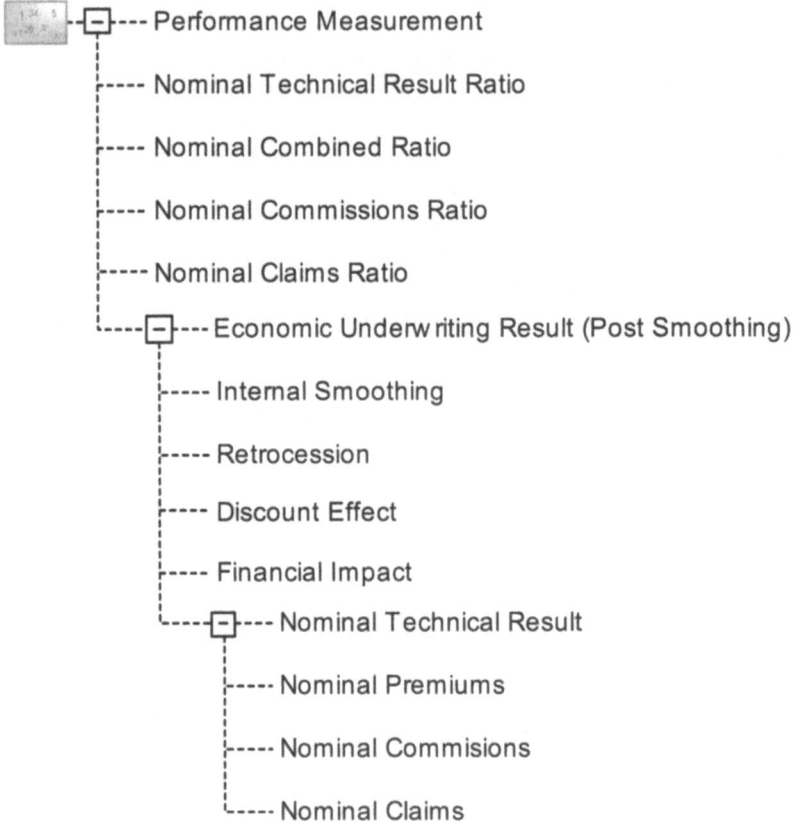

Fig. 5:   Ratio system *Group Performance Measurement*

The combination of ratios and reference objects are called *facts* (cf. Holten 1999, pp. 94, 100). Facts alone can answer questions such as the actual premiums in 2001. Additionally, facts may be used for complex calculations including, e.g., growth rates (typically in % of a given base quantity), variances (typically calculated as difference of two base quantities of the same dimension in %) and shares of subordinated quantities in relation to higher quantities (in %). Such calculations are called *fact calculations* which need to be specified next.

The specification of fact calculation expressions includes the dimension scopes involved in calculations as well as algebraic expressions. The deviation of business performances between two years can be analyzed based on algebraic expressions of the kind "Current Business Year [→ x]) / (Previous Business Year [→ x]) – 1) * 100" for all possible ratios. This expression is based on two dimension scopes specifying the current and previous business year which is shown in the upper expression of Fig. 6. To perform, e.g., an absolute plan variance analysis the dimension scopes "Valuation → Factual", and "Valuation → Plan Version 1" are necessary. Both dimension scopes reduce the valuation dimension to either a "Plan" reference object (for planned figures) or an "Actual" reference object (for results actually achieved in the business processes).[3] The absolute variance between actual and plan facts is calculated by the algebraic expression "(Version → Factual) – (Version → Plan Version 1)" for all possible ratios. Fig. 6 shows in the lower section the specification of the absolute plan variance analysis fact calculation expression. Fact calculation expressions are part of report master data.

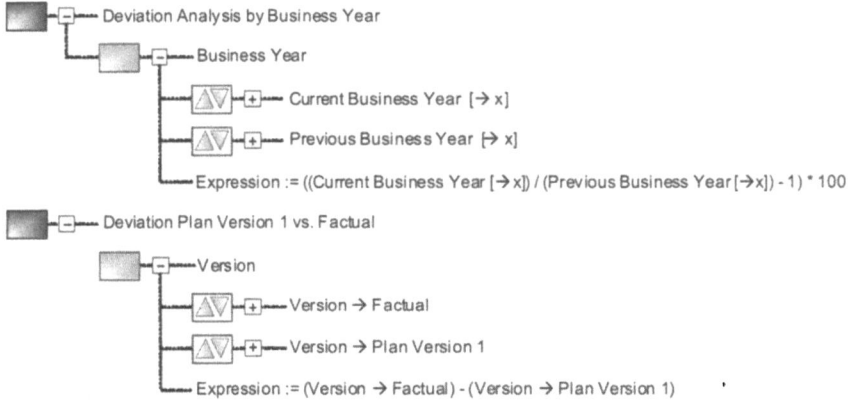

Fig. 6: Fact calculation expressions for report *GPM BY View by Management Unit at Level Division Europe*

---

[3] There are many plan scenarios possible. See (Holten 2001 and Holten 2002) for deeper discussions of plan and actual business scenarios and their representation as dimensions.

Having defined a ratio system and all fact calculation expressions and dimension scope combinations necessary an information object can be specified. An information object specifies the information space spanned by the dimension scope combination with an assigned ratio system and fact calculation expressions. An information object is the central report master data component. The information object shown in Fig. 7 implies that the fact calculation expressions apply to all ratios of the involved ratio system.

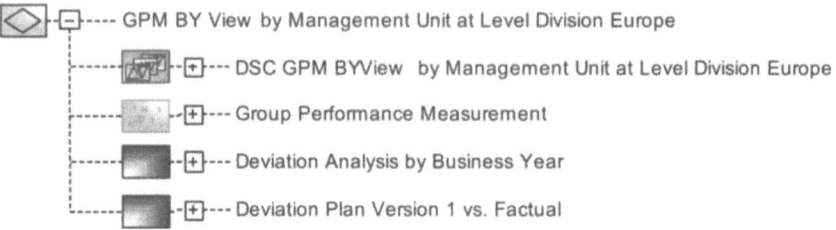

Fig. 7:   Information object for report *GPM BY View by Management Unit at Level Division Europe*

3   Lessons Learned and Conclusion

As mentioned in the text so far it is useful to explicitly distinguish between overall master data and report master data. This distinction is based on the two communication problems introduced in section 1. Overall master data includes dimensions, dimension groupings and ratios. These objects have to be defined centrally with an univocal meaning to the entire enterprise. They form the basis to overcome misunderstandings because of synonyms and homonyms. An example are synonyms of ratios which are listed in tables. Homonyms are generally not allowed. Defining overall master data requires a certain discipline and is costly. But there is no other chance to overcome the communication problems mentioned. Report master data like dimension scope combinations, fact calculation expressions and ratio systems are constructed based on overall master data. They are closer related to reports designed for specific business situations. Nevertheless, these master data can be used to specify a set of reports.

In our example business case we specified management views on treaty years and business years. These views are related to analytical tasks on a strategic level. There is no drilling on treaty years required. The example is shown for business year 2003 and treaty years relevant (Fig. 2 and Fig. 3). With respect to time dimensions the definition of parameters for dimension scopes and dimension scope combinations seemed to be useful. For that purpose dimension scopes in Fig. 8

and the dimension scope combination in Fig. 9 were developed. For clarity the parameter values are given in brackets. The parameters used can directly be transformed into templates and filters relevant for the implementation of respective reports.

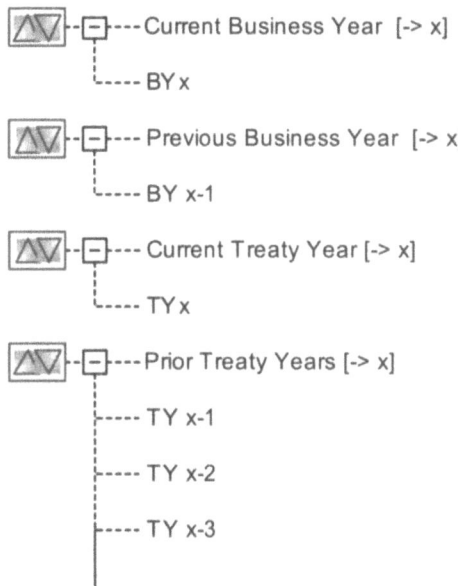

Fig. 8: Alternative dimension scopes of Treaty Year and Business Year (parameterized)

Fig. 9: Alternative dimension scope combination (extract) of Treaty Year and Business Year (parameterized)

The lesson learned concern the flexibility of modeling approaches. Since a modeling approach is an instrument intended to support the solution of business problems, new or formerly unknown business situations lead to extensions or changes concerning the specification of modeling requirements. We think, that it is not possible to define an ontology of business situations as a general foundation for the development of modeling approaches or suitability examinations of them. Any ontology thus can only serve as a set of reference requirements relevant in a well defined field of research.

4   Bibliography

Agarwal, S.; Agrawal, R.; Deshpande, P.M.; Gupta, A.; Naughton, J.F.; Ramakrishnan, R., Sarawagi; S.: On the computation of multidimesnional aggregates. Proc. 22nd International Conference on Very Large Data Bases, San Francisco, CA, Morgan Kaufmann, 1996, pp. 506-521.

Agrawal, R.; Gupta, A.; Sarawagi, S.: Modeling multidimensional databases. Proc. 13th International Conference on Data Engineering, Los Alimatos, CA, IEEE Computer Society Press, 1997, pp. 232-243.

Bauer, A.; Huemmer, W.; Lehner, W.: An Alternative Relational OLAP Modeling Approach. Second International Conference on Data Warehousing and Knowledge Discovery (DAWAK 2000, London, U.K., September 4-6), pp. 189-198.

Becker, J.; Holten, R.: Fachkonzeptuelle Spezifikation von Führungsinformationssystemen. WIRTSCHAFTSINFORMATIK 40 (1998) 6, pp. 483-492.

Blaschka, M.; Sapia, C.; Höfling, G.; Dinter, B.: Finding Your Way through Multidimensional Data Models. Proceedings of the International Workshop on Data Warehouse Design and OAP Technology (DWDOT 1998), Vieanna, Austria, August 28, 1998, pp. 198-203.

Böhnlein, M.: Konstruktion semantischer Data-Warehouse-Schemata. Deutscher Universitäts-Verlag, Wiesbaden 2001.

Borgman, H.P.: Manager's information search behaviour using Management Support Systems. Wirtschaftsinformatik 40 (1998), 6, pp. 527-535.

Brealey, R.A.; Myers, S.C.: Principles of Corporate Finance. 5th ed. McGraw-Hill Companies, Inc., New York et al. 1996.

Bulos, D.: OLAP Database Design. A New Dimension. Database Programming & Design (DBPD), Vol. 9, No. 6, June 1996, pp. 33-37.

Cabibbo, L.; Torlone, R.: An Architecture for Data Warehousing Supporting Data Independence and Interoperability. International Journal of Cooperative Information Systems, Vol. 10, No. 3 (2001), pp. 377-397.

Chaudhuri, S.; Dayal, U.: An overview of data warehousing and olap technology. ACM SIGMOD Record, 26 (1997) 1, pp. 65-74.

Codd, E.F.; Codd, S.B.; Salley, C. T.: Providing olap (On-Line Analytical Processing) to User Analysts: An IT Mandate. White Paper, E.F. Codd & Asociates, 1993. http://www.arborsoft.com/essbase/wht_ppr/coddTOC.html, downloaded 1998-06-05.

Colliat, G.: olap, relational, and multidimensional database systems. ACM SIGMOD Record 25 (3), pp.64-69.

Copeland T.; Koller, T.; Murrin, J.: Valuation: Measuring and Managing the Value of Companies. John Wiley&Sons, New York et al. 1990.

Eccles, R.G.: The performance measurement manifesto. Harvard Business Review, 69 (1991) January-February, pp. 131-137.

Ferstl, O.K.; Sinz, E. J.: Grundlagen der Wirtschaftsinformatik. Band 1. 4. Aufl., Oldenbourg, München 2001.

Golfarelli, M.; Maio, D.; Rizzi, S. (A): The Dimensional Fact Model: A Conceptual Model for Data Warehouses. International Journal of Cooperative Information Systems, vol. 7, n. 2&3, 1998.

Golfarelli, M.; Maio, D.; Rizzi, S. (B): Conceptual Design of Data Warehouses from E/R Schemes. Proceedings of the Hawaii International Conference On Systems Science, January 6-9, IEEE 1998.

Golfarelli, M.; Rizzi, S.: A Methodological Framework for Data Warehouse Design. In Proceedings ACM First International Workshop on Data Warehousing and OLAP (DOLAP), Washington, 1998.

Golfarelli, M.; Rizzi, S: Designing the data warehouse: Key steps and crucial issues. Journal of Computer Science and Information Management, vol. 2, n. 3, 1999.

Gyssens, M.; Lakshmanan, L.V.S.: A foundation for multi-dimensional databases. Proc. 23th International Conference on Very Large Data Bases, San Francisco, CA, Morgan Kaufmann, 1997, pp. 106-115.

Holten, R.: Entwicklung von Führungsinformationssystemen. Ein methodenorientierter Ansatz. Wiesbaden 1999.

Holten, R.: Framework and Method for Information Warehouse Development Processes. In: Jung, R.; Winter, R. (Hrsg.): Data Warehousing 2000 – Methoden, Anwendungen, Strategien. Heidelberg 2000, S. 135-163.

Holten, R.: The MetaMIS Approach for the Specification of Management Views on Business Processes. In: Becker, J.; Grob, H.L.; Müller-Funk, U.; Klein, S.; Kuchen, H.; Vossen, G.: Arbeitsberichte des Instituts für Wirtschaftsinformatik Nr. 84, Münster 2001.

Holten, R.: Specification of Management Views in Information Warehouse Projects. In: Becker, J.; Grob, H.L.; Müller-Funk, U.; Vossen, G.: Arbeitsberichte des Instituts für Wirtschaftsinformatik Nr. 87, Münster 2002.

Holten, R.; Dreiling, A.: Specification of Fact Calculations within the MetaMIS Approach. In: Becker, J.; Grob, H.L.; Müller-Funk, U.; Vossen, G.: Arbeitsberichte des Instituts für Wirtschaftsinformatik Nr. 88, Münster 2002.

Inmon, W.H.: Building the Data Warehouse. 2nd ed., Wiley, New York et al. 1996.

Inmon, W.H.; Hackathorn, R.D.: Using the Data Warehouse. Wiley, New York et al. 1994.

Inmon, W.H.; Welch, J.D.; Glasey, K.L.: Managing the Data Warehouse. New York et al. 1997.

Inmon, W.H.; Zachman, J.A.; Geiger, J.G.: Data Stores, Data Warehousing and the Zachman Framework. Managing Enterprise Knowledge. New York et al. 1997.

Jarke, M.; Jeusfeld, M.A.; Quix, C.; Vassiliadis, P.: Architecture and Quality in Data Warehouses: An extended Repository Approach. Information Systems 24 (1999) 3, pp. 229-253.

Jarke, M.; Lenzerini, M.; Vassiliou Y.; Vassiliadis, P.: Fundamentals of Data Warehouses. Berlin et al. 2000.

Kaplan, R.S.; Norton, D.P.: The Balanced Score Card. Measures that Drive Business Performance. Harvard Business Review, 70 (1992) January-February, pp. 71-79.

Kaplan, R.S.; Norton, D.P.: Translating Strategy into Action. The Balanced Scorecard. Boston, Mass. 1996.

Kaplan, R.S.; Norton, D.P.: Why Does Business Need a Balanced Scorecard? Journal of Cost Management, 11 (1997) 3, pp. 5-10.

Lapsley, I.; Mitchel, F.: The Accounting Challenge: Accounting and Performance Measurement. London 1996.

Lechtenbörger, J.: Data Warehouse Schema Design. Akademische Verlagsgesellschaft Aka. Berlin 2001.

olap Council: olap and olap Server Definitions. http://www.olapcouncil.org/research/glossaryly.htm 1997, downloaded 1998-06-03.

Riebel, P.: Einzelerlös-, Einzelkosten- und Deckungsbeitragsrechung als Kern einer ganzheitlichen Führungsrechung. In: Männel, W. (Hrsg.): Handbuch Kostenrechnung. Wiesbaden 1992, S. 247-299.

Riebel, P.: Gestaltungsprobleme einer zweckneutralen Grundrechnung. In: ZfbF 31 (1979), S. 863-893.

Sapia, C.; Blaschka, M.; Höfling, G.; Dinter, B.: Extending the E/R Model for the Multidimensional Paradigm. Proceedings of the International Workshop on Data Warehouse and Data Mining (DWDM 1998) Singapore, November 19-20 1998, Springer 1998, pp. 105-116.

Vassiliadis, P.: Gulliver in the land of data warehousing: practical experiences and observations of a researcher. Proceedings of the International Workshop on Design and Management of Data Warehouses (DMDW'2000), Stockholm, Sweden, June 5-6, 2000, http://SunSITE.Informatik.RWTH-Aachen.DE/Publications/CEUR-WS/Vol-28/.

Vassiliadis, P.; Sellis, T.: A Survey of Logical Models for olap Databases. Sigmod Record 28 (4) 1999, S. 64-69.

Wedekind, H.; Albrecht, J.; Günzel, H.; Lehner, W.: Repositories for Data Warehouse Systems in a Middleware Environment. Fifth International Conference on Information Systems Analysis and Synthesis (ISAS'99, Orlando, Florida, July 31 – August 4 1999).

Widom, J.: Research problems in data warehousing. Proc. 4th International Conference on Information and Knowledge Management. New York: ACM 1995.

Data-Warehouse-Systeme
in der Unternehmenspraxis

Einführung eines SAP BW zur Unterstützung des Strategischen Controlling – Data-Warehouse-Projekterfahrungen der Infracor GmbH

Stefan Eicker
Universität Essen

Stephan Kress
Infracor GmbH

Frank Lelke
Universität Essen

Im Chemiepark Marl ist die Infracor GmbH als Standortbetreiber und Dienstleister sowohl für die operativen Konzerngesellschaften und -bereiche der Degussa AG tätig als auch für andere namhafte Chemieunternehmen. Die Steuerung der vielfältigen Produktbereiche und des Gesamtunternehmens sowie das Reporting innerhalb des Degussa-Konzerns erfordern die Bereitstellung umfangreicher entscheidungsrelevanter Daten. Anfang 2000 entschied man sich deshalb, das Controlling durch ein Data Warehouse zu unterstützen, um dem Management auf den verschiedenen Ebenen die entscheidungsrelevanten Informationen direkt, zeitnah und möglichst aufwandarm zur Verfügung stellen zu können. Die Federführung in dem Projekt übernahm das strategische Controlling, eine Stabsstelle der Geschäftsführung, die u. a. für das unternehmensbezogene Berichtswesen sowie für Koordination der Controllingstellen in den als Profit Centern geführten Geschäftsgebieten des Unternehmens verantwortlich ist. Im Laufe des Projekts galt es nicht nur, die ursprünglichen Sollvorstellungen umzusetzen; vielmehr waren sich ändernde Unternehmensstrukturen sowie neue interne und konzernbezogene Vorgaben an das Berichtswesen zu berücksichtigen.

1   Begründung des DataCoIn-Projektes

Die Infracor GmbH ist auf dem Weg, ihre ursprüngliche historisch gewachsene und entsprechend heterogene Informationssystemlandschaft zu harmonisieren und zu modernisieren. Zentrale Altsysteme wurden bereits durch einen SAP R/3-Kern abgelöst, weitere Anwendungen werden in absehbarer Zeit durch Standardsysteme, i. d. R. ebenfalls SAP R/3-Module, ersetzt. Das dezentrale Controlling in den Geschäftsgebieten und das zentrale Controlling musste jedoch (vor der Einführung des Data Warehouse) einen erheblichen Aufwand in die zielgerechte Bereitstellung der jeweiligen entscheidungsrelevanten Daten investieren, da die Reportingmöglichkeiten in den funktionsorientieren SAP R/3 Modulen die Zusammenstellung/Berechnung von Daten entlang einer Prozesskette bzw. modulübergreifend nur unzureichend unterstützen. Außerdem mussten die SAP-Daten und Daten anderer Fremdsysteme, z. B. die eines Tochterunternehmens der Infracor, für die monatliche Berichterstattung zusammengeführt werden.

Aus den genannten Gründen hatte sich Microsoft Excel zum zentralen Werkzeug des Controllings entwickelt. Die umfangreichen, mit den Excel-Funktionen durchzuführenden „manuellen" Arbeitsschritte kosteten jedoch erhebliche Zeit; insbesondere das strategische Controlling, das teilweise auf die Lieferung der Daten der dezentralen Einheiten angewiesen war, hatte deshalb erhebliche Probleme, seine Reportingergebnisse in der vorgegebenen Zeit zur Verfügung zu stellen. Folgerichtig entstand hier die Vision, mit einer Data-Warehouse-Lösung den Aufwand für die Zusammenführung und Aggregation der entscheidungsrelevaten Daten zu verringern, flexiblere Analysen zu ermöglichen und die operativen Systeme bezüglich der Generierung komplexer (Vor-)Berichte zu entlasten. Das Projekt „*Data* Warehouse für das *C*ontrolling der *In*fracor" (DataCoIn) wurde definiert und strukturiert, um diese Vision umzusetzen.

2   Vorgehensmodell

Wesentliche Vorgabe an das Data-Warehouse-Projekt war, dass das Projektrisiko minimiert werden sollte; insbesondere sollten Meilensteine eingeplant werden, die im Laufe des Projekts die Beurteilung der Wahrscheinlichkeit für die erfolgreiche Projektdurchführung und der in den weiteren Projektphasen anfallenden Kosten erlaubten. Die Verlässlichkeit der Beurteilung sollte entsprechend der Steigerung dieser Kosten zunehmen.

Um der Vorgabe zu entsprechen, wurde das Projekt in drei Hauptphasen unterteilt, in eine Vorbereitung, eine Vorstudie und eine Realisierung/Umsetzung (vgl. auch Abbildung 1). Der Abschluss jeder Hauptphase wurde als Meilenstein definiert, in dessen Rahmen die Frage der Fortsetzung des Projekts einer kritischen Beurteilung unterzogen und das Projekt im Zweifel gestoppt werden sollte.

Bei der Phaseneinteilung des Projekts wurde insbesondere davon ausgegangen, dass nach Abschluss einer detaillierten Vorstudie alle Optionen für die Realisierung mit ihren jeweiligen Kosten, Vor- und Nachteilen offen liegen. Außerdem wurden die Kosten für die Vorbereitung und die Vorstudie als wesentlich geringer als die der Realisierung eingeschätzt, insbesondere deshalb, weil erst im Rahmen der Realisierung die Investitionen für den Kauf der Hardware sowie unter Umständen von Softwarelizenzen erforderlich werden.

Die hohe Gewichtung der die eigentliche Realisierung vorbereitenden Arbeiten wurde außerdem dadurch motiviert, dass innerhalb der Infracor zu Projektbeginn nur wenig Know-how zum Data Warehousing vorlag.

3   Projektvorbereitung

In der Vorbereitungsphase waren zwei zentrale Entscheidungen zu fällen: Zum einen waren die Anwendungsfelder für das zu realisierende Data Warehouse-System zu bestimmen. Zum anderen galt es, im Rahmen der Definition der Projektorganisation das Projektteam für die Vorstudie festzulegen.

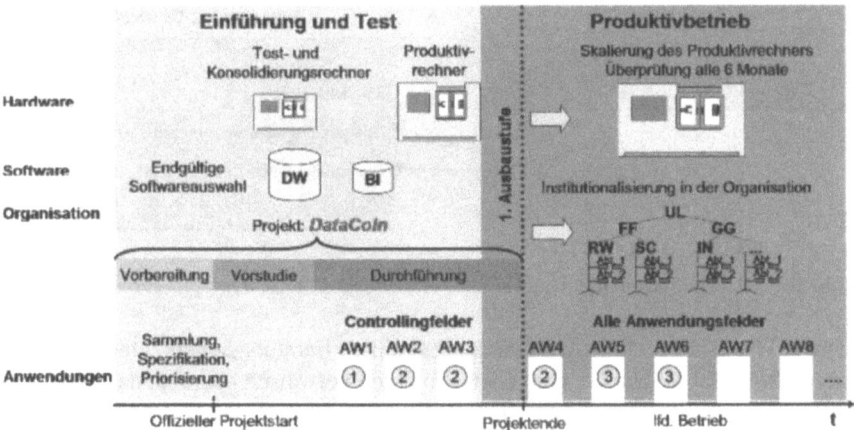

Abb. 1:   Phasenmodell

Der Anwendungsfokus wurde entsprechend des Projektansatzes auf das zentrale Controlling gelegt, d.h. auf die Berichterstattung im Strategischen Controlling (vgl. auch Abbildung 2). Als weitere, mit einer geringeren Priorität gewichtete Anwendungsfelder wurden aus dem Bereich des dezentralen Controllings zwei wichtige Geschäftsgebiete, die Ver- und Entsorgung und der Standort Wolfgang, ausgewählt. Die Einbeziehung des Standorts Wolfgang ist allerdings ein Beispiel für Entscheidungen, deren Motivation und deren Auswirkungen wegen des sich ändernden Umfelds im Laufe des Projekts noch einmal kritisch hinterfragt werden mussten: Seit Beginn des Jahres 2002 ist der Standort ein eigenständiges Unternehmen, welches jedoch das in dem Projekt entstandene Data-Warehouse-Template ebenfalls nutzt.

Zwei Mitarbeitern des strategischen Controllings wurde die Aufgabe übertragen, in der Vorstudie die Infracor-interne Perspektive zu vertreten. Einer von ihnen – der Mitarbeiter, der die Vision eines Infracor-Data Warehouse entwickelt hatte – erhielt die Aufgabe der Projektleitung.

Die Projektmitarbeiter nutzten die Literatur, das Internet, Produktpräsentationen und Messebesuche, um sich einen Eindruck von den Produkten und den Beratungsangeboten im Data-Warehouse-Bereich zu verschaffen. Sie führten außerdem innerhalb der Infracor Interviews, um die verschiedenen Sichten auf das zu entwickelnde System innerhalb der Infracor kennen zu lernen.

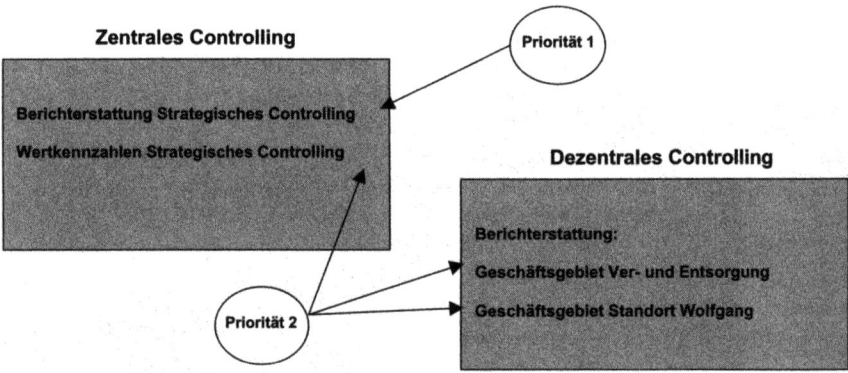

Abb. 2:   Anwendungsfelder DataCoIn

In zwei Workshops wurde dann mit ausgewählten Beratungsunternehmen, die umfangreiche Erfahrungen bei ähnlichen Projekten vorweisen konnten, das anstehende Projekt diskutiert; auf der Grundlage dieser Diskussion erstellten die Unternehmen ihre Angebote für die Unterstützung der Vorstudie. Den Zuschlag erhielt die EDS Deutschland GmbH.

4   Vorstudie

Wegen der fehlenden Erfahrungen der Infracor im Data-Warehouse-Bereich übernahm EDS Deutschland GmbH[1] in der Vorstudie die inhaltliche Projektführung. Die zuständigen Berater teilten die Phase in drei Teilphasen auf: In der ersten

---

[1]   Ansprechpartner der EDS: Herr Guido Arndt (EDS Solutions Consulting)

Phase wurde im Rahmen einer Istanalyse der aktuelle Prozessablauf des Berichtswesens in den vorgesehenen Anwendungsfeldern betrachtet.

Gegenstand der zweiten Teilphase der Vorstudie war die zukunftsgerichtete Definition von Kennzahlen, die die diesbezüglichen aktuellen und die absehbaren zukünftigen Anforderungen erfüllen.

Der Fokus der dritten Teilphase lag auf der Vorbereitung der Realisierung des Data Warehouse. Dazu wurden

- die sich bietenden Werkzeug-Alternativen evaluiert und

- eine Wirtschaftlichkeitsbetrachtung des Data-Warehouse-Einsatzes in der Infracor durchgeführt.

Im Folgenden werden die skizzierten Teilphasen der Vorstudie näher betrachtet; durchgeführt wurden die Arbeiten der Phasen innerhalb von vier Monaten.

Vorstudie Teil 1: Istanalyse

Im Rahmen einer Prozessanalyse wurden zunächst die Haupt- und Teilprozesse des Berichtswesens identifiziert und in einem Prozessablauf-Modell visualisiert. Für die Datenflüsse zwischen den Prozessen wurde eine detaillierte Datenanalyse durchgeführt, um zu ermitteln, welche Daten in Gestalt welcher Dateien zwischen den Prozessen ausgetauscht werden. Zu den in die Betrachtung einbezogenen Charakteristika einer Datei zählten insbesondere die Datensatzstruktur bzw. das Dateiformat (z. B. „ASCII" oder „MS-Excel-97"), ihre Größe, der Absender und sein Organisationsbereich, der Ausgangsspeicherort, der Übertragungsvorgang, der Zielspeicherort, der Adressat und sein Organisationsbereich sowie der spätestmöglichste Zeitpunkt, wann sich der Datentransfer vollzogen haben muss. Der Zeitpunkt wurde in Relation zum letzten Werktag eines Monats („Ultimo") spezifiziert.

Zur Darstellung der „Outputsicht" wurden den entsprechenden Knoten jeweils die erzeugten Berichte zugeordnet. Die Spezifikation der einzelnen Berichte umfasste folgende Teilinformationen:

- eine detaillierte Beschreibung des Berichtes (Warum? Empfänger? Inhaltliche Beschreibung, d. h. Zusammensetzung der Zeilen und Spalten),

- den Ersteller des Berichts,

- die Priorität des Berichts (sehr wichtig, wichtig, weniger wichtig),

- die Adressaten des Berichts,

- die Zugriffshäufigkeit bzw. die Anzahl der Zugriffe als Indiz für die Bedeutung des Berichts,

- die durch den Bericht abgedeckten Kennzahlen (Beschreibung der analytischen Baumstruktur, Priorität, Dimensionen und Attribute der jeweiligen Kennzahl),

- die durch den Bericht unterstützten Geschäftsprozesse,

- den Rhythmus der Erstellung des Berichts,

- die technischen Rahmenbedingungen der Erstellung des Berichts (technisches Umfeld, Format),

- die Spezifikation der für die Erstellung des Berichts erforderlichen Tätigkeiten (insbes. Datenabfragen und Arbeiten in MS-Excel).

Zur Prüfung der Output-Seite des Modells erfolgte im Rahmen einer Informationsanalyse ein Abgleich mit dem internen Geschäftsbericht. D.h., es wurde geprüft, ob sich alle Positionen des Geschäftsberichts in den Berichten wiederfinden.

Vorstudie Teil 2: Kennzahlen-Sollkonzeption

Bei der Entwicklung der Sollkonzeption der Kennzahlen für die Infracor waren die unterschiedlichen Anforderungen zu berücksichtigen, die die Geschäftsführung, der Ressortvorstand im Konzern und der Konzernvorstand jeweils an ihre Berichte stellen. Die Schwierigkeit bestand allerdings darin, dass im Unternehmen und im Konzern in der Laufzeit des Projekts Reorganisationsprozesse und neue Strategieausrichtungen sowie eine Überarbeitung der internen Ergebnis-/Deckungsbeitragsrechnung erfolgten und damit verbundene Änderungen der Richtlinien für den Reportingbereich unterworfen wurden.

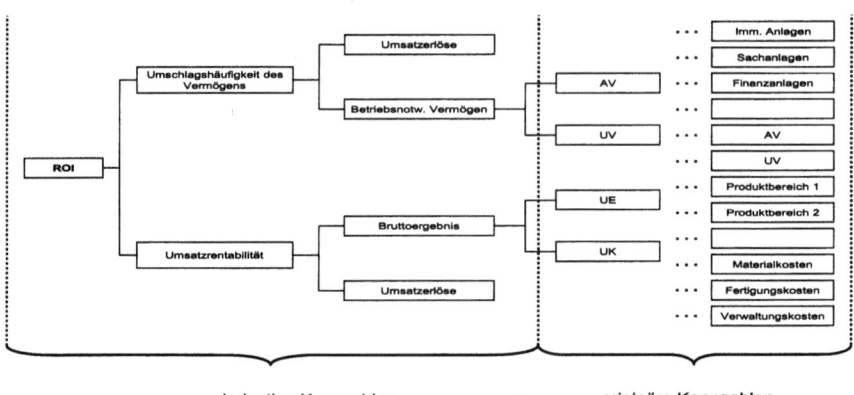

Abb. 3:   Vorgehen zur Kennzahlenanalyse- und Identifikation am Beispiel der Kennzahl "Return on Investment"

Den Ausgangspunkt bei der Konzeption der Kennzahlen bildeten der interne Geschäftsbericht, der Bericht an den Ressortvorstand und der Vorstandsbericht. In einem Workshop, zu dem neben den Projektmitgliedern weitere Mitarbeiter des Strategischen Controllings eingeladen waren, wurde der Istzustand zunächst einer semantischen Prüfung unterzogen, da Begriffe zum Teil nicht einheitlich definiert waren.

Für die Beantwortung der Frage nach den künftig relevanten Kennzahlen wurde dann in Anlehnung an klassische zahlenlogisch-analytische Kennzahlenpyramiden eine Vorgehensweise für die systematische Analyse der wesentlichen Determinanten der Unternehmenssteuerung, Key Performance Indicators, und für das Aufdecken von Zusammenhängen entwickelt. Sie besteht darin, dass Kennzahlen in einer Baumdarstellung von den originären rechnungswesenbasierten Kennzahlen, die i.d.R. bereits den Vorsystemen zu entnehmen sind, bis hin zu den derivativen (abgeleiteten) Bestandteilen abgebildet werden. Insbesondere die orignären Bestandteile führen zur Identifizierung der operativen Werthebel und mithin zur Ableitung geeigneter Kennzahlen. Abbildung 3 zeigt dies am Beispiel der systematischen Aggregation von Kennzahlen zur Spitzenkennzahl ROI (Return on Investment). Im Rahmen einer sich anschließenden detaillierten Analyse der einzelnen Kennzahlen wurde iterativ die Frage ihrer „richtigen" Dimensionierung (Organisationseinheit, Kunde, Produkt, etc.) sowie ihrer Zuordnung zu der Managementebene (operativ, taktisch und strategisch) beantwortet.

Ergebnis des Workshops war ein Kennzahlenblatt mit den konsolidierten Kennzahlen; es umfasst 66 Kennzahlen, 37 Basiskennzahlen und 29 berechnete Kennzahlen. Für jede Kennzahl wurde ein Kennzahlensteckbrief ausgefüllt (vgl. Abbildung 4), auf dem die Kennzahl definiert und Zähler und Nenner, Datenquelle und Quelldatei sowie die Kennzahlendimensionen aufgeführt werden. Insgesamt ergaben sich für die Infracor sieben zu betrachtende Dimensionen sowie zwei ergänzende Kennzeichen. Abschließend wurden für jede Kennzahl die primären Benutzer bzw. Benutzergruppen festgelegt.

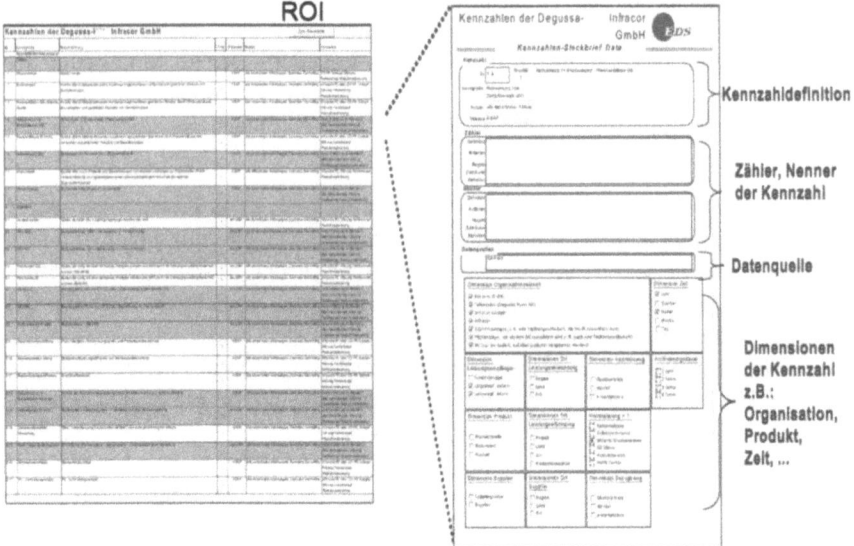

Abb. 4:   Kennzahlenblatt und Kennzahlensteckbrief

Vorstudie Teil 3: Vorbereitung der Realisierung

Zur Eingrenzung der zu betrachtenden Data Warehouse-Systeme wurde die IT-Richtlinie der Infracor herangezogen. Sie setzt – wie oben bereits angesprochen – auf eine Homogenisierung der Systemlandschaft und dabei vor allem auf SAP-Systeme sowie als zweite Säule auf webbasierte Anwendungen. Die Vorauswahl ermittelte zwei näher zu betrachtende Systeme, das SAP BW und MIS Alea.

Die Bewertung der Toolalternativen erfolgte auf Basis der drei, für die Infracor relevanten, Bewertungsebenen Datentransfer- und speicherung, Modellierung der Informationen sowie die Präsentation der Informationen. Die Evaluierung der beiden Produkte wurde zusammen mit der EDS Deutschland GmbH durchgeführt. In der entsprechenden Studie wurden die Charakteristika der beiden Systeme getrennt für die Betrachtungsebenen Datentransfer und -speicherung, Modellierung und Präsentation einander gegenüber gestellt (vgl. auch die Abbildungen 5 bis 7[2]). Die weiße (innere) Fläche innerhalb der Spinnengrafiken markiert das MIS Alea, die graue Fläche das SAP BW.

---

[2]   Ansprechpartner der EDS: Herr Guido Arndt (EDS Solutions Consulting)

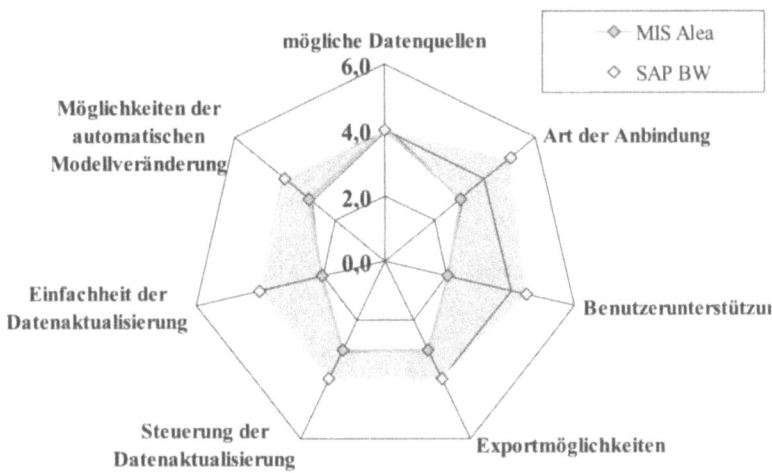

Abb. 5:   Vergleich der Systemalternativen auf der Datenhaltungsebene

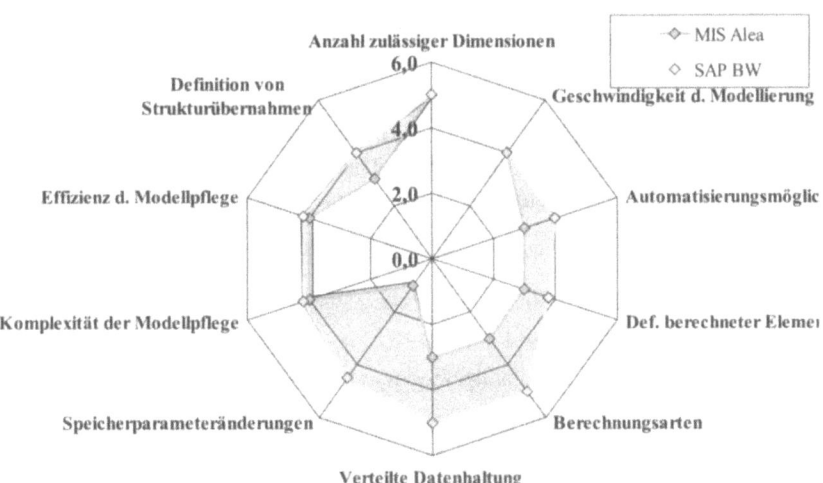

Abb. 6:   Vergleich der Systemalternativen auf der Datenmodellierungsebene

Die Evaluation ergab, dass das SAP BW auf allen Ebenen bezüglich der zu betrachtenden Kriterien eine solide Grundlage und bezüglich der speziellen Anforderungen der Infracor und einem starken SAP R/3-Kern eine gleichwertige oder z.T.
vorteilhaftere Alternative zu MIS Alea bildet. Einzig im Data Mining-Bereich, der
im Projekt und für die Infracor bisher keine Rolle spielt, ist MIS ALEA mit dem
Delta Miner überlegen; der Delta Miner kann zudem später auch als Ergänzung
des SAP BW eingesetzt werden. Da auch aus ökonomischer Sicht das SAP BW

vorzuziehen war – das SAP-BW war bereits Teil der SAP- Unternehmenslizenz musste die Entscheidung zu Gunsten des SAP BW fallen.

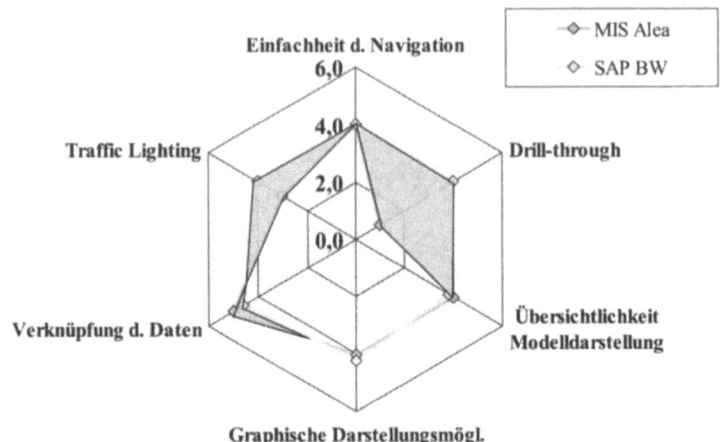

Abb. 7:   Vergleich der Systemalternativen auf der Präsentationsebene

Als Basis für das weitere Vorgehen und für die Beurteilung der Wirtschaftlichkeit des Data-Warehouse-Einsatzes bei der Infracor wurde ein Projektplan erstellt, der einen Überblick über die weiteren Aufgabenfelder im Rahmen der Realisierung gibt. Als wesentliche Kostenkategorien des Projektbudgets wurden identifiziert:

- die Hardwarekosten (Test-, Konsolidierungs- und Produktivrechner),

- die Personalkosten für die Realisierung (einschl. Programmierung und externer Beratungsleistung),

- die Kosten für die Schulung der Endbenutzer.

Als Schulungen wurden Inhouse-Schulungen für zwei unterschiedliche Zielgruppen eingeplant, Power-User-Schulungen für Controller und Manager-Schulungen für das Management auf allen Organisationsebenen (Geschäftsführer, Geschäftsgebietsleiter, Produktbereichsleiter, etc.).

Zur Abschätzung der Realisierungskosten wurde insbesondere der Überdeckungsgrad zwischen dem Kennzahlen-Sollkonzept und dem Standardcontent des SAP-BW ermittelt, der zum Betrachtungszeitraum im SAP-BW Release 2.0 B bereits über 800 vordefinierte Kennzahlen umfasste. Durch die Verwendung von Standardcontent-Komponenten können Entwicklungszeit und -kosten reduziert werden. Der Abgleich bestand aus 2 Teilprüfungen, der syntaktischen Prüfung und der semantischen Prüfung. Die Prüfungen ergaben, dass der Anteil der durch den Standardcontent abgedeckten Kennzahlen mehr als 70 % beträgt (vgl. Abbildung 8). Den geschätzten Projektkosten wurden die erwarteten qualitativen und quantitativen Nutzenmerkmale gegenübergestellt. Zu den quantitativen Merkmalen zählen vor allem die Reduzierung des Aufwands für die Datensammlung und -aufbereitung und die Entlastung der Prozessoren und der Datenhaltung der operativen OLTP-Systeme.

Die Grundlage für die Investitionsentscheidung bildete die dynamische Discounted Cash Flow-Methode als Mittel zur langfristigen Investitionsentscheidung Nach den entsprechenden Berechnungen war das Projekt als sehr wirtschaftlich einzustufen, insbesondere, weil der Mindestrenditeanspruch (DCF-Rate) für Infracor-IT-Projekte klar erfüllt wurde.

Infracor Kennzahlen	BW-Abdeckungsgrad
Bis Gesamtumsatz	100%
Bis Bereichsergebnis	90%
Wertkennzahlen Earnings	58,3%
Wertkennzahlen Capital	33,3%
Wertkennzahlen Cash Flow	83,3%
Summe: 66 Kennzahlen	Insgesamt: 77,3%

Abb. 8:   Abdeckungsgrad Sollkonzeption-Standardcontent

5   Realisierung

Nach der Vorstudie fiel auch angesichts der positiven Wirtschaftlichkeitsbetrachtung die Entscheidung zur Realisierung des Data Warehouse im Rahmen der dritten Projektphase „Realisierung".

Um das entsprechende Know-How im eigenen Unternehmen aufzubauen, wurden die weiteren Arbeiten mit Degussa IT-Service Mitarbeitern durchgeführt. Zwei Mitarbeiter des IT-Services wurden ausgewählt, an den entsprechenden SAP-Schulungen teilzunehmen und dann die Realisierungsarbeiten durchzuführen. Die bisherigen Projektmitglieder aus dem Strategischen Controlling – insbesondere der Projektleiter, der ebenfalls SAP-BW Schulungen besuchte, – blieben weiterhin im Projektteam. Zwei erfahrene SAP BW Berater der SAP AG standen als Coaches maximal einen Tag pro Woche zur Verfügung, um Fragen/Probleme der Realisierung mit den eigenen Mitarbeitern zu diskutieren. Dieser konzentrierte

Beratungsansatz erwies sich einerseits als sehr effizient und führte andererseits
dazu, dass das ursprünglich veranschlagte Projektbudget um fast 20% unterschrit-
ten werden konnte.

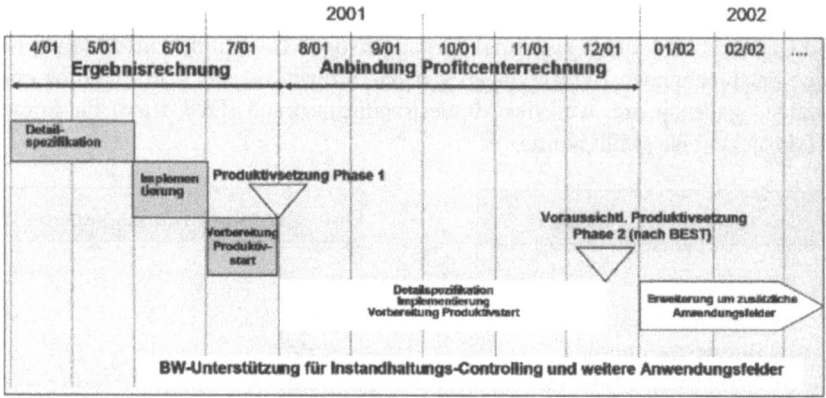

Abb. 9:   Projektplan der Realisierungsphase

In zwei in Abbildung 9 dargestellten Teilphasen, die jeweils vier Monate bean-
spruchten, wurde die Ergebnisrechnung (vgl. Abbildung 11 zu dem zugehörigen
Star Scheme, 1. konzeptioneller Projektentwurf) und die Profit Center-Rechnung
jeweils über einen Info Cube mit den entsprechenden Queries im SAP BW abgebildet. Nach einer Detailspezifikation des jeweiligen Info-Cubes durch die IT-
Mitarbeiter wurde im Rahmen eines Workshops zusammen mit dem Controlling
und dem Rechnungswesen der konzeptionelle Entwurf u.U. letztmalig verändert
und verabschiedet. Im Anschluss daran erfolgte die Implementierung des Cubes
ausgehend von Staging-Proceduren bis hin zu den Queries und Arbeitsmappen.
Die letzte Stufe zur Vorbereitung der Produktivsetzung umfasste dann noch die
Definition der Rollen und die Einrichtung der Endanwender auf Basis eines Berechtigungskonzepts, welches sich an der Profit-Center Struktur der Infracor orientierte. Neben den Projektmitarbeitern aus dem Strategischen Controlling wurden
weitere Mitarbeiter dieser Abteilung und erste Anwender in den dezentralen Con-
trolling-Abteilungen in die Benutzung des Systems eingewiesen. Zunächst definierte Management-Berichte wurden dazu den Anwendern zur Verfügung gestellt,
nach dem Feedback der Benutzer angepasst und als Standardberichte der Berichterstattung definiert.

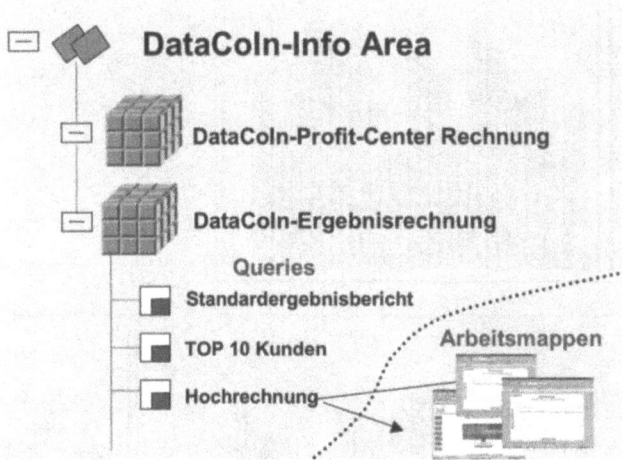

Abb. 10: Die DataCoin-Info Area mit 2 Info Cubes im Infracor-BW

Realisiert wurden ein Entwicklungssystem und ein Produktivsystem sowie später zusätzlich ein Schulungssystem. Ein entsprechendes Berechtigungskonzept stellt den einzelnen Nutzern jeweils die Daten zur Verfügung, die sie entsprechend ihrer organisatorischen Position im Unternehmen benötigen. Der Import neuer Daten aus dem R/3-System erfolgt jede Nacht, aus dem Fremdsystem des Tochterunternehmens der Infracor monatlich, im Rahmen des Prozesses der Monatsberichterstattung.

Nach Abschluss der ersten Teilphase wurden die Geschäftsführung, die Geschäftsgebietsleitung sowie die Mitarbeiter des Strategischen Controllings in der Nutzung des Systems auf Basis einer unternehmensspezifischen Inhouse-Schulung eingewiesen und ihnen der Zugriff auf das Produktivsystem eingerichtet. Nach Abschluss der zweiten Teilphase erfolgte dann das Rollout auf die tieferen Managementebenen in den Geschäftsgebieten und auf das dezentrale Controlling.

Erschwert wurde die Realisierung durch Änderungen in der Unternehmensstruktur der Infracor und die Profit Center-Struktur und die Ergebnis-/ Deckungsbeitragsrechnung wurden modifiziert. Dies machte entsprechende Anpassungen bereits realisierter Cube-Strukturen und Berichte erforderlich; teilweise mussten auch Korrekturdaten dort eingepflegt werden, wo Objekte der niedrigsten Granularität des Datenmodells, z. B. Profit-Center, geteilt wurden. Trotz dieser Schwierigkeiten konnte der Projektplan eingehalten werden. Heute wird das System neben der Infracor GmbH auch von einem weiteren Standort-Dienstleister der Degussa genutzt. Die weltweite Verwendung des Systems auf Basis des entwickelten Data-Warehouse-Template in einem weiteren Servicebereich der Degussa ist ebenfalls beabsichtigt.

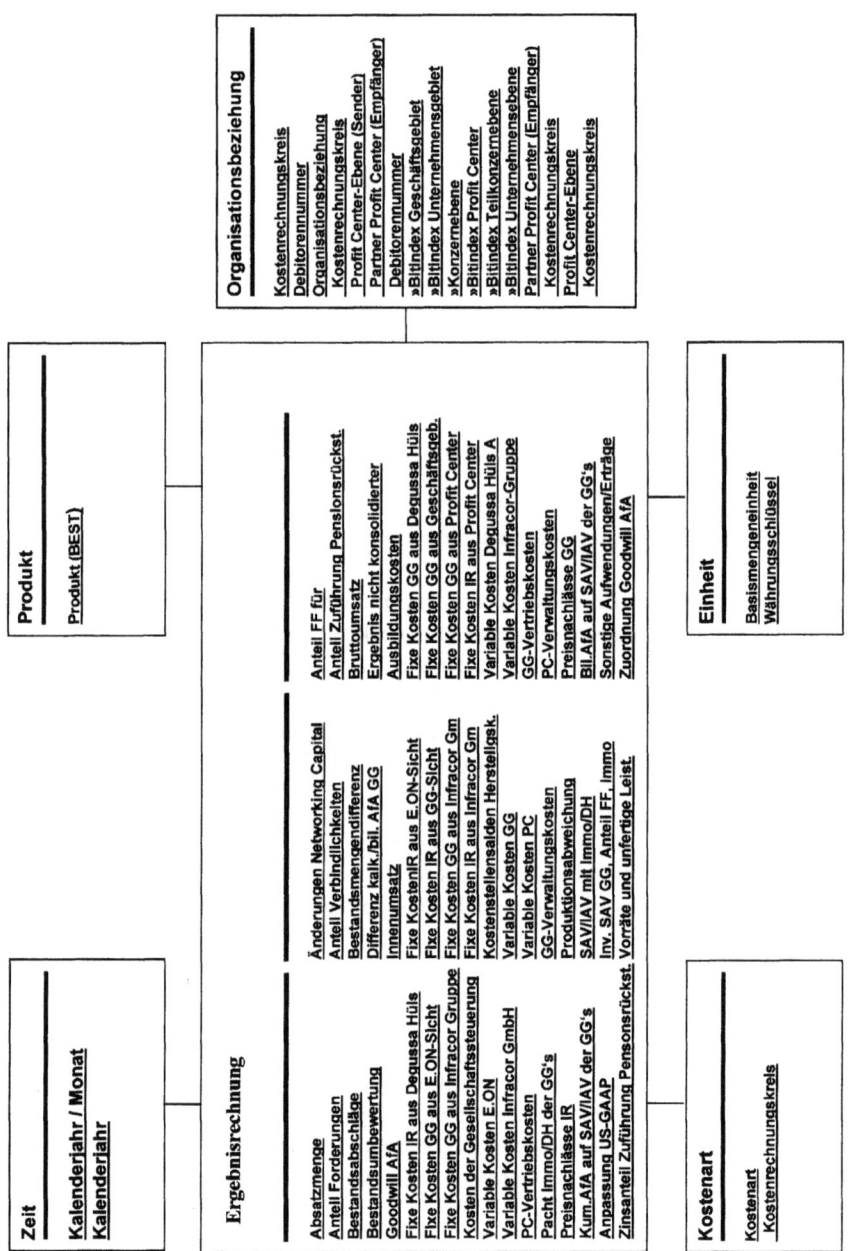

Abb. 11: Starschema 1. konzeptioneller Projektentwurf

6   Literatur

Arndt, G.; Kress, S.: „E.solutions im Strategischen Controlling der Infracor GmbH – De-gussa-Hüls Gruppe". Vortrag auf dem „mySAP Business Intelligence Kongress – Ori-entierung im e-Business-Zeitalter" der SAP AG, Hamburg, 28.-30. November 2000.

Infracor GmbH: DataCoIn-Projektdokumentation. Marl: 2001.

Lelke, F.: Konzeption eines MIS/Data Warehouse unter SAP R/3 zur Unterstützung des Strategischen Controlling. unveröff. Diplomarbeit, Universität Essen, 2001.

Meyer, C.: Betriebswirtschaftliche Kennzahlen und Kennzahlen-Systeme. 2., erw. u. übe-rarb. Aufl., Stuttgart, Schäffer-Poeschel, 1994.

Dezentrale Modellierung und Entwicklung eines Data Warehouse für eine Krankenkasse

Monika Bulst
AOK Berlin

Frauke Weichhardt
Beratung im Netz

Im Rahmen der Verbesserung der Analysemöglichkeiten der Daten wurde im Jahr 2000 mit der Einführung eines Data Warehouse in der AOK Berlin begonnen. Ziel dieses Projekts war die Schaffung grundlegender Strukturen für den Aufbau und den Betrieb des Data Warehouse. Dabei mussten die konkreten Auswertungsanforderungen der betroffenen Bereiche sowie die in der AOK vorliegende Organisationsstruktur berücksichtigt werden. Um eine so komplexe und abstimmungsintensive Aufgabe unter Einsatz möglichst geringer Personal-Ressourcen lösen zu können, musste ein Weg gefunden werden, die notwendigen Mittel dezentral bereitzustellen. Entstanden ist dabei eine dezentrale organisatorische Struktur des Data Warehouse, die auf den Austausch des entstehenden Wissens zwischen den einzelnen Bereichen angewiesen ist. Der vorliegende Artikel beschreibt die entstandene Struktur sowie den Einsatz von Methoden u. a. des Semantic Web (vgl. Berners-Lee et al.), die eingesetzt werden, um das Gesamtsystem effizient gestalten zu können.

1 Einleitung

Die AOK Berlin steht im Wettbewerb mit anderen Krankenkassen. Aus diesem Grund muß vermehrt Wert auf eine gute Steuerung des Unternehmens gelegt werden. Wesentliche Voraussetzung dafür ist insbesondere eine einheitliche Sicht auf die Daten des Unternehmens. Für die Schaffung eines Systems, das dies leisten kann, wurde eine Data Warehouse Architektur aufgebaut. Entwicklung und Einführung vollziehen sich schrittweise, so daß sich die Belastung der beteiligten Mitarbeiter in Grenzen hält. Gleichzeitig muß berücksichtigt werden, daß die einzelnen Unternehmensbereiche der AOK Berlin ihre Daten vergleichsweise autark bewirtschaften. Die IT-Abteilung hat nur begrenzte Personalressourcen zur Verfügung und ist auf eine Zusammenarbeit mit den Bereichen in personeller und fachlicher Hinsicht angewiesen. Aus diesem Grund wurde eine dezentrale Struktur geschaffen, die kurze Wege zwischen Benutzern und Entwicklern sicherstellt sowie trotz der dezentralen Struktur des Unternehmens eine hohe Akzeptanz des Systems gewährleistet, da Benutzer ihre Anforderungen direkt einbringen können.

In diesem Artikel wird zunächst die Ausgangssituation des Unternehmens beschrieben. Darauf aufbauend wurde die Vorgehensweise entwickelt, die im darauf folgenden Abschnitt beschrieben wird. Die dabei entstandene Organisationsstruktur beschreibt der vierte Abschnitt. Im Rahmen des fünften Abschnitts „Wissenstransfer" wird gezeigt, wie die im Data Warehouse verwendeten Informationen beschrieben werden, so daß sich Benutzer und Entwickler schnell ein Bild über Grundlagen und Zusammenhänge der verwendeten Daten machen können. Die dabei verwendete Technologie der Modellierung auf Basis von Semantic-Web-Technologien wird im Abschnitt sechs dargestellt.

2   Ausgangssituation

Die Situation der AOK ist durch folgende Faktoren gekennzeichnet:

Es dominieren historisch gewachsene Datenstrukturen. Auf der zentralen Datenbank hat jede Abteilung ihren eigenen Bereich und betreibt eigene Auswertungen. Zusätzlich gibt es weitere Legacy-Systeme, die von den einzelnen Bereichen autark bewirtschaftet und mit dem zentralen System abgeglichen werden.

In den Unternehmensbereichen und Fachabteilungen sind im Laufe der Zeit eine Reihe eigener Anwendungen entstanden. Diese Anwendungen basieren größtenteils auf MS Access oder MS Excel. Die dafür benötigte Datenbasis wird in der Regel lokal auf dem PC des Anwenders oder auf einem File-Server gehalten (Abteilungsdatenbestände). Sie werden auf der Basis von Rohdaten aus dem Legacy-System oder anderen externen Daten erstellt.

Eine Integration der Datenbestände erfolgte bisher nicht.

Die wirtschaftliche Situation der AOK Berlin bedingt die Anforderung einer hohen Anzahl von Auswertungen in allen Bereichen und im Vergleich zu anderen Bundesländern. Auf diese Anforderungen muß häufig sehr schnell reagiert werden. Die betroffenen Mitarbeiter konnten diese Anforderungen bisher entweder gar nicht oder nur unter sehr hohem persönlichen Einsatz erfüllen. Die ihnen zur Verfügung stehenden Systeme konnten die notwendige Flexibilität in der Regel nicht bieten.

3 Vorgehensweise

Voraussetzung für die Durchführung des Projekts war die Unterstützung durch die Geschäftsleitung in Form von fachlicher Schirmherrschaft durch ein Mitglied der Geschäftsleitung und technischer Betreuung durch den Leiter der IT-Abteilung. Diese zwei Personen bildeten auch den Steuerungsausschuß im Rahmen der Leitung des Projekts. Mit ihrer Hilfe wurden zunächst zwei Unternehmensbereiche als Pilotanwender gewonnen. Deren Auswertungsanforderungen wurden analysiert, um die notwendigen Kennzahlen und Dimensionen zu ermitteln. Auf dieser Basis wurden schrittweise Datenwürfel und zugehörige Data Marts entwickelt sowie standardisierte Reports. Diese basierten im ersten Schritt weiterhin auf den Abteilungsdatenbeständen. Im Anschluß wurde die Datenlogistik für die Verwendung der zentralen Datenbestände erarbeitet. Schließlich wurden zentrale und dezentrale Bestände innerhalb der Data Marts integriert.

Die Bewirtschaftung des Systems wurde durch die Entwicklung und Umsetzung eines Betriebskonzepts sichergestellt. Dazu gehörte auch die Bereitstellung eines Änderungsdienstes sowie der Aufbau der notwendigen IT-Infrastruktur (Aufbau der Server-Systeme, Installation der Clients, Benutzeradministration, Berichtsportal) und der Durchführung von Schulungen für Entwickler und Benutzer.

Inzwischen nehmen fünf Unternehmensbereiche an dem Projekt teil (Vertrieb, Vertragsmanagement, Unternehmensplanung, Personal, Krankenhausmanagement). Eine weitere schrittweise Ausweitung ist angedacht.

4 Organisationsstruktur

Hier werden zunächst die für das System notwendigen Gremien und Instanzen sowie deren Zusammenarbeit beschrieben. Vorgesehen ist eine dreistufige Nutzung des Systems: Dabei wird davon ausgegangen, daß es im Fachbereich einerseits Entwickler für die Datenwürfel gibt (Würfel-Verantwortliche) bzw. Bereichsvertreter dazu, dann die Controller als „Power User", die selbständig mit den Inhalten der Würfel arbeiten und Berichte erzeugen sowie die Endanwender, die „Konsumenten" der Ergebnisse der Controller. Sie manipulieren nicht selbständig in den Daten, sondern lesen und verwenden die erzeugten Berichte. Bei Bedarf können auch diesen Endanwendern Datenwürfel zur eigenständigen Analyse zur Verfügung gestellt werden.

Die Implementierung erfolgt themenbezogen innerhalb von Teilprojekten. Diese arbeiten definierte Anforderungen ab und stellen die Bewirtschaftung der entsprechenden Daten sicher.

Folgende Gremien und Instanzen wurden im Rahmen der Systemeinführung geschaffen:

Das gesamte System wird durch zwei Koordinatoren betreut. Diese kommen einerseits aus dem Fachbereich Controlling (fachliche Koordination) und andererseits aus dem IT-Bereich (technische Koordination) und bilden damit ein interdisziplinäres Team. Sie stellen ein einheitliches Projektvorgehen, eine einzige technische Systemumgebung (Entwicklungs-, Test- und Produktionssystem) und einen einheitlichen Modellansatz sicher.

Als zentrales Projektgremium wurde ein Kernteam geschaffen, in dem Entwicklungen und Aufgaben abgestimmt werden. Das Kernteam wird durch die Koordinatoren geleitet und moderiert. Weitere Mitglieder sind die Würfelverantwortlichen sowie der Dokumentationsverantwortliche (s.u.). Das Kernteam ist für die Projektkoordinatoren das zentrale Instrument zur Sicherstellung eines einheitlichen Projektvorgehens, einer einzigen technischen Projektumgebung und eines einheitlichen Modellansatzes.

Der Dokumentationsverantwortliche ist für die Aktualisierung und Pflege der Systemdokumentation verantwortlich, insbesondere für die Beschreibung der verwendeten Kennzahlen und Dimensionen im sogenannten Datenkatalog und für das Datenmodell. Der Dokumentationsverantwortliche wurde zunächst durch ein Redaktionsteam unterstützt, das innerhalb der Anlaufphase des Projekts die anfänglichen Datenquellen zu den ermittelten Kennzahlen und Dimensionen sowie mögliche Standardisierungen zwischen den einzelnen Bereichen erarbeitete.

Je Teilprojekt wurden zwei Würfel-Verantwortliche etabliert, die sich gegenseitig vertreten können. Die Würfel-Verantwortlichen dienen als Schnittstelle zwischen Fachbereich und zentraler IT-Abteilung. Sie vertreten ihren Bereich auf Dauer im Kernteam und müssen die im Kernteam erarbeiteten Abstimmungen/Standards innerhalb ihres Bereiches umsetzen. Dazu arbeiten sie eng mit den jeweiligen Controllern und sonstigen Anwendern zusammen. Außerdem leisten sie First-Level-Support für alle ihre Anwender.

Die Würfel-Verantwortlichen überwachen die Datenqualität ihrer Würfel und stoßen im Rahmen des Kernteams notwendige Änderungen an. Für in ihrer Verantwortung befindliche Daten müssen sie die notwendigen Maßnahmen zur Sicherstellung der Datenqualität durchführen bzw. koordinieren. Häufig haben sich um die Würfel-Verantwortlichen Würfel-Teams gebildet, die die Entwicklung und Wartung der Würfel durchführen.

Alle Würfelverantwortlichen treffen sich unter der Ägide der Projekt-Koordination regelmäßig, um gemeinsame Datenbestände auch wirklich gemeinsam nutzen zu können. Sie gehören fachlich und disziplinarisch zum jeweiligen Unternehmensbereich, um ihre Verankerung „im Feld" sicherzustellen. Konflikte, die um die Festlegung von Arbeitsinhalten und Kapazitätsausnutzung entstehen, werden auf der übergeordneten Ebene geklärt.

Kann diese Form der Zusammenarbeit (dezentrale Variante) aufgrund mangelnder Personalressourcen im jeweiligen Unternehmensbereich nicht durchgesetzt werden, wird von den betroffenen Unternehmensbereichen dauerhaft ein fachlicher Vertreter (Bereichsvertreter) für das Data Warehouse benannt. Die Würfelverantwortlichen werden dann durch den IT-Bereich zur Verfügung gestellt (zentrale Variante). Sie müssen intensiv mit den Bereichsvertretern zusammenarbeiten.

Die Bereichsvertreter sind ebenfalls Mitglieder des Kernteams. Es muß beobachtet werden, in welchem Maß die damit erhöhte Zahl der Mitglieder die Arbeitsfähigkeit des Teams einschränkt, insbesondere für den Fall der Einbeziehung weiterer Unternehmensbereiche in das System. Gegebenenfalls muß die Zusammenarbeit zwischen Kernteam und Bereichsvertretern auf andere Weise durchgeführt werden.

Der IT-Bereich stellt mit Hilfe des ETL-Teams die Datenlogistik sicher. Hier wurde auch das Betriebskonzept erarbeitet sowie die Modellierung der Datenbasis durchgeführt. Außerdem erfolgt hier der Second-Level-Support für die Anwender. Mittelfristig wird diese Anwender-Unterstützung durch den zentralen Benutzer-Support der AOK Berlin geleistet werden. Einer der Projekt-Koordinatoren entstammt dem IT-Bereich, der die Abstimmung und Koordination der Aktivitäten der Würfelverantwortlichen auf technischer Ebene und mit dem ETL-Team durchführt. Hier wird auch die Dokumentation gewartet bzw. aktuell gehalten, ist also der Dokumentationsverantwortliche angesiedelt. Bei entsprechendem Anlaß führt diese Stelle zusätzliche Abstimmungen herbei, wenn es um die Veränderung der Datenstrukturen innerhalb der Grunddaten oder innerhalb der Data Marts geht.

Die Controller in den Fachbereichen erstellen die Standardberichte. Sie werden dabei von den Würfelverantwortlichen unterstützt und im Kernteam vertreten. Würfelverantwortliche und Bereichsvertreter arbeiten gegebenenfalls mit Arbeitsteams ihrer Bereiche zusammen, in denen mögliche Lösungen der spezifischen Auswertungsproblematiken oder neue Anforderungen diskutiert werden können. Je nach spezifischer Organisation des jeweiligen Bereichs treffen sich die Mitglieder dieses Arbeitsteams regelmäßig oder werden individuell durch den Würfelverantwortlichen angesprochen.

Im zentralen Controlling sitzt der andere Projekt-Koordinator, der die Aktivitäten der Würfelverantwortlichen fachlich koordiniert. Er sorgt mittel- bis langfristig für eine Vereinheitlichung der verwendeten Methoden und damit für eine Vergleichbarkeit der Aussagen der einzelnen Unternehmensbereiche. Hier erfolgt außerdem die Abstimmung über die Form und das Layout der erstellten Berichte. Auch diese Aufgabe hat eher mittel- bis langfristigen Charakter.

Beide Personen gemeinsam verantworten das System, einer davon als Stellvertreter. Sie berufen das Kernteam ein, bereiten es vor und moderieren.

Die hier genannten Aufgaben werden auch über die Einführungsphase hinaus wahrgenommen. Innerhalb des Betriebskonzepts und des Change Management-

Konzepts wurden dazu die entsprechenden Aufgabenbeschreibungen und Geschäftsprozesse definiert, so daß auf dieser Grundlage die notwendige Veränderung der Organisationsstruktur stattfinden konnte.

Es ergibt sich also folgende Aufgabenverteilung:

Gesamtprojektkoordination: zwei Personen; je einer aus dem IT-Bereich und aus dem zentralen Controlling

Würfelverantwortliche/Würfel-Teams: je Themengebiet mindestens zwei Personen aus den beteiligten Fachbereichen als Entwickler der Würfel und für die Unterstützung der Controller bei der Bereitstellung der Standard-Berichte

Bereichsvertreter: Falls die Würfelverantwortlichen nicht aus dem Unternehmensbereich kommen, stellt der betroffene Bereich zwei Bereichsvertreter. Diese arbeiten an den notwendigen Aktivitäten mit: Teilnahme an Kernteam-Sitzungen, Beratungen und Maßnahmenplanung im eigenen Bereich zu Umsetzung und Änderung von Projektinhalten, Abstimmung mit Würfelverantwortlichen.

Arbeitsteam: Abstimmung und Zuarbeit innerhalb der Unternehmensbereiche; Größe je nach Bedarf

Dokumentationsverantwortlicher: Wartung und Aktualisierung der Dokumentation (Datenkatalog und Berichtsstruktur; ggf. Datenmodell): eine Person aus dem IT-Bereich.

Redaktionsteam: Unterstützung des Dokumentationsverantwortlichen in der Phase der Datendefinition bei der Ermittlung von Datenquellen und Standardisierungsmöglichkeiten.

ETL-Team: Erarbeitung der zentralen Datenlogistik, der Integration dezentraler Datenbestände und des Betriebskonzepts, Modellierung der zentralen Datenbasis: drei Personen aus dem IT-Bereich; eine davon als Unterstützung für notwendige Konzepte und Recherchen im Rahmen der Dokumentationsaufgaben und der Datenbeschaffung.

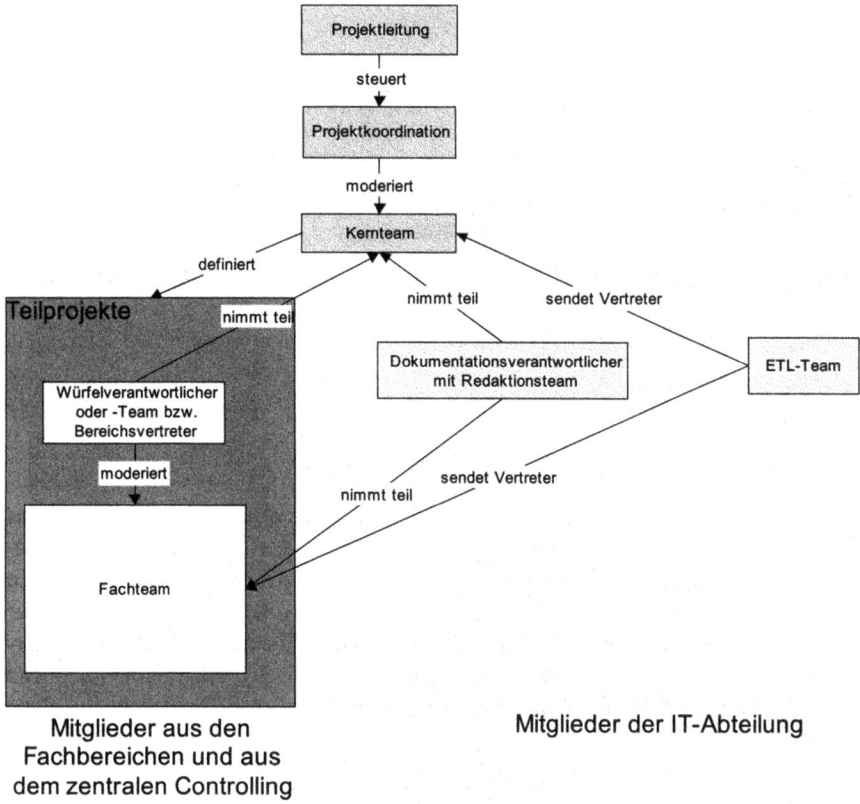

Abb. 1:   Organisationsstruktur des Data Warehouse

Projektleitung: Projektaufsicht und Einflußnahme im Rahmen von Leitungsausschüssen

Kernteam: AOK-weite Koordination der Teilprojekte und des Betriebs im Hinblick auf Synergien zwischen einzelnen Bereichen

Projekt-Koordination: Das Kernteam wird von den Projekt-Koordinatoren geleitet und moderiert.

Teilprojekte: Konzepterstellung, Umsetzung und Überführung in Betrieb für einzelne definierte Fachthemen

Fachbereiche und zentrales Controlling: Mitarbeit in Kernteam und Teilprojekten

IT-Abteilung: Bereitstellung der Infrastruktur für die Teilprojekte und deren Betrieb, Aufbau der zentralen Ressourcen für das Data Warehouse

5   Wissenstransfer

Die dargestellte Struktur ermöglicht ein flexibles und zeitnahes Eingehen auf den Bedarf der Fachbereiche. Gleichzeitig ist damit jedoch auch ein höherer Koordinationsaufwand verbunden, um die Konsequenzen möglicher Veränderungen des Gesamtsystems weiterhin beurteilen zu können. Um diesen Aufwand möglichst niedrig zu halten, wurde folgende Unterstützung vorgesehen:

- Einrichtung eines Portals für das Data Warehouse im Intranet der AOK Berlin
  Das Portal ermöglicht den Zugriff auf vordefinierte Berichte, News und ein Forum, in dem Entwickler und Anwender Fragen zum System stellen können. Hier ist auch der Einstiegspunkt für den Änderungsdienst sowie der Zugang zur Dokumentation des Systems einschließlich der Würfelsteckbriefe und des Datenkatalogs.

- Schaffung einer Community
  Durch die Etablierung des Kernteams und der zugehörigen Arbeitsteams wurde eine Kommunikationsstruktur geschaffen, die auch quer zu den einzelnen Bereichsgrenzen funktioniert und so den Wissensaustausch nicht nur zu dem hier betrachteten System ermöglicht. Sie stellt ein zentrales Element zur Wartung und Weiterentwicklung des Gesamtsystems dar. Außerdem gewährleistet sie für die User kurze Wege zu ihrem jeweiligen Ansprechpartner und eine schnelle Umsetzung notwendiger zentraler Maßnahmen in den einzelnen Bereichen.

- Dezentrale Erstellung des Datenkatalogs
  Der Datenkatalog wird dezentral durch die einzelnen Entwickler erstellt und im Portal veröffentlicht. Verwendet wird derzeit ein Dokument aus Word-Tabellen. Um das System am Leben zu erhalten, muß der Datenkatalog ständig aktualisiert werden. Dies ist mit der derzeitigen Technologie sehr aufwendig. Im Test befindet sich eine graphische Darstellung, die die Wartung des Katalogs deutlich vereinfachen könnte.

Geplant ist hier die Erarbeitung von Modellen der Kennzahlen, Dimensionen, Würfel und Berichte in graphischer Form. Dies geschieht mit Hilfe eines Modellierungstools, das Technologien des Semantic Web verwendet. Die Ergebnisse der Dokumentationsarbeit können so einerseits für die benutzerfreundliche, transparente Darstellung des Datenkatalogs verwendet werden und andererseits als eine (Teil-)Ontologie für ein mögliches internes Semantic Web der AOK Berlin dienen. Dabei werden jede Dimension und jede Kennzahl in ihrem jeweiligen Kontext dargestellt. Die Modellierung der Würfel und Berichte erfolgt dezentral in den Fachbereichen mit Hilfe von Referenzen auf zentrale Modelle. Das dabei eingesetzte Tool SemTalk (vgl. Fillies, C. et al.) basiert auf MS Visio und ist entsprechend leicht zu verwenden. Koordiniert wird der Modellierungsprozess durch den Dokumentationsverantwortlichen (vgl. Weichhardt, F. et al.).

Der Dokumentationsverantwortliche bildet die definierten Kennzahlen und Dimensionen in einem gaphischen Modell ab. Erfaßt werden dabei auch Attribute wie z. B. Datenquelle, weitere Bezeichnungen und Definitionen. Auf diese Modelle können die Würfel-Teams zugreifen, wenn sie ihre Würfel und Berichte definieren. Sie müssen dann nur noch die notwendigen Objekte (Kennzahlen und Dimensionen) für die jeweiligen Würfel oder Berichte auswählen und zusammenfügen. Alle weiteren Attribute sind dann bereits vorhanden; eventuelle Änderungen werden maschinell nachvollzogen. Außerdem obliegt ihnen die Aktualisierung der Dimensionen/Kennzahlen, wenn sie aus ihrem Bereich kommen.

Namenskonflikte werden über Synoym-Routinen und ein Namensraumkonzept gelöst (s. Abschnitt 6), so daß alle Bereiche auch ihre eigenen Begriffe weiterverwenden können, wenn es zu Überschneidungen kommen sollte.

Würfel und Berichte, die hier nicht dokumentiert sind, haben keinen Anspruch auf Rücksichtnahme bei allfälligen Versionswechseln oder sonstigen Wartungsarbeiten.

Auf diese Weise ergibt sich die Möglichkeit, Datenmodelle und die Darstellung der Inhalte miteinander zu verknüpfen, ohne alle Informationen erneut eingeben zu müssen. Über die Erzeugung von Code aus den Modellen wird derzeit diskutiert.

6 Semantisches Web und Data Warehouse

Das Semantic Web wird vom W3C, also der zentralen Organisation zur Festlegung von Internet Standards, propagiert, um Wissensmodelle darzustellen. Es handelt sich dabei um eine neue Schicht des Internets zusätzlich zu HTML und XML. Die Wissensmodelle werden dabei innerhalb eines Unternehmens aber auch unternehmensübergreifend gebildet.

Obwohl das Semantic Web primär erdacht wurde, um den Inhalt von Dokumenten dazustellen, ist es sinnvoll, dasselbe Konzept auch auf andere Bereiche anzuwenden, in denen eine gemeinsame Sprache und wohl definierte Begriffe benötigt werden.

Definitionen werden für Kennzahlen und Dimensionen einheitlich bestimmt. Wenn derselbe Begriff in verschiedenen Defintionen verwendet werden soll, kann dieser Konflikt über ein Namensraumkonzept gelöst werden. Eine solche Definition wird in einem zentralen Modell abgelegt und kann dann eindeutig per URI referenziert werden, wie z. B. http://www.aok.de/KHB#Krankenhausbehandlungsfälle. In diesem Fall werden zwei verschiedene Kennzahlen in zwei verschiedenen Bereichen mit demselben Namen verwendet: einerseits die Anzahl der Fälle für das Fallmanagement und andererseits die Anzahl der Fälle für die Verhandlungen mit dem Krankenhaus. Für die Verhandlungen mit dem Krankenhaus ist die Berechnung fachabteilungsbezogener Daten gesetzlich geregelt. Vergleichsdaten der AOK Berlin müssen nach den gleichen Methoden ermittelt werden.

Interne Verlegungen werden in den Berechnungen entsprechend dem Gesetz berücksichtigt.

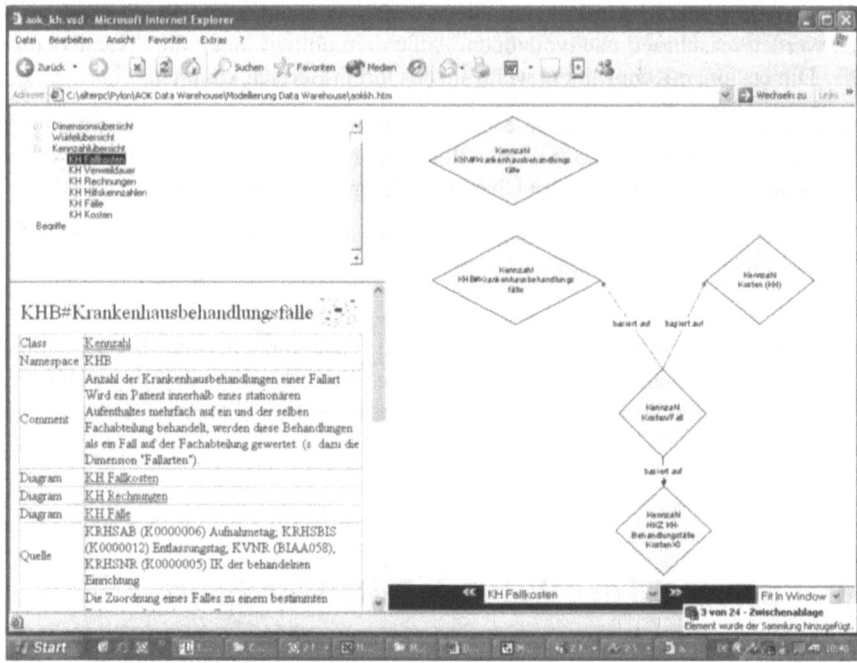

Abb. 2:   Beispiel für die Darstellung des Datenkatalogs im Intranet auf Basis des SemTalk-Modells

Bei der Berechnung fachabteilungsbezogener Daten des Krankenhauses für das Fallmanagement werden interne Verlegungen nur fachabteilungsübergreifend berücksichtigt, da im Fallmanagement der Fall ganzheitlich betrachtet werden muß. Nur so lassen sich Ansatzpunkte für das Fallmanagemant ableiten, da bei Betrachtung nur aus der gesetzlich definierten Sicht die durchschnittliche Verweildauer und die durchschnittlichen Kosten je Fachabteilung geschönt werden.

Für das Data Warehoues mußten also zwei verschiedene Kennzahlen mit demselben Namen definiert werden. Über das Namensraumkonzept kann der auftretende Konflikt gelöst werden. Wie bei allen Semantic Web-Anwendungen wird auf diese Weise sichergestellt, dass alle Beteiligten durch die Benutzung einer solchen URI über dieselbe Sache reden und dass sich Applikationen auf dieselbe Interpretation der Legacydaten beziehen.

Kennzahlen und Dimensionen werden in ihren jeweiligen Zusammenhängen mit ihren Attributen modelliert. Die Objektorientierung des Werkzeuges ermöglicht dabei auch eine mehrfache Darstellung desselben Objekts in verschiedenen Kontexten, um ein einfaches assoziatives Suchen zu unterstützen. Auf Basis der definierten Kennzahlen und Dimensionen können Würfel und Berichte dokumentiert werden, indem ihre Inhalte aus diesen Elementen zusammengefügt werden. Dem werden die sonstigen Informationen aus dem Würfelsteckbrief bzw. den Berichtsdokumentationen als Attribute hinzugefügt, z. B. Aktualisierungszeitpunkte, Zuständigkeiten für Aktualisierung oder Ansprechpartner für Datenqualität.

Die Verwendung von Semantic Web-Standards zur Wissensmodellierung bietet dem Unternehmen die Möglichkeit, das dokumentierte Domain-Wissen von einzelnen Software-Applikationen (wie einem konkreten Data Warehouse-System) zu separieren. Damit wird zunächst Unabhängigkeit geschaffen, aber auch die Grundlage, das Wissen in anderen Applikationen weiterverwenden zu können.

7 Fazit

Mit der Einführung des Data Warehouse hat sich die AOK Berlin eine zeitgemäße Möglichkeit der Datenanalyse geschaffen, die die Unternehmenssteuerung in wesentlichen Punkten unterstützen kann. Gleichzeitig hat sie mit diesem Instrument einen wesentlichen Beitrag zur Verbesserung der Kommunikationsstruktur im Unternehmen geleistet.

8 Literatur

Berners-Lee, T., Hendler, J. Lassila, O. published an article about the Semantic Web in Scientifc American. "A new form of Web content that is meaningful to computers will unleash a revolution of new possibilities".
http://www.scientificamerican.com/2001/0501issue/0501berners-lee.html

Fillies, C.; Wood-Albrecht, G.; Weichhardt, F.: A Pragmatic Application of the Semantic Web Using SemTalk. WWW2002, May 7-11, 2002, Honolulu, Hawaii, USA ACM 1-5811-449-5/02/0005

Weichhardt, F.; Fillies,C.: The Semantic Web is the Database: Decentralised Modeling with central Coordination. 13th International Conference on Knowledge Engineering and Knowledge Management EKAW02 (submitted)

LAMDA (Labour Market Data Analysis) – Das Data Warehouse der schweizerischen Arbeitsmarktstatistik

Elmar F. Benelli

seco-DA

Frank Falk

saracus consulting AG

Das Data Warehouse LAMDA soll zur Verbesserung der Kenntnisse über den schweizerischen Arbeitsmarkt beitragen. Einige Besonderheiten unterscheiden dabei LAMDA von anderen Data Warehouses. Es bestehen gesetzliche Rahmenbedingungen über die zu veröffentlichenden Statistiken. Bei der Datenmodellierung muss der genauen Abbildung der Historie (Gesetzes- und Strukturänderungen) Beachtung geschenkt werden, damit auch langfristige Zeitreihen ausgewertet werden können. Die Kunden zeichnen sich durch eine grosse Heterogenität aus, sind doch neben den eidgenössischen, kantonalen und Gemeindeverwaltungen auch andere mit dem Vollzug der Gesetze betraute Stellen (z. B. Arbeitslosenkassen) sowie die Politik, die Öffentlichkeit, die Forschung und die Presse stark an qualitativ hochstehenden Informationen (z. B. Arbeitslosenzahlen) interessiert. Weil auch sensible Personendaten enthalten sind, muss daneben dem Datenschutz und der Sicherheit absolute Priorität eingeräumt werden. Aufgrund der heterogenen Kundenstruktur wird eine webbasierte Portallösung mit interaktiven Auswertemöglichkeiten für ca. 6000 Benutzer realisiert. Dem Datenschutz und der Sicherheit wird mit einer Spiegelung der DataMarts auf einen gesicherten Zugriffsserver Rechnung getragen. Dabei kommen spezielle Bewirtschaftungsprozesse zum Einsatz. LAMDA wird den Benutzern erhebliche Erleichterungen sowohl bei der Informationsbeschaffung als auch der Interpretation dieser Informationen bringen, und somit nicht zuletzt auch verbesserte Entscheidungsgrundlagen für die Politik zur Verfügung stellen.

1 Einleitung

Der Bereich Arbeitsmarkt und Arbeitslosenversicherung des Staatssekretariats für Wirtschaft (seco) ist mit dem Vollzug von Arbeitsversicherungs- (AVIG) und Arbeitsvermittlungsgesetz (AVG) beauftragt. Das Ressort Arbeitsmarktstatistik

dieses Bereichs erstellt aufgrund gesetzlicher Vorgaben u. a. die monatlichen Statistiken zu den schweizerischen Arbeitslosenzahlen und ist darüber hinaus mit der
Erstellung von Auswertungen zu den Wirkungen der Vollzugsorgane beauftragt.
Der Vollzug von AVG und AVIG wird von jeweils unabhängigen Organisations-
typen wahrgenommen, die sich einerseits mit der Stellenvermittlung und andererseits mit den finanziellen Aspekten beschäftigten. Wenn eine Person eine Stelle
sucht, meldet sie sich in einem der Regionalen Arbeitsvermittlungszentren (RAV),
die den Kantonen unterstehen. Dort wird versucht, ihr eine Stelle zu vermitteln
und sie wird in der Arbeitssuche unterstützt, u. a. durch Weiterbildungs- und al-
lenfalls Beschäftigungsmassnahmen. Die Daten der Person werden auch an eine
Arbeitslosenkasse weitergeleitet. Diese Kassen (öffentliche und private) klären ab,
ob die Person Anspruch auf Unterstützung – z. B. Arbeitslosengelder – hat, und
wickeln den Zahlungsverkehr ab.

In der Schweiz gibt es 123 RAV in 26 Kantonen und 43 Kassen mit 211 Zahlstel-
len (Filialen). Alle diese Stellen mit bis zu 6000 Angestellten haben einen Bedarf
an statistischen Kennzahlen. Daneben besteht ein solcher Bedarf auch bei den eidgenössischen, den kantonalen und den Gemeideverwaltungen sowie in der Öffentlichkeit, Presse und Forschung. Der Kundenstamm der Statistik setzt sich also aus
sehr vielen heterogenen Benutzern zusammen.

1.1 Ausgangslage

Aufgrund gesetzlicher Vorgaben und weiterer Vereinbarungen mit verschiedenen
Kunden liefert die Arbeitsmarktstatistik heute eine Vielzahl von Auswertungen an
die Kunden, die Mehrzahl davon auf Papier. Die elektronische Verteilung wird
nur z.T. angewandt. Die Kunden haben aber häufig den Wunsch, die Daten in
eigenen Berichten weiterzuverwenden, was dazu führt, dass die Daten erneut elektronisch erfasst werden. Die am Vollzug der Gesetze beteiligten zwei Organisa-
tionstypen erledigen ihre Arbeit mit zwei Informatiksystemen, die als Quellen der
Statistikerstellung dienen. Dabei sind systemübergreifende Auswertungen sehr
komplex. Die bisherige Erstellung der Statistiken erfordert zudem einen hohen
manuellen Aufwand und beruht auf unflexiblen Flat Files mit einem eingeschränk-
ten zeitlichen Horizont (max. 24 Monate). Durch die veraltetete Datenbewirtschaftung entsteht ein hoher Personalaufwand, um die hohen Ansprüche der heterogenen Kundengruppen erfüllen zu können. Ausserdem nimmt der Informationsbedarf laufend zu, weil auch in den Verwaltungen Entscheidungen schneller und mit
besserer Informationsbasis gefällt werden wollen.

1.2 Aufgabenstellung und Ziele

Aus dem Erkennen der Unzulänglichkeiten der heutigen Situation resultierte der
Wunsch, in verschiedenen Bereichen eine Verbesserung zu erzielen. Die Vision

besteht im Erstellen einer umfassenden Informationsplattform über die Lage auf
dem Arbeitsmarkt. Dabei soll die heutige Informationsverteilung mittels Push-
Prinzip (Verteilung von Papierreports) von einem Pull-Prinzip abgelöst werden,
indem die Kunden die für sie interessanten Informationen bedarfsgerechter selber
zusammenstellen, herunterladen und weiterverarbeiten können. Dabei soll ihnen
ein Metadatensystem die Interpretation und Orientierung erleichtern. Die Aktualität der Statistiken soll erhöht und die Produktion der Statistiken vereinfacht und
automatisiert werden. Daten aus den beiden Quellsystemen sollen transparent verbunden und historische Zeitreihen einfacher zu untersuchen sein.

1.3   Lösung und Vorgehen

Bei der Analyse der Anforderungen ergab sich, dass ein Data Warehouse (DWH)
als Basis für die zukünftigen Auswertungen die beste Lösung ist. Da keine entsprechende eigene Erfahrung vorhanden war, wurde mittels einer WTO-Ausschreibung ein Partner für die Umsetzung gesucht. Aus der Evaluation von 15 of-
ferierenden Firmen ging die Firma saracus consulting AG als Siegerin hervor. Ihre
Lösung bestand aus einem zentralen DWH (Hub & Spoke) und einem Internet-
portal mit BI-Funktionen für die Analyse und Informationsverteilung.

Diese Lösung hat den Vorteil, dass die heterogenen Kundenkreise mit zahlreichen
Benutzern flexibel auf die Daten zugreifen, ihre eigenen Auswertungen erstellen
und die Ergebnisse elektronisch weiterverwenden können. Durch die Verwendung
von Internettechnologien entfällt ausserdem ein aufwendiger Wartungsprozess an
vielen dezentralen Standorten.

Die Portaltechnologie bietet die Möglichkeit, nicht nur reine Datenanalysen anbieten zu können, sondern eine umfassende Informationsplattform über die Lage auf
dem schweizerischen Arbeitsmarkt zu erstellen. Neben den Daten mit Details über
Stellensuchende, Auszahlungen (Arbeitslosenbezüge) und andere Kosten der Arbeitslosenversicherung, offene Stellen, Erfolgsfaktoren für die Wiedereingliederung in den Arbeitsmarkt (Weiterbildung, Arbeitsmarktliche Massnahmen) können auch unstrukierte Daten wie Erfahrungen über erfolgreiche Projekte zwischen
den Kantonen ausgetauscht werden. Zudem kann den Kunden ermöglicht werden,
von anderen erstellte Reports wiederzuverwenden und individuell anzupassen. Geplant ist eine Integration von BI und Knowledge Management, die in Zukunft
weiter ausgebaut werden kann, womit neue Benutzeranforderungen flexibel erfüllt
werden können.

Aufgrund der Quantität und Komplexität der heute erstellten Statistiken wird iterativ vorgegangen, indem einzelne Anwendungen (DataMarts) in Realisierungseinheiten (RE) entwickelt und das CoreDWH stufenweise ausgebaut wird. Als erste
RE werden sogenannte Wirkungsindikatoren berechnet (s. unten). Bei der Realisierung wird zusätzlich ein Grossteil der technischen Infrastruktur aufgebaut. Die
Produktivsetzung ist für November 2002 vorgesehen.

2   Das Projekt aus Realisierungssicht

2.1   Übersicht

Für die Realisierung hauptverantwortlich ist das seco. Beteiligt sind daneben das BIT (Bundesamt für Informatik und Telekommunikation), das bei der Entwicklung mithilft und anschliessend den Betrieb übernimmt, sowie ein erfahrener Realisierungspartner (saracus consulting AG), der in der Anfangsphase die Entwicklung übernimmt und daneben für einen Know-How-Transfer an die internen Stellen verantwortlich ist. Das Ziel ist, dass seco und BIT die Weiterentwicklung übernehmen können. Dazu wird von Beginn an in gemischten Teams gearbeitet.

Aufgebaut wird ein zentrales DWH-System. Dabei lässt sich das Gesamtsystem zusammenfassend wie folgt charakterisieren:

- Es bestehen gesetzliche Anforderungen bezüglich der Datenbereitstellungszeitpunkte. Damit gibt es Mindestanforderungen an die Verfügbarkeit und die Aktualisierungszyklen

- Hohe Anzahl von Endbenutzern (ca. 6000) mit verschiedenen Nutzungsprofilen

- Aufgrund der hohen Benutzerzahlen muss ein umfassendes Metadatensystem zur Verfügung stehen, das die Benutzer bei der Analyse unterstützen kann

- Moderate Datenmengen (Gesamtspeichervolumen für Entwicklungs- und Produktionsumgebung 1,1 TB)

- Die Qualität und Sicherheit der Daten und Prozesse steht im Vordergrund (Datenschutz)

- Hub & Spoke-Architektur

- Datenzugriff mittels Internettechnologien

2.1.1   Vorgehensmodelle

Zur Durchführung des Projektes LAMDA werden zwei Vorgehensmodelle einbezogen:

Vorgehensmodell	Charakteristik
HERMES	Ein allgemeines Phasenmodell zur Abwicklung aller Informatikprojekte der Schweizerischen Bundesverwaltung
	Es enthält ein Rahmengerüst mit wichtigen Eckpunkten wie z. B. Projektphasen, Hauptaktivitäten, Ergebnisse, Projektrollen und Verantwortlichkeiten. Spezifische Vorgehensmodelle können während der Entwicklung eingebunden werden.
DWTec©	Spezielles Vorgehensmodell für die Abwicklung von DWH und Datenintegrationsprojekten der saracus consulting AG
	Enthält Einzelschritte für Planung, Konzeption, Design, Realisierung und Einführung von DWH-Lösungen, z. B. Prozessmodelle, Vorgehensschritte, Ergebnisdefinitionen, Prüflisten

Tab. 1:   In das LAMDA-Projekt einbezogene Vorgehensmodelle

Die beiden Vorgehensmodelle ergänzen sich, indem HERMES das allgemeine Projektvorgehen und DWTec© das DWH-spezifische Vorgehen detailliert beschreibt.

2.1.2   Die Wirkungsindikatoren als erste Anwendung

Die Bundesverwaltung hat keine direkten Weisungsbefugnisse gegenüber den RAV und den Kassen und kann diese nur indirekt steuern. Zu diesem Zweck wurde eine Vereinbarung mit den Kantonen geschlossen, welche Kantone mit guten Wirkungen bei der Bekämpfung der Arbeitslosigkeit belohnt. Es wurden vier Kennzahlen entwickelt, die als Mass dienen für eine schnelle und nachhaltige Wiedereingliederung von Arbeitslosen. Als Wirkungsindikatoren gemessen werden die durchschnittliche Dauer der Arbeitslosigkeit, die Anzahl der Personen, die langzeitarbeitslos werden, die Anzahl der Personen, die ausgesteuert werden (d.h. keinen Anspruch auf Arbeitslosengeld mehr haben) und die Anzahl der Personen, die kurz nach einem Stellenantritt wieder arbeitslos werden (Nachhaltigkeit). Die Kantone sollen versuchen, bei diesen Wirkungsindikatoren Verbesserungen zu erzielen. Um eine Vergleichbarkeit zwischen den Kantonen zu erreichen, wird in regelmässigen Abständen ein ökonometrisches Modell gerechnet, aus dem Korrekturfaktoren resultieren, die die Wirkungsindikatoren um exogene, d.h. von den Kantonen nicht direkt beeinflussbare Variablen wie z. B. die Wirtschaftsstruktur bereinigen. Das seco kann Boni verteilen und damit Anreize bei den Kantonen schaffen und Fehlsteuerungen verhindern, mit dem Ziel, die Kosten der Arbeitslosenversicherung zu minimieren und die Effizienz der Vollzugsorgane zu steigern.

Die Wirkungsindikatoren werden heute monatlich berechnet und mittels Excel-Files an die Kantone verteilt. Dabei sind aber nur die Daten der Kantone und RAV

enthalten. Die Werte der Personalberater, denen die konkrete Aufgabe der Wiedereingliederung obliegt, werden nicht zur Verfügung gestellt. In Zukunft sollen den
Kantonen detailliertere Zahlen zur Verfügung stehen, um auch die Wirkungen der
einzelnen Personalberater zu messen. Zudem sollen sie ihre eigenen Auswertungen erstellen und mittels Vergleichs mit anderen Kantonen von deren Erfahrungen
profitieren können (Austausch von „best practices").

2.2   Applikation

2.2.1   Systemarchitektur

Das DWH LAMDA wird in einer Schichtenarchitektur implementiert (Abb. 1).

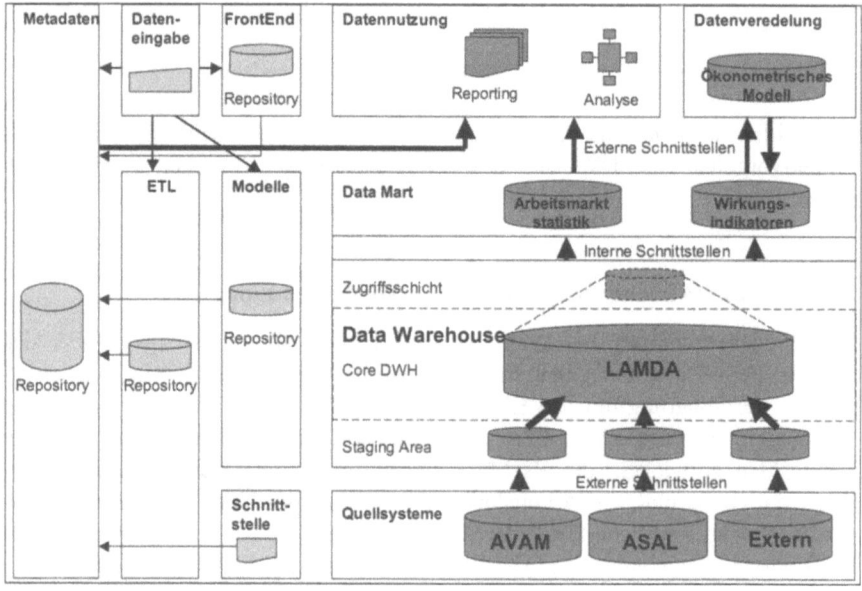

Abb. 1:   Schichtenmodell LAMDA

Die in Abbildung 1 dargestellten Komponenten können nach ihrer Zugehörigkeit
zu den Nutzdaten oder den Metadaten unterschieden werden. Als RDBMS kommt
Oracle zum Einsatz.

2.2.2   Nutzdaten

Bei den Nutzdaten lassen sich die folgenden Komponenten mit ihren Merkmalen
identifizieren:

Quellsysteme / Schnittstellen

- 2 Quellsysteme (AVAM – Arbeitsvermittlungs- und Arbeitsmarktstatistiksystem, ASAL – Auszahlungssystem der Arbeitslosenkassen)
- Schnittstellen als Flatfiles (ASCII) realisiert

Staging Area

- Temporärer Arbeitsbereich zum Laden der Daten in die Datenbank
- Vorstufe zum CoreDWH
- Tabellen entsprechen im Aufbau den Schnittstellendateien

CoreDWH

- Beinhaltet alle Basisdaten, die für die Aufbereitung von Daten der verschiedenen Auswertungsgebiete benötigt werden. Die Daten aus den unterschiedlichen Quellsystemen werden hier konsolidiert. Dem CoreDWH sind die Staging Area und die Zugriffsschicht unmittelbar angegliedert.
- Als relationales Datenmodell in dritter Normalform modelliert. Es trägt den Besonderheiten der Historisierung/Versionierung Rechnung.

Zugriffsschicht

- Dem CoreDWH unmittelbar nachgeschaltet.
- Die komplexen Berechnungsverfahren laufen aus Performancegründen zum grossen Teil bereits während der Bewirtschaftung und nur zum Teil über das FrontEnd. Der Berechnungsvorgang für die statistischen Kennzahlen ist dabei zweigeteilt. Zunächst erfolgt die Vorberechnung von statistischem Rohdatenmaterial (Schritt 1). Dieses dient als Basis für die weitere Verarbeitung, erleichtert aber auch die Bewirtschaftung selbst (z. B. Lookups und transformierte Daten). Anschliessend werden die Kennzahlen für die DataMarts berechnet (Schritt 2).
- Mischung aus Tabellen, Views und materialized Views.

DataMarts

- Umfassen jeweils thematisch ein Auswertungsgebiet.

- Modelliert in Star-Schemata (denormalisiert) und somit für mehrdimensionale Benutzerabfragen optimiert. Die Faktentabellen werden ergänzt um Aggregattabellen.

Modellierung

- Erfolgt unter Nutzung von OracleDesigner. Die Metadaten werden im tooleigenen Repository abgelegt

Datenbewirtschaftung/ETL

- Das Laden der Daten aus den Schnittstellen-Flatfiles erfolgt wegen besserer Perfomance mit dem Oracle SQL Loader. Zur Bewirtschaftung von CoreDWH und DataMarts inklusive der komplexen Berechnungen wird Informatica PowerMart eingesetzt, die Metadaten werden ebenfalls im tooleigenen Repository gespeichert.

Datennutzung

- Mittels Viador E-Portal, welches über Reporting- und mehrdimensionale Analysekomponenten verfügt. Die Speicherung der Metadaten erfolgt teilweise im tool-eigenen Repository, teilweise jedoch in besonderen Definitionsdateien, die im Dateisystem gespeichert und im Repository referenziert werden.

- Eine besondere Form der Datennutzung ist die Datenveredelung. Hierbei werden Daten aus dem DataMart bzw. CoreDWH über eine Schnittstelle bereitgestellt. Diese Daten werden extern weiter berechnet (z. B. Ökonometrisches Modell), die Ergebnisse (z. B. Korrekturfaktoren) fliessen anschliessend über das CoreDWH in den DataMart zurück.

2.2.3   Metadatensystem

Bezüglich der Nutzbarkeit von fachlichen (z. B. inhaltliche Beschreibung von Daten, Berechnungsverfahren) und technischen Metadaten (z. B. Tabellen, Mappings, Datentypen) sind im Projekt LAMDA hohe Anforderungen gestellt worden. Zusätzlich zu den einzelnen Tool-Repositories wurde ein zentrales Metadatenrepository erstellt, welches Daten für Auswertungszwecke konsolidiert und bereitstellt (informationszentrischer Ansatz). Anforderungen, nach einem datenzentrischen Ansatz ein Repository als "single-source-of-truth" zu implementieren, welches alle anderen Repositories bzw. Versorgungsprozesse mit Metadaten beliefert, bestanden in dem Projekt nicht.

Die in der Abbildung 1 dargestellten Komponenten lassen sich für die Metadaten wie folgt beschreiben:

Tool-Repositories

- Enthalten die tool-spezifischen Metadaten (Datenmodelle, ETL-Prozesse und Transformationen, Report- und Universumsdefinitionen) in einer eigenen Speicherstruktur

Informations-Repository

- Integration der Metadaten aus den Tool-Repositories zu einer konsolidierten Sicht der Metadaten

- Speicherung z.T. in Datenbanktabellen

- Anreicherung mit zusätzlichen Business-Metadaten (Business-Metadaten, Grafiken, beschreibende Dokumente)

- Automatische Ergänzung von Prozess-Metadaten (Transformationsstatistiken, Benutzerverhalten)

Dateneingabe

- Struktur-Metadaten müssen erfasst werden. Dies geschieht bei der Nutzung der Tools (Modellierung, Erstellung ETL-Prozesse) oder in Ergänzung hierzu (Business Metadaten, Steuer- und Mapping Tabellen)

Die Bewirtschaftung und der Zugriff im Bereich der Metadaten erfolgen mit den gleichen Werkzeugen und Verfahren wie bei den Nutzdaten. Für die manuelle Eingabe und Pflege von Metadaten in das Informationsrepository (z. B. zusätzliche Business-Metadaten) wird ein Eingabewerkzeug entwickelt.

2.3   Technik

2.3.1   Systemübersicht

Die nachfolgende Darstellung (Abb. 2) zeigt die Anordnung der in der Systemstruktur enthaltenen Komponenten und ihre Integration in die bestehende Informatikumgebung. Die Systemtopologie ergab sich aus den funktionalen Anforderungen, den Anforderungen an den Datenschutz, die Datensicherheit und die Systemverfügbarkeit sowie durch die vorhandene Infrastruktur und die notwendige Trennung von Entwicklung, Tests und Betrieb.

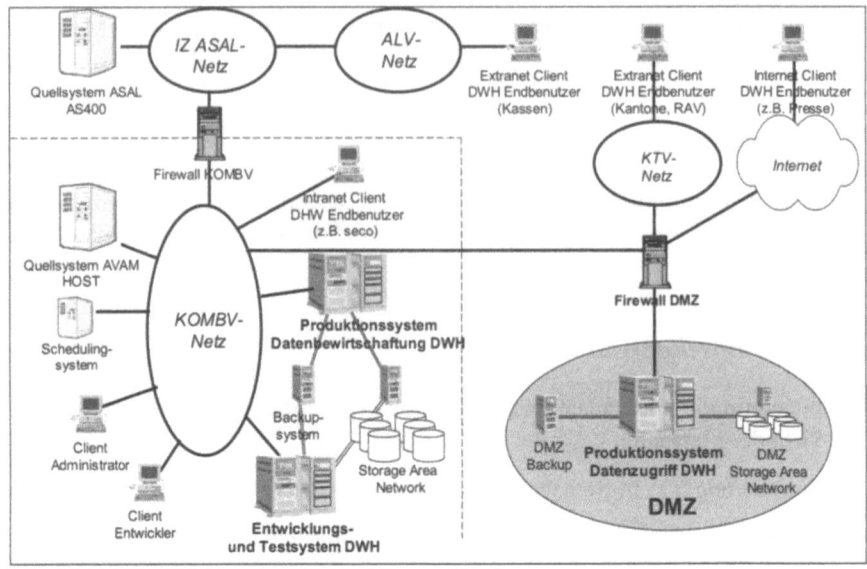

Abb. 2:   Systemtopologie LAMDA. DMZ: Demilitarisierte Zone

2.3.2   Systemtopologie

In der in Abbildung 2 dargestellten Systemtopologie lassen sich die wesentlichen Hardwarekomponenten und ihre Einbindung in das Gesamtsystem erkennen. Ihre Anordnung und Verknüpfung ist das Ergebnis der definierten Anforderungen an die Systemstruktur. Im folgenden sind die Subsysteme kurz beschrieben.

Netzinfrastruktur

- Systeme werden in die vorhandene Kommunikations-Infrastruktur des Bundes eingebunden

- Zentrales Netz ist das KOMBV (Kommunikationsnetz der Bundesverwaltung) für das besondere Sicherheitsbestimmungen gelten

- Kernanforderung: Zugriffe aus externen Netzen auf Komponenten im KOMBV sind nicht erlaubt

Zentrale Komponenten

- Systeme im KOMBV sind über eine separate und hochperformante Netzinfrastruktur (LWL) mit den zentralen Speicherungs- und Backupsystemen verbunden

- Für die DMZ besteht aus Sicherheitsgründen eine separate Speicherungs- und Backupinfrastruktur (ebenfalls hochperformant)

Entwicklung

- Erfolgt auf Entwicklungs- und Testsystem im KOMBV

Datenhaltung/ Bewirtschaftung

- Erfolgt für Staging Area, CoreDWH und DataMarts auf Produktionssystem Bewirtschaftung im KOMBV

- Endbenutzerdaten (DataMarts) werden auf dem Produktionssystem Datenzugriff bereitgestellt, Daten müssen versendet werden

Benutzerzugriffe

- Erfolgen aus verschiedene Netzen (Kantonsverwaltungen KTV, Arbeitslosenkassennetze), Internet

- Einige Netze (Extranet, Internet) sind als unsicher klassifiziert, Zugriff erfolgt deshalb ausschliesslich auf Daten des Zugriffsystems

- Zugriffsystem für die Web-Applikationen ist aus Sicherheitsgründen abgeschottet in DMZ mit eigenen Daten und eigener Infrastruktur

System	Datenbestand
Produktionssystem Datenbewirtschaftung	- Staging Area - CoreDWH - Data Marts - Tool-Metadatenrepositories - Informations-Metadatenrepository
Produktionssystem Datenzugriff	- Data Marts - Tool-Metadatenrepository FrontEnd - Informations-Metadatenrepository

Tab. 2:   Verteilung der DWH-Datenbestände auf die produktiven Systeme

Als Hardware (Server) kommen Unix-Systeme von Sun zum Einsatz, für Clients (Entwicklung, Administration, Zugriffe) werden PC eingesetzt. Als Datenbank wurde Oracle RDBMS ausgewählt, für den ETL-Prozess Informatica PowerMart, als FrontEnd Viador E-Portal, als WebServer Apache und als Scheduler EOR. Auf dem Entwicklungs- und dem Datenbewirtschaftungssystem sind alle Softwareprodukte vorhanden, auf dem Zugriffssystem fehlt PowerMart. Verschiedene Clientkomponenten müssen auf den Entwicklungs-PCs installiert sein (Oracle Designer, PowerMart, TOAD), für den Zugriff wird bloss ein Webbrowser benötigt.

Die DWH-Datenbestände werden wie in Tab. 2 dargestellt auf die produktiven Systeme verteilt.

2.3.3   Produktauswahl

Im Rahmen der WTO-Ausschreibung wurden durch saracus die möglichen Hard- und Softwarekomponenten vorgeschlagen. Mit der Entscheidung für den besten Lösungsvorschlag und der Zuschlagserteilung wurden diese Systembestandteile akzeptiert. Dieses Vorgehen hat die folgenden Vorteile:

• keine zusätzliche Fertigprodukte-Evaluation erforderlich

• keine zusätzliche WTO-Ausschreibung für diese Komponenten erforderlich

Die Gründe für die Auswahl der wesentlichen Komponenten sind:

ETL-Tool Informatica PowerMart

• Dedizierte Nutzung von Serverleistung für ETL

• Einfache Extraktion und Laden aus/in heterogene Systeme über hochperformante Schnittstellen

• Keine Programmierung

• gute Wartbarkeit der erstellten Prozesse, gute Dokumentation

• Zufriedenstellende Metadatenbehandlung

• Leistungsfähigkeit in einer Reihe von DWH-Projekten von saracus nachgewiesen

FrontEnd Tool Viador

• Zentraler Informationszugang, sowie Umstellung Datenverteilung vom Push- auf das Pull-Prinzip

• Web-gestützter Endbenutzerzugriff, Thin-Clients

• Interaktive Auswertungsmöglichkeiten

• Enterprise Portal, Personalisierbarkeit des Informationsangebotes (Channel, Folder)

• Zugriff auf eine Vielzahl von Datenbanken möglich (RDBMS, MDB)

- Möglichkeit zur Einbindung weiterer Auswertungs- und Analysewerkzeuge (z. B. MicroStrategy)

- Dokumentenverwaltung (Automatische Textindizierung und Textretrieval)

- Dokumentenaustausch von Benutzern untereinander

WebServer Apache

- Ausreichende Funktionalität

- Zusätzliche Module (z. B. SSL)

- Kosten

Datenbank Oracle RDBMS

- Gute Abstimmung mit SUN-Hardwareplattform

- Vorhandene Lizenzvereinbarungen/Kosten

- Eignung in einer Vielzahl von DWH Projekten von saracus nachgewiesen

2.4   Sicherheit

Dem Themengebiet Sicherheit wurde bei Konzeption und Realisierung besondere Aufmerksamkeit geschenkt. Im folgenden sind die ergriffenen Massnahmen zu den betreffenden Themengebieten kurz skizziert.

Datenschutz:

Die für die Endbenutzer zugänglichen Daten sind

- anonymisiert (kein Bezug auf Personen enthalten) und

- statistisch (i.d.R. Aggregate, berechnete Werte)

Datensicherheit:

Eine Kombination verschiedener Verfahren kommt zur Absicherung zum Einsatz

Technisch

- DMZ-Absicherung mit Firewall

- Übertragungssicherung im Web mit SSL (Zertifizierung Server und Client)

- Übertragungssicherung im Netz mit SSH

Organisatorisch

- Zentrale Zuteilung von Benutzerkennungen und Passworten

- Benutzerverifizierung FrontEnd bei Zugriff auf das System mit Kennung/Passwort

- Benutzerverifizierung bei Zugriff auf die Datenbanken mit Kennung/Passwort

- Datenzugriffsteuerung auf die Nutzdaten in Abhängigkeit vom Benutzer

Datenspeicherung und Datensicherung:

Technisch

- Verwendung besonderer Speicherinstanzen in der DMZ

- Datensicherungen erfolgen ausschliesslich auf dem Produktionssystem Datenbewirtschaftung mit speziellem Equipment, daher minimale Nichtverfügbarkeit

Organisatorisch

- DataMarts werden doppelt geführt (auf beiden Produktionssystemen), daher schnelle Reproduzierbarkeit

- Bewirtschaftung erfolgt mit Spiegeldatenbeständen (siehe Abschnitt Projekterfahrungen), daher minimale Nichtverfügbarkeit

2.5   Projekterfahrung

2.5.1   Projektorganisation

Ein wesentliches Projektziel ist der Transfer von DWH-Know-How an das Personal von seco und BIT. Die Rollen und Funktionen, die in der derzeitigen Entwicklungsphase durch saracus wahrgenommen werden, sollen zukünftig intern übernommen werden. Zu diesem Zweck ist es erforderlich, frühzeitig die relevanten Personen zu identifizieren und ihre zukünftigen Aufgaben zu definieren. Dieser Personenkreis muss vorrangig ausgebildet und so schnell wie möglich in den Entwicklungsprozess mit eingebunden werden.

Dies ist im Projekt LAMDA bisher sehr gut gelungen. Verschiedene Bereiche, wie die Entwicklung von Reports und Auswertungsumgebungen (Universen), werden bereits heute weitgehend intern bearbeitet.

Folgende Erkentnisse bleiben:

- Häufig ist der betroffene Personenkreis auch derjenige, welcher als Quell-systemexperte für die Analyseprozesse oder als FrontEnd-Experte für die De-finition der DataMarts sowie der Auswertungen und Reports zuständig ist und damit ohnehin sehr stark in das DWH-Projekt eingebunden ist

- Um wirklich die notwendigen DWH-Kenntnisse und Techniken vermitteln zu können, muss die Ausbildung als training-on-the-job erfolgen, also gemeinsam mit den Experten an den Entwicklungsarbeitsplätzen

Die Übernahme von DWH-Funktionen durch vorhandenes Personal erfordert ein sehr hohes Mass an Einsatzbereitschaft, Belastbarkeit und Flexibilität durch die Mitarbeiter, die dies häufig zusätzlich zu ihren normalen Aufgaben leisten müs-sen. Darüber hinaus sind an bestimmte Rollen sehr hohe Anforderungen geknüpft. Diese Rollen können u.U. nicht ohne weiteres durch vorhandenes Personal wahr-genommen werden.

Zur Förderung der Kommunikation zwischen den Projektbeteiligten hat sich die Einrichtung von Arbeitskreisen bewährt. Im Projekt LAMDA wurden die Arbeits-gruppen Entwicklung (Mitglieder: Entwickler von saracus, seco und BIT), Betrieb (Entwickler und Betreiber) und Schnittstellen (Entwickler, Betreiber, Quellsys-temspezialisten) etabliert, die sich regelmässig treffen.

Die wesentlichen Gesprächspunkte sind dabei:

- Informationsaustausch zum Stand der Entwicklung

- Behandlung von fachlichen/technischen Fragen insbesondere in der Bewirt-schaftung und der FrontEnd Entwicklung, sowie dem Aufbau der technischen Infrastruktur (Hard- und Software)

- Abstimmen von Zielen, Terminen, Anwesenheiten, Verfügbarkeiten

Mit diesen Arbeitsgruppen werden wichtige Ziele in der Projektarbeit leichter er-reicht:

- Feste Verfügbarkeit aller Mitarbeiter zu diesen Terminen

- Frühzeitiges Erkennen von Problemen und Engpässen

- Erhöhter Kenntnisstand aller beteiligten Projektmitarbeiter

- Aktive Mitarbeit und damit hoher Grad an Identifizierung mit dem Projekt

- Kurze Wege und pragmatische Lösungen

2.5.2   Businessanalyse und Datenmodellierung

Eine wesentliche Anforderung im Projekt LAMDA ist die Vorhaltung der Daten über mehrere Jahre hinweg. Dabei ist es wichtig, die Daten aus verschiedenen Kenntnisständen heraus auswerten zu können. Das Problem besteht darin, dass zu den Zeitpunkten der Veröffentlichung von Arbeitsmarktdaten nur die Daten in die Auswertungen eingehen können, die bis dahin zur Verfügung stehen. Es ist aber in den operativen Systemen zulässig, zu späteren Zeitpunkten Veränderungen oder Ergänzungen vorzunehmen, die für abgelaufene Zeiträume rückwirkend Gültigkeit haben. Die Anforderung besteht nun darin, zwei verschiedene Auswertungssichten zu ermöglichen:

- Es sind nur die Daten wie beim Veröffentlichungszeitpunkt enthalten (Makrosicht)

- Es sind alle relevanten Daten einer Betrachtungsperiode enthalten (Mikrosicht)

Um dieses zu erreichen, ist eine doppelte Versionierung der Stammdaten bzw. Historisierung der Bewegungsdaten erforderlich, die:

- das Datum der Datenübernahme in das DWH enthält

- das Datum der Gültigstellung der Daten enthält

Die Speicherung dieser Datumsinformationen muss bei der Modellierung des Core DWH und der Data Marts vorgesehen werden. Beim Datenzugriff muss zudem über das Berechtigungskonzept und das Bereitstellen entsprechender Metadaten sichergestellt werden, dass der Benutzer für seine Auswertungen die jeweils korrekte Sicht auf die Daten erhält und somit keine Verwirrung gestiftet wird.

Besondere Probleme ergeben sich durch die rückwirkende Darstellung von Daten in der Makrosicht, da die Berechnungsprozeduren zu ihrer Erstellung in der Vergangenheit wiederholt angepasst wurden und heute nicht mehr nachvollziehbar sind. Die Verwendung der neuen Bewirtschaftungsverfahren erbringt, selbst bei Verwendung des vorhandenen Datenmaterials aus den Quellsystemen, andere Auswertungsergebnisse, als diejenigen, die in der Vergangenheit errechnet wurden. Aus diesem Grund müssen für die originale Abbildung der veröffentlichten Daten zusätzliche und andere Bewirtschaftungsverfahren entwickelt werden. Dieses bedeutet einen erheblichen Mehraufwand und kann ein Projektrisiko darstellen.

Es zeigt sich in der Praxis, dass Analyse und Modellierung des CoreDWH wesentlich aufwendiger ist als diejenige von DataMarts. Wesentliche Gründe dafür sind:

- Konsolidierung von Daten aus unterschiedlichen Quellsystemen

- Anspruchsvolle Modellierung zur Abbildung der Historie von Stammdaten (Versionierung)

- Erfordernis der genauen Kenntnis der Quelldateninhalte, dadurch bedingt das Wissen über Funktions- und Arbeitsweise der Vorsysteme (zumindest teilweise) und der Geschäftsprozesse

- Sicherstellung der Datenkonsistenz und Datenqualität

• Skalierbarkeit und Erweiterbarkeit bei zukünftigen Erweiterungen

Die Ermittlung der Anforderungen und die Modellierung des DataMarts kann in wenigen Wochen erfolgen, da hier im wesentlichen Zieldefinitionen getroffen werden. Für das CoreDWH muss aufgrund der umfangreichen Analysearbeiten mit mehreren Monaten gerechnet werden.

Das Ergebnis der durchgeführten Analysen manifestiert sich in den Datenmodellen. Mindestens ebenso wichtig sind jedoch weitere Ergebnisse der Analyse und Modellierungsphase:

• Gewinnung von Wissen über die vorhandenen Geschäftsprozesse

• Bündelung von Wissen, welches auf mehrere Wissensträger verteilt ist

• Nachträgliche Dokumentation dieser Geschäftsprozesse

• Bessere Kenntnis der Funktionsweise der Quellsysteme und der darin enthaltenen Daten

• Bessere Kenntnis der vorhandenen Daten- und Informationsströme

Im Rahmen dieser Analysen geschieht es häufig, dass über vorhandene Verfahren nachgedacht, diese kritisch untersucht und zwischen den einzelnen Fachleuten diskutiert werden. In Einzelfällen werden vorhandene Prozesse dabei sogar optimiert (Re-engineering). Als Ergebnis im Projekt LAMDA wurde z. B. ein wesentlicher Teil des Berechnungsverfahrens der Wirkungsindikatoren vereinfacht und neu konzipiert.

2.5.3   Schnittstellen und Bewirtschaftung

Schnittstellen

Die Schnittstellen zu den Quellsystemen wurden so definiert, dass eine weitgehende Unabhängigkeit von den Quellsystemen erreicht wurde. Die Schnittstelle neutralisierte die Besonderheiten in der Verfahrensweise und der Datenspeicherung der Vorsysteme.

Im Projekt LAMDA war eine Rahmenbedingung, dass die Vorsysteme in absehbarer Zeit ersetzt werden. Aus diesem Grund haben die Schnittstellen zu den Vorsystemen eine wichtige Bedeutung erlangt. Es war notwendig, die Schnittstellen nicht nur technisch zu dokumentieren (z. B. Felder, Feldtypen, Satzlängen), sondern auch den genauen Inhalt der Datenfelder zu definieren. Dies ist im Rahmen der Qualitätssicherung ohnehin geboten, es ist jedoch für eine quellsystemunabhängige Schnittstelle unabdingbar. Nur so ist es möglich, bei Änderungen am Quellsystem genaue Vorgaben für die Nachbildung dieser Schnittstellen machen zu können. Diese genaue Quellsystem- und Quelldatenanalyse ist sehr zeit- und

kostenaufwendig und stellt ein erhebliches Projektrisiko dar (trotz oftmals vorhandener Dokumentation).

Bewirtschaftung

Aufgrund der hohen Anforderungen an die Verfügbarkeit ergab sich die Notwendigkeit, ein spezielles Bewirtschaftungsverfahren zu entwickeln. Folgendes Verfahren wird implementiert:

- Bewirtschaftung DataMart nicht in produktive DataMarts, sondern in Spiegel-
  datenbestände

- Datensicherung nur auf Produktionssystem Datenbewirtschaftung

Das genaue Verfahren der Bewirtschaftung ist in Abbildung 3 dargestellt.

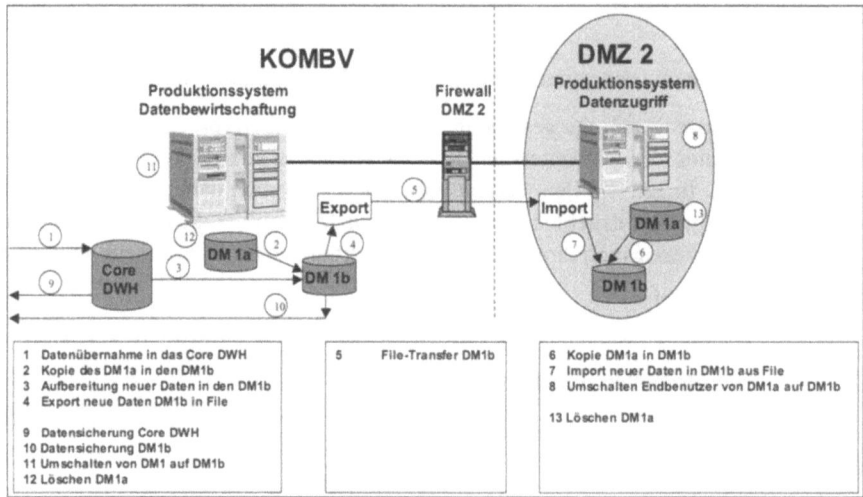

Abb. 3:   Bewirtschaftungsverfahren

2.5.4   Datenzugriff

Benutzerkonzept

Wesentliches Element in der Vorbereitung des Endbenutzerzugriffes ist ein Kon-
zept über die Benutzer des Systems und ihre Berechtigungen. Dies nicht nur aus
Gründen der Datensicherheit, sondern weil sich aus den Anforderungen u.U. auch
Konsequenzen für andere Entwicklungsarbeiten ergeben.

Die Anforderungen an den Benutzerzugriff im Projekt LAMDA sind geprägt durch Benutzergruppen mit einerseits unterschiedlicher Informationsbedarfsstruktur und andererseits unterschiedlicher Zugriffsberechtigung. Diese Anforderungen können nicht alle mit den standardmässig vorhandenen Funktionalitäten im Front-End-Werkzeug erfüllt werden. Daraus hat sich frühzeitig die Notwendigkeit ergeben, über die Datenmodellierung die Row-Level-Security zu konzipieren und dessen Funktionsfähigkeit nachzuweisen.

Grundsätzlich werden die Informationsinhalte durch das seco definiert. Die Anforderungen an die Datenbereitstellung liegen deshalb sehr klar vor. Die Informationen werden heute für die Endbenutzer auch vom seco bereitgestellt. Dies geschieht hauptsächlich in Form von Papierberichten und Excel-Tabellen. Form, Aufbau und Inhalt der Berichte orientieren sich dabei an den gesetzlichen Anforderungen. Sie wurden zusätzlich mit den Endbenutzern abgestimmt.

Bei der Entwicklung des DWH wird ein anderer Ansatz verfolgt. Ziel ist es, den Benutzern über das DWH die erforderlichen Daten bereitzustellen. Der Zugriff kann gezielt und bedarfsgerecht durch den Endbenutzer selbst erfolgen. Die Wieterverarbeitung erfolgt mit den vom Endbenutzer verwendeten spezifischen Werkzeugen und damit unabhängig von der Datenbereitstellung. In LAMDA werden grundsätzlich Inhalte bereitgestellt, losgelöst von der Form, wobei auch in Zukunft bestimmte Berichte und Auswertungen in einer bestimmten Aufbereitung erforderlich sein werden. Dies gilt insbesondere für die Veröffentlichungen (Presseberichte). Die hierzu vorhandenen Prozesse werden zukünftig über Schnittstellen bedient.

Durch die eingesetzte Technologie (multidimensionale Analysen und Reports) können die Inhalte vom Benutzer im Rahmen seines persönlichen Auswertungsumfeldes gezielt gefiltert und aufbereitet werden (z. B. Aggregationen). Die mit der Einführung neuer Technologien verfügbaren Möglichkeiten sind jedoch für einen Endbenutzer nicht ohne weiteres greifbar, konkrete Anforderungen sind vom Endbenutzer nur schwer zu definieren. Aus diesem Grunde muss hier sehr stark mit Prototypen gearbeitet werden, die dem Benutzer eine Einschätzung der Möglichkeiten eröffnen und Anforderungen konkret greifbar werden lassen. Die Durchführung von solchen Workshops verlangen einen erheblichen zeitlichen Vorlauf und müssen möglichst frühzeitig abgehalten werden, da die sich daraus ergebenden Anforderungen u.U. zu Auswirkungen bei der Datenmodellierung (Data Marts) und damit auch der relevanten Bewirtschaftungsprozesse führen.

Netzwerkbelastung

Die hohe Anzahl von Endbenutzern war einer der Gründe für die Auswahl einer web-gestützten Lösung. Zunächst sollen für die Übertragung der Daten die vorhandenen Netzwerk-Infrastrukturkomponenten genutzt werden (technische Komplexität, Kosten). Obwohl dabei vergleichsweise geringe Datenmengen vom und zum Endbenutzer transportiert werden müssen, ist der zusätzliche entstehende Datenverkehr abgeschätzt und im Rahmen einer Detailstudie frühzeitig das Lastverhalten der Applikation untersucht worden. Dabei sind erhebliche Übertragungsvolumina und Lastspitzen errechnet worden. Gemeinsam mit den Netzwerkspezialisten des BIT konnte jedoch festgestellt werden, dass eine ausreichende Bandbreite vorhanden ist bzw. nach Messung des tatsächlichen Nutzerverhaltens eine Erweiterung der Kapazitäten kurzfristig vorgenommen werden kann.

2.5.5   Veränderungen in den Organisationsstrukturen

Veränderungen von Stammdateninformationen in den Quellsystemen werden i.d.R. nicht historisch nachvollziehbar gespeichert. Veränderungen von Stammdaten oder deren Zuordnung in hierarchischen Abhängigkeiten werden im Quellsystem zu bestimmten Zeitpunkten vorgenommen und sind ab diesem Zeitpunkt „die Wahrheit". In einem DWH bestehen u.U. andere Anforderungen. Die historisch korrekte und reproduzierbare Speicherung der Daten aus den Quellsystemen wird über entsprechende Versionierung/Historisierung im CoreDWH erreicht.

Ein zusätzliches Problem stellen jedoch Zuordnungen und deren Veränderungen bei den Daten innerhalb des Auswertungsprozesses dar. Als Beispiel kann hier der Fall dienen, dass ein RAV in Abhängigkeit von der Arbeitsmarktlage zu verschiedenen Zeitpunkten zu verschiedenen Gemeinden gehören kann. Da die Daten im CoreDWH die historische Wahrheit (des Quellsystems) wiedergeben, sind nachträgliche Umschlüsselungen nicht zulässig. Veränderungen dieser Art müssen also bei der Auswertung oder der Aufbereitung der Daten auf dem Weg in den Data Mart berücksichtigt werden. Da diese Anpassungen aus den Basisdaten des Core DWH nicht zu gewinnen sind, müssen sie im DWH in gesonderten Tabellen gepflegt werden. Hier können zwei unterschiedliche Ansätze verfolgt werden, Mappingtabellen oder ein generisches Mappingkonstrukt.

Mappingtabellen benutzen einzelne Tabellen zur Umschlüsselung von Stammdaten und liefern Ergebnisse, die fest als neues Stammdatum gespeichert werden. Das generische Mappingkonstrukt beruht auf einem Tabellenkonstrukt, in dem Objekte und ihre Zuordnungen gespeichert werden, wird über foreign-key Beziehungen mit den Daten verbunden und liefert eine Sicht auf einen historischen Zustand.

Beide Ansätze haben ihre spezifischen Vor- und Nachteile. Mappingtabellen sind einfach und bei Bedarf zu implementieren und einfach zu pflegen, können aber häufige Anpassungen in den Bewirtschaftungsprozessen erforderlich machen und es können bei verschiedenen Mappings sehr aufwändige und unübersichtliche Mappingstrukturen entstehen. Beim generischen Mappingkonstrukt sind keine Anpassungen in den Bewirtschaftungsprozessen mehr erforderlich, aber die Pflege ist komplex und muss über eine zusätzliche Applikation erfolgen und das Konstrukt ist grundsätzlich zu implementieren und in den Bewirtschaftungsprozess einzubinden. Bei beiden Verfahren ist natürlich eine Versionierung erforderlich und die Pflege muss manuell erfolgen.

Aus Sicht der Wartbarkeit des DWH ist sicherlich das generische Mappingkonstrukt zu bevorzugen. Es bringt jedoch einen erheblichen zusätzlichen Entwicklungsaufwand mit sich. Trotzdem wurde dieser Ansatz im Projekt LAMDA gewählt.

3   Abschlussbetrachtung und Ausblick

Die hauptsächlichen Anforderungen im DWH LAMDA unterscheiden sich von anderen Projekten, da durch die gesetzlichen Vorgaben an zu erstellende Statistiken und aufgrund der Konzipierung als statistische Datenbank mit dem Anspruch, auch der Forschung Langzeitstudien zu ermöglichen, sich besondere Anforderungen an die Nachvollziehbarkeit gesetzlicher und struktureller Änderungen stellen, die so in anderen DWH-Projekten wahrscheinlich nicht gefordert sind. Ausserdem sind aufgrund der hohen Benutzerzahlen in einer heterogenen Kundenstruktur gewisse Rahmenbedingungen gegeben, die nur mit Internettechnologien erfüllt werden können, was die Auswahlmöglichkeiten der Tools im FrontEnd-Bereich einschränkte. Die Wahl von Internettechnologien mit entsprechendem Zugang zu den Daten über nur teilweise sichere Netze stellen hohe Anforderungen im Bereich der Sicherheit, da der Datenschutz für die stark schützenswerten Personendaten gewährleistet sein muss. Zudem sind die Anforderungen an die Datenqualität sehr hoch, weil in einem späteren Zeitpunkt auch die schweizerischen Arbeitsmarktstatistiken (z. B. offizielle Arbeitslosenzahlen) über LAMDA veröffentlicht werden sollen, was direkte Auswirkungen auf die Glaubwürdigkeit der Verwaltung haben könnte, wenn sich Fehler einschleichen. Dagegen sind die technischen Anforderungen (Datenmengen, Aktualität) nicht besonders hoch.

Die erste Realisierungseinheit mit dem höheren Detaillierungsgrad bei den Wirkungsindikatoren, den individuellen Auswertungsmöglichkeiten und der schnelleren elektronischen Verteilung bringt den Kunden bereits einen deutlichen Mehrwert, der ihnen die Arbeit erleichtern wird. Damit sollte es nicht zuletzt möglich sein, fundiertere Entscheidungen zu treffen und damit die Wirkung der Vollzugsstellen weiter zu verbessern, was sich positiv auf die Kosten der Arbeitslosenversicherung auswirkt.

Nach den Wirkungsindikatoren sollen weitere Realisierungseinheiten entwickelt werden. Im Vordergrund steht dabei die Ablösung der bereits bestehenden Reports, allen voran natürlich die Arbeitsmarktstatistik mit den offiziellen Arbeitslosenzahlen und anderen Kennzahlen. Anschliessend können weitere Anwendungen geplant werden, die erst aufgrund der verbesserten technischen Basis möglich werden (z. B. Data Mining).

Das Projekt LAMDA wird den Benutzern erhebliche Erleichterungen sowohl bei der Informationsbeschaffung als auch der Interpretation dieser Informationen bringen, und somit wesentlich zur Verbesserung der Informationslage über den gesamten schweizerischen Arbeitsmarkt beitragen. Damit werden in Zukunft nicht zuletzt auch verbesserte Entscheidungsgrundlagen für die Politik zur Verfügung gestellt.

Analysing Collaborative Workflows with a Data Warehouse – A Case Study in the Insurance Sector

Christine Kiss, Beate List
TU Wien

This paper describes how a data warehouse can be used to facilitate business process analysis in a business environment. As a proof of concept, a feasibility study has been implemented in the insurance sector. A user-driven development methodology has been selected, in order to convince the company of the unusual approach for process analysis and raise the acceptance of the system by constantly interacting with potential users and decision makers.

1 Introduction and Motivation

The Industrial Revolution had turned its back on processes, deconstructing them into specialised tasks and then focusing on improving the performance of these tasks (Hammer 1996). Tasks-orientation formed the basic building blocks of twentieth century organisations: the functional, mostly hierarchical structure. In the face of intense competition and other business pressures on large organisations in the 1980s and 1990s, a revolutionary approach to business performance improvement was required. Business process reengineering or process innovation was considered as the solution to the problem and all major players had immediately started comprehensive reengineering initiatives. Ten years later, after Hammer's and Davenport's fundamental work on corporate thinking, reengineering is not solely a buzzword or hype anymore. Leading companies formed process enterprises in order to create and sustain high-performance process designs. These achievements helped to emerge the fundamental principle of reengineering that has proven success: the customer-oriented process approach, a new organisational structure coexisting with the traditional functional structure. However, for gaining long-term advantage, it is not sufficient to reengineer the business processes. It is essential that the newly designed business processes are continuously improved. This concern was stated more clearly by Harrington: "Measurements are the key. If you cannot measure it, you cannot control it. If you cannot control it, you cannot manage it. If you cannot manage it, you cannot improve it." (Harrington 1991).

We have chosen a Data Warehouse approach for business process analysis, called the Process Warehouse, which is a separate read-only analytical database that is used as the foundation of a process-oriented decision support system with the aim to analyse and improve business processes continuously (see List et al. 2000). The Process Warehouse enables process analysts to receive comprehensive information on business process performance very quickly, at various granularity levels, from various, multidimensional points of view, over a long period of time. The Process Warehouse has already been implemented as a research prototype (see Kueng et al. 2001) but never in a business environment.

The goal of this case study was to establish the Process Warehouse in a business environment and to incorporate process performance measurement into the corporate data warehouse. Beside the advantage of reusing the corporate data warehouse management facilities, it is a first step towards an enterprise-wide performance measurement system. This case study can be also seen as a proof of the Process Warehouse concept in a commercial environment in terms of usability and acceptance.

The case study has been realised in a large insurance company, which is primarily operating in Central Europe. The deregulation of the insurance sector, the single European currency and the global European market as well as numerous mergers have been turning this sector into a competitive market. In order to cope with future challenges in the marketplace and to keep up with competitors, customer value must be improved and administrative cost must be reduced. Workflow Management Systems are seen at this insurance group as strategic technologies to implement business processes, increase productivity, reduce cost and improve the created product or service. Therefore, it is essential to analyse these business processes continuously.

The project was set up as a feasibility study with a strong focus on the production environment. We selected a user-driven development methodology in order to raise the acceptance of the system by constantly interacting with potential users and decision makers. Additionally, it was a concern to convince the company of the unusual approach for process analysis and to migrate the prototype into the production environment.

The following section presents a brief overview of the Process Warehouse. In section 3 the workflow application and the supported business processes are presented. Section 4 describes how the user-driven development methodology is applied to the Process Warehouse in the insurance company and the resulting data model is described in section 5. Some analysis examples are described in section 6. In section 7 an overview of current research prototypes for process analysis is given. The evaluation of the feasibility study and lessons learned can be found in secton 8.

2   The Process Warehouse

In order to gain long-term advantage, it is not sufficient merely to reengineer business processes. It is essential that the newly designed business processes are continuously measured and improved. Basically, the main objective of a Performance Measurement System (PMS) is to provide comprehensive and timely information on the performance of a business (Kueng et al. 2001). A PMS should meet the following requirements (see Kueng 2000a): the system must be capable of tracking both financial and non-financial performance indicators, include company-internal and external indicators, store collected data on a non-volatile media so that the data can be analysed over a long period of time, provide a user-friendly interface, which will support, for example, an easy data selection mechanism, consider target values for each performance indicator and disseminate results. We address these needs by applying a data warehouse approach to process control data, called *Process Warehouse*, which is defined as follows:

The *Process Warehouse* (PWH) as a separate read-only analytical database that is used as the foundation of a process oriented decision support system with the aim to analyse and improve business processes continuously (List et al. 2000). It enables process analysts to receive comprehensive information on business process performance very quickly, at various aggregation levels, from different and multi-dimensional points of view, over a long period of time, using a huge historic data basis prepared for analysis purposes to effectively support the management of business processes.

The Process Warehouse captures basic business process theory in four perspectives in order to represent process concepts in an explicit way. The *Business Process Perspective* completely disregards the functional structure, but fully represents the approach of process-centered organisations and looks horizontally across the whole organisation.

Business processes flow through several organisational units and cross a lot of responsibilities; it is obvious that the process reflects the hierarchical structures of the organisation (Leymann, Roller 2000). The analysis of the *Organisational Perspective* addresses the organisational structure of a business process and the fact that business processes, which cross organisational boundaries very often tend to be inefficient because of changing responsibilities or long delay times (Leymann, Roller 2000). Therefore, the analysis of the organisational structure supports the detection of delay causing organisational units.

The *Product / Service Perspective* focuses on the relationship between product or service and business process. The purpose of each business process is to offer each customer the right product or service, with a high degree of performance measured against cost, longevity, service and quality (Jacobson et al. 1995). Different products and services have an impact on the performance of a business process.

The *Improvement Support Perspective* is based on the history of several instances together. The aggregation of instances aims to identify major performance gaps and deviations, which give evidence of improvement needs. As single instances do not have an impact on aggregated performance, gaps reflect fundamental performance problems or process design shortcomings. The *Information Detail Perspective* is targeting process, activity and work item information on instance level or slightly aggregated level. It enables the analysis of instance development over time and supports to determine the cause of performance gaps and deviations.

3   Process and Application Setting

MailBasket is an application that automates two business processes: the claim business process and the processing of the incoming mail. The application is based on Lotus Domino™ 5 and is utilised all over Austria for all sectors and clients. The system supports 2400 user and handles 22.000 workflow instances a day.

At the insurance group the incoming mail is scanned into IBM VisualInfo Image-Plus, assigned with the addressee and delivered to the *MailBasket* application. The processing of the incoming mail business process tackles mails, e-mails or faxes according to their designation. The claim business process receives the notification of claims from an external application. *MailBasket* assigns to both business processes a category of usage. These comprise options like expertise, notice of cancellation, policy, proposal, photo, authorization, receivable, invoice, etc. Each process category of usage has a priority assigned, which defines the target duration for processing.

Both workflows are classified as production workflows, because the business value and the degree of repetition are very high (see Leymann, Roller 2000). The degree of automation is very low. All routing tasks are performed manually, except the initial assignment of the process instances to the *MailBasket* application. Although the application runs primarily production workflows, we call it a collaborative Workflow Management System, as the routing of a process instance is different for each task.

The architecture of the *MailBasket* application (see Fig. 1) consists of five baskets. A basket represents a list of activities of an individual user or a group. Each process instance is initially assigned to the *System Basket*. Subsequently, a Lotus Notes agent delivers the process instance to its target basket: a *Personal Basket*, a *Group Basket* or a *Clarification Basket*. The instance remains in one of these baskets as long as a user moves the instance into his / her *Personal Basket*, where it gets processed. If the process instance is successfully finished, it moves to the *Archive Basket*.

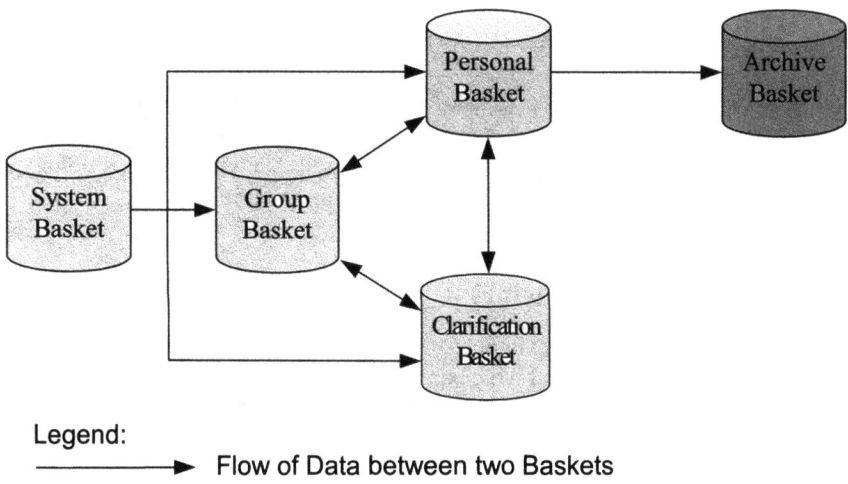

Legend:
———————▶ Flow of Data between two Baskets

Fig. 1:   MailBasket Architecture

The process instance is sent to a *Group Basket,* when a user specific assignment is not possible. Each *Group Basket* represents an organisational unit that consists of several users. A user is authorised to move a process instance from a *Group Basket* into her / his *Personal Basket*. Those process instances, which are not addressed to any user or organisational unit, are directed to the *Clarification Basket*. Each *Group Basket* and the *Clarification Basket* have a responsible owner who is authorised to assign a process instance to a *Personal Basket*. Every user has a substitute who has the permission to move instances into her / his own *Personal Basket*. This stand-in function is utilised in case of illness or vacation. A *Personal Basket* provides the following functionalities for handling process instances: a) process the instance b) forward the instance to a *Group Basket* or the *Clarification Basket* c) suspend the instance up to a specified due date d) complete the instance, which is subsequently sent to the *Archive Basket.*

The *MailBasket* history record tracks the following events with a timestamp during the lifecycle of a process instance: Creation in the *System Basket*, assignment and forwarding to other *Baskets*, retrieval from other *Baskets*, suspension, resumption, restoration from the *Archive Basket*, completion and user comments.

4   Development Methodology

The Wal-Mart model (see Westerman 2001) has been applied to this Process Warehouse prototype. It is a user-driven data warehouse development methodology that has been developed at Wal-Mart, a US-based retailer. The methodology is divided into two parts: critical success factors and the project life cycle.

4.1   Critical Success Factors

Critical success factors that are important for the success of a data warehouse are primarily the business need and the business sponsorship. The insurance company has a significant business need, as both business processes are core processes, which concentrate on satisfying external customers and directly add value to the company. There are 22.000 process instances a day that must meet the customer's expectations. The process goals are defined in terms of the target process duration. Additional goals concerning for example quality or cost were not available for the *Incoming Mail Process* at all. The manager of the IT department provided the business sponsorship. In general, business sponsorship does not come from the IT department according to Westerman in (Westerman 2001), but workflow management systems lead to a shift in power towards the IT department (Kueng 2000b).

According to Westerman a long-term goal is required in order to communicate internally how the data warehouse initiative will provide value to the company in the future. The long-term vision was communicated in a half-day workshop. Leading IT managers and process managers attended the workshop. The presentation of a previous project outlined the values and potential benefits of the Process Warehouse for the company. The most important arguments that also convinced the decision-makers to start off the Process Warehouse project were: a) the flexibility and openness in analysing business processes b) the integration of the Process Warehouse into the corporate data warehouse and c) the long term vision to set up a corporate wide performance management system.

The Process Warehouse prototype will set delivery expectations and can be seen according to Westerman as the short-term plan. A very close interaction with the user community was planned in order to constantly demonstrate the business value of the project and to integrate the requirements of potential users and experienced professionals. The interactive approach should support that the Process Warehouse prototype is finally considered a success and migrated into the operational environment.

The project lead was equally shared between the University and the insurance group. The manager of the Competence Center Workflow was assigned as the responsible project leader at company side. The manager of the Competence Center Groupware was responsible for prioritising and communicating the system based business needs.

Basically, the company culture at the insurance company is very open-minded and supportive. The communication procedures do not express hierarchical dependencies and information is flowing freely. Westerman emphasises an effective communication for the success of the data warehouse. For this project, effective communication was given in a limited way, as the culture in the Groupware department is such that all the data must be perfect and flawless. In the end, this caused a huge delay in the project.

4.2   Project Life Cycle

The three basic steps of a data warehouse life cycle are according to Westerman the analytical phase, the construction phase and the postproduction phase. The analytical phase consists of the following: gathering and documenting the business requirements, creating a logical design of the database and processes, determining the sources of the data, determining technical readiness, selecting tools, and creating an implementation timeline with required resources. The construction phase consists of the data warehouse development (ETL process), the test and the installation of all applications. The postproduction basically consists of the field rollout of the application, the user acceptance and sign-off, and user training. As this Process Warehouse prototype was seen as a feasibility study, the postproduction phase was not considered. The scope of the project was selected in a way that it was narrow and clearly defined. There were only two business processes to be analysed. These are fully automated and controlled by the *MailBasket* application. Therefore, the complete project duration was relatively short. It was six month. We allocated 2 month for the analytical phase and four month for the construction phase.

The *Elicitation and Documentation of Business Requirements Task* consists according to Westerman of four subtasks: define the business goals and gather, prioritise and define business questions. When we started off with the definition of goals, we had to realise that company missions and goals were not clearly communicated to the insurance company's employees. It was only stated that a general reduction of the process cycle time is important.

The process of gathering business questions caused a huge effort. The manager of the Competence Center Groupware saw the feasibility study as an opportunity to get a working product and demanded perfect and flawless data. In numerous meetings the business questions were gathered. It was a huge effort to find metrics and dimensions, which represented strongly the structure of the *MailBasket* application. This was because the manager of the Competence Center Groupware was responsible for this application and knew it very well. The entire *Elicitation and*

Documentation of Business Requirements Task was performed a considerable effort, due to a lost focus on the feasibility study and the demand for perfection.

In the *Determination and Extension of Data Sources Task* the main data source is the *MailBasket* history. It provided very limited information, which was of low quality. It was our responsibility to adjust the structure of the history record according to our analysis requirements. Even now the analysis potential is limited due to the poor data quality. Some information supporting certain business questions has been accessed from other applications. The poor is also the major problem of these sources.

When we finished the conceptual data model, another manager joined our team and criticised the model as not focusing on top-level management and their decision support requirements. We started again with the *Elicitation and Documentation of Business Requirements Task.* This was done very speedily, as there was a time pressure and the milestones of the project plan were already overdue.

5   Data Model

The *Creation of the Conceptual Data Model Task* started with an analysis of the conceptual model of the corporate data warehouse. We were especially interested in reusing dimensions, which were available, but had not met our expectations and needs. In most cases, similar objects in the data warehouse and in other sources had different meanings. Therefore, we decided to build up lean dimensions.

The *Determination of Technical Readiness, Tool Selection and Required Resources Task* was done very speedily, as the data warehouse group offered a test environment that provided all functionalities of the production system. The data warehouse that is used is IBM DB2™ and Cognos Power Play™ is the utilised OLAP tool. We decided to utilise all these systems in order to demonstrate an integration effort and to revert to the expertise of the data warehouse team.

The design of the conceptual data model started with the generic model of the Process Warehouse (see List et al. 2000) that served as a starting point for the first data model. The first conceptual model, which has not been implemented, required a huge effort. The second model reused the gained expertise, but started from a clean slate. The granularity of the first model was based on process instances, whereby the granularity of the second model aggregated several instances.

For the construction of the semantic data model the Application Design for Analytical Processing Technologies (ADAPT) (see Bulos 1996) method has been applied. The data model has been successfully used in several projects, is well accepted by people involved in the projects and offers a considerable powerfulness of expression (Totok, Jaworski 1998).

Business Question	Measure
What is the process cycle time?	Average Process Cycle Time
What is the process waiting time?	Average Process Waiting Time
How many escalations are there?	Number of escalated Process Instances
How many processes are processed without forwarding?	Number of non-forwarded Process Instances
How long was a process suspended?	Average Process Suspend Time
How many instances were suspended?	Number of suspended Process Instances
How often is an application started?	Number of Application Starts
How often is a process forwarded?	Average Number of Forward Commands
How many process instances are there?	Number of Process Instances

Tab. 1:   Business Questions with Measures

The *Elicitation and Documentation of Business Requirements Task* gathered business questions, which support the overall business process goal: the reduction of the process cycle time. Table 1 shows these business questions with related measures. Four dimensions (Time, Process, Organisation and Line of Business) analyse all measures. Therefore only one cube, the *MailBasketCube* (see Figure 2) is required. The *Process* dimension represents the *Business Process Perspective* and consists of the levels process type and the category of usage. The *Line of Business* dimension represents the *Process / Service Perspective*. Every product group, which is the bottom element, is classified in the next higher aggregation level, the line of business. The *Organisation* dimension represents the *Organisational Perspective*. The role is the bottom element of the *Organisation* dimension. This is the workflow role that has performed the process instance. It can be accessed after choosing an organisational unit. Insurance companies traditionally have a very powerful labour union; therefore we did not include the identification of performers.

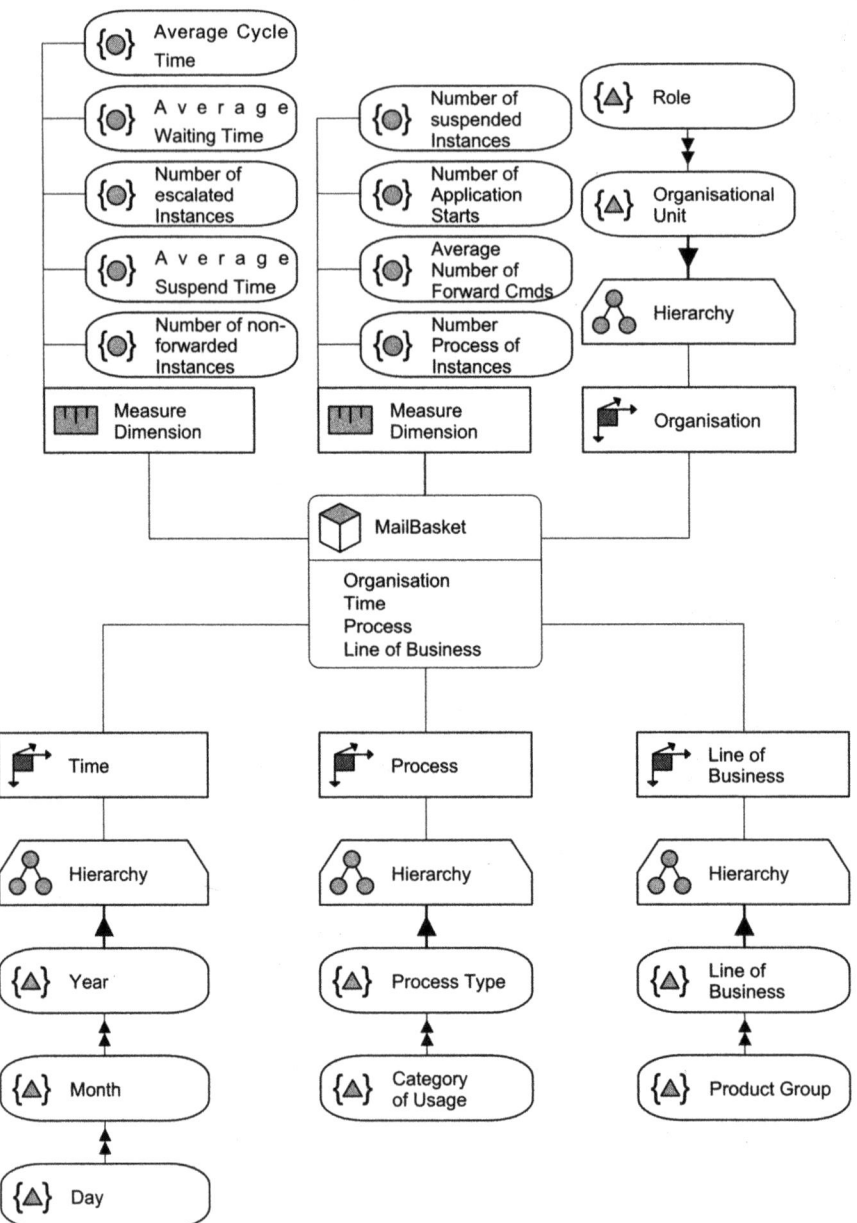

Fig. 2:   Conceptual Data Model in ADAPT Notation

6   Analysis

The *Construction phase* was long-winded and delayed, due to a very poor data quality of the history record and all other external data sources. The analysis capabilities of the final prototype met the expectations of the project leader. A presentation of the prototype for the IT management and other departments yielded also very positive feedback and resulted in a request for the integration into the production environment.

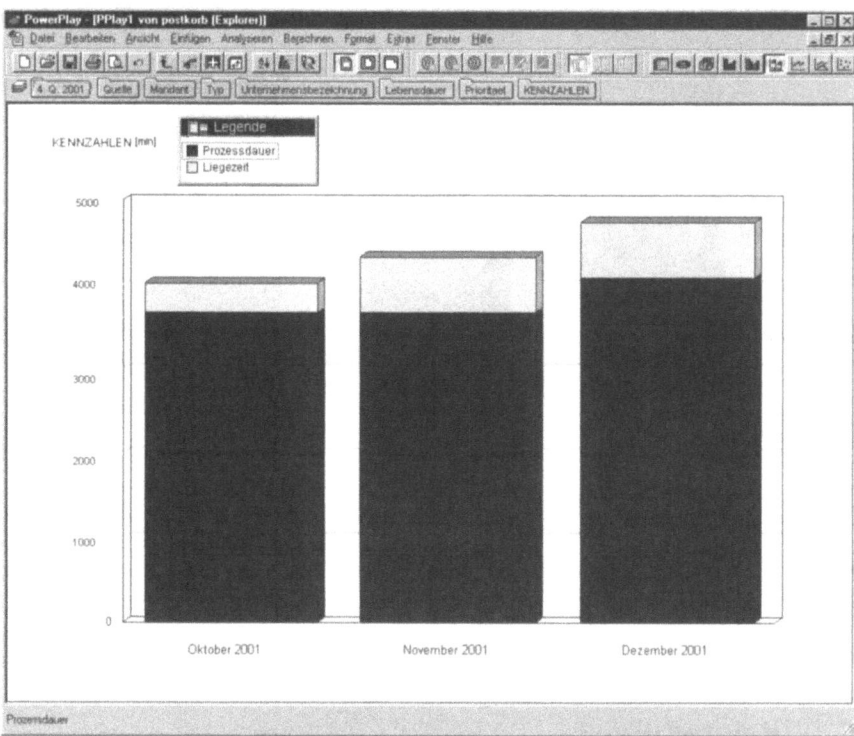

Fig. 3:   Average Process Cycle Time and Average Waiting Time

Fig. 3 shows the average process duration of the claim business process and the processing of the incoming mail business process per month and compares average waiting time (bright) and average cycle time (dark). The average cycle time and average waiting time increase slightly over time. Fig. 3 represents the Business Process Perspective and the Business Process Improvement Support Perspective. The increase is marginal and depends on the year-end closing. There is no need for identifying the reason for the increase. A basic overview, whether the process duration is balanced across the category of usage or which categories have a higher duration is given in Fig. 4. It represents the *Product / Service Perspective.*

It is outlined that proposals have the highest process duration. In the next step, this duration should be compared with the target duration for each category of usage.

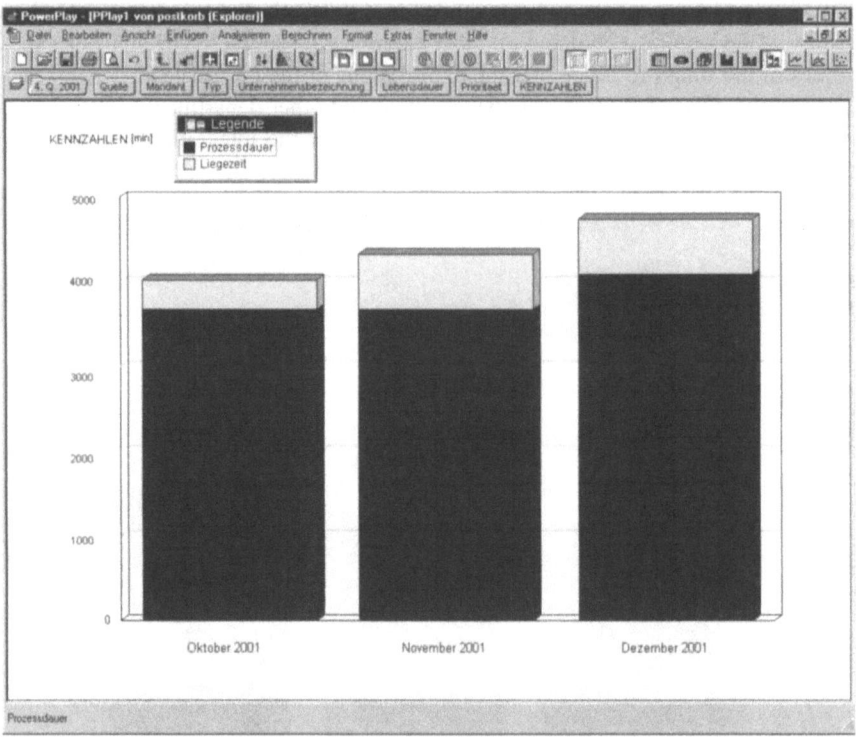

Fig. 4:   Average Process Cycle Time and Average Waiting Time per Category of Usage

7   Related Work

Business processes analysis has received relatively little coverage in the related literature. Most publications in this area address this issue with a very limited perspective. The reason for this occurrence is resulting from the multidisciplinary field of the workflow research area itself. While some research groups or companies see an achievement in generating simple reports on business process performance, others have developed comprehensive methodologies to workflow-based performance management. The effort ranges from process methodologies for eliciting balanced performance indicators, basic monitoring capabilities captured in the workflow engine, the application of extended measurement techniques, to building a workflow data warehouse. In the following a short overview of current research prototypes is given.

In the PROMOSYS (Process Monitoring System) project a process performance measurement system was implemented in the finance department of a large company (Kueng 1988). PROMOSYS is focused on improving performance of business processes in general and evaluates financial as well as non-financial measures. The goal of the research group was to develop a holistic and goal-driven performance measurement system as well as a supporting process methodology. Basically this is a top-down approach. This system collects data from an R/2™ system (from SAP), carries out some data transformations and stores the performance data in EIS™ (from SAP) which runs on a midrange system. The users (e.g. process owner) access the performance data via inSight™ (from arcplan). The main shortcoming of the system is that only one data source (i.e. R/2) is taken into consideration and the limited flexibility in querying the database.

PISA (Process Information System with Access) is a process analysis tool developed at the University of Münster, Germany (see zur Muehlen, Rosemann 2000). PISA evaluates audit trail data of a workflow management system (e.g. MQ Series™ from IBM) and uses process definition data generated by a process-modelling tool (e.g. ARIS Toolset™). Workflow audit trail data is imported into a read-only relational database and is stored on workflow instance state level. The performance indicators that can be analysed are time and frequency-based. PISA's major problems that are also admitted by the authors result from the highly normalised relational database on instance state level that is misused for decision support purposes. Further shortcomings of PISA, which are also stated by Kueng (see Kueng et al. 2001) are the following: (1) it takes into account audit trail data from workflow management systems but does not include performance-relevant data from other operational IT systems; (2) the performance (response time) of the system is very limited; (3) flexibility in analysing a given process is limited.

8   Evaluation/Lessons Learned

The data model for the Process Warehouse for collaboration workflows is based on a slightly aggregated level. Measures are time and frequency based, and represent the *MailBasket* structure. Dimensions represent either the structure of the *MailBasket* application or an external datasource. Basically, measures can be characterised as quantitative, non-financial, unbalanced and have a short-term focus. The *Elicitation and Documentation of Business Requirements Task* was long-winded and caused a huge delay, because of the demand for perfection, missing goals, and the indecisive and not interfering project manager. The collaborative workflow, which has a non-specified process definition, required also a lot of time in order to elicit the analysis requirements. Thus, non-transparent company goals and non-structured systems as well as applications require more time for the definition of business questions.

The poor data quality of the history record and all other external data sources caused a long-winded and delayed *Construction phase* and has put the success of the entire project at risk. The reuse of dimensions from the corporate data warehouse was not possible, as naming conventions are diverse throughout the insurance company. We decided to build up lean dimensions; therefore in integration into the corporate data warehouse was not possible.

The user driven development methodology generates performance information that is targeting the organisational level of the people, which have been involved in the project. Every person who dominated the data model created a different one. The granularity and the analysis requirements of the models were different and represented the hierarchical level, the profession, the educational background, the experiences and perceptions of the people involved. When these people changed, then the requirements changed and as outlined in this case, the complete model might be obsolete. Consequently, the longevity of these models is very short-dated and not suitable for a holistic performance measurement. Overall, the models represent also the company culture, for example the culture of mutual respect (e.g. very tight supervision of individuals has not been a concern).

The fundamental pitfall of the Wal-Mart model is that it is based on the existence of transparent business goals throughout an organisation. At the insurance group the company goals are not communicated to its employees, therefore they are not in the position to support the business strategy. Selected measures, dimensions, the level of granularity and the targeting level of the organisational hierarchy depend on the people involved. The user-driven development methodology requires a project manager with very strong moderation and leadership skills as well a good data warehouse designer. If the business goals are fuzzy, then the project manager must act even more determined. We applied the user-driven development methodology to the feasibility study in order to gain user acceptance. However, a user-driven development methodology supports user acceptance, but does not guarantee decision support. It is useful for prototypes and user sensitive domains. Overall, the study has shown that a monopolisation of this approach is risky and must be avoided. Basically, the Process Warehouse prototype has been well accepted, but needs some redesign for its productive use.

9   Bibliography

Bulos, D.: OLAP Database Design: A New Dimension. Database Programming & Design, Vol. 9, No. 6, 1996.

Hammer, M.: Beyond Reengineering. Harper Collins Publishers 1996.

Harrington, J.H.: Business Process Improvement – The breakthrough strategy for total quality, productivity, and competitiveness. McGraw-Hill, New York, 1991.

Kueng, P.: Supporting BPR through a Process Performance Measurement System In: Banerjee, P. et al. (Eds.): Business Information Technology Management. Har-Anand, New Delhi, 1998.

Kueng, P.: Process Performance Measurement System – a tool to support process-based organizations. In: Total Quality Management, Vol. 11, No. 1 2000a.

Kueng, P.: The Effects of Workflow Systems on Organizations. In: Aalst, Desel, Oberweis (Eds.): Business Process Management: Models, Techniques and Empirical Studies. Springer Verlag 2000b.

Kueng, P.; Wettstein, T.; List, B.: A Holistic Process Performance Analysis through a Process Data Warehouse. In: Proceedings of the American Conference on Information Systems. 2001.

Leymann, F.; Roller, D.: Production Workflow – Concepts and Techniques. Prentice Hall PTR 2000.

List, B.; Schiefer, J.; Tjoa A.M.; Quirchmayr, G.: Multidimensional Business Process Analysis with the Process Warehouse. In: Abramowicz, W.; and Zurada, J. (eds.): Knowledge Discovery for Business Information Systems. Chapter 9, Kluwer Academic Publishers 2000.

Totok, A.; Jaworski, R.: Modellierung von multidimensionalen Datenstrukturen mit ADAPT (in german). Arbeitsbericht der Technischen Universität Braunschweig, 1998.

Westerman, P.: Data Warehousing using the Wal-Mart Model. Morgan Kaufmann Publishers 2001.

Übersicht durch Star Schema – Integration eines „stand alone" Data Mart in die unternehmensweite Data-Warehouse-Architektur

Holger Blunck

Systor AG

Inzwischen wird in vielen Unternehmen bereits seit mehreren Jahren Data-Ware-housing betrieben. Oft wurden zuerst vereinzelte Data Marts erstellt und, nach-dem erste Erfahrungen vorhanden waren, unternehmensweite Data-Warehousing-Startegien definiert. Hieraus resultiert dann oft das Problem, die bestehenden Data Marts nachträglich zu integrieren.

Genau dieser Problematik stand ein großes deutsches Leasing-Unternehmen ge-genüber. Ein für das Controlling aufgebauter Data Mart musste in die unterneh-mensweite Data-Warehouse-Architektur integriert werden. Der nachfolgende Ar-tikel beschreibt die hierbei angewandten Methoden und Techniken.

Nachdem in ersten Teil die Grundlagen der Entity Relationship und Star Schema Modellierung, soweit sie für das Verständnis des Artikels notwendig sind, kurz ausgeführt werden, stellt der zweite Teil die Ausgangslage und Motivation dar. In dritten Teil wird das Vorgehen bei der Modellierung des neuen Data Marts de-tailliert beschrieben. Abschließend wird im letzten Teil ein kurzes Resümee gezo-gen.

1   Grundlagen

1.1   Entity-Relationship-Modelling (E/R-Modelling)

Das Relationen-Modell wurde 1970 von Codd entwickelt. Darauf aufbauend ent-warf 1976 Chen das Entity-Relationship-Modell (E/R-Modell) und eine Technik zum Entwurf der E/R-Modelle mit dem Ziel redundante Datenhaltung in Daten-banken zu vermeiden. Diese Designtechnik, bekannt als E/R-Modelling, hat sich als Modellierungstechnik für OLTP-Systeme (Online Transaction Processing Systeme) durchgesetzt. Die von Chen benutzte Darstellung der Entitäts- und Be-ziehungsmengen wurde im Laufe der Zeit angepasst, ist in der Grundstruktur aber gleich geblieben. Im deutschsprachigen Raum hat sich die sogenannte Krähenfuss-Darstellung durchgesetzt, die auch in diesem Artikel Verwendung findet. Eine Legende der Darstellung der Beziehungselemente ist in Abbildung 1 zusammengefasst.

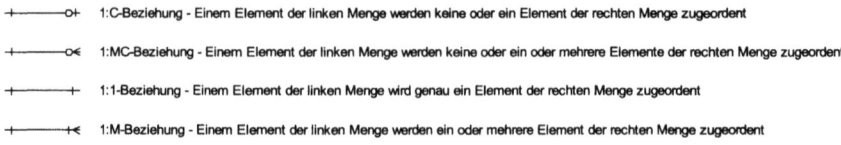

Abb. 1:   Gestaltungselemente der E/R-Modellierung nach der Krähenfuss-Methode

1.2   Star Schema Modellierung

Die Star Schema Modellierung, welche vor allem durch (Kimball 1996) bekannt geworden ist, ist eine Abwandlung der E/R-Modellierung. Hier steht nicht die redundanzfreie Datenhaltung, sondern eine in ihrer Struktur leicht verständliche, einfach auswertbare und performante Datenhaltung im Vordergrund. Redundanzen werden hier bewusst herbeigeführt.

Kimball unterscheidet zwischen Fakten und Dimensionen. Fakten sind Zahlengrössen, die Geschäftsgrössen wie zum Beispiel Umsatz- oder Verkaufszahlen ausdrücken. Die Dimensionen geben den Kontext der Fakten an, sind also mehr beschreibende Daten, über die bei Auswertungen Einschränkungen gemacht werden können. Der Name "Star Schema" kommt, wie in Abbildung 2 gezeigt, daher, dass die Dimensionen in einer 1:M-Relation mit der Faktentabelle verbunden und sternförmig um die Faktentabelle angeordnet sind. Ein klassisches Beispiel für ein Faktum sind Umsatzzahlen mit den dazugehörenden Dimensionen Kunde, Produkt, Lieferant und Zeit. Die gleiche logische Entität (zum Beispiel die Kundenentität) wird, gegebenenfalls mit weiteren Attributen ergänzt, oft für diverse Faktenentitäten als Dimension benötigt. Wird hierbei immer die gleiche Dimensionsentitätsmenge verwendet, spricht man von einer BUS-Architektur. (siehe Abbildung 11).

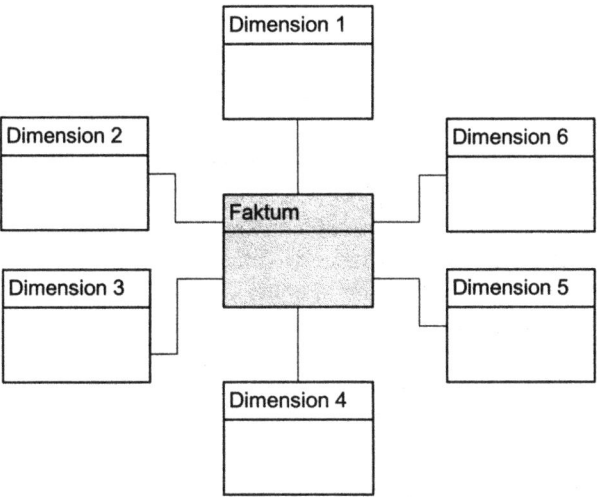

Abb. 2:   Beispielhafte Darstellung eines Star Schemas

Beim Aufbau eines Data-Warehouses werden normalerweise beide Modellierungsmethoden miteinander kombiniert. Unter den verschiedenen Data-Warehouse-Architekturen ist die eines mehrschichtigen Data-Warehouses in der Praxis am häufigsten anzutreffen. (vgl. Dippold et al. 2000, S. 191 ff; Anahory, Murray 1997, S. 71).

Bei einer mehrschichtigen Data-Warehouse-Architektur werden die Quelldaten zuerst in ein Basis-Data-Warehouse überführt und als zusammenhängendes Modell in der kleinsten benötigten Granularität abgelegt. Auch die Historisierung der Daten erfolgt im Basis-Data-Warehouse. Die Daten werden dann in einem zweiten Schritt für die Data Marts aufbereitet. Der Benutzer greift nur auf die Daten in den Data Marts zu. Abbildung 3 gibt einen Überblick.

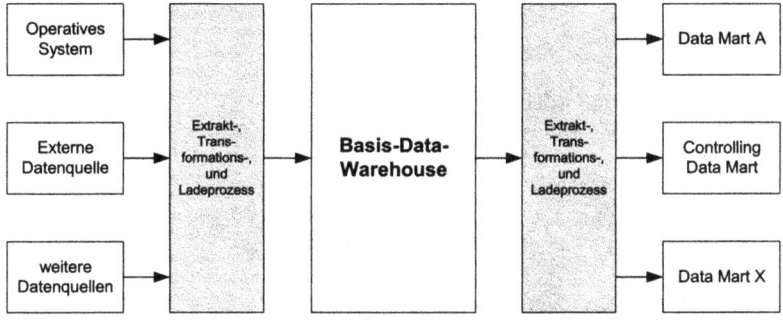

Abb. 3:   Grundarchitektur eines mehrschichtigen Data-Warehouses

2   Ausgangslage

Das Projekt wurde bei einem große deutschen Leasing-Unternehmen durchgeführt. Die in diesem Projekt vorgefundene Ausgangslage ist auch für viele andere
Unternehmen typisch. Zum einen gibt es eine unternehmensweite Data-Warehouse-Architektur, die als mehrschichtige DWH-Architektur mit einem Basis-
Data-Warehouse als zentrale Datenbank und anwendungsspezifischen Data Marts
konzipiert und auch schon teilweise realisiert ist. Auf der anderen Seite wurden
vorgängig schon verschiedene „stand-alone" Data Marts in Betrieb genommen. So
existierte auch hier eine dispositive Datenbank, die der Controlling Abteilung für
Auswertungszwecke bereitgestellt wurde. Von dieser Controlling-Datenbank
wurden Daten mit COGNOS Impromptu selektiert und in einer ACCESS-Daten-
bank weiterverarbeitet, für deren Design und Unterhalt der Fachbereich verantwortlich war.

Sämtliche Datenmodelle (die des Basis-Data-Warehouses und die Controlling-
DB) wurden mit dem CASE-Tool COOL:GEN modelliert und mit ORACLE als
Datenbankmanagementsystem realisiert.

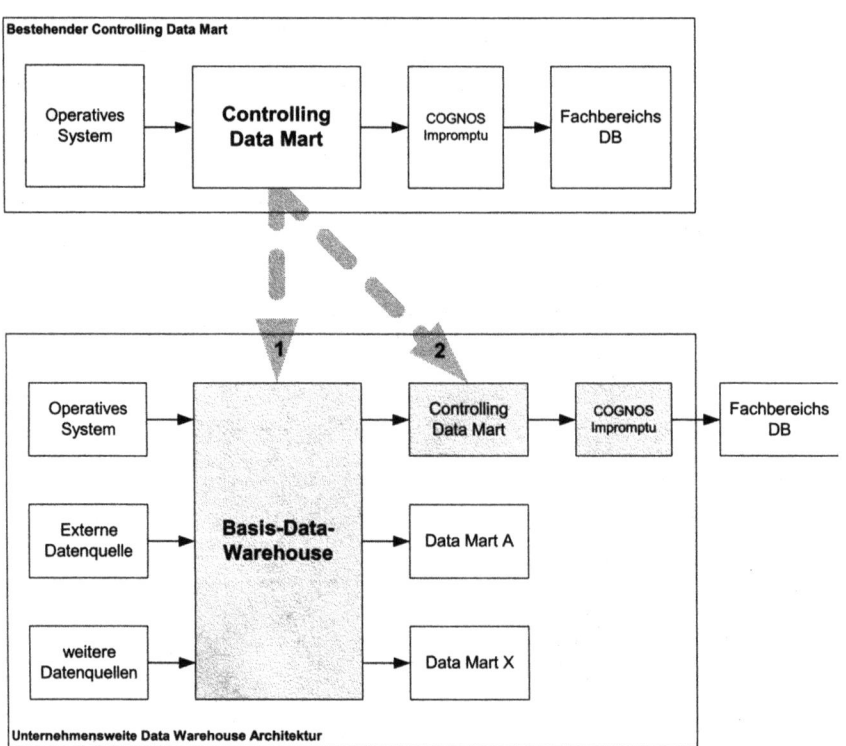

Abb. 4:   Schematische Darstellung der Data Mart Integration

Nachdem die Controlling-Datenbank zusätzlich zu den inländischen Daten auch die Daten verschiedener ausländischer Tochtergesellschaften enthalten sollte, musste die Datenbank mandantenfähig gemacht werden. Dies war der Auslöser für einen Redesign. Hierbei sollte die Datenbank so gestaltet werden, dass performantere Abfragen möglich sind, da die Abfragen gegen die bestehende Datenbank auch ohne die Daten der Tochtergesellschaften bei einigen Impromptu-Reports mehrere Stunden benötigten. Ein weiterer Wunsch der Benutzer war, das Datenmodell übersichtlicher zu gestalten, da die Navigation durch das bestehende E/R-Modell sehr anspruchsvoll war. Deshalb wurde folgendes Vorgehen beschlossen (siehe Abbildung 4):

1. Integration der Informationen der Controlling-DB in das zentrale Basis-Data-Warehouse
   Diese Integration gestaltete sich verhältnismäßig einfach. Beide Datenmodelle waren reine E/R-Modelle und die Informationen aus der Controlling-DB waren noch nicht im Basis-Data-Warehouse enthalten. Deshalb konnten die Entitätsmengen größtenteils 1:1 übernommen werden. Auch die Attribute wurden im selben Format übernommen. Lediglich die Attributsnamen wurden teilweise geändert, um die Namen sprechender zu gestalten. Für alle Entitäten wurde als Primärschlüssel eine künstlich erzeugte Laufnummer vergeben. Um Datenfriedhöfe zu vermeiden, wurden nur dort, wo eine fachliche Notwendigkeit vorhanden war, die Daten auch historisiert.

2. Aufbau eines eigenen Controlling Data Marts
   Um das Datenmodell übersichtlicher zu gestalten und die gewünschten Performanceverbesserungen zu erzielen, wurde beschlossen, den Data Mart als reines Star Schema zu modellieren. Als Ergebnis wurden mehrere Star Schemata erwartet, die dann zu einer BUS-Architektur, wie sie in (Kimball 1998) empfohlen wird, zusammengefasst werden sollten.

Im Weiteren wird das Design des Controlling-Data Marts im Detail beschrieben.

3 Vorgehen beim Design des Controlling-Data-Marts

3.1 Allgemeines Vorgehen

Da im Prinzip eine Star Schema aus einem vorhandenen E/R-Modell erstellt werden sollte, wurden die von Moody, Kortink und Boehnlein, Ulbrich vorgeschlagenen Methoden zur Modellierung von Star Schemata aus E/R-Modellen adaptiert und um eine Analysephase erweitert. Durch die Analysephase wurde sichergestellt, dass auch das neue Design die bestehenden Anforderungen des Fachbereichs abdeckt. Außerdem konnten neue Bedürfnisse erkannt und teilweise im Zuge der Änderungen, ohne großen Zusatzaufwand, realisiert werden.

Das so erweiterte Vorgehen umfaßt die folgenden Teilprozesse:

1. Analyse der bestehenden Reports

2. Analyse der Feldverwendung

3. Klassifizierung der Entitäten

4. Herausbilden von Hierarchien

5. Ableitung der Star Schemata

6. Bildung der BUS-Architektur

Um die Punkte 3 – 6 beispielhaft darstellen zu können wurde das Modell des Basis-Data-Warehouses stark vereinfacht dargestellt (siehe Abbildung 5).

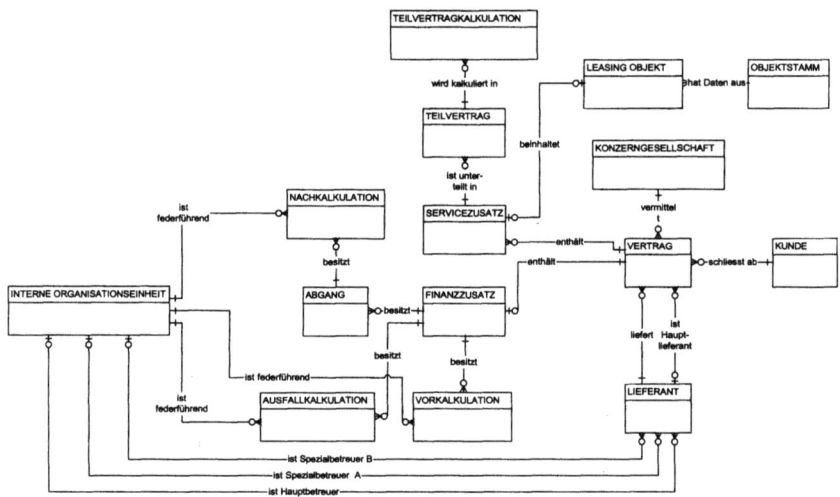

Abb. 5:   Ausschnitt des Datenmodell des Basis-Data-Warehouse

Das zentrale Element des Datenmodells ist der Vertrag. Ein Vertrag wird von einer Konzerngesellschaft vermittelt und mit einem Kunden abgeschlossen. Der Vertragsinhalt (=Leasingobjekte) wird von einem Lieferant, bei größeren Verträgen von einem Hauptlieferanten, zur Verfügung gestellt. Lieferanten werden von verschiedenen internen Organisationseinheiten betreut, die sich in Hauptbetreuer und Spezialbetreuer A und B unterteilen. Verträge können Service- oder Finanzzusätze enthalten. Ein Servicezusatz zu einem Vertrag kann ein bestimmtes Leasingobjekt beinhalten und auch in mehrere Teilverträge untergliedert sein. Die Stammdaten des Leasingobjektes sind im Objektstamm abgelegt. Beim Auslaufen eines Vertrages werden dem Finanzzusatz verschiedene Abgangs-Informationen hinzugefügt. Während der Laufzeit des Vertrages werden verschiedene Kalkulationen (Vor-, Nach-, Ausfall- und Teilvertrags-Kalkulationen) durchgeführt und die jeweils zum Zeitpunkt der Kalkulation federführende interne Organisationseinheit festgehalten.

3.2 Analyse der bestehenden Reports

In einem ersten Schritt erfolgte die Analyse der bestehenden Reports. Es wurde eine Übersicht darüber erstellt, welche Berichte, welche Entitätsmengen benutzen (siehe Tabelle 1). Hieraus kann erkannt werden, welche Berichte aus den selben Basisdaten bestehen (d.h. die gleichen Entitätsmengen verwenden), aber auch, ob Informationen (Entitätsmengen) von unterschiedlichen Berichten oder nur von einem Bericht benötigt werden.

Bericht Kurzwort	Bericht Name	Periodizität – j(ährlich), q(uartal), m(onatl.), w(öchentl.), t(äglich)	Entitäts- menge 1	Entitäts- menge 2	Entitäts- menge 3

Tab. 1:   Übersicht "Bericht – benutzte Entitätsmenge"

3.3 Analyse der Feldverwendung

Für die Analyse der Feldverwendung ist eine Übersicht (siehe Tabelle 2) auf Attributsebene erstellt worden. In dieser Übersicht wurde pro Attribut festgehalten in welchem Report das Attribut Verwendung findet, ob das Attribut fakultativ oder optional ist, wie es in den Reports oder bei der weiteren Verarbeitung verwendet wird (als Rechenfeld, Aggregation oder Informationsfeld) und schließlich, ob es für Ad-hoc-Auswertungen gebraucht wird. Um zusätzliche Anforderungen des Fachbereiches festzuhalten, wurde auch die Möglichkeit geschaffen, neue benötigte Felder anzugeben und zu kennzeichnen.

Entitäts- menge	Attribut	M(andatory) O(ptional)	R(echenfeld) A(ggregation) I(nfofeld)	Ad hoc Aus- wertungen	neu	Report 1	Report 2	Report n

Tab. 2:   Übersicht "Verwendung und Klassifizierung der Attribute"

3.4 Klassifizierung der Entitätsmengen

Bei diesem Teilprozess werden die Entitätsmengen in die Klassen „Transaktionsentitäten", „Komponentenentitäten" und „Typisierungsentitäten" eingeteilt. Transaktionsentitäten beschreiben hierbei einen Geschäftsvorfall, der zu einem bestimmten Zeitpunkt eintritt und der Messzahlen oder Beträge (meist Geldbeträge) mit Geschäftsrelevanz enthält. Komponentenentitäten hingegen beschreiben wer, wo, wann, was für einen Geschäftsvorfall, wie und/oder warum abgewickelt oder initiiert hat. Typisierungsentitäten fassen entweder Komponentenentitäten zu Gruppen zusammen, indem sie Überbegriffe zu einzelnen Attributen bilden oder geben zusätzliche Informationen zu einzelnen Attributen der Komponenten- oder Transaktionsentitätsmengen. (Zum Beispiel die Zusammenfassung von Ländern zu Kontinenten als Überbegriff.)

Die Analyseergebnisse der ersten beiden Teilschritte werden für die oben erwähnte Klassifizierung verwendet. Entitätsmengen, die in mehreren Reports verwendet werden und viele Rechen- oder Aggregationsfelder enthalten, sind fast immer den Transaktionsentitäten zuzuordnen. Entitätsmengen mit vielen als Informationsfelder klassifizierten Attributen, wie zum Beispiel Stammdaten, werden hingegen als Komponentenentitäten eingeordnet. Im Beispiel wurden die Kalkulationsentitätsmengen als Transaktionen klassifiziert. Die Objektstammdaten, die nur im Zusammenhang mit den Leasingobjekten benutzt werden, als Typisierung und die restlichen Entitäten als Komponenten (siehe Abbildung 6).

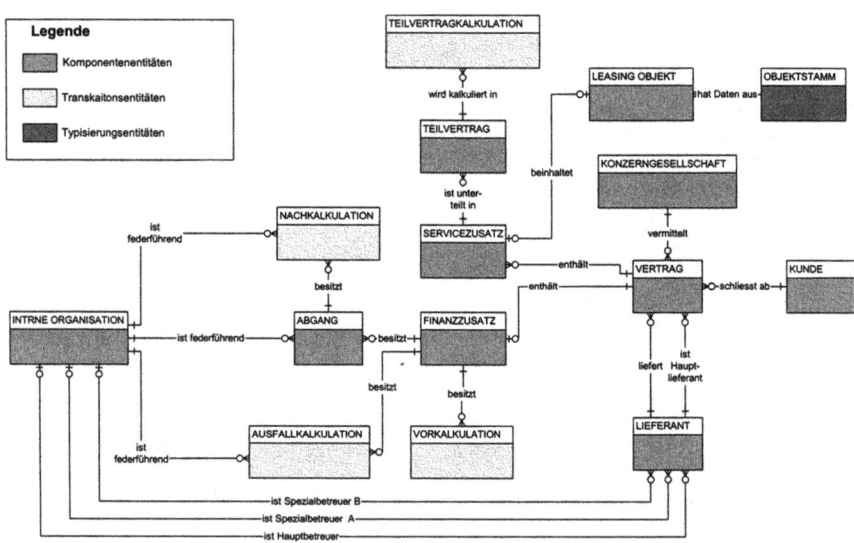

Abb. 6:   Klassifizierung der Entitätsmengen

3.5   Identifikation von Hierarchien

Eine Hierarchie in einem E/R-Modell ist jeweils eine Serie von 1:M-Beziehungen. Diese Hierarchien stellen innerhalb der Star Schema Modellierung ein wichtiges Konzept dar. Neben den rein technischen Hierarchien sind auch besonders die fachlichen Hierarchien von Interesse, die sich auch in M:N-Beziehungen verstecken können, wenn zum Beispiel in der übergeordneten Beziehung historische und aktuelle Daten in einer Entität gehalten werden. Eine enge Zusammenarbeit mit dem Fachbereich ist beim Herausbilden der Hierarchien auf jeden Fall empfehlenswert. Abbildung 7 zeigt die im Beispiel identifizierten Hierarchien.

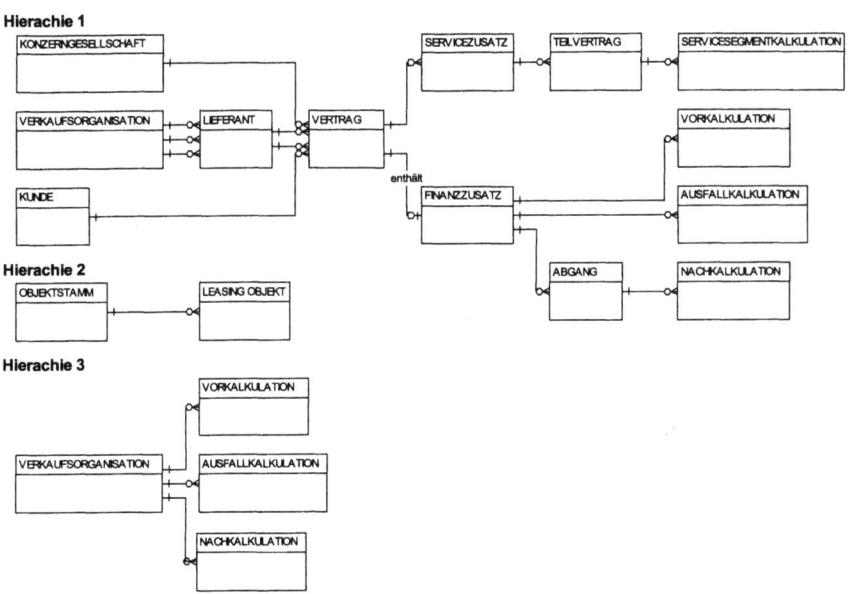

Abb. 7:   Hierarchien im Datenmodell

3.6   Erstellen der Star Schemata

Die Ableitung eines Star Schemas ist jetzt relativ einfach. Die in Teilschritt 3 als Transaktionsentitäten klassifizierten Entitätsmengen sind Kandidaten für Fakten und die Komponentenentitäten für Dimensionen. Bei Typisierungsentitäten muss geprüft werden, ob sie nicht in die von ihnen benutzten Komponentenentitäten im Sinne einer Denormalisierung integriert werden können. Im Beispiel wird der Objektstamm (als einzige Typisierungsentität) jedoch von einem externen Datenlieferanten zur Verfügung gestellt, deshalb wurde auf eine Integration in die Entitätsmenge Leasing Objekt verzichtet. Um Auswertungen zu vereinfachen wurde der Lieferant (sowohl mit der Beziehung "liefert" als auch mit der Beziehung

"Hauptlieferant") und die den Lieferanten betreuende Interne Organisation in den Vertrag integriert. Solche Denormalisierungen haben Vorteile, aber auch Nachteile: Mit dieser Integration kann sehr schnell ermittelt werden, welche internen Organisationseinheiten einen Lieferanten für Vertrag xy betreuen, aber Auswertungen wie zum Beispiel: "Bei welchen Lieferanten ist Verkaufsorganisation yz in irgendeiner Art betreuend tätig", werden erschwert. Solche Entscheidungen sind immer gemeinsam mit dem Fachbereich zu treffen, der in diesem Beispiel feststellte, dass Auswertungen über interne Organisationseinheiten im Zusammenhang mit der Lieferantenbetreuung zumindest im Controlling fachlich keinen Sinn ergeben. Als nächstes wurde der Servicezusatz in den Vertrag integriert, da dieser nur zusätzliche Informationen zum Vertrag enthält. Auch eine Integration des Finanzzusatzes wäre möglich gewesen, aber da der Fachbereich hier eigenständige (vertragsunabhängige) Auswertungen aufsetzen will, wurde davon abgesehen. Der Aufbau der erweiterten Entitätsmenge Vertrag ist aus Abbildung 8 ersichtlich. Bei der Betrachtung des Datenmodells fällt auf, dass aufgrund der 1:MC-Beziehung zwischen Vertrag und Servicezusatz eine einfache Integration eigentlich gar nicht möglich ist. Abklärungen ergaben, dass in Servicezusatz aktuelle, wie historische Daten enthalten sind, aber zu einem bestimmten Zeitpunkt nur ein Servicezusatz pro Vertrag bestehen kann. Der Integration stand somit nichts im Wege.

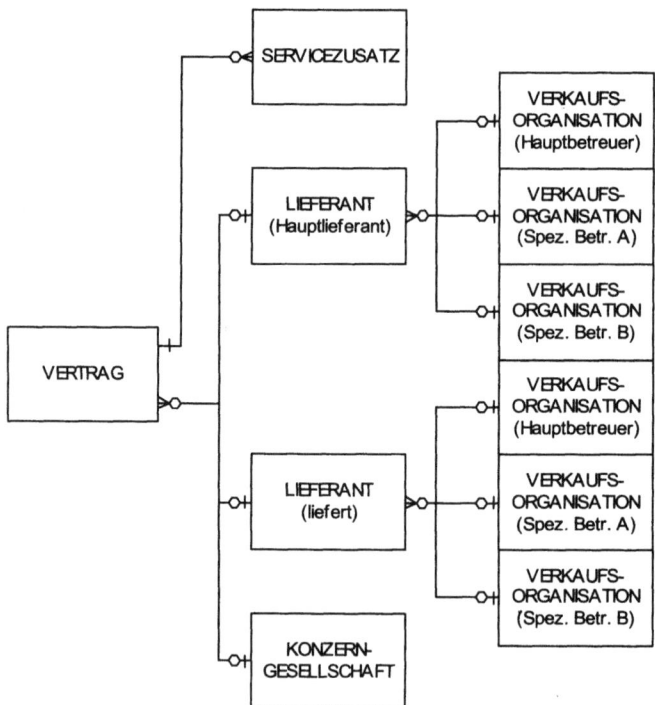

Abb. 8:   Denormalisierte Entitätsmenge VERTRAG

In einem klassischen Star Schema besteht zwischen Fakten und Dimensionen immer eine 1:M-Beziehung. Deshalb kann anhand der in Teilschritt 4 gebildeten Hierarchien sehr schnell abgelesen werden, welche Dimensionen für welche Fakten in Frage kommen. Dies sind alle Entitätsmengen die in Abbildung 7 links neben der Faktenentität stehen.

Somit eignet sich für die Faktenentität Vorkalkulation aus Abbildung 7 (Hierachie 1) der Finanzzusatz, der Vertrag, die Konzerngesellschaft und der Kunde (Lieferant und Verkaufsorganisation wurden ja schon in den Vertrag integriert) und aus Hierachie 3 die interne Organisation als Dimension. Aus der Reportanalyse des ersten Teilschritts ergab sich, dass auch der Objektstamm für Auswertungen benötigt wird. Aufgrund der im Datenmodell ersichtlichen C:C-Beziehung zwischen Servicezusatz und Leasingobjekt (siehe Abbildung 5), kann die Hierarchie im Prinzip um den Objektstamm erweitert werden.

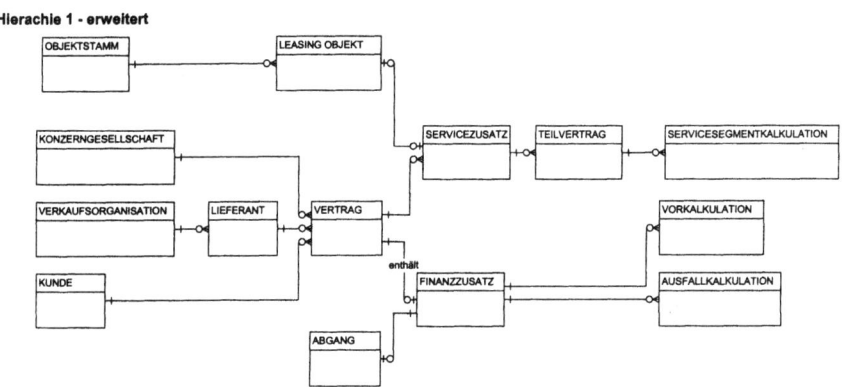

Abb. 9:   Hierarchie 1 – erweitert

Nach dem selben Prinzip wurde auch der Abgang (über dessen 1:C-Beziehung zum Finanzzusatz) in die Hierarchie integriert. Das Ergebnis ist in Abbildung 9 ersichtlich. Das daraus resultierende Star Schema ist in Abbildung 10 dargestellt. Für die Entitäten Ausfallkalkulation, Nachkalkulation und Teilvertragskalkulation wurde analog verfahren, so dass insgesamt vier Star Schemata abgeleitet werden konnten.

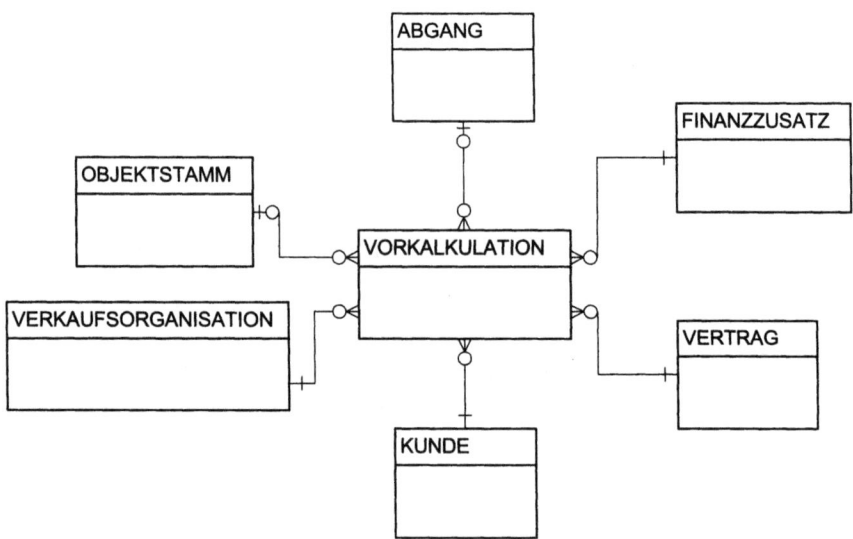

Abb. 10:   Vorkalkulation als Star Schema

Das Ergebnis wurde nochmals gegen die bestehenden Berichte abgeglichen und dann dem Fachbereich vorgestellt. Hierbei ist anzumerken, dass die Vorstellung der Designergebnisse in erster Linie für die mit der Erstellung der Auswertungen betrauten Personen erfolgte, so dass bei diesen Personen schon ein großes Verständnis bezüglich Datenmodellierung vorhanden war.

3.7   Erstellen der BUS-Architektur

Eine BUS-Architektur beruht darauf, dass die Dimensionen und ebenso die Fakten bestätigt (confirmed) sind (vgl. Kimball 1998, S. 155 ff.). Dies bedeutet, dass die gleichen Dimensionen, auch wenn sie von verschiedenen Fakten benutzt werden, die selben Informationen enthalten. Da alle Star Schemata aus dem gleichen E/R-Model herausmodelliert wurden, ergibt sich die BUS-Architektur im Prinzip von selbst. Abbildung 11 zeigt die Darstellung des Busses.

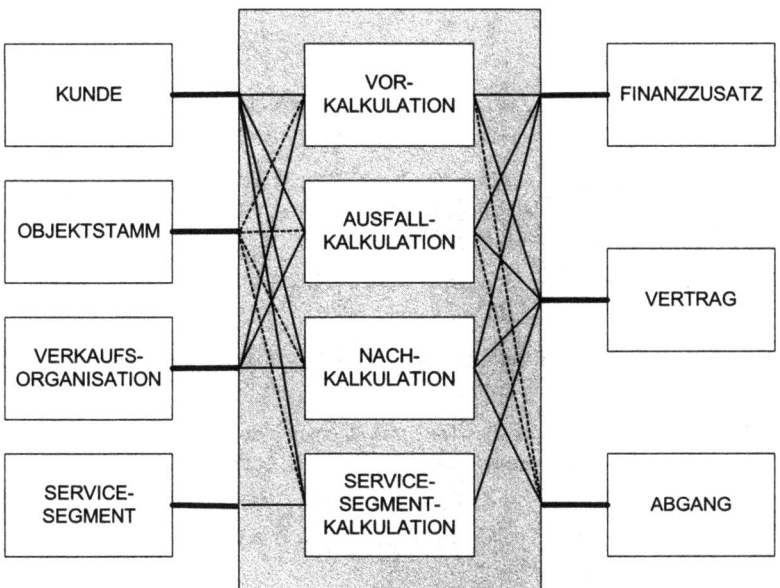

Abb. 11:   BUS-Architektur des Controlling Data Marts

4   Bewertung des Designergebnisses und Fazit

Auch in diesem Projekt hat sich die provokante Behauptung von Kimball "As difficult as it is to admit, stovepipe data marts usually have to be shut down and rebuilt in the proper conformed dimensional framework" (siehe Kimball 1998, S. 163) bewahrheitet.

Trotzdem hat das gewählte Vorgehen zu den geforderten Zielen geführt. Das Datendesign ist übersichtlicher, die Erstellung der Impromptu-Berichte schneller geworden. Durch die konsequente Nutzung eines CASE-Tool und die Anwendung von erprobten Designmethoden wurde der Data Mart mit relativ geringem Aufwand in die unternehmensweite Data-Warehouse-Architektur integriert.

5   Literatur

Anahory, S.; Murray, D.: Data Warehouse – Planung, Implementation und Administration. Reading, Massachusetts, Addison-Wesley Longman, Inc., 1997.

Boehnlein M.; Ulbrich-vom Ende, A.: Deriving Initial Data Warehouse Structure from the Conceptual Data Models of the Underlying Operational Information Systems. Proceedings of the DOLAP 99, Kansas City, USA 1999.

Chen, P.S.: The Entity-Relationship Model – Toward a Unified View of Data. ACM Transactions on Database Systems Vol. 1, No. 1, 9-36, 1976.

Codd, E.F.: A Relational Model of Data for Large Shared Data Banks. Communications of the ACM, 13 (6 June 1970), S. 377-387.

Dippold, R. [et al.] : Unternehmensweites Datenmanagement. Von der Datenbankadministration bis zum modernen Informationsmanagement. 3. Auflage. Vieweg Verlagsgesellschaft, Braunschweig, 2001.

Kimball, R:. The Data Warehouse Toolkit. 1st Edition, John Wiley & Sons, Inc, New York 1996.

Kimball, R. [et al.]: The Data Warehouse Livecycle Toolkit. 1st Edition. John Wiley & Sons, Inc., New York 1998.

Moody, D.; Kortink M.: From Enterprise Models to Dimensional Models: A Methodology for Data Warehouse and Data Mart Design. Proceedings of the International Workshop on Design and Management of Data Warehouses. Stockholm, Schweden: June 2000.

Konferenz Data Warehousing 2002

Auf dem Weg zum Corporate Knowledge Center

Veranstalter

Universität St. Gallen
Institut für Wirtschaftsinformatik
Kompetenzzentrum Data Warehousing 2

Prof. Dr. Robert Winter (Vorsitzender des Programmkomitees)
Dr. Eitel von Maur (Konferenzleitung)
Florian Melchert (Organisation)

Programmkomitee

Prof. Dr. Paul Alpar, Universität Marburg
Prof. Dr. Peter Chamoni, Universität Duisburg
Dr. Barry Devlin, IBM Ireland, Dublin
Prof. Dr. Gunter Dueck, IBM Deutschland, Heidelberg
Prof. Dr. Stefan Eicker, Universität Essen
Prof. Dr. Ulrich Frank, Universität Koblenz-Landau
Prof. Dr. Roland Gabriel, Universität Bochum
Prof. Dr.-Ing. Norbert Gronau, Universität Oldenburg
Dr. Gertrud Heck-Weinhart, Wüstenrot & Württembergische AG, Stuttgart
Norbert Hoffmann, UBS Warburg, Zürich
Dr. Roland Holten, Universität Münster
Prof. Dr. Reinhard Jung, Universität Bern
Prof. Dr. Hermann Krallmann, Technische Universität Berlin
Klaus Kreplin, SAP Portals GmbH, Walldorf
Dr. Robert Marti, Swiss Re, Zürich
PD Dr. Wolfgang Martin, META Group, Paris
Dr. Eitel von Maur, Universität St. Gallen
Prof. Dr. Hubert Österle, Universität St. Gallen
Prof. Dr. Erhard Rahm, Universität Leipzig
PD Dr. Ulrich Reimer, Rentenanstalt/Swiss Life, Zürich
Dr. Gerold Riempp, Universität St. Gallen
Prof. Dr.-Ing. Bodo Rieger, Universität Osnabrück
Prof. Dr. Elmar J. Sinz, Universität Bamberg
Prof. Dr. Christof Weinhardt, Universität Karlsruhe
Prof. Dr. Robert Winter, Universität St. Gallen.

Hauptsponsorenverzeichnis

IBM Schweiz
Sales Manager Software Group Data Management
Ansprechpartner: Markus Albert
Hohlstr. 600
CH-80480 Zürich
Tel.:   +41 1 58333-5806
Fax: +41 1 58333-40404
E-Mail: markus_albert@ch.ibm.com
URL: http://www.ch.ibm.com
         http://www-5.ibm.com/de/software/

IBM Deutschland
GBIS Marketing + Consulting
Ansprechpartner: Peter Scheidel
Hanns-Klemm-Str. 45
D-71034 Böblingen
Tel.:   +49 7031 642-6633
Fax: +49 7031 642-6620
E-Mail: sch@de.ibm.com
URL: http://www.de.ibm.com
         http://www-5.ibm.com/de/software/

SAS Institute AG
Ansprechpartner: Jean-Marie Fiechter
Ruchstuckstrasse 6
CH-8306 Brüttisellen
Switzerland
Tel.:   +41 1 805-7474
Fax: +41 1 805-7499
E-Mail: info@sch.sas.com
Web: http://www.sas.com/switzerland

SAS Institute GmbH
Ansprechpartner: Kai-Uwe Geib
In der Neckarhelle 162
D-69118 Heidelberg
Tel.:   +49 6221 415-123
Fax: +49 6221 415-145
E-Mail: info@ger.sas.com
URL: http://www.sas.de

Teradata a Division of NCR
Ansprechpartner: Jürg Bühler
Postfach
CH-8301 Glattzentrum
Tel.:   +41 1 832-1141
Fax.:   +41 1 832-1551
E-Mail: juerg.buehler@teradata-ncr.com
URL: http://www.teradata.com

Sponsorenverzeichnis

Ascential Software GmbH

Ansprechpartner: Annette Weichbrodt, Eberhard Jourdan
Landsberger Strasse 302
D-80687 München
Tel.: +49 89 20707-0
Fax: +49 89 20707-311
E-Mail: annette.weichbrodt@ascentialsoftware.com
eberhard.jourdan@ascentialsoftware.com
URL: http://www.ascentialsoftware.de

Cognos GmbH

Lyoner Straße 24 - 26
60528 Frankfurt am Main
Tel.: +49 (69) 6 65 60-111
Fax.: +49 (69) 6 65 60-333
E-Mail: germany@cognos.com
URL: http://www.cognos.com/de

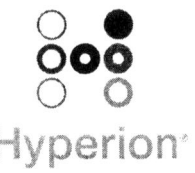

Hyperion Solutions Schweiz AG

Ansprechpartnerin: Alexandra Stiegler
World Trade Center
Leutschenbachstrasse 95
CH-8050 Zürich
Tel.: +41 1 309-1818
Fax.: +41 1 309-1832
E-Mail: swissinfo@hyperion.com
URL: http://www.hyperion.ch

Informatica Software (Schweiz) AG

Ansprechpartnerin: Simone Rafezeder
Täfernstrasse 4
5405 Baden-Dättwil
Tel.: +41 (0)56 483 38 38
Fax.: +41 (0)56 483 38 99
E-Mail: srafezeder@informatica.com
URL: http://www.informatica.com/ch

Kalido Ltd.

Ansprechpartner: Govind Menon
World Trade Center
Leutschenbachstrasse 95
CH-8050 Zürich
Tel.: +41 1 308-3808
Fax.: +41 1 308-3500
E-Mail: govind.menon@kalido.com
URL: www.kalido.com

ORACLE Deutschland GmbH

Business Unit Oracle9iAS
Ansprechpartner: Kai Fischer, Marcus Bender
Notkestr. 15
D-22607 Hamburg
Tel.:   +49 40 89091-136 bzw -182
Fax.:   +49 40 89091-250
E-Mail: kai.fischer@oracle.com
            marcus.bender@oracle.com
URL: http://www.oracle.com/de

saracus consulting AG

Ansprechpartnerin: Daniela Moß
Täfernstrasse 4
CH-5405 Baden-Dättwil
Tel.:   +41 56 48302-20
Fax.:   +41 56 48302-21
E-Mail: saracus@saracus.com
URL: http://www.saracus.com

Transaction Software GmbH

Ansprechpartner: Wolfgang Schwarz
Thomas-Dehler-Strasse 18
D-81737 München, Germany
Tel.:   +49 89 62709-0
Fax   +49 89 62709-11
E-Mail: info@transaction.de
            wolfgang.schwarz@transaction.de
URL :   http://www.transaction.de
            http://www.transbase.de

trivadis

Trivadis AG

Ansprechpartner: Christoph Steinhauer
Elisabethenanlage 9
CH-4051 Basel
Tel.:   +41 61 27997-55
Fax.:   +41 61 27997-56
E-Mail: info@trivadis.com
URL: http://www.trivadis.com

Autorenverzeichnis

Dipl.-Wirtsch.Inf. Gunnar Auth

Universität St. Gallen
Institut für Wirtschaftsinformatik
Kompetenzzentrum Data Warehousing 2
Müller-Friedberg-Strasse 8
CH-9000 St. Gallen
E-Mail: gunnar.auth@unisg.ch
URL: http://datawarehouse.iwi.unisg.ch

Dr. Elmar F. Benelli

seco, Staatssekretariat für Wirtschaft – Direktion
für Arbeit, Arbeitsmarktstatistik
Monbijoustrasse 43
CH-3007 Bern
E-Mail: elmar.benelli@seco.admin.ch
URL: http://www.seco-admin.ch

Dr. Michael Böhnlein

T-Systems Nova GmbH
Merianstr. 32
D-90409 Nürnberg
E-Mail: michael.boehnlein@t-systems.com
URL: http://www.t-systems.com

Prof. Dr. Alfred Büllesbach

DaimlerChrysler AG
Epplestr. 225
D-70546 Stuttgart
E-Mail: alfred.buellesbach@daimlerchrysler.com
URL: http://www.daimlerchrysler.com

Prof. Dr. Gunter Dueck

IBM Business Intelligence, Central Europe
Vangerowstraße 18
D-69115 Heidelberg
E-Mail: dueck@de.ibm.com
URL: http://de.ibm.com

MScIS Alexander Dreiling

Westfälische Wilhelms-Universität Münster
Institut für Wirtschaftsinformatik
Leonardo-Campus 3
D-48149 Münster
E-Mail: isaldr@wi.uni-muenster.de
URL: http://www.wi.uni-muenster.de/is/

Prof. Dr. Jörg Becker

Westfälische Wilhelms-Universität Münster
Institut für Wirtschaftsinformatik
Leonardo-Campus 3
D-48149 Münster
E-Mail: becker@wi.uni-muenster.de
URL: http://www.wi.uni-muenster.de/is

Dipl.-Inform. (FH) Holger Blunck

Systor AG, Business Intelligence & Data
Management
Peter Merian-Strasse 84
CH-4002 Basel
E-Mail: holger.blunck@systor.com
URL: http://www.systor.com

Stephen A. Brobst, PhD

NCR Teradata
17905 Via del Campo
San Diego, California 92127
USA
E-Mail: stephen.brobst@ncr.com
URL: http://www.teradata.com

Dr. Monika Bulst

Leiterin des Geschäftsbereiches
Software-Produkte
AOK Berlin
Wilhelmstraße 1
D-10957 Berlin
E-Mail: monika.bulst@bln.aok.de
URL: http://www.aok.de

Dr. Barbara Dinter

Mummert + Partner Unternehmensberatung AG
Herzog-Rudolf-Straße 1
D-80539 München
E-Mail: Barbara.Dinter@mummert.de
URL: http://www.mummert.de

Prof. Dr. Stefan Eicker

Universität Essen
Lehrstuhl für Wirtschaftsinformatik, insb.
Betiebliche Kommunikationssysteme
Universitätsstr. 9
D-45117 Essen
E-Mail: eicker@kom.wi-inf.uni-essen.de
URL: http://www.kom.wi-inf.uni-essen.de

Frank Falk

saracus consulting AG
Täfernstrasse 4
CH-5405 Baden-Dättwil
E-Mail: f.falk@saracus.com
URL: http://www.saracus.com

Dr. Stefan Haas

Unilog Integrata Unternehmensberatung GmbH
Management Consulting
Landshuter Allee 8
D-80637 München
E-Mail: shaas@unilog.de
URL: http://www.unilog.de/beratung

Dr. Michael Hahne

cundus AG, Niederlassung Rhein-Main
Freiherr-vom-Stein-Str. 13a
D-55559 Bretzenheim
E-Mail: michael.hahne@cundus.de
URL: http://www.cundus.de

Dipl.-Wirtsch.Inf. Markus Helfert

Institut für Wirtschaftsinformatik
Universität St. Gallen
Müller-Friedberg-Strasse 8
CH-9000 St. Gallen
E-Mail: markus.helfert@unisg.ch
URL: http://www.iwi.unisg.ch

Dipl. Wirt.-Inform. Clemens Herrmann

Universität St. Gallen
Institut für Wirtschaftsinformatik
Kompetenzzentrum Data Warehousing 2
Müller-Friedberg-Strasse 8
CH-9000 St. Gallen
E-Mail: clemens.herrmann@unisg.ch
URL: http://datawarehouse.iwi.unisg.ch

Dr. Roland Holten

Westfälische Wilhelms-Universität Münster
Institut für Wirtschaftsinformatik
Leonardo-Campus 3
D-48149 Münster
E-Mail: isroho@wi.uni-muenster.de
URL: http://www.wi.uni-muenster.de/is

Dipl.-Oec. Liane Haak

Universität Oldenburg
Abt. Wirtschaftsinformatik
Escherweg 2
D- 26121 Oldenburg
E-Mail: Liane.Haak@informatik.uni-oldenburg.de
URL: http://www.wi-ol.de

Dr. Michael Haft

Corporate Technology
Siemens AG
Otto-Hahn-Ring 6
D-81739 München
E-Mail: michael.haft@mchp.siemens.de
URL: http://w4.siemens.de/ct/de/

Dipl.-Inform. Arne Harren

Oldenburger Forschungs- und
Entwicklungsinstitut für Informatik-Werkzeuge
und Systeme (OFFIS)
Escherweg 2
D-26121 Oldenburg
E-Mail: arne.harren@offis.de
URL: http://www.offis.de

Dr. Joachim Henkelmann

Unilog Integrata Unternehmensberatung GmbH
Management Consulting
Hahnstraße 70
D-60528 Frankfurt am Main
E-Mail: jhenkelmann@unilog.de
URL: http://www.unilog.de/beratung

Dr. Reimar Hofmann

Corporate Technology
Siemens AG
Otto-Hahn-Ring 6
D-81739 München
E-Mail: reimar.hofmann@mchp.siemens.de
URL: http://w4.siemens.de/ct/de/

Urs Joseph

Winterthur Versicherungen
General Guisan-Strasse 40
CH-8401 Winterthur
E-Mail: urs.joseph@winterthur.ch
URL: http://www.winterthur.ch

Toni Kaufmann

Winterthur Versicherungen
Software Entwicklungs Center
Obergrundstr. 49
CH-6002 Luzern
E-Mail: toni.kaufmann@winterthur.ch
URL: http://www.winterthur.ch

Mag. Christine Kiss

Technische Universität Wien
Institut für Softwaretechnik und Interaktive
Systeme
Favoritenstr. 9 - 11 / 188
A-1040 Wien
E-Mail: chris.kiss@gmx.net
URL: http://www.ifs.tuwien.ac.at/ifs/

Dipl.-Wirt.Inform. Ralf Knackstedt

Westfälische Wilhelms-Universität Münster
Institut für Wirtschaftsinformatik
Leonardo-Campus 3
D-48149 Münster
E-Mail: ralf.knackstedt@wi.uni-muenster.de
URL: http://www.wi.uni-muenster.de/is

Dipl.-Wirtsch.Inf. Bernd Knobloch

Otto-Friedrich-Universität Bamberg
Lehrstuhl für Wirtschaftsinformatik,
insbes. Systementwicklung und
Datenbankanwendung
Feldkirchenstr. 21
D-96045 Bamberg
E-Mail: bernd.knobloch@wiai.uni-bamberg.de
URL: http://www.seda.wiai.uni-bamberg.de

Dr. Stephan Kress

Infracor GmbH – Degussa Gruppe
Ver- und Entsorgung (ehem. Strategisches
Controlling)
Paul-Baumann-Str. 1
D-45764 Marl
E-Mail: stephan.kress@infracor.de
URL: http://www.infracor.de

Dipl. Kfm. Frank Lelke

Universität Essen
Lehrstuhl für Wirtschaftsinformatik, insb.
Betiebliche Kommunikationssysteme
Universitätsstr. 9
D-45117 Essen
E-Mail: lelke@kom.wi-inf.uni-essen.de
URL: http://www.kom.wi-inf.uni-essen.de

Dr. Beate List

Technische Universität Wien
Institut für Softwaretechnik und Interaktive
Systeme
Favoritenstr. 9 - 11 / 188
A-1040 Wien
E-Mail: list@ifs.tuwien.ac.at
URL: http://www.ifs.tuwien.ac.at/ifs/

Dr. Eitel von Maur

Universität St. Gallen
Institut für Wirtschaftsinformatik
Kompetenzzentrum Data Warehousing 2
Müller-Friedberg-Strasse 8
CH-9000 St. Gallen
E-Mail: Eitel.vonMaur@unisg.ch
URL: http://datawarehouse.iwi.unisg.ch

Dipl.-Inform. Jürgen Meister

Oldenburger Forschungs- und
Entwicklungsinstitut für Informatik-Werkzeuge
und Systeme (OFFIS)
Escherweg 2
D-26121 Oldenburg
E-Mail: juergen.meister@offis.de
URL: http://www.offis.de

Dr. Janusz Milek

Insightful Switzerland
Christoph Merian-Ring 11
CH-4153 Reinach
E-Mail: janusz.milek@insightful.com
URL: http://www.insightful.com

Dipl.-Oec. Oliver Paulzen

Johann Wolfgang Goethe-Universität
Lehrstuhl für Entwicklung betrieblicher
Informationssysteme
Mertonstraße 17
D-60325 Frankfurt am Main
E-Mail: paulzen@wiwi.uni-frankfurt.de
URL: http://lwi2.wiwi.uni-frankfurt.de

Roland Pfennig

SAP Systems Integration AG, Geschäftsbereich
Business Intelligence
Gründelbachstraße 10
D-71691 Freiberg a.N.
E-Mail: roland.pfennig@sap.com
URL: http://www.sap-si.com

Dipl.-Wirtsch.Inf. Markus Plaha

Universität Bamberg, Lehrstuhl für
Wirtschaftsinformatik insb. Systementwicklung
und Datenbankanwendung
Feldkirchenstr. 21
D-96045 Bamberg
E-Mail: markus.plaha@wiai.uni-bamberg.de
URL: http://www.seda.wiai.uni-bamberg.de

Dipl.-Wirt.Ing (FH) Christian Rodatus

Examind AG
Bergiusstr. 13
D-86199 Augsburg
E-Mail.   christian.rodatus@examind.com
URL: http://www.examind.com

Dr. Wolfgang Scheide

Green IT GmbH
Blarer Straße 56
D-78462 Konstanz
E-Mail: scheide@green-it.de
URL: http://www.green-it.de

Lic. Oec. Publ. Benedikt Schmid

Swiss Reinsurance Company
Mythenquai 50/60
CH-8022 Zürich
E-Mail: benedikt_schmid@swissre.com
URL: http:://www.swissre.com

Dipl.-Kfm. Markus Schoenen

Lehrstuhl für Wirtschaftsinformatik und
Operations Research der
Rheinisch-Westfälischen Technischen
Hochschule Aachen
Templergraben 64
D-52062 Aachen
E-Mail: schoenen@winfor.rwth-aachen.de
URL: http://www.winfor.rwth-aachen.de

Dr. Gisela Schöpke

CSC Ploenzke AG,
Competence Center CRM Süd
Sandstraße 7
D-80335 München
E-Mail: gschoepk@csc.com
URL: http://www.cscploenzke.de

Dr. Guido Schryen, M.O.R.

Lehrstuhl für Wirtschaftsinformatik und
Operations Research der
Rheinisch-Westfälischen Technischen
Hochschule Aachen
Templergraben 64
D-52062 Aachen
E-Mail: schryen@winfor.rwth-aachen.de
URL: http://www.winfor.rwth-aachen.de

Dipl.-Ing. Johannes Schwarz

Montanuniversität Leoben
Institut für Wirtschafts- und
Betriebswissensschaften
Franz-Josef-Strasse 18
A-8700 Leoben
E-Mail: johannes.schwarz@notes.unileoben.ac.at
URL: http://wbw.unileoben.ac.at

Dipl.-Wirt.Inform. Thomas Serries

Westfälische Wilhelms-Universität Münster
Institut für Wirtschaftsinformatik
Leonardo-Campus 3
D-48149 Münster
E-Mail: thomas.serries@wi.uni-muenster.de
URL: http://www.wi.uni-muenster.de/is

Martin Stäubli

Winterthur Versicherungen
General Guisan-Strasse 40
CH-8401 Winterthur
E-Mail: martin.staeubli@winterthur.ch
URL: http://www.winterthur.ch

Dr. Bernhard Strauch

LGT Financial Services AG
Herrengasse 12
FL-9490 Vaduz
E-Mail: bernhard.strauch@lgt.com
URL: http://www.lgt.com

Dipl.-Inform. Heiko Tapken

Oldenburger Forschungs- und
Entwicklungsinstitut für
Informatik-Werkzeuge und Systeme (OFFIS)
Escherweg 2
DE-26121 Oldenburg
E-Mail: heiko.tapken@offis.de
URL: http://www.offis.de

Dipl.-Inform. Hans Wegener

Swiss Reinsurance Company
Mythenquai 50/60
CH-8050 Zürich
E-Mail: hans_wegener@swissre.com
URL: http://www.swissre.com

Marcel Winter

Credit Suisse
Schärenmoosstrasse 80
CH-8070 Zürich
E-Mail: marcel.winter@csfs.com
URL: http://www.csfs.com

Paul Wittwer

Winterthur Versicherungen
General Guisan-Strasse 40
CH-8401 Winterthur
E-Mail: paul.wittwer@winterthur.ch
URL: http://www.winterthur.ch

Michiaki Taniguchi

Sand Technology Deutschland GmbH
Chilehaus A, Fischerswiete 2
D-20095 Hamburg
E-Mail: michiaki.taniguchi@sand.com
URL: http://www.sandtechnology.de

Dipl.-Wirtsch.Inf. Achim Ulbrich-vom Ende

Universität Bamberg, Lehrstuhl für
Wirtschaftsinformatik insb. Systementwicklung
und Datenbankanwendung
Feldkirchenstr. 21
D-96045 Bamberg
E-Mail: achim.ulbrich@wiai.uni-bamberg.de
URL: http://www.seda.wiai.uni-bamberg.de

Dr.-Ing. Frauke Weichhardt

beratung im netz
Merkurstraße 17
D-14482 Potsdam
E-Mail: fweichhardt@fweichhardt.de

Prof. Dr. Robert Winter

Universität St. Gallen
Institut für Wirtschaftsinformatik
Müller-Friedberg-Strasse 8
CH-9000 St. Gallen
E-Mail: robert.winter@unisg.ch
URL: http://www.iwi.unisg.ch

Dipl.-Ing. Christian Zielowski

Montanuniversität Leoben
Institut für Wirtschafts- und
Betriebswissensschaften
Franz-Josef-Strasse 18
A-8700 Leoben
E-Mail: christian.zielowski@notes.unileoben.ac.at
URL: http://wbw.unileoben.ac.at

MIX
Papier aus verantwortungsvollen Quellen
Paper from responsible sources
FSC® C105338

If you have any concerns about our products,
you can contact us on
ProductSafety@springernature.com

In case Publisher is established outside the EU,
the EU authorized representative is:
Springer Nature Customer Service Center GmbH
Europaplatz 3, 69115 Heidelberg, Germany

Printed by Libri Plureos GmbH
in Hamburg, Germany